国家出版基金项目
NATIONAL PUBLICATION FOUNDATION

主编 胡绳武
副主编 牛贯杰 戴鞍钢

清末立宪运动史料丛刊 9

国会请愿运动

上卷

尚小明 编

国家清史编纂委员会·文献丛刊

山西人民出版社

本书获中国人民大学『中央高校建设世界一流大学（学科）和特色发展引导专项资金』支持

『十二五』国家重点图书出版规划项目

国家清史编纂委员会出版委员会

《清末立宪运动史料丛刊》出版工作委员会

总序

戴逸

二〇〇二年八月，国家批准建议纂修清史之报告，十一月成立由十四部委组成之领导小组，十二月十二日成立清史编纂委员会，清史编纂工程于焉肇始。清史之编纂酝酿已久，清亡以后，北洋政府曾聘专家编写《清史稿》，历时十四年成书。识者议其评判不公，记载多误，难成信史，久欲重撰新史，以世事多乱不果。中华人民共和国成立后，中央领导亦多次推动修清史之事，皆因故中辍。新世纪之始，国家安定，经济发展，建设成绩辉煌，而清史研究亦有重大进步，学界又倡修史之议，国家采纳众见，决定启动此新世纪标志性文化工程。清代为我国最后之封建王朝，统治中国二百六十八年之久，距今未远。清代众多之历史和社会问题与今日息息相关。欲知今日中国国情，必当追溯清代之历史，故而编纂一部详细、可信、公允之清代历史实属切要之举。编史要务，首在采集史料，广搜确证，以为依据。必藉此史料，乃能窥见历史陈迹。故史料为历史研究之基础，研究者必须积累大量史料，勤于梳理，善于分析，去粗取精，去伪存真，由此及彼，由表及里，进行科学之抽象，上升为理性之认识，才能洞察过去，认识历史规律。史料之于历史研究，犹如水之于鱼，空气之于鸟，水涸则鱼逝，气盈则鸟飞。历史科学之辉煌殿堂必须岿然耸立于丰富、确凿、可靠之史料基础上，不能构建于虚无缥缈之中。吾侪于编史之始，即整理、出版“文献丛刊”、“档案丛刊”，二者广收各种史料，均为清史编纂工程之重要组成部分，一以供修撰清史之用，提高著作质量；二为抢救、保护、开发清代之文化资源，继承和弘扬历史文化遗产。清代之史料，具有自身之特点，可以概括为多、乱、散、新四字。一曰多。我国素称诗书礼义之邦，存世典籍汗牛充栋，尤以清代为盛。盖清代统治较久，文化发达，学士才人，比肩相望，传世之经籍史乘、诸子百家、文字声韵、目录金石、书画艺术、诗文小说，远轶前朝，积贮文献之多，如恒河沙数，不可胜计。昔梁元帝聚书十四万卷于江陵，西魏军攻掠，悉燔于火，人谓丧失天下典籍之半数，是五世纪时中国书籍总数尚不甚多。宋代印刷术推广，载籍日众，至清代而浩如烟海，难窥其涯涘矣！《清史稿·艺文志》著录清代书籍九千六百三十三种，人议其疏漏太多。武作成作《清史稿艺文志补编》，增补书一万零四百三十八种，超过原志著录之数。彭国栋亦有《重修清史艺文志》，著录书一万八千零五十九种。近年王绍曾更求详备，致力十余年，遍览群籍，手抄目验，成《清史稿艺文志拾遗》，增补书至五万四千八百八十种，超过原志五倍半，此尚非清代存留书之全豹。王绍曾先生言：“余等未见书目尚多，即已见之目，因工作粗疏，未尽钩稽而失之眉睫者，所在多有。”清代书籍总数若干，至今尚未能确知。清代不仅书籍浩繁，尚有大量政府档案留存于世。中国历朝历代档案已丧失殆尽（除近代考古发掘所得甲骨、简牍外），而清朝中枢机关（内阁、军机处）档案，秘藏内廷，尚称完整。加上地方存留之档案，多达二千万件。档案为历史事件发生过程中形成之文件，出之于当事人亲身经历和直接记录，具有较高之真实性、可靠性。大量档案之留存极大地改善了研究条件，俾历史学家得以运用第一手资料追踪往事，了解历史真相。二曰乱。清代以前之典籍，经历代学者整理、研究，对其数量、类别、版本、流传、收藏、真伪及价值已有大致了解。清代编纂《四库全书》，大规模清理、甄别存世之古籍。因政治原因，查禁、篡改、销毁所谓“悖逆”、“违碍”书籍，造成文化之浩劫。但此时经师大儒，联袂入馆，勤力校理，尽瘁编务。政府亦投入巨资以修明文治，故所获成果甚丰。对收录之三千多种书籍和未收之六千多种存目书撰写详明精切之提要，撮其内容要旨，述其体例篇章，论其学术是非，叙其版本源流，编成二百卷《四库全书总目》，洵为读书之典要、后学之津梁。乾隆以后，至于清末，文字之狱渐戢，印刷之术益精，故而人竞著述，家娴诗文，各握灵蛇之珠，众怀昆冈之璧，千舸齐发，万木争荣，学风大盛，典籍之积累远迈从前。惟晚清以来，外强侵凌，干戈四起，国家多难，人民离散，未能投入力量对大量新出之典籍再作整理，而政府档案，深藏中秘，更无由一见。故不仅不知存世清代文献档案之总数，即书籍分类如何变通、版本庋藏应否标明，加以部居舛误，界划难清，亥豕鲁鱼，订正未遑。大量稿本、抄本、孤本、珍本，土埋尘封，行将澌灭；殿刻本、局刊本、精校本与坊间劣本混淆杂陈。我国自有典籍以来，其繁杂混乱未有甚于清代典籍者矣！三曰散。清代文献、档案，非常分散，分别庋藏于中央与地方各个图书馆、档案馆、博物馆、教学研究机构与私人手中。即以清代中央一级之档案言，除北京中国第一历史档案馆所藏一千万件以外，尚有一大部分档案在战争时期流离播迁，现存于台北故宫博物院。此外，尚有藏于沈阳辽宁省档案馆之圣训、玉牒、满文老档、黑图档等，藏于大连市档案馆之内务府档案，藏于江苏泰州市博物馆之题本、奏折、录副奏折。至于清代各地方政府之档案文书，损毁极大，但尚有劫后残余，璞玉浑金，含章蕴秀，数量颇丰，价值亦高。如河北获鹿县档案、吉林省边务档案、黑龙江将军衙门档案、河南巡抚藩司衙门档案、湖南安化县永历帝与吴三桂档案、四川巴县与南部县档案、浙江安徽江西等省之鱼鳞册、徽州契约文书、内蒙古各盟旗蒙文档案、广东粤海关档案、云南省彝文傣文档案、西藏噶厦政府藏文档案等等分别藏于全国各省市自治区，甚至清代两广总督衙门档案（亦称《叶名琛档案》），被英法联军抢掠西运，今藏于英国伦敦。清代流传下之稿本、抄本，数量丰富，因其从未刻印，弥足珍贵，如曾国藩、李鸿章、翁同龢、盛宣怀、张謇、赵凤昌之家藏资料。至于清代之诗文集、尺牍、家谱、日记、笔记、方志、碑刻等品类繁多，数量浩瀚，北京、上海、南京、广州、天津、武汉及各大学图书馆中，均有不少贮存。丰城之剑气腾霄，合浦之珠光射日，寻访必有所获。最近，余有江南之行，在苏州、常熟两地图书馆、博物馆中，得见所存稿本、抄本之目录，即有数百种之多。某些书籍，在中国大陆已甚稀少，在海外各国反能见到，如太平天国之文书。当年在太平军区域内，为通行之书籍，太平天国失败后，悉遭清政府查禁焚毁，现在中国，已难见到，而在海外，由于各国外交官、传教士、商人竞相搜求，携赴海外，故今日在外国图书馆中保存之太平天国文书较多。二十世纪内，向达、萧一山、王重民、王庆成诸先生曾在世界各地寻觅太平天国文献，收获甚丰。四曰新。清代为传统社会向近代社会之过渡阶段，处于中西文化冲突与交融之中，产生一大批内容新颖、形式多样之文化典籍。清朝初年，西方耶稣会传教士来华，携来自然科学、艺术和西方宗教知识。乾隆时编《四库全书》，曾收录欧几里得《几何原本》，利玛窦《乾坤体义》，熊三拔《泰西水法》、《简平仪说》等书。迄至晚清，中国力图自强，学习西方，翻译各类西方著作，如上海墨海书馆、江南制造局译书馆所译声光化电之书，后严复所译《天演论》、《原富》、《法意》等名著，林纾所译《茶花女遗事》、《黑奴吁天录》等文艺小说。中学西学，摩荡激励，旧学新学，斗妍争胜，知识剧增，推陈出新，晚清典籍多别开生面、石破天惊之论，数千年来所未见，饱学宿儒所不知。突破中国传统之知识框架，书籍之内容、形式，超经史子集之范围，越子曰诗云之牢笼，发生前所未有之革命性变化，出现众多新类目、新体例、新内容。清朝实现国家之大统一，组成中国之多民族大家庭，出现以满文、蒙古文、藏文、维吾尔文、傣文、彝文书写之文书，构成为清代文献之组成部分，使得清代文献、档案更加丰富，更加充实，更加绚丽多彩。清代之文献、档案为我国珍贵之历史文化遗产，其数量之庞大、品类之多样、涵盖之宽广、内容之丰富在全世界之文献、档案宝库中实属罕见。正因其具有多、乱、散、新之特点，故必须投入巨大之人力、财力进行搜集、整理、出版。吾侪因编纂清史之需，贾其余力，整理出版其中一小部分；且欲安装网络，设数据库，运用现代科技手段，进行贮存、检索，以利研究工作。惟清代典籍浩瀚，吾侪汲深绠短，蚁衔蚊负，力薄难任，望洋兴叹，未能做更大规模之工作。观历代文献档案，频遭浩劫，水火兵虫，纷至沓来，古代典籍，百不存五，可为浩叹！切望后来之政府学人重视保护文献档案之工程，投入力量，持续努力，再接再厉，使卷帙长存，瑰宝永驻，中华民族数千年之文献档案得以流传永远，沾溉将来，是所愿也！

二〇〇四年

序言

胡绳武

清末立宪运动是一场全国性的政治运动。这场运动历时9年（1903—1911），波及除内外蒙古、青海、西藏之外的全国22个行省（内地18个省、东北三省和新疆），对辛亥革命前后的中国政治、经济、社会和思想文化均产生过重要的影响。这场运动的人和事，自宣统年间以来不断地有国内外学者们进行研究和评议。由于研究者的立场与观点不同，对这场运动的人和事的评议自然是见仁见智的。但研究者们一致感到研究立宪运动的困难之一在于史料相对缺乏。中华人民共和国成立后，国家重视对近百年历史的研究，在中国史学会的主持下，曾出版过一套《中国近代史资料丛刊》。这套资料的出版对中国近代史的教学与研究曾产生了很好的推动作用，但这套资料丛刊却没有把立宪运动包括在内。

有关立宪运动的文献资料，除1979年中华书局出版过一部《清末筹备立宪档案史料》外，尚无一套比较完整的立宪运动文献资料丛刊，这给中国近代史的教学与研究带来一定的影响。为此，中华书局编辑部于1986年曾拟定编辑一套《立宪运动》的文献资料，作为《中国近代史资料丛刊》的续编出版，并邀请我作为这套文献资料丛刊的主编。我当时因为正在撰写《辛亥革命史稿》，无力承担此项工作而加以婉拒。当时中华书局近代史编辑室的主任陈铮向我表示这项工作可在《辛亥革命史稿》完成以后再着手进行，并希望我能将此项工作接受下来。当时我的研究生程为坤讲师也希望我将这项工作接受下来，并表示愿意全力帮助我完成文献资料的搜集与整理工作。这样，我就终于将此项工作接受下来，并开始注意有关立宪运动文献资料的搜集工作。1990 年以后，《辛亥革命史稿》的撰写工作虽然已经完成，程为坤却已出国留学，我又年近七十，无力单独承担，此项工作遂告中断。其后，我曾争取与中国人民大学图书馆古籍整理研究所合作，希望继续完成这套资料的搜集与整理工作，后因故再次中断。已经搜集却又未经整理的有关立宪运动的文献资料只好堆积存放。

2002 年国家清史纂修工程启动后，清史编纂委员会主任戴逸教授动员我组织力量，将《立宪运动》这套文献资料的整理工作作为国家清史纂修工程文献整理项目之一继续下去，争取完成。我考虑到早在 1986 年即已接受中华书局近代史编辑室委托，承担《立宪运动》的主编工作，中途虽因客观原因中断，但我内心总觉得对学术界和出版社欠了一笔账，不免感到内疚，现在有机会将这套《立宪运动》作为清史文献项目之一列入计划，这是给我完成上世纪中断了的《立宪运动》这套文献资料的一个极好机会，遂于 2004 年向国家清史编纂委员会正式提出申请，并于 2005 年获得通过，正式立项。

这套《清末立宪运动史料丛刊》总的要求是，能够较为全面地反映这场运动的发展全貌，对该运动发生的历史背景、酝酿与兴起、发展和声势、它与民主革命运动及清廷预备仿行立宪的关系、立宪团体、立宪派人士的思想与活动，以及该运动对于中国近代社会历史所造成的影响诸方面，均得到合乎实际的说明。

以往《中国近代史资料丛刊》的编辑方法大致有三种：一是按资料的类型进行整理编辑，如《太平天国》；二是按事件发展进行编辑，如《辛亥革命》；三是二者结合，如《第二次鸦片战争》。本套文献资料大体依照第三种形式，从以下八个方面对相关资料进行搜集、整理与编辑：一、立宪运动的酝酿与发动；二、立宪派与革命派的论战；三、清廷的预备仿行立宪；四、立宪团体；五、国会请愿运动；六、资政院；七、各省谘议局；八、有关立宪运动的外文资料。谘议局文献的选编范围涉及12个行省，即顺直谘议局、奉天谘议局、吉林谘议局、山西谘议局、山东谘议局、江苏谘议局、浙江谘议局、福建谘议局、广东谘议局、江西谘议局、湖南谘议局、四川谘议局。参加本项目的成员及分工如下：中国社会科学院近代史研究所李细珠研究员（立宪运动的酝酿与发动、福建谘议局），清华大学马克思主义学院王宪明教授（立宪派与革命派的论战、有关立宪运动的外文资料），首都师范大学历史系迟云飞教授（清廷的预备仿行立宪），北京大学历史系尚小明教授（立宪团体、国会请愿运动、山西谘议局、山东谘议局），中国人民大学历史学院牛贯杰副教授（资政院、湖南谘议局、广东谘议局），北京师范大学历史学院邱涛副教授（顺直谘议局），中国社会科学院法学研究所孙家红副研究员（奉天谘议局、吉林谘议局），上海图书馆上海科学技术情报研究所高洪兴研究员（江苏谘议局），广东警官学院法律系沈晓敏教授（浙江谘议局），中山大学历史系廖伟章教授（广东谘议局），南昌大学历史系黄志繁教授（江西谘议局），四川大学城市研究所何一民教授（四川谘议局）。

值得说明的是，这套文献资料丛刊立项伊始，清史编纂委员会考虑到我年事已高，故建议增加一位项目主持人，我们经过商议，聘请复旦大学历史系戴鞍钢教授为主持人。项目进行期间，他审阅了700余万字的文稿，并提出具体的修改意见，帮助我承担了不少审阅初稿的任务。牛贯杰副教授承担了大量烦琐沉重的学术辅助工作。清史编纂委员会文献组的王汝丰教授、出版组孟超编审对本项目给予了特别的关心与指导。没有他们的帮助，很难相信这套文献资料丛刊能够如期完成，在此表示诚挚的谢意。同时，山西人民出版社的领导也给予了特别的关注，编辑们付出了辛勤的努力，在此一并致谢。

当然，囿于种种因素，我们不可能将22个行省的谘议局文献全部搜求于内，只选择性地摘取了12个行省的相关文献，这些省份涵盖了沿江沿海、中原腹地、京畿重地与清王朝的龙兴之地——吉林与奉天两省。此外，我们对各省谘议局文献的选编原则以谘议局本身文献为主，因此，规模方面无法做到整齐划一，而且数量各有不同。这些不足和局限，衷心期待学术界进行批评和补正。

2014年10月

凡例

一、本文献为类编资料，资料来源均在正文结尾处标明。

二、本文献按照立宪运动发生、发展的脉络分为三十卷，各卷内容为：第一卷，立宪运动的酝酿与发动；第二卷，立宪派与革命派的论战；第三至六卷，清廷的预备仿行立宪；第七至八卷，立宪团体；第九至十卷，国会请愿运动；第十一至十二卷，资政院；第十三卷，顺直谘议局；第十四至十五卷，奉天谘议局；第十六至十七卷，吉林谘议局；第十八卷，山西谘议局；第十九至二十卷，山东谘议局；第二十一至二十二卷，江苏谘议局；第二十三卷，浙江谘议局；第二十四至二十五卷，福建谘议局；第二十六卷，广东谘议局；第二十七卷，江西谘议局；第二十八卷，湖南谘议局；第二十九卷，四川谘议局；第三十卷，有关立宪运动的外文资料。

三、文献史料如有原名，一律沿用；如没有原名，则由整理者自行拟定，文中注明。

四、资料原文所用繁体字，在不会造成歧义的情况下改为通行简化字。某些具体人名、地名不在此限。异体字、通假字尽量保持文献原貌。

五、本书在纂辑过程中，对清末惯用的一些字词，悉仍其旧，如“豫备立宪”、“豫算”、“筹画”、“画一”、“澈底”、“坐次”、“帐目”、“缕晰陈之”、“详晰”、“人材”、“发见”、“札覆”、“叠次”、“身分”、“省分”、“择尤”等。文中还有许多反复出现的字词属于此种情形，不在此一一列举。

六、文献资料均由编者标点、分段与校勘。错别字用（ ）标出，并于〔 〕中标明正确字，脱字以【 】标明，衍字以〈 〉标明，无法辨识文字和原公文中故意省略之字，均以□标示。

七、原稿繁体竖排，今改为简体横排。原稿中“左”、“如左”、“左列”、“右”、“如右”、“右列”等文字均保留原貌，一律不作改动。

八、为便于读者更好地利用资料，整理者对有必要加注的地方一律加注，以脚注标明。

整理说明

一、本卷收录有关清末国会请愿运动的资料，起于光绪三十三年（1907 年）立宪派鼓吹速开国会，止于宣统三年（1911 年）春国会请愿运动失败。

二、全部内容分为五编：第一编，速开国会之鼓吹；第二编，各地绅民及华侨国会请愿活动；第三编，督抚等官员及资政院议请速开国会活动；第四编，清廷对速开国会之因应；第五编，国会请愿时论。其中第二编又分为三部分：(一) 请愿书呈汇录；(二) 请愿代表在京活动；(三) 八旗及各省绅民请愿活动。第三编又分为四部分：(一) 有关速开国会之奏折；(二) 督抚会商开设阁、会电稿；(三) 资政院议请速开国会；(四) 其他。第四编又分为两部分：(一) 有关国会期限之谕旨；(二) 清廷内部讨论与态度种种。

三、第一编速开国会之鼓吹与第五编国会请愿时论，在内容上大体各有侧重，第一编侧重速开国会理由与办法的阐述，第五编则主要是针对国会请愿运动过程中的人和事所发的议论，但很多时候两方面的内容并不能截然分开，此应特别说明。

四、资料来源主要有三大类：第一类为晚清各大主要报纸，如《申报》、《大公报》、《时报》、《中外日报》、《国民公报》、《顺天时报》、《中国报》、《帝国日报》、《盛京时报》、《民立报》、《汉口中西报》、《厦门日报》、《晋阳公报》、

《中兴日报》、《南洋总汇新报》等。第二类为晚清一些重要期刊，如《东方杂志》、《中国新报》、《大同报》、《现世史》、《国风报》、《蜀报》等。第三类为一些相关人物的记载，如《汪荣宝日记》、《郑孝胥日记》、《那桐日记》、《恽毓鼎澄斋日记》、张謇《柳西草堂日记》、《梁启超年谱长编》等。此外，还收录了《清末筹备立宪档案史料》的部分内容。

五、所录文字原无标题者，或原有标题但与所录文字内容不相符者，均另拟标题，并以注释说明。

六、每条报刊材料均大体按刊登时间先后排列，并逐一注明出处。

七、原稿文字错讹、脱落之处，均经仔细校勘。错别字用( )标出，并于〔 〕内标明正确字。脱字以【 】标明，衍字于〈 〉内标明。无法识辨文字以及原公文中故意省略之字，均以□标示。异体字、通假字尽量保持原样。一些今天已很少使用或不再使用的词语，如“筹画”、“连合”、“省分”、“招集”、“沮挠”、“涂径”、“膜视”、“仓卒”、“谘询”、“分晰”、“棉薄”等等，仍保留原样。

八、旧译名尽量保持原样，如“耶苏”、“和兰”、“奥大利”、“义大利”、“马得里京”，等等。

九、原稿多为繁体竖排，今改为简体横排。原稿中“左”、“如左”、“左列”、“右”、“如右”、“右列”等等文字均保留原貌，一律不作改动。

尚小明

2016年1月

目录

上卷

第一编　速开国会之鼓吹

第二编　各地绅民及华侨国会请愿活动

一、请愿书呈汇录

2. 呈递请愿书情形

第一编 速开国会之鼓吹

金铁主义说（节录）①

杨 度

（前略）故立宪国之国会与政府，犹如车之有两轮，去其一则仆矣。非责任政府之能发生国会，实国会之能发生责任政府也。使一国中而无国会之一机关，则无论以为何之方法，终不能使其政府为责任政府。故问立宪国之机关，以何为至重极要惟一不可缺者，则必曰国会。使无国会，则其国必非立宪国也。由是而知，吾中国今日欲取不负责任之政府改造之为一责任政府，其惟一之方法，必在开设国会也。故一言以决之曰：国会者，改造政府之武器也。试进而论国会与政府之关系，以明其所以然。

溯国会之历史，则五百年前，英吉利之君主欲课国费于市民，乃召集市民之代表者于王宫，使于国政上言其所希愿而听纳之。是国会之起源也。其后德意志

① 节录自《金铁主义说》第六节“政治革命”部分。

各君主国及奥大利，亦于中古以来，有君主召集封建诸侯而谘政务之惯例，谓之同族会议。后因法兰西千八百三十年第二革命、千八百四十八年第三革命之影响，人民皆得参政之权，扩张同族会议，而以国民之代表者加入之。是为今日之国会。后凡称君主立宪国者，必以国会与责任政府为国政之两枢轴。此何以故?则以立宪政权惟一之目的在于发达国民，而国民必如何而能发达，若以此问于官吏，不如以此问于人民；而全国人民至多，不能执人人而问之，故由全国人民中，使选举数百代议士，对于政府而代表人民之意。甄克思谓，军国社会之完全，必有代表制度者，即必有国会之谓也。而国会之本质，有一最重要者，在于人民参政权。使国会不以人民组织，而以官吏组织，则为今中国新官制中所谓资政院者相类。是为代表官吏，而非代表人民，不成其为国会。国家之权力，仍由一机关行动，不能收三权分立之效，终仍为专制政体也。惟一国中而真有人民组织之国会，乃可与官吏组织之政府相对立以相监制，政府而认国会所议有害于发达国民也，则固可以停会，且解散之；国会而认政府所行有害于发达国民也，则亦有责任纠弹之制度以颠仆之。而当其平时未施责任纠弹以前，固又有种种之职权，可以豫防政府之失政也，则政府虽欲不负责任而不能矣。今试先述国会重要之职权，而后及责任纠弹制度。

国会之职权，有关于改正宪法及附属法令之职权，有上奏之权，有关于会计监督之权，有关于法律之权，有关于命令之权，有质问之权，有建议之权，有受请愿之权，有国会内部自治之权等类。而其中最足以监制政府者，莫如监督会计之权。故监督会计及豫算之制，乃各立宪国本英国之制度而仿用之，以此为监督政府惟一之作用也。夫一国之事，待财而理，政府之于财政，既一一皆须受国会之监督，则非有确实之施政方针所以须财之故宣布议会，无由得其同意而征收租税。即既收取租税于民，而其方针之目的不能达，亦自不能逃失政之责任，此自然之结果也。故各国宪法，为此监督之故，所设制度，有下三种，其详不及言也，姑以简单之语说明之。

（一）臣民负担之监督。国家以发达国民为第一之目的，若重其负担而阻其发达，是与其目的相反也。租税为国民现在之负担，国债与国库负担之契约为国民将来之负担，故各国宪法之规定，凡课租税，或改定税率，或起国债，或为国库负担之契约，必得国会之协赞。惟租税云者，仅指直接税、间接税课于普通人民者也。至国家与便利于个人而征其报偿，则因其非租税而无待国会之承诺，例如征邮便税于发信者，征授业料于官立学校学生是也。国债云者，募集内债、外债，发行国库债券，皆是也。为国库负担之契约云者，官衙佣聘外国人之契约之类是也。

（二）国库收入之监督及豫算制度。凡国家之收入，不问其为课取于民者，或由他财源而来者，然既收入国库，则使非合于国会承诺之目的，而以国务大臣之责任支出之者，虽一钱不许消费。此会计监督之第二要义，东西洋无论君主国、民主国，必有宪法之成条，而严密厉行之者也。所谓国库者，财务大臣所管理之国家金库也。然官衙中以现金出纳不便实多，故财务大臣仅管理国库之计算，而实际之金库，实设于一半官半私之大银行。此各国之通例，如英之英【格】兰银行，德之德意志银行是也。在各地方之国库出纳事务，则委托于地方银行所设之支金库，以现金纳于中央金库，且以省支出于地方之劳。然自计算之外形观之，则由各地纳出，由中央支出，又全同一也。凡是等国库之出纳，皆以财务大臣负其责，非有财务大臣之命令书，则不得收入支出；而财务大臣之能收入支出者，则以国家一年之收入支出，曾作计算表，以求国会之协赞故也。此计算谓之豫算。豫算决定，则公布之于官报，国库之官吏必取财务大臣所发收入支出之命令书，与豫算表对照，若无超过，乃能支出；惟于收入，则不妨超过耳。若因豫算之金额不足，更须为超过豫算之支出，及豫算外之支出，则于支出之后，必求国会之承诺。若不求其承诺，而于决算时发见之，财务大臣任违法之责。承诺豫算之法有二：在英吉利，则财务大臣先就支出各科目，指定以何项财源充之，顺次求协赞于国会，最后及通计总科目而报告于国会。此惯例也。在他国，则最初即提出一通总豫算案，通其全体而求协赞。此制各国皆同。至国家之会计年度，不必依于岁历，大抵计农业收获之时，与国会召集之时，以定便宜会计年度。故各国多以阳历四月初日至次年三月末日，为一会计年度也。至作豫算表之法，先由各部官衙于其所管事务，概算一会计年度内之支出额，以提出于财务大臣；财务大臣准政治之方针而取舍之，以交阁议；议决之后，通知各部官衙依此以作豫算经费要求书，提出于财务大臣；财务大臣就各官衙之经费，分其科目而作豫算总案，然后提出于国会；国会议决之后，君主裁可而公布之。财务大臣准此豫算案，更为各部官衙作支出豫算计算书，分与各官衙并国库，于不超过此金额之范围内，财务大臣以其发支出命令之权，委任于各部官衙之长官。此便宜之方法也。总豫算案于科目与年度，皆为严格之区别，甲科目之经费不能移用于乙课目，前年度之经费不能移用于后年度。若前年度有支出之剩余金，则使编入于后年度之收入。若有互于数年之事业，则豫定年度于其第一年，以继续费求其协赞，以免年年协赞之烦。至于超过豫算之支出，及豫算外之支出，为事实之所不能免，故和兰[①]、意大利、瑞典等国，于豫算中设豫备费之一科目，先支出而后承诺，固一便法也。然此费必为少额，若有战争等类非常大事起时，不足以应之，又急切不能召集国会别求承诺，势必危及国家，故巴威里、巴典、索撒等国于此之时，可不依豫算与法律而为临时之处分，或募公债，或课租税，惟必速开国会以求承诺而已。一国中官吏俸给、恩给、官衙事务费、国债利子、军队舰队维持等费，为年年须要之费，非可以国会之意旨而废止者；又各因法律而经营之事业经费，可视为国会已承诺者，故英吉利于此等皆目之曰经常费，不必年年求国会之协赞，而以国家之固定收入金支办之，财务大臣报告其收支于国会而已。德意志各国亦有于此种费用禁国会之拒绝者，亦有谓非与政府熟议一致不能决议减废者，此亦立宪国一必要之规定也。国会若否决豫算全部，或豫算未议决而有闭会或解散之事，则其时国务大臣何所准据以为支出，乃免违法之责任，是亦一疑问也。昔者普鲁士曾有国会一院否决豫算之事，毕士马克乃不依豫算而为一切之支出，然其后又自认违法而求国会解除其责任，国会亦顾念其功绩而解除之。索撒千八百五十一年五月五日改正宪法第百三条之法律，及西班牙追加宪法第七条，日本宪法第七十一条，则于此时，依前年度豫算支出，亦一便宜之制也。

（三）监督决算及设置会计检查院。欲政府一切之支出必恪守国会所承诺，则不能仅以国会之同意为定，而更必于其实行后检查其决算是否一一合于国会之承诺。然豫算决算即令符合，而国库实在之出纳金额若有不符，则监督仍无效也。国会于此欲更检查其国库之事务，则国会仅二三月之会期，何能有检查各部官衙之豫算及出纳事务之余暇。因此，各立宪国别设一会计检查院，以代国会行其检查，而报告于国会。会计检查院既有检查政府之职权，故为独立之机关，而

① “和兰”，即荷兰。

不隶属于政府。国会若因其报告，得知政府于会计有违法之事，则上奏于君主而请处置之。会计检查院之权，又得据关于会计之法令，对于各部官衙中收支现金之官吏，检查其行政事务，皆所以监督财政，而补国会之不足者也。

以上所述监督会计及预算之制，其严重如此，是皆国会重要之职权，即立宪国所以建设责任政府惟一之武器也。国会既握此监督财政之重权，则政府苟昏昏昧昧，毫无施政方针可发表于国会，以应议员之质问，如今日中国之政府者，则其何以取财于民，并不能言其所以然，将何以对此监督之国会而求其承诺？则虽欲不定政治方针而有所不能，虽欲不对议会负责任而有所不能。是如顷者戏班之喻，登台而不演剧，则团拜会员即不出钱，彼戏班者虽欲不演剧而不能，虽欲不对会员负责任而不能，不然，彼更何所系恋占此舞台而不去也。但使政府能负责任矣，则自成一君主无责任、政府有责任之结果。故曰：非责任政府能发生国会，实国会能发生责任政府也。及既发生之后，则责任政府与国会乃各车之两轮，缺一不可矣。虽然，国会之所以使政府负责任者，义止此乎？若其止此，则政府虽不能无政治方针以告国会，然其方针为国会所赞成与否不可知。若不赞成，则如之何？即赞成矣，而政府之施政乃不如其所报告之方针，则又如之何？苟无法以处之，则政府之责任仍未完全也。曰：然。然而，各立宪国，又有内阁责任之纠弹制度在。

内阁之责任有二，一曰违法，二曰失政，既于前述之矣。若夫对于此责任而纠弹之，则二者之方法不一致。盖欲察违法之责者，则有宪法条章之字句在，可以为确固之标准，而判定其违法与否，尚不难也。若夫政治，原无一定之标准，欲辨别其失政与否，实非易易，故各国之制度不一。今取违法与失政二者分论之。

（一）纠弹违法责任之制度。德意志各邦及奥（太）〔大〕利[①]为之特设裁判制度，谓为国务裁判所，然其组织权限，各国不同。普鲁士及巴威里则在司法裁判所最上级之大审院行之。英吉利自来习惯，国会下院起弹劾大臣之诉讼，于上院裁判之。北美合众国及法兰西亦模仿之，而行下院起诉、上院裁判之制。巴威【里】之新责任法，以上院为国务裁判所，而使大审院及地方裁判所之判事

① “奥大利”，即奥地利。

八名属于上院，以审理大臣告诉事件。索撒之国务裁判所，则以裁判长一人、判事十二人组织之，其裁判长由国王于大审院之部长中敕任之，判事六人则从大审院中之判事敕任之，其他六人则国会之两院各举议员三人，是即混成专门判事与国会议员而为一国务裁判所者也。至其处分之法，各国中有止于惩戒者，有课之刑罚者。德意志诸邦中有乌鲁德志克一小国，定为禁锢之处分，其余各国不过谴责、休职、免职及剥夺为官吏之资格而已。

（二）纠弹失政责任之制度。失政责任若无一定之标准，故各国于此亦为难题。昔在英国，曾以大臣失政，国会提出一有罪之法律案而可决之，即以处罚大臣，谓之弹劾法律案。西千六百四十四年及其明年，依此法而处大臣以斩罪者二人。夫刑罚之所以为刑罚，在先立法以罚后来之犯法者，若前无定法至有事生而拟法，于其后不得谓之公平，故此制不久即废。次起于法兰西者，为信任投票之制。国会中若有一部议员，以内阁所取之政策为非，则提出于议会，为信任之投票，若不信任之票为多数，则迫内阁使辞职。此现今民主国所盛行之制也。但行此制者，非必用信任投票之名，每于他名义之下行之。例如内阁欲实行其主义，立必要之政策，求国会之赞同，而国会多数非认之，是亦一种之信任投票也。或又于政府所提出之法律案而提议修正，与政府亦不兼容，不问内阁之如何反对，而其修正案亦遂成立之时，是亦一种之信任投票也。然此等纠弹之法，仅适当于政党内阁之国，若国民之程度不足以为政党内阁，则当内阁政治方针与国会多数意见不相容时，仍当决之于君主。君主非解散议会，即交迭内阁，盖议会所见有时亦容有不及内阁之时，解散之而更征国民代表之意思，不得遽诋为病国之行为。若议会所见果是，则解散后所召集之议会，其反对内阁势当愈甚，更将以促内阁之倒矣。况议会之所以制内阁者尚不止是，议会若因政府之失政，而否决其豫算，使政府不能征收租税，且不得为行政必要之支出，则政府坐困矣。盖往时各国之制，以豫算为岁出岁入之准则，否决豫算之时，则虽有税法不得征收，虽有官金不得支出，故议会得以操其死命也。然此类纠弹之法，虽可为议会制政府之据，而在君主立宪国中，未能成政党内阁之时，仅可为偶然之政策，而非正当之制度。其正当之制度，惟有上奏弹劾耳。上奏弹劾者，议会多数认内阁有失政之时，据其理由上奏君主，请其交迭内阁。毕士马克当议会欲上奏弹劾之时，每自出席于议会，讨论辨驳，以明其方针，务求其上奏案否决而后已。此无他，国会若上奏弹劾内阁，则内阁亦必同时呈出辞表，以待命君主，非解散议会，即交迭内阁，二者必出于一。此制各国皆然，固为立宪政体之美风，因此无论如何强硬之内阁，终不敢数与国会为敌，非必不得已，亦必不敢出于解散议会之途。盖议会解散一次，则国民激昂一次，而内阁即多一层之危险，而交迭之机愈速。日本前日桂内阁以解散议会，伤国民之感情，虽战胜强俄有赫赫之功，然和约示成，内阁即倒。不待议会之开，已不能复自安于其位，而行内阁之总辞职。非议会有以迫之，而其势不得不尔也。日本议会之势力，较之英、美等国，几不可以道里计，然内阁之不能不对之而负责任已如此，则国会之所以制政府者为何如哉！

以此纠弹制度论之，则有国会之国，其政府虽欲不为责任政府而不能，故曰非责任政府能发生国会，实国会能发生责任政府。国会者，改造责任政府之武器也。中国国家之程度，惟其未达于完全军国社会之程度，故三权分立之制不生，代表从众之事不见，而国会不立，故其政府亦遂为不负责任之政府，此自然必至之结果也。使其有国会，则君主有责任、大臣无责任之专制精神以去，而君主无责任、大臣有责任之立宪精神以生。政府之取财于何方，用财于何事，及用之当与不当，既一切不能不得议会之承诺，则议会实操其生死内阁之权，以是而使政府不得不挟一发达国民之方针，以行其政，则国虽欲不富不强不可得也。今中国处于世界经济战争之潮流，国民之经济力全为政府所摧灭萎败，吾固曾论之。今政府之对于外，则赠礼之政府也。所赠之礼为何？国民之经济而已。其对于内，则窃财之政府也。所窃之财为何？国民之经济而已。其不负责任如此，则国民之劣败于经济战争，夫何足怪！若国民任政府如此而不知救，不及十年，中国若不与印度、埃及同入于经济亡国史之列者，可谓无天理也。故吾今日所主张之惟一救国方法，以大声疾呼号召于天下者，曰“开国会”三字而已。无国会必无责任政府，此如车之两轮，今无其一，宜其一之亦不行也。然余虽大声疾呼以主张开国会，而闻者必骇而讶之，以为是特大言以骇众耳。若今日国民之程度，其与各立宪国国民之程度相去不知其几远也，而今乃于一切不为之豫备，乃遽呼于国中曰开国会，其所以异于不更事之浮躁少年之论者有几何？夫是言也，乃人民程度不足之说也。今日遍我国中，自上至下，殆无不持此论者。政府且一再以此语见之文牍，如地方自治不可骤行之类。各督抚中反对改革官制之函电，无一不以此为之理由。举国之人贸然听之而不加察，若以为吾民之程度真有所未足也者。

乌呼！此真亡国不祥之言，予之所极端立于反对之地位者也。请试述其理由。

彼谓人民程度不足者，当以二问题诘之。其一曰：子以何标准，而定人民程度之不足？其二曰：子以何方法，而使人民程度之足？此二者相关联之问题也，故即合而论之。彼之所谓标准者，必非谓各立宪国之人民，与中国之人民，其天然之材质，有如人禽之悬隔，不可以相及者也。彼之所谓方法者，亦必非谓任其如此，待之百年，待之千年，以希望其自然之增高也。既二者皆非矣，则所谓标准者，必以有教育、无教育为标准；所谓方法者，必以教育普及为方法。准此前提以论开设国会之事，则必下一断案于此曰：教育普及之后，则国会可开；教育未普及之先，则国会不可开。此断案与持人民程度说者之心理必无悖也，则余请即据此断案而论之。欲教育之普及，则必使一国之人尽受教育，仿外国之制，行强迫教育而后可。然而强迫教育但能行之于年幼之儿童，而中国今日之社会，以向无教育之故，无长无幼而皆宜学者也。且无论何国，国会议员之选举权、被选举权不能及于儿童，则因国会之事而计及教育年长者，较之教育年幼者之问题更急矣。夫今中国当过渡时代中，谈教育者不能仅注意于儿童，而不能不有一种过渡阶级之教育，以教成童以上之人，此固中国今日教育上之一问题，即不牵入国会问题，亦当研究之者也。余今者非欲专研究此问题，故不详为讨议。然即令有关心教育之士，筹有千条万缕之办法，而余犹以为不过一纸之空文，在如此政体之时，如此政府之下，决无可以解决此问题之道也。何以言之？各国之所谓教育普及，仅及于儿童之身，而中国乃并成童以上亦包含于其内，其范围既较各国为广，其事业亦较各国为难。其难为何？经费与教员之不足故也。此过渡时代无可如何之情形，不能焉他国比例。然此等事皆为教育行政之事，则与各国无所异。既曰教育行政矣，则其在全国行政事业范围中，不过为其一部分。一切之行政既皆统之于一政府，而中国今日行政之政府，无立法之议会以监督之，其不负责任至于如此，今乃谓教育普及以外之各政，必待国会成立、政府改良之后，而后可图整理，惟此教育普及一事，则不可不任之无国会之政府之自举。是犹父母之于子也，谓其八岁入学以后，一切修身求学之事必待学校与家庭双方之训练，而惟当八岁时，其肯入学与否，则不可不任儿童之自由。天下顾有是颠倒悖谬之理论乎？夫一国之事，有如一身，牵一发而全体皆动，目之所注视，全体之所注视者也；足之所行动，全体之所行动者也。若谓吾之全身姑坐于此，但以一足行于百里之外，虽至愚者亦知其有所不能矣。而欲专以教育普及，望之不负责任之政府者，何以异是？夫各国教育普及之所以能行者，为其一切行政皆有统系，纲举目张，万事皆理，而教育普及之事，亦自然能举行于其间而非难也。则试举实例以证之。欲教育之普及，必学校之林立，而学校之种类有三：一官立，二公立，三私立。官立之学校，其经费全由官筹，但可以宏大之规模，为社会之模范，其学校必不能多也。私立之学校，以私人之出资营之，亦但可（唱）〔倡〕导学风，补助彼二者之不足，而亦必不能多也。其所以不能多之故，则皆由于经费不足之故。故欲教育之普及者，惟恃公立之学校林立，而后可以致之，否则必不能。何以故？以经费易筹故也。其经费何以易筹？则以由地方公共团体自筹。以地方自治之机关，于国税之外收取地方税，以人民公共之财，办人民公共之事，而教育为其一端，故可多设学校，以谋普及也。若地方无自治之机关者，则地方税不可得而收；即有地方自治机关，而能收税建校以谋教育之事矣，然普及之权，犹非地方团体所能操。何也？人民不强迫之，则不能全使尽教育子弟之义务，斯教育仍难普及。然非政府发强迫之命令，通全国一致以行之，而官治之机关，又足以调查户口人数、年龄等，以实行此事，而无疏漏之患，则虽有自治团体，仍不办也。而全国教育主义之一致，使不各为风气，教员之认许，教科书之检定等事，更非自治机关所能任矣。由此论之，则教育行政与全（都）〔部〕行政之关系，其密切而不可分举，为何如乎！今中国政府方以人民程度不足为口实，而吝与地方自治之权，则教育普及之经费，首无所得。即令兴起地方自治，然自治之行政，本以补官治之所不及，今官治如此，自治之所补几何，何自而能达其教育普及之目的哉！故持人民程度说者，苟谓教育普及之后则国会可开，是欲以不开国会之原因，办到教育永不普及之结果；又以教育永不普及之原因，办到国会永不开设之结果。推其居心，直有欺诳我国民之罪。而自余观之，则教育普及与否，视国会开设与否以为断。但使国会开设，政府必能改良，一切行政既已皆理，则教育行政亦因之而理，而后教育普及之希望乃可达也。谓余不信，则请阅各立宪国之历史，曾有一国焉，于未开国会以前，其全国人民即已尽受教育者乎？余实未见有如此之一国也，而何独于中国而疑之？

论者或变其词，以为人民程度不足之标准，非以教育也；人民程度使足之方法，亦非以教育也。必也使人民有自治之经练，以为国会之豫备，先立地方自治之法，而后视其程度，以渐由一地方而及于一国。是说也，较前说似是，而亦实非也。世界各国中，地方自治之发达莫（加）〔如〕英。彼自西四百年后，以北方蛮族侵入英伦海岛之后，即已保存其固有之地方自治制度，其后逐渐发达而遂成为国会。故国会成立之早，世界中惟有一英；而由地方自治发达而成国会，世界中亦惟有一英。其他欧洲大陆诸国，无可与比者。论者遂谓英人之政治能力甲于世界各民族，而不知其非也。英既独处于海岛，而不与各国同立于大陆，则壤地相连、竞争激烈之患，英不如各国之甚，惟其不甚，故可以守其故制，徐徐发达。而大陆则反之，彼此之竞争既烈，非集权于中央政府，以谋全国之统一，则不足以御外侮而图生存，以此地方自治之发达不及中央官治之发达之速，因其所注重者，常在此而不在彼，于是地方自治之程度，遂不足以与英比矣。此内因外缘之所迫，而有以使其国势之不得不然。使易地以处之，则其现状亦必相反，未可尽以为能力优劣之所判也。且英之能如此者，不仅以其为海岛之故，又以其为小国之故。其初，英伦三岛尚有他部落杂居，而非尽为英人之地。惟其地小，故地方与中央接近，人民公共之会议，不期而成一国政事之会议矣。此如以中国一府数县之地为一国，君不甚尊，民不甚卑，民权之伸张，有何难哉！尧、舜之时，亦有议会，以取决一切政事。其后国家发达，土地日广，人民日众，而地方乃与中央政府远矣。故地方自治之制度，不能共保之以渐发达而为国会者，职此之由也。故中国数千年来，地方之权轻于中央，自治之权轻于官治，此无他，国家发达之所致，与欧洲大陆诸国略相同，而与英大异者也。世之论英者，皆谓其地方制度发达甚早，然余则以为此海岛小国之所当然，与其谓之地方制度发达甚早，不如谓之国家制度甚发达迟也。然英人则又以国家发达甚迟之故，而大食其福，逐渐进步，自然而成，无人为强作之病。此英国之所以为天然国，繁荣安富，日以膨胀，而非世界各国所能模拟者也。各国欲其国家之完全发达，即不能不谋所以发达其地方自治，此不待言。然欲如英国之任其自然而长成，则必不能。故无论其国中开设国会之先，有无地方自治机关，然求一如英之地方自治自然发达而成国会，则可谓无一焉者也。故英国之事，世界各国不敢引以为例，而谓中国养成国会之程度宜以地方自（地）〔治〕，是盖以英为比例，而不知中国之现状，岂复当时海岛小国可比。若以为比，是虽更俟千年，仍未审其如何，而各国之非英比者，又何以有国会也？况夫中国自封建破后，历代遗传，亦自有若干不完全之自治制度在，他国不必比，但比之日本维新之顷人民自治之程度，必较高矣。日本维新之前，尚是封建制度。凡封建制度之国，必有若干之阶级以递揽政权，而下级之人民等于仆奴，绝无与闻政事之资格。则日本维新以前地方自治不及我可知，而彼顾可以举其无教育之普及、无自治之经练之人民，而选举议员，开设国会。以中国封建阶级尽除，人人可以参政之资格，既养之二千余年矣，而反谓其日本之不若，是何说也？况今中国政府，不惟谓人民程度不足不可以开国会，且谓人民程度不足不可以兴地方自治，而教育普及之说又非国会成立后永不可见诸实施，而程度无由较今日为高，则亦永不得地方自治，即亦永不得开国会而已。谓非欺诳国民而何哉！

以上所驳二说，一以教育普及为标准与方法，一以地方自治为标准与方法，皆人民程度说之谬误者也。推其所以致误之原因，则由于其所观察错误者，有如下之二点：

（一）不知少数人民与多数人民之程度不必同也。世界上之所谓国民，无论其在专制国与立宪国，亦无论其在君主立宪国与民主立宪国，其社会上一切事业之原动力，常在中流社会。此无论其为人为阶级所致，如教育不同之类；抑或为天然阶级所致，如教育虽同而贤愚各异之类。然一国之优秀者，常集于中流社会，而以其国中人数论之，常为其少数，此则不问何国而皆然者也。故欲论人民程度者，但宜据中流社会之少数者以立论，而不必及于全国多数之人民。今举西洋各国之中流社会，以与我国中流社会比较，则我诚不如彼；若举西洋各国之下等社会，以与我国中流社会比较，则彼亦岂能测我之程度。且又何独我，即朝鲜亦必高于彼矣。而人谓西洋程度高于我与朝鲜如故者何也？则亦以中等社会为标准而云然也。故欲论中国人民程度者，亦但能取中流社会之少数者而论之，而不能合国中全体多数以下论断，动称全国人民程度不一，而因以为人民程度不足之证，藉为不能即开国会之口实也。此意既明，则可递入于第二问题。此下所论者，皆以中流社会之程度为标准也。

（二）不知无国会之国民与有国会之国民之程度不能同也。吾知吾虽以中流社会为标准，而论者仍有以难我也曰：今中国之中流社会，与各立宪国之中流社会，其程度孰为高下？则将应之曰：彼高而我下。然则高者可以开国会，低者不可以开国会，无可疑也。则将反诘之曰：彼将开国会时，其中流社会之程度，与我今日孰高？若论者而能发见其彼高于我之据也，则我无辞焉，若其不能，则吾敢悍然以告持人民程度说者曰：有国会，则国民之程度高；无国会，则国民之程度低。论人民程度之足与不足，其惟一之标准在有国会无国会；谋人民程度之足，其惟一之方法在开国会。吾知吾言一出，疑而骇者必滋多也。其最足以相难者，必有一说焉曰：以人民程度高为其原因，乃能得发生国会之结果，今子乃以有国会为原因，而人民程度高为其结果，不其因果（例）〔倒〕置乎？且人民程度不高之国，何自而有国会之忽然发生？如子之说，必也人民之得国会，将由上帝与之，或者君主与之，而非以民力自致之而后可，不然则其理不可通也。子若谓国会之生，将恃君主而不恃人民，则予无可言，否则予苦难索解也。曰：非此之谓也。夫使中国今日程度尚在蛮夷社会，则将求游牧酋长、耕稼族长之制而不可得，遑言国会？又使尚在宗法社会，则将求封建制度而不可得，遑言国会？又使尚在封建制度，则将求君主专制而不可得，遑言国会？而中国今日则既脱离封建二千余年，经过开明专制二千余年，较彼完全军国社会所差者，不过三权分立制度，亦即国会之未完全耳。谓如此人民程度，不足以开国会，而必待其与各立宪国人民同等，乃可施此制度，是未知各立宪国开国会时，其人民程度尚未及我国今日。且国会不开，则我国人民程度，又永不能及各立宪国民也。其理由安在？乃以人民程度之所以高，非能自然而高也，实以有参政权而后能高。今世所谓参政权，固指人民参政而言，然人民得为官吏，亦不得谓非参政之一种。故参政权亦可分之为二，一为人民以官吏之资格而参政，一为人民以人民之资格而参政。凡在封建之国，政权必在世卿，人民决无以官吏资格而参政之权，必待封建既破，而后人人可为官吏。各国立宪之初，其国中尚多为封建制度，故虽以人民之力破坏此制，而宪法中多载定人民得为官吏之权。由此可知，中国与西洋、日本诸国之程度，有一大差异者，乃各国封建既破，国会旋开，故人民以官吏资格参政之权，与人民以人民资格参政之权，同时并得。而中国则因封建破坏甚早，故人民以官吏资格参政之权，得之已二千余年；又因国会开设甚迟，故人民以人民资格参政之权，至今尚未得也。变词以明之，则各国由宗法社会入于军国社会不久，而军国制度完全；中国由宗法社会入于军国社会二千余年，而军国制度尚未完全也。于是中国人民程度与各国人民程度相比，可下一断案曰：比其已开国会后之人民，则我远不为于彼；比其将开国会时之人民，则我远过于彼。何以言之？以今日相较，则我不如彼，无待多言。然以将开国会时相较，彼与我皆无人民以人民资格参政之权，此其所同者也。然人民以官吏资格参政之权，则为彼所无而我所有。彼国中既为封建制度，则一切皆任贵族之专横，普通之人民以阶级之限制，不得为官吏，则国家政治之为何物，必非此级人民所知。即有苦心求之者，亦决无可试验练习之地，其政治思想必益薄弱，政治能力必益萎缩，皆无自而发达，故其程度决无能高之理。然非封建之国则反之，人民既无阶级限制，人人可为官吏，则普通人民之中，人人可为官吏之豫备。其专门利禄为官吏者不必论，其余为官吏者，则必知国事，谙治理。而即未为官吏之人，亦可自由考究，储为世用，甚或著书讲学，以谈天下之变。布衣之士，乃以天下自任，穷则独善其身，达则兼善天下。此虽专制君主国之思想，然必非封建国无官吏权之人民所能及也。科举取士之制，固不得谓为文明，然朝廷每岁遣官逐地按临，人人可以赴试，在无学校教育之国，犹幸有此法以为间接之教育，民间得读古人讲学论治之书，以为试文对策之用，虽其所知甚肤陋，或其目的又全在利禄，然其智识已必在封建国民之上。盖可为官吏云云者，自利禄家视之，则为取利干禄之门；自功名家视之，则为立功建名之会；自道德家视之，又为行义达道之方。故此中亦未尝无聚徒讲学，挟策干时，崛起而为名臣贤相者。故人民但有为官吏之权，则政治思想、政治能力必不甚难发达，此各国人民所以争之甚力而载之宪法者，而中国则自秦以至于今实已如是也。各国之事不必备举，即以日本而论，维新之前，国中人民不仅无教育普及、地方自治之预备，且并以官吏资格参政之权而无之，政权皆在少数之世禄藩臣。彼等亦以其权覆幕开港，而成立宪之功。以彼时人民之程度，亦继起而稍稍鼓动，遂以开国会矣。彼其时何程度之可言而犹为之，而谓中国今日程度乃不为彼乎？试观日本议会史及其社会所传述当时轶事，初开议会之顷，不仅举国之人民不知选举议员为何事，即被选之议员亦尚不知议会为何物，并院中议事多数决议之法亦不之知。举议长、设委员等类一切方法，尽皆茫然不知所措。议员之与议员，有因反对己议而使人要击之于赴院之途中，令不得入院发言者。如此等类之事，盈千累百，无一而非可以喷饭之笑柄。其所谓程度者，乃不过如此。中国此时即开议院，虽亦不免笑谈，吾犹可幸其不至如是之甚。即与之同，即亦无碍。彼既可开国会，则我何独不可？但须数年之经练，即成整齐秩序之议会矣，是可决而知之者也。其故为何？盖天下事，必由经练多而后知识进，凡人于一身之事皆然，何况一国。王阳明论知行合一，譬以行路，行一步即知一步，终身不行，终身不知。人民程度之进步，亦复为是。日本第一次议会开于明治二十三年，其时人民程度之幼稚尚如此，然至今尚不过十七年耳，而全国人民之程度，乃竟列于世界第一等国而无所愧，岂非不可思议之进步乎！试问其所以致此之由，则实以有议会之故。夫一国中但能有一议会，则人民程度进步乃如此其速者，何也？盖立宪之国，政府之外，必更有一议会与之对立。而以官吏资格参政者，政府中人也；以人民资格参政者，议会中人也。人民既得以人民资格参政矣，则一国之事，乃为一国人民所能尽知之事，决非如专制政府一切财政、外交等事，全守秘密，不令民知所能比拟者也。民既尽能知矣，然后乃能论其是非得失，而谋改良之方。抑既谋之，则又可提出于议会，建议于政府，以见诸实行。夫知民间之利害者，莫民若也；谋之而必忠者，亦莫民若也。乃以所知者责于政府，政府即不得不负责任，而准以实行，否则财政无所自筹，行政无可为计，而内阁必败。议会以此盾于政府之后，而使其不得不准民意以行政，则凡一国之事，为政府所施行者，无一可以放任不理，敷衍了事。以言教育，则人民受实在之教育；以言卫生，则人民得实在之卫生；以言经济，则凡一切货币之整齐，实业之兴起，无一而非发达人民经济之事，决无丝毫紊乱摧坏之举；以言财政，则苟有一钱非用之于发达国民之事者，政府无能用也。以此之故，其政府虽欲不负责任而不能，其人民虽欲不发达而不能，其人民之程度亦虽欲不高而不能矣。盖责任政府之目的，以发达国民为目的，国民发达一日，即程度高一日。所高者何？民力可以助国力者也。所发达者在此，所高者亦在此。然非有议会，则不能使政府以发达国民为事；抑非有议会，亦不能使政府以高人民程度为事也。况有议会之国中，报纸舆论之所批评者，政事之是非也；政党之所活动者，政见之行否也；议员之运动选举以告于国民者，政府之贤否也。凡此等类，又皆有议会则人民程度益高之原因矣。故一国中惟患无议会也，但使今日有之，则即自明日起，国民以一日千里之势而日趋于智，国事以一日千里之势而日趋于理，国势以一日千里之势而日趋于强，只有进步而无退步，有如黄河之水奔流到海，遇山则凌山，遇堤则决堤，无能御之者矣。世之论日本者，动曰维新三十余年，然余以为日本之维新，但自明治二十三年初开国会起算，至今不过十七年耳。由今逆数十七年以前，人民之程度尚不及吾中国，何程度之足言乎？若因此而惊为不应如是之速，则是以无议会之专制国千年不进者相比而讶为太速也，而不知一国但有议会，岂有经十余年之久，而尚不能雄飞天下之理，虽不必谓之迟，决不能谓之速。使吾中国自今日而有议会，则再阅十七年，亦不知摧几强俄，败几法、德矣。日本再阅十七年，使中国仍如今日，又不知得我几台湾，占我几东三省矣。俄国今日已有议会，再阅十七年，使中国仍如今日，又不知修几十百东清铁道以贯我中国，屯几千万满洲军队以驻我中国矣。故欲人民程度之高而不开议会者，是犹欲腹之饱而不进食也，今乃反谓因腹不饱，故不进食，非颠倒谬误以欺国民而何乎？

且凡议会初开之国，不仅议会中多笑柄，即政府中亦多笑柄。日本亦然，各国又然。议会固不知对于政府，而当为如何之监督，即政府对于议会，亦不知当如何以求协赞。彼此皆为创举，皆无经练，相对茫然，不知所措。其后以互相监制，各求进步，而后议会乃有立宪国议会之规模，政府乃有立宪国政府之规模，其程度亦正相当，非仅可诋议会为幼稚，而颂政府为老成也。何也？人民程度与政府程度为对待，政府中人亦自人民而出，若以为议会之幼稚如明治二十三年之日本，而政府之老练乃如立宪千年之英国，天下决无是理也。以是而论，则不仅人民程度待议会而始足，即政府程度亦待议会而始足。而中国今日之论者，但闻人民程度不足不能开议会之说，不闻政府程度不足不能开议会之说者，何哉？余以为使中国政府中人即今皆为周公，议会中人即今皆为孔子，其程度之高皆如此，然使其在最初试演，则今世立宪国家议会与政府间之作用，及一切细密之议院法等，亦必当以两无经练，而有今世各国所无之笑柄。此何足以为议院累者，而谓孔子之程度不足耶！且议院之初开也，非失之于腐败，即失之于激烈。腐败则不足尽监督政府之责，激烈则或轶出范围之外，如俄国去年议会故事，致招政府之解散。此皆初开议会时所难免者，然而不足为虑也。腐败者经数次之磨练，加以全国舆论随议其后，当即渐知监督政府之方；激烈者或经一二次解散，而必归于秩序。总之，议会开后，不过数年，必能以其正当秩序行监督政府之实，而政府亦随议会之进步以进步，而成为责任政府矣。此余所谓以中国此时人民程度，比较各国初开国会时而无不足，因欲以开国会三字号召于天下，而为改造责任政府惟一之方法也。

或有难予者曰：子之论人民程度说也，甚辩，然向者子所持以论国民程度者，不尝以能力与责任心二者为言乎？子论中国国民，不又尝谓各族能力有参差，而责任心皆不发达乎？今主持开国会，而忽曰程度已足。所谓足者，谓能力乎？谓责任心乎？答曰：程度已足云者，乃谓即此程度以开国会已无不足，而不必更与有议会之国民比。此不仅于国民能力云然，于国民责任心亦云然。能力不必论矣，即以责任心而论，则亦非有国会后不能完全发达。孟德斯鸠有言，不使人民参议国事，则人民与国漠不相关，即偶然论之，亦犹品评俳优，以供谈助而已。此言人民无参政权则无责任心也。的格维尔有言，欲人民之爱国，必与以参政权，参政权与爱国心常为正比例，爱国心者，与责任心异名而同物者也。此言人民有参政权则有责任心也。以二氏之言证之，则人民无参政权即无责任心，有参政权即有责任心。然则完全之责任心，亦国会产生之物也。盖既有国会，则政府必负责任，其有责任心不待论矣。而人民全体不过分为选举人、被选举人二种，选举议会之人既各知所选举者为代表一已而议国事之人，则国事直为己身之事，其责任自不难知。而被选举者代表国民监督政府，此其责任之重，更不待智者而知，则责任心自不能不起矣。自政府议会以至全国人民，无人不有责任心，而不限于中流社会者，此非有议会不为功，而中国今日人民程度所以不及有国会之诸国也。然如此论责任心，乃以全国多数之人论之者；若但据吾国中流社会而言，则以比各立宪国之中流社会尚不足，必待有国会后而后可以相比；至以比其国中多数之人，则未见其不及也。以此而开国会，亦无程度不及之虑；所虑者欲尽国民之责任，以迫政府之负责任，不知其出于何途，且为人民程度说所误；不知中国人民之程度究能开国会与否，迟疑审慎之间，而专制国民之根性，或乘虚而来袭，因而发生依赖政府之心，转以减少自己之责任心矣。故余于主张开国会之时，不能不同时而呼起中流社会之责任心，俾勿视国事为过难，而还退入于个人主义、家族思想也。夫岂谓其为无责任心而呼之，又岂望其有各议会国人民之责任心而后可开议会乎？其所以如此者，则以世界无论何国，未有政府愿自开国会以监督已者，中国亦然。故中国之国会，欲政府之自动开之，乃必不可得之事，必也由人民以自力致之耳。然则人民以何方法而使政府不得不开国会，实为中国政界第一之重要问题，而吾民所不能不精心以求之者，则请继此而论之。

《中国新报》第三号，光绪三十三年二月初七日（1907年3月20日）

国会与二大问题

谷钟秀

（甲）满汉问题

（乙）人民程度问题

今之伈伈伣伣，走相语，群相摩，大声疾呼，一唱而百和者，非所谓政治改革家言乎？试区吾国之士夫，除所谓行尸走肉、朝恬夕嬉、升官发财以外不知人为何物之官僚派，与苟且偷安、萎靡不振、目击心营不出一己范围之个人派，苟有血气，怵于危亡，则必悬一格以为政治改革进行之方。于是，民主立宪、君主立宪两大派挺然而生于世。然以理论言之，政体无绝对之美，无论君主立宪、民主立宪，皆应时产出之骄子，不必民主是而君主非也。以事实言之，外迫于列强，内牵于藩属，欲行民主立宪，无论能达其目的与否，则必以内乱之结果，招外国之瓜分，于是君主立宪乃大为吾辈所主张。然所谓立宪者，范围至广漠也，行政改革也，地方自治也，司法独立也，穷其委虽累世不能毕其功，引其绪亦非期月所能至。而列国对于我之处分也，不曰门户开放，即曰机会均等。门户开放云者，即大启我之宝库，彼共有之之谓也；机会均等云者，即利益均沾，约不相争之谓也。近者日法协约、日露协约、英俄协约相继成立，而斤斤以保全支那领土为言。夫保全者何也？即各于势力范围之外，各不相扰之谓，简言之，即瓜分之实现也。向所谓利害不一致之英俄日法，今且协商以处之矣。危亡迫于旦夕，灾祸邻于眉睫，而回顾吾政府，泄泄沓沓如故，放任而无责任也如故。吾以为即行政改革之基础已立，地方自治之制度已新，司法独立之机关已备，而政府不动声色于杯盘樽俎之间，其足以断送吾国家也已久矣，而况乎根株已腐而枝叶扶疏，头脑已痼而手足灵敏者，自古固未尝有也。是故谋政治改革于迫不及待之今日，则必以改造责任政府为第一要义；欲改造责任政府，则必以建设监督政府之唯一机关为第一要义。此吾辈所以竭精萃力，急起直追，以“开国会”三字召告我国民与共图之者也。虽然，盗贼入室而兄弟阋墙，渔人在侧而鹬蚌相持，是曰满汉问题。却足不前而曰无飞廉之善走，绝粒待毙而曰无膏（梁）〔粱〕之可餍，是曰人民程度问题。满汉问题不能解决，而欲其图防御盗贼之方，勿论胥为渔人之利，固大难已。人民程度问题不能解决，则鼓勇前进者，必不容于世，而苟延残喘、坐以待毙者，反足以自诩为得计，而国之灭亡随之矣。尝再三筹维，(乃)〔为〕今之计，惟以解决此二大问题为急务。解决之道，即求之于速谋开国会而已。其利害关系试为分疏而详辩之。

(甲）满汉问题

满汉问题何自昉乎？论者谓基于本朝开国之初，潜滋暗长，至今再现焉。似矣。满洲入关以来，挟其雄兵，屈服汉人于腕力之下，凡一切军事上、政治上之权力，欲使满人常处于优胜之地位。因之满人皆隶兵籍，或护卫京师，或驻防各省，而征饷于汉人。此军事上之不平等。满汉缺位，以少数之满人与多数之汉人各半，而升转之阶级又易；又有专门满缺，如将军、都统各缺及驻藏大臣、关税监督等，绝不许汉人承乏。此政治上之不平等。雍、乾之际，又因欲保固有之种姓，效金世宗之所为，斫斫以禁效汉人习尚为词。当时汉人之所感何如？此疆彼界，固亦人情之所宜然。然不数传，凡满人所以欲处优胜之地位者，反陷于劣败。无论护卫、驻防各旗兵皆窳（贩）〔败〕而不堪用，即其活人之生活，亦岌岌不可以终日。而政治上以自由竞争，汉人卒立于左右轻重之地位。至习尚则无不同化于汉人，虽欲保存其丝毫而不可得。满汉之名词，遂在若存若亡之间。故雍、乾以后，国家有事武功，不能不引用岳钟琪、杨遇春、杨芳等。至洪、杨之敌，则专用汉人，曾、胡、左、李诸贤乃崛起而成中兴之业。窃谓当时汉人，亦必无满汉之见存，不然，则以如荼如火之湘、淮各军，直取而代之矣。然则满汉问题其起于外患凭陵之最近时代乎？其起于忧国之危亡，而以政治改革为目的者乎？道光二十年，鸦片之役创于英；咸丰十一年，辱于英、法，为城下之盟；光绪十一年，法越之役，又败衄于法。于是国人渐知非坚甲利兵不足以立国，而左文襄、李文忠先后有创船厂、兴海军之举动。观左文襄建议中，有不能以我之短笑人之长，不能以我之无傲人之有诸语，则知当时之贤者，不过以技艺须取法外国而已，而于政治根本问题，固未遑从事也。至光绪二十年，朝鲜之役，日本蹙我，割我台湾一省，取偿兵费二万【万】三千万两，创剧痛深，于是国人渐知非政治改革不足与图存。越二年，胶州湾、旅顺、威海卫、广州湾各险要门户相继沦丧，迫于危亡，而政治改革之声益高，于是有戊戌之变法。然当时所谓改革者，大抵皆欲假手于专制之君主，以成其所谓御外侮、图自强之谋，而满汉问题亦无自而生也。未几数月即败，被戮者六人，窜逐者倍之，而满人之与其事者，无一人及于难。又不出二年，拳匪发于山东，而毓贤为之倡，不数月充斥于京师。而端王、庄王为之率，焚杀劫掠公行，残暴殆无人理。甚至攻使馆，戕德使，以致〈治〉召【八】国之师联军以图我。其结果，至偿各国兵费四万万两，吾犹以为幸之至者。向使当时各国协心一致，去其互相猜忌之私，则我之【亡】于此役也，可断言矣。而酿此大祸者适皆为满人，虽当时汉人亦有赵舒翘、李秉衡等，而满人实为主力。故今日不言政治改革则已，一言政治改革，则满人之罪恶足以生汉人之恶感，是以满汉问题乃胶固而不可解。于是热心政治之士感情中之，遂以民主政体为地雷，以民族主义为导火线，而满汉问题轰然爆发矣。而政府今日之所谓立宪，又适足以助长满汉问题之发展。自五大臣出洋，声称考查政治，归而谋政治之改革，欲施行宪政，于是有去年七月十三日预备立宪之上谕。夫立宪政体之精神，不外使国民参与政权而已，乃政府预备立宪之着手也，惟汲汲于官制之改革，而于国民参与政权之事，漠然置之。不知所谓预备者何事？然国民之参政权，国民当自求之也。国民不自求，而望政府之与我，固已非立宪国民之资格。吾姑置不论，但使官制之改革而善，则慰情即聊胜于无。然试观九月二十日官制发表之上谕，则军机处仍旧，所谓立宪政体之责任内阁者，毫毛不相属。余虽民政部、陆军部、邮传部、度支部等，或合并，或新设，则等诸自桧以下可矣。但见“不分满汉”四字，惭忸目怵心而出之，而国人亦深印于脑〈印〉而不可拔。试一览当日军机及各部长官表如左：

军机处庆亲王世续瞿鸿（机）〔禨〕林绍年

外务部尚书瞿鸿（机）〔禨〕

民政部尚书徐世昌

陆军部尚书铁良

度支部尚书溥颋

吏部尚书鹿傅霖

礼部尚书溥良

学部尚书荣庆

邮传部尚书张百熙

法部尚书戴鸿慈

农工商部尚书载振

理藩部尚书寿耆

军机满、汉各二人，各部满六人，汉五人。外务部以员缺照旧，瞿鸿（机）〔禨〕以军机大臣，适不动，实则管理外务部者为庆亲王。除此部有特别之原因外，其余实满六人，汉四人。而军政、财政之重要两部，皆操诸满人之手。此次之改革也，袁世凯、端方、载泽等为渠帅，庆亲王、戴鸿慈等亦乐与提携，而骄蹇顽劣之铁良等梼杌其间，其究也，并此有名无实之改革，亦不得行。而地方官制经年不得一发表，惟见结党私倾，压制排挤，怪象百现，朝局为之骚然。试一览今日之军机及各部长官表如左：

军机处庆亲王醇亲王世续鹿传霖

外务部尚书吕海寰

民政部尚书肃亲王

陆军部尚书铁良

度支部尚书载泽

吏部尚书陆润庠

礼部尚书溥良

学部尚书荣庆

邮传部尚书陈璧

法部尚书戴鸿慈

农工部尚书溥颋

理藩部尚书寿耆

军机处满三人，汉一人；各部尚书满七人，汉四人。而沿江七省督抚，汉人惟有一张之洞。日本某报至题满人之意气以讥之。此皆民主立宪党所借为口实者。故政界变动一次，则满汉问题固结一次，相随俱进，有加无已，一若非经法国之大革命而不可解释者。呜呼，岂其然哉！夫欲解决此问题，则必详揭橥此问题之中坚者实为何如人，其揭橥此问题之目的何在，而后可徐以图之也。试观吾国之上等社会，高官贵吏之汉人，可断言无抱满汉之僻见者，有之惟少数之满人如铁良等，激于一部分之排满主义，而欲实行排汉政策。其事之能行与否，可行与否，虽知二五一十之童子，亦能辨之。而头脑明决之肃亲王、载泽等，固皆知其不能不可，而亟思有以处之者也。或谓排汉主义，实起于良弼。良弼留学东京之时，正值留学界所谓不识不知盲称谬赞之排满时代，良弼感情所中，归国后即以排汉主义自认，参谋于练兵处，画军事永归满人掌握之策。铁良不过良弼实行之后身而已。若然，其政策纯以感情为前提，岂足以言政治？且姑勿论。而今日政府固为最郑重御前之大会议，以谋解决此问题矣，则知此问题之中坚，不在上等社会。又试观吾国之下等社会，蚩蚩者氓，相安于耕凿久矣，但口诵纳了粮自在王之歌谣，谁复问今日之域中，为谁家之天下。故距京稍远之区域，又不见所谓驻防者，偶耳八旗之名，亦齐谐楚记视之，而置之不求甚解之列，而满汉之界，皦然于胸中者盖寡。即所谓哥老会、三合会、大刀会等，尝有兴复旧朝、倾灭新朝之秘密协议，然其胸中只有朱家天下一语，因摅怀旧之观念，而非以满汉种族之界而生。且其实乃不服贪官污吏之暴虐，团结以自固耳。故即有唱民族主义者游说其间，彼亦冥然不动，盖未有漠漠然置之，而冒冒然从事者矣。则知满汉问题之中坚，亦不在下等社会。然则问题之中坚，其在中等社会可知已；其在中等社会，以政治改革为目的者可知已。惟以政治改革为目的，满汉问题为手段，而民主立宪党之声势遂风靡一世。余去国已三年，内地欢迎彼党之主义者几何，固不敢逆料，然第就东京留学界观之，则亦可得其大凡矣。余之初至东京也，留学界中固已有彼党勾萌其间，而其势微甚。凡留学生之秀出者，苟有所见，即以贡诸国家为不二之天职，故关于政治问题，或电告，或上书，冀有所采用，虽不无越俎之嫌，然于政府固非绝缘体也。自彼党机关报出，则其风一变，政治问题缩而为满汉问题，言论之际，无时无地无人不及满汉问题。彼党之趋附者日益众，而民主立宪几成舆论之中心，苟有异议，则诟骂随之。除君主立宪党，无敢与之抗衡者，而留学界几断为民主立宪所劫。虽其党多气盛识寡之少年，然有驱之使然者，其故可思矣。彼党行动之大纲，载之于其机关报中，第一纲即颠覆现今之恶劣政府。又有二纲，一曰土地国有，一曰要求列国赞成中国革新之事业。土地国有云者，乃摭拾西欧社会主义空想之言，不能行之于西欧者，而欲行之于中国。要求列国云云者，吾不知据何势力，而有如此要求之资格。然而人争趋之者，则皆醉于第一纲颠覆恶劣政府之言，感情一发，遂不惮为此孤注之一掷也。夫以现今如此恶劣政府，而当列国如彼之剧烈竞争，亡国可立而待，宁为暴动而亡之国民，不为沉沦而亡之奴隶，职是故欤？其尤急激者，以暗杀为革命之先锋，二年之间，吴樾、徐锡麟先后辈出，则后之为吴樾、徐锡麟者，固不待蓍卜，而知其必踵迹而麕至也。而政府不悟，欲以严刑峻法禁之，承其旨者以罗织党人为升官发财之大花样，逮捕诛夷骚极一时。甚至剖徐锡麟之心以祭恩铭，效刺马新贻故事，为此野蛮无人理之举，徒增人愤。是犹恐暗杀之火焰不张，而膏之以煤油耳。夫畏死之人决不敢行暗杀，行暗杀之人即决不畏死，此理至浅而易明。英人有云：海军之乐即在风涛险恶、船舶覆中，使一年无船坐礁、人溺毙者，逾年志愿海军之人数必减。吾亦谓：若无剖心肝、断肢体之惨剧，则志愿暗杀之人数方可减少耳。且东西各国之国民与政府相角逐，虽杀人累万，流血成渠，而不少顾惜者，不过为数十条宪法而已。吾国民亦效东西各国国民之所为，欲以大革命结局者，亦不过想望宪政、求得参政权而已。参政权若既得，而政治改革之目的可达，则满汉问题可断言曰，即随时涣然而冰释。所谓国民之参政权者，何也？即民选议员组织之国会是也。故现今唯一救国之方法，曰开国会。现今解决满汉问题唯一不二之方法，亦曰开国会。试征之东西各国之历史。

日本自维新以来，虽官制屡有改革，而藩阀政府之势成，日渐趋于专制。明治七年，副岛种臣、坂垣退助等上书政府，请立民选议院。此论一出，风靡天下，学者论客，到处叫嚣。当时唱议院不宜早设之议者，惟有一加藤弘之，而和者盖寡。政府不得已，乃下谕先开地方官会议，未几而政府定新闻条例谗谤律，以束缚言论之自由。自是以文字得罪下狱者不绝于道，而攻击政府者亦日益滋多。九年，山口有前原一诚之乱，东京有长冈久茂之变，熊本有神风连之暴举。十年，西乡隆盛起兵鹿儿岛，成明治年代莫大之骚乱。及其事平，政府额手相庆，曰海内从此无忧矣，无何而岛田一郎等刺杀大久保于纪尾井坂。当时十一年，自由党领袖坂垣退助所结之爱国社开大会于大阪，可决请开国会之议。十二年、十三年之间，冈山志士三村久吾、福冈共爱会总董箱田六辅等，皆有上书元老院请开国会之举。爱国社使河野广中、片冈健吉两人为代表二府二十二县之总董，赴大政官递呈开国会条陈。虽格于例不得达，而国民之政治热日高，其中法国之民权自由说，尤为世所推重，滔滔汩汩，有一旦决裂不可收拾之势。适十四年有北海道官有物发卖之举，遂藉题发挥，举国骚动矣。说者谓，使当日不下开国会之诏，国民以愤藩阀专横之盛怒，一发不可制，即酿成法国大革命之祸，亦未可知。当时日皇巡狩东北归，即开御前会议，下二十三年开国会之诏，而国民急激之言论始怠。

奥大利自千八百十五年维也纳会议以后，其宰相专制魔王梅特涅运其敏腕，组织神圣同盟，而自为其中心，专以反抗政治改革之运动为目的。然当时自由主义之唱道者，亦特盛于日耳曼诸大学之学生间。千八百十九年，虽有喀尔巴之决议，发行出版条例，禁新思想之传播，而改革之运动，益汹汹不可制。千八百三十四五年之间，国民刊行政治论之新闻纸，伪作经书、小说等之装饰以颁布之；自法国秘密输入政治上之印刷物，如蜂起泉涌然；又有匈牙利、波希米亚之独立运动遥为声援。至千八百四十八年，法国之二月革命轰传全欧，而维也纳市民一夫放呼，乱者四应矣。至三月十五日，举总代集合王宫，要求备至，学生亦合同骚扰，扑杀梅特涅、扑杀梅特涅之声填溢街衢。于是朝臣迫梅特涅辞职，微服而逃于英国。然而乱犹未已也，学生、庶民等俱武装组织大学队及护国军，编制民权防护之中央委员，以管理维也纳。政府不能抗，乃许开国会之请。嗣于四月二十五日即模仿比利时宪法，发布宪法，而人民又哗然，更迫政府依一般选举以召集宪法构成会议，终达其目的而后已。说者谓，不急急开国会，而即了草仓猝发布此宪法，宜乎国民之不承认而大哗也。不然，当开（会）〔国〕会之旨一宣，则国民戢戢者已久矣。

俄罗斯以政府强暴闻于世，而虚无党长养于其国者，与为对待，亦猛烈而不可逼视。其党之方针，以为在专制政府之下，欲从下等社会起而革命，究属难事，不如纯以威力迫政府。威力者何？暗杀之谓也。因合无数秘密结合而为一，以圣彼得堡为中心地，置实行委员。实行委员握有大权，指挥部下，使其实行暗杀。委员之得有命令者，亦必尽实行之义务。于是高官大夫，强尸载道，甚至刺及最为尊重之皇帝，而措置裕如焉。虽被逮者诛戮窜逐，项背相望，而愈接愈厉。观其一千八百八十年对于亚力山大第二之要求，一千八百八十一年对于亚力山大第三之致书，及来近所请愿于今之皇帝尼哥剌斯者，亦不过言论、出版、结社、集（合）〔会〕之自由，开民选议员之国会而已。所求不遂，即溢而为积极的暴动。当日俄之战争也，一般舆论反幸其国之战败，藉以为改革之机。故战事甫罢，而国内农夫、学生及一部分之兵队，即荷反戈而蜂起。试思此国当时之情形，为何如情形，以言内乱，则内乱亦极矣，然至去年国会一开，则颇称一时安堵。后虽不免有议会之骚扰，实因平民党与贵族党之争使然，较之未有国会以前，专觖望于君主及政府者，固已大有间矣。

法兰西之大革命也，其原因大别为三：一曰新思想之发达；二曰财政之困难；三曰贵族之暴虐。此人所共知也。而吾以为其最大原因在不开国会。盖自千六百十四年查理四世以后，法国之国会闭而不开者百余年，人民虽如何冤抑穷屈而莫由得伸，而上亦不加察。当时贵族有戏以铳杀农民者，王戒其勿复如是，而彼犹有不平之色。又有一贵族恶蛙鸣，使农夫环其所居，排水以惊蛙。至人民颠沛流离之状，观普鲁耶所记，争啖豕骨以充饥，令人酸鼻而不忍卒读。则当时怨毒之中人也深矣。至千七百八十八年，不得已下召集国会之豫约，则当时人民之想望国会，而上之于下，惟此可以结其欢也可知。不料翌年开会之始，即有僧侣贵族欲以少数压制平民多数之举。当时议员千二百十四人，民议员共六百二十一人，僧侣仅三百八人，贵族仅二百八十五人，而平民议员遂独立而为国民议会。至巴士的大狱既破，嗣围伟赛路宫以劫王，其叫号奔驰若狂，宜若不可制，然新宪法经批准宣誓之日，人民皆呼万岁，声震天地。吾以为若路易十六不与贵族相结，始终欲恢复王权，则断头台上断无国王之血迹，且亦不至演出恐怖时代残杀之惨祸。何也？国会既开，人民得参与政权以立宪，则民愿已足者恒十八九也。

然则我国若国会一开，国民之对之也何如？当与日、奥、俄、法人情不相远。而抱持偏狭之种族主义，谓汉满不能两立者，则必专倡法人白特化之破坏论者也；否则即所谓无政府主义，惟信仰势力及物质之哲学论，而鄙夷立宪政体，为偏颇诞妄之团块者也。然是二者必居少数，若变二者之雏形，大张旗鼓，划君主立宪、民主立宪为鸿沟，而顶礼民主立宪，惟恐今日之政府之不坏不足激励国民达其目的者，其促国之速亡与否，固不必决定，但就其必除去君主言之，则必其视君主太重，受专制之奴根未拔，而不知立宪之君主，固政治之一机关者也。此亦何足深论。总之，国会一开，人皆趋重于参与政权，实行政治之改革，君主立宪政体适宜于现今之中国，必为一般之所承认，而满汉问题即从此而尽行解决也必矣。且因开国会而旗制之改革即同时而发生，是又满汉问题根本的解决之方法也。旗制之编成也，杂以蒙古、汉军，而满人为主位，欲使满人操军事上之权力，常处于优胜之地位，其究也反陷于劣败，已如前所述。夫使相沿不改，汉人所揭橥以鸣不平者，一入国会时代，则满人又将揭橥之以鸣不平矣。何则？立宪时代之国民所视为最宝贵，而为唯一不二之生命者，参政权也，国民选举代议士组织国会参与政权之谓也。然国民如何而始有选举之资格？除普通选举制度外，各国有一通例焉，以有纳税额或所有产者为限。其理由有二：一以习产业、有身家者，恒与国共生死，其爱国心实深于贫人，故参政之权，不能令富者较贫者为重。一以限贫贱者不得为议员。若贫贱者得有议员，消极的易以赂干，以威胁，致启右族专权之弊；积极的均贫富、共财产之思想用事，恐酿社会之骚乱。

日本众议院选举法第八条：帝国臣民之男子，年二十五岁以上，而纳租税十元以上，或满二年纳地租以外之直接国税十元以上者，或地租与其它直接国税通十元以上者，有选举权。

普鲁士宪法第七十条：凡普鲁士国民，年满二十四岁以上，纳直税于国库者，皆可为原选举人。复选举法有原选举人，即选选举人者。其选选举人之法，分为三级：第一级合最富之人民，纳税额三分之一者，选选举人三分之一；第二级合中等人民纳税额三分之一者，选选举人三分之一；第三级合下等人民纳税额三分之一者，选选举人三分之一。

比利时宪法第四十七条：代议院以国民所选之代人构成之。但所谓国民者，限于选举法所定，须纳直接国税百法郎当法郎合华银一角七分以下，二十法郎以上之岁额者。

荷兰宪法第六十八条：下院之议员，以纳直接国税二十法郎以上、百六十法郎以下成年之荷兰人选举之。又第七十条：上院议员，当从国内纳直接国税最多者选用。

西班牙宪法第十九条：代议士须西班牙非僧侣而年满二十五岁之男子，证明有自私有地所生之岁入，又纳选举法所定之直税额，及具备国法所示其它诸要款者。

葡萄牙宪法第五条：凡民权政权兼有之葡萄牙国人，由左件之证明，得为选举人。因土地及贸易上资金，或工业上之利益，及不可转移之官吏司法官之权利俸给，所生之岁入纯益金，有十万留者。十万留当六百十二法郎。惟大学校得业生之国民，不在此例。各国又有一通例焉，现役军人不得为议员。其理由亦有二：一以军人者国中之最有强力者也，若以为议员，则其势不可遏，而代议之制度危；一以军人者，舍身命，保国防，其品最重，其任最专，不能复干与政治上繁杂猥琐之事。

日本众议院选举法第十二条：陆海军军人之现役者，或关于战时及事变而被召集者，不有选举权，与僧侣、神官、小学校之教员，及各学校之学生，皆视同一律。

法兰西宪法关于选举代议士第二条：凡陆海军等，所有军人军属，现行职务时，不得参加投票。又第七条：现役陆军或海军一部之军人，不问其等级职务如何，不得选为议院之议员。

普鲁士宪法第七十四条：凡普鲁士国民，满三十岁，不失国民权，而经过三年间军役，及一年间住于普鲁士者，得当代议士之选。所谓经过三年间军役者，非现役可知。盖行全国皆兵之制，故有此例。

荷兰宪法第八十三条：现任武官着任上院或下院议员时，则去其武官之职，必俟议员解任，始致回复原官。

英吉利、美利坚等国现役军人，亦皆不得任为议员。

合以上二例而观之，满人之于参政权可知矣。除宗室及少数之王公外，不但无纳税之义务，而且向充兵役，即有活动于政治界者，大约不离行政与司法之范围。而通例不得参与立法之议院，将来下议院中不留满人之只形片影，亦未可知，不亦太酷乎？且所谓无纳税之义务者，非如法兰西大革命以前之僧侣贵族，全国田地殆占有三分之二而无所负担也，因其充兵，禁营他业，无生业之可言，故不纳税。窃尝谓，自世界之趋势言之，非发达补助的生业，不足以争雄；补助的生业者，如工商是也。自个人之生存言之，非维持基本的生业，不足以持久；基本的生业者，如农牧是也。兹不暇详述。要之，无生业之可言无世界、无个人，无古无今，无中无外，未有能生存者。盖无生业，变词言之，即无生命也。满洲当未入关以前，已由牧畜时代进而为耕稼时代，以言生业，亦自不恶。及入主中国，以为地域寥阔，非需同种族多数之人分道驻守，不足以防家贼也，于是夺其生业，使其终身为兵；又使窟穴于饷干之中，娶妻有室，长养儿孙，世守其业焉。无论其朝执戈，夕入室，自古无此赳赳之干城，即管子治齐，作内政而寄军令，亦只言士之子恒为士，农之子恒为农，工之子恒为工，商之子恒为商，未闻兵之子恒为兵也。古者寓兵于农，于农隙讲武。近世东西各国征兵之制，现役亦不得逾三年，一面固为养成军国民之资格，一面于生业上亦不夺其个人天然生存之力，盖有深意存焉。旗制之初，生为男子，即食饷干。老弱残疾，滥竽充数，然虽不足为兵，犹足以为生也。顾不数传，生齿日繁，国帑巨耗，终虞不给。因设定额，射中鹄者，始得甲粮。八口之家，甲粮二三，犹累于食指。而生女则悲。即生男儿，未达丁年，亦只解啼饥。而鳏寡孤独，穷而无告者，颠连沟壑，固其所也。余足迹所至，曾周览驻防各旗营达十数处，观其颓垣断圮、风雨飘摇之状，衣服褴褛、决踵露体之状，及一种偷惰燕安、游手终日之状，比户栉居，一（邸）〔丘〕之貉。若汉人所居之村落，虽至贫穷不能自（瞻）〔赡〕者，亦不至弥望如是。何也？有生业无生业之别也。西人之言曰：亚东有花子国焉，中国是也。吾亦尝语人曰：中国有花子城焉，旗营旗营虽在城垣中仍自为一小城是也。然西人之所以为是言者，只见部会之区，乞丐载道，而遂揭此以相侮耳。其实中国物力之厚，在亚洲之中，远胜于日本、高丽，其所以流为乞丐者，亦皆政府失政之所致也。吾之所以言花子城者，亦非旗人之聪明才力只宜如是，而乃陷于此者，旗制为之也。夫旗制之敝如此，窃谓即与参政权无关，苟为仁人君子持人道主义者，犹将不忍此数百万之生灵涂炭，而亟思有以振拔之，而况乎汉人之所终岁勤动、胼手胝足以得之者，而为此似兵非兵、不农不工不商、游手无赖之旗人，安坐而享之？宜乎大唱革命者，揭此以召告于天下也。然旗制改革之议，言人人殊，究其要，则必予以期限，撤去兵职，从事基本的生业，务使与汉人平等，俾人人能自营其生，外此实别无何种之良法，可以断言。

盖所以求生存之道在是，即满汉问题根本的解决，亦在是矣。近闻满人中如铁良等，以满洲长城自居，一言旗制，则如护持婴儿，惟恐偶坠。彼即不畏大革命之祸机已迫，独不为同胞之生存计乎？有起而难余者曰：子既以开国会为解决满汉问题唯一不二之方法，今又言旗制改革为满汉问题根本的解决之方法，不几自为（予）〔矛〕盾耶？曰：是不然。开国会以解决满汉问题者，治标之方法也；改革旗制以解决满汉问题者，治本之方法也。语有之：急则治其标，缓则治其本。今者外患益迫，内忧益亟，民主立宪党有一泻千里、急不暇择之势，而以满汉问题为焦点。若国会不开，吾恐近则三年，远则五年，激烈之团体如法国之嫁国嫔党、酷德利亚党等，必出现于亚东大陆，风动响应，一跃而倾政府，残虐暴戾所至，而灭亡随之。斯时满汉问题根本的解决，已略有端倪，而亦无济矣。故治标的解决为直接的，治本的解决反为间接的，此皆吾国民所宜熟思而审处者也。

（乙）人民程度问题

次于满汉问题而为政治改革莫大之阻力者，则人民程度问题是也。满汉问题用事，如食剧烈药，其结果必以肝肠摧裂、七窍流血而亡；人民程度问题用事，如欲饱而不进食，其结果必以气息奄奄耗尽而瘐死。其为死亡一也，然食剧烈药者，犹知进食，不过处方违迕耳；若欲饱而不进食，则其智犹不如食剧烈药者远甚。故持人民程度不足之说者，其罪更浮于持民主立宪论以亡吾国者也。夫今日非所谓预备立宪之时代乎？立宪与专制之别，即在人民有参政权与否；参政权之有无，即在开国会与否，夫人而知之矣。政府之误罔吾国民也，一则曰程度不足，再则曰程度不足，其不欲吾国民（猝）〔独〕立于监督之地位，而因以自便其私图，固无论已。而吾国民中以先觉自命者，未尝不欲吾国民之有参政权，亦未尝不欲开国会以为实行参政权之地，而犹惴惴焉以人民程度不足为虑者，此何说也？其持此说之标准与方法有二：一曰教育普及之后，而后国会可开；一曰先行地方自治，以为国会之预备。其实无国会以监督行政，则教育亦无由普及；无国会以为之中枢，则地方自治亦难期施行。本报第三号《金铁主义》已详辨之矣。余今之所欲言者，论教育普及，则可言人民程度不足，而开国会则人民程度无不足；行地方自治，则可言人民程度不足，而开国会则人民程度无不足。何则？教育以教员为中心，近今各省虽皆有师范学堂、师范传习所之设，而教员仍形缺乏。虽都会各学堂延用教员，尚不得已而求其次，而州县各地方更可知。以是论普及，则可云程度不足。自治制以地方绅衿政治能力为衡，庚子以来，士夫绅衿虽皆留心政治，而能力之有无，不过各得其半，以是行地方自治，则可云程度不足。且教育普及、地方自治云者，乃分全国为各部言之也。分全国为二十一省，分一省为百十数州县，即以一州县深明教育、通达自治者各得二人计之，则每省为百州县即应各得二百人而后可。然开国会则无须乎是。就议员论，即此二百人之十分之一为数二十人而即足，而又统全国为一体言之，则即此二十人者皆不肖，而有他省之人以补助之，于国会之全体无伤。甚言之，即有三四省之议员皆不肖，仍于国会之全体无伤。而况乎此二十人者，非其一省之最贤明者，决不得与选。夫一省二十人之当选者仅其最贤明者，若并谓其程度不足，吾知虽甚傲岸，至于丧心病狂，亦决不敢为是言也。故曰：开国会则程度无不足也。自极端反对人民程度不足之说言之，若教育行政得其道，则师范传习期月间即可得无数之教员，加之以强迫教育，则普及也可立而待，而人民程度无不足。若地方行政得其道，地方之绅衿虽鲜有政治能力者，然亦步亦趋，自治团体亦不虞其不给，而人民程度亦无不足。所谓不足者，不过较之开国会可云不足耳，而实无不足，而愈以见其开国会之人民程度，无丝毫不足也。吾不以空言相诘，吾且实征之于选举法。选举法通例分为二种：

（甲）直选法。此法使国中有选举之资格者，直接选举议员，选举人有选举之资格，议员有议员之资格。

（乙）复选法。此法使国中有若何资格者选举选举人，由选举人复选议员。其选议员者称选举人，其选选举人者称原选举人。原选举人有原选举人之资格，选举人有选举人之资格，议员有议员之资格。议员资格严于选举人，选举人资格复严于原选举人。

又关于选举权者，通例分为三种：

（甲）普通选举。不论财产或纳税额之有无多寡，但年龄及格，不失公民资格之男子，皆与以均一之选举权。此制度盛行于法、美诸国，盖依法国革命传播之力，以各个人之权力皆平等为其根据者也。虽然，选举者非徒权利已也，必有执行义务之能力，而后可使与其事。若普通选举制度，选举权直及于下等社会，而下等社会又占多数，则选举必为无恒产、无恒心者所有。且积极的均富共产之思想用事，不免启社会之骚乱；即消极的易以赂干、以威胁，致酿右族专权之弊。盖今日之状态，文化发达尚未普及于下等社会，实际之弊害固有不可胜言者也。

（乙）制限选举。限定一定之财产，或一定之纳税额，有如是以上之财产或纳税额者，与以均一之选举权。即地方议会，亦有采用此制度者，英国、荷兰、意大利、奥地利亚诸国皆是也。又以教育为选举绝对之要件，不能识文书写字者，不论纳税之多寡，全不与以选举权，意大利即此种制度之代表者也。或认有高等知识者，不论财产之有无，皆与以选举权，意大利、奥地利亚其例也。以国家为人民所共有之理推之，全国人民皆全国之主人，无贫富智愚之别也；全国之人皆栖息于国家政治之下，而皆受其统制，亦无贫富智愚之别也。例独于参政权，乃生贫富智愚之差异若是，则将疑代议制度为不平，而不知非也。贫富虽同为一国之人，而富者于国家休戚相关独深，故爱国之心亦较深于贫者，而参政权即因之不得不重。至智愚之差异，尤为治者、被治者独一无二之标识，则智者独有参政权，亦适合于公理。此制限选举根据之理由也。

（丙）阶级选举。按纳税额之多寡设等级，其额多者亦多与以选举权。现今诸国行之者有二种：一如日本之市町村制，凡纳税额三分之或二分之，使纳其一分之纳税者，选出其同数之被选人，视其等级之数以为差，通常称二级选举或三级选举。此种制度之代表者，为普鲁士及德意志诸国。一因纳税额或财产额达于一定之额以上者，与以二个或三个以上之投票权，仿株式会株主之投票法，通常称复数投票法。此种制度之代表者为比利时。阶级选举成立之理由，盖恐少数之有力者，却制于多数之无识者而然。然以财产多少表明政治思想之高低，不可为唯一之标准，且时启少数富裕者之专擅，来下等社会之不平，此亦培养社会问题所深忌者也。加之阶级选举之制，每因选举区区分其纳税额之故，纳同一之税额者，于此选举区属第一级，于他选举区或属第三级，此亦不公平之一端也。

据以上选举法观之，大抵民主立宪国用普通选举，君主立宪国用制限选举或阶级选举。区域小者用直选法，区域大者用复选法。吾辈所主张者既为君主立宪，则不取普通选举制度可知。虽制限选举、阶级选举二者必居一，是尚为未定之问题，然吾所主张者，实为制限选举。又以教育为选举绝对之要件，不能识文书写字者，不论纳税额之多寡，绝不与以选举权。中国区域如此其大，势又不得不用复选法。以选举人之资格严于原选举人，议员之资格复严于选举人之例推之，合选举人之资格者固为少数，合议员之资格者尤为最少数。今试假定议员为四百名，案四万万人数计之，百万人中仅得一议员。又试假定一议员平均五十名〈各〉选举人，则选举人共计亦不过二万人。又试假定一选举人平均五十名原选举人，则原选举人共计亦不过百万人。然则不惟议员及选举人为中上等社会之人，即原选举人亦不出中上等社会，谓选举权直不及于下等社会，亦无不可。吾辈非谓下等社会程度不足，即持人民程度不足之说者，亦必不以中上等社会尚有若何之不足。若谓中上等社会亦不足，惟一入政府而程度即足；或谓政府虽若何腐败，行政则无不足，人民虽若何文明，参政则不足，吾知稍有知识者，皆知其不然，而不待详为之辨解者也。今试表各国议员与全国人数之比例，而以我国比较之如左，此亦人民程度无不足之一确证也。

国名	议员总数	议员一人与全国人数之比例
英吉利	六百七十人	六万四千二百人
法兰西	五百八十四人	七万人
德意志	三百九十七人	三万一千五百人
(澳)〔奥〕地利〈亚〉、匈牙利	六百六〇人	六万八千二百人
荷　兰	八十六人	四万五千人
比利时	百三十八人	四万人
意大利	百三十五人	五万人
美利坚	三百二十五人	十五万四千人
日　本	三百六十九人	十一万八千六百人
中　国	四百人	百万人

今试以假定四百名议员之数，按百万人得一议员之比例，若即以各行省各为一大选举区，则各省应选议员之数表如左：

省名	人口总数（单位一，〇〇）	应选议员数
直隶	二〇，九三七	二十一人
山东	三八，二四八	三十八人
山西	一二，二〇〇	十二人
江南	三五，三一七	三十五人
江苏	一三，九八〇	十四人
安徽	二三，六七〇	二十四人
江西	二六，五三二	二十六人
浙江	一一，五八一	十一人
福建	二二，八七七	二十三人
湖北	二五，三八一	三十五人
湖南	二二，一七〇	二十二人
陕西	八，四五〇	八人
甘肃	一〇，三八五	十人
四川	六八，七二五	六十九人
广东	三一，八六五	三十二人

广西	五，一四二	五人
贵州	七，六五〇	八人
云南	一二，三二五	十二人
奉天		
吉林	八，五〇〇	八人
黑龙江		

共计人口四万一千四百八十三万五千人，应选议员四百一十三人。

统观右表，则知议员与全国人数之比例，最少者为德意志，三万一千五百人即得一议员；最多者为美利坚，然亦不过十五万四千人而即得一议员。我国若按假定四百名议员之数，平均百万人之众，殆仅得一议员。即假定四百名议员之数倍之为八百名，然亦须平均五十万人而始得一议员。日本一县之大，略如我一府，然如爱知县、新潟县等，每县尚得议员十三四人。而我陕西、贵州一省之大，仅得议员八人，广西则仅得五人，即倍之亦不过与日本一县议员之数相当。若谓泰西人民程度高，三万余人中即能得一适当之议员，我国人民程度低，即百万人或五十万人中而不能得一适当之议员；日本人民程度亦高，虽区区一县之大，亦能得十三四名适当之议员，我国人民程度低，虽一省之大，不能得七八名或十余名适当之议员，吾知吾国民虽隐忍不言，持此论者当亦爽然自失舌桥而不能下矣。窃以为吾国现今人民之程度，比之各国开国会时代人民之程度，除英国有特别之原因，不能相提并论外，我皆毫无愧色。若于日本，则可下一断案曰：有过之无不及也。奚以言其然也？各国皆去封建时代未远，而日本自倒幕黜藩至开国会才二十年，封建时代之人耳，永世立于被治之地位，不但无政治能力，抑且无政治思想。活动于政治界者，惟少数之贵族及中流社会耳，故日本有贵族、士族、平民三阶级。维新以来之政治家，前三杰如岩仓具视、木户孝允、大久保利通，后三杰如伊藤博文、大隈重信、坂垣退助等，率皆当时之藩士，而属于平民者寥寥，至今犹然。然则开国会时代人民之程度可知。我国封建制度破坏已二千年，人人皆有政治思想，束发受书即想望假我以斧柯，愚不肖者固以为温饱之途，而贤智者即以为立德、立功之藉。思想者，能力之向导者也。故科举之制虽敝，所学非所用，所用非所学，而名臣、循吏亦辈出而不穷，此皆吾国民素有政治能力之一确证也。今更口宪政、手法制者项相望，虽不得谓尽属可用，而拔十得五亦足敷开国会时代之经营，岂日本初脱封建时代之人民，并政治思想亦极幼稚者数人，鼓动之而国会即开，而我犹逡巡乎？即以培养政治能力之教育一方观之，日本当时研究政法之学校，不过有东西京两帝国大学之一部，及私立之庆应义塾、东京专门学校（即今之早稻田大学校）数处而已，而人数甚微。我国京外各省法政学校不下十数，即留学东京者，仅一法政大学，速成卒业者已达于三千余人，而迫于政治热自行研究而有得者，尚不在此数。日本梅博士尝谓：中国人政治思想实高日本人数等，即以学速成法政者一般之成绩，与日本专门研究法政者之一般成绩相较，殆远过之。虽其言近谀，然事实亦不可掩。吾故曰：吾国现今人民之程度，比之各国开国会时代人民之程度，除英国有特别之原因不能相提并论外，我国皆毫无愧色。若于日本，则可下一断案曰：有过之无不及也。且更以事实征之，我国无责任之政府，其行政无一定之方针，夫人而知之矣。然自庚子以来，政府之从事改革也，吾尝强名之曰三字之方针。三字维何？曰塞民望而已。文言之，曰顺舆情而已。故废科举、兴学校之议哗然于下也，政府不得已，先之以兴学校，而科举仍旧。学校与科举犹方凿圆柄，龃龉而不能入也，而下益哗然，政府因终之以废科举。无他，塞民望也。洎乎科举既废，学校广设，教育界有望矣，而国人又趋重于政体之改革，君主、民主号呼而并进。应之愈疏，求之愈急，政府不得已，乃遣五大臣出洋考查政治，归而为预备立宪之宣言。无他，塞民望也。然声称立宪，实行专制，诬罔我国民程度不足，所谓立宪者，待之于渺不可知之年。近有徐锡麟刺杀恩铭之举，翌日即下诏十五年定期立宪，亦无他，塞民望也。观近日上谕、奏折，凡关于改革者，其用意大抵不出塞民望三字之范围。夫民望何以必塞？诚以国民政治智识实足以及此，因热望其改革，从之则治、则兴，不从则乱、则亡，而政府遂不得不出于此也。吾非谓下等社会之人民亦皆具有政治智识，即政府之所以塞民望者，亦但冀能塞上中社会人民之望而已。夫政府无责任，但冀敷衍潦草，以塞民望，岂足为治！然第就其塞民望言之，则知政治智识人民为先进，而政府为后进。后进当阳阴受先进之指导，而反谓先进程度不足，天下宁有是理耶？吾试再以公例解决之。

一、人民程度云者，非限定的，乃演进的也。苔菌演进而生花果，腔肠演进而为脊椎，人群社会演进而日趋于文明。人治天行互为推移，而其道愈显。雅典尚文而七贤出，斯巴达尚武而国多敢死之士。故有国会之国，人民政治之能力健全；无国会之国，人民政治之能力萎弱。而当无开会之人民汲汲求开国会之时，即其政治能力已由萎弱而达于健全之时。执甲午以前之人，不足与言变科举；徇庚子以前之见，不足与言开国会。今之以程度不足为虑者，大抵徇庚子以前之见者也，而不知近数年来，外缘之迫之也愈急，人民程度之演进也乃愈速。是真所谓凤凰已翔于寥阔，而弋者犹视夫薮泽者欤。

一、凡谓大小、高低、轻重、厚薄、足与不足者，皆相对的，而非绝对的也。吾人所居之地球号曰大地，然在太空之中，不过如黑子之着人身，细微莫如毫发。然以虫眼镜窥之，则若大树干，且杈枒生焉。一粒之于太仓，一粒诚小矣，使庄子所云蜗角之蛮触见之，亦必如哥伦布之发见新大陆然。人民之程度何莫如是，故对于各国开国会后之人民则不足，而对于各国开国会时代之人民则无不足；对于各国有责任之开明政府则不足，而对于我不负责任之腐败政府则无不足。今试诘政府之程度如何，则必曰放任而无责任，以与各国之责任政府竞，顺是以往，国必试又亡；诘救亡之方法何如，则必曰改造无责任之政府，使为有责任之政府。然则改造政府，必在民选议员组织之国会，即救亡之道，亦必在民选议员组织之国会。纵使人民程度与政府相当，犹当一为之，而况乎选举国中少数贤智且朝气方盛之议员，立于参政之地位，较之互相推诿、互相牵制、敷衍塞责、暮气已深之政府，固高出万万也耶？故今之以程度不足为虑者，是又昧于对比之公例者也。

总之，误认全国人民一般之程度，即少数议员之程度，是程度不足说根据之理由。而不知议员者，乃百万人或五十万人中之一，为最少数之贤智者也。误认现今无责任而腐败之政府尚可与图存，而画虎不成之国会只见为纷乱，是程度不足说心习之通病。而不知国会即不免纷乱，纷乱镇定一次，国会即进步一次，政府亦与之俱进步一次。有以政府腐败而亡国者矣，未闻有以国会纷乱而亡国者也。且即以程度不足论，亦必以国会为实地试验，使政治之思想能力，有比较，有锻炼，而后能一日千里，为长足之进步。反是，则虽迟十年、二十年，吾以为犹今日耳。而鹰瞵鹗视，其欲逐逐之强敌，与麕集蜂涌，其势汹汹之乱党，方蹈暇抵衅，窃发大难，绝不与十年、二十年之间暇，以为我优游之地也。而况乎就开国会时代言之，现今人民之程度无不足，已如前者所述。吾国民试平心察之，其以为然耶？否耶？

或曰：子言满汉问题之中坚在中等社会，以政治改革为目的者，解决之方在开国会；又言次于满汉问题，为政治改革上莫大之阻力者，为人民程度问题，解决之方亦在开国会。论教育普及，可言人民程度不足，而开国会则人民程度无不足；行地方自治，可言人民程度不足，而开国会则人民程度无不足，且以事实公例证之，其言辩矣。然国会一开，人民即立于实行监督政府之地位，以今日专制之政府，岂欲出此结绳而自缚，其为十五年立宪之宣言者，不过以欺罔吾国民耳。子即汲汲求速开国会，吾知其难矣。曰：不然。所谓政府之腐败者，何也？不负责任也。然欲求政府之负责任，必吾国民先负责任；吾国民既负责任，则凡可以达开国会之目的，而即以达立宪之目的者，毅然为之而不少顾虑，前蹶而后兴，一拥而百进，此时政府虽欲不负责任而不能。梅特涅以专制魔王自任，其结果为众所逐，而逸于英。俄罗斯政府号为世界顽强第一，至前年亦有国民请愿之允许，盖至是而国会开矣，而立宪政体成矣。顾国民何如耳，政府之欲与否，所不计也。且为今日之政府计之，吾尚有说以处此。今日之政府，为人所痛诋而严讦者，非所谓互相推诿、互相牵制，行政无统一，方针无一定，放任而无责任也乎？然其所以致此者，乃由二千年专制政体演进而来，今日之政府不独任其咎也。使今日国会已开，责任内阁之制因之不得不立，招权纳贿者固不便其私图，而振拔有为者且幸国会为之后援，而大展其敏腕。是故言军政，有国会以为之唱导，则征兵之制行，数十万之雄兵立集；言财政，有国会以为之筹画，则预算之法立，数千万之财源可开。至民政、学制、警察、邮传各要务，有待于国会而后能敷施者，不可枚举。即国会有弹劾政府之权能，然政府亦犹人耳，未有甘心为不善者。苟为不善，即国会不弹劾，欲起而代之者且议其后矣，何必国会；苟其善也，则国会阳受监督之名，而政府阴受翊赞之实矣。然则国会直谓之翊赞政府可耳，盖即为政府计者，亦舍是道莫由矣。虽然，吾辈大声疾呼，以“开国会”三字召告天下者，为救亡计，为吾国民计，非为政府计也。而其究也，政府阴得翊赞之实，吾国民亦乐与之。设与吾国民之祈愿相反，则满汉问题将竟成不解之势，人民程度问题亦无有满足之时。近则三年，远则五年，吾知莽莽神州，不为协约各国之封割场，即为土匪乱党之屠戮地。大势所趋，必以内乱之结果，招瓜分之大祸，不但立宪之美满政体归诸虚泡幻影，即支那帝国之称号，亦将仅于历史上留一名词。横目蚩蚩，惟携手上亡国之途，登奴隶之版而已。呜呼！吾言至此，不觉泪涔涔下也。吾可爱之国民，讵独无同感乎？

《中国新报》第七号，光绪三十三年九月初九日（1907年10月15日）

论开国会之利

乌泽声

呜呼，我中国至于今日，亦可谓岌岌乎殆哉！外有列强环伺之危机，内生同室操戈之朕兆，政府放任于上，国民泯棼于下，具有亡国之因，而无挽救之术。忧国者莫不痛哭流涕，延颈跂踵，思挈起四万万同胞，并申合作，建设立宪政体，改造责任政府，扶我国家于九渊之底，拯我国民于五浊之中，而无复依赖政府、希望政府之心。诚以十年来，外患之迫切，内政之纷淆，无一事非政府放任之咎，则非国民起而自图为根本之治疗，不唯富强之日不可期，即欲保此遗种于今后之世界，（因）〔固〕亦不可得也。嗟呼！今日我国民之责任，不亦巨于邱壑，重于泰山乎！知乎此，则我国民对于国家应无一日不在负责任之中，即无一日不在尽义务之中，使有斯须之放任，国家即为政府断送矣。故我国民今日再不容丝毫之畛域，丝毫之龃龉，为负责任之障碍，为尽义务之阻隔，又彰彰而益明。诚如是，则满汉之融和，乃可言矣。

夫满汉至于今日，固栖息于放任政府之下，不得享国民之自由，为列强所抑制者也。国兴则同受其福，国亡则俱蒙其祸，利害相共，祸福相倚，断无利于此而害于彼之理，即无福于此而祸于彼之道。是必同致国家于富强，然后满汉得以俱存，此有识者所能道也。又岂独满汉为然也，凡居于我中国之土地，为我中国之国民者，无论蒙、藏、回、苗，亦莫不然。我有同一之利害，即亦不可放弃救国之责任者也。惟独满汉风俗相浸染，文化相熏浴，言语相揉合，人种相混合，程度较各族为高，关系较各族为切，则负救国之责任，尽【救】国之义务，亦不可不较各族为重，非其程度果如此，亦其责任不应不如此也。呜呼，满汉同胞可以兴矣！

或曰：如子所言，中国外患之胁迫，内政之腐败，奄奄将不足以自存，非国民起而负责任为根本之治疗，决无富强之可言。且国民中关系较切、程度【较】高者，惟满汉两种人，欲救中国，归究于满汉先负责任；即谓中国之兴亡，一任满汉能负责任与否决之可也。此固我所承认者，惟满汉责任如此之宏巨，关系如此之重大，使满汉相提相携，合心合德，同赴国难，共济时艰，然后始有责任之可言。然吾独不解排满之风潮发腾于社会，如涛如涌，渤然而不可遏；排汉之政策产生于政府，如火如荼，焰焰而不可熄。方谓种族之相残、国民之崩析将现于中国，子独于此巨涛怒浪之中，以号召满汉负责任，岂非理想之大高，而洞察时势又有未当乎？

曰：否。此不过志行薄弱者之浮言，脑识简单者之心理，不足以察满汉全体之真相也。夫满汉处于中国，久为精神上之混合，文化【上】之陶铸，风俗上之浸染，政治上之团结，已成一民族，而不可分为两民族。且随社会之演进，已由民族进为国民，只有兄弟同胞之亲爱，绝无民族离贰之恶情。所谓排满、排汉，不过无意识者浮言邪说，不足以为我满汉同胞之代表。况国家之危难间不容发之秋，又岂可以一二脑识简单、志行薄弱之浮言，度我全国同胞之心理？若因此而自丧我国民负责任之心，坐观国家危难而不之救，则吾人智识不亦太简单，方法不亦太错误，与救国之正道不亦太相左耶？故吾人策中国之道，惟有击斥排满、排汉之邪说，融和满汉之感情，挈我四万【万】之同胞而负救国之责任，不愿以满汉相阋之原因，成中国灭亡之结果，是余之所馨香叩祷而希望之者也。

虽然，满汉果由何〈可〉道可以融和耶？曰：是不可不求政治改革耳。何也？满汉相处既已久远，所谓民族之界限早（以）〔已〕默于无形，所以不能使我满汉同胞相处无猜、有亲爱无仇视者，皆专制政体为之厉阶也，皆放任政府为之伏线也。岂独满汉蒙其毒焰，受其摧残而已，凡我国内政之纷瞀，外交之失利，国民之生命财产之不安全，何一非专制政体放任政府有以酝酿之者也。故吾人今日饮食不忘，枕戈待旦，所欲建设者，立宪政体耳；（可）〔所〕欲改造者，责任政府耳。不幸我中国政体之窳恶，政府之腐败，世界各国所未有。凡居中国之土地者，未有能逃逸专制毒焰之范围外，不幸满汉受其影响为最先，蒙其摧残为最甚。然吾人所以措中国于不亡者，别无方法，惟有开设国会，改造政府，设立宪政体，则中国一切困难问题，皆可得根本的解决，国家由此而安全，国民因此而福利，则满汉受其影响亦必最先，而蒙其福利亦必最厚。是以满汉之不融和既以政治不良为之原因，欲求满汉之融和，亦当以政治改良为之结果。然不有开国会之原因，又未有收政治改良之结果者，故吾人之所主张，即以国会为融和满汉惟一之利器也。

或曰：国会为人民代表之机关，为建设政体之利器，以中国今日岌岌不可终日之时局，非开国会直无图存之道，是固稍有政治思想所能知之，且能道之者。然吾闻开国会者，国民政治活动之产物也，未有国民不为目的团结政治运动，与政府宣战，可以开国会者。征之各国，莫不皆然。今我国民雌伏于专制政体之下数千年，即无政治上活动者亦数千年，其不能一日具团结的魄力与政府宣战，自不待言。况满汉之恶情未消，民族之格斗方烈，今不求满汉之融和，贸贸然要求国会之开设，是何异不先解决满汉问题，欲同为政治事业，自吾视之，未免先其所缓而后其所急，【先】其所轻而后其所重，不亦错误也耶？

曰：子之说未足以难我。子谓我国民雌伏于专制之数千年，不能为政治上运动别为一问题，不必于此究诘。所欲辩者，则满汉恶情未消，不能同为政治事业之一问题也。则中国至于今日，外患之胁迫非改革内政无以抵御，而求内政之改革，又非国民起而图之不为功。是以救国家于颠危，拯同胞于水火，正我国民枕戈待旦、梦寐不忘之事业，且巨于邱壑、重于泰山之责任。诚使我全国同胞以群力赴之犹恐不逮，况程度较高、关系较切之满汉，谓其不为赴汤投火、救焚拯溺之同胞，而度其为鹬蚌相持、同室操戈之鲋隙，为此言者吾知必非中国之国民，不与我满汉同利害者也。然则满汉只有救国之可言，而无相歼之道理，又彰彰而益明。若谓满汉之恶情未消，民族之格斗方烈者，即欲是必出自挑拨满汉、卸却国民责任者所主张，真我国民之仇敌，天下之公蠹也。

然则满汉不必融和为可乎？曰：未也。夫国民不辞肝脑涂地，涤专制之旧观，染立宪之新制者，亦期得完全之自由平等耳。使国民先不自由，先不平等，匪特宪政不能行，抑且宪政又何足贵？是故立宪政体以保障人民之自由平等为原则，而不以留存阶级等差为元素也。我国专制政体保延数千年而未有已，国民遭其摧挫，蒙其流毒，固愈深而愈厉，而其中最不可思议者，则莫若满汉不平等，满汉之不自由耳。是以满汉相处二百余年，忽然惹起两可之恶感，为一最扰乱之问题，皆满汉不平等为之伏线也。自一般愚者度之，则以为种族之恶情；自明者视之，则以为政治上之问题。夫既为政治上之问题也，则当由政治方面解决，而不可自种族方面测度，是又明卓者所公认。虽然，一云政治也，则吾国为专制政体，求在专制政体之下，畀吾国民以自由平等，是何异（椽）〔缘〕木求鱼、望梅止渴。况满汉不平等既以专制为之原因，则欲求满汉平等，不可不以立宪为之结果，自不待言也。则开国会实为建设立宪政体之关键，即为融和满汉之利器。故求满汉之融和，不可不望之于国会既开之后，又可断言也。

或曰：满汉融和不可不待之于开国会之后，既如此，然则不先融和满汉，又何得而开设国会耶？况要求国会，以今日政府度之，以今日国民度之，苟欲达吾人开国会之目的，吾知非数年不为功。然则满汉之融和，必开【国】会同一纪元，则未开国会之先此数年间，将有何术可以融和满汉，不为宪政之阻挠耶？

曰：此不难也。夫吾国民汲汲不暇稍待，欲开国会者，亦以建设立宪政体耳。我国民如渴者思饮，饥者求食，欲建设立宪政体者，亦以处此野蛮竞争世界，将为列强所吞噬，非立宪无以图存。故吾国民当以外患者为沈痾，以立宪为药石，而以国会为药方，断未有无药石可以瘳痾者。然而无药方，又不知所以投药石，虽有扁鹊之圣，华陀之灵，亦难救药我中国。是以我国民今日所亟者，莫若学开药方，配合药石，此技一熟，此功必见，则久病沈痾之中国，可以不死矣。呜呼！我中国何一日不在一生九死之中，我国民何一日不在水深火热之世，同心同德，合力合作，犹恐不足以图存，又焉有满汉交恶、兄弟相残，而能免于歼亡之理乎？故中国存也，则满汉交利；中国亡也，则玉石俱焚。我分满汉，不与同心，外国人不分满汉，而且同戮。与其将来为同歼之死友，不如今日为同德之生民，是稍识国家大势者所公认而不为邪说所惑者。则今日对于救国之事业，同负其责任，又岂容已哉！故无论汉人、满人，苟稍有爱国心者，必以满汉同负责任为前提，而不以满汉相争杀为正当。吾即认为，知中国之前途，世界之大势，只有救国热诚、毫无民族思想者，是真吾人之同志，以热血欢迎而不暇。无满无汉，若合力以赴国难，要求国会，促行宪政，吾又知绝无丝毫畛域、丝毫界限芥蒂于心，只以同志为亲，不以同族为爱，则满汉已无毫末恶感之可言，即不融和，又岂有种族思想耶？即如余，满人也，素以救国为己任，而绝对排斥民族主义者也。虽满人不与吾同宗旨，吾亦骂斥之不遗余唾；虽汉人与吾宗旨相合，亦亲爱之如手足。非只余一人如此也，吾同志者满人、汉人多矣。偶聚一室，以推求救国之道，口【吻】之相合，心理之相凑，只有同心可爱，绝无种族可分。故吾尝喜满汉之相洽，而又信满汉之必可融和也。以此证之，满汉但为建设立宪之同志，又何阻挠宪政之足云。且同志日多，则国会开设亦将不远，虽不融和，亦复何伤之有也。虽然，此只可求之于一般之同志，而不可望之于全体之国民。何也？亦以程度有高下，知识有浅深，不能人人皆有救国之目的，斯亦不能人人有融和满汉之心理，必也满汉既平等之后，融和之效方可普及于全国。又岂独融和满汉之责任不能执人人而期望也，即要求开国会建设立宪政体之事业，亦不过希望中流社会之国民起而图之，不能执全国之人民一一而望之，非心理有所不愿，实事实有所不能。若全国人人有救国目的，政治思想非特我无国会之中国不能一旦而普及，即世界有国会之国当其过渡时代，恐亦非旦夕所能办到。故立宪事业，与其希望普及政治思想后之人民，不如责望中流社会热心救国之同志，是固各国宪政胚胎时代之成轨，非独我国为然也。即满汉之融和，亦不必俟全国皆有此心理，但求有一般同志，无满无汉，有坚定不拔之宗旨，百折不挠之魄力，以救国为前提，以国民为本位，相召号，相提撕，赞成者不患不多，联合者不患不众，立宪政体不患其不成，国会不患其不开，满汉不患其不融和矣。至于政治思想普及于全国，融和满汉无形于社会，则非开国会之后不为功，非今日之所能行而不敢奢望之者也。故吾之希望且主张者，未开国会之先，满汉以宗旨上之团结为宪政实行之前导；既开国会之后，满汉以政治上之融和为国民福利之归宿。质而言之，要求开国会时，为融和满汉之先声；实行开国会时，为融和满汉之后盾。此吾人所以策中国之道，而融和满汉之方法也。

或曰：子何必孜孜焉望以国会融和满汉耶？政府调和满汉之政策，化除畛域之方法，聚各部缙绅之士以谋之，合天下之督抚以策之，今将见于实行，满汉调和必亦不远。其政策必较吾人为妥帖，其方法必较吾人为迅速，自吾视之，望之于政府可耳。

曰：融和满汉之政策，不出自于国民，而行之于政府，为吾绝对的不承认，而且为以必不能行者也。何也？吾满汉之不得融和，政府为之厉阶也，而今日之政府，一不负责任之政府也。凡吾国之内政之纷瞀，外交之失败，国民权利之摧残，国家权力之断丧，皆政府放任之咎，百（喙）〔喙〕而不容辞者。故吾人救国之道，惟有开设国会，改造责任政府，而未有国会之先，一切问题丝毫不依赖之于政府，何独于融和满汉之大问题反希望之于政府，依赖之于政府乎？非特吾人不耻为之，即赧然为之，亦恐无所济也。吾可断言，若依政府融和满汉，其结果不过牺牲一小部分之人，成全一大部分之人，即保全少数之人，牺牲多数之人，则满汉融和之不可期，国民之感情反将为政府挑拨，愈激而愈烈矣。满汉之不得融和，政治上之问题也；欲解决政治问题，非有责任政府无从着手；而国会不开，又未有能产生责任政府者。故开国会以后，一切问题既得根本的解决，而融和满汉又其中一重要问题也。今不期以责任政府融和满汉，反求以放任政府调和满汉，是何异于炊砂成饭，适楚北行，不亦傎与！

虽然，余不主张以放任政府调和满汉，而以国会融和满汉既如前述矣，则吾所以融和满汉之手续、之方法，又岂可不公之天下，为我国民研究参考之一助耶。则吾解决此问题分为四段以论，即（一）满汉问题发生之原因，（二）满汉融和之必要，（三）满汉融和之方法，（四）满汉融和之结果是也。请以次而论之：

（一）满汉问题发生之原因。满汉问题何由而发生也？则一言以蔽之曰：满汉不平等而已。满汉何为而不平等耶？则可一言以决：专制政体之产生物也。夫专制政体延留于我中国既数千年，自秦以还至于本朝，虽更朝迭姓，而专制之毒未尝稍蔑，国民栖息于此政体之下，民权之不得伸张，身家性命之不安全，不能间接受政府之保护，且直接为政府所摧残，固已水深火热，一日而不相安。而其流毒，最不可思议、轶出累代专制范围外者，则莫若我中国之满汉不平等也。考其所以不平等之原因，则以本朝入关之始，种族思想未能尽蔑，种族阶级因此而生，遂产出一种特别制度，为我国民蠹焉。虽然，满汉至于今日为同患难之兄弟，同利害之国民，过去之历史、已往之事迹，抛弃之可也，忘却之可也，固不必斤斤言之，津津道之。然吾今欲解决满汉问题也，若不推究此问题发生之原因，无以得其结果，则言之未能彻始彻终，反与解决之道未当。故不辞屑琐，一一推究此问题发生之原因，通人当不以为罪耶。则此问题发生之原因如下数端：

1. 军事上之原因。本朝入关之始，以军事上之功为最多，而产生特别制度，亦以军事上之蠹为最甚。何也？即本朝入关之初，种族之思想尚存，君民之感情未洽，而能与君主同患难，且能扞卫之者，只有满人而非汉人；而武力慓悍足以卫皇室者，亦只可求之于满人，不可得之于汉人。是以近而京畿营驻重兵扞卫皇室，远而各省分设驻防屯守疆土，则举国之中，无一处不为满人足迹所至之地，即无一处不为满人军事势力所及之地。于是八旗兵制分布全国，〈旗〉满汉之界限因此产生，我国民遂亦不能不相扞（挌）〔格〕也。在当时汉人一方面观之，以一强大之兵力驻防之，置乎于一般人民之上，有特别权利，满人得而享之，汉人则无有焉；一切担负之义务，汉人不得抛之者，满人则无有焉。同为臣子，同为国民，何独优于彼，抑于此耶？吾虽满人，回思当日之情形，未尝不限制度之不平也。然自满人之一方面观之，似可享特权焉，抛担负焉。汉人不能享而有之者，满人或〈不〉可得也；汉人不能放弃之担负，满人则或可弃也。其实一特别世袭、终身负兵之义务，则永久不可脱肩且放弃之矣。吾知虽是汉人，追念从前之兵制，亦未有不欷嘘者焉。由此言之，汉人受军事上之压制，满人负军事上之义务，其痛苦相同，其毒害相共，又岂能相安于无事乎？虽然，此当日之情形也。（泪）〔洎〕夫道咸以还至于今日，则君民之感情日浃，民族之思想全消。保皇室卫国家者，不仅赖于满人，抑且不必仅赖于满人，则满汉同化之效，同心之德，固已彰彰大着，不可以从前之脑筋观之矣。何况满人既荷一世袭充兵之义务，一切营生之途为之剥丧，生计能力不进，军事能力日萎，兼之营制之腐败，兵官之克（叩）〔扣〕，将军之昏聩，都统之剥削，昔日慓悍之气损失殆尽，而求生之力毫末【未】增，则八旗只可为乞食之兵丁，不可为御敌之劲（旋）〔旅〕矣。故道咸以后言军事者，不可以语旗人，卫国卫民之义务，似不可不让之于汉人。于是，应食之口粮，皆不能不为之虚靡，昔日强劲之兵丁，今日则萎弱之饿莩矣。由此观之，满人至于今日，既不能人人皆负卫国卫民之义务，反为〈病〉损国损民之惰夫，谓之为兵固不可也；然谓其无服兵之义务，则亦不当也。何以言之？则满人虽有坐食粮饷之兵丁，不能为出而卫民之劲旅，实制度之不良、训练之不精有以杀之，适以逸之，非其果能逃当兵之义务，卸军事之责任也。是故满人无一权利可言，所余者世袭充兵之义务而已；满人亦无一压制能受，所余者担负旗饷之义务而已。二者比较而言，满人当兵之义务重于汉人，汉人纳税之义务重于满人。不平等至于此极，又焉得而不发生问题耶？而满汉问题发生之种子，实以军事上不平等为第一原因；而又以军事上之原因，间接发生经济上、法律上、政治上不平等之问题矣。

2. 经济之原因。夫旗人既以服世袭终身兵之义务，剥丧生计自由、营业自由、迁转自由之诸权利，则谋生之道不自由，经济能力不发达，又必至之符也。然人之生于天地间，又不能餐风饮露以生活，自身既不能谋利以自（胆）〔赡〕，斯不能不依国家助补以糊口。于是，八旗制度不为捍卫国家之军事区，特为恤养旗丁人之济贫所，直接虚糜国家之财政，间接加重人民之担负，满汉经济上之不平等，又从军事上所产出矣。夫经济者，人民生活之要素，不可须臾离者也。未有人民经济势力不发达，可以富国而裕民者。反之，经济能力膨胀，实可以直接利于国民，而间接利于国家。是以各国所以保障发达国民之经济势力，对外竞争者，亦正为此耳。而我国民经济势力不发达，将为外国经济势力所压倒，不有完全法律为之保障，反有特别制度为之摧残，将（陶）〔淘〕汰于天演界中，固专（剥）〔制〕政体之流毒，不可不图一洗者。而其中最不可思议者，则满汉经济上之不平等也。何为经济上不平等？则满人无一不在兵籍者，自一身言之，为终身兵；自一家言之，为世袭兵。既为兵矣，故以不自由为原则，而以谋生计为例外。月饷所入，非止一人恃之以为生，且全家赖之以度日，生计焉得而不窘，经济何得而不困耶！夫所谓饷者，乃一人当兵之口粮，非一家度日之养赡。今以赡养一人之资，移为哺乳全家之费，而且一家之中，以其一人之口粮，不再求其它之生计，经济势力之薄脆，不亦当然而无足怪者。虽然，八旗制度固为剥丧满人经济能力【之】斧锧，又何尝不为摧残汉人经济能力之刀锯焉。何以言之？八旗之制度愈延而愈久，八旗兵丁愈生而愈多，八旗之兵饷亦愈加而愈巨，则国家之财政自不能不愈糜而愈多，汉人之担负亦不能不愈久而愈重矣。夫国民经济发达之原因，实以负担轻薄为之结果，断未有苛敛繁荷可以裕民而富国者。满人既有特别制度之剥削，幸无特别担负之痛苦；汉人维无（靡）〔糜〕饷之惰夫，实有担负出饷之义务。二者比较，以论乎谋生之自由也，则满人少于汉人；以论乎担负之义务也，则汉人重于满人。一国之中，权利、义务如此之不相等，求之世界所罕闻矣。故满汉问题发生之种子，实以经济上为第二原因，亦专制政体为之媒介也。

3. 法律上之原因。夫满人既列军籍而非民籍，是与汉人为民籍，复可列军籍者不同，则法律【上】之不平等，亦缘此而发生矣。夫法律者，所以维持人民之秩序，保护社会之安宁，以自由平等为原则，不以阶级等差为元素者也。在立宪国无不如此，而在我专制国，则不可期。然则满汉法律上之【不】平等，不亦以专制政体为之媒介也耶？即以公法上言，以刑罚上论，汉人以民籍故，裁判之权统之于有司；满人以军籍故，审讯之权归之于都统。汉人违国法，其罚也重；旗人犯国法，其责也轻。大清律例上分为五刑：一曰笞刑，二曰杖刑，三曰徒刑，四曰流刑，五曰死刑。凡旗人犯罪，笞、杖各照数鞭责，军流、徒免发遣，分别枷号，是其例。满人加侮于汉人相控讼也，有司无审讯处置之权，必将其情实输之于将军，仰其鼻息，任其处断。将军贤也，满汉或得其平；将军愚也，则汉人独蒙其苦。若汉人有侮于旗人也，将军有袒护之权，有司无抵抗之力，故旗人常逃出于法外。惟其如此，故旗人常有甘心犯法无所忌惮者，满汉交哄视为故常，争讼一起，营官、县令文牍往来，互相袒庇，则小民蒙其损害大于邱山。然非旗人之果虐，而汉人之果愚，是皆法律不良有以酝酿之者也。以言乎私法，昔时满人之庄田不可售之于汉人，汉人之土地不可不卖之于满人，于是旗地、民地因此而分。旗地无租而民田有税，则民田冒充旗地逃租税者有之矣，或因其冒旗地起争讼者有之矣。法律不得其平，争端无日而不起，是又法律不良有以胚胎之者也。他如满汉通婚、旗汉交产等之禁令，又何一而非法律不良为之厉阶。呜呼！法律持平，小民方受其庇，若法律为之限制，满汉问题焉得而不生。故满汉问题发生之种子，以法律上不平等为第三原因。专制病民，不亦良酷与！

4. 政治上之原因。旗人负世袭终身兵之义务，不能得生计之自由，窘困否塞，朝不及夕，因军制有以杀之也。而其名列兵籍，身膺仕版，一般作官者不但不因兵制而穷，反因阶级而贵。其得官之敏捷，升迁之迅速，禄位之高宠，实非汉人所能望，而其能力之薄弱，贪婪之奢欲，亦非汉人所可及。曷观乎？汉人扶案十年，读书五车，虽擢翰林，竟有非四十年之资格不得以进为卿相者；而旗人捐一小官，有不数年可以超越之者矣。更如昔日满汉分缺之制，满缺多于汉缺者有之，一满一汉者有之，只用满官不用汉官者有之。夫以满人之少，官缺将埒于汉人，其升官之途固较汉人为多，惟其如此也，其服官之能力亦多较汉人为劣。然非满人利禄之途果可以优于汉人，更非汉人进官之路果不及于满人，推其原因，皆政治不良之结果也。夫国家所以设官者，以其治民耳。今不以贤否为黜陟，而以种族相牵制，优于甲而抑于乙，厚于此者而薄于彼，欲期政治得其平，不亦治丝而棼之乎？故满汉问题发生之种子，实以政治上不平等为第四原因。然自官制改革不分满汉之制行，此毒为稍掩矣。

以上所举之四端，皆满汉问题发生之根本原因，而由历史上所产出者也。呜呼！我国民不平等之厄，亦可谓深于洪水猛兽矣。夫处于今日物竞天择、优胜劣败之世界，不有内政治安之原因，绝不能收外部优胜之结果。变词言之，不有民权发达之原因，绝不能收国权扩张之结果，是亦天演之公例，而莫或能逃者。呜呼！思至此，又不能不为我国民栗悚矣。何也？亦以我中国处于今日之世界，以言乎国权，则强邻胁迫，外患迭乘，危亡之机，悬于眉睫，非唯不能战胜于疆场，雄飞寰宇，岌岌焉及固有资格已将失坠，不能并肩于强国，固已非自今日始矣。以言乎民权，专制政体为之摧残，放任政府为之剥丧，非唯不能扩张国权于世界，且将坠于九渊不克以自拔。若是者何也？皆以专制政体之原因，故收民权萎弱之结果；又以民权未发达之原因，不能（救）〔收〕国权扩张之结果。则我国不能相竞于世界，有优胜无劣败，不亦当然而无足怪耶。虽然，苟我国民忍诟吞声，楚囚对泣，不求一洗则亦已矣；如其否也，则直接可以致国家于富强，间接可以扩张国权于世界者，惟有扩张民权之一道。呜呼！又何不幸有一满汉不平等之祸胎，为摧陷民权之斧锧耶！以军事上之不平等摧残我国民军事上之权利，以经济上之不平等摧残我国民经济上之权利，以法律上之不平等摧残我国民法律上之权利，以政治上之不平等摧残我国民政治上之权利。嗟！我国民何独罹此不平等之灾厄耶！吾不能不痛哭流涕，与我满汉同胞同声一哭矣。

夫军事者，国家发张强力之利器，而国民对于国家应负之责任也。国家之强力发张与否，一视其军事能力强弱为判。未有军事能力萎败，而能竞胜于军国社会者；亦未有军事强力优胜，而不能立足于军国社会者。故国权之扩张，无不以军事能力是觇，不亦重欤！我国军事势力不能相竞于世界自不待论，而且满人以世袭终身立身之故，不能发达其振武精神，反摧残其军事能力，至于今日，栗悍之风亦失，贫惰之病已中。满人于军事上不能占优胜，亦天演淘汰，无可如何。汉人虽幸无世袭充兵之义务，然亦实有剥削权兵之事实；既不能有兵事上之权利，斯亦减少军事上之势力。故汉人军事能力之萎缩，殆受满人皆兵之影响。其究极也，满汉以军事之不平等，同牺牲军事上之权利。摧挫民权，此其一也。

夫经济者，竞争世界之和平武器也。今日世界实为一经济战争之世界，今日之强国无一而非经济优胜之国家，未闻有一国无经济势力可以战胜于疆场者。况我中国适在列强经济战争旋涡之中，而今日之劣败，即以经济势力不足相竞于世界为之原因，实以我国民经济能力（委）〔萎〕缩为之结果。不幸满人数百万之兵丁，坐食数万万之粮饷，且养成其怠（情）〔惰〕之积习，塞其谋生之道路，嗷嗷生民，将成饿莩。汉人【以】担负旗饷，供养旗兵之故，虽不能断丧其经济能力，一败涂地，然旗饷日增，负担日重，实为发达经济能力之大累。其究极也，满汉以经济不平等，同澌灭经济上之能力。摧挫民权，此其二也。

法律者，所以保障国民之权利，维持社会之安宁，措【国】家于治安者也。法治国所以能立足于世界，为文明之模范者，亦以其能发达民权，扩张国力而已。不幸满汉既不能受法律上之保障，反为法律所扞格。试一观《大清会典》之条文，《大清律例》之法制，若者为规束满人之法律，若者为规束汉人之法律，界限分晰，畛域厘然，或宽于满而严于汉，奇于汉而纵于满，不为保障民生之屏障，特为限制种族之厉阶。其究极也，满汉以法律上不平等，同牺牲法律上之权利。摧挫民权，【此】其三也。

政治者，组织国家元素，一国之命脉所关也。政治组织完全，国家未有不发达而致盛强者；政治组织不完全者，其国家必亦随之而不逞。故国家富强与否，一视其政治组织完全与否决之。政治关系于国家，不亦重欤！不幸满汉于政权上，不为运用灵敏之机关，而为相互钤制、互相侦觇之制度。是故满人以幸进之敏捷，终剥其服官之能力，江河而日下。汉人以政权之狭小，数百年来不能与满人相竞于庙堂，则满汉政界之争端，互相排挤之历史，无日不为国家之隐患。则满汉不能因政治而融和，反以政治而轩轾。其究极也，满汉以政治上不平等，同剥削政治上之权利。摧挫民权，此其四也。

此四者皆发生满汉问题之根本原因，而摧陷民权之特别制度也。我国民其忍诟辱，绝不图一洗耶？抑破釜沉舟，（拥）〔摧〕陷而廓清之耶？吾又知我国民之心理矣。其思摧陷特别制度，融和满汉者，必在大多数贤者；不思摧陷特别制度，挑拨满汉者，必在最小数之憨者。然则满汉之融和，必不难矣。是必待开设国会，改造政府，将军事上、经济上、法律上、政治上不平等之制度摧陷廓清，则满汉之畛畦泯悉，而国家之富强可期，满汉问题遂亦解决矣。

满汉问题发生之原因，吾既述之于前矣。然而不发生数百年前，而潜滋暗长，发于今日，勃然而起，不可遏抑者，又何也？无他，外患胁束有以迫之，政府放任有以酿之。闻者疑吾言乎？则请言其理由。

（甲）因外患之激刺发生满汉问题。吾国自与外人交通，自开国以迄于今，实无一日不受外患之胁迫，即无一日不受外患之激刺。以我中国土地之广袤，人民之殷实，财产之丰富，我国民不得经营之、利用之，而紫髯碧眼之士，联翩接踵，前行后继，率临我中国。保全派行其经济政策，攫夺我之财产；侵略派施其军事武力，破坏我之版图。着着进行，一日千里。我国民蒙其损害为最深，受其激刺为最烈，矍然而惊，瞠然而视，始知中国外患之胁束，岌岌焉不可以终日矣。然自明者视之，人之所以强，我之所以拙，皆物竞天择、优胜劣败之公例。我欲却外部之荆刺，当求内部之自强，或以改革政治为之补救，或主尊重外交免其挟制，虽其策之未必皆中，然其观察之点实不乖错也。若自愚者视之，则为误认列强环伺之原因，实种族搀杂为之导线，于是排满之声唱之于前，排汉之策随之于后。排满家以为欲抵抗外患之胁迫也，必先斥满人于国外；排汉家以为欲求内部之相安也，必先歼汉人无孑遗。其究也，排满家以斥满人之故，欲要求列国赞成之；排汉家以排斥汉人之故，思引入外兵抵抗之。于是满汉恶情愈深，而欢迎外国人之心理益切，是必鹬蚌相持，贻渔人之利，始大快于心，即中国为其灰烬，亦非其所恤。夫既以外患迭乘之原因，发生满汉轩轾之结果，今也又以满汉相仇之原因，发生欢迎外国人之结果。呜呼，何其为感情奴隶至于此极也！吾有一言以警其痴梦，则满汉者，同利害之国民；外国人，宰割我之刀俎也。满汉之利非外人之利，满汉之害实外人之利。今也满汉无一日不为同舟，遇风患难，勿可以不相救，何可兄弟阋墙，同室操戈，独不畏卧榻之傍，他人鼾睡者，悲狼籍耶夫？悲夫！是皆外患激刺迫之使然也。

（乙）因政府之放任发生满汉问题。吾国以专制政体放任政府之故，内政之不足以厌吾民久矣。以政府之腐败，官界之纷淆，有争权逐利之恶剧，无惠民济国之布施。对内摧残国民之元气，对外断送国家之利权。求其行一政，施一策，足以差餍吾民之望者，已如凤毛麟角，不可以多睹。是故致国家于濒危，溺国民于水火，政府皆尸其咎，百喙而不容辞者矣。嗟呼！我国民受外患之激刺也既如此其亟，蒙内政之毒焰又如此其酷，左顾右盼，何一非困苦丁零之现象；前思后虑，无一非亡国灭种之惨情。人非木石，具有血气，其发指目裂，思与政府一战者，又比比然也。惟明卓者能洞鉴政治腐败之本原，由于专制之政体，其挽救之也，惟有改造政府，建设宪政，期永久之治安；不取目前之暴乱，甘为一哄之政策，歼国家于灭亡。惟知爱国，不知所以爱者，则又不认为政治上问题，又仍归咎于种族之界限，又以君主即国家之思想，产生一种不可思议之舆论。排满家认政治之陈窳，非以政府之放任，实因君主之专横，不思改造政府，惟图更换君主，于是排君之声，披靡全国，引起排汉家之消极主义，屹然而反对。排满之风潮发扬于社会，排汉之政策实行之于政府，固我国民以感情作用有以酝之酿之也。然试观政府既不能融和满汉于数百年前，又挑拨满汉问题于既发生之后，朝醢一排满党，夕擒一革命人，严刑峻法以杀之，侦探罗致以捕之，不能消排满之风，特激排满之气。则满汉问题愈蒸而愈腾，益激而益烈，我国民虽欲解决之，而政府反贻人以口实而加厉之。呜呼，政府酝酿满汉问题之罪恶无以加矣！

就以上发生满汉问题之六原因观之，则前之四原因，历史的产物也；后之二原因，感情的作用也。一为根本的之祸胎，一为枝节之错误。是故今日欲解决满汉问题，亦必经根本的原因而解决，不必连缀枝节的原因而扰乱；亦以根本问题若能解决，枝节问题便不发生。故吾人所主张者，惟有开设国会，裁撤八旗，示满汉以军事上之平等；停止旗饷，示满汉以经济上之平等；厘定法律，示满汉以法律上之平等；改革官制，示满汉以政治上之平等。则吾人主张满汉平等之目的达矣。

吾更有一言以为天下告者，则吾所举满汉问题发生之原因，虽未能言之皆中，论之悉确，是吾知识不逮也。若疑吾有所偏，或所袒，则吾所举者，皆从实事上下观察，不自感情上为论断，尚未敢有附会之辞，是所自信者。吾知之矣，排满家必以吾言多诋满人之诮语，以为吾有懦于汉人，故作哀鸣之讼也；或者排汉家以吾言多揄扬汉人之口吻，以为有抑于满人，故作媚汉之词也。则吾所主张者，融和满汉，共御外侮，拯救国家之政策也；排满家、排汉家所幖帜者，挑拨满汉，以召灭亡，灰烬中国之主义也。宗旨既不相同，心理即不相凑，则吾一言一行，焉知排满家不以吾为排汉，又焉知排汉家不认吾为排满。若求二者心理与吾相合，则必俟其变宗旨、归正道以后，否则无一日不立于反对之地位。吾虽瘏音哓舌与之言挽救中国之道，融和满汉之法，终不邀其见听也必矣。故吾之所言，既不期排满家之赞成，复不愿排汉家之喝采，非心理有所不愿，实宗旨有所不容。则吾不辞呕心泣血、搪撞呼号者，以期无满无汉爱国同志，闻言兴起，有以图之也。诚如是，凡可以融和满汉之道，公心以布之，切实以言之，虽有诋诬满人之处，亦复何损；虽有诮笑汉人之处，亦复何伤。既不敢无理以诋諆，又何必分外以揄扬。呜呼！吾可以告无罪于满汉同胞矣。[①]

《大同报》第四号，光绪三十三年十月五日（1907 年 11 月 15 日）

速开国会以为外交助力说

世界上之交际，无论为个人、为国家，举不能无争，争则不能两胜，不能两败，必有一胜一败者出乎其间。惟多数人与少数人争，则多数者胜；多数人与多数人争，则理足力强者胜。个人交际然，国家交际亦然。

我中国当闭关自守之时代，几不知国家交际为何事。自通商互市，而国际之交涉见焉。然当时我国外交无术，只以修好睦邻为惟一之目的，外人之交我各有成见，而我之应付并无成见之可言。迨五洲大通，互遣驻使，外交之事，愈演愈繁。又以中外国体不同，外人之对于我实本其全国一致之政策，阴图进步，驯至渐肆其要求；而我则但凭一二【大】臣之意见，以定准驳之方针，力能驳也则驳之，力不能驳也则从权允之，但求敦笃邦交，不复计及权利。国民处于专制势力之下，只知国家之事应由君臣主之，小民莫能过问，虽因国家交际上有损国民之权利，而民亦隐忍受之，不以为意，甚或茫然不知。外人知我内情，益无忌惮，遂更得步进步，诛求尽致。我之君若臣以少数之力争之而不胜也，则不得不俯如所请，以泯衅端，订约签押，无非秘密。缘是而国权渐削，外力日侵，累月经年，遂成今日不可支持之危局。盖外人之对于我中国，其一举一动无非为代表全国之政策，而我则只以一二君若臣以应付之，安得而不败？此谓多数人与少数人争，则多数者胜也。

① 原文未载完，以上所录为作者所论开国会有利于“融和满汉”部分。

近则我国风气大开，国民渐知民权之为重，专制之不公，于是稍稍干预国事。凡国家交际上有损失我国权利者，往往联合团体与政府力争。外人怵于我民之抗拒，而深恐其愿难偿也，故我民争之愈力，而外人之迫我政府亦愈力。政府以受外人所迫，无法应付，于是甘心为虎作伥，助纣为虐，反箝制国民之抗议，以博外人之欢心。盖专制政体，民人本无干预国事之权，政府之压抑国民，以迁就外人，于公理上为不顺，于事实上则必然之势也。不然，则外人得向我政府加以责言，以为不能约束民间之暴动，而政府无词。盖政体所关，专制之政府本不准民权之昌大，事所必至，理有固然，此正不必为政府怪耳。然而政府之苦境亦由是深焉。

试观近数年来，我国与各国之交涉，其困难已达于极点，一波未平，一波又起，甲国获益，乙国效尤，直以政府为众矢之的，各挟其胁制强迫之力以俱来。此中苦楚，想当局者能自知之。究其所以然之故，盖我国之政权皆在政府数人之手，每遇困难问题，既不能得所协赞，复不能诿卸他人，力薄势孤，勉强应付，稍一有所迁就，则己国固有之权利，即隐然断送于外人。故近数年来，与外国缔结之条约，几无一非我国卖产之契券，无一非外人购物之保单。盖无强力以为之后援，其结果固如是也。强力维何？则国民之集合团体是。顾或者谓，现在国民程度日高，政治思想日盛，凡遇有损失国权之交涉，我民何尝不合力抗争。以前姑勿论，即就目下言之，苏浙人之于铁路借债，山西人之于矿产，其抗争之力不为不坚且大，讵不可以为政府之后援？虽然，今日国民之干预政务，就专制政体而论，原非分所当然，政府即果肯藉国民抗争之力以谢外人，彼外人亦必不顾。盖我国立宪尚未实行，故我民之干预政务并非权限内正式之干预，在外人只视为我国舆论之一斑，而不能显其正当之效力。而又恐我政府为舆论所摇也，于是逼迫我政府者反日益加甚，持议愈坚。

今日政府办理交涉之困难概可见矣。夫欲免其困难，果有何道以处此？曰：其惟速开国会，公然予国民以干预政务之权乎。查国会为人民全体之代表，有监督政府之权，凡政府所为有拂乎舆情者，国会有权向其诘问。外人之对于政府，无论有何等之要求，不能强令违反舆情而允诺之。尝考各国国会之权利，其关于条约承认权，如德国，凡缔结条约时，必须与参议院同意，尤必须得代议院之承诺，其条约乃生效力。如义国，其条约若负担财政上之义务，或关于领土之变更者，非得国会之承认，则不生效力。又如法国，其条约若关于平和，或通商之事，或关于法国之财政，或关于在外国之法国人身体及财产之事，亦必须经两院之承诺，方为有效。我中国若仿而行之，国会既开，则国民全体之代表以立；国民全体之代表既立，则政府对于外国之要求，若不经国会承诺，则不得承诺，外人亦不能迫令政府抗违国会之意见而承诺之。如此则政府对于交涉之困难有所推卸，庶不致因外人之强迫而损失国权，此国会可以为外交助力之明效大验也。而且今日我国民气甚盛，团体甚坚，若不速开国会以为之归束，恐澎涨之极，成为爆裂，反于外交界上生一意外之困难而不可收拾，实为大可虑者。

政府诸公如必欲与国民作反对，以卖国为殊荣，斯亦已耳；苟不然者，即速请求朝廷诏开国会，虽宪法犹未规定，不妨即以国会为实行立宪之始基。诸公其有意乎？予日望之。

《大公报》，光绪三十三年十月初十日至十一日（1907 年 11 月 15 日至 16 日）

论今日为吾国民要求开设国会之时机

尝读预备立宪之明诏，非曰国民之程度不及，不能实行立宪，即曰必养成国民之程度，然后可予以参政权而实行立宪，故不得已而只能谓之预备立宪。吾国民之所以为政府诸公借口者，即程度不及一语。惟程度之及不及毫无标准之可言，必国民之程度至如何之程度，而后可以立宪？即政府诸公亦难以理想定其标准，不得不征诸现象。

或者谓，昔日之明诏预备立宪，实出于朝廷自然之意思，非出于人民之要求。国民之程度不及，宜为政府所借口，以人民之智识低下，不知要求，尚不如朝廷之能见机而自行宣布立宪也。不知征诸欧洲各国立宪历史，未有不由国民之要求而后成。要求之方法不一，然终不能免流血之惨。其受创最巨者，莫如法兰西。即以最完全自由之英国立宪言之，当一千六百八十八年放逐惹姆斯二世于国外，迎立维廉三世于荷兰，英国宪法至此始为最后之决定。英人虽谓之为光辉革命，然流血之事终不能免，不过较之他国其受祸为轻耳。可知人民至自知要求立宪之程度，其一次要求不得，必为继起之要求，终不免罹于流血之惨而不止。某尚书之密告两宫曰：中国人若至自知要求立宪，恐朝廷已无立宪之望，不如及早宣布之为益。可谓知言者矣。

在东亚各国中而由君主自行宣布立宪者，首推日本。日本自明治改元，宣誓万机决于公论，为后日开设国会之基础。至七年五月（诏）〔召〕集全国人民之代议人，以公议舆论定律法，召地方长官会议国政，误以地方长官为人民之代表，为一种变态之代议制。八年始设元老院。是时归国之欧美留学生，运动地方有志绅士，奔走呼号，群谓若不开国会、无民选议院，则立宪之根基不能巩固，国家虽改革制度，借口于公议舆论，而仍归有名无实，且更长专制之弊。由前参议副岛种臣、板垣退助等建言，速设立民选议院书提出左院，耸动一世之耳目，全国人民趋向全注意于设立民选议院。嗣政府对于言论、集会之束缚益加严（励）〔厉〕，而政党、政社勃兴未已，盛倡民权自由之说，以鼓舞民心，其目的无不在要求开设国会。各党皆联合，组织一国会期成同盟会。会北海道开拓使官有物拂下之事件起，舆论嚣然，皆责政府之不当，谓为政府之专制，不可不开设国会之一大理由。遂举河野广中、片冈健吉二人为请愿委员，为二府二十二县八万七千余人之代表，呈请愿书于元老院。其它志士陆续奔京师，运动于各大臣之门，陈开设国会之希望。十四年车驾还幸，以国民希望开设国会之声已高，气运渐熟，有不可再遏之势，即夜召集参议大臣，降谕期以二十三年召议员开国会，遂命伊藤博文赴欧洲考察宪法政治。至十六年伊藤回国，即设宪政调查所于参事院内，从事审订宪法。二十一年新设枢密院，免伊藤内阁总理大臣，任为枢密院议长，专事审议宪法草案。隔日一开会议，天皇亦亲临谘询，各官皆有发言之权。是时去开设国会之期不远，遂于二十二年颁布宪法，二十三年开设国会，召集民选议员。此日本立宪政体之所由成也。

由此观之，日本之立宪，虽肇端于明治初年之宣誓五条，而其所以能成为今日之立宪国者，仍出于国民之要求开设国会，有以成之也。若无副岛、板垣等之提倡于先，河野、片冈等之继起奔走于后，一任其政府之优游岁月，空言敷衍，虽至今亦不能成为立宪国可也。东洋之人民惕息于专制政体之下已久，而政治思想之发达，远不及西欧人民发达之早。然自十九世纪中，欧洲大陆已无一国不成为立宪政体之国家，交通之利器日进，欧洲学术输入东土，而立宪之文明，亦随欧美潮流而波及于东亚。以大势观之，首当其冲者，宜为日本。日本知其势之不可遏，遂利用之而改变政体。然立国于东亚者，无不为君主专制政体，君主之威权无限，官吏又可乘其一人之威吓，以虐夺人民之权利，故与东亚诸国言立宪，无论君主，即政府诸公亦所不愿也。观于日本未发布预期开设国会之诏以前，政府诸公之泄泄沓沓，阳以庶政公诸舆论为口援，阴实愈行其压抑之政策，初未尝有真心欲为其国家立宪，与我国今日政府又何以异？然此为专制国政府之常态，不足虑也，所虑者，吾国之草野中有无副岛、板垣等其人，志士中有无河野、片冈等其人耳。如有其人，吾国之立宪前途，犹有望也。

吾国要求设立民选议院之举，发起于东京留学界诸公之上请愿书。上书不报，在专制政府本无足异，彼副岛等之初次建白民选议院，亦何尝足动政府之听？然足以唤起一般国民之观听，几以民选议院为国民之布帛、粟麦所一日不可缺者。遂由此而议论勃兴，无论大小团体，无不欲达开设国会之目的，卒能利用时机，继起以成厥功。观于今日吾国则何如？

以今日国民对于苏杭甬问题、西江缉捕问题之现象观之，国民之程度不可谓不高，国民之团结力不可谓不固。向者政府谓国民之程度不及，今知国民之程度高出于政府以上远矣。政府不知逾期不履行之草合同，在法律当为无效，欲承认为借款之根据，而国民能辩白之，以拒外债之侵入；政府不知沿江警察权之属于内政，滥予外人行使，以损我主权，而国民能争之，自行集款，办理缉捕以保国权。政府反谓人民之误会，欲藉以行其营私之手段。吾国政府之不能为人民所信用也久矣，如庚子之役，以政府诸公少数者之排外，酿成莫大结果，赔款四百兆，岁增吾民千八百余万之负担。以少数者之肇祸，而由多数国民负担之，在立宪国家，决无如此不平之事。以立宪国家，必有国会以监督政府之行政，则政府之行政，对于国会必负责任，而不敢越出范围之外。今者苏杭甬问题未结，西江缉捕问题又起，政府敢于为是者，皆无国会以监督政府之行政故也。与其事后而为补救，何如事前而为监督？政府失职之事，恐不仅苏杭甬、西江缉捕事而已也。即以苏杭甬路事与西江缉捕权而论，政府对于人民之失信用，其毫不负责任也可知，以视日本当时开拓使官有物拂下之事，其轻重奚若？官有物拂下，犹仅属其内政之不整，而日本国民已嚣然指为应开设国会之一大理由。吾国政府将国家主权、国民权利，尽欲拱手而让之外人，是使吾国民永无生存独立之日也。故必由吾国民乘机联合二十二行省之各团体，继起而要求开设国会，常设一监督机关，监督政府之行政，而立宪前途愈为巩固，毋使政府哂吾国民程度之不及，而不知要求。

吾可断言之曰：立宪政体者，由国民要求而成之政体也，非由国家自由发生而成之政体也。观于东西洋各立宪国之历史，可以知矣。

《中外日报》，丁未十一月十七日至十八日（1907 年 12 月 21 日至 22 日）

中国国会议

李庆芳

西历当十二世纪中叶，立宪政治之潮流发源于大不列颠民族。至十五世纪，遂由英而西渐于美。十七世纪之末造，过英吉利海岔，随风奔放，一泻千里，波及欧洲大陆，而法，而德，而奥与匈，而荷兰，而西班牙，而葡、比，瑞、丹诸小国。堤低水巨，冲之即溃，盖莫不浸淫沉没于立宪政治潮流之中。俄罗斯与土耳其，以素号专制国之二大顽石，一阻于北，一阻于东，此惊天动地之潮流乃南折而入义大利[1]，复飞渡印度洋而东下。于是区区三岛、屹立于太平洋之日本，乃受其热溜而迎合之。环地球数十国，顺其潮流者强，逆其潮流者弱。能利导此潮流者，国民之政治能力必优，而幸福因以多；不能利导此潮流者，国民之政治能力必绌，而幸福因以寡。试披阅十二世纪后之各国立宪史，殆成世界之公例。中国位于亚洲之东大陆，为地球上五千余年之文明古国，富有土地英方里四百二

① “义大利”，即意大利。

十余万，人民四亿五千余万。于山则有昆仑、兴安、天山、南岭、太行、太华、恒、嵩之雄，于水则有黄河、扬子，黑龙、鸭绿、澜沧之大。且煤铁矿足供全球数千年之用，海岸线延长一万余里。徒以专制政体之故，遂遇欧而挫于欧，遇日而挫于日。甲午、庚子两创而后，日日言维新，日日言变法，而成效卒不可睹。始也，台湾割，胶州租，威海卫及旅顺、大连失，内地之种种权利半入于外人之势力范围。继也，英日同盟，及日法与日俄两协约相继成立，中国外忧愈成积重难返之势。近则间岛问题、浦信铁路问题、山西矿务问题、西江警察权问题、苏杭甬铁路问题、铜官山矿产问题、高州廉州间铁路问题，皆足以为亡中国之导火线。余尝执果穷因，下一断案，谨告我国民曰：此专制政体之结果也。

夫各国均挟其立宪膨胀力而来，我国仅恃此专制抵抗力以往，未有不败者也。何也？专制国之实质犹鸡卵，立宪国之实质犹垒石。专制国君主若卵壳，其人民若卵液，平时则人民受羁于君主之范围，临时势不得不拥君主为防卫之具。君主欲恃人民为后劲，如卵壳之恃卵液为后劲，壳破而液亦外溢矣。故专制之君主常危，而人民亦以随之俱危，为惯例也。乃常有责望君主之心，抚我则后，虐我则仇，贤斯讴歌随之，愚则取而易置之矣。立宪国则不然。国之上下，各有权限，其程度相去不甚远，譬之垒石，去其一石，而他石如故，此石虽去，以他石易地而置之，其实质如故。立宪国君主之贤愚，其影响常不及于人民，以其不能为法外之善，亦不能为法外之恶也。更就其受外界之冲突，以植物类结实比之。专制国如已熟之枣，立宪国如已熟之玉蜀黍。专制国之人民为枣肉，而君主为枣核。立宪国之人民为玉蜀黍之粒，而君主为玉蜀黍之穰。枣之坚拒力在于核，玉蜀黍之坚拒力在于粒；枣之坚拒力仅一个，玉蜀黍之坚拒力不啻数十百个。故专制国遇外界之冲突，不恃人民而恃君主；立宪国遇外界之冲突，不恃君主而恃人民。此其所以异也。以专制国之一人政治，与立宪国之多数政治相遇，犹之枣与玉蜀黍相遇，不待智者而知其拒力之悬隔矣。以俄罗斯海陆军之强，而败于日本；土耳其国之大过于德意志，而受制于欧洲列国下。无他，政体之不善致之也。故中法之役，可谓之专制国与民主立宪国战；中英、中日之役，可谓之专制国与君主立宪国战。稍有政治知识者，不待交兵刃而已决其胜负之谁属也。何也？专制国之战也，以君主一人与人战；立宪国之战也，以国民多数与人战。无论君主一人圣明如何，英武如何，而多寡悬殊。古人所谓一以当百，已属史氏之铺张，况以当万、当兆、当不可思议之众乎？故专制国之害，害在一人政治；立宪国之利，利在多数政治。余谓中国不讲御外则已，若讲御外，必从政治上为根本之解决，则多数政治为宜急矣。质言之，所谓立宪是已。

余尝默察中国之五千年之政变，纵览环球数十国之政变，于专制与立宪下一断案，曰：专制国以倒皇室为常，立宪国以倒内阁为常。就论理学之演绎法引而伸之，得例如左：

（子）专制国以倒皇室为常也，故专制国民常以皇室为一大问题。

（丑）皇室处于国民视线所集之地，常为国民所监督也，乃蹈于危机，故专制国之危机，在于君主。

（寅）专制政体以君主为国家之最高机关，故国民更动之也常难，而用力不得不大。

（卯）国民既用大力，则常不出于舆论，而诉之于武力。

（辰）以武力更动君主，则举兵之时，国民之生命财产必大蒙损害。

（巳）是故国民欲求其生命财产之不损害，必先求其国之不专制。

专制国之原因结果，略如以上所演绎。今且不必远求之他国，试证以中国之专制历史。自唐、虞迄于今，其间四千余年，王者易姓不下数十。姒姓亡而子姓代之，子姓亡而姬姓代之，姬亡而嬴，而刘、而曹、而司马，而前五代以迄隋、唐，而后五代以迄宋、元、明。易姓殆近二十次，皆一姓之兴亡。中国之版图人口，徒供若辈之牺牲。试思此一兴一亡之中间，断未有不诉之武力而能达其目的者。国号易一次，国民之生命财产危一次。究之所得者仍为专制，而决不能得立宪，以其所求者，在得一贤君主也。夫既以君主之贤为因，乌得不以专制为果？故余谓国民欲得专制也，则不得不先解决君主问题；欲得立宪也，则不必求有责任君主，而当求有责任内阁。

（午）立宪国以倒内阁为常也，故立宪国民常以内阁为一大问题。

（未）内阁处于国民视线所集之地，常被国民监督也，乃蹈于危机，故立宪国之危机在于国务大臣。

（申）立宪政体有立法、行政、司法三机关，而此三机关之外，又有君主为一机关。故国务大臣不过为行政机关最要之人，而非国家之最高机关。故国民更动之也常易，而用力常小。

（酉）用力既常小，则仅以舆论从事而常足，不必出于武力。

（戌）以舆论更动国务大臣，则国民之生命财产不虑其有若何之损害。

（亥）是故国民欲求其生命财产之不损害，莫若求立宪。

试证以立宪国之实例，则中国古无立宪政治，势不得不求之外国。然亦不必远引欧美，观与我隔一衣带水之日本，自明治维新以来，德川将军、萨长政府，仍为封建之余孽，国民迭兴倒幕之师，遂由少数政治而趋入多数政治。舆论所鼓吹，有倒山翻海之势，于是黑田内阁仆，而山县内阁代之；山县内阁仆，而松方内阁代之；松方而伊藤，而大隈与板垣，而山县再入内阁，而伊藤再入内阁，而桂内阁，以至于今之西园寺内阁。其间或仆或兴，国民多以舆论从事。间有以白刃相加，或焚击警察署者，然暴举之原动力多发于国民一方面，而政府初无若何之抵抗。惟西乡隆盛叛于西南，曾折于政府之兵力。然西南之乱，可谓之倒幕之师，而不得谓之倒内阁之师。缘所遇之政府，实为封建时代旧遗之幕府，而非立宪时代新创之内阁也。此余主张立宪之惟一理由也。

说者曰：立宪政治之精神，在于三权分立。三权分立者，即立法权、行政权、司法权各行其事而不相混淆之谓也。今政府诸公，苦心孤诣，拟于京师设（咨）〔资〕政院、各省设谘议局、各府州县设议事会，此非立法机关独立之预备乎？客岁改定官制，今袁、张诸人拟改军机处为责任内阁，此非行政机关独立之预备乎？又简沈、俞诸人修订法律，而聘日本之冈田博士为刑法草案之计划，此非司法机关独立之预备乎？倘政府诸公，从此着着进行，则立宪政体之成，可拭目而俟也。今中国有如斯之万能政府，国民未尝预备立宪，政府已能预备立宪，此各国立宪历史所罕见，而中国政府之特色也。试观近一二年来，两次预备立宪之上谕，皆出于政府之主动，不出于国民之要求，可为铁证矣。故吾以为立宪政治之设施，直听之政府，国民只从事于农工商业，则中国可以富强。此希望政府立宪者，其说最易使人堕其术也。

余将驳之曰：子之说，是为政府谋，非为国民谋也；是以政府权利为本位，非以国民权利为本位也。倘子之说行，是直政府为英人，而全国国民为印度；政府为日本之大和民族，而全国国民为北海道、台湾。预备立宪之谓何，国民参政权之谓何，子直亡国灭种之说耳。何也？所谓预备立宪者，政府有政府之预备，国民有国民之预备，徒责望政府，而不责望国民，是有奴隶国民之心者也，罪莫大于此也。且关于立法、行政、司法三机关之种种预备，政府诸人之举动，固未可一笔抹杀；然余所主张之立宪，非政府的立宪，而国民的立宪也。故政府无论其有所作为或无作为，巧于措施或拙于措施，余辈皆不深责。所日夜馨香膜拜以求其为急激的进行者，惟国民耳；所日夜痛哭流涕，瘏口舌不惮借箸而筹者，亦惟国民耳。余所主张之国民的立宪，有三大理由，可为根据：一以哲理为根据；二以事实为根据；三以法理为根据。

（一）按之哲理，人类为政治动物，对于政治莫不各有自由之意思。若强制之使不得达，实胚胎危险之种子。一人之意思，必以一人之权利为本位；少数人之意思，必以少数人之权利为本位。若国民多数出而公定宪法，则此宪法为多数国民合成意思之表现。盖人之生也，即有爱其身、爱其种，使争存于世之欲望，故其所表现之意思，常以利己为原则。若以一人或少数人之意思，左右多数人，则多数人易蒙损害，而社会秩序因以不可确保，国家危险莫过于斯。且人类以单独之个人不能生存于世界也，故有群。人人欲其躯壳及精神之幸福底于完全也，故有国家。若国家政事不使国民参预，则人亦何贵乎有群，何贵乎国家，适以为生存之累耳。故专制国，法愈密，民之对于法，其破坏力愈大，而法乃为具文。若欲颁布宪法，而出于君定，或执政诸人之定，民之视宪法，直不关痛痒耳。惟使国民多数参预政事，使之有协定宪法之权，则凡法之出自自定者，其爱之也必深，守之也必固，行之也必毅，宪法乃为有效。夫一国之中，而多数人有爱法、守法、行法之心，斯为真正之立宪国也。此国民的立宪，于哲理上有确切不移之根据也。

（二）按之事实，世界无论何国，无论何种，其政治之原始时代必为家长政治。家长政治之发达，一变而为族长政治。族长政治之发达，再变而为酋长政治。基于酋长政治，因其国势人情之所趋，或变为贵族政治，或变为君主政治，由是乃进而为立宪政治。英、德与日本之立宪政治，由贵族政治而演进者也。俄罗斯与土耳其之立宪政治，由君主政治而演进者也。他如美与法，则由少数人之专制，一进而为民主立宪政治。以及欧洲之文明各小国，有为民主立宪者，有为君主立宪者，其君主与民主不同，其为立宪则同。质言之，地球上之凡有国家资格者，殆莫不由一人政治或少数政治而趋于多数政治者。盖国于二十世纪之世界，未有不立宪而国家能存在者，此事实之不可掩者也。中国至唐虞时代，已脱酋长政治之弁髦。沿数千年以迄于今，始终为君主政治或贵族政治之变迁。从此趋于多数政治，此殆时势使然，亦基于历史而演进者也。然中国之立宪政治，将来必以宪法为一国之根本法，若出于独裁，而不出于国民之公定，则宪法程度必低，仍不能为地球上文明法治国。日本笕博士，常不满于日本宪法，谓其根本处仍不脱专制的遗臭也。从宪法之根本处，而辨其程度之高低，即以独裁及公定为标准也。故英之宪法可为最优等之程度者，即其宪法出于民定也。德之宪法为优等之程度者，即其宪法出于民定者多、出于独裁者少也。日本之宪法为中等，而俄、土为下等。中国将来之宪法，欲使其为英、德而不为俄、土，则全争此独裁、民定之毫厘。若其出于民定也，则不必希望其为英、德，而自为英，德；若其出于独裁也，则亦不必虑其为俄、土，而自不能逃为俄、土。若出于民定者半，出于独裁者半，是亦无异于日本之宪法也。余望中国为英、德而不为俄、土，故立宪而归本于国民。此国民的立宪，于事实上有确切不移之根据也。

（三）按之法理，宪法者根本法也，亦基本法也。何谓根本法？即由宪法之中，可以生长无数之法也。何谓基本法？即在宪法之上，可以附丽无数之法也。各国之所谓宪法，质言之，即国民之合成意力。故宪法之程度，亦视国民合成意力之程度为正比例。笕博士解合成意力，谓同为合成，其程度大异：如人之言谢，有出于诚心者，有出于顺口者，同是言谢，而程度不等。法律的意力，其合成之程度，亦有大相悬绝者。夫宪法既为合成意力，则不可纯任一人意力或少数人之意力，可知矣。盖吾人所希望中国之理想宪法，愿其为法律也，而不愿其为命令。无论组织一大小团体，凡定一法律，必本于多数人之同意。大而万国平和会，小而人民间之社团、财团，未有以一人或少数人之规定，不得众分子之公意，而可以成为法律者。命令则不然。君主及中央国务大臣，以至各地方之长官，皆有发布命令之权利。然只可谓之为命令，而不得名法律。此理之易见，而稍治法学者所能道其梗概也。中国将来颁布宪法，则宜使其为一法律，而不宜使其类于命令，既如前之所陈。若不本于国民之合成意力，是所谓命令的宪法，岂不贻法学家以笑柄？井上博士谓：吾人信为实质的宪法者，一国法规中，关于国家构成分子及国权之作用之法之总称也。清水博士谓：宪法者，定统治权之所在及其作用，且规定立宪国不可缺之统治机关之权限也。夫既曰国家构成分子，则其指国民也可知。既曰统治机关之权限，则其指议会、政府、裁判所之权限可知。国家既立宪，此其法无在不与国民有密切关系。以国民之合成意力，而表现为宪法，宪法乃底于完全无缺点之域。此国民的立宪，于法理上有确切不移之根据也。

有以上三大理由为余国民的立宪之说之根据，故余之所主张，不求与人立异，不强与人从同，实准救国之前提，以非此不足为立国之要素也。政府若今日拟设（咨）〔资〕政院、谘议局及议事会，明日又收回成命，中国国民遂永远不立宪乎？遂永远不另设立法机关乎？若官制不改定，袁、张之责任内阁不能成立，中国国民遂从此不立宪乎？遂从此不谋组织行政机关乎？若刑法长此腐败，中国国民犹坐待执政诸人之立宪乎？犹坐待执政诸人创一司法机关乎？故余谓政府之预备与否，非立宪之必要问题；而国民之预备与否，乃立宪之必要问题。何也？立宪国之国民，必先断绝其为政府奴隶之心，而视政府为己之公仆，有高尚发扬之大国民思想，而后可与谋国家之建设。否则，奴隶根性不除，纵有毕士麦与伊藤博文之责任内阁，亦如荆棘丛中之红花、点水之蜻蜓，究何济于事也？俄国宰相威移泰，欧洲政治界仰之如毕士麦，然拥三百余万之陆军，波罗的海五十余艘之舰队，遇庸庸碌碌之桂内阁而不能博胜利，则国民之能力问题，非政府之能力问题也。

况现政府之预备立宪，有令人不可思议者，则一方面言立宪，一方面又放弃主权。惟恐人之议其后也，又以摧抑舆论为本分。对于外，若奴婢，惟恐其不怜；对于内，若虎狼，惟恐其不畏。纵有好谈道学者，一入政界，其趋利避害之术，转胜于常人；素好文明者，一入政界，其逢迎奔竞之才，转胜于守旧。此岂中国人之性质与世界文明各国异乎？无他，无政治能力之国民，决不能发生有政治能力之政府。倘中国国民的立宪政体不成立，任取世界何国之责任内阁而移之中国，未有不腐败者也。

说者又曰：子之言国民的立宪甚辩，然子之所主张者，其政体为君主立宪乎？抑为民主立宪乎？

余将答之曰：余所主张之国民的立宪，乃就国体立言，非就政体立言。中国国家欲存在于现世界，必变为民权国体乃能立国，决非君权国体之所能济。若就政体而论，则中国今日以对外问题，有不必行民主立宪之趋势，以蒙、回、藏畔立问题，有不可行民主立宪之理由，则中国政体，宜为君主立宪也无疑。盖余固谋中国政治之改良也，君主之贤愚非所过问。故属望于国民者，欲其群起而争参政权也，非欲其群起而争君主；欲其群起而谋国家之幸福，因以增长个人之幸福也，非欲其群起而谋个人之富贵，以危及国家。盖人之举事，未有于一己毫无关系，而肯出死力以争者。贪夫死利，荡子死色，夸者死名。其始之争也，非不知所争有死之危险也，徒以爱利、爱色、爱名之心，胜于其所恶，而不得利、色、名之苦之程度，大胜于死之苦之程度也，乃明明知其于道德为非、于法律为罪，辄悍然为之而不顾。非所牺牲者为轻；而所满足者为重，乃欲满足其所重，而牺牲者遂不得不为其所轻也。凡人之笃于所求者，究以能偿其求者为常。好利、好色、好名之人，固有好之而不能得者，然究以能得为多数。一国之政治机关，若举其小者，则更仆不易数；举其大者，则司法独立而外，君主为一机关，政府为一机关，国会为一机关。试率举国之人而争君主，则无论何等国体，断无人人可以为君主之情理，故人人断无起而争君主之情理。若在族长政治时代，或可利用一时之感情；在酋长政治时代，或可利用一时之威吓。人群愈进化，斯公理愈昌明，世岂有一己无为君主之心，而肯盲从他人以争君主者乎？此君主革命论所以始终不能行于今之中国也。非政府兵力果足以压制之，亦国民心理不为自然的趋向耳。至于政府，虽为国家权力行使之根源，然为国民之客观，而非国民之主观。何也？国民为母，政府为子；国民为主，政府为仆。国民虽痛心疾首于现政府之不负责任，虑其持放任主义，足以致中国之亡，然人人起而组织政府，势有所不能，而理有所不必。盖政府者，不过国民办事之一会馆耳。政府之执政诸公，如会馆中之执事，其事甚烦而琐，而办事又甚苦而劳。惟以其有所举动，其利害常与各团体员有密切关系，故不可不设法以监督之耳。夫以利己为正，而以利人为副者，属于人之普通性。国民以身家性命之保护权，拥而归之政府，政府为假定之名，实则其权操之于国务大臣，及各地方之行政长官。而此等人之有身家性命，亦与各个之国民无异。万一政府牺牲国民之身家性命，以增长其身家性命之幸福，则国民或不能知之，更何由而禁之？况人之常情，难敬而易怠，喜逸而恶劳，非有人监督于其旁，则不流于怠而逸，鲜矣。欲儿童之勤于洒扫也，必有严父母监督之。欲婢妾之勤于裁缝也，必有严主妇监督之。以及工商之营业，胥吏之执务，未有不设监督于其侧，可望其成绩甚佳者。夫不待人之监督，而肯出其心思材力为国民谋幸福，此必其人之感情最厚、道德最高、立志最远始能之，然而不可多得也。此亦事实之无可如何者也。具以上之种种理由，故监督政府之机关不可不立。此机关为何？曰国会。且国会者，与全体国民有直接之关系者也。何谓国会？即国民参政权汇萃之中心点也。国会之意思，即为国民意思；国会之行为，即为国民行为。今国民欲解决政治上之问题，则当从国会着手，庶不致蹈枝枝节节而为之弊矣。今试以合资公司之组织比于国家，而以公司之股东会议比于国会，以公司之理事、监事比于总理大臣及裁判官，即可知国会之重要。夫股东以营利为共同目的，故集股而立公司，公司之赔赚皆与各股东有密切关系。若入股于先，而不参预其事于后，则营利或不能获利而反以获害。况理事侵蚀公司以肥其私，监事亦不称其职，则公司倘有危险，其害仍在股东。故股东会议为必要。盖股东虽人人有资本在其内，势必不能人人为理事、监事，惟定为若干年开股东会议一次，理事、监事之不良者，股东直接干涉之使不得滥竽充选，庶于公司执事有所劝，法之不适则改之，资本不足则增之，而后此公司乃可维持于不敝。以股东组织公司而必争有会议，以国民组织国家而不争有国会，所谓明于小而昧于大也，窃为国民不取也。

余主张国民的立宪，而注意在开国会。略闻国中志士，颇有与余政见不谋而合者，则上海、安徽两处之近日发起国会期成会是也。此外，如北京之宪政研究所，上海之宪政研究会及立宪公会，留学界之宪政公会及政闻社，留美商学界之宪政会，对于开国会皆为急激的主张。而究其实际，多付之理论，而未能见诸事实。则以国民尚多长眠而不觉，对于国会不肯为急激之共同运动也。国民对于国会，既为消极的态度，则此等运动开国会之小团体乃退而处于孤立。于是国会反对派，与国会怀疑派，乃乘间发生。盖人类为政治的动物，不趋于文明秩序的竞争，必趋于野蛮乱暴的竞争，此间断无中立之理。利用国民多数之中立，而因以便其私图，此反对派与怀疑派之所由成立也。反对派为谁？现政府与革命党是也。夫与国会有实际利害之冲突者，莫若现政府与革命党。何也？现政府所持者为放任主义，而国会则决不令其放任；革命党所持者为改易君主主义，而国会则专重改造政府而不重改易君主。是故与现政府谋开国会，犹之与狐谋皮；与革命党言开国会，犹之与虎狼言博爱，实大愚大惑之事也。夫物莫不各有其主义，求其主义之达，而防外界之妨害者，此为凡物之本能，亦宇宙之公理，无足深怪也。使现政府所持主义，果合于优胜劣败、适者生存之例也，则中国可以得专制。使革命党所持主义，果合于优胜劣败、适者生存之例也，则中国可以得共和。盖专制与共和，无论如何之大法律家，不得谓其非一种政体，则国家何必不专制、何必不共和？然试起中国汉、满、蒙、回、藏、苗之四百兆大国民而问之，彼果谓专制政体及共和政体果可行于今日之中国也，则余将从此不言。而实际又不如是。则余以为国民既欲为君主立宪，急宜主张开国会，慎勿为国会反对派所利用也。怀疑派之言曰：国会为立宪政体所莫能外，惟中国国会一开，则利于民而不利于君，利于汉而不利于满。此亦事实之不可掩者也。此等疑团，中于少数国民之心理，实足为国会之阻力。彼辈又见国民之多属于中立也，于是大肆簧鼓，创为人民程度不足之谈，不惮为紫之夺朱，郑声之乱雅乐，以淆惑一时之人心。此其人名为爱君，实则贼君；名为爱满，实为排满。近来政治问题，牵入种族，而酿成排满论、君主革命论者，实以此等人为之原动力也。盖独裁政治不去，则君主必为立宪潮流所淘汰；旗制不裁，则满人必为经济竞争所淘汰。稍具科学知识者，可以不假思索而知其故也。余对于中国立宪，主张君民一体，满、汉平权。故对于君主，只求其于宪法上有不可犯之尊荣，不求其于国事上有负责任之危险。对于旗人，只愿其有营业、生产、居处之自由，不愿其为终身兵役之奴隶。如国会怀疑派之所言，则是虑君民（膈）〔隔〕阂之不甚，而为火添薪也；虑满、汉畛域之不清，而饮鸩止渴也。其对国会之不表同情，与反对派虽异；而其阻立宪进步，足以促中国之亡，与反对派之罪则同。所谓伪言乱国是者，余所深恶而痛绝之也。

夫中国合汉、满、蒙、回、藏、苗六种族以立国，而蒙、回、藏、苗之对于满、汉，或满、汉人之对于彼四族，均无所谓种族问题。独满、汉间有种族问题，此实以政权不平等为之因也。而又有君主适为满人之一问题，夹入其际，遂为立宪前途之大障。然无论何等政体之国家，必有元首之一机关。若中国因元首问题，而牵及国家，则此后必中国无元首而后可，否则必分中国为六国。何也？中国若有元首，无论出于世袭，出于选举，必属于一族。若满人为元首，而汉人不承认；则汉人为元首，而欲得满、蒙、回、藏、苗之承认，必不可能之事也。则必分六种族为六国，各君其君，各族其族，而后可以相安也。夫善治家者以弟兄分居为苦，而谋国者乃以种族分国为乐，亦悖情悖理之甚也。窃以满、汉之两种族，不惟不必排，抑且不可排；不惟不暇排，抑且不能排。试缕析言之。

何谓不必排？即准之国家原理而有不必相排之证据也。夫人生于一国，未有不欲其国之大，而欲其国之小者。普人忧其国之小，而合三十余邦为德意志。美人忧其国之小，集诸州为合众国。日本人忧其国之小，琉球且划归国疆。环地球国而雄者，莫不开疆拓土，日谋其国之大。惟瑞、挪以争政而起分立之惨，奥、匈以内讧而酿分立之形，今国以不竞矣。吾国人亦何乐而踵其后也？纵满、汉能自立为国，然满能容汉，则国愈成大；汉能容满，则国不虑小。故真有利满之心者决不排汉，真有利汉之心者决不排满，即以国家为本位也。故曰：以种族主义为本位者，乃人群社会之退化；以国家主义为本位者，乃人群社会之进化。

何谓不可排？即揆之人类道德而有不可相排之理由也。夫人皆以爱人为本性，而非以恶人为本性。孔孟之亲亲仁民，佛氏之渡众生，墨子之兼爱，耶苏[①]之救世，其立言虽异，而皆归本于爱人则同。今之讲世界主义者，谓人类愈进化，则只有世界而无国家，宗教与哲学及社会主义者多采此说。《民报》六大主义之第五条曰："主张中国、日本两国之国民的连合。"夫主张共和者，欲连合中、日，其爱人程度固失之过高；然国民日日言立宪，而不能消除满、汉之畛域，余悲其爱人程度之过低也。盖满、汉同为中国国民，文化同，语言同，服饰同，受外人之凌压亦同。试观留学生与游历考查官绅，一履日本之境，其上流社会视为奇货，辄甘其言曰同文同种，中流社会视若无知之白痴，辄津津而道甲午战胜之故事；下流社会则嘲骂无所不至，言及支那人，辄含有轻薄愚弄之意。彼初不知有所谓满、汉者。若满、汉自分畛域，其人非患精神病，必阴险之小人也。

何谓不暇排？即揆之世界竞争大局而有不暇排之情势也。英、美、日对于中国为经济的灭国主义，台湾、威海卫无论矣，即以长江一带利权与福建、东三省之主权论，已半为英、日所侵。德人经营山东，今年海牙万国公会，英、美提议缩小军备，而德人独不赞成，所谓司马昭之心路人皆见也。故东亚平和之破裂，将来首发大难，必为德，客岁兵入海州，即小试其技也。俄人经营蒙古，不遗余力，并密给外蒙古人，谓若归俄领，当予蒙民以选举权，此其志不在小，已可略见。故中国宜速讲守蒙古、保山东之策，以急御俄、德，次御英、日，三御美。

① "耶苏"，系旧时用法，现代汉语作"耶稣"。

然则今日中国方御外之不暇，何暇排内？此满、汉不暇相排之绝大原因也。

何谓不能排？即征之满人、汉人现有之武力实有不能相排之确证也。夫旗兵之疲敝，固无排汉之能力；即革命党所主张之暴动，亦岂能用以排满？试以事实证之。长白山一带，非满人所谓发祥之地乎？庚子而后，俄人驻兵于此，满人而果能排汉也，何以不排俄？不能排俄，即其不能排汉之左证也。黄河流域，非汉人祖宗聚国之地乎？乃近者，太行矿产，英商人开掘之矣；黄河行驶权，近又将让于比矣。夫不能排英、比一商人，而欲排满，所谓不能泅于河，即可断其不能泅于海也。故曰：满人无排外之能力，可决其不能排汉；汉人无排外之能力，可决其不能排满。

余于此敢断言之曰：必满、汉不相排，然后蒙、回、藏、苗可内附；必六种族混为一民族的国民，然后可以立国。国是既定，乃可以讲立宪。盖中国将来为立宪国，宪法上决不可有种族芥蒂之嫌。若宪法上有满、汉等字样，不惟成法律上之笑谈，抑亦后来大乱之兆也。若国人群起而希望立宪，尚各有利其种族之私心，则是中国为种民的国家，而非国民的国家。种民以血统为团结力之中心，国民以政治为团结力之中心。种民的国家，为国家幼稚之期；国民的国家，为国家发达之期。中国欲望其为幼稚国家乎，则宜相约为种民；欲望其为发达国家乎，则宜相约为国民可也。然余以中国处于二十世纪之世界，若人人甘为种民而不勉为国民，欲期国家之存立，是何异朽索之驭六马、一发之系千钧也？盖以自国之种民资格，与他国之国民资格相遇，不待智者而知其强弱实质之不敌矣。余主张国民的立宪，而哓哓于满、汉问题，诚恐其直接而酿内部之瓜分，间接而招外国之瓜分，不特立宪国不能成，专制国亦不可保。此吾国民之大宜猛省，决不能以大好河山，任野心家为孤注之一掷也。呜呼！禾黍油油，麦秀（浙）〔渐〕渐，非箕子之所以悲殷者乎？昔为箕子悲，今为悲箕子。咽三韩之风雨，奴隶谁怜；望故国之家山，版图犹是。国民乎！国民乎！其亦可以兴否乎？扬我国徽，洗我国耻，唤醒我国魂，增长我国力，以光大我中国国家，均在此立宪开国会之一举矣。至关于国会之种种陈述，将于议中详之。（原文未完）

《中国新报》第九号，光绪三十三年十二月初九日（1908 年 1 月 12 日）

国会反对论之征伐

刘蘼和

而今而后，对于我祖国之救济方法，有被外界逼促，不知不觉而潜移默变者，则数十年来父老相传之自强问题，一变而纯为救亡问题也。今一年中，而三协约成立，自外人一方面言之，直可谓瓜分支那豫算案，已为世界议会通过。其着手实行之迹象，千状万态，自非吾人一隅之见所可洞悉。且我国政府暨官场，于外交上皆守秘密之主义，惟恐国民知之。吾人羁旅东邦，但就彼国新闻所载，令人怵目而惊心。其于间岛问题也，则曰彼清国必执间岛属清领土之说，则无庸协议；其于满洲邮便事件也，则曰此全属技术问题，但以便宜为主，彼清国若动辄提出主权之说，则我可闭口。嗟乎！自今以后，我国外交并谈判之资格，亦无人承诺矣。此美国某商所以敢于演说场中断支那为第二之朝鲜也，此日本公使所以在上海告日人俱乐部，谓清国现在强行收回利权，系不可能之事也。此吾所以谓今之中国，非自强问题，乃救亡问题也。自强与救亡所以异者，自强可以从容就理，救亡则必一跃而兴；自强可以政府之野心为之，救亡则必需全国国民之活动；自强则政府不必皆负责任，但恃有一二当局之怪杰，可以开明专制行之；救亡则政府各大臣皆必具圣贤资格，断不许一二享权利者虱厕其间。若为取譬，则自强如建屋，由家长之计画，督工匠可以落成；救亡如被火，虽妇孺亦将奋力挈物以趋。自强如养体，每日嚼参吸茸之余，仍可图别种之快乐；救亡如治病，除用心求医服药，以免死亡之外，岂可不万缘俱寂耶？综上而言，则我国民当知我国现值何等境遇，而我辈现负何等之责任矣。近来论议，亦极纷淆然，据以上所云以论理推之，则求其可一跃而兴，可起全国国民之活动力，可使政府皆负责任，此非即开国会，颁布宪法，与人民以参政权，上下屏捐嫌疑，合力图存，此外别无适当之方法。本社同志于国会之利益，及中国应开国会之理由，亦既言之详且尽矣。但默思我国中开设议院之说，戊戌之初已有人夹杂言及之，而何以至今政府独于此端深闭固拒，若有畏忌；即国民一方面，亦复自忘切身之权利义务，寂然消沮，岂不可怪耶？吾重思之，盖因国中一曲之士、营私之徒，对于国会问题吠影吠声，假持邪说，其说之势力范围虽大小不同，然其足以阻遏国会设立之动机则一，即不啻促断我中国国家之命运也。吾今尚无暇痛抉其个人之心理若何，兹但取其立说之不中情理者，一一为之驳斥。综合群魔，约有数种：

第一则人民程度不足之说也。此说不能成立，本报辩驳已详。如杨氏之说，人民程度并无标准，且无计其足与不足之必要；如谷氏之说，则以选举惯例推之，并不至于不足，皆切中肯綮之论也。余试再为赓续之，即让一步，诚如持是说者所云，假定人民程度果为不足，然余有数疑待质于彼焉。

首当问者，则试问人民程度果以何原因而不足乎？欧美人民勿论矣，即日本人民现亦有驾中国而上之之观。同此耳目口鼻，同此心思才力，以言商业，则中国人民为各国所激赏；以言学问，则国会非推举博士之场。则彼所谓程度不足者，仅能指政治知识能力而言，可断然也。以人民政治知识能力之程度不足，遂不开国会，吾诚不解其用心之何若。姑取譬喻之，今有人于此，将其家中子弟幽而置之床帷之中，不使名鸡狗，不使辨菽麦，人有问其何以不使子弟襄理家政者，则应之曰：彼不名鸡狗、不辨菽麦之辈，若理家政，程度不足也。是说也，吾知苟非丧心病狂者，必嗤其言之谬，而恨其心之毒矣。日日为智己愚人、蒙蔽箝制之计，惴惴焉恐人民程度之足；复日日为智己愚人、模糊隐响之说，喋喋然昌言人民程度之不足。吾谁欺？欺天乎？余犹忆英国民选议会之方开也，其宰相谓其同僚曰：今而后，人民者，我国之主人翁也，我辈不可不设法教育此主人翁。然则英之政府，当日亦明认人民程度之不足矣，何以不闻因此而梗国会之开耶？由此而比观之，然则今日持人民程度说者，并非希望人民程度之足也，但希望国会之不开耳；非但希望国会之不开也，实希望人民程度之永远不足耳。此非余锻炼周内之苛论也，试以论理学三段法解之如下式：

先就余辈所主张之方面演之：人民程度不足者，素无政治之知识与能力也；惟国会可以振启人民之政治知（议）〔识〕，历练人民之政治能力；故开国会所以使人民程度之足也。

次就反对者方面演之：惟向无国会，斯人民程度由来不足；今仍欲不开国会，是终欲人民程度之不足也。

由是言之，彼为人民程度说者，其蹂躏人民之心如见矣，而我等人民果仍信以为然，而堕其术中，则信乎其为程度不足矣。

其次，余所疑者，彼持人民程度说者，将视国会为何物乎？将视民选之代议士为何如人乎？彼若视国会为竞争权势之私团体，视代议士为希图享权利之私人，则余将喻说者曰：此皆由公等表率于上，四方维则，遂群起而效法之。今公等乃以全国之权势权利，据为独占业，不听由民间来者稍染一指焉，公等何其不廉且不恕也。此犹就彼心目中所视之国会与代议士言之耳。若就余辈心目中观之，则国会者，国民协同救国之义勇队也；民选之代议士者，即加入义勇队之义士也。此义在世界各国犹不甚显，而在今之中国则更著。何则？今中国非自强问题，乃救亡问题，余前已言之矣。诸公试自问天良，果敢云今日中国非救亡时代乎？诸公又自问天良，果敢云救今日中国之亡，但委之诸公数人，从容调理，可了此事乎？如其不能也，则请念在生斯聚斯之中国，缓施亡国之术，试准国民组织义勇队，或可得几分助力也。今复有人于此，全宅被焚，或被盗，其子弟将群起持械而救护之，而其家中长老乃怒目而斥之曰：汝程度不足。此亦苟非丧心病狂者，吾知必嗤其言之谬，而恨其心之毒矣。就前一说而言，吾闻野蛮时代比武角力而程度不足者有之矣，未闻有竞争权势权利而程度不足者也。就后一说而言，吾又闻文明国家公开试验授与学位而程度不足者有之矣，未闻有爱国救国而程度不足者也。

最后则余所最疑者，中国人民以之选举为代议士则程度不足，然数千年乃至于今日，以之考取作官则程度常足也；以十目十手大庭广众之中投票公举者则程度不足，然以一二人纵横（模）〔摸〕索于试院中者则程度即足也。此岂非大可骇怪者耶？考现世各国制度，皆分立法、司法、行政为三种机关。就法律言之，则三机关原属平列，然就政治言之，议院虽云立法机关，犹立于监督政府、匡助政府之地位。若政治上之实权，则惟行政之政府及地方官吏操之，其次则裁判官操法权耳。且不特此也，议院各议员当决议时，必以多数人为主体；而行政长官及地方官吏，当其执行职权时，皆可以个人为主体。此各国之通例也，不谓中国人皆为立法机关则程度不足，而为行政、司法机关则程度偏足也；不谓中国人民为监督政府、匡助政府则程度不足，而握政治之实权则程度偏足也；不谓中国人民以多数决议则程度不足，而以个人执行则程度偏足也。况乎就中国现情论之，尤可骇怪。中国向来三权不分，上自军机，下至知县，举立法、司法、行政权而一人并操之。然上自军机，下至知县诸公，非中国人民之一分子乎？不谓一经仕途，则握立法、司法、行政三大权，程度尚足；若未经仕途，则仅据一立法权程度犹不足也。吾今聊警告当局者曰：诸公幸勿再言中国人民程度之不足也，如其言之而有效，则吾恐诸公军机无军机程度，知县无知县程度，若火烧身，请君入瓮，将必打落峨峨之顶戴，扯脱堂堂之补服，驱而内诸人民之中以待程度，而举全国听英、日、俄、法、德、美诸国人治之也。何也？诸公不能自列于中国人民以外，且断不能明目张胆，谓我等程度已足，但彼等程度不足也。以上皆余对于执人民程度说者之疑问也，请试有以语我来。

第二则国会召祸之说也。为此说者之言曰：今中国人民知识幼稚，自有言新学者鼓吹其间，甚嚣尘上，大有处士横议之风。且复有一派种族革命之说，流播国中。假令国会一开，四方召集，民间浮浪，将群萃于辇毂下，易发难收。观于法国路易十六于一千七百八十九年召集国会，至惹起米拉波等之第一次革命，此近今德国历史家兰克所著《近世革命论》所据为法国革命之一原因也。是说颇似稍悉外事之人，且似老成持重之见，但余试以三种观察点辩论之，然后知此说毫无根据，徒借口搪塞，以遂其专权自恣之私而已。

（甲）以法律的观察点论之。国家者，法人也；国会者，国家之法定机关也。故欲论机关之设立与否，必先知法律上应有应无以为断。考国家之所以成立，乃基于人类社会之集合体，即集合治者、被治者（此皆指机关团体而言，非指个人而言也），于一定土地上，夫然后构成一国家。然其所以必要构成之者，果出于谁之意思？即出于国家之意思也。然国家当将构成之初，自未成立，何以即有意思？此即因国家虽为有机体，乃“心里的有机体”，不可拘生理科学解之，固无形质、无精神而即有意思者也。盖国家之意思不由统治者之个人，亦不由被治者之个人，实由国家全部人之意思而为意思。为欲发表此国家之意思，则不可无具体的机关，故统治者一机关也，议会一机关也，内阁一机关也，裁判所一机关也。如人身然，耳目口鼻头脑手足，缺一即不成为人身。故自今日国家学发达之眼光观之，所谓专制国者，几不成为国家人格，宜其劣败也。今中国社会中，无论议论如何，其欲中国改为一立宪国，终可谓国家全部人之意思皆然。日本清水博士之说曰：议会为立宪国不可缺之要素，欲断其国之为立宪国与否，即以议会之有无断之。此以论理解之，中国之必需国会，又可断为国家全部人之意思皆然矣。彼所谓国会召祸者，不过个人别有私心，或偶然梦呓之例外耳。然我国家固不能禁彼个人之不起私心、不发梦呓，而彼个人亦不能禁我国家之不开国会。即就前譬引伸之，彼耳能禁人身不生口乎？脑能禁人身不生手乎？即使口可吸微菌，手可持刀枪，然不得因畏其吸微菌便不生口，因畏其持刀枪便不生手也。且即欲其不生，试问果终能不生乎？余今请正告说者曰：国家者，以全部人之意思为意思，非能以诸公之意思为意思者也。全部之意思既认开国会为必要，诸公即畏个人之祸而欲不开，然国家能力终必自开之。现所以委托一机关，而使发表此开国会之意思者，亦不过循常例而图事实上之便捷耳。如果机关不尽职，岂能消灭其意思使不达耶？人有瞽目者，乃以手读书；有咽喉病者，竟以银管入胃而进食。事变既奇，方法亦异。然想当其时，其痛苦部分，必在目与咽喉矣。诸君纵不明法人人格之性质乎，请即国家有机体一语深长思也。

（乙）以历史的观察点论之。由上所言，彼为是说者必将曰：吾无论法律上如何，但就历史上比观，法兰西确有此陈案，前车可鉴，不可遁也。惟然，吾请与之言历史。环球大小无虑百数十国，大都整然秩然成一国家者，殆无不布有宪法，设有国会（今俄国已开国会举行议会选举矣，中国现在地球可称独一无二之雄），盖必如此始谓为文化国。日本政治学者小野塚博士之言曰：近世文化国虽不能断自何时始，然以英最早，以日、俄最迟。除英之外，大抵始于欧洲十九世纪之顷。此指现今之整然秩然有宪法、有国会之国家而言耳。若但就历史上遡之，则世界各国国会制度之发见，实且在立宪制度之先。小野塚博士亦云：古时文化国，人民直接参与国政；今之文化国，则人民间接参与国政（言用选举制也）。考神圣罗马帝国，向有议会操立法权，如公爵坐赤椅，选举侯坐绿色椅，形式流传至今。再进而考希腊古时，即纪元前一千四百九十八年，雅典王昂飞的安合十一国立公会于德耳摩比勒，每国选出议员，春秋开议二次。更翻观我中国《洪范》之谋及庶人，盘庚迁殷，乃命众胥至于廷，非皆历史上最古之国会乎？至近世之完全国会，实与宪法连体而生，而其由人民运动成立者实居其多数。近而最著者莫如普鲁士、意大利、日本三国。兹稍掇其事迹如左，以相映证，且与国民以先例焉。

普鲁士　当拿破仑组织来因同盟之后，南部德意志各邦受其自由主义之激刺，国民皆极力为激昂之鼓动。一千八百十六年，联邦中洼墨耳侯考古斯德首先知机，发布宪法，使一班人民有参与政事权，有言论自由权。由是南部各联邦中，如哈丁侯，如巴野惹王，皆于一千八百十八年，如威丁比易侯，则于一千八百十九年，次第发布宪法。第北部各邦以普鲁士为大，其王飞廉托里亦知人民自由观发达，不可遏抑，然欲发布宪法而乏决断力，且王专研究神学，不甚措意于政治。其首相则为奥相梅特涅所指使，专取保守主义，虽新闻杂志议论沸腾，彼则日聒普王，言发布宪法种种之不利，普王信之。然当时青年学生尤为忧愤，集合同志结“泊尔兮西夫托”同盟，以求布宪法、开国会为目的。适逢洼脱比地方开路德之三百年纪念大祭，其祭场内外全为学生团体演说场，其演说最沉痛激切者，惟野拿大学教习奎精、马里斯、峩硁三人。其言有曰：德之国土现如沙漠，非速布宪法，君民共图，无生气矣。此言至今读史者犹艳称之也。当时民心益激昂，演说之下，即群将西欧各种非立宪书摧烧之。政府闻之大怒，欲力禁其言论出版自由，恐力不能逮，乃结引世界专制大王俄罗斯政府以助其干涉。俄乃派员麦海巴采普约束学生，且辄捕拿禁锢，并禁其新书出版及结社集会等事。时学生同盟中最著之名士，曰康藏夺者，突入俄使馆中，立将麦海巴刺死之。斯时上下冲突将起，政府中若文部大臣威野摩、军务大臣波丁，皆反对保守主义，纷纷辞职。吾想中国政府大臣闻此，必不信有此奇事。普政府乃知民气终不可屈，遂于一千八百四十九年发布宪法，召集议会，国民乃以全部爱国之热忱贡于国家，卒助成俾思麦胜奥、胜法。至一千八百六十六年，德意志联邦合成，今巍然为世界一等强国焉。

意大利　意之受法国之自由独立新思想也与德同，而受外界之压抑也较德为甚。自维也纳会议之后，各个小国，仍复君位。内则分裂腐败，各私其权；外则奥以宗主自居，逼处强压。然一方面压制愈重，一方面激愤愈深。当时奥帝对于帕牙大学教习言曰：朕甚不愿意大利出何等之学者，但愿造出对于朕有忠心之人而已。意之国民一闻此言，知旦夕且奴隶于外人之手。一千八百二十八年，南部比门朵遂起骚动。政府不问其骚动之由，但铳杀首领二十人，其余或流或杀，以媚外人。惨酷如此，腐败可知。一千八百四十年，马志呢出，乃集合同志，组织“少年意大利”党，其党纲有三：一曰统一意大利；二曰立意大利为共和国；三曰将来欧洲有立共和国者，必助成之。当时马氏到处手书口演，民党势力日张。其民党活动之中心点，北部则在罗巴呢亚，前此奥国派员治其地，至是意人共逐去之。奥以兵至，不胜而退。南部则在撒枯尼亚，因撒王向不腐败，人望所归，特马氏素主共和，故不欲立君主立宪制度。然爱国志士终欲戴撒枯尼亚王发布宪法以统一意大利者，多四出运动。恰值奥相梅特涅专制失败，被本国国民攻倒，微服窜英，于是民党意气益盛。一千八百四十八年，撒枯尼亚王及拿破螺司王并法皇皮斯九世，皆同时发布宪法，召集国会，大赦国事犯。其中以萨王行之最有精神，最有秩序。如是，撒王注全力于上，马志呢、加里波底群力运动于下，终至一千八百六十一年，嘉富耳奉撒王入都罗马，成意大利统一之伟业。虽不如马氏理想之共和乎，然亦足以豪矣！

日本　考日本明治元年，天皇率群臣祀天地神祇，宣五条誓约，以定国是。首一条即曰：广兴议会，万机当决诸公论。此较之报纸上几行似是而非之语者，其精神何如，其动人与否又何如。于是明治政府新立，欲广收天下之人心，重视公议，注意舆论。及誓诏一出，天下益知舆论之重，国民议政之思想，沛然发挥。至明治七年，后藤象次郎、江藤新平、副岛种臣、板垣退助、由利公正、小室信夫、冈本健三郎、古泽滋等八人，连名上“民选议院建白书”，谓当许人民选举代议士，使之议定法律，评议政治。而加藤弘之诸人则以为尚早，于是迟速之论，嚣嚣于国中。天下一般皆感动，以国会为国民生命，运动纷然。明治十年以后益甚，竟有由国民公举总代表赴京请愿开设国会者。先是政府本有使立法、司法、行政三权分峙之意，故置有议政官，次开元老院专使议定法政，后又开地方官会议。虽然，是皆官吏会议而已，非与人民以议政之权也。至十二年始开府县会及町村会，由府县町村人民选出议员，使议其府县町村之经费收支。于是人民引望代议政体其念弥切，各处由国民举出代表捧呈“国会开设请愿书”者，日麕至于太政官之门前。当时恰遇北海道官有物拂下之事，舆论皆非之，嚣嚣相和，人心弥激昂。终至明治十四年十月十二日，天皇乃下诏准以明治二十三年为期，开设国会。其至今之效果，谅无不知之者。

以上皆由国民运动要求发布宪法、开设国会之历史也。彼三国者，至今果受其祸耶，抑受其福耶？即三国之君主，至今果受其祸耶，抑受其福耶？然则，言者果仅读法兰西历史，并未读德、意、日三国之历史耶？不然，何其取证之简单也！

（丙）以事实的观察点论之。由上所言，彼为是说者必又将曰：吾非谓历史上必然有如是之结果，但就中国现在事实之情状测之，恐不免终蹈法国之覆辙，即法兰西之祸，亦事实使然耳。惟然，余请更与之言事实。余就今日中国事实研究之，可先下三个断语：一曰中国事实绝不同于法国事实，召集国会断无法国之祸；二曰中国今日事实，惟早开国会可以免中国之祸；三曰中国今日事实，惟早开国会可以免如法国之祸。试申论之于下。

何言乎中国事实绝不同于法国也？法当路易十四时代，即布有不完全之宪法，设有不完全之国会，不过因压制民气、藐视民权，遂停止亘百七十五年之久，不行召集开会。至路易十六时，国库挥（藿）〔霍〕殆尽，乃横征暴敛，民多破产，财政愈陷于困难，不得已急抱佛脚，希饱私欲，遂召集国会于别耳采宫中。已启群怨，犹复顽强抵压，酿成暴动，是并非起因于开国会，乃起因于召集国会中之一次，且其召集之目的非欲解国家之安危问题，乃欲解决政府之缓急问题。此根本之点已不相同，其一也。法国当时社会，阶级最甚，违背人道，暗无天日。考当时法兰西全国三十二县，人口总数二千五百万人，兹试将其财产与其人口分配列式如左：

阶级四种			
贵族	五万或云十万人（此项人坐食地租，即农民所有小作地价，尚必取六分之一。）	占全国土地三分之二
僧侣	十余万人（岁入总四亿二千万元，占全国不动产五分之一，复岁免其租税至二百万元。）	
市民	三百余万人	占全国土地三分之一
农民	二千一百万人	

观如上所列，其人口与财产分配之相反，岂不可惊耶！况当日贵族、僧侣之骄暴淫荡，倚恃王权，奴隶平民，驱蛙之令，杀马之讥，至今犹令人发指。于是平民终岁疲于勤役，不获一饱，自由、面包之声，汹汹全国。故别耳采宫之议会中，尚分贵族、僧侣、平民三级，其所争之点，即为均一租税，轻平民之负担，卒以此阶级冲突，久不能决。国民由是愤激，致死一掷，遂成惨祸。中国虽亦有贫富之分，然素无阶级之弊。此社会情形不同，又其一也。由前之说，则中国国会一开，上下一致，合力对外，并无起祸之问题；由后之说，中国国会一开，人民有将来之希望，无目前之痛苦，更无欲祸之心理，其不至比于法国，有断然者。

何言乎早开国会可以免中国之祸也？中国今日外祸无论矣，其内部足以为祸者，宜莫如革命二字，此无庸讳言也。而革命中又分种族革命、政治革命两主义，其主义之孰是孰非、孰适孰忤，不在此论之范围，但就其所标主义之名词论之。政治革命者，无非希望政治之改良。欲政治改良，非改造责任政府不可；欲政府肯负责任，非人民有法定机关以监督之不可；欲人民为机关以监督政府，非开民选议院不可。由是缫返而解释之，既开国会，则人民监督政府之机关业已成立，迎刃而下，其最终政治改良之目的，虽未能骤达，终可谓目的进行中，未有人既经上道，犹复东奔西突以毁其路者也。此在政治革命一方面，其祸必可消灭无疑。若夫种族革命一派，则直可谓与国会之开否全不相涉。何则？彼既以现政府为满洲政府，而不认满洲政府之统治权，乃忽应满洲政府之召集来入国会，则已失种族革命之资格。若云运动选举，开口即与主义冲突，将何说之词。且既云种族革命，其方法必不取于国会之内，盖国会者无枪炮之武力，无破坏之性质，故各国惯例，国会只有倒某人内阁之权力，而无倒某国政府之权力，因国会与政府为平等机关，而立于监督地位者。若监督政府使革政府之命，世界各国无此办法，矧彼不以君主为不负责任，则必以国会之监督为监督君主。若监督君主使革君主之命，世界各国更无此办法。吾故敢断言，种族革命者，其举动无论如何，其祸决不起于国会中也。况乎彼言种族革命者，并非无意识之暴徒可比，其心理之源泉，亦不外发于爱国之一念。苟国会既开，宪政既定，君民共执政权，共张国力，以发扬祖国之光荣，与世界角逐，实行黄祸；国内则具体法人，机关完善，无轻无重，同为太平进化之民，是更无种族革命之必要。彼独何心，岂必破坏此锦绣河山以为快耶？然则国会之开，于种族革命之一方面不足以启其祸，反足以从根本上消其祸，又可无疑矣。

何言乎早开国会可以免如法国之祸也？试思召集国会者亦多国矣，何以独祸于法国耶？法国之召集国会亦多次矣，何以独祸于路易十六时耶？盖法自路易十四以来，“朕即国家”一语，传为专制君主之宝训，乃敢悍然封闭国会至百余年不顾。人民痛苦之呼声听之，名士棒喝之著作听之，自以为民气可以死，舆论可以消，独巍巍之王权万禩可以不拔。不意民财括尽，权亦不行，乃不得已呼积世无告之平民，向之借心头之肉，以补眼前之疮。以天理人情论之，凡来集斯会者，即登时革命，奚谓不可？乃平民党虽占多数，犹复与贵族、僧侣抑气相商，以求和平改革，以苏民困而归正义。奈贵族、僧侣蠢如豕，狠如羊，贪如狼，时而与平民不同座席而争，时而与平民不均负担而争。平民无法，乃组织国民议会，环宫城呼请至四礼拜之久，乃法皇信其妃之言，以兵力解散，始激成大革命。此平心而论，法国之大革命，岂犹得咎法民之暴动耶？使路易十六当时早觉舆论所在，开诚布公，大开国会，许民选议员制定完全法律，削平阶级，兴起富强，则法国元气未伤，至今气象必不止此，而路易十六亦可长为立宪国之明主，与德之威廉、日之睦仁同炳耀于寰宇，何至受万口唾骂，而为断头台上之露耶？中国今日民情，虽不同于法国，然彼则迫于国内之忧，而我则迫于国外之患。吾人冷眼窥测，民间舆论亦既数抑，日急一日矣。甲、乙之际，对于政府为条陈之劝告，而政府不悟；丁、戊之际，对于政府为改革之运动，而政府不悟；庚子以后，对于政府为怒骂之攻击，而政府不悟；近年以来，对于政府有绝希望者，有决破坏者，有谋改造者，而政府仍不悟。嗟乎！今之国民不幸处国际竞争之中，乃忍气吞声，至再至三，不敢决裂，对于政府犹群为国会之请愿，固已有一部分人不谅其苦衷，鄙而笑其愚者。嘻！是亦可谓国民天职已尽，以此为最后之手续矣。政府诸公，好自图之，抚心自问，其强固之权力，果超越路易十四、路易十六之上，永能把持尺寸之柄，不以与民，终可不开国会，则真世界各国第一之豪强政府也。否则，识时务者亦不失为俊杰，幸勿必待国中“不举代议士不纳租税”之说兴，乃复拮据狼狈，召集国会。斯时国民识破开会之心理不为救国，乃为拜金，群然携带愤郁与轻蔑之感情以入议院，则恐法国之祸，国民本愿不欲蹈之者，而政府乃故为酝酿而必欲招致之也。嗟乎！同此一开国会，然一迟一速之间，其荣辱祸福乃不同如此，政府其果知自择乎？

第三则国会难成说也。持此说者当由两种观念而来，兹亦分两项言之：有对于政府方面而以为难成者，有对于人民方面而以为难成者。

其对于政府方面以为难成者之言曰：现政府者，顽固之政府，腐败之政府，而又横暴之政府也。国民苟为国会运动，势不得不向现政府而为要求，要求之权固在我，然许否之权则在彼。况彼近来渐采实行专制手段，若禁新闻言论之自由，禁人民政治集会之自由。以此观之，国民纵有要求，政府断难允许。政府既不允许，且或加以暴虐之压制，则国民欲筹对付方法，仍必诉以强烈之武力，是终归于革命而已。与其虚与委蛇终必出于革命，何若直切了当，径取革命之手段之为愈耶。

此种论说言之最似近理，近日流行于普通社会间亦最有力。然余对于此说，试先下一滑稽之批评曰：此何异疗疾者知人生之必有死，何若径使之死之为愈也。盖吾辈所主张要求国会之说，持与革命之说相比，信非手段难易之别，乃方法良否之别。其中理由，非三数语可能尽，兹余特简单言之，以宣示于我国民曰：我辈于救国诸方法中，苟有可以不损伤国民之生命财产，可以不戕贼国家全体之元气，可以不招列强干涉之惨祸，而亦可以救中国之危亡者，无论其方法为难为易，吾辈必先取之。君不观乎个人与个人间之争执乎，其始必向之述明其意思，不从则与之论理，再不从则与之抗辩，至终无解决之望，然后乃诉以腕力，互相斗殴。又不观乎各国之外交乎，遇一问题，必先为平和之谈判，即有参差，亦必再四协商，至最后之谈判决裂，然后为战争之行为开始。此等次第，世界人类皆以为然，非故以是为礼让行为也，盖因斗殴与战争实有得不偿失之虞，苟非至于计穷策尽、甘为孤注一掷之时，智者所不肯出此也。今试问我国国民对于政府，即作为个人与个人之关系，亦曾向之述明意思否乎？曾与之论理、曾与之抗辩否乎？即作为国与国之关系，亦曾与之开谈判否乎？曾与之再四协商否乎？吾闻世界各国改成立宪政体之际，皆国民为主动力，主张者、运动者嚣嚣遍于国中，然后政府为被动地位，不得已而应之。此通例也，独于我国则不然。不识不知，顺帝之则，时而由政府现出一预备立宪之上谕，时而由政府现出一（谘）〔资〕政院、谘议局之章程，而国民中寂无动作，俨若袖手台边而观剧者。此而曰国会难、国会难，吾不知所谓难者，果何所经验而云然也。昌黎韩愈有言曰：未尝干之，不可谓上无其人。余请反其〈其〉言以相发明曰：未尝要求之，不可谓上有其人。说者将即以近日政府之学生取缔，集会演说之限制，新闻条例之发布，为国会难成之证乎？然自吾辈观之，此为政府例用之手段，只可谓之难之发端，而不可谓为绝对的难也。日本之宪法与国会，所谓以平和购得，常自夸于世界者也。今考其国会运动之初，其政府对于各政党压制之手段，殊非今日我国政府之比。兹就彼国政党史节译之。

第一，严密为警察之行政，以取缔言论集会。凡集会者稍有攻击政府之演说，即停止之，或罚之金，或立命解散。新闻之论说若有稍涉危激，即命其停止发行，或处其编辑人以身体之刑。各新闻多别佣一无名之人物，居编辑人之名目，以避其锋。且警官知政府之意旨所在，凡对于反对政府之党人，稍觅其隙，即解散其演说会，以此媚政府而藉为进身之阶。有时仅为学术之讲谈会，警官亦临场监察，动即解散。又有政党集会，因警官为无理之监临，互致争斗者，时有所闻。警视厅复多取高等侦探之才，对于自由、改进两党之动静，使为深刻之侦察。总之，当时各党员，皆警视厅唯一注意之人物也。考其集会条例所云，无论以何名义，但于实际为谈议政治而结合者，必将社名、章程、社员名簿等，申告于该处警察署，并开会日期及社员进退，亦必随时申告。苟一旦指为有害治安，即行解散。又，凡会中发布意见书，或派员及出书诱导公众，或别设支会，或与他社联络通信，一概禁止。当时桦山伯为警视总监，每一令出，必施一次严密手段。例如，凡料理店、贷席屋、寺院等有巨大房屋者，非得警视厅之许允，不得供政党之集会。又如，壮夫志士之往来出入，到处使侦探追迹之，每日写记名簿至两三次，逐载诸人之行动，以报告警视厅。又如，当时之旅店客寓，取缔最为周密，大抵每一家必有侦探一人常住其中。

第二，扑灭私立学校。凡非由官立学校卒业者，不得考为官吏。又，凡官立学校之教习，不得出入于私立学校之讲堂。明治十五年早稻田私立专门学校成立，政府以其创始者为大隈伯，即认此校为改进党员之制造所，乃直接间接设法妨其发达。且此时政府恶基督教之传播民权自由思想，佛教亦然，故以此二教主义之学校，皆加以严酷之约束。持复兴儒教主义，凡大中小各学校皆以之为精神教育，使为全国所矜式。

第三，约束官吏。明治十二年，政府制定官吏之服役纪律，凡官吏于其职务之外，不许以谈政讲学为目的，集合公众为演说讨论之会。即如发布国会开设之诏敕以后，犹以大隈伯在政府而与民间政客相通，煽动世论，罪不可赦，使伊藤等谕使辞职。其余指为大隈党与之官吏，悉放逐之。

第四，逮捕志士。政府既极压抑，国民乃益激昂，终至各处志士以此被逮捕者不少。如福岛事件，自由党员河野广中处轻禁狱七年，田母野、爱泽、平岛、花香、泽田五氏，各处轻禁狱六年。如大阪事件，自由党员大井宪太郎处轻禁狱六年，矶山、小林二氏亦处轻禁狱六年，新井、稻垣二氏处轻禁锢五年。又如明治二十年京中颁布保安条例时，各警察署拘引之志士党人至数百名之多，自由党员片冈健吉被禁锢，营救之者皆投之狱。当条例实施数日间，全都宛若临战地之景况。

嗟乎！日本所谓平和立宪者尚如此，欧洲各国更可推知。而何以日本当日之政府既如彼其横暴，乃卒至二十二年发布宪法，二十三年召集国会，不闻革命流血，竟得收此美果耶？无亦由国民明知政府之难，而必与之正式之为难，而在政府欲以此难国民者，反处处时时为国民所难，循至国民皆有不可不为其难之势，而政府则终无为难之必要，事势如此，心理亦如此，所终必让国民博得最后之胜利也。今我国国民并未全体直接领略政府之言论风采，偶遇一二见神见鬼之举动，即群然大惊小怪以自沮其正气，装出愤激思迁之言论，而实遂其逃遁之计，余窃恐非伟大国民气概也。嗟呼！来日大难，口燥唇干，吾愿吾国民勿甘让日本国民独美于东洋也。

其对于国民而以为难成者之言曰：要求国会者，必出于全国国民之活动，乃为正当办法。今观吾国国民，惯伏于专制政体之下，向无政治思想，各个营衣营食，似与国家漠不相关。一旦欲团其意识，合力向政府为国会之要求，恐万难如望。反不若一铁道事件，一矿产事件，事既具体，痛更切肤，运动较易为力。使徒持此要求国会之论说，向一般国民中聒而语之，吾恐言者虽谆谆，而听者终藐藐也。

此种说近亦有倡之者，余不能谓其无心于救国，但就其说之不稳健之处，余窃以为彼有三不知之弊焉：

（一）则可谓不知己身者也。夫以国家组织而论，除政府官吏外，一体皆为国民。按说者之语意，似非政府官吏所云，然则彼固一国民也。自为国民，而自云国民难动，是不啻我身说我身之难动矣。使其人果曾尽力当国会运动之劳，东游西说，笔秃唇枯，深有慨于一般国民之难动，于是废然发此有经历之浩叹，犹之可耳。若夫并无经验，徒以己身为标准，推测一般，不独轻当世之士，且吾恐公以他人为难动，他人复以公为难动；此国民谓彼国民为难动，彼国民复谓此国民为难动。同是国民，乃同此难动，然则终将大家不动已乎？又将谁为先动乎？彼为是说者必有以自解，谓此为全体之事，非个人之事，人固不动，虽我一人动之，于事奚济？余则以为不然也。要求国会，固为全体国民之事，然其动作，则由各个人之动作而来。有板垣伯诸个人之动，而后有自由党发生；有大隈伯诸个人之动，而后有改进党发生。夫人类者，喜群之动物也，为盗为窃，尚有表同情之党与，矧曰国家大义耶！且自己身言之，主义所持，即生命所在，如果认之甚真，守之甚笃，即令无一人同调，然奔走公义，孤身独往，亦仁人志士所乐为。即以我国国民论，若康熙朝奇奴之道旁上书，若光绪初曹巡检之越职言事，岂能责其愚昧多事耶！且犹为进一解言之，大凡一国中，中流社会以上之国民，实有引导一般国民之责，世界各国情形皆然。彼为是说者，无论如何，吾知其必不甘居于下等社会者。然则今当国家危急存亡之秋，关于根本大计，纵不能以正义至诚，引导一般国民以从我，又安可迁就模糊其主义，以徇彼一般国民，循至毫厘千里耶！

（一）则可谓不知中国国民者也。人类伴于天演而进化，因开化时期之长短，斯分智识程度之高低（此但指普通智识而言），此公例也。中国者有数千年之文化，有数千年之历史，随而一般国民之普通智识，实不逊于世界各国。其所谓支那民族劣等者，非外人浅妄之讥评（其实外人有学识经验者亦不为此说），即吾人声影之狂吠，余固素不承认者。即如支那人无爱国心一语，平心察之，亦甚不确当。中国之为国，从来庞然独立于亚东，国名且无，遑论国际之观念。若以实际言之，中国之各省，其面积、人口、语言、风俗，俨然欧洲之各国，而中国人民爱省之心则甚重，且各省皆然。一闻人诋毁其省者，莫不怫然作色。遇同乡人谈说本省之事，每不嫌夸张，而相与眉飞色舞。此若出之欧美强国，未必不称为民族之特色，但所缺者惟广义的国家观念，与直接的政治思想耳。然此非中国国民无此心，乃中国国家无此事也。向农家子弟而责其不熟读辕门抄，向世家公子而讥其不能造机器，是乌可哉？且中国国民，营私罔利者固多（此现世各国国民亦有然），然热心公义者亦不少。乡间父老动恨洋人，亦无非闻其欺凌我国，遂模糊愤怒，不得抵制之办法耳。若谓其无意识之排外，然则彼等何以不恨回回①人，不恨西藏人，并不恨同居异族之苗人耶？假使吾辈将强国对外之方法，向彼等以真诚剀切而道之，不张新党之气焰，不取先知之态度，不以为敌，而以为友，吾知彼等一旦觉悟，其中热心奔走恐有在我辈以上者。夫不观禁用美货事件乎？又不观江浙铁道事件乎？其始亦不过数公倡发之耳，而国民乃无论士农工商，皆取同一之行动，几演出如火如荼之活剧，比之世界各国，若但以区域、人数而论，居然可谓国民全体之大活动矣。由是言之，中国国民之不若各国

① “回回”，系回族别称，为旧时用法。

国民者，非其本性之不能，实因历史政体之异，遂苦于不知耳。且夫国家根本改革之主义，斯何如重大之事，而欲使一般国民知之，岂但如今日之几种无主张之报纸，几本无宗旨之教科书，足以见其影响哉！以中国土地之大，人民之众，世界各国所无，自非得数万枝如椽之笔之着论、数十万如河之口之演说、数百万如狂之政客之运动，最短与以三五年之期间，未易奏其效也。日本弹丸地耳，然其国会运动，至布诏之日止，乃亘七年之久。著名之政治团体至数十社之多，著名之政治家至数百人之众。其运动之方法，竟由党员分向民间，逐家逐户入而劝喻之（本社薛君大可现寓之松翠馆，其主金刚氏，年六十余，曾对薛君面述当日情事，彼家亦曾聆政客之劝喻者也），乃能有今日之结果。吾辈今日不肯为国事奔走斯已耳，否则但当责自己以勿贪便宜，且无遽责国民之不相呼应也。

（一）则可谓不知政治之义者也。我国各种抽象的名词，划然明晰定一事一物之范围者本甚少，即如政治二字，据我国解释，几无一定之定义。然现世学术进步，分科愈密，政治学竟成专门科学，虽今日发达尚未充分，然经多数学者之研究，政治二字渐定有确当之定义。兹据日本政治学专攻家小野冢博士所下政治之定义曰：政治者，国家机关之行为及国民之行为，直接为国家根本的活动之总称也。若由此而诠释之，然则仅有国家机关之行为者，只可谓之行政、司法，而不可谓之政治。或仅有国民之行为者，只可谓之社会事业、经济事业，而不可谓之政治。即有国家机关之行为及国民之行为，而非直接为国家根本的活动者，仍只能谓之某某事件，而不可谓之政治。今若如说者所云，铁道、矿产事件易于耸动国民，无论利害痛痒各省各异，欲集合全国民于一处，以图处分全国之铁道、矿产，系绝对不可能之事。纵令能之，亦不过组成一全国铁道、矿业之大托辣斯已耳。即云为国民保持利权起见，先为无病而呻吟之谋，豫备抗拒政府将来无理之处置，然试问政府将来不对于铁道、矿产为无理之处置，而对于他种事项为无理之处置，则将如之何？当其时，将可谓国民团结之目的已达乎？又试问外人如果以强力攫取利权，使非恃有国家机关之政府为之保障，仅区区一托辣斯始终能抵抗之乎？故吾人主张国民今日必当取政治的行动者，并非斤斤于学理上之辩论，实亦事势有不得不尔者。余甚愿说者幸勿以社会行为、经济行为混而为政治行为，以淆国民之视听也。

第四则国会易成说也。此亦有甲、乙二说。由其性质分之，甲说似为消极的易成说，乙说似为积极的易成说。又由程度辨之，甲说为浅的易成说，乙说为深的易成说。总之，不以国会运动为当然则一也。

甲之说曰：现今已有明诏豫备立宪，其实行虽不知何时，然既云立宪，则终必有开国会之一日。况近来政府已创设资政院为国会之基础，又命各省设谘议局为地方议会之预备，上固将行，下复要求，使非迎机干进之图，即不免骈拇枝指之诮。且果然志在救国，尽可参入其中，有所作为，尚或不无小补也。

此说本极幼稚，自当不能成立。然一般国民现于议会性质未能明了，难免不为求速效之心所误。余试为逐层论辩之，然后知政府此等举动，本无意识，全层［属］敷衍，毫无可使国民注意之价值。盖余对于此举，首先可断为非可为议会基础者也。何以言之？此则不可不先言议会之性质。兹就各国议会之普通性质，略取其大者，列举数要点如左：

（一）议会者，乃国家之机关，非政府之机关也。

（二）议会者，乃立法机关，非行政之机关也。

（三）议会者，乃独立之机关，非补助之机关也。

（四）议会者，乃监督政府之机关，非承奉政府之机关也。

（五）议会者，乃由法律发生之机关，非由命令发生之机关也。

由此诸点，试取现政府所谓资政院、谘议局等比观之。以言其第一义，则余前已云国家者，乃以全国人之意志为意思，非以统治者数人之意思为意思者，然则今之创设资政院者，果出于国家之意思乎，果出于政府数人之意思乎？苟可以政府意思创设之者，必可以政府数人之意思撤废之者也。此与第一义不合也。以言其第二义，则今之资政院、谘议局等，大都以行政事项相与商酌为目的，有似内阁会议，又有似某种顾问。最可笑者，近曾有以间岛对日、威海卫对英种种问题同时命资政院各陈意见者。夫外交纯属于行政范围，即文明各国，亦无以外交政策要求议会协赞之理，（惟间有数国，订立条约之际，必得议会承诺而已。）不意我国之资政院，乃神圣万能若此也。此与第二义不合也。以言其第三义，凡国家机关，分独立机关与补助机关二大别，若政府、若议会、若司法裁判所，皆为独立机关，其余若次官、局长，凡下级官厅，皆为补助机关。今之资政院、谘议局，权限绝不分明，完全立于被动地位，不能以可决否决之权制持行政官，但能供行政官之采择。以形式论，不过别设一官僚集议之所；以实质论，不过别添一幕友位置之处而已。此与第三义不合也。以言其第四义，凡文明国之议会，法律上虽群认为立法机关，然自其职权观之，仍有一小部分为参与行政之性质，如议定豫算之权、事后与以承诺之权、议决决算之权，以及上奏、建议、质问之权。其所以必有此等权限者，因恐责任政府制度未能确立，非由议会纠察政府之责任以外，别无良法。即就现今各国政治观之，议会每有反对政府之性质，一旦蒙多数议员之攻击，内阁竟不能不辞职。今试问资政院、谘议局者，能有此权乎？吾恐直将反之，一旦被政府所嫉恶，则（谘）〔资〕政院员、谘议局员竟不能不失却饭碗根芽也。此与第四义不合也。以言其第五义，凡议会之发生，必由于宪法；议院之发生，必由于议院法；议员之发生，必由于选举法。此皆法学家所列于立法事项之中，言不可不以法律规定者也。若今之资政院、谘议局，其根本之成立如何，固不待言。单论其议员发生之途，不闻有成文条项之选举，但一任大官暧昧之保荐；惟谘议局员有一部分许民间为不规则之选举者，然闻当选者，仍必受督抚之札委，直隶竟因此而起风潮。然则所谓议员者，其将为国家委任之官吏乎，亦将为大官自辟之僚属乎，或将为赐议员出身之（楷）〔阶〕梯乎？所谓非驴非马，吾苦难索其解也。此与第五义不合也。准是而言，彼资政院与谘议局果可为议会基础与否，不待智者而知矣。且吾不独断为不可为议会基础，尤可断言其并无将来欲设议会之心也。何以言之？大凡专制政体而改为立宪政体，以私心而论，其不利于政府者实多，各国当立宪之初，政府无不视议会如蛇蝎，即云集议，亦只欲官议而不愿民议，人情大抵皆然，殊不足怪。即如日本，明治初之政府所谓五条誓文广兴公议之宗旨，亦既定矣，然其对于议会一事，其一再敷衍，几与现今中国政府无异。兹略掇其国会开设以前关于议会制度之设施，撮录于左：

明治元年闰四月，定新官制，于太政官中专置议政官，使掌立法权。议政官分上下二局，上局以“议定”、“参与政务”（皆官名）会议，下局则以征士、贡士会议。

是年九月，以议政与行政二者殊难分划，将议定、参与两职兼行政官，商议机务。

同月廿一日，使每藩以一人赴东京，命为公议人，寻复悉使东下。又议矫正议事流弊，使藩议一定，以便振兴公议。

是年十一月，置议事体裁取调所于东京，兼管理诸藩之公议人。

二年二月，定以十五日为公议所开议日期，此后每月逢二、七日为开议之期。各省四等官以上以一人参与之，东京诸学校各出公议人一员，又仙台、米泽以下十八藩各出公议人一员，凡论时务者，皆使至公议所建言。

是年四月，召二等官以上，以手诏谘询万机之施设方法。又召宫公卿、诸侯及三等官，以诏旨谘询国事。其四等、五等及中下太夫、上士则归辅相传宣之，六等官以下则其长官传宣之。

是年五月，废议政官，开上下设局，诏旨定为“辅相”、“议定”、“参与”三项官名，使就三等以上各官中以投票公选出任之。

是年七月，停上局会议，废公议所，置集议院，复令诸藩置公议人、公用人于东京。

八月，并合待诏下院于集议院，且定集议院规则。

三年九月，闭集议院，遣归议员。

四年七月，更订太政官制，分为正院、左院、右院。太政大臣等居正院，总理庶政；置议长、议员于左院，以议立法之事；其各省长官为右院。

是年八月，以集议院属于左院，于是立法议政之权，渐归于行政官手中。

六年六月，废集议院，并其事务于左院。先是闭会后尚受士民建言，至此全废。

七年六月，召集地方长官至东京，开地方官会议，以代替人民协同公议。（于后屡开之。）

八年四月，废左、右院，设元老院，采木户、板垣大阪大会议之意见也。

十四年十月十二日，下开设国会之大诏，以明治二十三年为期。

明治政府其一面敷衍议会也如此，而一面抑压民党也又如彼。嗟乎！夫明治政府诸公，若三条，若大久保，自今论之，固开国之元勋、救时之豪杰也，而当时尚若此，岂非因民选议院，乃普通政府之所忌，其本心断不欲开之故耶？使非有板垣诸人，率国民注全力，冒万难，以运动之、要求之，则迟延至三十三年乃至四十三年，亦当如故。然则日本之为日本，犹未可知也。若如说者所云，则板垣、副岛、后藤、江藤诸公，岂亦迎机干进、骈拇枝指之为耶？岂知彼等固皆身为卿相，一旦觉悟，弃而下野，专从事于国会运动者。吾闻君子出于幽谷而迁于乔木，未闻下乔木而入于幽谷者也。请说者三思。

乙之说曰：国会固不难开也，吾所虑者，一开国会，即足以挽回中国否耶？夫国会势力，不能不有党派之多少，而党派之弊，近世各国多发见之，欧美所以有非政党政治论也。假使中国国会虽开，而议员鲜有利国福民之心，徒炽植党营私之念，或趋附权势而甘作政府之马牛，或虚张意气而故与政府为水火，于国事上未必蒙其休，或反受其梗也。

此说觉极新颖，且似吸西洋最新之学说者。余今欲解先生之惑，请首进一言以为前提曰：凡政治者，当各就各国之历史文化，以践其程度，而渐追于世界之大势者也。政体无绝对之美，本社胡君亦已言之。盖无论何种政体，其组织之形式有定，其作用之精神无定，故凡为国家计者，只能外观世界之大势，内准己国之历史与文化，取其合宜之形式而组织之。至若组织中作用之精神，则但能诉之各分子之心理。虽有圣哲，不能谓一成形式，即可附之以精神也；亦虽极愚蒙，不能谓料无精神，即并形式亦可不作也。若徒为高尚学理之研究，现在欧美有主张立宪不如专制者，又有主张立宪不如无政府者，各驰一端，亦未必各无一理，然则岂独议会，即立宪政体，亦未必尽如人意。然而世界各国，于十九世纪中，群取立宪政治者何哉？亦曰内准己国之历史与文化，外观世界之大势，取其合宜之形式而组织之而已。据一般学者之所论，宪法政治之由来，其原因有二：一由于各国历史，人民受君权之暴虐压制，而欲竞其生存；一由于各国文化，人民受卢、孟诸儒自由人权平等之说，而发挥其理想。余谓若今日中国，于此二原因之外，更多一原因，则被外强之凌迫，当急图上下合力以救亡也。然则余固将以简单之脑筋，号呼于我国民之前曰：中国今日，要立宪，要开国会，且宜从速，不知其它，即谓我盲动，亦所不恤。至若国会之有利于中国，吾同社诸友已缕缕言之，有心人实地研究利害者，一见自当涣然也。嗟乎！说者先生，君所云非政党政治论者，在今日之中国，君若于私室之间主张学说，以为一人之私言，备学术之参考然可耳；若欲倡为天下之公言，则不独遗识者以笑骂派之讥，且余将断为言伪而辩、学非而博之少正卯，其头可斩也。说者将以为彼所说之新颖足以动人乎，则吾请更言其新者。据日本菊池氏所著之《议会及政党论》，举宪法政治之七缺点，试述于次：

第一，使全国人民为维持上下两院，必负担一切经费。

第二，使全国人民当选举时，必负担选举所用之一切公费。

第三，全国有被选权者之数，多于议员之数辄数十倍，此等当选之议员，每不可不投多额之竞争费用。

第四，选举举行之际，无论官民皆为选举狂热奔走，不得不因此消费贵重之时间。

第五，遇议会开会时，自国务大臣及得力之官吏，与全国英才所聚之数百议员，聚于一堂，空消费贵重之时间，与敏活之脑髓，以为此不生产的事业。

第六，国务大臣每为议会之操纵向背所制，于外交上无立远大机谋之余力，即于内政亦或致不能公平展布。

第七，议员若受贿赂，或被政府买收，因而于宪法政治上遗以污点，且由是使人民蒙议会之余弊。

此论所云，新奇乎，否乎？然菊池氏究竟之言曰：如前述宪法政治，吾人虽认有瑕疵，然其功效亦决不少。如素行专制政治之国，而欲新行文明之政治，或业已行文明政治之国，而欲其文明政治确成为惯习，则惟制定宪法以为之保障，其功效为最多。盖切实言之，宪法政治，虽未必如世人臆测绝对高尚之文明生产物，然究竟现时文明诸邦，实皆有不得不实施之运命者也。

此论可谓折衷至当矣。然则今之中国，若谓国会不足恃，试问此外尚别有何方法乎？况夫说者所谓政党之弊，尚属未来之事实问题、心理问题，未能豫决，保无有不必尽然者耶？特于说者所云之中，亦有可以为吾国民警醒者，当知国会既开，一般人民对于议员选举，当如何之用意，勿贪运动之贿，而自供人之牺牲；且国会既开，凡当选之代议士，对于国家，当尽如何之忠实，勿为个人一时之利，而遗全体永久之殃，此则当及早互相鞭策者也。总之，中国之取立宪政体，虽逐世界列强之后，然以中国文化之久，历史之长，人民之郁久未伸之智识德性，一旦发挥，灿为文明之花，吾愿吾国出禹、皋、伊、傅为世界模范之国务大臣，吾愿吾国出东汉气节、唐代清流、明朝君子为世界模范之政党。猗欤猗欤！谢灵运有言曰："诸公学佛虽在灵运先，然成佛当在灵运后。"我伟大可爱之中国岂不可以豪矣哉！国民勉旃！

余草是论已，憬然以思，悁然以悲，觉吾国上下，立宪立宪之声，已一般同调矣，乃独对于立宪命脉所存之国会，今仍异说纷纭，吾人尚不免四面楚歌之感。噫，是何楚人之多也！余细察之，殆原于吾国国民中有数大缺点：一则忌他人之进取，故为稳静之态度以沮之（如第一反对说）；一则好为新奇苛刻之论，以求胜人而不衷于实际（如第二反对说）；一则心虽欲好，而不肯费力，只望占得便宜（如第三反对说，与第四反对说中之甲说）；一则长于批评他人，而自己无积极的主张之处（此则四说皆有同病）。吾非喜揭吾国民之短也，且何人无所短，亦何人无所长，即何国国民不有所短，亦何国国民不有所长，但吾辈当兹国家危亡在即之秋，又复关于国家根本大计之举，非各屏去成见，扫除心病，相与认明途径，振作精神，以期舆论之统一，则根本改革迟迟无成，而埃及、朝鲜之惨象随之矣。嗟乎！彼谬种流传，固害群之有马，然良心发见，讵揽辔之无人。慨眼前之庐墓依依，与君共此久矣，顾膝下之婴倪宛宛，忍其夷为奴乎？敢之审日本国会运动之檄文，以代小子反对征伐之结论。其文曰：

呜乎，我三千五百余万之同胞乎！呜乎，我三千五百余万之同胞乎！试仰望芙蓉峰之高，俯瞰琵琶湖之深，岂非最美之山川耶？岂非最可爱之邦土耶？而居住栖息于此之同胞三千五百余万兄弟，知今日为何等时乎？可贵之民权，其已伸畅否耶？可重之国权，其已扩张否耶？试一思及之，觉虽有明月不足以愉我等之心，虽有美花不足以慰我等之情。忧郁塞胸，悲愤满腹，辄复奋然蹶起，不觉为潸然泪下也。呜乎！我同胞三千五百余万之兄弟乎，试问兄弟之心情果如何耶？

今者外人逞其鸱枭之欲，视我民如鸦雀，如儿童，如卑屈之奴隶。条约改正之期虽迫，然尚未能得彼之许诺，所谓独立之体面果何存乎？夫国家者，活机也，非一人一事所能左右者。使非各人振起自任国事之气象，发挥与国终始之精神，决不能运转之。然则际于今日，开国会以集众智、会众力，实不可已之势。国会既开，则民权始能伸畅；民权既伸，何忧国权之不扩张，又何忧外人之陆梁乎！呜乎！国会开设之期，既不能稍待矣，不于今日，果将于何日乎？时不可失，机不可逸，倘失此时机，致缺独立之体面，将至智者无所施其智，勇者无地用其勇，生命财产被制于他人之手，国事尚可为乎？此我辈所以热心渴望国会之开设而不能自已也。

抑观明治初年之御誓文，及八年四月十四日之圣诏，此皆出于我睿圣文武天皇陛下之美德，千载下垂之青史，允当赫赫，兹更不待我等人民之颂赞，固已昭然。当时我等拜此圣诏，以为国会开设期当不远，延首跂足，仰望既久，然至今此美举仍未见决行者，果何故哉？既而思之，国会之事，本我等人民痛痒休戚所关，使徒怀空望，侥幸期政府之开设，殊为迂阔疏远之甚，恰如欲掇云为梯，求登九天之高者也。于是我冈山县下两备作三国三十一郡一区一千七百七十一村一百零六町之同志，乃自反自罪自悔，奋发兴起，以渴望国会之开设，此所以不惜为本日之哀诉恳愿也。闻福冈县下有志者亦开共爱公众会，纠合县下人民，不日将即国会之事有所建议于政府。此皆出于察知气运情势之所向，能以公众所有之公益，引为自任，实与我辈有同感同情者。然此感此情，岂止于福冈县下之有志者哉！吾知凡五畿八道三府三十五县三千五百余万之同胞兄弟，谅亦无不同情同感也。呜呼！我同胞三千五百余万之兄弟，既与我等均有此同情，何不进而恳望国会之开设，何不奋而欣慕民权之伸畅，何不矢愿而企望国权之扩张乎？鸣乎！仰望芙蓉峰之高，俯瞰琵琶湖之深，对此可美之风景山河，居此可爱之富饶土地，谁则不知美，谁则不知爱者？同胞乎！其共起爱国之精神，其共奋独立之气象！如此邦土山川，岂真忍坐付于人耶！

《中国新报》第八、九号，光绪三十三年十二月初九日（1908 年 1 月 12 日）

请开国会之理由书

上下疑贰，是非颠倒，可以为国乎？群奸蔽明，舆论未伸，可以为国乎？虽至愚者知其不可。但欲去疑贰，公是非，祛壅蔽，伸舆论，必有道以处此；不然，去疑而疑日滋，祛蔽而蔽愈甚，政府以成见为是非，而舆论与朝廷为仇敌，国民怨于内，列强乘于外，而国乃不国。立宪国家，所以明上下之权限，立是非之标准，祛壅蔽于未然，而利用舆论以伸张国权者，岂有他哉，有法定机关以为之保障耳。

所谓法定机关者维何？即国会是已。合上下议院而成立国会，以民选议员而代表国民，内之集合国民之心理以整顿内政，外之发展国民之势力以捍御外侮。

振纲纪，固国本，莫重乎此。迩来吾国士夫，靡不忿慨于国权之削夺，由于民权之不伸，顾朝野上下，张皇失措，纷然淆惑，仍无以脱离腐败放任之旧习，且加以分崩溃裂之隐忧。于是，持渐进主义者，谓无地方议会以养成人民之政治能力，则国会之基础不固，而国民之权利自由终无所据以为其保障。不知人民之权利自由，当以国会为集中之点，无国会则人民之权力消灭于无形，而宪法之精神已游荡而无着。各省之地方议会纵一时遍立，终以无根本法律之故，而事事不能实行，此理之必然者也。况自法理言之，地方自治以行政为根据，而国会之机关则为宪法之所根据，性质相舛，作用亦殊。故世界各国，未有宪法不确立而行政法能完备者，即未有国会不开而地方自治能发达者。又自政治上言之，则地方自治仅能整顿内政之一部，而国会之机关则能统括国政之全体，例如头脑之于手足，根本之于枝叶。若失其本末先后之序，则其裨益于国者，能几何哉！虽然，今不暇研究法理，亦不必放言政治，但综观时事，证以同人夙昔之所自信者，则国会成立，为吾人救国之目的，有不可缓者五。而今日请求开设国会，又有一二易为力者。请一一为当世君子陈之。

第一，欲整理财政则国会不可缓。吾国今日非无财之为患，而财政不能整理之为患。收入之紊乱，支出之浮滥，费用之虚掷，界划之不明，检查之事未闻，统计之表无有。各国有一于此，其政府未有不倾覆者。而吾国之政府，坐拥禄位，颓然自安如故也。国民则因财政紊乱之故，机关壅塞，而沮丧其发【展】实业之野心。外人则乘时逐利，输入外资，以曲尽其经济竞争之能事。比年以来，国困民穷，债增权失，危亡之祸，朝不谋夕。若有国会以监督财政，则凡岁出岁入之预算，政府必条列其款项，统核其赢绌，以定征收增减之方针，而求国会之承诺，匪惟浮费必求其撙节，检查必求其详确已也。至于外债之事，尤为重要。其借入之用途，及偿还之期限，非经国会议决后，政府不敢擅借，从未有如吾国政府之自由借入，任情滥用者也。盖国家之财源，尽出于国民之负担，非经承诺，安能妄征，而况于国债之利害尤重者乎？立宪各国以利用外债之故，而恒致富强；吾国政府独以累积外债之故，而日虞危迫。何则？一有国会以监督财政，一无国会以监督财政故也。

第二，欲振兴教育则国会不可缓。今之论者莫不曰：欲使国民有立宪之程度，必自政治教育始。顾何以日言教育，而各行省无私立法政学堂者，无组织政治团体者，无公开通俗演坛者？此非因政府之信用未昭，政纲不定，而顽钝昏瞀之官吏得以挟私沮挠[①]乎？若国会开后，则政府行政之方针已定，而教育之方针亦定，聪颖特达之士，既因有所试验，而政治能力确有以自信，出则翊赞朝廷，处则化成乡里，风声所播，观听一新，国民程度将雄飞而跻等于欧美矣。是以国会一日早开，国是一日早定，即政治教育亦能早收成功。此在今日内忧外祸云谲波涌之际，有万不能不急起直追者也。

第三，欲扩张军备则国会不可缓。泰西各国，以军国的精神为富强的基础，故每增一兵舰，添一师团，由议会决定后，其饷糈赋之于民间，朝令夕供，无敢违者。良以有国会以代表国民之意志，国民之视海陆军备也，以为捍御外侮之利器，非为拥护专制之爪牙。无论君主国体与民主国体，其兵马权皆归于政府，而无尾大不掉之忧。人民在于平时则担任饷源，输将恐后；身临战事则慷慨赴敌，以殉国为荣。盖其视全国之安危，即身家之休戚，诚有团结不能自解者在也。吾国之军备则异是，非以御外而以防内，非以作战而以饰威，兵制不能统一，军法徒为具文，骄兵悍卒，横行闾里，贪夫懦将，空拥旌麾，名曰卫国，实蠹民尔。惟开国会后，则人民知世界之大势，察国家之安危，有征收则输助争先，无饷需不足之患；有战争则父子相勉，有杀敌致果之气。至于兵制之不整，将士之失职，皆得以发其奸邪，惩其弊害。此征之立宪各国而知其不诬者也。

第四，欲澄清官治则国会不可缓。自明降谕旨改革官制以来，讫于今日，大小臣工，徘徊瞻顾，虚悬草案，施行无期，而昏夜乞怜，蝇营狗苟，其风益炽。清议不足畏，官常不足守。上则如社鼠城狐，要结权贵；下则如饥鹰饿虎，残噬善类。闾阎穷困，盗贼横行，民生多艰，于今为烈，此皆由官吏溺职为之咎也。顾当局数人，不揣其本，徒张形式，欲以资政院为议院之基础，谘议局养成议院之人材，而谓其可以收监督中央官厅及地立官吏之实效。乃资政院之组织，则在于钦选、会推二者，未闻有民选之精神，则其备员于院中者，大抵顽钝无耻、夤缘干进之官吏。此而欲其代表国民，谁实信之。至谘议局，则各省之拟制各殊，朝廷之条例未定，道旁筑室，安能合一？如此而欲其监督行政官吏，窃恐其徒为地方官厅之傀儡尔。惟开设国会，则以有责任之国民，促成有责任之政府，而中

① “沮挠”，系旧时用法，现代汉语作“阻挠”。

央行政与地方行政皆将以一定之精神，立不移之法制。如此而犹虑官吏有溺职者，可谓不知政本者也。

第五，欲保全国权则国会不可缓。中国数十年以来之外交官，殆莫不以苟安无事为得计，以至断送国民之生命财产于冥漠之中者，不知凡几。征之近事，则勒苏、浙人之借外债也，迫粤人之抛弃西江巡缉权也，任福公司之攘夺晋矿也，国民之奔走呼号者不知凡几。此犹其小焉者也。俄之于蒙古，日本之于满洲，法之于云南，英之于西藏，此数领土者，何一非吾国民之生死问题，而吾父老子弟则见小而忘大，执近而弃远，以委之于腐败昏庸之政府，而间接以授之于敌国。天下之耻，孰大于此？人以强权，我以屈服；人愈干涉，我益退缩。在政府则开门揖盗，不以卖国为羞；在国民则俛首下心，几以奴隶为荣。此诚稍具人心者所当奋袂立起者也。惟有国会，则可以举国一致之舆论，为政府外交之后援，对外之精神可以固结，而平等之权利可以抗争。外务大臣有方命辱国者，则国民得据法定机关上奏弹劾，此立宪国之所同者也。

何谓有一二之易为力？再请略言之。

（一）当公私窘迫之时，则事机易。比年以来，国家之政治益形窳败。财政之不整理，教育之无方针，军备之未完固，实业之不振兴，内政之紊乱，藩服之猜疑，有一于此，危亡立见。夫外有窥伺之列强，内有交讧之会匪，隐忧显患，相逼而来，天步艰难，莫此为甚。而内外臣工，营私罔利，争权竞势，未改其常度，其相疑相嫉相倾相轧之风，反因此日炽。虽明诏迭颁，亟欲实施宪政，而行政官吏，腐败放任，机关窒塞，执行无人，遂使良法未能实行，下情壅于上达，朝廷之大信渐坠，国民之失望愈深。来轸方遒，殷忧何极？若吾国民乘此时机，进而谋所以自存之道，守公共之秩序，避过激之行动，据文明之法理，攻弊政之症结，则向之凭藉威福以欺侮我国民者，皆将惶恐无措，进退失据，降志抑心，改弦更张。然后乘吾国民横厉无前之盛气，援引实行立宪之谕旨，整饬机关，廓除积弊。则国会易成者，此其一。

（二）当专制末流之时，则主张易。自十七世纪民权政治发达以来，国民之要求权利自由者，后先相继，伏尸流血，经百折而不悔，卒之独裁孤立之国家，不得不易为代表从众之政体。泰西各国，其前例也。今之中国，何以异是？盖吾邦人诸友，处文明潮流之旋涡，立竞争剧烈之舞台，国民权利自由之思想已如旭日中天，（离）〔黎〕明四照，而社会之心理群集于政体改革之视线。大机已动，谁能遏之？若当国者必欲逆此趋势，深闭固拒，则破坏之潮流，激之自上，堤防溃决，漾漭无所底止。而国民之贤且智者，势必乘此破坏之后，自求建设。故今日之大势，朝廷不先予之，国民终自取之。彼少数之官吏，挟其昏谬陋劣之知识，以阻遏国家进化之前途，遂使期年以来，大号虽已焕发，而国是犹不能确定，此吾人所痛心疾首者也。虽然，世界趋势，日异月新，变更政体，已成铁案。当群言旁午之时，宜有收集舆论之域。则国会易成者，此其二。

要之，国会为国权发动之机关，而民选议员为国会原动之组织。概括言之，有关于改正宪法及附属法令者，有关于监督会计者，有关于制定法律者，有关于宣布命令者，有质问者，有建议者，有上奏于君主而下受人民之请愿者，其权限之广狭虽殊，而其确定宪法之根据则一。且夫以开设国会为目的者，政治上之目的也；抱同一之政治目的，而运动于一国之内者，政党之作用也。政党之发生，或先国会而结合，或后国会而成立。英吉利之保守、自由两党，成立于有国会之后。而欧洲各国之专制、立宪、自由、急进诸党，实成立于有国会之先。千八百十四年间，神圣同盟之君主结合为一，以维持其专制政体，而列邦人民，则方摧折专制之同盟，以与政府对抗。故观于欧洲十九世纪政党变迁之状态，即可为国会开设之原因。日本之始开国会也，在于明治二十三年，而自由、改进两党，已先十年而成立。综览东西洋列国之政治历史，其开国会后得力之政党，未有不起于国会未设以前者。盖非有得力之政党，以运动于民间，则国会无自发生。而此一二人之发生国会也，必求少数同志于艰难困苦之中，牺牲少数人之利益，以为同胞谋将来无穷之幸福。其自信也坚，其负任也重，而其目的必迟至数年或数十年而始可以达。不见日本板垣伯组织爱国社乎？当其开第三次大会于大阪时，宣言宜聚天下之人心，伸张舆论之势力，要求人民之参政权，收其成功于国会。乃以爱国社之名义飞檄全国，游说之士，东西奔走，其结果竟能得二府二十二县十三万人之赞同，而以开设国会请愿书捧呈于政府。一时虽被摈斥，而士气愈奋，国会期成同盟之旗帜，乃揭出于江户、大阪间。人第见日本开设国会之诏敕颁于明治十四年，卒能以全国之舆论，奏推翻专制政府之伟绩，而不知板垣、河野诸贤，蒙危难，犯艰险，以身殉国会者，固已数年于兹也。是故中国今日救亡之手段，惟在开设国会，以改造责任政府；而其方法，则在广求同志，以达国会成立之目的。欲国会之根本坚固也，则尤在组织政党，以多收后先御侮之人才，以为将来政界之先导。此尤吾人所日夜祷祝而希望无穷者也。至于请愿之方法，则在于表示多数国民之全体意思，故演说不择何地，运动遍及同胞，一次无效，继之以再，再次无效，继之以三以四，前蹶后起，甲仆乙兴，或以团体之名义，或以地域之名义，均无不可。总期于一二年间，四方同志，云集响应，集于辇毂之下，为帝阍之呼吁。彼政府虽极顽强，又安能冥然罔觉乎？同人等既有见于此，窃愿随诸君子之后，抱始终一致之忠诚。惟诸君子教之。

《中国新报》第九号，光绪三十三年十二月初九日（1908 年 1 月 12 日）

财政改革与国会

薛大可

中国今日之凡百政务，其不足适于现世国家之生存者多矣，而其紊乱无纪，不可收拾者，尤莫如财政。夫国家之一举一作，无不与财政有关。庶政整理之国，其财政未有不整理者，而修明之政治，亦未有出自财政紊乱之邦。故觇国者每以其财政之整理与否，而下政治优劣之评判焉。夫然则我国欲庶政之振兴，其必自改革此紊乱之财政始矣。今请就我国财政紊乱之现状，一一指出之，次则以根本的改革方法，告之吾国民焉。

第一，岁出之紊乱。自中国岁出之表面观之，则以为世界幅员最广、人口最多之堂堂大国，其岁出之数，乃仅一亿五千万，宁得谓为滥费。此篇所书岁出入数目均据光绪二十九年户部岁出入表及其他统计书所载，近则岁出入当均不止此数矣。顾国家之所以为岁计，人民之所以抛弃其一部分之财产，而纳之于国家者，固尚有其积极之目的存，非仅消极的以（樽）〔撙〕节为已足也。近世修明各国，岁出日大，而人不议其多；半开之邦，岁出绝微，而人或议其滥。何也？一则用得其当，足以促国力民力之发达，而达国家之目的；一则与之相反故也。今我国之岁出则何如乎？综其现状，约有三端。

一则岁出之浮滥也。夫国家之政务无穷，人民之财力有限，一岁之收入，涓滴皆支用于正当之途，尚恐政务不能振兴，国事因而堕落，又岂容稍蹈奢侈之弊，致耗难得之财。故论岁出者，必以节浮滥为第一要义。中国之岁出，于紧要之国费，虽多吝啬之容，而于可加（樽）〔撙〕节之用费，则往往任意支消，而无所吝惜。如皇家经费之耗国帑巨额，其尤显然者也。据光绪二十九年户部岁出表所载，关于皇家用费支出之款在五百万以外，然此犹其公然见诸册籍者。第中国向来国用之数，其载诸册籍者，每不足以为凭。外间所传言，则宫中费用，尚有土药税之二百万，其他报效及以种种名目支用之款尚多。综计之，每岁皇家所费者，当不下千万。夫皇家在一国最高之地位，固有维持体面之必要，然用费过多，则不惟无益，亦且为乱国之阶。各国皇家经费，莫不有一定之限制，至多亦无有过其岁出总额百分之一者。今中国之皇家经费，已占岁出总额之一成，此在宫费即国费之时代，则无可言，而在国家制度已昌明之今日，则虽欲不谓之为浮滥不得也。

次则岁出之无效果也。国家之有取于岁计，非徒以之讲排场，实欲求其有实效。军备费之支出，则必须练可用之兵；经济费之支出，则必须兴有利之业，而后其岁出方不为徒然，而国事方有振兴之望。今中国之岁出虽日加增，而国事无一起色，即可谓无一效果。而其中之显而易见者，尤莫如军费。中国每岁军费之支出，近六千万，占岁出总额三分之一而强。夫使将此巨款，果尽用之着实，能练有用之兵，以固吾圉也，则军备之所耗虽多，亦甚满足吾人之希望。而吾国之所谓军费，除直隶、江南、湖北等省所练之新军，比较的尚有形式外，其余旧营之饷项，八旗之口粮，养无用之游民，耗军费之半者，则直谓之取有限之脂膏，投之于无用之地可也。

又其次则岁出之分配不均，且昧缓急之宜也。各国岁出中，如实业、交通、教育、内务各行政费，莫不占其岁出之大部分，诚以交通之发达，文化之振兴，秩序之维持，为国家存立之根（原）〔源〕，亦即人民性命之所系也。而在今日之中国，则经济方在萌芽，而外人之蹂躏已至于极点；且文教凌夷，秩序紊乱，其于实业、交通、文教、内务各政之振兴，有较他国为尤急切者。乃岁出一亿五千万中，除去军费、赔款之所支，宫中、官俸之所耗，其所余办此要政者，已区区无几。况复官样文章，已成痼习，每举一事，未筹实际，多事铺张，并此区区者，而亦未尝用之于实际耶！

第二，收入之紊乱。国家之收入，同一取之于人民也，往往因其取之之税法不同，其负担痛苦之轻重，及其影响于人民之利害乃大异。故税法之善也，人民不觉其负担之苦，国家亦得多大之收入，更可多兴利民之事业，国利而民亦利。税法之不善也，则产业因以衰颓，风化因以凌乱，民生亦因以穷促。国家之所以计收入，原以利民，税法不善，则未利民而先害民矣。故税法之选择，为理财家无上之要务焉，为国者固未可仅计一方之便宜，只求国家之收取也。中国今日之收入制度，有为最良之收入而未顾及者；有同一租税，重于此而轻于彼者；有妨害经济，阻碍交通，坏败风化，负担不平之恶租税，而推行之惟恐不尽者。则国家之收入无多，而民力已不能堪者，固有自也。今世文明各国之收入，多注重于官业及收益税与所得税。盖官业若选择之得当，管理之得宜，则可得莫大之收入，而减人民之负担，故各国皆竞行之。如官有土地，官有森林，官营矿业，专卖烟草，邮便电信，莫不为收入之大宗。中国则仅有一不备不完之邮电事业，归官办理，所收亦甚微。其他各种可归官营之事业全未筹及，而于各国以行政之目的归官办理之造币局，则方极力兴办，视为无上之财源，滥铸补助货币，致物价来急激之变动，而细民之受其害者，不知凡几。又收益税及所得税，量其收益及所得而取税，本无损及税源之虞，而所得税尤为公平，学者至有提倡所得单税论者，而中国之财政家，则固尚未思及也。各国收益税，大概分为地租、家屋、劳银、利息、营业五种，中国之收益税，现行者不过地租一项耳。而地租之制，亦不甚完全，因地而轻重迥异。如江浙则称为财富之邦，地租极重；而四川等省素称富饶，而积亦数倍于江浙，其地租之额，乃仅及江浙十分之一二。赋税之不均，显然如是，数百年来未有提议改正之者，诚不可思议之事也。

以上所举各收入之法，均所称为文明制度行之而无弊者，而中国则或全未顾及，或取之不全；乃独于伤民之税，则取之惟恐不多，加之惟恐不重。如盐米之税，贫富同其负担，本为极反于租税原则之恶税，中国之官盐虽从历史传来之制，一时难以尽除，而亦只应剔除弊端，提取中饱，以为整理之方，岂容再增其税，以重细民之困；而今则漫加盐税，使盐斤之价倍于往时。彩票赌博之税，本为十八世纪以前腐坏政治之遗物，所收既微，而遗害于人心风教者实大。现今除西班牙一二政治腐坏之小邦外，无复有存留此不良之税制者，而中国则方视为筹款之新法，举办之不遗余力，而有害于社会与否，未尝一为计及也。消费税虽为各国收入之一宗，然亦只置重于奢侈品，而于必要品则务必免之，诚恐妨碍产业之发达，增重贫民之负担故也。中国则于烟酒等物之奢侈品，近虽稍稍加税，亦不甚多，而于必要品、土产各物，则务科以重税，于生产之妨碍，细民之虽【难】堪，未尝顾计。且厘局林立，行水程一日者，或纳税至于数次，则又不但妨生产而累细民，亦且于交通大有阻碍矣。

第三，制度之紊乱。各国财政制度，大都有中央财政与地方财政之分别。中央财政者，关于发达国家全体之行政各费，其特质须全国均一，非可因地而使有负担轻重之不同，又非可使因地而利害厚薄之各别。如海陆军费及其他发达全国之实业，振兴全国之文教，维持全国之安宁各费是也。地方财政，则限于其一地方之事业，因此方情形之差异，其财政之状况，亦自不能强同。故收支出纳，任地方各自为之，中央政府不过负监督之责而已。至于中央财政，则必须有整齐划一之制度，而后会计方无紊乱之虞。各国之中央财政，皆统辖之于度支一部，全国之收入官吏，自租税之使、海关之吏，以至专卖之官，凡经手税务者，莫不直接隶属之。又设国库，以保管收入之泉币。国库之制，虽有预金组织与金库组织之不同，而其一国只许有惟一之一机关则一。凡官衙所收入之公项，无不归纳之于是。支用之际，则须照豫算案之所定，向国库支领，固非可自由收入之，而自由支出之也。中国以行政不统一之故，中央财政与地方财政之界限，全然不分。一存款也，政府提之，而督抚争之；一余款也，政府搜之，而督抚秘之。遇强而有力之督抚，则中央之财政权缩小，而地方之财政权扩张；遇懦弱无能之督抚，则地方之财政权缩小，而中央之财政权扩张。时伸时缩，时彼时此，纷乱淆混，莫可名状。中央财政与地方财政之关系既如此，收入之机关，亦自无所统一。有称为钦差者，有称为实官者，有称为委员者；有隶于中央者，有隶于督抚者。制度不齐，监督不备，故税吏之中饱诛求，成为习惯。且中央之国库制度不立，各部自由筹款而自由支出之，各省自由筹款而自由支出之，各局所又自由筹款而自由支出之，而又无会计检查之制，以综核其后，故欲查国家之岁计，纷如乱丝，几如入五里雾中而摸不着端绪也。度支部虽原有部库，然所贮者，不过钱粮及其他数款，居岁出入十分之二三耳。近来度支部及各省虽有银行及官钱局之设，然亦并不联络，其组织仅类一旧日钱店之规模，且其目的亦仅在计财政上之收入者，故不足论也。

第四，财政之无计画。国家之岁计，必使其收入之款与支出之额，无有差殊，方能称为整理之财政。盖岁出多于收入，则将致国库支绌，豫计之政务不能实行；收入超于岁出，则取人民有用之财，而藏之于无用之地，均违背财政之原则者也。故当财政之冲者，必须通盘筹算，立一定之计画，以计收支之适合。收入超于支出，则或偿还公债，或裁减苛税以减国库及人民之负担。支出多于收入，则或减不急之岁出，或筹收入之增加，务使一款有一款之抵项，一岁有一岁之会计，固非可此款彼挪，东填西补，今岁支用明岁之款，临时而支用经常之费者也。而当国家危急存亡或有大利可兴之际，不得巨款，则无以救危亡而兴大利；骤行加税，则民将有所不堪，斯时之财政计画，则有较平时为急要者。各国于斯时之财政计画，有通行之一法焉，则公债是也。然公债之增加，即后日岁出之增加，当募债之时，即须豫筹所以偿还之法。在生产的兴利之公债，尚可即以其所兴之事业，偿还其本利，而不须别筹。若为迫于国家危急所用之公债，如军费、赔款等项，则为不生产之消费，舍加税于民，实无筹还之法，不过其期限稍能延长耳。故苟非生产的事业及关系国家存亡万不容已之际，如经常岁出等项，则纵收入有多额之不敷，亦宁加税而毋许滥募公债，此尤为计画财政者之所不可不知者也。我国之岁出一亿五千余万，收入仅一亿三千万，常年不敷之款近三千万，其收支之不相抵，亦可谓甚矣。而政府犹东挪西扯，得过且过，虽不适当之计画，亦未一立。其尤谬者，则口称举办新政，滥借外债，以为移挪之计，国家之后患未偿一为顾及也。中国自甲午以来，所借外债至今尚未偿还者，达十一亿余万两，其中除赔款及铁道公债，一则算入于不容已之公债，一则算入于生产之公债，不复刻论外，余则均系东支西用，耗归于无何有之乡，致国家负莫大之债务，将蹈埃及之覆辙而及于灭亡。政府毫无计画之罪尚可逭耶！

观以上所述，则中国财政紊乱之现状，可慨见矣。以是之故，国家之岁出虽日加增，而政务之废弛如故；收入虽无多额，而人民之困苦难堪，司农之官弥补多方，而支绌益甚。苛刻之税，名目日多，而收入无几，即令从是以后，死守消极政策，不作一事，不行一政，亦且国库有破产之虞，生民有财尽之患，瓦解土崩，不可终日。况复强邻窥伺，国势濒危，按计本国之形势，对照国际之势力，非有陆军五十镇，海军五十万吨，万不足以图存。而陆军五十镇，每岁常年经费须一亿矣；海军五十万吨，每岁常年经费须九千万矣，总计已近二亿。而军港要塞之建筑，器械之制造，人才之养成，以及军舰之制造费，陆军之开办费，尚不在此数。而中国之今日，则实业之振兴，人才之培植，内政之改善，军备之扩张，同为急切之问题。振兴各事，每岁至少亦须常年经费一亿，总计非加今日岁计之二倍，断不能有济。而今日之财政制度紊乱如是，而欲其筹若大之财源，举若大之事业，则其不可不加根本的改革，为稍有识者所能知也。而论改革今日之财政，则起善良之税，以计收入之增加；减伤民之税，以图民力之休养；严宫中、府中之界限，以节糜费；分中央、地方之费别，以清眉目；计财务机关之统一，以除弊端；立一定之计画，以期收支之适合，固皆为改革今日财政必要之措施。然此尚为枝叶的问题，而非根本的问题也。

所谓根本的问题者维何？则即开设国会是也。吾人今日观开明各国之财政，秩然有条，井然有理，欣焉羡焉，而不知其当日国会未开之时，其紊乱亦犹中国之今日。其所以有今日之整理者，亦皆开设国会之功耳。国会之成立，在十三纪之顷，其时之英吉利国家，内困于军费，外疲于岁贡，国库日空，赋敛日重，各部人民不堪苛税之苦，遂相率抗王，要求开设国会，非得国会之同意，不得强征租税，遂启国会监督财政之端。及于近世，各国无不继英吉利而起，创设国会政治，而其成立之原因，亦靡不由政府之横征暴敛，滥费无节所致。如米国之国会政治，因母国之苛税而成；法国之国会政治，因王家之奢侈而起，其尤著者也。国会政治既多起因于财政问题，故国会之对于财政监督，遂视为无上之职务。近则制度愈全，方法愈密，国家之收支，遂不能一毫苟且，而日趋于正当。故今世无国会之国则已，苟为有国会之国家，则其财政未有不整理，即其政务未有不振兴者也。盖整理财政之必有待于国会者，其故有三焉：一则国会有豫算之权，则政府之浮费滥出，可以防遏；二则国会有决算之权，则官吏之中饱侵蚀，无所于施；三则国会有立法之权，租税非从法律之规定，不得赋课者也，故伤民之税可免。且财政有国会之监督，则人民之信任国家自坚，虽多取之而无怨，而财政可望其发达。非然者，则虽枝叶的改革如何完备，亦属徒然。而已整之条目，仍可复乱；已节之浮滥，仍可复增；已减之苛税，仍可复加。且偶尔加赋，即招人民之怨，而有反抗之虞。畏葸避祸之政府，将至不举一事，国务因而废弛。故处国务日繁非财莫办之今日，不开国会而能整理其财政，发达其国务者，实未有之事也。而愚昧之夫，睹历史上一二偶然之事实，遂谓有为之政府，往往因财政问题，被议会之掣肘，而不得竟行其志，以国会之监督财政，为仅利于消极的保守政策，而与进取的国家主义不相容，诚一见之论也。夫国家之目的，亦在发达人民之福利已耳，即令行极端之国家主义，亦不能不顾民力之如何而惟冒然以逞。而果敢有为之政府，又往往易陷偏益国家之弊，有关系民力利害最切之国会以监督之，则方能得其平而不致有害人民之力，而国势亦自日以发展。盖未有人民之实力充足，而国家之势力不发达者也。试观近世国会成立之各国，民力日丰，岁出日增，而国家之势力，亦莫不日大。则国会监督财政之无害于国家主义，亦明矣。然此番理论，尚仅对于开明之国家、有为之政府可得而适用也。若在今日之中国，则不负责任之政府，上不计国家之利，下不顾民力之伤，惟任意支用，以快其盲动之举，百计搜括，以遂其中饱之私。岁出日加而国事日坏，苛税日甚而民生日穷。则其财政监督之有待于国会，又岂惟计民力之休养哉！而国权之发达，政务之扩张，舍国会之监督指导，亦实无可望之道矣。夫财政之改革，其有待于国会，已急迫于是，况乎我国之凡百政务，其有待于国会之改决者，又何止于万端。此吾人所为奔走呼号，欲吾国民群起而谋国会之成立也。

《中国新报》第八期，光绪三十三年十二月初九日（1908 年 1 月 12 日）

论今年国民当全力为国会请愿一事

嘤　鸣

今年之中国，为何如之中国乎？曰：为国会萌芽之中国也。今年中国之人民，为何如之人民乎？曰：为要求国会之人民也。吾国近十年来，无一可喜可慰之事，足为将来历史上之光荣。惟外患之侵入，有一日千里之势；国权之丧失，有一落千丈之势。人民怨讟于下，政府狼狈于上。志士呼号，报章鼓吹，纷纭扰攘于海内外，楚囚相对，几日日有局蹐不安之态。夫国势之危亡如此，人民之知危知亡又如此，而国家终无一救济之方，何耶？曰：不知国家危亡之根本所在，故无根本救济之方也。

我国危亡之根本何在耶？曰：在无民选议院之一机关也。何谓民选议院耶？曰：国中有教育、有财产、有或种资格之一部分人民，选举代议士，为国会中之议员，以参与国政也。民选议院何为即可以救我国之危亡耶？曰：民选议院成立之后，全国上下之精神，全国上下之意思，悉凝结于固一之范围中，调和酝酿，既不至有民气蔽塞之弊，复不至有民权决裂之忧；既不至有君权专横之弊，复不至有君主覆败之忧。而国权之行动，有继续性，有固定性，有统系性。一方面可以奖助民权之激进，一方面可以巩固国家本身之权能。以视夫现在二三当局者，临机独断，滥用国权，而人民呻吟痛苦，无可控告者，其得失利害，岂容并论？世界各国先哲之彦，洞悉此中妙用，故自十九世纪以来，欧美各国无不注重于民选议院之建设。若夫二三十年来，民选议院之作用，直如日月经天，江河行地，包涵万有于一界线之中，而不容有他种权力之阻遏。盖因其国家，若一日无此机关之存在，则国计民生，无术补救，而前途无限之危险，皆于是夫发现。

吾国朝野上下，近二三年来，亦霍然惊起，知此濒危之时局，痛深创巨，非赖此运用灵妙精魄绝伦之立宪政治，不足以为几希之挽救。故预备立宪之谕旨，连篇累牍；考察宪政之使节，东骋西驰。迷离缥缈之中，若果有与民更始，改革政体之意焉。虽然，各国宪政成立之历史，系军民交哄权力抵触构造而成，倘其国民悠容玩沓，无热望立宪政体之心，则此政体终无实现之一日。此中理由，自一般原例言之，则君主见民权之不足以相震，自决不欲以固有之大权，容易贬损，以让民权之增进。若再精密论之，则人民既无必欲取得此政体之心理，即决无运用此政体之能力。倘君主滥以此权予人民，则竖子使之弄兵，美锦使人学制，前途无限之危险，亦皆于是夫发现。而统治者对于国家，其罪与压制民权者同科。良以今日之国权，半为对外的，不能一日不行动。人民既不能负荷此权，则君主当代理之，譬如私人财产，当握于家长之手。倘子弟未届成年之时，无相续之资格，无独立生活之能力，而家长滥予以财产权，则必滥费，失将来长养事蓄之道。家如此，国亦然。故国家之能否实行宪政，即以人民之能否要求宪政为衡，否则此政体万无成立之一途。

我国先觉之士，已于数年前首倡要求国会。半载间，后起之秀，望风响应，千百联名，实行国会请愿之举。新岁以来，此种心理，尤郁郁葱葱，有与阳春化日以俱升之景象。学界固为先导，绅耆亦乐为主持。记者际此盛会，如登春台，如飨太牢，如入尧天舜日，私意怦怦，欲为家国前途献多少之祝词。惟冀国中主持风气之彦，或舌或笔，总当以国会请愿一事为论战之中坚，鼓吹民气，待命阙廷，为提纲挈领之团，作破釜沉舟之想，庶中国今后无限之巇崄皆辟为康衢坦道，继起者有所遵循矣。天牖其衷，国梦乍醒，一发千钧，稍纵即逝，愿我国人无失此今年之一大时机也。

夫各国宪政成立之前史，虽其首尾曲折，因果缤纷，不能确指某事为立宪之造因，某事为立宪之结果，然就其前后之时期言之，则其宪政之所以能实行者，必由于其国民有一运动极激烈之一年月。盖不经此一时期，必不足以摧专制之锋芒，而竖平民之旗帜也。

世界各立宪国，可引证之事实颇多，姑不赘述。兹惟就宪政最早成立，最有光荣之英国，及宪政最近成立，最有速效之日本两国，略述其概要。

英国自一二一五年颁布大宪章以后，虽已有议会之一机关，然因其组织与性质及其权利未曾确定，于法文上无保障之效力。自一六二八年，议会与国王大冲突，民党之运动始力，而权利之请愿乃得君主之裁可。英国议会之地位，乃得逐渐稳固，递传以至于今。使英人于一六二八不能为积极之抗拒，则英之国权，纵不全握于国王之手，亦必旁落于僧侣贵族之一阶级中也。日本明治初年，人民虽渴思宪政，然天皇不过宣布五条之告谕，未曾有确实立宪之明文。及明治十三年，爱国社员疾走狂呼，警惕国人，而后国会请愿之士，风驰电掣，奔赴东京。一时新闻记者、留学士夫，演说以求同情，着论以排异说，并组定国会期成同盟会，贯澈主义，期与政府久持。故明治十四年乃下开设国会之诏。使日人于明治十三年，不为多次之请愿，则何能有二十年之突飞进步也？

综观以上二国之先例，明明示我以周行。愿我国民，即以今年为全力请求国会之时期，远宗英人一六二八年之权利请愿，近仿日人明治十三年之国会要求。有此大多数人在此一年中竭力运动，则来年之中国，又换一新天地。政府非明示一开设国会之年限，其能阻方兴未艾之民气哉？且政府非徒示一开国会之年限，即可以苟且塞责也，其年限必最近，其最近之年限前，必能容国民之种种请愿，必能整顿言论机关、参政机关，如（谘）〔资〕（议）〔政〕院、谘（政）〔议〕局、宪政编查馆之类，以采纳民意。此非记者夸词以诳人也，亦非自诩料事之明也，实因全国民气已大动，政府中之现掌枢密者，已知强权之不可久恃，而继起者更无人焉。此事实彰彰在国人耳目中，辩无可辩，讳无可讳者也。夫宪政最难实行之普通现象，一则恐中流社会无政治上之热心，一则恐政界中人有统系的压制。盖一在无多数人为之后援，必不能有继续之举动；一在有人挟实权以左右民气，人民最初必屡蹶不振，将来纵能养成后劲，然两败俱伤，国权已不知几经丧失于暗潮中。土耳其与朝鲜其前例，路易十四时代之法国，现今之俄国其后例也。

回顾我国，有此以上两种现象乎？我国中流社会之学界中人，原为近来风气之主动者。今学堂布满全国，报馆皆盘踞要津，立宪立宪、国会国会之声，日日响彻于耳膜。且援据学理证佐事实之言论文章，可供世人之研究者日多，较之日本明治二十二年实行立宪时代之人民程度，其优劣已不能成比例矣。况我国实行立宪必在数年后，人民智识日在濯磨奋发之中耶？至如政府中人，智识之不足以抵拒民智，掌枢密者已知强权之不可久恃。如上所述，今后国中之优秀者，如能觑破此机兆，团合同志，共奋前途，视国会如饥食渴饮，则今年所种之因，所获之果，可为子孙万世生活之源泉也。至如当如何要求之法，如何组织内部之法，容再贡其愚忱，就正大雅。

《时报》，光绪三十四年正月廿五日至廿六日（1908 年 2 月 6 日至 7 日）

论速开国会为救亡之惟一要策

山　岳

今日举国之人皆大声疾呼曰：国将亡，国将亡。顾询其所以致亡之原因，及救亡之道，则瞠目不能答。夫亦知中国之所以积弱至于如此者，其远因在于数百年以前，而其近因则在于今日不负责任之政府。政府何以不负责任？曰惟吾国民放任之而不监督之，斯政府得以逃其责任也。政府者，代表吾国民以负全国家之责任者也。政府既不负责任，致国家之日沦于危亡，国民复坐视之而不为之所，则亡国之咎，宁独政府尸之？嗟夫，使吾民颠沛流离，而不获一日之安者，政府也；而使政府之偷生视息，祸中于国家之根本而不可挽救者，国民也。国民欲拯垂亡之国家，先不可不改造无责任之政府。

改造政府亦有道乎？曰：有，急谋建设国会而已矣。国会之利益，自法律上及政治上两方面观察之，更仆难数。而其利益之最大者，则既有国会，即无不负责任之政府是已。政府之所以不负责任，因无对待之机关以使之负责任，故得以恣作威福，为所欲为。一旦国会成立，其能组织政府者，必得国会多数之信认，其所行之政策，必负连带之责任。若国会之同情既失，即不能不引咎以辞，乌有肆一己之威权，受全国之攻击，而犹腼然安于其位者乎？以各国有责任之政府，与中国无责任之政府相较，无他，即一有国会，一无国会之区别而已矣。有国会，斯有责任政府；有责任政府，斯能图政治之改良，然后国家乃以去危而即于安。无国会，斯无责任政府；无责任政府，岂唯不能图国家之繁荣，人民之康乐，将以浸危浸弱，而国乃日即于亡。何则？国家者，人民之积也；政府者，又人民之代表也。一国之中负责任者，不外乎政府与人民。人民以无国会之故，而无由诘责任之所在；政府亦以无人民之监督，而不知责任为何物。于是所谓责任者，举国大索之而不得焉，有不为外人所乘者耶？是故今日者，吾国民以求得国会为第一天职，国会既开，乃始有责任政府，而可以从事于根本之改革矣。

吾国民，吾国民，慎勿以政府一时之压制，而遽灰其积极改革之心也。夫压制之政府，何代蔑有，亦何国蔑有，特视乎吾民改革之心诚与不诚耳。若果以专制为公敌，非摧破之不可；以宪政为饮食，非求得之不止者，虽以亚历山大、路易十四、拿破仑、俾士麦之雄，无如此国民心理。何也？吾闻之，天下物之至强者，惟国民心理。国民心理之所反映者，即为社会之现象。故国民之心理，无反对不负责任政府之意思，则政府可以终古常存；国民之心理，而以为不可一日居于此政府之下，则此政府无由把持其权力。诚欲建立一有责任之政府，而改良中国之政治，并以救中国之亡也，舍国会其奚由哉！舍国会其奚由哉！

《大公报》，光绪三十四年正月二十日（1908年2月21日）

论国民宜跃起为政治的运动

一国之内政外交，纷纠复杂，而莫可究诘，试一寻其成败得失之故，则莫不有其原因结果焉。不善为治者往往倒因为果，倒果为因，不明夫先后缓急之序，而凌躐以施，于是国本不固，而国家以敝。我国言维新言变法数十年矣，如练兵而兵威不振，兴学而人材寥落，振兴实业而无几微之功效可程，此果何故哉？亦由国家之政治根本问题未解决，故凡事不独无效，而且日趋于呰窳偷惰耳。

近者稍稍着眼于政治问题，于是而立宪问题发生。夫立宪问题所包含者至广，使此问题而解决，则各种问题皆随之而解决。如练兵之先，必有军事行政以筦摄之，而后兵强；兴学之先，必有教育行政以统一之，而后学盛；振兴实业之先，必有农业行政、工业行政、商业行政以提倡而鼓舞之，而后实业畅旺。凡此者，皆非立宪后不能期望。因立宪之后，整理国家之行政，规定国家各种机关之关系，有根本法以为之干，而又有各种法律以为之脉络，反是者谓之违宪，或谓之违法，一国之人无不被范围于法律之中，而求其行政之整齐划一。此政治问题所由为国家根本问题也。而试问今日中国之政府，其能使其自身颁布束缚自身之宪法乎？能以政府数人之力，举中国全国之政治而改善之乎？此不独中国政府不能，即各国立宪之初，无如此礼让之政府，亦无如此万能之政府。果其有之，则是世界各国不必树立立宪政体，不必召集民间之代表开设国会，凡百政事，一以委之政府可矣。彼各国国民之停辛贮苦，艰难曲折以赴之者，不几近于愚乎？惟各国国民知政府之不足以语于立宪，于是发挥国民之自力，而立宪以成。唯我中国之国民，日希望政府立宪，政府阳与而阴吝之，国民亦若明而若昧，而立宪遂无望。吾今请正告国民曰：立宪政体者，非经过国民激烈运动之一时期，未有能成立者也。

政治者，一国国民之所有事也。吾国谬以政府为即国家，于是凡国家所应为之事，皆以委之于政府，而不一过问。政府亦遂自以为三数人之意思，即国家全体之意思，凡所作为，只图便于个人之私利私益，而置国家全局、人民生死于不顾。此吾国数千年来政治史上，但有退化而无进化者，此也。夫国家者，为多数人民所集合。国家之意思，必为多数人民之意思，然后此集合者可称之为国家，国中多数之人可称之为国民。吾国但有集合而无国家，但有政府而无人民，持之以与结合坚固之国家，举国一致之人民，相角逐于世界竞争之舞台，宁有幸乎？推其所以致此之由，无非因国民之多数不注意于政治事情，以为此乃在上者所有事也，吾侪小民安足语此？在上者遂利用其心理，久之而擅作威福焉，又久之而内政外交之失败，民之攻击者且加以压制焉，诛锄焉。上焉者忘其久假之不归，在下者营营于衣食，除周身方丈以外，非其所过问。一国中之蠕蠕而动，逐逐而不休者，唯此个人主义已耳，利禄主义已耳，国又焉得而不亡耶？

今日内政外交之失败，彰彰不可掩矣。我国民奔走呼号，急图补救，然国家无一根本之法律，以承认国民之权利，无一正式之代表机关，以容纳国民之舆论，则虽争而不必有效也。故今之所谓国民运动者，只可谓之权利的运动，而不可谓之政治的运动。见一权利之丧失也，则群起以争噪之；见一权利有可收回之机也，则群策群力以谋之。意非不善也，其如政治之根本问题未能解决，收效鲜寡何。且一事已经过之后，则国民淡焉若忘，否则于事实经过之时期中，国民之气已隳，而其力已懈，无以制政府之权力，即无以伸国民之主张，保国家之权利，虽欲不屈从于政府而不得。一波未平，一波又起，于是皇皇焉又复群起叫噪以从之，而其失败复如前。古人不云乎，用力多而成功少，即今日权利运动之谓矣。倘吾国民不欲以权利运动自域，而欲进图政治之上改革，以确定国民之权利乎，则吾请与之言政治运动。

夫政治运动之涂径①、之方法，亦至不一矣。然其切于今日中国之必要者，则有二端：一曰运动之豫备，一曰运动之实行。

所谓政治运动之豫备者何也？纵观各国宪政之所以能运用者，恃有国会；国会之所以能进行者，恃有政党。然则政党者，实豫备立宪时代国民之所有事也。善夫伯伦知理有言曰：政党者，国民热心于政治上自然发生之现象。凡为国民者，断不可以不加入政党，为良民之道德；凡为政治家者，断不可以超然于政党

① “涂径”，系旧时用法，现代汉语作“途径”。

以外，为一己之名誉。中国之党派，自古迄今，亦不一矣。然大都党于个人，党于利禄，互相排挤倾陷，而未尝有一堂堂正正之主义以自鲜明其旗帜，由是所谓党锢党祸者，不绝于历史之上。束身自好之士，往往以加入党派为大戒，历朝之雄主材相，亦遂悬为厉禁。至今国民之脑蒂中，犹存一不干预朝政之思想，是故预备立宪之诏下几及二年，而民间未有一旗帜鲜明之党派出现。此虽专制之积威使然乎，抑亦受历史上之影响也。虽然，不发生政党，宪政万无可以成立之理。此征之东西各国，无不皆然。况我国之政府袭数千年之专制，挟无对之威权，无一国民之结合与之并立，提出国民之请愿书，以为生民请命，为国家谋治安，则是永无实行立宪之期望也。谓予不信，曷观既往。此政党之不可不早为预备者也。

所谓政治运动之实行者何也？政治运动之最终目的，在于成立国会。因国会成立之后，国民之权利乃以确定，国民之舆论乃以实现，凡事得法律上之承认，而非持空言以与政府争持者比；且有一永远继续之机关，亦非民气舆论之昙花一现者比。各国国民所以不畏艰阻，牺牲生命，而易此权利者，诚以其关于国家之根本，人民之生死，非得勿止也。国会之利益不胜殚述，今举其大者，则有协赞法律之权利，有监督财政之权利，有质问政府、弹劾政府之权利。一国之中有此机关者，则其政治日即于良，否则日流于劣败。各国宪法学者以是为宪法之精神，非是则不得谓之立宪国，诚有以也。我国民诚能组织一极大之政党，要求开设国会以贯其预备之初志，则不独内政之问题可以解决，即一切对外交涉之问题亦可由此解决，而莫敢予侮矣。此国会之不可不实行运动者也。

呜呼，吾侪处此政府之下，其憔悴无生人气者，岂尽由专制之淫威，政府之压力与？吾国民之蜷伏于专制政体之下，而戢戢莫敢动者，盖不得不职其咎矣。倘犹以为立宪者政府之责，而非吾民之责，不肯稍出其代价以自求多福者，吾又安从而与之语也。

《大公报》，光绪三十四年三月初八日至初九日（1908 年 4 月 8 日至 9 日）

论国会请愿之不可缓

改造政体，须有责任政府；责任政府，须先谋开国会。吾国救国之士，所挟此以为进行之方针，而一般国民，亦极同声赞成者也。去秋湘人熊范舆等第一次上书请愿，今春湘人雷光宇第二次上书请愿，虽留中不发，壅于上闻，要之熊、雷两人登高一呼，全国震动，论其功用，几与日本政党之副岛种臣、板垣退助，实相伯仲。何也？国会问题，不上达于深宫，方喧传于舆论，国民政治思想则已蠕蠕其欲动也。嗣是而豫、而赣、而浙、而粤，将继湘人之后，推举代表，入京请愿。而上海预备立宪公会，亦于昨日开会议决，各以其国会运动，与政府争参政之权利。内之结合国民之心理，以植国本；外之发展国民之势力，以固国权。他日国会成立之基，造端于是，斯亦年来民党发达之表征焉矣。记者在上海言上海，则国会请愿，视他处为尤急，今且就两端言之。

一则以上海人民团体，其集合为独先也。本埠交通称便，风气早开，若商务总会、教育总会、总工程局、各属同乡会等，均于宪政未布以前，隐植地方自治之基础。此后预备立宪公会、宪政研究会、地方自治研究会、政闻社，种种政治团体，均衔接宣布立宪之诏，同时发生。彼等之实力，虽未足以抗政府，而所藉以号召国民者，均于国民权利有亲切之关系，固无不唤起责任，冀达其改造政体之目的也。今立宪公会言国民之言，行国民之行，一面为谋设国会之建言，一面为国民运动之准备。凡在上海各团体，皆当发愤兴起，急驱猛进，争以上书附骥为荣，不可以逡巡畏缩，多所惊疑，使风气开通之大商埠，其人民智识反出豫、赣、浙、粤下也。此上海人民对于国会之不能不请其者一。

一则以上海人民受侮，其激刺为较深也。通商六十年来，耳之所闻、目之所见者，无一非中外争权利之事。领事裁判、界外筑路，人民已视为固然，无所与争；他若公堂案之请免赔款，沪杭甬之要求废约，虽有抗争之力，而其究归于无效者，因无国会以为监督机关也。既无国会以监督政府，则政府可取媚外人，不采舆论，公然冒天下之不韪。且无论其为外交问题也，即如内政问题，无国会之监财权，则沪关之款项，可以任意动拨，不必有预算之通告；无国会之立法权，一切破产律、报律、集会结社律，可以任意颁行，不必有协赞之名义。上海人民对于国会之观念，虽未必人人皆然，要其中流社会之绅商学界，已无不知国会为救亡之唯一政策。先觉者提倡之，后觉者景从之，则今日其时矣。此上海人民对于国会之不能不请者又其一。

或曰：国会一开，人民将监督政府，政府必不肯作茧自缚，准许国会，虽有请愿书，或恐其无效也。曰：上书请愿之方法，当用地方团体，不当用党派团体。党派与政府直接，政府得而排斥之；地方团体则此仆彼起，继续进行，至一、至再，以至十数，政府必无法以靳我。彼日本片冈、河野两人，能联合二府二十二县十三万人之地方代表，卒获十年开国会之约者，此物、此志也。时乎！时乎！去不再来！吾上海之绅商学界，其盍奋袂而兴，附从立宪会之后首，为各属倡乎！

《申报》，光绪三十四年三月十六日（1908 年 4 月 16 日）

论国会关于商人之利益

忍

今日国会请愿之动机至矣，湘、鄂士绅之上书，上海预备立宪公会之集议，皆以此为政治改革进行之第一法，人民与政府之接触点，诚能洞悉时机者也。虽然，国会之设，关系国民全体之利益，则今日之请愿各团体，宜各联合同志，分举代表，前仆后继，以赴目的。乃闻各省所发起者，类皆出于绅学各界，而商界则阒未有闻。此岂我商界程度之独低耶？仰亦国会之无关于商界耶？皆非也。无人焉为之提倡故也。

我国商民之冥梦久矣。欧美诸国各挟其经济主义，磨牙吮血，展拓势力于东亚，左右我商场，垄断我商品；日本则又注全力于商务，以伺衅于我侧。此正危殆之秋也。而我国则商情之凌乱也如故，商团之涣散也如故，将何能自免于天演之淘汰耶？欲免淘汰之祸，则莫急于研求商业上之施设。所谓商业上之施设有二：一为商业上之私施设，一为商业上之公施设。所谓私施设者，如设立商业会议所之类是也；所谓公施设者，必须实行宪政，而后商民得蒙政府相助之利益是也。今中国商人，于商业上之私施设略具萌芽，商会等之组织稍备形体，然去精神上之施设尚远。至欲食公施设之幸福，则茫然无丝毫之影响，入手之法，非要求速开国会不可。

今日我国商民，受外人之种种苛待也，事事逼迫也，欲守而无策保护也，欲进而无人援助也，欲抗而无法抵制也，徒吞声忍气而不敢稍有举动者，何欤？曰：无国会故。我国商民受政府之种种压制也，事事朘削也，轮电之任意贬价收回也，路矿之任意夺取赠送也，各项课税之任意增加也，徒嗟咨叹息而无敢稍事抵抗者，何欤？曰：无国会故。有国会而后可以要求，有要求而后得收保卫之实效，有要求而后得储抵拒之实力。凡有不便于商民之处，得藉要求而改正之；凡有大利于商民之举，得藉要求以进取之。然则今日最有便利于商民之事，莫国会若矣。

沪上为商业之中心点，开通最早，基础最固。私施设之组织，既发起于沪上，则公施设之请愿，亦宜发起于沪上。为沪上商家之领袖者，亟宜乘此动机，联结各界商会，上书政府，为绅学各界之助，以收美满之效果，又何所惧而徘徊不发欤？且多额纳税者，例有议员资格，沪上多大资本家，被选议员较易。商界上议员既多，则可以占优势，商情于以通达，商业于以巩固，一切关于商界上之利弊，均可以随时研究，提出而要求之，其为便益，莫此为甚。闻者犹疑吾言乎？请以英国商业发达之历史证之。

夫商人之有待于国会成立而要求改革者，其事不可胜数，而税则一项，为商业上最要之问题。税则之宽猛，营业上衰旺之关键也，即商人托命之本原也。有国会而后可以要求提议，有国会而后可以要求修改，即此一端以观英国立宪后商税改革之历史，则知商业进步之关系于国会，洵重要矣。英国商业发达之起点，在一八一五年改行自由贸易制度以后。于一八三二年，适逢改正选举法，权利请愿较前益便（权利请愿颁布于一六二八年），英之宪法于是始备，而要求关税之改革亦适于其时始。考英国改革关税，于此数十年间，前后共三次。第一次为哈斯基孙之改革，一八三二年始至一八三五年；第二次为撇尔之改革，一八四二年始至一八四六年；第三次为格兰斯顿之改革，一八五三始至一八六零年。试略述大势于左：

哈斯基孙之关税改革

英国税则之重，影响于一八一五年前法兰西革命之战争。是时英国所用之战费，达于八亿三千一百四十四万磅以上，而其战费之来源，不外募集巨额之公债、征收高率之租税、增设新关税、加重旧关税而已。故其时关税率之烦重达于极点，商人扰累不堪，然犹以临时战争税，而勉力忍之。迨事平以后，而抽税之烦重如故，商民忍无可忍，于是于一八二三年五月，先提出请愿书（威廉脱克所撰）于议会，壹丁堡亦相继要求撤回财政关税以外之保护关税。议会即付调查委员讨议，认为正当之请求，而全国之舆论，遂翻然一变。至一八三二年，权利请愿始行改正，于是利物浦内阁之商务大臣哈斯基孙，遂毅然为第一次关税之改革，议案凡七款。此有国会便利于商人之一证也。

撇尔之关税改革

自哈斯基孙辞职后，英国商业上之政策，渐有变转之机，而改革关税之风潮，一时中绝。然实于此数年间，种第二次改革之原因者也。自一八二二年创行谷物关税平准法，商人咸憾其不便。其后工商业之议员渐多，颇有左右一国舆论之势力，劳动家之各代表，急欲促进工商业之发达，乃又盛倡革改税则之说。此外则有爱尔兰党首领阿可尼尔，于一八三六年，主张谷物条例之废止，使劳动者得廉价之食物。又有大政治家哥白顿勃兰脱等，亦于一八三七年组织非谷物条例同盟会，力主保护工商业之利益。自是，谷物条例存废问题喧传于全国，而劳动家与商工各业之反抗益力，舆论乃倾向于废止一方面。一八四十年，议会命特别委员详细调查，证明该税之不便，于是保守党内阁首相撇尔，一变素来之宗旨，于一八四二年遂断然为第二次关税之改革，议案亦七款。此又有国会便利于商人之一证也。

格兰斯顿关税之改革

撇尔既为保守党员，则改革税则之举，实与该党之宗旨相背。第当时适值选举法之初改正，工商各业之势力渐张，得一时通过于议会，然亦不得不以此辞职也。其后一八五二年，自由党内阁起，格兰斯顿任大藏大臣，悉承撇尔之遗策，其尚有不便于商人处，及一切残余之保护旧习，欲从而扫除之（斯时有税品之数已仅存四百六十六种）。遂于一八五三年，决然为第三次关税之改革，议案之要点凡八款。此又有国会便利于商人之一证也。

英国关税之三次改革，阅时仅二三十年耳，其进步之速如此。使哈斯基孙时代无国会，则第一次威廉脱克辈之请愿书，将从何处呈递乎？使撇尔时代无国会，则第二次阿可尼尔辈之主张，将何人提议乎？使格兰斯顿时代无国会，则第三次扫除保护旧习之议案，将何能通过乎？由是观之，英国商业进步之速，全恃税则之改革，而税则之改革，全恃国会之势力。我国商人感于税则上之不便，非一日矣，有志振兴商业者，其亦可以奋然起耶！

抑尝研究英国商务发达之原因。凡商界之要求，无一次不达目的者，由于商界占势力于国会也。然其所以占势力于国会者，由于商界中议员之多也。英国欲使宪政之运用日益圆满，故十九世纪议员选举法之改正，前后亦共三次。第一次即一八三二年之改正是也，第二次为一八六七年第斯列利内阁时代，第三次为一八八五年沙士勃雷内阁时代。每一次改正，则议员选举者之财产资格低下一次，至第三次改正，则都会每人口四万千二百人、郡县每七万八千人，各出代表一人。撇尔执政以前，虽但行第一次之改正，然选举人数已逐渐增加，议员中工商业及劳动者之代表亦已渐多。凡工商界所主张者，均足以运用舆论之倾向，故选举法改正一次，商界之势力增长一次。今中国商人既多大资财家，则他日国会成立而后，商界之议员必多。我商人而果欲增长商界势力者，不可不多占议员之位置，欲多占议员之位置，不可不要求速开国会。我国商界中果有留心商务者耶？时哉！时哉！弗可失已！

《申报》，光绪三十四年三月二十日至二十一日（1908年4月20日至21日）

国会浅释

中国欲谋立宪，其根本之解决，在乎请开国会。斯说也，已成为今日舆论之势力，而各省士民，亦骎骎乎应声而起矣。顾自国会研究所发布以来，海上商民，对此而怀疑者，不乏其人。毋亦心知立宪之善，而未知立宪与非立宪之辨别，即在于有国会与无国会耶？国会二字，年来虽已习见其名词，而社会犹未尽确知其作用。然则国会之为物，果为何物耶？今试掇拾学说之大略，与夫时流之议论，略释一二，敬为预备立宪国民告。

国会之性质

国会者，乃国家之机关，非政府之机关也。

国会者，乃立法之机关，非行政之机关也。

国会者，乃独立之机关，非补助之机关也。

国会者，乃由法律发生之机关，非由命令发生之机关也。

国会之组织

国会者，合并上、下两院而构成之者也（一院制议会即称国会）。

国会者，由人民选举代议士而构成之者也。

国会者，多数国民之组织，非少数官吏之组织也。

国会者，政党凭藉之，以为活动之地者也。

国会之职权

国会者，于政治上减杀君权之一部分，而以公之民者也。

国会者，协赞法律，大部分实握有立法权者也（凡立宪国之法律案，须有出席议员三分之二同意认可，即可有效）。

国会者，有上奏权、建议权、质问权、弹劾权、受请愿权，小部分带有参与行政之性质者也。

国会者，预算案有承诺权，决算案有议决权，又握有监督财政权也（各国宪法规定，如课租税，或改税率，或起国债，必得国会之协赞）。

国会与政府

国会者，与政府相对立，彼中称为政府之严师也。

国会者，改造政府之唯一武器也。

国会者，政府对之而不得不负其责任者也。

国会者，常以一种合理的公众之力，而制服其政府者也。

国会与人民

国会者，代表国民意思之机关，与全体国民有直接之关系者也（国会之意思皆国民之意思，国会之行为皆国民之行为）。

国会者，国民参政权汇萃之中心点，而亦国民责任心之结晶物也。

国会者，既由国民选举代议士而成，其效力与全国民集于一堂者，无以异也。

国会者，立于国家与人民之间，一面顾及国家，一面又顾及人民，常能为国家、人民定中正之衡者也。

以上粗举大略。虽于国会之作用，言之不详，要其大略，固已毕具于是。吾国人苟其漠视立宪，不欲据监督政府之机关，则国会虽永远不开可也。若其不然，则且结合政团、号召同志，务以国民之活动为实力之要求，一请不应，则至再至三，以至于十，未有能用坚忍之手段，而不能达开设国会之目的者。一跃而起，是在国人。

《申报》，光绪三十四年三月廿五日（1908 年 4 月 25 日）

国会期成会意见书

举一国人而不知己国与现世界之关系者，国必亡；举一国人而不知己身与其国家之关系者，国亦必亡。夫不知己国与现世界之关系者，国何以亡？天择物竞，惟适乃生。当此弱肉强食之世界，其能应此潮流，以内固国本，而外抗列强者存，否则亡而已。不知己身与其国家之关系者，国何以亡？天下兴亡，匹夫有责。使尽一国人而以国家大政为身外事，如秦人于越人之肥瘠焉，则其政治决无进步，而国自濒于危殆。异哉，吾国民群四百兆人，而知吾国与现世界之关系者，几何人哉？四百兆人而知己身与吾国家之关系者，又几何人哉？人方以良政治为政府应尽之天职，而我独以良政治为人民一时之幸遇，此所以国政一无进步，而神州陆沉之痛，且遇诸旦暮也。呜呼，岂不悲哉！恭读乙巳预备立宪之诏曰："国势不振，由于官不知所以保民，民不知所以卫国，而其挽救之方，则在宪政。"呜呼，以国家元首立于至高之地位，发表其为统治者之意思，推既往，念将来，此真吾侪小民所当悉心仰体，而实力奉行者也。

艳称西方政治者，岂不曰其政府之所为，无一不注意于国利民福，而因以致今日之盛强。虽然，而非其政府之果贤，实有使之不得不然者在。人类之公性，趋于下流其道易，勉而向上其道难。试观儿童就学，苟无父兄师友之督责，其能日新月异者，盖鲜焉。而执政者居有利之地位，假无上之威权，尤易滥用其权力而放弃其责任者也，故使无人焉，日碁乎其旁，则其放逸怠惰，亦势所必至。彼西方之民，惟知此义，故其求政府中人之仁我，而惟求我有可以制之。此近世国家组织上所以有监督机关之发生也。所谓监督机关者何？举全国人民，比例于其人数，各出代表同集一堂，以议国家大政。而律法焉，财政焉，凡百施政之方针焉，非得其赞许者，则不得施行。即柄国衡者，非得国会多数之后援，则不能安于其位。若是者，固已不必防其傈然自恣，而自无不兢兢于国利民福矣。不特此也，凡专制之国，其为国民者，于国政之得失，莫得而过问。即有怀不平者，则曰朝廷之意也。是盖以一切责任，归之君主，使君主代己受过，而己则委身事外。政治之所以不得改良，上下之所以隔阂者，实起于是。然在有国会之国则不然，彼有所谓大臣责任制度，凡消极、积极之责任，无不以总理大臣及国务大臣联带之名义负之，而君主则超然于政府以外。此所以善则不必归君，而过未有不受者也。唯其然也，故不仅如向者所谓于事实上不能不负责任，实于法律上虽欲卸责而末由也。呜呼，此非立宪政治之妙用乎？仆等外观世界大势，内察己国实情，知政治之所以不良，实由政府不负责任；政府所以不负责任，实由无国会。则开国会者，非今日根本之要图乎？此本会所以发起者一也。

立宪国家，其分子所以健全者，以一方政府注意于国民能力之养成，故其国民活动之力，当较之他种之国家为胜；而一方以国民日与政治相接近，故其责任心之发达，断非他种之国家所可比伦。日俄两国之胜败，其往事矣。今者朝廷上谕岂不曰“吾民不知所以保国”，不知是乃我国之组织，有背于前二原则实为之也。凡近世国家，无不以增进人民物质上及智识上之幸福，为其政府之义务。故其为各部大臣者，皆对于国中各种社会，若农、工业，若商业，若军事，若宗教，若教育，而谋其特殊利益之发达者也。当授职之初，宣言其方针，于会计年度之始末，表示其经营，朝夕兢兢，唯恐不逮。然而吾国则何如？今之号称为民上者，舍一二自奋于功名，与夫专为个人利禄计者，此外更复何有？若是者，彼且自谋之不暇，更何与有发达国民之大计？所谓国民能力，以背于第一原则而不克增进者，此也。

凡立宪国家，以议院为人民之意思机关，而此机关之分子，则出自全体人民之选举，故实则无一人焉不与闻国家大政者矣。且其议员岁必召集，故其民于一切施政方针，独具判断之常识。更进焉，或间接而与当局者相提携，或直接自起以当政局，是民之政治能力迥绝各国，而莫可与京。英国政治之进化，其明验也。我国民久栖息于专制政治之下，于国政之良否，非特以为非所宜问，抑且以藏身远害之计，避之若恐不及，是实无异默认恶政治为吾民所应受也。其影响所及，虽国家危亡已在旦夕，而多数之国民，犹且大梦未醒。呜呼，习惯成第二天性，岂不痛哉！所谓国民之责任心，以背于第二原则而不克发达者，此也。

依上所言，立宪国家与专制国家，所以悬绝之故，非有国会与无国会之别耶？夫既有国会，其在政府，则向所谓虽欲不发达吾民而不可得焉；其在国民，则日接日厉，自无不知政治与己身关系之密切者焉。若是乎国会也者，诚今日之救时之不二法门哉！现世界各国，其竞争所以剧烈若是者，虽曰有强有力之政府为之后援，实亦有进取活泼之国民为之前驱，此其力所以愈滂薄而莫能御也。在吾国今日，于国民对外能力，万不可不早为预备，而此事又非速开国会，使吾民惯于政治上之活动不为功。此本会之所以发起者二也。

立宪之诏，宣布已及二年，而今日犹上下疑贰，莫知所归者，则程度不足之说实为之也。推创是说者之心，岂不曰吾民素不惯于多数政治，故不如暂缓其实施之年，而先增长其能力。此其说非不甚美，然不知与立宪之性质，故已大相剌谬矣。何也？凡专制治下，一切咸以干涉为主义，当局者常视国民如机械，而国民莫得而自主。故其民久陶铸于此治下者，必无自治独立之能。是以专制政府而欲增益其国民立宪之程度，已万无能达其目的之日矣。且即以程度言，彼日本人民由少数专擅之贵族政治，进而实行宪政。吾国自春秋以降，贵族之阶级已亡，实行四民平等主义已两千年，而今其程度反不足以立宪，抑又何哉？说者曰：以数千年专制君主之摧残，故吾民之政治能力，实不逮欧美远甚。然不知此无异花虽已萎，而根株犹存，稍稍灌溉之，未有不立致盛发者。此观吾国中央及地方政治之实情而可知矣。今各省各府县中，其出类拔萃之才，或在地方办事，或由出入仕途，少一二人，多三四人，往往而遇，无足异者。独奈何被举为国民代表，则有程度不足之虞哉？要之，政府之为是说也，凡以阻国民进取之机，而遏国家方新之气，是诚最可痛心之事也。虽然，吾国民亦不能无咎矣。彼欧美、日本之立宪，其动机无不起自国民，乃吾国独出自圣天子之翻然改图，畀吾民以向所未得之政体，吾民固已汗颜无地矣。然一二年来，吾国民于此大方针，亦未尝有何等之表示，徒朝夕引领曰：朝廷其庶几畀我。夫以如是倚赖政府之深，复安所得而有独立自强之日哉？呜呼，吾国民亦知夫国者积民而成，国家之意思，积人民之合成意力而成哉？彼西方各国之立宪，则多数国民表示其欲立宪之心，而国家遂不得不立宪。吾国今日人怀希望立宪之心，然未尝为一度之表示，此政府所以得以一纸空文搪塞之矣。夫英国立宪政治之确立，其人民与政府之竞争，数千载如一日。日本之要求国会也，请愿之书达七十余通。若是乎，人民苟不要求，不表示，则必无能达其目的之一日。此本会之所以发起者三也。

世有恒言，立宪之国民，自觉之国民也。虽然，其果为大多数人民之自觉欤？抑为少数人之自觉欤？此不可不一审也。夫欲求一国中大多数国民之自觉，恐遍历世界文明国而不一遇也。至少数人之自觉，则现世界各立宪国之实情也。今使聚立宪国中之有选举权者，而叩其对于国家施政方针之意见，其能有以对者，盖寥寥焉。即不然，使聚被举为国会议员者而叩之，其能有以对者，盖亦寥寥焉。若是乎，立宪政治者，诚哉其不过少数之贤者政治耳。虽然，此非立宪政治成立以后始然也，当其始反对专制也，实亦不过少数人民主之，而其他大多数人，则以此少数人之自觉而自觉者也。夫此大多数人既不能自觉，故能先自觉者，其所当尽者，不徒己身一人之责任而已，实当取大多数人不能负责任者而亦负之。故其责任实千百倍于常人，而万不可以其重大而自脱卸者也。此则吾观于日本当国民运动勃兴之期，而叹其国中先觉之能以此自任也。当其始也，副岛、后藤建议于朝，于是有爱国公党之出现。其后解散而复兴，迨其第三次开会于大阪，于是决议飞檄全国，遣员游说各地，其后卒得二府二十二县十三万人之赞同，而以开设国会请愿书捧呈于政府。至十四年而开设国会之诏寻下，是知天下事断无不劳而获。今第见日本立宪政治之美，而不知板垣、河野诸贤冒危难，犯艰险，其牺牲一己以为国民奔走之苦，彼日人迄今犹能道之也。故我辈所希望者，在开国会以达救国之目的，然此预备功夫，则亦万不可少。同人力薄能鲜，不敢以板垣、河野诸贤自任，然义务所在，不敢不尽。此本会之所以发起者四也。

仆等既以以上种种理由，发生是会，而其独一无二之宗旨，则在要求开设国会，不达其目的则不已焉。其为要求之度数，自一至十，自十至百，自百至千，勿得勿休焉。其本会之分子，不以地域限，不以职业限，不以团体限，合多数之同情，作正式之要求，勿得勿休焉。此本会所欲以此自誓，而当与天下同胞共见者也。

虽然，有问者曰：子为是举，诚善。然果有以达子之目的否耶？应之曰：世界各国之要求国会也，难易则有之，而能与不能，则非所宜问也。是何也？凡一政府之所以得成立者，无不赖有国民之默认。今以大多数人民之自觉，转而出于反抗之举，则政府遂不得不屈允其求。此证之世界各国之事实而彰彰者也。若法，若德，若意，若奥，若俄，其远者自百年前，其近者在数年、数十年前，当其始也，其不肯以参政之权与人，举无异于我，而今果何如？若是者，国会之为物，苟其心诚求之，断无不得者也。且不观近日吾国民对于政治上之态度乎？其一一切不与闻，惟役役于个人生计者是也；其一则对于国权之丧失呼号奔走，以捍卫国家者也。此二者，虽有高下贤愚之别，然至今皆有穷而必变之势矣。夫彼一切不与闻者，岂不曰藉此可幸无罪，而个人之身家性命，可保无虞。然今不必举其大者远者，请就近者小者而言之。灾疫时行，卫生无术，所谓身家性命，果可得保否耶？盗贼猖獗，行旅艰危，所谓身家性命，果可得保否耶？教育不兴，流亡失业者甚众，所谓身家性命，果可得保否耶？工业不兴，倒闭者日众，所谓身家性命，果可得保否耶？故政治不良，则凡所凭藉者，无一可恃，此少有识者能知之矣。至于国权之丧失，而甘效奔走者，其热诚诚可敬佩。然自庚子以后，此等运动日有所闻，而卒无补于事者，抑又何耶？窃尝为推其所以然之故，其为事后之反对者，其所反对只限于一事，而不足以阻事后之复兴。此所以粤汉虽以力拒收回，而苏浙又生枝节，此其理一也。凡国民之与政府抗也，使无法律为之根据，则断不足以相敌。即幸而获胜，然力已疲矣，此其理二也。若是乎政府不改造，则国权之损失，必层见叠出而靡有尽期。依上所言，为个人计，为一部分之事业计，皆非速开国会不为功。吾知天下同胞，其怀此心理者，当不独仆等数人。一习射，百决拾，半载之间，要求请愿之声，窃信其必遍海内矣。夫至请愿要求之声遍海内，则又何患吾辈目的之不能达哉！

问者曰：吾子发生是会，以为要求国会之举，然子不读去年十一月二十日上谕，朝廷方以禁人民干预政治为言，是不与朝旨相刺谬乎？应之曰：是不然。上谕曰："立宪国之臣民，皆须尊崇秩序，保守和平。其开设议院专为采取舆论，而选举议员之人，与被选举议员之人，均有定格。召集议会及解散议会，均有定式。所议事件，亦均立有明条。例章精密，权限分明，固非人人皆得言事，亦非事事皆可参与。"是朝廷之承认国会，且欲以参政之权与之一部分之人民，其意甚明。特所欲斟酌者，则在选举人、被选举人之资格，以及议会之权限，与夫召集、解散之大权耳。夫岂如吾子所云，禁人民干预政治之谓耶？至请愿之权，各国宪法咸有规定。而今资政院应议事件，亦有人民请陈一项，是其为我朝廷所明认，又奚待言。窃尝譬之，凡一私人受私法上之损害，则有赴诉之权，而裁判所有为之理诉之义务。今吾民以国家存亡之公共利害问题，为上奏请愿之举，使朝廷而置之不理，则不特无以系天下之望，国事且从不可问矣。

呜呼，半载以来，协商之举，喧传世界外交，吾国民当此四面楚歌之中，使不从此急起直追，则朝鲜之续当不在远。然外患终不足畏，在吾国民自审己身与吾国家之关系何如耳。

《时报》，光绪三十四年三月廿六日至廿八日（1908年4月26日至28日）

论联合地方团体以要求国会为最有力之一策

山　岳

记者曾主张自治与立宪无关系，举俄国自治邑甚完备，而不足以救专制之弊为例。虽然，苟有大政党，出而联合各自治邑，厚集其势力，以为要求开设国会之地，未始不足以收大效，此又不能不为别论也。

何言之？我政府自颁预备立宪之谕旨以来，动以国民程度未及为诿，政府曰立宪之程度未及也，姑预备之；人民亦从而自诿曰立宪之程度未及也，姑预备之。预备之期，迄于何日止？势不能不任政府而指定之。呜呼！我国民其竟任政府以指定其预备之期，则我国民之程度，其将终淹滞于预备时代之一级，而无复他望矣！今日之预备，为他日之实行。我政府他日之实行与否，处今日之地位，虽不能遥断，然要不可不筹一对付政府不实行之方法，以为后援，而今日之预备，方为有着。不然，袁、张内用，而新内阁之组织不成；上书请愿之事非一次，而政府置之不问。自沪杭甬铁路借款及二辰丸一案之结果生，政府方实行其箝制舆论之手段，而日益加高，则政府之肺腑，亦如见矣。而顾政府曰预备，人民亦从而和之曰预备，即为毕乃国民之天职乎？

然则筹所谓对付政府不实行之方法，非可以空言挽救之，要必以实力挽救之而后可。以实力挽救之若何？则不外吾所谓联合各自治邑，以为要求开设国会之地之一方法也。试详言之。

我国学者间，除非立宪派外，而以立宪为主张者有二派：一欲立宪必先行地方自治，至各地方之自治制行，一般人民皆有参政之智识，政府于此，虽欲以少数人之势力压制之，亦有所不能。此地方自治之制度既发达，而国会自趋于不得不开设之倾向，所谓缓进派是也。其一以为欲开国会，非地方自治之余力所能影响，主张先地方自治而后国会者，必至并地方自治而不克行。故非以雷厉风行之手腕建立国会，则各地方之自治制度亦不能遍及，所谓急进派是也。窃以为二说所主张皆是也，而亦皆非也。主张第一说，使竞竞于地方自治之实行，而国会姑缓之，其弊也，将蹈俄国自治制之发达，而不减专制之祸结局。以地方自治仅使地方人民分肩国家事务之一部，有义务而无权利，徒为政府所利用而已矣。主张第二说，先置一切于不顾，而惟以要求开设国会为目的，以为国会成立，而一切有关于宪政者，皆随之而成立矣。虽然，汲汲以要求开设国会为目的似也，但仅仅要求，而无实力以为之后援，其要求为有效乎？要求为无效，而所谓最终之方法如何乎？恐第二说，不过为学者所主张之一理论而已。然则如何而可？曰：不外乎调和二种之说。如吾所谓联合各自治邑，以为要求开设国会之地，不以空言要求之，而以实力要求之也。其间有数善在焉。

第一，可以解释立宪之动机，非出于党人之煽惑。政府之思想，不特以革命为党人之行为，其视要求立宪亦为党人之行为，不过疑忌畏恶之度稍低耳。联合各自治团体，则知国民要求立宪之举动，非出于少数之党人，而出于多数之国民。何则？由普通人民选出地方议会议员，则自治团体为普通人民之代表可知，是实际上地方议会之议员，与地方之普通人民无异也。党人为少数，政府得以锄而去之；普通人民为多数，政府不得以锄而去之也。故联合各自治邑以要求，而要求之力强。

第二，可以解释人民程度之非不及，因以促政府之实行。政府纵瞶瞶，而明目张胆以与立宪相背驰，则犹自知其不可，故藉以抵制国民之要求，其势不能不出于程度不及之一语。虽然，所谓程度不及者，必其于立宪之大纲巨目，无一而了然也。今既由各自治邑以倡要求国会之议，则其形式上虽为地方团体，而实质上则为一般人民也。一般人民既知要求，则关于宪政之要者，当已明了，而犹得以程度未及一语诬之乎？是地方团体出而要求国会，足以纠程度不及之诬也。

第三，可以借重多数之意见，以折服政府。政府纵不畏舆论，而合天下之力以指摘之，则未有不生馁心者，如沪杭甬铁路借款，如二辰丸捕案。对于一般之清议，政府悍然不顾而不稍惜者，皆指为一部分少数之人之鼓煽。由此意以推测之，则政府之所以悍然不顾者，为少数人意见所表示故也，若为大多数之意见，则政府必不出其悍然不顾之手段可知。地方自治团体为一般人民公选之议员组织而成，故地方自治团体之要求，即全国人民之要求，政府虽辩，犹得斥为少数之意见乎？是地方自治团体之要求国会，政府必无辞以却之。

第四，可以实行最终之办法，以对待政府。不出代议士，则不纳租税，为各国国民实行要求立宪之精神，而各国宪政之成立亦即由此。虽然，不纳租税之语，出自一般学者之口，虽唇焦舌敝，又何益之有？地方自治团体为一地方人民之缩图，是地方自治团体主张不纳租税之议，不啻其一地方人民主张不纳租税之议也。以纳租税之人民，主张不纳租税之办法，犹得谓之议论多而实事少乎？窃尝论之，政府恐宪政成立而不克便私图，故对于立宪实行之期愈缓愈妙，而人民盼宪政之速成，其用意适反之。至政府不能适副乎民心，故以延宕展缓为愚弄国民之计，而无意实行，则国民既非甘受其愚弄，其不可不筹一最终对付之方法固也。最终对付之方法，又不可不择其最有力者，此欧美各国以不出代议士不纳租税之格言，助宪政之成立不少也。

以上为地方团体要求国会所必生之效果，与以个人之资格要求国会，其有效与否，为不可同日而语。此何故也？盖多数足以慑服少数，此自然不可避之例也。以少数人之意见要求国会，政府纵逆而行之，彼少数人其如之何？若多数人之意见，政府苟逆而行之，恐生反动力而受大害，不能不俯就多数人以将顺之。事实上殆非一例，故曰：联合地方团体，以为要求国会之地，未始不足以收大效也。

由此观之，地方自治之制，其影响之所及，未必直接于国会，而以其要求之力独强，亦未始不足以促宪政之成立。故一意主张地方自治，为成立国会之基础者，固疏而不当；而主张地方自治为国家行政事务之一部，与国会截然为两事，而毫不足以助成国会者，犹未知利用地方团体之方法也。

然则联合地方团体，以要求开设国会，为我国所不可不备之一法，亦为我国所不能不至之一境。盖各国实例，由专制以趋于立宪，使上下相互遵守法律，而不能逸出于法律范围之外，彼政府者，必然感其种种之不便，而多方以阻尼之。故无论何国，其立宪政体之成立，未有不出于要求者，特其要求之方法不同，要求之手段有和平与急烈之殊而已，而出于要求则一也。夫以铁血要求之者，法国之革命是也，然法国之革命至今日而元气犹未复，识者惄焉忧之，因而一趋于和平改革之倾向，不复以法国之改革为善。一般学者恒竞竞焉，我国之所以要求改革者，其势不能不出于和平。然以和平之手段，而政府不我应，则虽出于和平之手段，其势又不能不辅之以实力，以与政府相争持。是殆不可不变通和平改革之办法，而联合地方团体以实行要求之策矣。

记者之所主张如此，盖以鉴于熊、雷诸人一再要求之无效，而以要求之方法不可不以实力辅之也。近粤省自治会电请上海预备立宪公会，邀合各省代表，以为要求开设国会之计，与记者所主张，亦复相同。此足见空言要求之无补，凡稍有识者，类能知之。于此时也，国民之智识，或由空言之要求而进于实力之要求乎，则国会成立之期，当不远矣。

《申报》，光绪三十四年三月廿九日、四月初一日（1908 年 4 月 29 日至 30 日）

劝国民速联合团体请开国会书

金　山　黄端履

我诸父昆弟无恙乎。欧潮飞扬，亚云不光，强存弱蹶，来日方长。居恒手一卷瀛书，检积旬杂报，辄惓惓于专制政体之国之不能长留于世界。自恨学识两匮，曾不获贡其一得之愚，稍稍补助于社会，而终不忍忘情于我诸父昆弟者，则以今日救急之要务，即为他年强国之初基。无责任之国民，未有置身于万丈漩涡，而独苟焉幸免者。生非凉血，不得不弄吾笔，假吾墨，抒忱蝼臆，以作病鸟之哀鸣。

一国之主权，不可无统一之处；一国之政务，不能有独揽之人。国民者，组织国家之各个分子也，完全无缺之国家，必其民有请愿权、赴诉权、参预政治权，规定于寥寥数十条之成文，毒虫猛兽不得而搏噬之，水旱刀兵不得而侵虐之。以是民之恋君，欢若师友；君之爱民，亲若股肱。人人知其身为国家所有，故国家之事，不啻视为个人之事，靡上下，靡官民，有国会以沟通之。此代议制度之成立，所由战胜于十八世纪后欤？读《尚书》“谋及庶人”及《周官》“询国危”、“询国迁”之明文，我中国代议政治之萌芽，固已先欧美而出现。乃自秦以后三千年，枝叶憔悴，根株枯槁；无教育，无政治，无权利思想，而又值外界之抑力、阻力、积压力，益复颓神丧气，奄奄待尽。一二明达豪杰家，知国之相关，思所以借箸代筹，力扶厄运，而知之不敢言，言之不见行。堂廉睽隔，帐幕重重，讵不大可惜哉！

虽然，吾不敢厚诬我诸父昆弟，甘戢戢于专制政体之下，而未尝一号呼也。苏杭甬借款问题，国民知有路权矣；铜官山矿案发现，国民知有矿权矣；辰丸私运事失败，国民知有领海权矣。惊涛怒雷之纷来，竭千气万力，倔僵支撑，以博最后之胜负。即举全地球上著名立宪之国，若是之万众一志，呼吸痛痒之相关者，亦得未曾有。吾敬之重之，顶礼而尸祝之，而究不敢以为胜任愉快者，盖我国民积极之责任，根本上之组织，固别有在也。夫中央政府之一举一动，地方官吏之一颦一笑，皆与吾民之生命身体财产有息息相关之势。义务之范围愈扩张，斯权利之范围愈狭小。十倍之牙税，二百文之苏省忙价，加吾民以莫大之负担，吸髓熬脂，罔敢呼痛。何也？国家立法之大权，操纵于少数人之手，而并未得全国民之同意也。是故冒万险，蹈万死，直情径行，殚心力以争回路权、矿权、领海权。微论其不能达也，即达矣，而昨止今起，甲去乙来，螺旋之事变，必有穷于对付之一日。而况暴吏压迫于前，蠹绅牵掣于后，皆足以消沮锐气，减裂人群。我诸父昆弟，其亦鉴此弊而趋于极端之一阶级乎？舍国会其奚由！舍国会其奚由！

印度墟于英，以无国会故；波兰入于俄，以无国会故；三韩被制于日人，亦曰以无国会故。国会者，主权之保障，国际交涉之战斗品，而国民最大多数之最大幸福，亦必以国会为出产地。昆仑以东，号神州赤县者，有七十万方里之土地。即无代议政体之潮流，冲决泛滥于亚东大陆，而揆诸民为邦本之旧说，一国立法权机关，亦不可不举人民中之贤者，以代表四百兆全体之意思。国会不成立，日日言预备立宪，谋地方自治，皮之不存，毛将焉附？度必我诸父昆弟所哑然失笑，怀衷大悔者也。羽毛丰满，一飞冲天，合全力以赴此目的，今日其发轫之途矣。

而犹或虑呼吁无灵，将以程度未及之判语，作一笔之抹乎？抑知程度云者，一广漠无界限之名词耳。试思十年以前，较之今日奚若？二十年以前，较之今日又奚若？恐不止十与五、百与十之比例也，就今果不及焉。国会早成一日，国民政治之智识，必骤高一级。此固如影之随形，响之随声，未有须臾离者。以是为请求之理由，不难迎刃以解。而或者曰：否，否。其如彼之所谓民气嚣张何？则请一言以曲譬之，曰：民气，犹水也，盂圆水圆，盂方水方。近数年来，国民痛外侮之日亟，内权之不振，每趋于激烈之一端，诚未敢自讳，然所以若斯之甚者，无法律以羁束之耳。国会成则宪法立，宪法立则权利义务于是确定，大政革新，公理日昌，民志伸，民气平矣，又焉用嚣张为耶？以是为请求之理由，亦非不持之有故，言之足听。惟愿我诸父昆弟，勿一举足而遽自馁也。

抑吾更有说者，天下至宝贵之物，必掷巨大之代价以得之。英之模范国会，法之国民会议，莫不经剧烈之风潮，而始克发生萌蘖。当国会巩固成立之日，以溯其进步之程途，固自君民竞争，鼎扬羹沸，沐浴亿万人之腥风血雨而来也。我诸父昆弟，富于国家观念，无所谓县界，无所谓府省界，更无所谓种界，苟隶属于唯一统治权之下，则当合满蒙藏回汉诸民族，挟此最高无上之主义，和泪和血以争之。一请不得效，至于再，至于三焉，或至于什伯千万焉。威武不屈，刀锯不慑，总机一动，万脉胥张，我国家亿兆年有道之基，其决于是乎？至组成国会之手续，及内部之种种规则，是为别一问题，而亦我诸父昆弟之责也。时哉勿失，不欲尽言。

《时报》，光绪三十四年四月初四日（1908年5月3日）

论政府急宜召集国会

资抗 来稿

宪政萌芽于西欧，蔓延于东亚，自发生以迄成长，几经蹂躏，几被挫残，与专制之政府冲突斗杀，数百年牺牲生命财产如恒河沙数，卒能剪政府压制之魂，夺君主暴横之胆，而成今日之文明宪法。然则专制之势力，终非立宪之敌，固天演淘汰之公理，亦世界进化【之】公例也。及日俄战后，立宪与专制优劣之问题愈以解决。说者谓日俄之战，即立宪与专制之战，日俄之战事之终了，即立宪与专制战争之终了。经此番战争，而专制政体之不能容于二十世纪之新世界，灼灼明矣。我国值疲敝衰弱之势，当强邻四战之冲，以专制与立宪对垒，其不能敌，已尽人而知之。于是热心志士、维新学子，奔走骇汗，以号呼于国中，曰急立宪，急立宪。我中央政府怵于外界之风潮，逼于内国之趋势，亦知专制之为世诟病也，于是涣汗大号，以慰告于国中，曰急预备立宪，急预备立宪。继是而后，京师则资政院设立矣，各省则谘议局与地方自治组织矣，着着进行，皆所以为实行立宪之预备。自表面上观之，我政府之锐意立宪，固已圆满无缺。较之欧洲各国立宪之始，官民冲突，耗财如山，流血成池，迟之至久，而后得之者，相去奚啻霄壤。此真我国民无量之幸福，凡有血气，皆当拭目以观新政之成，而不宜妄用疑虑，以启猜嫌，亦不当故为烦渎，以相促迫者也。然尝闻宪政成立之要素在于代议政治，而代议政治之机关在于国会，政府而不欲实行立宪也则已，如欲实行立宪，则召集国会为刻不容缓之要图。乃预备立宪之诏旨颁布已将二年，而国会之开，仍纷纭颠倒，未有成议。或曰宜从缓办，或曰宜俟资政院组完备后再议。其最扼要者，则人民程度不及一语，实为反对者借口之无上妙谛。夫缓办者，即不办之调停词也；资政院完备后再议者，亦俟河清之词也。为此说者，盖不知立宪为何事，国会为何物，特藉词阻挠，表示其反对之意愿而已，并无理由之可言。惟诿诸人民程度不及为极正当之论，某亦不敢为吾民讳。然人民之程度固低，岂官界程度即高？何以资政院之组织由于官界，不虑其程度不及，贻折足覆悚之羞，独至民选议院，则深忧过虑，而迟迟不肯召集乎？此等意旨，路人皆知，不过曰官宜有参政权，民不宜有参政权耳。

某尝就社会之现象观察人民程度，窃见近年以来国民之组织团体，主张立宪者，不一而足，为民选议院之请愿者，时有所闻，可知人民程度已渐进文明之域，伸张权利、参与政治之思想，已深印脑海之中。只此一端，已是我国转弱为强之机关，要视政府之对待之何如耳。政府此时即当采舆论，顺群情，明定实行立宪之年限，从速选举议员，召集开会，组成完全无缺之代议政治，则民气既平，民志自坚，通国团成一体，犹不能挽国势、救国危者，某未之见也。若仍前专制，自利私图，阳借预备立宪之名，阴行专制暴横之实，庶政不公诸舆论，大权窃弄于数人，深恐民气【不】【平】，积久必发，请愿不得，进而为要求；要求不得，（逼）〔进〕而为迫挟。上下之猜嫌日深，官民之冲突日烈，变端一作，治安斯扰，欧西前辙，可为殷鉴。盖治民之道，譬如治水，防之障之，其势益激，一旦冲决，必至泛滥横溢而不可制。因其势而利导之，江河虽大，亦将安流顺轨而朝宗于海。凡物压之愈力者，其反动力亦愈强，一定不易之理也，矧吾国国势已如累卵，上下同心以图补救，犹恐已去之时局非仓猝所能挽回；再加以自相扰乱，人民固受无量之灾，贵胄华族恐亦难独享幸福，结果尚堪设想乎？故曰：召集国会为刻不容缓之要图，正以此也。且为政府一方面而计，国会既开，一切之内政外交皆可藉资助力，从容展布，而不至如今日之困苦艰难，动辄得咎，亦何虑而不为乎？试举其重要者述之。

我国内政之最困难者，首推财政。值新旧乘除之际，庶务殷繁，百端待理，不筹款则经费竭蹶，无米可炊；欲筹款则怨谤朋兴，罗掘无效。往往公益所关，需财兴举，而当事苦心百姓不知，且转疑为厉民病民而不肯输将。帑藏已空，而点金无术，司农所以有仰屋之嗟也。若急开国会，与以协赞财政之权，则每岁出入各款，何者为必要，何者为次要，皆晓然于国民心目之中，一经国会认可，虽典衣质产，亦将踊跃捐输，力助新政之施行。其有意存阻挠，不肯负担此义务者，不待官吏之督催，而已为国民所不容矣。故国会之对于财政，名为监督，不啻协筹，此可救财政之困难者一也。

我国现象之最危险者，莫如匪乱。内地狡黠之流号召党徒，收纳亡命，妄思蹈隙一逞，以遂其劫夺抢掠之愿望者，既所在多有，而群不逞之徒，又复散处海外，结合死党，造为革命排满等邪说，簧鼓煽动，希图扰害我治安。近年以来，其势渐盛。其尤悖逆者，且散布危言以相恐吓，人心惶惶，视同附骨之疽。今不早图，后必噬脐。然彼辈所持为煽惑之具者，不过曰专制政府压制人民，束缚自由，人民处于其下有义务无权利耳。若急开国会，与以参与政务之权，使通国上下皆知朝廷锐意立宪，旦暮可见实行，专制之束缚从此可脱，自由之幸福从此可享，则爱君爱国之诚心，油然发生于其中，海外逆徒自无所施其煽惑之伎俩。内地乌合之辈无意识、无团体，相机而剿抚之，更当瓦解冰消，无足为患矣。此可解匪乱之危险者又一也。

至于今日之外交，其异常困难，更有语言所不能尽者。盖外交之效力，视国势之强弱而定。国势强盛，无论与何国交涉，皆可执公法以相抗衡；国势衰危，则列强不以对等相视，举手投足俱受迫挟。所谓两不平等国相遇，有强权无公理者，盖几成为交涉之公例矣。我国近年以来，凡遇国际问题，无一不失权利，损国体，正坐此故。然使吾国人民仍如数年之前惛惛梦梦，不知国家为何物，无论何种交涉，皆任政府之颠倒错谬，丧失权利，损辱国体，而不一过问，则当外交者，尚可以自由心断，而不至于难。无如庚子以后，人民之智识日以进步，爱国之思想逐渐发达，遇有外交问题，辄思以保权利、存国体责备夫政府。于是当外交之冲者，左牵右掣，欲争不能，欲让不得，外人则逼之于前，国民则持之于后，腹背受敌，其难遂百倍于昔时。此中艰难苦况，惟当局者自知之耳。而其所以致此困【难】之原因，则由于无国会以为之后援故。考立宪各国，其政府处理外交，国会皆有质问之权。其因议和、通商等事而关于国家之权利义务时，或因订结条约而生国民之负担时，必要得国会之同意，始生效力。因有此规定，故政府不能以一二人之私意斲丧国家之权利，对手之国亦不能强他国之政府，故意违反舆论，以取罪戾于国中，其外交所以鲜有失败也。我国则一切交涉，皆以政府一隅之力与之折冲，故外人得肆其要挟。屡败以来，国民鉴于致败之故，颇思参与其间，以为政府之助力，而又以国会未立，明文无规定，外人视之直等诸无意识之哄动，而无舆论之资格，故虽通国相持，而终无效力。及其既败，人民无所泄愤，乃不得不归咎于政府，此政府今日之处理外交，所以居于极难之地位也。若急开国会，明定权限，遇有交涉之事，政府主持于中，国会盾乎其后，外人虽极强横，亦当怵于舆论之不平，而稍戢其锋。即或因势力悬绝，骤难相抗，不得不暂为退让，以俟异日之徐图恢复，而既经国会协赞，则举国黎庶皆能曲谅政府之苦衷，而不至如今日之动被咎责矣。此可解外交之困难关系尤大者，又其一也。

其他种种事由，可以解行政上之困难者，不能遍举。要之，国会既立，名为监督行政，实则合通国之力，筹通国之事，斯政府之责任可以减轻，而政府之困难可以解免。

总观以上各节，有国会之利如此，无国会之害如彼，政府而不欲实行立宪也则已，如欲实行立宪，可不急急召集乎？且民智日开，民权即日伸，必无可以永久压制之理。政府纵不为民谋，民亦必起而自谋。如其俟民自为谋，徒生种种之恶剧，固不如及早代为谋之，可以互享幸福也。噫，弱肉强食，日促天地开明发泄之机；欧风亚雨，半由豪侠心血镕铸而来。既已国于天地，即当随物竞进化之例，以与世界相争。有背此公例者，必至绝其根株而后已。今专制政体久付诸天演淘汰之列，我犹恋恋于此而不肯决然舍去，是自背物竞进化之公例也。我政府其思之，我国民其重思之。

《大公报》，光绪三十四年四月十二日至十四日（1908 年 5 月 11 日至 13 日）

杨度演说要求开设国会文

杨　度

此篇系杨京卿在天津法政学堂所演说，由驻津访员录寄，即藉之以告国民。

诸君在学堂学习法政，法政程度当已甚高。惟鄙人今幸得与诸君晤谈，谨即中国今日所最急要之事，为诸君述之。

原来，近世多数文明国，多系立宪制度，中国则属专制制度。立宪、专制二者区别之要点，固不在形式之法政也。立宪国之法政，上下共同遵守，专制亦非无法政之国。就形式上观察之，立宪国有主权者，专制国亦有主权者；立宪国有政府，专制国亦有政府。然则，区别之要点何在乎？曰：立宪国之政府原系行人民之意思，故为人民之政府，专制国之政府独立专制，实为政府之政府；立宪国之政府权限分明，专制国之政府无首脑，无统一，权限混淆。故立宪国之政府虽以命令行之下，而有国会以人民之意思达于上，政府、国会两者立于平等之地位；专制国自政府以及下级官吏，无一不巍然压临于人民之顶上，人民虽有意思，概不得发表，以致事事仰承于政府。一言蔽之曰：中国人民已造成服从政府之性质，而毫无服从法律之性质者也。且中国之专制既非君主一人专制，而为政府独立之专制，所以政府任便行使其权力，层累之阶级皆压制人民者，即皆政府也；人民亦惟是有以服从之耳。

今中国预备立宪缓以数年之期限，其所借口者人民程度不足，为上下官吏之全称肯定断语。余以为凡系国家皆可立宪，乃最低之程度，此亦所最下之肯定断语也，何程度不足之云乎？夫程度不足云者，必有一足程度者为之标准，故足不足乃可比较而见其真象。如英为立宪程度极高之国家，德国、日本亦立宪国家，执此以互相比较，德与英比较，德为不足；日与德比较，日为不足。中国将与英比较乎？将与德、与日比较乎？夫果如是，既有英国，德可不立宪；既有德国，日可不立宪。有是数国在，中国亦不必预备立宪矣。噫！斯盖大谬大误之说，非至愚至暗，其谁信之？然则比较云者，要在本国与本国相比较耳。德之政府与德之人民比较，德可立宪；日本政府与日本之人民比较，日可立宪。中国预备立宪，非预备与英、与德、与日本立宪，乃为本国立宪耳。政府乃以人民程度不足为借口，或实存此心以测人民，不知政府乃由本国人民中之特定所组织而成者，其真敢自负自信与英、德、日等之政府有同一之程度乎？不然，不得执人民程度不足之说也。虽然，中国人民之脑中，向有一误会极高且坚之限制，即重德治。不知德治，其视立宪国之人民，一若必达有耻且格之程度而后可。民免无耻，其不暇道及之也。讵知有耻且格，古今中外无此理由，立宪程度之实质，至民免无耻而已足矣。观之英、德、日及其他立宪国无非如此，中国立宪殊属绰有余裕者也。

然则，预备立宪由何处入手，何者为先务之急欤？曰：预备立宪首要在预备人民预闻政事。不预备人民预闻政事，则绝不为预备立宪。必谓立宪国已改官制，吾亦改官制；立宪国已整顿海陆军，吾亦兴办海陆军；立宪国已有学堂，吾亦立学堂，而皆非至要先务。独是政府亦何因不乐急其所先欤？曰：立宪制度利于君、利于国、利于人民，惟不利于官吏之各个人。况现在之官吏，优者不过十之二三，劣者实居十之七八，一立宪必致官吏各个人所司之事项与个人之意思相冲突，由是政府不得不思所箝压之。人民抵抗之唯一手段，舍上书要求开设国会而外，别无他法。而人民为如是之要求，原来亦预备立宪中之一端，出于平和，非属暴动，并无毫末危险之可虞。吾是以上书要求开设国会，希望我全国之热心志士连渡举行，一次无效继以二次，二次无效继以三次、四次乃至数千百次，不达开设国会之目的不止。国会开矣，则政府为国家发布命令之机关，有议会为代表人民舆论之机关，而立宪制度成矣。予之所主张如此，所执议如此，是否有当，谨以质之热心诸君子。

《申报》，光绪三十四年四月廿一日（1908 年 5 月 20 日）

论中国今日有可以速开国会之理由

孟森 来稿

本会于前日国会研究所提议各节，所谓用极不完备之手续，而又无背于法理者，为实地之请愿，令当事者有所率从，诚非坐言不可起行之比。窃思无背于法理云者，谓各国有先例可援云尔。今日之欲急开国会者，普天下人心之所同，其谓不能遽开国会者，本出于顽锢蔽塞之流，而偏有学者之说印证之。盖谓国会议员必由选举，选举必在户籍法行之后，始能比较人数，以定当选之额。且普通选举，无人不有选举、被选举之权，此人民程度极高，教育极普遍之国乃可行之。今各国大概多未及此，则制限选举宜矣。制限选举莫如以财产为制限，财产定于所负担之国税，则且当俟税法定后，乃可徐议国会。由是国会无期，而适以过求美备之心，转扬顽锢蔽塞之焰。按之吾国岌岌之势，非急开国会，无以成君民一体之治。列强环伺，其所以强者何在？不过其人民各自组织，政府以为保障，故以政府之痛痒为痛痒耳。无国会，则纵有极慈惠之君师，极驯良之民庶，仅能造不识不知、既愚且鲁之一境，使数万万里之幅员，数万万之人口，负责任者止最少数之政府，余无痛痒相关之人，致对外常处必败之地。又况今日时局一再激刺，处人民之上者不尽上智，处政府之下者不尽下愚，惟有挚爱于君国者乃始争求国会。其激宕者，方且幸国会之不成，立宪之无实，使天下绝望，以遂其乐祸之心。吾党虽不问各国之先例，自我作古，但使人民有参政之事实，即所以救眉睫之乐，尚何暇引经据典，为博士卖驴故事乎哉？然即论先例，亦颇有说。

第一，当解决组织国会之主义。今世界各国，除民主国会、联邦国会别有组织之外，其与我国相当者，断以君主国国会为归。计今世界之君主国，无有不开国会而有文明国家之资格者。其组织大概皆为两院制，惟瑞典、那威为一院制，而瑞典于一千八百六十六年，即我同治五年，亦改为两院制。一院制之仅存着，在欧洲止有那威而已。其两院制之故，盖以一国之人恒有利害互相反者，或为贵族与庶民，或为富人与贫民，其贵族之中，又常有教士参与其间，国情之不同如此，无非相为抵制，互保其权利而已。吾国今方有资政院，似为朝廷所敕任之上院议员，果尔，则不过以已入仕之一流与未入仕一流为抵制。然窃谓上院之组织果备，则蒙、藏等处之议员，亦必有喇嘛应加入者，未必如日本之绝对禁止教士，不准与于一切议会也。夫资政院固为不规则之上院，吾民选之议院，亦正当以不规则者先之，然后由不规则之议院中，再逐年组成规则之议院。此在欧洲，其变更议院组织之先例，多至不可枚举。今谓一组织即可终古，此仍是向来墨守成法之宗旨，绝非今日进步日改良之理想。且上院大率当由敕任，但知其必出于两院，即组织已为一定，其余不能越俎与不可刻舟之事，不必预言也。

第二，当解决成立下议院之主义。既以资政院为上院，则今日之国会，但得下院成立，即为具体之国会。论者每苦于分配议员之无善法，则请举英国为先例。夫英国之国会，固由地方代表主义渐变为人口比例主义者也。吾国求合人口比例之主义则不足，求合地方代表之主义则有余。英昔时创始两院制之国会，谓之模范国会，今吾国情势正同，一面伸张国力以救急，一面即为组织国会之国会户籍法与税法，胥于是乎出，且万不能不由是出。二十二行省之大，所得税、所有税、营业税等情事之繁，不由人民自理之，直终古无举行之日。夫各国民自定其赋税，以组织国家而自庇，视其不足庇也，则争节缩其衣食以图之。设官养兵，皆人民求自庇之私计，并无所谓食毛践土等空恤名义之设。固国无分贫弱，总以足自庇为量，况吾国本非贫弱，且为富甲全球者耶？今日不开国会，万不能举一实政，并学者所希望之完全国会，亦必无措手之地。自解决两主义中，可择地方代表之主义以自遂，则数千年郡县之制，皆吾国会之根抵矣。

第三，当解决选举之主义。此主义有普通与制限之不同，直接与间接之互异。人民程度未能齐一，宜用制限主义，取其身家较赡者，所负担于国家者多，即利害缓急之相需者切。吾国税法既未定，且既用地方代表主义，则以地方之财产为财产，州、县额征之数，固有籍可稽。今就最瘠之县得举议员一人而计之，则额征倍于瘠县者举员倍，数倍者亦数倍，将来为国家担任者本以此定义务之重轻，自当以此定议员之多寡，则财产有准而制限选举之制行矣。至人民程度之更不齐一，尤宜暂用间接主义，先选选举之人，再由其人选当选者，则选举人知识已为众人之所推，其所选当选之人，衡鉴当较有准。今吾国于选举手续一无所预备，幸各处已皆有功令所定之学会、商会等，恒为一方开通人士所荟萃，则已潜行第一次之淘汰于前。且是等处所尚习熟选举之名义，以众开通之人之心理，推择一、二最满意之人，以为一方之代表，必有能识民生疾苦者足膺其选。至天下之大，各属议员之多，大会辇毂之下，必更有才秀者立说于前，而一般知识足辨黑白之人赞成于后，人才之盛，何致愧于各国乎？夫假手于地方已有之团体以行选举，则知识较粹，而间接选举之制又行矣。议员由地方公举，其资斧即由地方暂任，再于国会中担任国税时定国会费，用为专款，以成经济，此亦轻而易举之事也。

夫持以上三种之解决，在人民所预备朝廷之召集，及朝廷召集以前之所有事者，业已尽有可达之目的，即吾党请愿之事不为陈义过高，不可见诸实事矣。自余惟建筑国会之场所，厘定会场之规则，皆有各国图籍可凭，且为形式上之物，手续之事，有司存焉，似非吾党所必虑及也。

《申报》，光绪三十四年四月二十六日（1908 年 5 月 25 日）

开国会真正好

孟昭常 说

近来,人人说要开国会,人人说要到北京上书要求去。那些学界上读书看报之人自不消说,这会子,连乡下老儿都说起来了,我们中国百姓的进步真快。虽然,四万万人里头,说的只管说,不懂的还是不懂。我要把这个国会的大意,粗粗的说一遍,叫那些女人和小孩儿都晓得,所以演了这篇白话。列位听者:

列位,你道这国会是什么东西,还是为自己,还是为别人?还是为国家,还是为百姓?依我说,也不是为自己,也不是为别人;也不是为国家,也不是为百姓。叫做为别人就是为自己,为国家就是为百姓。怎么呢?这个国家原是我们百姓自己的国家,有了这许多百姓,占了许多土地,然后做成这个国家。既做了这个国家,则一国应办的事,我们总得要商量商量罢?一年要用几多钱,这个钱总是我们百姓出的,那个[①]出多,那个出少,我们总要分配分配罢?所用的钱,那一样要紧,那一样不要紧,那一样要加增的,那一样要节省的,我们总要估计估计罢?然而,我们这个国,东西南北是几万里,人口几万万,彼此总没有见面的时候,若要商量、分配、估计,可不是要开个会叙叙么?这个会如何开法,叫那个去约,还是我去约的好,还是你去约的好?我也不配,你也不配,你我去约,是约不来的。这个也不来,那个也不来,这会还开得成么?这个会虽是我们百姓要开的,恰是为着国家的公事,所以要公人去约。一国的公人就是政府,政府出来约会全国之人,叫一省一省各举出几十个议员来,到京城里去开一个大会,这叫做国会。列位要晓得,这个国家是国家的国家,就是我们百姓自己的国家,总之不是别人的,也不是你我一个人的。所以,我说国会为别人就是为自己,为国家就是为百姓。

---

① 本篇文字中多次使用"那个"一词,相当于现代汉语"哪个",不一一注明。

国会里头所议的事多得很，然而可分作两大宗，一宗是抵（当）〔挡〕外国人，一宗是调和自己国里人。

什么叫抵（当）〔挡〕外国人？外国也是个国，中国也是个国。外国是立宪的，年年开国会，他们的百姓年年聚会商量国家之事，所以他们国里头，几千万、几万万的人都是一口气的。我们向来没有国会，所以百姓大家不管。到如今，什么都弄他不过，做生意做他不过，打仗打他不过。我们还不要想想主意，弄个国会出来，呵成一口气，和他抵（当）〔挡〕一抵（当）〔挡〕么？这做生意，是要有银行、铁路、轮船、制造厂各种大公司，得国家的保护，才可以和他搅，这是要国会里去议的。打仗要有海陆军，预备海陆军一年该用多少万，这多少万自然是要百姓拿出来，不过，那个出多，那个出少，总要有个情理，这又是要国会里去议的。没有大公司，没有海陆军，就没有招架的方法，受了别人的欺侮，也没有翻身的日子，一天穷一天，一天弱一天。外国人有话只向政府说，政府又说不出我们是要经国会议过的。国会是政府的后盾，没有后盾，处处吃亏，如何得了呢？所以叫抵（当）〔挡〕外国人，必须有个国会。

什么叫调和自己国里人？大凡一国有一国的法律，一国有一国的财政。一国的法律，如何能够公平，如何能够保护我们百姓的身家性命、财产，总要我们百姓自己斟酌过，才可以大家遵守。可以遵守，不可以遵守，是全国人的意思，必要国会里去议的。一国的财政，要统算一年用多少钱，叫国里的人分担，那一种税该多纳些，那种税该减轻些，没有人便宜，没有人吃亏，才算得平均，这也是要国会里去议的。譬如今日，国家颁行法律，从没有叫百姓议过的，硬叫官府行下去，百姓不承认，便也没法，这法律几时才得完备呢？至于一年要用多少钱，我们百姓是不晓得的，用得得当不得当，更不能问他的信，只听见那一样要加税了，那一样要抽捐了，怨声载道，叫苦连天。要晓得，我们百姓并不是不肯纳这一项税，但是除了这项，我们自然有那项抵得过去？还许比这一项多出几十倍来。没有国会就没有说法，所以叫调和自己国里人，必要有个国会。

这样说来，国会是一日不可缓的了。现在，各省人写着自己的名字，做了一个禀帖，到北京去要求，动不动就是几千几万。这几千几万人，自然是心（理）〔里〕明白的了，还有那这一次不列名的，可也要晓得这个道理。假使今年不开，明年不开，做百姓的为保护自己国家起见，就该今天去要求，明天去要求，总要把这个国家扶住了才好。

有人说，这国会既然是保护国家的，为什么政府不愿意，要今年延宕，明年延宕呢？难道政府不要这个国家，和我们的心肠不一样么？咳，却不是这么说。政府里头不愿意的，也只有几个营私罔利的，其余也多晓得国会是一件好东西。就是一句话，说我们百姓程度不够，到了国会里头，不会议什么事，徒然闹得稀糟，所以今年的不肯，明年不肯。你想，一省里举几十个有智识的人到国会里去议议事都举不出来么？况且做议员的，也并不要三头六臂，能言舌辩，只要晓得地方上情形和百姓的疾苦，到大会上去说说就完了。就是有个不会说罢，或说得不好，说得不完全，一百个里头，算他有这么四五个，毕竟还有九十几个，还怕什么呢？所以，政府这一片好意，断断不可领情，耽误一年，是吃一年的亏。如今，我们却要自己挣得出，说道不要等了，我们程度够了。若不相信，先开个会，叫我们举几个议员来试试看他会说不会说就知道了。我想，我们天天把这话说上去，政府必然欢喜，说好了，他们的程度真个够了，这就是百姓的造化。倘然一两次要求不到，就灰了心，说这个国家横竖不是我的，不开国会，我就不管，这却断断使不得。到了危险的时候，仍旧是百姓受苦，我们大家想想罢。

《大公报》，光绪三十四年五月初四日（1908年6月2日）

国会浅说

沈同芳 稿

国会！开国会!！列位啊，这国会是什么解说呢？有人说，这国会是外国名词，我中国书籍上，从未见有国会的典故，我中国的人民，从未做过国会的事体。古人说得好，“不识不知，顺帝之则”。做了中国的人民，靠着中国的皇帝过日子，也就罢了，为什么纷纷扰扰，要学外国人开国会起来？难道这副国家的担子，真要人民担当了不成？这句话，列位信不信呢？我恐怕列位胸中，还有一句古话，叫做“天下本无事，庸人自扰之”，将现在开国会的事，看成自扰。

列位啊，照这样说，我中国几千年来，人民对于国家不知负什么责任，也就无开国会之事，就该天下无事。为什么到了如今，事态愈闹愈大，愈弄愈多？丧师呢，割地呢，赔款呢，卖路呢，卖矿呢，做中国人民的，依然不识不知，是服从惯的。卖到英国，就做英国人民；卖到法国、德国，就做法国、德国人民；卖到俄国、日本，就做俄国、日本人民。犹之从前唐朝换做宋朝，就做宋朝的人民；又换做元朝、明朝，就做元、明朝的人民。这一副国家的担子，推在皇帝身上，皇帝又推在大小百官，也无真正有责任的，也无人去监督他的。等到江山断送别人，横竖人民到处服从惯的。咳！咳!！倒是有一句话，如今世界，不比从前呢。从前唐宋元明，虽是换了朝代，却是依然中国，依然同种，政策亦是差不多的，开科取士咧，起用耆旧咧，少不得收拾人心，倒也（是）〔使〕一般人民忘了亡国之惨。就是有几个殉国的臣民，也无非赏他个恤典，他做子孙的，还有些微的好处，也就歌功颂德起来。这篇成文，是几千年来陈陈相因，大家抄袭惯的，如今亡国之惨，还想这般快活么？列位啊，欲知自己，且看别【人】，俄〈人〉之于犹太，英之于印度，法之于越南，最近的日本之于朝鲜。起初时，做人民的也只想别人来保护，谁知后来人身也有税，养只狗也有税，开个窗洞也有税，而且不准看报，不准开学堂，不准用自己本国的文字，出门就要搜查，到别国去要听管辖的命令。若稍有违犯，轻则禁锢，重则屠戮。等到这个时候，真是石沉九渊，再想翻身，怕是不易了。

列位啊，要晓得开国会是什么用处呢？第一层，要晓得国家是人民结合而成的。《大学》上说“有人斯有土，有土斯有财，有财斯有用”，可见土地、财用之主权，全在人民。第二层，要晓得人民为国家担责任，就是为皇帝担责任；爱国家就是爱戴皇帝，爱他人就是爱护自己。《礼运》上说：百姓则君以自治，故人不独亲其亲、子其子，是为大同。可见这副国家的担子，人民应该担任的。

然照此说来，列位必尚有疑信参半的。说中国如今积弱已久，难道开国会这句空话，便就能使外国人屈服起来？这倒不然。我且不必说外国的典故，我再说《左传》上一段故事。是晋国人民受秦国的激刺，开一大会，决议两件大事，一件是赋税问题，一件是当兵问题。决议之后，便保全晋国的国家，及晋国的君主，烈烈轰轰。后来晋国再霸诸侯，为历史上美谈。列位想着，这篇故事，决不是杜撰出来的罢？列位从前也有读过《五经》的，这是《左传》鲁僖公十五年分的故事。我且把这晋国人民开会的原由，用白话演说，做现今开国会的榜样。列位听着：

话说秦晋本系婚姻，然却因种种结怨，秦国君主实是忍受不住，兴兵伐晋，生擒晋国君主而归。当时晋国人民，因失了君主，正凶惧非常。有一位有名的人物，姓瑕吕，名饴甥，便以君命朝其国人，开一大会，宣告晋君主被秦掳获之状况。那知话未说完，到会人民有放声大哭的，有相向垂泪的。这位瑕吕饴甥暗忖如此人心可用，便当众决定爰田办法。什么叫做爰田？就是分公田之税，均之于众，以示君民一体之意。瑕吕饴甥更趁势说道：我国君民如此团结，现在君主尚蒙尘遭难，如何是好？大众正是泪犹未干，彼此一闻，齐声请教。那瑕吕饴甥道：依我看来，大家就地抽税征兵，叫各国知我风声。丧君有丧，所谓为民立君，古语本是有的。我国兵力既厚，在朝的都能用命，那些诸侯，有不爱我、畏我的吗？说到此地，大众赞成。那时一种鼓舞欢欣的景象，更不是鼓掌如雷数字所能形容尽致的。瑕吕饴甥见民气十分踊跃，随又鼓励大众一番，草定征兵规则。当时史官特书曰：晋作州兵。原来州兵之制，是五党为州，每州二千五百家。其时陆战居多，故责成州长各缮甲兵也。议决散归，大众即依件施行。谁知此事传播出去，秦国君主早有所闻，后来瑕吕饴甥见秦国君主，秦国君主劈口就问：晋国人民意见如何？那瑕吕饴甥便又抑扬曲折，随口装点，说些晋国民气十分固结，不可轻犯的情景。秦国君主顿时折服起来，说：既如此，极合余意。却暗中吩咐从人，赶紧优待晋国君主，改置上等旅馆，并送去牛、羊、豕各七，谓之七牢。未几即送晋君主归国。当时秦君主对他左右说道：吾怨其君而矜其民。可见保全晋国，全仗民气作用。后来晋国再霸诸侯，然这一段历史，总算晋国人民做得有声有色，在《春秋左传》文字，亦最有兴会的。

列位啊，这段故事，试取原文参看，有杜撰的吗？想到我们中国现所处地位，比那晋国更十分危险，即如庚子联军入京，车驾西狩，以及回銮，何以我国人民从不闻参预国事？这是什么缘故呢？盖现在吾国幅员既大，又向来无召集机关，更有一种原因：政府对着人民，常说程度不到。从前人民亦自以为程度不到，不能不事事依赖政府、责望政府，哪知政府挑这副担子，亦实在挑不起来。这又什么缘故？盖外国均有议院，凡决议事件，既取人民多数之同意，而人民又晓然于自己应尽之义务，及应享之权利，故国家如有损失，便如自己损失的一般。他以全国人民智虑、才力抗衡中国，中国仅有政府少数人与之对垒，且此少数人又皆不负责任，你推我，我推你。却也难怪，这政府少数人，今日外部，明日吏部，或一身数差，或一岁数迁。人民对此政府漠然无关痛痒，及政府受种种之失败，而痛痒则仍全国人民受之。列位想着，甲午、庚子两次赔款几何？卖路、卖矿，各省之受亏几何？那样不是摊在百姓身上？为什么做百姓的不过问过问呢？列位，列位，再不过问，怕将来这般苦楚，更吃得有口没处开呢！这会开国会，请大家开开口罢！

又有一句话，请列位注意：开国会的好处既然如彼，但是到开国会时，列位不先预备一议员资格，如何开得口呢？现在各处设立法政讲习所，就是为列位开口之资料。最不可解的，内地所设法政讲习所，听讲之人，尚属寥寥。这又什么缘故？大约有推着没有工夫的；有说是外国的法政，我们中国用不着的。如第一说，我想中国人习惯，有欢喜吃闲茶的，有欢喜手谈的，一坐就是半天，难道这听讲工夫腾不出来么？如第二说，正是中国政体不变，所以愈弄愈坏。若旧时法律亦多不适用，以致治外法权久已丧失。我中国既与列强相遇，说旧有法政中国不适用则可，说外国的法政中国用不着则不可。且听讲法政，亦并非即全用外国法政。古语说得好：知己知彼，百战百胜。就是各国宪法，有成文的，有习惯的，有钦定的，有协约的。总之，国会既开，则一切现行制度，均须从人民心理上称量一过，何者适用，何者不适用，此等适用、不适用之理由，亦断不是随口应付几句的。不说别的，就是开会的形式，也要练习练习。不是像从前董事先生，横行乡里，坐在茶台上，躺在烟铺上，就有人来请教你、孝敬你的。箕子《洪范》“七稽疑”曰：谋及庶人。列位想想，哪有毫无学问、毫无知识，便可与谋国家大事之理？人说中国要学外国，我说今人要学古人。请列位振起精神，大家预备些参预政治之知识，可以合拢来开个国会罢！

《申报》，光绪三十四年五月初八日至初十日（1908年6月6日至8日）

敬告国民宜以全力要求国会

甲

嗟夫！凡我兄弟邦人诸友，其亦知今日之时势为何如之时势者乎？其亦知二十世纪之舞台无无国会国托足之地者乎？欧风美雨，澎湃逼人，老大病夫，雌伏东亚。我同胞处于万矢共集之的，四面楚歌之中，大祸临头而不自觉，此记者之所大惑而不解者也。夫中国非最古文明之祖国乎？言幅员，则有二万里之神州，论生齿，则有四百兆之黄族，草昧则先开于西土，声名久炳夫东球，宜乎蹴亚陵欧，鞭非笞美，增历史之荣光，为舞台之壮剧也哉！顾何以列强垂注，刻不能安，以最古之大邦，而瑟缩若此者？谓非我四万万同胞共同之奇耻大辱者乎？推原祸始，谁尸其咎？然不能不太息痛恨于大多数同胞之无政治思想，而不知世界大势之趋向者也。自十九世纪之末叶，帝国主义飞扬跋扈于此，而欲立国于上天下地之间，则不得不用舆论以保国权，有法定机关以为保障，此国会制度所以为今日立国不可稍缓之图也。不循此以进行，纵使励精图治，百度维新，雕文龙于朽木，只驱其腐，筑高台于松壤，只速其倾，安望其济事哉。英之强也，国会为之，日之胜也，国会成之，举凡今日能以立国于地球上，而不为帝国主义所淘汰者，罔不以国会为前锋后劲，我国民岂未之闻耶？苟其知之，而不思所以挺身而起，拔剑而斗，此诚所谓鱼游釜底，燕处焚巢，旦夕偷安，不自知其濒于危殆，非为大愚，即大狂也。吾知我同胞将奋然而起，曰：彼何人也？我何人也？有为者亦若是，记者因代表其意，曰迨天之未阴雨，彻彼桑土，绸缪牖户，振我精神，支兹危局，将见泰山之麓，河洛之滨，大江以南，五岭以北，辕裔禹域，共竭愚诚。方趾圆颅，谁无天性？由个人而团体，自壤土而泰山，中国国会之期成，亦指顾间事也。然则我同胞可不协力以作此壮剧，挺身以跃此舞台，及今不图，将无待矣。此记者所以为同胞敬告者一。

中国人士，最富于观望性质，而重保守主义者也。当一事之起也，甲则推之于乙，乙则观之于丙，互相放弃，一任大局之破坏，而不少惜，所谓各人自扫门前雪，不管他人瓦上霜，此类是也。然同胞亦将有以自解曰：我非不欲速开国会，跻祖邦于强国之林也，奈势孤力弱何？又奈事多掣肘何？呜呼！以四百兆之群众，尚可谓孤弱耶？夫人皆四百兆中之一分子，果能披肝沥胆，挽此狂澜，则安知彼四百兆人中，不各尽其天职，不共负此责任？况凡事行吾心所安，成败则钝非所计也。但使国家多一完人，即国势少一弱点。近者海内人士，稍有国家思想者，对于国会问题，无不洒一掬同情之泪，甘牺牲其身命而不顾者，所在皆是。岂彼乐为此无病之呻吟者哉？要亦发于爱国热诚，而不忍见铜驼于荆棘中也。夫人颅同方也，趾同圆也，官同五也，肢同四也，惟有志者事竟成耳。吾志不遂，吾心不止。身可舍，而志不可移。刃可蹈，而志不可夺。虽百刃在前，千军尾后，岂足以阻大丈夫前进不退之雄心哉？况夫国会之请求，以广义言之，固利在中国，以狭义言之，亦利在个人。倘将来大厦一倾，冰山安在？覆巢之下，完卵难期。故处于今日之中国，欲谋个人之生活，不可不要求国会；增家族之幸福，不可不要求国会；杜强邻之（陵）〔凌〕侮，不可不要求国会；保祖国之独立，不可不要求国会。此记者所以为同胞敬告者二。

中国一般社会之普通思想，又最重界限，善排击者也。此省与彼省，划等鸿沟，此县于彼县，界同华夏。观于科举未停、学堂初立之时，攻击外籍，如对异族，其所见之浅亦云甚矣。虽然，以如此之私见，如此之目的，即施之于科举、学堂，已极形其陋，矧国会之问题，为中国数千年政体所未有，全国四百兆生命之攸关，安可自分畛域，而甘蹈危机耶？夫吾人之所以亟亟谋国会者，非以救国为独一无二之大目的者乎？果尔，则合满汉蒙回藏五民族，内地二十二行省，皆中国也，吾人皆有应救之责任也，何有于江南？何有于冀北？若强自分之曰，吾某省人，吾主张某省之国会，吾某会中人，吾主张某会势力之发达，他则非所豫知，且更施其阻挠之力，吾敢必其若而人之无爱国心也。吾恐中国不待外界之瓜分，而内部之纷争将无已时，萧墙之祸，已足以断送我大好河山于无意识之中，尚安望国会之成哉？彼俨然以觉世救民之豪杰自命者，忍以此感情之作用，而贻误中国之前途耶？吾愿我同胞，既曰救国，则亟谋救国之方针，不计其人主张某会，赞成某社，凡为中国之人，同救中国之事。揆之理论，谁曰不宜？非然者，鹬蚌相争，渔人得利，一部失败，全体攸关。此记者所以为同胞告者三。

中国自秦政府以专制驭天下以来，历世数千年，人民脑气筋中遂含一种依赖政府之恶质，酝酿深沉，牢不可破。今虽处世界潮流之旋涡，受外界剧烈之激刺，其脑质稍变，具有政治思想者固有其人，然彼昏不知，视政府为神圣者，犹占多数。当此之时，而仍依赖政府之措施，吾敢断亿万斯年之后，亦无中国成立国会之时也。即使政府顺世界之潮流，慨然予以国会之制度，亦不过数十条文，如预备立宪、裁撤八旗等耳，于实际究何益哉？况以今日之政府，尚未必能如此之俯顺舆情耶？是国会予之自上者无效，要之自下者有功，征之历史，比比皆然。欧洲诸国立宪、自由、急进诸党，实成于国会未宣布以先，即日本自由、改进两党，亦先国会十年而成立。由此观之，则国会之期成，当先以组织政党为手续，以宣战政府为方针，庶几可有达其目的之一日，否则依赖政府之性质不除，国会万无可望。天下未有依赖政府之政党者也。此记者所以为同胞告者四。

以上四端，特举其荦荦大者。记者自知菲薄，然而当仁不让，亦当以此自励。今也时势阽危，外患日迫，确见救亡之手段，舍要求国会而莫属。夫人之爱国，孰不如我，吾邦多士，应有同心。其有聆鄙言而攘袂以起者乎，吾愿为之执鞭以从事也。

《南洋总汇新报》，戊申年六月初十日至十二日（1908年7月8日至10日）

国会浅说

耐　久

世界上的学术，什么社会学、历史学、经济学、法律学、统计学，那种种的科学，门类极多，名义也很杂。像我们这等为农为工为商的人，指着买卖手艺，合那耕种锄刨吃饭的，只可是指着什么吃饭，先要研究什么才是，如何能有闲工夫研究那些政治、法律等等的科学呢？我常听见他们说什么不可越俎代谋，又是什么不在其位，不谋其政。像这一类似是而非的话，不可不分个时代，也要分出事的轻重合缓急来，万不可一概而论，一个劲儿的竟漠不关心，那才不愧为万物之灵，圆颅方趾，顶天立地的一个人呀。

就按国会这件事说罢，是我们人人都应当要知道的，又是人人都应当要请求的。众位没看见各报上常常的【在】说这件事吗？各省出来许多位热心救国的人，全开会集议这件事，已经北京早有各省代表的人，到都察院上请愿书，求着政府早早的定出一个年限来，好救我们这个老大的帝国，免得叫人家给灭了，岂止是国家的幸福，真真是我们四万万男女老幼国民的幸福啊。岂不知世界上无论什么事，凡是要兴一件利，就有一个弊，又有利于你的，就不利于我的。国会这件事，就是利于民，可不利于官。可又专专利于清正忠直的官，可最不利于贪婪狡猾的官，以及那银钱货、人情货，要是有了国会，大概全许不得劲儿了。故此自从有要求开国会的事出现后，就有许多的人出来阻挠，可也有极力赞成的，又有饰词推缓不可遽行允许的。彼此各执一说，莫衷一是。鄙人今天将开国会不利于狡诈奸邪的，利于清廉忠直的，拿一个买卖铺子浅浅的事，作一个比例说一说。

譬如我向来领了东家资本开了一个铺子，因为近几年来，买卖萧条，银钱掣肘，又加上用人不当，调度无方，所以连连的亏累。又遇上火灾、窃盗、人命等等败坏，不但把本钱赔完了，外边还欠了许多的票项合利息钱。东家知道买卖糟了糕了，收市是收不起，又碍着声名，打算想法整顿整顿，除非派亲信的人去照料，免得掌柜的从中作弊。又想掌柜的一个人，精神有限，思想的不能那么周密，故此非要派人到铺子里照料不可。众位想想，我要是一秉大公丝毫不苟的人，别说东家要派人来监视我，就是东家没有这个心，我还要求东家派个人帮帮忙呢。一则去去东家的疑心，二则将来或是有个赔赚，我【也】好交代。即或要是置买点子货物，或是有大宗的用项，烦这位东家亲信的人去说说，也不能像先前那么费劲。我要是一个荒唐鬼，撞骗手，东家不派人来，我还可以任意纵横；东家要是一来人，我那些弊病立刻就现出来了。第一先不能信用我自己的私人，第二又不能假公济私，浮开冒报，什么任意嫖赌等等不守规矩瞒昧天良的事，皆要收拾起来，另拿出一分真经济、好良心来，对付人家。要不然，人家给我一个辞帖，我就得乖乖的给人家交代清楚，另谋生计去。我这个比例虽浅，大概国会跟政府，就是这个意思。可有一节，买卖赔了钱，可以闭门歇业，国要是灭了，那可就了不得拉，不但我们本身一世当奴隶、作牛马，就连我们的子子孙孙都变了没娘的孩子、孽瘴羔子了。

我今天奉劝我们为农为工为商的各界中的人，我们虽然倚身为业，没工夫去救国救民，惟独国会这件事，是我们全国人都应当要留心的事，人人都应当要请求的事。要是有了国会，难道还愁不实行立宪吗？万不可把这件极重极大的事，专专依赖【学】界中人担负，那可就不对了。最要紧的，是咱们大家全负起这个责任来，逢人就讲讲说说，人越知道国会利益的多，签名求愿的人也越众，国才越好得快。众位呀，不是寻常总说爱国吗？哈哈，这就是爱国的巧机会，万不要错过呀！

《大公报》，光绪三十四年七月一日（1908 年 7 月 28 日）

论国会为治外交之本

自立宪问题之发生，岁星三舍，而议论犹未解决，朝野上下之间，嚣然其不靖矣。在朝廷以兹事体大，每不胜其难、其慎之思；在国民创巨痛深，更不胜一日千里之想。下之求之也愈亟，上之应之也愈缓，若迎若拒之间，恐将为他日君民相疑之巨变矣。

夫以一切内政，稍稍沿袭旧制以为之，犹或可也；独至外人交涉，则非有国会以盾其后，必不能伸国体而戢戎心。今试一审寰瀛之大势，而证以吾国外交失败之历史，自有以信其说之非訾言耳。

十九期以来之外交，非君与相少数人之关系，而通国国民之所关系也。彼方挟其万众一心之势力，以行其帝国民族之主义，而我仅以少数人之智力与之相角于逐鹿之场，纵复竭精敝神，庸有济乎？近日外交，益形困难，如沪杭甬铁路借款之事，如西江缉捕行船之事，如二辰丸偿款谢罪之事，如法人滇边索赔之事，吾外务部亦尝竭心思、绞脑力，以与之争持矣。然或则全局败衄；或则幸获转圜，而不能无所损伤；或则极力磋磨，未能就绪。国民徒知归咎于上，而不谅其势之不足以相敌。政府怵于国民之啧有烦言也，而不谅其志之无他，徒欲以权力强制绅民之干预。以故每有外交事起，政府、国民之间，恒预存猜嫌忌沮之心，相为对待。国民则疑政府之袒庇外人，政府则虑国民之谋构外衅。其始起于相疑，其继遂成相忌。其因植于外交，而其果遂及于内政。震撼危疑之象，孰有过于此时者哉！而实皆误用其心思，以致积嫌而莫解耳。日人之论二辰丸事也，尝微讽其政府，以为滥用恫喝之强权，而不顾两国国民感情之关系，恐此后日民在中国之交际，更增一段之棘手云云。观此，则知兹事之失败，实由政府独任其责之故。向使国会早开，外交事件人民得参预其间，集众听以为聪，则良谋自出，据群心以为固，则御侮无难。日人虽狡，亦将惮我众志成城之民，而不敢轻于一试矣。跋前疐后，来轸方遒，奈之何犹不易对内之竞争移以对外也！

是故政府之对于国民也，当公听并观，以收同心敌忾之效，而不可过事夫猜防；国民之对于政府也，当至诚恻怛，以销其防闲畛域之私，而不可激烈以召变。所以停上下之争，而通其邮者，惟国会耳。呜呼！半载以来，协商之举，喧于薄海内外，东西列强，方且化其种族之见，同心致志，协以谋我。而吾国之君若民，日处此四面楚歌之中，犹且相防以术智，相争以意气，小惭之弗忍，而牺牲其无疆惟休之幸福以殉之，是亦不可以已乎！

政府无曰国民程度之弗及也。夫不习其事者，终不能精其业。政治之学，虽极精深，然犹是人群共同生活之一事耳，非使为实地之研究，虽俟诸百年以往，而其一无进步，依然今日之现象耳。百司庶绩，犹可曰汉家自有制度，不须舍己从人；若夫外交事件，则安危祸福，受之者只在国民，而君若相曾无所关系焉。彼以全国之力来，而我以全国之力应之，则众寡相当，而胜负之数，虽有智者，无从预决，纵其始不免小挫，而终能振翼桑榆。享战胜之利者，国民；获战胜之荣名者，则君、相也。若夫彼以全国之力来，而我仅以少数人当之，则不待交绥，而已决其一败涂地矣。愿吾国之政府、国民，一审思焉，涣然释前嫌而图后效也。

《外交报》，光绪三十四年七月初五日（1908 年 8 月 1 日）

请开国会者宜所知所预备说

今中国有心人士，对于预备立宪事，皆以开国会为要图，亦可谓知当务之急也。故各直省公举代表者，上书于朝廷以请期，舆情其良殷矣。中央政府诸当道，见于此势不能已，特拟定开办谘议局，以副乎众望，而且藉为采取舆论之所，用作政治之资。定期一年之内，各省一律开办，其热心可想见也。进阅谘议局奏订章程，所有组织权限事宜，亦完备而妥善，具一省议会之全体，以为改革弊政之基，而作振兴舆论之先声。是非仅尝试之也，为实行预备立宪计。即此省立法部之势力，正以为提倡急开国会之议。而热心开国会诸君，苟能联合二十二省之议会，相与研究其方针，督催制定宪法之必要，则天下大事，不期年而可定。是非尽当【道】者之责也，匹夫亦得与从事。若怠忽视之，则与急开国会之请愿，殆柄凿之不相容，夫安得而恝诸请愿开国会诸代表。宜及时相踵来京，速为筹之。便各直省志士，亦当预为之备。

《顺天时报》，光绪三十四年七月十一日（1908年8月7日）

论国民宜速筹国会实行方法

外患内忧迭起而不已，我邦人士稍稍悟根本上之施设不善，迁就补苴之，终底于无功，于是立宪之议始萌芽。近年以来，国民知识之程度益进，而所谓苏杭甬借款问题、西江缉捕问题，及江浙匪事问题，复有以促之。以是各省之国会请愿书，一再直接要求政府，虽都察院搁不代奏，而继起之赍书赴阙者，犹日有所闻，几几有愈接愈励之势。虽然，以空言要求之，不特政府无意于实行立宪，而行将无效也；即政府希望立宪甚切，而所谓国会组织之方法，将何由而着手，亦苦于准率之无从，而增政府畏难不进之心。海上诸名士，月前已有国会研究所之发起，将一变空言请愿之故智，为政府设身处地而行实地之研究，以备政府按图索骥，顺序而仿行之，不可谓非我国社会现象中之一进步矣。

虽然，研究国会者，将以研究实行国会之方法，而非仅仅主张理论与学说而已也。故研究之宗旨，不可偏于一部分，与折衷之不见至当。余辈以为，国会研究所其研究之范围不可不确定，即研究之范围当由两方面观之：一、实行上之手续；一、国会内容之规定是也。所谓实行上之手续者，如划定地域、分配议员、选举方式是；所谓国会内容之规定者，如议院之组织，与议院之权限、职务各规定是。质言之，即研究议院选举法等是也。以事实言之，实行之手续为急；而以利害关系言之，则国会之内容，其影响之所及者极大。二者皆当研究，不可偏废。盖不研究实行上之手续，则政府虽欲实行开设国会，而亦苦于取法之无从；不研究国会内容之规定，则国会之得失利害不能尽悉，将来恐不能得良结果。是皆我辈所不可不注意之点也。

国会研究所认资政院为上院，而放任其上院之组织方法，而但研究民选下院方法之一部，为急于开设国会之资助，未始不出于希望国会成立之深心。虽然，认资政院为上院，可也，而放任其上院之组织，绝不加研究之功，以解决上院内所必要之诸大问题，不可也。研究所当以上院组织之方法，加入于研究范围之内，而为之条分缕析以解决之，殆亦责无所旁贷也。即不然，俟其研究民选议院既毕之后，而徐为研究之，亦未始不可。特任其上院组织方法之不完备，一若无与于吾国民之事，以为有今日之政府，而发生不完备之上议院，本在意计之中，而不屑屑为之代谋者，此不但为我国民自弃责任之咎，殆亦与研究国会之宗旨适相左欤！

以故研究国会，当合上下两议院而互研究之。让其一院之制度以留为政府措施之地，微特不免有疏漏之讥也，而于研究之范围亦嫌其狭。今我国民之思想日益进步，昔以要求国会为目的者，今日进而要求开设国会之年限，并开设国会年限之惟求其速。于此而哓哓于研究方法若何，范围若何，或者转以为陋。虽然，欲要求开设国会年限之速，而愈觉研究之不容缓。盖要求开设国会与开设年限之速，为国会外部之问题，而研究其开设国会之方法及内容，为国会内部之问题，于一方面由要求年限而进行，于他方面由研究其开设国会之方法及内容而进行，道不相悖，且足以释政府之疑，而备政府之采择焉。必谓研究其开设之方法及内容，足为年限问题之阻碍，抑岂持平之论？窃以为我国世守专制政体，已数千年，其立法事务，久已视为政府之天职，而国民绝不能参与其间。今虽朝野稍知自返，而立法机关犹未立。去岁沪上谘议局草案，起草者非不详审周密，政府恝置之，而惟新之是图，则研究国会之议案，仅托于理想，而无实行之望可知。或者于将来政府采用之大原则，不至显见矛盾，为幸亦已多矣。而顾谓求完备之法，适以迟国会开设之年限，非特不敢任过，抑亦不敢居功也。今试以应解决之问题，列之于左：

第一，议院组织问题。议院组织问题者何？即所谓我国采用议院制当用一院制与二院制，抑采用二院制当用民选上院制与世袭上院制是也。一院制在欧洲除希腊及一二极小国外，皆不采用。是一院制几为世界各国以人为的淘汰而尽，则一院制与二院制之采用与否，可不烦研究而解决之矣。所不可不研究者，为采用二院制，当模仿民选上院制与世袭上院制而已。我国宜适用何制，不可不研究民选上院制自何国发生，与世袭上院制自何国发生，而后定之。

今试征之各国，（因）〔用〕民选上院制者如美利坚、法兰西、荷兰、比利时等，用世袭上院制者如英吉利、匈牙利、（澳）〔奥〕大利、普鲁士、意大利、西班牙、葡萄牙、日本等。谓我国宜采用民选上院制，师美、法各国之例，行间接选举主义，由各省省议会选举而出，近时主张此说者颇不乏人。虽然，采用民选上院制者如美、法民主国而外，如荷兰、如比利时，在欧洲皆为民权发达极早之国，故采用民选上院制，实由种种习惯沿革而来。我国采用民选上院制不特为事实上不可能之事，以理论演绎之，亦恐不能适当也。何则？直接选举以行于民选下院，而以间接选举于民选上院行之，上下二院一以代表国民全体为宗旨，岂非我辈之至愿？然仅一民选议院，政府尚有所靳而不予，若并以上院之组织亦以民选主义行之，适足以生政府疑忌之心，而增开国会之阻力，是欲求其成而适以败之也。故主张此制者，饰说虽美，而于实际上则毫无裨益，是我国民选上院制之不可望，可望者乃为世袭上院之制。

夫所谓世袭上院之制者，非纯乎以贵族组织之也，其组织之分子甚复杂，各因一国之历史，而成一种之组织。今详记其组织之种类，以为我国取法之资，其亦可欤。

（甲）英吉利其上院之组织，自以下各种而成，即（子）僧官；（丑）世袭之贵族如公侯伯子男；（寅）爱尔兰及苏格兰之贵族。

（乙）匈牙利其上院之组织，自以下各种而成，即（子）世袭议员，内复分为二：（天）成年以上王侯大公，（地）二十四岁以上匈牙利之贵族；（丑）有官职而为议员者；（寅）国王所任命之终身议员；（卯）自克罗亚斯拉澳尼亚选出之三名代议士。

（丙）奥大利其上院之组织，如（子）成年之皇族；（丑）有重要领地且依敕命之成年贵族；（寅）相当于大僧正及公爵之僧正；（卯）优于学术技艺或于国家又教会有勋劳之被敕任者。

（丁）普鲁士其上院之组织，如（子）成年之皇族；（丑）有议员世袭权之贵族；（寅）终身议员。

（戊）意大利其上院之组织，如（子）成年之皇族；（丑）敕选议员；（寅）为重要官职者，通学艺而于国家有勋劳者，或三年以来纳三千利而（每利而约当我国三角五分余）之直接国税者。

（己）西班牙其上院之组织，如（子）由自己之权利而为议员者，例如成年之王子，每年有六万俾士达（每俾士达约当我国三角六分余）之土地收入之贵族，或重要官职；（丑）国王所任命之终身议员；（寅）法律所指定之国内团体及最多额税之选举议员。

（庚）葡萄牙其上院之组织，如（子）成年之王族；（丑）僧官；（寅）国王所任命之终身议员。

（辛）日本上院之组织，为（子）成年之皇族；（丑）华族，一种为公侯爵之达于二十五岁以上者，其余一种为伯子男爵之公选为议员者；（寅）预选议员，亦分为二：一为终身议员，例如有勋劳或有学识而年达三十岁以上者，一为多额纳税者。

各国之组织如斯，虽或因习惯而各异，其非纯为贵族之组织则一也。我辈评论议院制度，其上院当采贵族制度，亦正以其非纯为贵族，可以容纳各阶级之代表，而收调和各阶级之效，乌见其实施之我国而必不得当？

如上所述，君主国其上院虽非纯为贵族，而大致以贵族结合者居多。各国民权之发达，其程度高于吾国者何啻倍蓰，而总不能废止贵族制度者，非各国多数之民不能见及贵族之弊，而所持社会主义之徒不若我国之激烈也。盖君主世以专擅一切于上，一旦分其权力之一部以还之国民，非此不足以坚人君之心而使之信，所以调剂君民之间者，其功用决不薄。我国君民之间，堂廉高远，尊而不亲，数千年以来已成积习，而复参以种族之意见，设此贵族制度复靳之而不与，将满汉之见终不克和，而立宪永无可望。我辈视国会之重轻，何如民选议院之重轻，无民选上院而犹得民选下院以维持之，仍不失为有国会；无国会则并无民选下院以代表全国之民，而我国将长此专制以终古，在热心国会之士，又将何途是从。

今论者曰：民选上院由各地方议会选举之，列国间有行是制者，我国谘议局行将成立，而上院议员即由各省谘议局中选出之，行此制度，在我国似不窒碍。虽然，如上说，谓民选上院失调和君民之功用，其一端也。再进言之，则我国方今选举方法，学者间多主张间接选举之制者，若更仿法、美等国，而行民选上院之制，是较一般学说上间接选举之弊害必更烈。即由历史上观之，法国经大革命，美国以脱英而独立，君民对待之观念甚薄弱，乘其纷而行之，尚无大障碍。我国君主递嬗，一律相沿，自有史以来大抵皆然，君位之尊，已由习惯而成伦理，一旦欲反而采民选上院主义，此不待实行之后而其害始见，即自历史上观察之，当知斯制之不适于我国也。

论者又谓：我国本无贵族制度，纵以瓮牖绳枢之子，一旦得科名而登进，即属缙绅。反之，虽为天潢之贵胄，而职守一官，同为臣仆。凡属臣民，殆无贵贱之可言，而独于上院以贵族组织之，岂不矛盾实甚。虽然，各国之所谓贵族院，非纯由贵族以组织之。据上述，则有僧正而为上院议员者，有官吏而为上院议员者，有学识、技术或有勋劳而为上院议员者，有富贵财产纳税额独高而为上院议员者。各国上院议员亦不尽出于贵族也，我辈主张采用贵族院制，岂有纯以贵族组织之理？且所谓贵族院制者，虽或以自然之资格而为议员，或以名誉学技之资格而为议员，皆所以代表少数上级之人民，而为调剂国内阶级之功用也。我国欲不认此贵族，必先不认此授贵族以贵族之地位者，而始有效。呜呼！其能之乎？其能之乎？只见其妄而已矣。

论者又谓：我国资政院所以待有爵位者，与民选下院大致以已仕之一流与未仕之一流相对待。此说似足为上院非贵族制度之证。虽然，此系资政院创立伊始，其组织之内容尚未明言之故。以鄙意度之，资政院不为上院则已，苟为上院，必以贵族加入于资政院之中，殆可预断。且以已仕与未仕为上下二院差别之标准，亦不适合。何则？资政院中虽无有未仕者滥入其中（但据现时而云然，若以正当组织之法言之，则所谓有学识、技术与纳税额独高者，虽未入仕途，而亦必加入者，一定之理也），若在民选议院中，则断不能限制曾入仕途者不为议员。是将来上下议院，必严定已仕与未仕之界，分配于二院中，而不稍混杂，吾知其难。故以贵族主义与民选主义认为上下二院之标准可也，以已仕一流与未仕一流认为上下二院之标准不可也。纵资政院将必取各省谘议局议员若干分之一为该院议员，有略具民选之性质，然大体上既以皇族、华族及官吏等组织之，即有民选之一部留置其间，仍无害其为贵族院制。各国之例甚多，如上考证者，可覆按也。

更举一例言之。今一般学者皆以为上院之组织，必有蒙、藏等议员如喇嘛者，加入于上院之中。于是学者间有主张宜仿行英国以教士加于上院之制，而不当师日本为绝对的禁止教士与于议会。此亦为我辈所应推究之点。何则？联合亚洲各部以组成一大一统之国，将合满、汉、蒙、藏等族一炉而冶之，诚为今日策时务者所不废。喇嘛蒙、藏等民所信仰，以之加入我上院，则仍为藩属上之关系，而非宗教上之关系也。如以为宗教上之关系而加入上院，则如释、道诸教为一般人民所迷信者，又将何以处之？日本之所谓华族，大半自畴昔藩阀而来，我国大势虽与日本异，而合蒙、藏以归之同化，固与日本废藩之策无所异也。日本于废藩之后，名其列藩间之阀阅为华族，而加之上院；我国当就统一政策上而罗致列藩间之占有势力者，列之上院，皆有不得已之深心在，非苟焉而已也。我国本无所谓国教，必比附而出之，则无宁以儒教为国教者近是。我国于组织上院之分子中，必有衍圣公之一席，此一般社会心理所同认也。然易一方面观之，将来果列衍圣公于上院中，即仍谓之以爵位贵而非以儒教贵也，亦无不可。然则以资政院当各国之贵族院，其又奚疑？

由此观之，我国资政院之组织，可以仿英、德、意、西等国之世袭上院，而不可以仿美、法、荷、比等国之民选上院，实准中国今日之现势，而知其不得不然者也。学者徒倾倒于学说之优美，与思想之高尚，好援引民选上院之制，而不顾事实上有不可能之势。论取法则高尚如此，言组织则又简略如彼，丰于此而薄于彼，又安足以析人之疑乎？

第二，议员分配问题。德议员分配之法，各国所采用者有二主义。一以选举区内有选举权者之数为标准是也。地方代表主义为最初时代之事实，英国曾于一千二百余年行之，而在今日则各国均不复有是制。主张之者，以为行地方代表之制，则可以省分划选举区域之烦，按地而出议员，复按各地税额而定选出议员之多寡，不必更新，但以旧有之厅州县为基础，而国会已成立矣。虽然，地方代表，其于一地方所出之议员必同，厅州县之区域，其数里必不能划一，因而选出议员，生不均平之患。于是主张地方代表主义者，则曰：以地方税额之多寡，定选出议员之数之多寡。一方面可以合制限选举之制，一方面复可以收选举迅速之效。虽然，今我国之所谓税额者，大致指地租一项而言，以地租一项之多寡，而定选出议员之多寡，则在地租外纳巨额之税者，亦不免向隅。因而，同立于财产制限之下，而生极不公平之结果（如营业税、所得税，各国皆重视之，或有以营业税五元、所得税三元等视于地租十元者，此为各国扩张工商业者选举权之结果，容当别论之）。且同为地租，于边鄙、于城市，其税额则同也，边鄙之地价与城市之地价，生绝大之差别，于是财产多者，如城市之地主，其选举权之享有，往往不如乡村之地主。是地方代表主义不特其制已古，为世界各国现行法规上所绝无，窃恐行之而弊将益甚。于是主张此主义者，则又曰：地方代表制度已古，吾知之。即采用地方代表主义之后，将来必由地方代表主义变为人口比例主义，亦在吾辈意计之中。然今日不采用代表主义，则开设国会之目的必不得达，吾宁牺牲人口比例主义，以为开设国会之目的计也。主张此主义者之说如此，殆以为地方代表主义可以实行，而人口比例主义必不可以实行乎？嗟乎！即以人口比例主义论，亦未必不可以实行也。请申吾说。

第一，主张地方代表主义者，以为欲行人口比例主义，不可不先调查人口；调查人口非先分区划，则不能收调查人口之效果，一难也。则应之曰：调查区域，可一仍其旧有之区域而行之也。何则？一厅州县之地，恒划之为十余区，区之名目不一，而多数则称之为乡。所谓其旧有之区域者何？即一厅州县之内，所谓某乡是也。以一乡之区域为一调查人口之区域，则里数不必履亩而明，界址不必截补而定。以旧有之区域，行革新之政策，事不劳而功倍，于事实乎何繁？于理论乎何窒？而又必曰行地方代表主义易，行人口比例主义难，夫亦可以已欤！

第二，主张地方代表主义者，以为欲行人口比例主义，不可不先有调查之机关。调查机关组织之，于方法甚繁，于人才甚乏，二难也。则应之曰：调查机关，可一仍其固有之机关而行之也。固有之机关为何？即我国数千年以来保甲之制度是也。保甲原始之目的，本为诘奸惩恶而设，而清查户口，实为其重要之手续。其编制方法，以各户揭门牌一枚，记载其男女职业、人口。于场所有保甲局，于役员有里正、图董各执事。以固有之场所，为调查汇集之场所；以固有之役员，为调查执行之役员，其机关甚完备也。苟以为不足，则更由公益团体中，举出公正、老成且有学识之人，以督同固有之机关，而为精细、严密之调查，亦不至过烦。而又必曰舍地方代表主义，而行人口比例主义，是舍易就难，殆不欲国会之速成也。是鄙意所不敢苟同者矣。

然犹曰：必待终结调查之手续，而后选举始可实行，犹废日持久也。则请据各厅州县已有之保甲册而编制之。我国数千年以来，自周初行之，至今已大备，故穷州僻县，无复无此者。则以原有之保甲，行调查人口之方法，亦不见其为不可。即或以为尚未精细，而由此保甲以为底本，一年一回改良之，于事不为劳，于法不为敝，人口比例主义安在其不能实行也，安在其实行之后不能底于精良也。

释明人口比例主义可实行，而后人口对于议员分配之法乃可言。即一选举区内人口满若干之数，而得议员一名之问题是也。日本议员数在旧选举法，则就人口十二万人选举议员一名之比例；现行选举法，则就人口十三万人选举议员一名之比例，而市为例外。在欧美各国，议员数对于人口之比例，最少者为瑞士国，即议员之数，对于人口二万为一名之比例。故各国对于议员一名之人口比例，除美国外，悉为十万人口以下。盖议员数之过多与过少，皆不免有弊害。过多则徒致经费之增大，且议事有涩滞之虞；过少则生少数专擅之弊，而反于代议政体之本旨。现我国最近之人口数，尚未表见，但以恒理论之，定每人口十万人出议员一名为最适当。惟我国人口之多，甲于环球，其势非减少议员之数不可，或者增至十万以上或十五万以上出议员一名，应无不可。

以十万以上人口出议员一名，是为通例。而于特别都会之地方，不可不行其变则，即凡在交通繁盛及人材荟萃之都市，常减至十万以内出议员一名是也。其理由为何？则以交通繁盛之地，有学识、技术、财产者，恒倍蓰于僻壤，而于此稍增加其议员之额，以互相调剂，亦非得已矣。

抑吾闻之，议员分配额数，与议院之建筑物大有关系。欧美之国，议员数英为独多，其下院议员总额为六百七十。我国人口夙称四万万，以每人口二十万当出议员一名，犹须定议员总额为二千人。是既为世界最多之议员，即不可不有世界无匹之议院，盖议员分配之数，不特当以政治家、法律家之理想为之，与工程学之智识亦极有关系焉。今各省筹办谘议局，闻有提议及建筑议院费者，吾甚望其加意于此也。

《申报》，光绪三十四年八月初一日、初五日至初六日、初八日至初九日(1908年8月27日、8月31日至9月1日、9月3日至4日)

四川国会请愿理由书

冷曰：此篇尚在未布国会年限以前，四川人运动国会请愿而作者，至今已成明日黄花。然其所语，恰似对于宪政编查馆所上奏折而发，语语切中要害，字字针锋相对，我爱读之，我愿与宪政编查馆诸人同读之，我愿与我国研究国会问题者同读之，因再录。

自光绪三十二年八月预备立宪之诏下，全国人民欢欣鼓舞，翘首跂足，以观宪政之成。翌年又颁明诏，于京师设立资政院，于各行省设立谘议局，亟亟为实行立宪之预备。全国人民更幸宪政之成立为期不远。我四川亦设立自治局，以为之基础，且将合各省而为立宪国，以组织我立宪政体矣。虽然，立宪政体与专制政体何以异？异于宪法之有无。一则定宪法以规律统治权之行动，而使其臣民参与其立法权；一则无宪法之拘束，以专断而为统治权之行动。立宪国民与专制国民何以别？别于参政权之有无。一则国家对于人民，使有应享之权利，而后责以相当之义务；一则人民对于国家，有义务而无权利。所谓使其臣民参与其立法权，而保障其应享之权利，发动其应尽之义务者，其机关非他，国会是也。国会以代表臣民之总意，其与宪法之关系，如轮之于舆，使无动力，虽高轩华盖，弗适于行。国会其宪政之轮欤！今朝廷预备立宪，而我等不预请开国会，是舍轮而议舆，未见其有济也。日本清水博士之说曰：议会为立宪国之不可缺之要素，欲断定其国之为立宪与否，即以议会之有无断之。是可明二者之关系矣。虽然，论一事而不究其利害之所在，不足以决从违；究其利害而不审察乎时势，不足以判缓急。今日中国所处之地位，在列强环伺之间，我四川外藩未固，边事日棘，较之各省尤为阽危。遍瞻列国，无非立宪政体，非立宪政体，即不足以生存于竞争剧烈之世界。我之抛弃数千年相沿之专制政体，改而为立宪政体，迫于时势者然也。惟迫于救亡而立宪，则一国宪法之成立，虽不必皆出于革命流血，要出乎人民全国之请求。即有时钦定宪法，亦以人民总意之希望为归。日本宪法固其天皇所赐予，而其宪法将布以前，实有多数伏阙上书、历藩游说、契走而呼吁者。则立宪政体中唯一必要之条件如国会者，其开设宜缓乎，宜急乎？急之而有如何之利，缓之而有如何之害乎？此种问题不可不一一解决之也。

一曰国是。国家无论何种政策，必先有一定之方针，而后乃可向之以进行。近日中国言变法者十数年矣，庶政毛举，万端棼如，新机未萌，积弊仍锢。何则？以少数人是之，即可以少数人非之；以少数人定之，即可以少数人改之。枝叶屡更，而本根未动。虽日言立宪，日谈变法，上焉者不免游移，下焉者遂至敷衍。若国会既开，集合全国人民之总意，以为议决机关，则法律之制定，非少数人之制定，而全体代表人制定之也；法律之变更废止，非少数人之变更废止，而全体代表人变更废止之也。无朝令夕改之嫌，有化异为同之致。监督机关由此立，责任政府由此成，既可谋中央之统一，复可速地方之进行，国是有不定乎？此不可缓者一也。

一曰内情。我国自变法以来，外缘既众，群感易生，于是政治问题、种族问题，以及其他一切附随诸问题，相因而起。问题既尨，主倡斯异，于是诸党派又因缘而生。酿之既久，触焉斯发，以致演成不测之惨剧。为之者或快意于一朝，有识者日惩毖于后患。今我国家锐意维新，厘心预备，凡有血气，共仰尊亲；然顾我同胞，未能自靖，横决之忧，上下同戚。人非病狂，何为铤险？盖有故焉。

明诏不云乎，“民情不可不达，民气不可使嚣”。欲求勿嚣，先宜使达。苟国会既开，宪法确定，则郁结莫解之问题，不解而自解；凿枘不协之党派，不协而自协。为政府达群情，为同胞宣上德，朝野一体，扶持并进，在此一举耳。此不可缓者二也。

一曰外交。吾国今日之患，莫甚于外交失败，而外侮乘之。外交之所以失败，由于政府孤立，而无国民实力以为后援。国民所以不援政府，由于政府不使人民参与政事，因而不负责任。甲午之役，日本伊藤氏谓国人曰：勿谓支那大国，与我战者，李鸿章一人而已。由此以推，吾国国际交涉，直个人与他国交涉而已。以他方全国最强之力，压迫此方之一二人，安见其不败也？因外交之失败，而外人日出其毒强手段，以肆种种欺凌。吾国人民，愤怒不堪，又不得抵制之法，遂不得不出于无意识之排外，而外交愈益棘手。若国会既开，则政府与人民一气贯注，无事则可培国力，有事亦可张国威，为文明之对外，不为野蛮之排外。观于粤汉铁路、禁止美货、江浙铁路等事，尚可因少数团体人民之动力，挽回国权于一二。若再加国民全体之力，而又机关具备，尚虑外交之失败乎？此不可缓之者三也。

且也立法、司法、行政三权不分，胥委之于官吏，其无能者，放弃责任，牵率庶政，以即于荒废；其不良者，且以舞文弄法，供其爱憎喜怒，或藉为富贵利达之媒。无国会而欲澄清吏治，不可得也。监督财政之机关不立，则收入之紊乱也，支出之浮滥也，胥无预算决算案以限制之，徒以有限之脂膏，聩聩焉随人之朘削而已。无国会而欲整理财政，不可得也。国民之精神系于教育，而教育之精神则系于政体。政体不改良，虽有一成不易之方针，亦不过空文之颁布。忠君尊孔，尚公、尚武、尚实之旨，与孟德斯鸠氏所言君主治制之教育无或殊。然行之既久，茫无成效，岂尽奉行之不实欤，抑果积习骤难改革欤？盖政体既无精神，则教育即徒有形式。无国会而欲振兴教育，不可得也。今日之世界，乃所谓武装和平之世界，断无舍军备而可立国者。我国陆军甫有萌芽，海军尚无基础，处四面楚歌之中，宜有背城借一之计。但军备所恃者饷，而饷源实出于人民，使权利义务不明，则一般人民昧于生命财产之保障，而深以纳税为苦，其服兵役者，又乌得视为权利之一种，而以之为荣？无国会而欲扩张军备，不可得也。

嗟乎！以立宪为自强之策，国会尚不可以迟开；以立宪为救亡之策，而国会断不可不速开矣。盖宪法者，利于君，利于官，利于民，而无往不利者也。不观日本之立宪乎？大隈重信在上主张宪政者也，板垣退助诸人在下运动开国会者也，使有大隈而无板垣诸人，虽谓日本国会至今未立可也。夫行政之方针，视舆论为转移。然政府诸公，亦多有大隈其人者，安知不故留此最良之政体，以俟人民之自为发动，借以占其趋向而定进行之策。是国民者更不可不出于请愿之一途，以副其苦心焉。而或者犹有多方顾虑，为老成持重之说者，谓人民之程度尚不足也。夫人民程度不足云者，素无政治之知识与能力也。惟国会可以振起人民之政治知识，磨炼人民之政治能力。国会者，所以增加人民之程度者也。大抵事理以历练而始明，智识以磨淩而愈启。日本当初开国会时，人民程度并无以远过于今日，国会既开，人民习于政治，程度亦即随之而进。中兴名臣如曾、胡诸人，当其初并无军事上之知识与能力，及其既也，为名将帅，戡定大乱。可见程度云者，乃精神的，非物质的。物质难于骤增，精神可以促进。且立宪政策，我国自政府以及人民，皆认为救亡之必要。以必要之行为，因程度不足而可暂缓，是发逆肇乱之初，因曾、胡诸人军事程度不足，而将帅暂可不设也。夫必举四万万之灵者、蠢者，皆出而议国政，则程度信不足也若。但举四万万人中之秀者、贤者，出而代议国政，则程度无不足也。且今日之官吏，即当日之【人】民，其初或由科举，或由保举，或由捐纳；此日之人民，即他日之议员，其初必由于公民选举。等是人民，等是程度，岂出自选举而不足，出于科举、保举、捐纳而偏足乎？此其说不足据也。①

《时报》，光绪三十四年八月初九日、八月十二日、八月十三日（1908 年 9 月 4 日、7 日、8 日）

① 原文只登至此，余未见。

筹还国债会缘起

天津商务总会

呜呼！我同胞亦知中国之濒危乎？互市以来，泰西制造日精，实业日进，我则工商不振，生计维艰。以故通商垂七十年，每岁流出金钱不下数千万。初以中国地大物博，视为癣疥之患，自甲午一败，庚子再败，两次赔款至六百五十兆两。查我中国每岁进款仅百兆上下，平时入不敷出，已属万分拮据，于是不得不借外债以清偿之。按外债利息不同，年限亦异，统新旧而核计之，共需银一千五六百兆。以如此巨款将何所取偿乎？汉文之铜山不再，则财非出自朝廷；子文之毁家无闻，则财非出自官吏。凡我同胞，实无一人不负国债之责任也。以故近年以来，常【关】则改隶钞关，税项增加矣；厘金则按照关税，抽收折半矣。推之民间，所衣所食所用所需，无物不捐税加重，翔贵异常，草野生机，奄奄垂毙。今国家方且以烟税递减，海军待兴，急欲推行印花以资抵补，在朝廷厚泽深仁，讵愿行此竭泽而渔之计？然明知鸩酒漏脯而不得不饮之、食之者，以重大之国债逼迫使之然也。虽今日新政繁兴，理财、练兵、防边、修路以及警察、卫生、工程、自治诸大端，何一不需巨款，而独谓国债之逼迫者，缘各省每年之筹措，皆以清还国债为正宗，而凡百新政，势不能不另图取偿也。由斯以推，民间生计之艰，实由捐税之重；捐税之重，实由国债之多；而国债之多，其原因又实由赔款之巨。

同胞乎！同胞乎！国家以百兆进款而负以十余倍国债，而此十余倍国债，将来又必取之于民。迁延日久，利息渐增，而吾同胞之负担亦益重。中国纵无内忧外患，即此一端，已足亡国而有余。况今日晴天霹雳，噩耗惊传，复有海牙公会监督中国财政国政之消息乎？由前言之，其事可忧；由后言之，其机尤可危。昔埃及之亡于英也，实亡于外债。以蕞尔埃及，先后欠一千兆元之债款，后以无力偿还，英、法两国始则要求埃及政府聘其国人充理财顾问官，继则为之募民债、加租税，财政大权胥归掌握，终则为之裁兵饷，清地亩，增贵族捐税，使其民穷财尽，不能自存，卒至杀其大臣，废其君主，而埃及永隶于英籍矣。殷鉴匪遥，可悚可惧。然而，法之败于普也，议偿赔款至八百兆两，并普之戍兵费亦责偿于法，国势危亡，间不容发，乃法大臣梯耳倡议筹还，万民响应，不数月悉数【清】偿，毫无棘手，万国之人鼓掌叫绝，故法至今仍不失为强国。

同胞乎！同胞乎！将欣羡安富尊荣、五洲称雄之法兰西乎，亦乐效奴隶牛马、万劫不复之埃及乎？倘我国人视此为不急之务，则异日中国财政大权旁落，任人搜括，虽欲破家纾难而不能。曾记明季流贼乱急，庄烈帝劝捐助饷，在廷诸臣多者输将不过数万，及李自成以酷刑诛求，积储罄献而尚不免于死。追维往事，未尝不太息、痛恨爱家不爱国者，卒至国破而家亦随之也。

今之热心志士，以外人监督财政之问题，奔走呼号，联合同志，拟请政府速开国会，清厘财政，以保主权。而究之国债一日不清，则种种设施悉难着手。敝会有鉴于此，连日齐集全体会行各董，熟筹善策，佥谓中国穷困病源，悉由国债不清，财政日绌，清厘何有，即速开国会，亦恐无解决之时。止沸扬汤，何如徙薪曲突，此筹还国债会之立，洵为救国救民之要着而不能稍缓者也。惟兹事体大，造端必求详审，辅助不厌众多，复鉴于国【亡之覆】辙，故命名之筹还国债会，人人有担负之任，人人并有劝导之责。况各省谘议局议、董两会现已成立，民智大开，团体已固，惟望群策群力，以图其始，不息不懈，以观其成。是以略述缘起，敬告同胞，如乐赞成，即请分途联络，共纾国难，以救危亡。将来国债清偿，即财政清厘之日，亦即国会开幕之日也。应如何妥定办法，请各抒所见，开会定议，以便禀请立案。

《大公报》，宣统元年十月初十日（1909 年 11 月 22 日）

《早开国会问答》自序

罗杰 来稿

长沙竞德编辑社周君，寄其乡罗峙云先生诗若干首来，又寄《早开国会问答》一巨册，嘱登杂志，以广传播。全书数万言，读自序可见梗概，录之以代介绍。序文深阐民权，使贵胄达官皆油然自爱乎此，可谓爱人以德矣。今之贵胄达官，方自以为翘然有异于众，即使罢官，犹不甘自为民，孟子所谓挟贵，盖自古有此情状。罗君以君子待人，乃以民权歆动之，所谓一生政见，起行未尽者，赖有坐言，以此喻真怀政见以服官者，必豁然首肯无疑矣。罗君诗多乐府体，切直如其文，惜幅隘不及备载。尝鼎一脔，知味者不以为少，书此以报周君。至自序中一则曰屡次选举，再则曰三次选举，未知罗君所主张者为何等选举法，法典未定，学者各以意为之，其详不见问答中，想自有专著也。孟森识。

世界六十余国，立宪政体为多，何取乎？取乎民权也。民权何取乎？取乎积成国权。国权强则主权尊，主权尊则外交活动，内政整理。东西各国之强，其以此耶。

我国专制，君主孤立于上，政府日日放弃，民权又极萎缩，外人因日肆其要挟，而有不忍言之祸。而我国政府以少数人心思才力，敌多数人心思才力，所以见侮于外人也。世界竞言权利，不佞则单言权。何则？以我国例，我国版图之大，俄以外殆无其比，利可知矣。以国权被侵之故，而地利大半为外人有。国会迟开，政府不负责任，人民不能监促，不尽夺我之利不止。然则欲保地利，不张民权以张国权，其能之耶？虽然，民权之所最忌者，民民有权，无秩序也。欲张秩序的民权，其在选举合格之民，以开国会乎。

夫国会既为秩序的民权寄托之所，而政府犹迟迟其期限者，殆以民权有弊耶？夫民权果有弊乎？在无秩序的个人则有之，在有秩序的共同团体，除上院议员敕选代表阶级而外，其余下院议员经数次选举之淘汰而得之者，何弊之有？且民权之作用，以之暴动，则破秩序；以之拥戴元首，监促政府，扩张国权，致国强富，尤只见其利，不见其弊也。试举君主立宪国为例，君主有君权者也，而君主为皇族时，即以公民资格而取得被敕为议员权。此外，行政、司法之人，除当官之数年，或数十年外，未仕既仕之时皆民也，皆应有民权之人也。使为君主官吏者，于应得民权之时，有压之者曰：一国只可有君权、官吏权以治民，而民只可受治于君与官吏，不可有为议员之民权，必群起而争之矣。何则？以为无民权即无国权、无主权，国必立亡，爱国之心使然也。

呜呼！立宪国之人生存百年，除去为元首、为官吏之年，其余皆民权之年，是从政之年短，民权之年长也。人之爱国不以位异，就衮衮诸公而论，我国方谋立宪，诸公未从政前，固未尝有寄托民权之国会。倘一生政见，在官用之未尽，何不预共构一寄托民权之国会，以起行之未尽者，入国会而言耶？且一国之中，就一般人而论，除元首即位以后自有君权，官吏在位之时自有执行裁判之权，中断其为议员权外，凡人民之优秀，或被敕选而入上院，或经三次选举而入下院，以共成国会者，皆得以其个人之民权，集合而为国权，是国会为民权汇集之所，亦即为国权伸长之所。转孱为劲，转亡为生，在是矣。知在官诸贤，必不曰：我去官则当张我之民权以参政，我在位时我为议员之民权中断，他人之以民权入国会者，必有流弊，国会不可早开也。壬、癸之交，杰极主张国会，千无一和，撰《春温诗》以寄意。自预备诏下以来，即拟撰国会一书。今年春游京师，友人佥促撰此，时调查未遑也。夏杪闻召集之期尚待商榷，因设为《早开国会问答》，凡二万余言。善化张知县廷藻捐赀付印，谓是书将怀疑者之心理，与国会之实益，两两对映，释其疑而坚其信，或有一听之希盼。然而杰法智凡浅，时促文荒，未敢自信有效，聊以续前志也。

《东方杂志》第五年第十一期，光绪三十四年十一月二十五日（1908 年 12 月 18 日）

早开国会问答①

湖南长沙罗杰 撰

第一章 国 会

第一节 国会之弊

问：国会开设期限之颁尚待研究，得毋亦有弊乎？

答：天下之事，一法兴，一弊生，未有百利而无一弊者。我国法律未尝不可以防弊，及行之既久而流弊滋生，故不能不变。所谓穷则变，变则通也。夫国会未始无弊，但利弊相衡，利多而弊少耳。

问：国会之弊若何？

答：一、程度不及之弊。二、政党竞争之弊。三、贿选之弊。四、选举阶级之弊。五、议员辞选之弊。六、议员识见不超，发言不当之弊。七、议员不道德，挟嫌攻讦之弊。八、议员经验不深，不能曲谅行政苦衷之弊。九、议员多勇于排外，易酿国际争端之弊。十、下院与上院冲突之弊。十一、公民因犯法藉国会逃审之弊。十二、无智识之多数压制有智识之少数，使正当决议不能通过之弊。十三、议员喧嚣之弊。十四、议员贿劾官吏之弊。十五、议员喜干涉议题以外之事之弊。十六、无给俸议员不肯赴国会之弊。十七、有给俸议员因惹竞争之弊。十八、议员受贿袒护官吏之弊。十九、上院议员偏于保守之弊。二十、下院议员偏于急进之弊。二十一、议员不分股无秩序，分股又放弃本股以外议题之弊。二十二、议员因有立法权，辄请改定法律使人靡所适从之弊。二十三、议员为组织本党新内阁，藉端妄劾现内阁之弊。二十四、旁听人不服演台之议员，故

① 据1908年铅印本。共五章，分为上下两卷，第三章第十七节之前为上卷，自第十七节起为下卷。

喧吼以乱之之弊。二十五、议员演说过长，使终日不能取决一事之弊。二十六、议员贿人赞成助己之弊。二十七、议员贿人反对他人之弊。二十八、议员滥受请愿之弊。二十九、议员失德自为运动被选之弊。三十、议员不负责任之弊。三十一、议员强求裁可之弊。三十二、苗、藏、蒙、回程度不齐之弊。三十三、选举区域之弊。三十四、议员泄漏机密要政之弊。此流弊之大略也。

第二节　救国会诸弊之法

问：弊既如是之多，则不如敷衍宪政，故迟其期，以掩国民耳目。何必早开乎？

答：各国立宪，远者数百年，近者亦历年数十，未有因以上所述之弊而停设国会者，不过立救济之法去其太甚之弊，而国家坐收强富之大利益耳。

问：救弊之法若何？

答：议员程度原不能与东西立宪国政府比。而我国之上院议员，除亲贵诸贤所养不同，本有入政府资格外，凡曾任显要官吏敕入此院者，类多可入政府资格之人。即下院年壮之人为多，或喜作事，而上院多老成典型，以其平日可以封圻、可以枢相之政见调和其间，何程度不及之有？此上院无程度不及之弊之说也。如其不然，或仿外国有学问人可为上院议员例，召集海内通儒入上议院，维持其间，以助长其程度，此又一法也。下院议员既由民间公举，且行三级选举，选经三次，较捐纳之员不问程度只视财产及否，区以别矣。又捐纳之员一经出仕，即处分人民性命财产与国家大政，程度固优者有之，而程度不及者未见其尽行淘汰也。夫执行之权比发言之权，轻重各别。执行不当，其害大；发言不合，政府不执行，其害小。此又不必以程度不及虑者也。又每次开捐，省各有局，局各有分，总汇齐之时，多至数万员，至少亦数千。议员入国会者，除上院外，不过一千人内外。最多之人非出于公选，不防其程度不及而败事；少数有识之人经三次公选，而又非同出于一地，有才难之叹。岂全国之大，可以捐前后数十万贤官吏，而不能由有选举资格人三次公选一千内外议员，合于此项报捐之人之程度哉？非谓捐输中无人才也，枢府、封圻为一代名臣者岂无捐纳之僚，聊举以解怀疑者之惑耳。下院既合有程度之上院议员而成一国会，此亦可以有程度之上院而救下院程度难及之弊也。各国政府之立帝国党、政府党，救民间政党之弊也。贿选如有实据，可以起诉，救贿选之弊也。教育家之无财产者可敕选为上院议员，救阶级之弊也。被选者限若干日承诺，逾期不承诺以候补者充之，救议员辞选之弊也。议员议题必限若干人同意，始可成一议题，议长认可，然后可以提议，救无识妄言之弊也。议员演说，不可呼在会议员之名，救挟嫌攻讦之弊也。凡百议题，必由议长认可，而后可以提议，而议长之被推，必为有经验之人，救阅历浅而妄议行政之弊也。国会固藉人民排外之忠爱而抵抗外人，有时国力不及，如主战属少数，则以多数反对压之；多数同意主战，解散国会，另期召集以缓之，救议员轻于主战之弊也。凡议案两院相持不下，则组织两院委员会疏通意见，修正议案以解决之，救二院冲突之弊也。各国议院法规，凡议员犯法，如得全院同意，可以逮捕，可听其逮捕，救借会逃法之弊也。各国议员议题，一次不能通过，可以添加文句，说明理由，仍提出请求议决，如理由正当，解人渐多，前之反对者又大半为今之赞成人，无难通过，救被压于无知识多数之弊也。各国议院规则，院内喧嚣无序，议长得呼警察干涉，救喧嚣之弊也。官吏违反宪法与法律，如有证据，应有弹劾之权；倘证据不确，系无故诋毁，官吏自可以答辩，救官吏无辜被毁之弊也。各国议院法规，议题之成，必有范围，范围以外不许旁及，救越权妄议之弊也。给俸一层，各国不同，各量其本国道路交通与否，时间长短与否，议员生活程度高下与否，国家财力充实与否，毋使议员苦，毋令议员涎，而折衷一适当之办法，救议员放弃或竞争之弊也。官吏之失法失政，必有证据，然后可以弹劾，前既言之，如有证据，罪无可掩，焉得人人而贿之，救贿护之弊也。下院议员出于民选，而被选之人大半气盛之人，救上院过于持重之弊也。上院议员有勋劳、教育二种被选资格，大半为镇静之人，救下院喜动之弊也。各国议院法规，凡议员分股，必定关一部的属之某股，关全部的属之各股，协议折衷，以救放弃无序之弊也。各国改定宪法与法律，限若干人同意，然后可以议更，救轻率变法之弊也。政党为运动本党新内阁而排斥现内阁，在英、美各国政党纯出于公，必咸知现内阁确有失政证据，然后可以倒之，咸服新内阁确有适时政见，然后可以组织之，公斥公认，救植党营私之弊也。各国议院法规，如旁听人中有喧吼之者，一时未得其主名，则将此一部之人连带而置之别室，散会后查明其人，为议员则依院内规则处罚，院外人则放之去，救旁听喧吼之弊也。各国议院演说，除人道问题以外，政治问题有限只许演至二十分钟或十五分钟者，救费时难决之弊也。反对、赞成纯出公理，然后为正当之议决，而贿赞、贿攻在所难免，各国对于此问题亦惟时时改（政）〔正〕选举法，学堂慎重伦理、修身，以涵养其道德，正以救此二弊也。请愿之事，其范围虽有概括、列举二种，而扼要首在国会审查可否，请愿倘有不敬皇室或侮辱国会之语，却不受理；如无以上情事，则应当受理，救滥受之弊也。各国选举，地方官外有选举委员以监督之，明定选举法则，如被举之人丧失被举资格，一经举发，即除其名，救所选非人之弊也。各国法制一科与伦理、修身并重，以法制前提即国家学大概，使人民读之，知己身与国存亡关系密切，而唤起其责任心。瑞士小学遍列此科，英国则涵之国民读本，日本近亦于小学添列此科，盖欲养成议员资格于入学之时，救被选不负责之弊也。各国立法之权操之国会，裁可之权操之元首，但议员议决之案，元首因有窒碍之处却下此案，如全院以为必可速行之事，国会仍可奏请裁可，如再却下，全院以为事属可行万不能缓，仍可奏请裁可，元首此时不裁可，则解散之。此一法也。又元首一次不允裁可，国会二次坚持，即解散另行召集国会，仍坚持如初，元首必裁可之。此一法也。总之，全国心理同一，又极坚诚，议员为国之分子，未有作法自弊者，凡以救国会坚持、元首专制之弊也。苗、藏、蒙、回与满、汉程度不一，固矣，定选举法时，或缓此数种人被选之期，或与满、汉之人同时被选，而此数种人被选或如美国之于属地被选之人，既限之少，又暂缓其表决权，此亦救程度迥殊之弊之法也。选举分区，大有大之弊，小有小之弊，无已，暂依宪政编查馆所议谘议局准学额或税额选举，此亦权宜行事以救斯弊之法也。至于机密要政，无论由政府提出之议案，由国会提出之议案，必组织秘密委员会密议，并不许新闻记者录揭及他人旁听，救漏泄机事之弊也。凡此皆救弊之大概也。

第三节　缓开国会之害

问：缓开国会抑有害乎？

答：未开以前，日言预备，而预备之事，如有条理，切实挨行，害或稍减。如期限过缓，预备不力，较未预备前更危险矣。夫缓开之害，如恒河沙数，数之难尽，约略言之，已连篇累牍。总之，缓开一日，外交、内政危险一日，如几何之增加而已。一、无国会以为外交后援，则自主国权不能挽回。二、无国会以为立法机关，则法无定法，官吏人民无所措手。三、满汉不到国会协议国政，感情不深，调和概属虚语。四、暴动之人反对立宪，中立之人因开国会期缓而随声附和，乱无宁日。五、中央政府无国会以为舆论统一机关，则人心向背不能遥度，而俯如民隐民心，日以离怨。六、无国会以为财政监督，则财政不能整理；无国会以共议国政，则筹款莫应，拨款又见阻，各省一切，日以放弃。七、不开国会，人民不知外势全恃兵力以为抵抗，而不承认全国皆兵义务，佣兵无饷，又不可恃，将见坐以待毙。八、兴办海军，尤为需款，无国会以任国债，则终不能举。九、人民失教，多为汉奸，且不知自立，将来不为盗贼不止。既无国会监督学务，教育不惟无费，且仍敷衍，何能普及。十、无国会为立完全法律，不能收回治外法权，而华民之黠者藉洋人为护符，其受冤者地方官不能直使人民解体。十一、交通为一国血管，国会不开，无款以收既失之交通权，且不能拒外人要挟，而小民生计尽失，国家咽喉制于外人之手。十二、无国会筹款设立军咨府，指挥海陆军，海陆军终不能振起。十三、无国会以伸张民政部权，内政终不能整顿。十四、无国会则农工商部筹款为难，农工商之利权将尽夺于外人而不能抵拒。十五、无国会质问政府，则政府放弃，莫敢谁何，国家日见削弱。十六、无国会与政府对立，则行政、司法仍不能分，终古不能立宪。十七、无国会为地方自治体之助力，则地方自治皆属虚文。十八、无国会为议边防，藩篱即将尽撤，而腹地愈危。十九、无国会以监察养民之政，民不聊生，不为教民，或酿祸乱，即为暴动，为暴动党添翼。二十、无国会以确与人民参政权，则国家关系自疏，而国家以孤立而愈危险。二十一、无国会以决议加税议题，万一因要政加税，必速召乱。凡此皆缓开国会之大害也。至于早开之利益，后分详皇室、官吏、人民各章中。

第二章　元首与国会

第一节　大权巩固

问：国会开缓，立宪亦缓；国会开速，宪法之颁，亦必俱速。立宪法后，元首大权，行动必以宪法为范围，大权范围不因此而缩小乎？

答：一国之权莫大于统治行政、立法、司法。专制国大权综行政、立法、司法而混之，不能指某政为大权所统治，某法为大权所颁行，时而独揽，时而放弃，常在有权无权之间。立宪国之大权，虽立法、司法、行政三权鼎立，其实统治于大权作用之中。盖立法虽由国会，而元首有裁可及公布之权；司法虽有独立之机关，而元首不惟不可侵犯，无须司法官以司法权保护元首身体之尊严，且有时情节可原之事，元首可以特赦减刑及回复公权；至于行政，政府则惟责任内阁代表国家意思而行动，然内阁虽贵，不过为狭义行政作用，元首可以任免之，命令之。是立宪后之元首，行政大权固以宪法为范围，而司法、立法权亦依据于宪法而存在。窃虑未立宪前，名为大权无限，实则部吏疆臣以无款缓办或风气未开碍难遵行，拒绝成命。立宪以后，转藉宪法以拥护广义行政权及依宪法而存在之立法、司法权，皆有坚劲之效力。诚如是也，欲大权巩固，惟虑开国会之不早，立宪法之不早，乌得以开国会速则立宪法速，以缩小元首大权，而缓开设国会之期哉？质而言之，早开国会一日，即早固大权一日，奈何有十年、五年、三年之待也？

第二节　兵权在握

问：一国重权，兵权为最。开国会后海陆军经费有人负担，必分设海陆军部以负责任，各省亦必多练新军以分负责任。万一兵权下移，其将何策以御之乎？

答：未开国会，兵权或有下移之虞；国会既开，宪法必立，各国宪法，元首统帅海陆军权及编制海陆军与兵额权皆载在宪法，是指挥将佐，任免将佐，元首皆有全权。若是不立宪，或有尾大不掉之忧，既立宪反有兵权在握之实，何虑开国会速则立宪法速，而兵权或以下移哉？

第三节　皇室费可增

问：未开国会，不必先列预算表求议会承诺，后列决算表报告于议会，可以任意使用国库。既开国会，皇室财用必为预算决算各表所拘束，不如稍缓开设。

答：我国虽无皇室费与国家费名目，其实皇室费用比之他国尚为撙节。即不开国会，犹无苛敛百姓以供皇室滥费之举。倘开国会，除固有皇庄仍归皇室财产外，必将皇室费与国家费分开，而皇室费用亦必仍内务府历年正供之旧，或量国家财力，尚可酌量。至其他关于婚礼诸费，度支部亦可列于预算表中，求国会承诺分担，不得以预算决算而拘束之也。若是皇室费因开国会、立宪法而可冀增加，不开国会、立宪法，转以曲体民艰，不忍加赋而俭约也，乌得以速开国会虑哉？

第四节　命令之行

问：开国会不足虑，所虑一开即立宪法与法律，元首虽可发代法律之命令，究不能以命令变更宪法与法律。万一宪法与法律有不善处，元首之权不将为所限，而不能变更乎？以此观之，国会仍宜缓设。

答：宪法与法律虽不可轻变，然二者性质各别。各国法律有十年、五年一变者，行政法规以经验而知其利弊，大率一年一小变为多。此不必以法律难于变更，而必要之命令反为未善之法律所累虑者。各国宪法固比法律较为持重，然宪法上必载明，如欲变更，必经国会若干议员认可，然后有效。如宪法推行有碍，既由共同心理而发生，自可由共同心理而改变。此又不必以宪法难于变更，而命令或为所累为虑者。且开设国会后，不惟无以上二虑，回忆未开国会前之命令与法律不分，有时有效，有时无效，其效屡视部臣疆臣之覆奏而定其有无，不若开国会以立宪后，若者命令根于宪法，若者命令根于法律，而详加解释若者为非常之时可发紧急命令，其效力尚可决其必有也。何则？臣民共同立宪法、立法律，不敢抗命令以自违宪法与法律也。夫元首之权在命令之能行与否，能行则治，不能行则乱，不可在有时行、有时不行之间。今日之势，一日不开国会以立宪，即一日命令在能行与不能行之间；一日开国会立宪法，凡不反乎宪法、法律之命令无不可行者。是故元首欲求命令之必有效，实以速开国会、速立宪法与法律而可据也。

第五节　元首有人代负责任而愈尊严

问：国会固以各省公举代表至会公议国政为善，使议员而善，则要政皆可见实效；万一议员不善，不知时势与政治推移，往往误会，或所见者小，而归咎元首，何以收拾乎？

答：国会开设必首设责任内阁。责任内阁者，代元首负责任而受国会之冲者也。以浅见测之，将来责任内阁成立，必要政克举，即千得一失，议会诘责，专在内阁，必不敢于元首之前而肆口诘责。何则？以有代负责任者也。倘内阁所持政见别有一是，议会所持政见别有一是，冲突之时，元首可以解散，另期召集。若不早开国会而早设责任内阁，两宫躬负责任，则圣躬反当舆论之冲，宫廷独为丛怨之府。臣工办理或有未善，转可以卸所受之责任于元首，则政治仍日腐败，强邻仍肆要挟，内乱仍风起响应。于此而国不速亡者，未之有也。此不必以有冲突时，难于解散为虑，而故缓开设之期也。

第三章　皇室与国会

第一节　太　子

问：中国历代传位，明立太子，屡酿祸端。我朝列圣相传，曾不先立太子，是以无王室争位之患。万一开设国会，国会一般议员仿各国太子必学习法律与武备之例，请早立太子，拂之则非公诸舆论，从之则违祖宗成法，将何以应之？

答：各国传位法有载于宪法者，有别载皇室典范者。我国开设国会，必议特编皇室典范，建储之事在典范中尤为重大。此事将来必由宗室会议起草，非汉、回、蒙、藏之民所敢议及。至于皇子应受政法、武备诸学，无论有无承祚资格，皆必纳之学堂，不必以因必受学而必明定太子为虑也。此不必虑国会开设议及此事，而缓开设之期也。

问：建储之事固由宗室决议，但开国会后，将来人民之心于皇嗣何如？

答：不开国会，则或由政府提出宪法草案，载明皇位如何继承，使国民承诺。此意出之自上，非出之自下，民虽承认，其承认之心理非自动也。若早开国会，由国会提出宪法草案，仰体圣祖传位之法，载明承认资格，请政府决议，则爱戴之心出之自下，比由他动为倍确而挚也。此又早开国会之有益于传位法者也。

第二节　有特别身分之宗室觉罗

问：现在有特别身分之宗室觉罗为上议院议员尚无一定，上议院令开设国会似不如缓。

答：有特别身分之宗室觉罗如何取得上议院议员资格，此事关系国会全局，正宜即开国会公议。何则？国会之议员本合上院、民选议院而成，国会既不独民选议院，则宗室觉罗亦宜自请早开国会，编定上议院令而定有特别身分宗室觉罗为议员资格。由此言之，有特别【身分】之宗室觉罗正宜与汉民共请即开国会，不必迟疑于特别身分宗室觉罗或不便利，而缓开设之期也。

第三节　宗室觉罗之特权

问：开国会后必实行立宪，实行立宪必采各国以平等精神而立宪法。倘立宪后，宗室觉罗之特权不将变更乎？

答：各国由专制国变成立宪国，大部分趋于平等，一小部分仍保存其固有特权。开国会后，不惟满人当请编皇室典范以保存其无碍于宪政之特权，即汉人亦必请编皇室典范，奏请核定。何则？主张早开国会之人原有调和满汉之意，非取媚于有特别身分之宗室觉罗也。满汉不真调和，国亡且速；满汉真能调和，彼此无猜，国可立强。若是速开国会，谓之救亡也可，谓之速调和满汉也可。

第四节　一般满人之生计

问：旗人生计穷困，倘早开国会，实无财力与汉族同一负担国家经费，不如稍缓开设。

答：人民之穷，不特旗人，汉人之穷者现亦反对早开国会，恐重财政之负担。即湖南而论，中兴而后，大半如旗人不农工商，而以做官为生活，现今湘民朝不保夕，亦陷于旗人穷境矣。然事关存亡，不得以满汉之穷者难于负担而缓开也。若早开国会，议设国家及各省省银行，先将十年或十五年应与旗兵之粮分年递减，给为或农、或工、或商、或学堂、或殖民边境之资本，则裁撤之后与汉人财力同一矣。且国家既欲为旗人谋生计，必不先使与汉人同一负担，培养财力十年或十五年再议征税，其庶几矣。既以无业而穷，必以有业而富，可断言也。此不必以旗民甚穷，难于负担而缓开设者也。

第五节　一般满人之参政权

问：早开国会，各省民选代表按户而计，旗人散之驻防地域者尚少，将来入民选议院者必占少数，不如俟旗人人口发展始开设乎？

答：国会之有两院，固如鸟之两翼，偏重一边即不能飞舞。倘各省驻防混入汉人，计户而选，或计地而选，或计学额而选，较诸汉人固为少数，然下院固旗少于汉，而上院之议员，宗室觉罗之有特别身分者必多于有特别身分之汉人。天假之缘，上院则满多汉少，下院则汉多满少，满汉参政权于以匀配。不宁（维）〔惟〕是，如荆州有驻防，未开国会则有汉民、驻防之分；既开国会，则选举人名簿惟见荆州议员若干人，一浑满汉之名目而销融种界于无形，行之日久，感情愈深，争心愈化矣。由此观之，即不必救亡而早开国会，当为调和满汉参政权而请即开也。

第四章　官吏与国会

第一节　责任内阁与国会

问：早开国会必议早设责任内阁，而责任内阁之设，现在六军机大臣、六大学士，除一人敕任为总理大臣外，必减少数大臣。于此减少之数大臣，在诸大臣，赤心爱国，以道进退，原不以去就为得失，而两宫眷顾老成，何以优待之乎？此开设国会不能不稍缓之原因也。

答：若开国会，现在军机殿阁并为一内阁，不过有组织之变更，而预议、执行之权仍以国务为范围。我国旧例，凡宰相不兼军机者，谓之假宰相。殿阁固宰相，军机亦即宰相，宰相之职权以国务为范围。兹欲统一国务，专负责任，其表面则为变更军机殿阁组织，其内容无非责成国务而已。现在我国立宪，不仿外国则无庸变更军机殿阁组织，若仿外国必设一总理大臣为首相，专负责任；各部尚书负本部责任，必亦仿外国各省大臣兼国务大臣例，而为宰相分负内阁责任。是宰相之职，因新内阁而增多也。现在军机殿阁固皆老成开达、两宫倚重之人，而所供之职不尽兼管一部，亦不尽有大学士底缺。此数大臣中，除被留之一大臣为内阁总理大臣外，其余数大臣无论以殿阁而入军机，以尚书而入军机，必与未入军机殿阁而仅官尚书者并之为责任内阁，尽宰相之职，行副署之权而已。此不必以早开国会而以难于优待诸大臣为虑而缓开者一也。

问：军机宰相不至以早开国会、早设内阁而致闲散，既闻之矣。闻各国国会对于责任内阁可以弹劾，刻下议员虽有新智识，恐阅历未深，凡内阁诸公深谋远虑，一时不能尽白于众者，议员或不曲谅谋国苦衷，仅据表面一方，语杂言庞，肆口攻击，其奈之何？

答：各国国会固有诘责内阁之事，而责任又区为二，一失政之责，一失法之责。

问：何谓失政之责？

答：失政之责大率在宪政实行既久之后，彼此程度俱高，希望进步愈切，固多为贤者之责备。何则？各国总理就职时，议员先叩其所行何事，首何事，次何事，又次何事，以为政纲。如行之无序或行之不力，议员与内阁恍结有契约，可责其违背契约，盖明明已负责任，可以责其成功也。若初开国会，诸政党调查政治之弊粗有头绪，到国会时公议前日政治之流弊。如弊在旧章，则议改旧章；弊在机关，则改设机关，断不暇攻击个人，而使现在大臣代任前法不善或机关不灵之咎。英吉利之初开国会也，无与大臣冲突之事，专攻积弊，其一例也。总之，今日政治之弊根在旧法之有不善之处，非臣下之敢于放弃腐败也。致弊之根在旧法之不善与机关之不灵，则攻个人何益？不如攻此不善之法，法变而人皆贤才矣。揆之情理，绝无攻击个人之事，即令有不情之责，国会与内阁并未尝夙订契约，内阁亦有辞可卸也，而况乎其必无此也。此不必以国会诘责内阁失政为虑而故缓开设之期者又一也。

问：何谓失法之责？

答：如大臣个人为不法行为，则国会弹劾，专指此人。此人自行辞职，与他大臣无连带辞职关系。我国诸大臣将来之取得内阁资格者，必皆朝野推重之人，断无有个人不法行为授国民口实之事。假令诸大臣中百密一疏，有个人不法行为，即无国会，御史亦必弹劾。此不必以国会开设过早为虑也。

问：即开国会实无与总理大臣冲突之事，已知之矣。虽然，子言行之既久，或有冲突，刻不必虑，将来不仍可虑乎？

答：此问题有三种解决法：一、仿各国任期三年。彼议员初以改革旧政，不暇诘责，及有暇诘责时，而任满去矣。后来之内阁受责，新内阁惟享宪政开幕之大名，何不乐早开国会之有？一、议员之责备愈深，而诸大臣荩筹硕画，经历已久，必能卓有成效，俯协舆情，议员虽欲苛责而无可责。如内阁不能负责，即不开国会而都察院御史必将弹劾好自为之，国会开设之迟早无与也。一、仿各国组织政党之法。彼议员各有其政党，我亦先结一政党，或列国会而杀反对我者之势力，或令先造一般合致的舆论以赞成我之政见，或令在政界而为我之辅助机关。彼以党攻，我以党御，何畏之有？文明国进步全恃数政党各以其公忠之政见，互相冲突，互相竞争。识见愈驳而愈开，利弊以比较而互见，政府惟坐收方针有定之益，国家亦阴受政党急起直追、致国强盛之福。有此三解决法，将来当以有冲突为幸，以不负责任、互相推委、无冲突为不幸也。此又宜早开国会之一理由也。

问：开国会后，全国责任只责总理大臣一人代表内阁，此外之内阁大臣倘有泄沓、放弃、敷衍、推委者，总理大臣其如国会弹劾何？

答：总理大臣国务之责，以内政外交之整理为责者也。此概括的责任也，而欲概括的责任果能负担，在使列举的责任分担，以集为概括的责任。列举的责任，如欲整理内务，则民政部负责任；欲整理财政，则度支部负责任；欲整理陆军，则陆军部负责任；欲整理海军，则海军部负责任；欲整理学务，则学部负责任；欲整理交通，则邮传部负责任；欲整理司法，则法部负责任；欲整理经济，则农工商部负责任；欲整理边防，则理藩部负责任；欲活动外交，则外务部负责任。诸部能负责任，即总理大臣对国家负责任；诸部不能负责任，则奏请另简贤能以负责任，始终完总理大臣责任而已。况国会既开，各部如不肯负责任，不能负责任，国会必弹劾随之。盖王道本乎人情，总理大臣果能负责任者，有各部堂以掣之肘，未有不曲体苦衷，移弹劾总理者以弹劾各部堂也。何则？既名为责任内阁，而内阁又实为各部尚书兼政务大臣者所构成，正总理不负责任，固咎在正总理；各部堂不负责任，咎在各部堂。责有攸归，语无滥劾矣。夫国会既有弹劾之权，各部固能负责任者，肯负责任者，即不能负责任，不肯负责任，亦迫于弹劾而能负责任，肯负责任矣。未立宪前，官吏如何跋扈，未有不畏正直御史而敛迹者。如议员正直而又有弹劾之权，不必有弹劾之事，各政务大臣有不能不负责任之势矣。以现势言之，诸大臣皆乃心国家，才学素优，必肯负责任，必能负责任者，断无受人弹劾之事。且变法之初，共同研究去旧法之有弊者，与立宪已久者有间也。此不必以早开国会为虑者也。

第二节　官制与国会

问：国会之于内阁无冲突之可虑，既闻之矣。惟是内阁责任之重轻与政权之重轻为正比例，采中央集权主义以定官制乎，则内阁之权重而责任亦重；采地方分权主义以定官制乎，则内阁之权轻而责任亦与俱轻。新官制既无一定主义，开国会后，果采何主义以定官制为适当乎？

答：此等议题最难解决。证之外国官制，无府县之上又隔道司、督抚而达于阁部可以比拟者。就我国政治上活动言之，倘采中央集权以定官制，则阁部得以指挥督抚，政权以统一而活动。当此之时，国会惟责成内阁，内阁责成督抚，以收实效，此其所长也。就历史与地理言之，封建之地方分权无论矣，秦统一后，分州、分道、分路、分省诸制，无不为地方分权之模型。就地理言之，我国版图之大，除俄罗斯外，世无其比，且交通不便，到达需时，尤难悉俟中央指挥而应付一切。如省会有完全监督本省行政之权，则地方分权以资政策之敏捷，此其所长也。

问：采地方分权以定官制，其组织有无变更乎？

答：如采地方分权主义，以浅见拟之，则当略仿德国联邦政体。各省督抚或每岁定期赴京与闻阁议一次，或另派明干大员常川驻京，构成行政参事会，以为议决地方行政最高机关，既能敏活其地方行政，而又无碍于中央统一之活动，则统一、分权之间，变通组织之道也。

问：倘采中央集权以定官制，其组织有无变更乎？

答：督抚之权自当减杀，而听内阁或主管部臣之指挥监督而统一其行动。如昔之学院，以独立资格与督抚对立，改差为缺后，虽隆以方面品级，转受督抚之指挥监督，不若前此之请旨干涉，学臣间接以行监督之权也。虽然，论理与事实截然两途，督抚之公忠谋国，知宁减缩一省之权，集为中央统一之权，致国强盛，行省亦阴受其赐者，固不乏人，而督抚之不以政权隆替为心，而经手未完事件至繁且窘，难于交代者，又有人矣。夫政府能一律减杀地方之权而集之中央，固理论之圆满者，而事实上或有以上难处，则惟有折衷之法。督抚之年力强盛有内阁资格者升入内阁，督抚之衰迈不愿繁剧而愿乞休者，简入资政院，而所开缺之省即试分为若干道或若干路。为道为路之首领者，崇其品秩，恰如司道之受督抚节制之分而止。其余各省之精明强干督抚姑仍之，俟有相当位置而内升之，才不虚怀，亦非不情之举矣。行之数年，因其薨病开缺者，亦必有之；因其不能胜任而开缺者，亦必有之。出一省缺，试一省中央集权办法，此分期递行中央集权制度之一法也。以上所言，非一二人之意见所能解决，必俟开国会后，合资政院、民选议院之议员而共同平心静气以解决者也。

第三节　外务部与国会

问：假如采中央集权主义，则外务部之影响何如？

答：假如外务部对于各省督抚，可命令为本部监督交涉司，且可直接命令该省交涉司，政权既如是之统一，则不致如前日之地方外交由地方先自失败，本部徐图补救之棘手。而为督抚与交涉司者，凡外交问题，皆可以请命于本管大臣推之，而督抚、交涉司之以权轻而责轻，本部大臣以权重统一而活动也。此外务部受国会议决中央集权之利益一也。不宁惟是，从地方而视，中央外交之权收之中央矣。权在中央，而外人之要挟洞嚇亦在中央，万一遇极难解决之外交问题，一外务部大臣孤立足以当之乎？无已，以事关国民权利，俟召集国会议覆对之。斯时，议员早已有爱国之忧、抵制之策，为外务部后盾，全体反对，保我权利。斯时之外人，尝试一次，知我国民智与气皆卓且劲，自必退让。苏杭甬铁路之争，云南乱后法人之要挟，俱因民心坚固而退让，其一斑也。推之民教相仇之案，不惟藉学部负责以宏教育，法部负责而收治外法权，而减少教案，尤必藉国会为舆论机关，以为外部据理力争之助。此外务部因已有国会而收后援之利益又一也。不宁（维）〔惟〕是，既有国会以为后援，尤需有强大之海军游弋于外洋以树先声，有精练之陆军镇守于要塞以为根本。盖御外之道，未有不能守而能战者，即未有不能战而能和平以言外交者。虽然，为海陆军者，岂不愿此？但未开国会，赋不敢加，款无所出，兵非义务佣，则谁肯效死。外务部是以无声援也。而欲扩张吾海陆军以为外务部声援，则必急开国会，与人民以参政权，而责以当兵与筹款义务，其庶几乎可也。此外务部间接受国会负责之利益者又一也。

第四节　民政部与国会

问：假如采中央集权主义，则民政部之活动何如？

答：如此，则民政部大活动矣。民政部者，如外国之内务省，凡地方官所管内政，皆应受其命令而被其监督。今则不然，民政部所管固不独警察与地方自治。就警察而论，无论内外行政之事，注意绝少，大半倾注于司法。即警察机关言之，巡警道一缺，民政部欲以本部郎中外放者，使之在内则谙主管之政务与本司之事务，出外则实地练习其警学以发展幸政，确有理由，而督抚奏请试署矣。非谓督抚之奏请试署踰越职权也，督抚为该署道之本管上司，询事考言，大半信能胜任，以督抚援某道缺外放之例，保用一人，亦有理由也。夫既各有理由，其弊究在何处？曰：缘国会未开，采何等主义之官制尚未改定，不知用人之权果在何处故也。如国会既开，则宪法为万法之根本，必随速定。根本法既定，而必要之行政法规亦必速定，然后官吏奉职有定章之可守。夫官制一宗，为行政、司法各机关之骨子，故谓民政部与督抚权限未明，循流溯源，实在国会未早开设之原因也。又就地方自治而论，顾亭林有言：天下事从州县做起。日本青木有言：德国宪法之花开于地方自治。地方自治为致富强根本可知矣。近今民政部注重此事，咨催各省试办，而各省督抚变通办理，以官吏代民准备自治者有之矣；以怀疑此事而似办非办，漫无头绪者有之矣；以风气未开，交通不便，推委未办者亦有之矣；以总督开明，限期催促，如天津之地方议事会业已成就，而因民政部无权，现今实未办成一自治之事，未有丝毫自主权亦有之矣。无他，缘国会未开，中央与地方权限未定以致此也。如已开国会，则由前之说，行政法规已规定地方自治体直接受本管地方官监督，间接受民政部监督。而民政部且命令督抚以代命令该属地方官也可，直接命令该属地方官也亦可。夫既可以命令，非咨请，则督抚于地方自治不敢延宕放弃矣；可直接命令该属地方官，则地方官尤不敢近抗亲临本管长官命令，远抗最高主管长官命令矣；不敢抗，自治之效可睹矣。夫民政部所管不止此，而即此已受国会议决中央集权主义之官制之利益矣。现今民政部大臣之欲尽责者，贤如肃王，辄云且俟采各国内务省权限后再议办法。其措词亦苦矣。若国会早开，不惟地方受民政部之命令，政权以统一而活动，即筹款拨款，有国会任之，政无不举矣。

第五节　陆军部与国会

问：国会开后，假如采中央集权制，则陆军部之影响何如？

答：未开国会以前，人民未知当兵为义务。夫将将之术，孙吴尽之，强如日本，尚列科学，所不如者，兵之心耳。不知当兵为义务，则全国皆兵之制与征兵之令，无论善否，不能必其通行，一旦有事，势必出于佣兵。兵出于佣，不知我与国之关系，以为杀敌之责在将校，不在兵勇。于是，无事之日，以操演为得薪水之酬应；有事之时，不淫劫平民，则透漏军机，或望风先溃。庚子之役，其前事也。倘国会既开，人民之代表已知己与国之关系，承认全国皆兵，则将来征兵令下，皆以杀敌为己任。列强虽大，彼以心战，我以心御，无战不克矣。此陆军部受国会直接之利益者一也。

又国会未开，人民尚不知纳税义务。欲扩张陆军，则款无所出；不扩张陆军，则一日不能立国，徒然束手待毙。既开国会，人民既得参政权，当换以纳税义务。即军费不敷，既以强国引为己任，则募集陆军公债必比寻常公债倍形踊跃。何则？知有无陆军为国家与己生死关系故也。经费有着，则无论兵学校、将学校，皆可次第成立，而兵学日进矣。此外凡关于军用之品亦皆能自制，以应不时之需，而不仰给外人，防开战之时，第三国确守局外中立而不肯接济，以致械穷而败矣。又推之军咨处所隶之测量，亦必可多设此项学堂，授以高等测量，遍测各地，分别第几要塞、第几要塞，以成详细地图而为战守之本，庶几有险可守，临机肆应。以视因经费支绌，儗用邹氏普通地图，有径廷之别也。凡此皆陆军直接受国会之利益者也。至于待海军人才造就，特设海军专部及扩张军咨处为军咨府，无不需人民之负担，借国会为认款之机关也。

以上所言，皆陆军直接所受国会之利益，至于间接所受利益，则在中央集权之官制。何则？如以上所言，征兵与征费二项，不中央集权，则无论不能使军政司独立，将各种武备学校及一切军用品自制，即能使养成御武适用之人才及造成应用之军品，有事之时，各省辄专顾本省，以省为国，虽陆军部有咨征调或征发，甲省不肯出兵或协饷以救乙省，乙省之于丙省，丙省之于丁省，无不同然。是以无论有兵饷与否，即有矣，养之制之之费多，而用之之途窒，陆军部其于各省督抚何也？其于外侮何也？而况乎饷无所出，军品未制，军学校未认真，并不能以省为国也。若开国会后而采中央集权，则前此所言凡十司所管之事，督抚一一遵办中央，数年以后，除近卫诸军不轻出发外，各省之军学如此其精，饷与器如此其充且利，则征兵与征发之令一下，倘在交通线路以内，不数时而有神速飞来之奇，与前仆后进之效矣。凡此又陆军部直接受中央集权之利益，间接受国会之利益者也。

第六节　学部与国会

问：假令开国会以采中央集权制，于学部之影响何如？

答：采中央集权以定学部官制后，则学部可以命令督抚负教育普及并兴各项必要学堂之责，亦可以命令提学司负普及教育及并兴各项必要学堂之责。夫一国之强，不必人人有高深学问，必人人知己身与国之干系，以后即不入别项学堂，无论在政界、军界、商界、绅界及议会，皆有爱国知识而不为汉奸。而欲国民教育之普及，必由学部制定小学校令，会同民政部，一方命督抚担任监督全省教育之事，一方命提学司饬地方官商之自治体担任教育之事，分定学区，分担学费，调查丙年应入学学生若干，预算该地需设小学校若干，已有该地教员若干，尚缺教员若干。于是，即于甲年设简易师范养成所，按所需之数为之造就，毕业之后，由地方学务员按学区分配。设立此项学堂，如子弟之赤贫者，则由地方预筹苦学生费以免之。乙年、丙年亦复如是，则教育渐普及矣。此外各项必要之学堂，以一省为范围者，则当令提学司列预算表，要求省财政司送议会承诺；以全国为范围者，则由本部列预算表送度支部，要求国会承诺。夫然后教育普及之目的可以达，专精之学问可以养成，何至有学部如何催促，而地方官以经费难筹委之哉？二十世纪之中国，非有知识与学问不能生存。诚如是也，由前之说，直接受中央集权之利益，间接受国会之利益；由后之说，直接受国会之利益，间接受中央集权之利益也。

问：由前之说，筹款固不劳学部，而学务机关之人员间有未谙教育，不能认真办到，仍有名无实，其奈之何？

答：此无他，一则未中央集权，用人之权不能统一于学部；一则教育会与地方议会、国会或成立而无监督之权，或实未尝成立而无从监督。如国会成立，则地方议会、教育会皆可以行其监督之权矣。如中央集权，制定一切，受成于学部，自无用人不当之弊，以致学务废弛矣。此又直接间接受国会之利益者也。

第七节　度支部与国会

问：早开国会，假定采中央集权主义以定官制，则度支部影响何如？

答：欲国之强，必先使富；欲使国富，必先整理财政；欲整理财政，就中央负责而论，既有统一财政之权，则有无穷之益。单简言之，一为收入之益，一为支出之益。

问：收入之益有几种？

答：其益亦抉不尽，约略计之，有八种。最大之益，国家税与地方税分离，中央有确实之款可应各部之急需，不致与督抚争地方之款，而督抚各隐其一部，屡催不应，其利一。国家税既确，则有资本开设国家银行及地方银行、外国银行，无论国内国外，金融得以活动，其利二。既有国会可募国债，又有银行可以代募地方公债，则无论何种实业，何种军政，何种其他要政，皆可立时兴办，不惟权利不致落于外人，且可增加税源，其利三。未开国会，直接税不敢增加，至是则人民知已与国关系，所得税、家屋税，无者可有，有者可加，其利四。未开国会，间接税亦不敢加，至是则吨税、印花税以及各种输出输入税，无者可有，有者亦可酌加，其利五。既有地方银行，则可附国库金机关于该银行，所有国家税概存现金于银行，则存金之利国家得之，其银行之周转，愈形活泼，其利六。征收官吏既只有发通知与给领收证之权，则地方官不能中饱，而有一金即可作一金之事，其利七。纸币、金币之权既操之国家，不惟挽回既失之币权，且可固国家金融之信用，而轻重画一，以便商旅而增纯利，其利八。

问：支出之益有几种？

答：此益亦抉不尽，约而计之，有最大之利益七种。一、国家税虽与地方税分离，而地方费亦与国家费共同统计，既共同统计，自无浪费之弊。二、未开国会，用费未尝豫算，往往入不抵出，财政日形困难；至是则各地方预算表必径送度支部，或由主管各部分送度支部，而各部自用之预算表亦必送度支部，然后统计一国出入，预算明岁需款若干，调制总豫算表，提出国会，款如何筹及如何拔，国会任之，不致一切要政以无款二字卸责。三、未开国会，无论何项巨款，无报告国民之决算表，所以人民未尝不肯分担财政，因租税一输，无从过问，以致一言加赋，咸莫之应；至是则以决算表报告支出若干于国会，国民得知点滴输公，从此负担踊跃。四、国会虽监督决算，犹不能确知此决算表之真相，既由国会发生之审计院躬亲检查之后提出此表，报告于国会，不啻国人亲见此表之内容，而信之愈确。五、豫算既必请国会承诺然后有效，则一切不急之费可以权缓急而议减省。六、各部之决算表必送度支部，不得任意开销，使本部无稽核之权，以致财政奇绌；而各省督抚支出亦必以豫算表径送度支部，或送主管各部，由各部转送度支部，亦如之。七、各部及地方财政既受度支部统计，则各部与督抚财政之奇绌者正以和盘托出，而筹款拨款之法，度支部得以通力合作而调剂之，使要政并举。

以上无论支出收入，凡财政机关之设立，财政权限之分明，人民负担之踊跃与心信之共深，以及全国财政之活动，皆受国会早开之赐也。

第八节　法部与国会

问：假令早开国会，采中央集权以定官制，法部之影响何如？

答：第一司法独立。

问：何谓司法独立？

答：我国固有行政法、司法法，而行政、司法不分，适成专制。无论旧法之不适于宪政者必改，外国法之适于我国宪政而可行者必参。第一要义，必不使行政、司法性质有丝毫之混淆，使司法官专任其责，行政官不能干与，是谓独立。且又非与元首对峙而独立也，乃代元首司此法律而代负责任。故各国司法文件仍以元首之名行之，尊元首也。不许他行政官侵犯其裁判权丝毫，而保障人民性命财产于泰岱之安也。日本司法大臣尝云：我国未变法前，尝忧司法、行政有丝毫之未分，今变法三十余年矣，已收司法独立之效。不惟日间惟恐行政、司法性质容有丝毫未分，而夜间所梦，亦惟恐或有丝毫未能分晰，致损司法独立之权。我国国会开时，必以司法独立为议题而早议决也。

问：司法独立，所司之法系用何法？

答：用人民之代表在国会以平恕之心理所议决者，为适合之法。所谓夫变法者，非仅变其形式，必变其法律发生之机关。在两院构成之国会，数人所定之法为草案，提出国会议决则可；不经过国会，径直颁行即为法典，强人民永久遵守，此难恃之事也。盖一国宪法为行政、司法之根本，尚必以国会为立法机关，而况乎依宪法而订定之法律也。

问：司法独立与适用法之发生，既闻之矣，其司法之职权何如？

答：据日本司法官制，司法大臣监督各级裁判所及检事局，指挥检察事务，受理关于民事、刑事、非讼事件、户籍、监狱及保护出狱人事项并其他一切司法主管内行政事务。我国三法司制今尚存，大理院与法部对立，将来此部院之权限不分，法部尚书不能尽责，仍不能收完美之效果。而欲此部院权限分明，又在早开国会，交此议题于国会中之法律股议员议决而后定，此又要政之必待国会早开者也。

问：法部负责后效力如何？

答：一变专制为法治国，一收回治外法权。

问：何以能变成法治国？

答：元首之大权，行政依宪法之范围而不能专制，可发代法律之命令及非常命令，而不能变更法律，此其一。宪法与法律既由国会议决而立，则全国人民已表示遵守宪法与法律之心，其最后之守宪法与法律可以豫知者，此其二。立宪国之官吏，皆依宪法与法律而行动也，在法部与将来之行政裁判所，正以赞助行政、司法各官吏之奉守宪法与法律，而国家亦赖有各机关监督官吏范围于宪法与法律之内而不敢有不法行为，此其三。由此观之，欲变专制国为法治国，除宪法有拘束力外，法部实为重要监督机关也。夫既元首也，人民也，官吏也，皆依据宪法与法律以为行动范围，倘所谓任法不任人而成为法治国者，是耶？非耶？

问：外人如是其强，我国如是其弱，区区国会开设能收治外法权乎？

答：是不难。请勿研究收回之办法，而先抉出失去法权之根源。夫治外法权之失，外人之借口者：一为中国法律野蛮，公私不分，刑民不分，诉讼又无定法，乌能裁判我西人；一为中国监狱，即因果报应家所谓地狱，何能拘禁我西人；一为行政、司法权混于一人之手，无论法律良否，官吏公明否，精神不专，迁调无定，审判乌能恰当，何以能服我西人；一为未有警察、检事为断案证据之豫备，及保护外人之取缔，尤不能管辖我西人。夫失去法权根源既如彼，而从病根下手方法（改良法律，整洁监狱，认真警察，行政、司法分离而使司法独立）又如此，彼既无所借口，塞其口即收之回矣。日本明治未变法前，亦失去治外法权如我国。英人与日人约：如贵国改良法律，修缮监狱，办好警察，司法独立，敝国愿先承认撤去领事裁判权。盖外人之有领事裁判权，即治外法权也。日人遵行，英首撤，各国亦相继撤，此收回治外法权之确有把握者也。至于以上四病根，亦须款项充实，可以同时并举，而国会既开，筹款拨款肯为担任，此又无可虑者也。

第九节　邮传部与国会

问：假令开国会后，采中央集权主义以定官制，则邮传部影响何如？

答：交通之权，即国之主权。交通权存在，即国权存在；交通权不存在，国权即随之。近今以来，我国轮船、电信、铁道之权大半落于外人之手，不收回此权，无邮传可办。倘国会开设，必设交通股，议员首议收回已失之交通权，举国一心，财力易吸，次第收回，何难之有？此关系我国主权之利益者一也。现在各省筑路权、通航权，外人无不躭躭争夺。夫外人之在我国得有筑路权、通航权者，无不增加其地图之标识，以为领土延长之符号。而在我，不堪设想矣。关系既如是其险且重，而要挟之者，首挟该地督抚，次挟外务部。督抚、外务部数大臣怯我无海陆军以为后援，不得不以所谓磋商之手段应之。夫外交不能据国际公法执行，而至磋商，策之穷且下者也。通商以来，凡无国民如为苏杭甬铁路之结团体以争者，不至俯首让与不止。倘国会既开，海陆军因有国会负担经费而扩张，以为外务部之后援。邮传部又以有国会不承诺之同意为之后盾，斯时之邮传部，正利用国会直接间接之影响而保存我交通权。此关系我主权之利益者又一也。不宁（维）〔惟〕是，政权既在中央，何路宜先，何路可稍缓，由邮传部与陆军部、海军部、军咨府、民政部、度支部、农工商部统筹全局，权其缓急，提出议案于国会。而国会之交通股股员知军政攸关，合致赞成，亟为敷设。一旦有警，各省之兵神出鬼没，无不制胜。此关系我国威之利益者一也。一国之富，全恃生财，我国商务只可谓与国分财，不可谓能于国外生财。现在人民生计，概夺外人，欲使生财，生财之学固在农工商，而生财之机关不能专恃铁道贯通邻邦，必内添商轮以收内河交通之权，外添海舶以世界为市场，与海外华商同登垄断。推之邮便、电信，有事固为警报之资，无事实为生财之主脑。国会既开，交通股员必以此为一议题，互相讨论，或募国债，或议加征，无不立举。此关系我国生计之利益者又一也。近今我国受损最巨者莫如外债。在投资本于我国之人，实以其殖民政策中之投资殖民政策施之我国，而我国政府以为要政不可不行筹款，又无方法，不得已而出于此。非谓外债之必不可借也，举铁道为实例，如日本在我东省敷筑南满铁道，开设南满铁道公司，其名则为商办，以杜他国政府向隅利益必须均沾之口，其实则本国政府派遣法政经济专家及工业专家充当设立委员，其设立费由递信省给与。此路需二千万万，其一千万万则取之在我东省所得森林、矿业、（鱼）〔渔〕业、纸币各权利，其余二百万万托名为清日股东资本，其余八百万万则以南满铁道公司名义借诸美国。夫公司为私法人，以私法人资格借外债，即以私法人资格清偿，不必别有海关税务为之担保。我国国会开时，凡关于交通事业需款者，人民必肯负担，必不至仍借外债。如不得已，亦必不主张政府以公法人资格借外债，而以公法人财产担保而损失我权利，必仿各国以私法人资格认借认偿也。即现在我国公司信用逊于外国，仅以公司名义借外债，外人未必见信，无已，或公司借而政府担保，或政府代借，不必指定用之之事之地，以为担保稍胜一筹，而国会开时必议及此。此关系于交通行政不得已而借外债之利益者又一也。

以上所言，无论收回与拒绝，自办与生财，皆直接间接受国会之赐者也。

第十节　农工商部与国会

问：假令开国会后，采中央集权以定官制，于农工商部之影响何如？

答：前言开国会后，一切必要支出，增加税目或税额，或募国债，有国会负担，固矣。惟是人民虽有爱国热忱，肯尽义务，倘农工商不振，仅有食租衣税之人及以劳力生活之人供给义务，其何能济？况食租衣税之人与劳力生活之人因本国农工商不振，一切需要皆取之外国农工商之擅胜者，日掷其金钱于漏卮以去，而富者穷矣。本国机器未兴，一切皆恃人力，故农工之成本独重，而生熟货之以之通商者，与外人遇无不立败。何则？外人凡农事、工事、商事，无不以机器为之速长，为之灌溉，为之杀虫，为之刈割，为之制造，为之运输，用力简而资本少，成功速而得物多且精，未有不战胜于世界经济场也。我国如机器仍然不兴，凡昔之农工商之用劳力者，并无资本雇佣劳动之人矣。当此之时，虽有国会，民不聊生，议员虽承诺筹款，其如款无所出何也。由此言之，各国之赖国会以筹款者，而农工商部则赖国会以生产。何则？国会固恃农工商之发达，民有余裕，以为筹款之源；而农工商则不惟本部因中央集权而种种活动，且实赖国会之早开，各部皆责任主管以为将伯之助也。

问：何以中央集权，农工商部则种种活动？

答：现在农工商部之职权甚不完全。如采中央集权以定官制，则全国之农业、商业、工业、森林、矿山、水产、地质当分别为国有、省有管理之，提倡之，禁止之，开放之，模型之，调查之，责成之，可以刻期而兴也。不能中央集权，分别国有、省有，则范围不过京畿，而京畿之为地几何？京畿之人之留心于农工商者又几何？几几无农工商之可言也，不过拥主管全国农工商之空名而已。由此言之，不开国会以定中央集权官制，不能尽本部之责；开国会以定中央集权官制，然后可以尽责也。

问：何以各部能负责任，则为农工商之将伯？

答：实行尽责，必添设林区署、矿山署、制铁所、工业试验所、农事试验场、畜牧场、蚕业讲习及检查所。其中技师、技手、鉴定人必用专门学生，而专门学生未能供给，以致不能尽责。如各科技师、技手等，除应归本部自办学堂造就外，其余皆他部早应预算年限培养，以供给农工商部组织各局、署、场、所各课之用，何至农工商部由前之说之所当组织者，以各科专门学生无多，暂从缺如也。此由各部之不负培养各科专门学生之责，以致农工商部不能尽责之一原因也。不宁惟是，将来如设立水产讲习所，其协商委员必以海军部、学部、邮传部之有学识、有经验者及本部高等官或他之水产有经验者组织而共同商究；如将来设立林野整理检查会，其委员除本部高等官数人外，其余即民政部、海陆军部、度支部、学部、邮传部之有学识、有经验者组织而收互相研究之益。此欲本部负责，必缘他部各能负责而后能尽责之又一原因也。

问：前言中央集权与各部负责以为将伯，固皆间接受国会之影响，农工商部抑有直接受国会之影响者乎？

答：农工商部办事之经费，先列预算表，送度支部并入总豫算表中。尚需款项，或筹或拨，成一议题，提出于国会。而国会之农工商务股议员统筹全局，细心规划，权其缓急，款如何筹，或如何拨，不得以“事属可行，无款缓办”八字了之，而刻期兴办，无财力不继之忧。此直接之影响之最著者也。不宁惟是，现在各国对于我国侵略政策，易军事之手段而为吸精吮血之手段。何谓吸精吮血？即各国以经济政策殖民于我国，垄断于我国，使我国日即枯瘦而就衰亡者也。今日之事，请勿言开发农工商之利，只言保守我天然的地利，徐待专门学生之足以供给，将来筹款拨款之确有所出，然后自谋生产，毫无滞碍，斯亦计之得矣。而现在中原、边地，凡他国有其一足以富国者，皆拱手让之他人。倘再逾一二年始开国会，专门学生即足以供农工商部之用，国会中农工商股议员皆足以代表而议决必要负担之经费，而拒绝外人之攫取，夫土地、资本为经济三要素之二，当是时也，恐不止失去土地、资本，无可措手矣。及今开设国会，不惟款有所出，专门学生可以责成主管各部豫期造就；凡外人已夺我农工商之利权，国会可以议收；外人之要挟我农工商利权，外务部及督抚磋商之后，不能不让之外人者，国会可以议决，为严重之拒绝。苏杭甬路向使无国民结合团体力争，其害何可胜数。而将来国会拒绝外人之力，可以睹矣。此农工商部直接受国会之影响者又一也。

第十一节　礼部与国会

问：假如开国会后，采中央集权主义以定官制，于礼部影响何如？

答：我国现今礼部，如外国之文部而兼宫内省主饮食之一职。今既悉谋变法，如何由繁趋简，如何由文返质，如何敦厚风俗，如何崇尚秩序，无论以礼法连累而言，以礼教连累而言，皆与法与教有关系者也。大凡人类生存于社会，司教育者固可感之以道德而隐摄其精神，司法律者固可以法律制裁于其既犯之后，以为旁观者之炯戒与犯法者自新之余地。然而，德感无强制之力，法治又嫌其已迟，不若以礼持其外表而先为防微杜渐之为得也。开国会后，凡礼与法与教之事，皆当议及，以共同心理而求一折衷至当之礼也。

问：开国会后，讲新学之人多喜外洋礼俗，将来议及，不有使我国人削足适履之忧乎？

答：外洋以法统礼，将来我国凡与外国君臣朝贺、觐见、通聘之礼，不能国自为俗，不依国际公法而为之变通。至于本国可以保存之礼俗，藉以厚风俗、明等威者，不过去其繁文之太甚，必准情酌理而为文明之国粹。他若各地方之风俗，无害于宪政者，虽风气各殊，而定法者必因地制宜，不得强语同一而生疑惑，而况乎有时当以国为界者也。我国古人多以礼为法，就立法以借证之，夫国会为立法机关，而编纂民法之善者，必以仅适用本国，不能适用他国为目的。此不必疑国会早开，全弃本国之礼而尽学外人之礼之一证也。

问：开国会后，凡讲学者谓祠祭为迷信，将来祠祭之礼不将议废乎？

答：外国之有教部，与礼部仿佛。何则？教部之职，一方为统一国教，一方为藉仪式以维系人心。我国孔子之学、之才、之德，世界哲学家大半心折，或推为大教育家，或推为大政治家、大哲学家。外人哲学之称，即中国圣人之称也。而外人不推孔子为宗教家者，以孔子专主治心，不强世人信仰且不必有一定崇拜之仪式。何则？孔子之量，无所不包，往不追，来不拒，在心理之诚服，而不必有形式之拘也。世界各国皆有宗教以维系人心，迷信所崇拜之人之心愈深，而犯法之事愈以不敢。故各国政府利用其宗教以补法律维持之不及，而自身绝不为天堂上帝之说所愚。我国国会开设，虽不必推孔子为一国国教之主而褒孔子，亦必利用国人敬天畏神之心理，以补法律教育干涉之所不到。此不必以早开国会而虑废祠祭之礼者也。

第十二节 理藩部与国会

问：开国会后，采中央集权以定官制，于理藩部影响何如？

答：其影响甚大，约而言之：一主义之影响，二组织之影响，三职权之影响。

问：主义何以有影响？

答：凡百政治，必先有主义，然后所用各手段贯穿此所抱之主义，以收完美之结果。天演竞争之时，有主义之竞争未必尽如其主义而能贯澈，而况乎其无主义者也。我国之理藩部，国初为蒙古衙门，崇德三年改今名，并改承政为尚书，参政为侍郎，顺治十六年以礼部兼任，明年仍独立为理藩官厅，而所分各司惟有以蒙古为司之主名者，承羁縻蒙古专设此署之旧也。现今我国沿海藩篱大半撤去，而沿陆各边将为安南、缅甸之续者，又岌岌不可终日。以进取为主义，则不仅有保守精神，当含有恢复扩充之精神。如外国之参谋部、殖民部，日日以恢复扩充领地为主义。主义既定，夫然后自量其国力与对待国之情势，或以军政为手段，或以商务为手段，或以教育为手段，或开发其事业为手段，以期贯澈此主义而后快。以保守为主义，不过稍戢其侵战之野心，而于行政上、军事上、经济上、立法上，亦必酌施其政策，期能拒绝外人侵略，完我主权之主义而后已。此国会开后，边务股议员必以此为重大议题而议决者也。倘仍以羁縻蒙古主义为本部之主义，而于藏回卫诸部概淡漠视之，则一瞬之间，藩离尽撤矣。理藩部之责其重矣哉！

问：组织何以有影响？

答：现在理藩部非不欲尽责者也，欲尽其责而政权未定，何能尽责。欲政权确定，非变更组织不可。夫组织之准备，一为调查会，一为测地会，一为立法会。各国变法，必先调查其虚实，次测地以定区域，次立法以定行政、司法之权限，就中举日本于我东省为例，十年之前，日本设黑龙江测地会，越十年乃战胜强俄，其一证也。组织之着手，一为改边为省，或受中央指挥，或各边督抚可便宜行事，各派明干大员且熟谙边务者设立边务行政会于京师，所成议题由理藩部付之阁议而为边务之指导，此一策也。其或边地风气未开，难于遽设行省，由理藩部主管各边，而各边大臣或受指挥，或派员组织行政会而为边务之指导。如拟设行省，第二层办法（而）〔则〕官制之决定，无论设立一部分之立法机关、行政机关、财政机关、殖产机关、军队机关、裁判机关、教育机关由政府提议，抑国会提议，皆国会所必议及以专理藩部之责者也。

问：职权何以有影响？

答：如主义（然）〔仍〕以羁縻蒙古为主义，则一蒙古司足以了事；以统一蒙、藏、回卫诸部为主义，则必添设主管各司。盖组织由主义而定也，组织既定，则权限分明，权限既分，除若者为外务部权，若者为海、陆军部权外，而理藩部之权存在焉。此就对他部而言者也。就对本管而论，中央指挥则权重而负责独重，边地分参议、行政之权，则藩理部主管大臣之权稍轻，而责亦有人分负，视组织之法何如耳。而理藩部组织之法，何者善，何者不尽善，则又为开国会时急待解决之议题也。

总之，开国会后，无论中央指挥、边地分权，其理藩主义、组织、职权必伸张之而无缩小之理，可断言也。至于筹款、拨款，度支部将以其预算表提出国会，而国会之议员知剥床近肤，死在眉睫，无难承诺矣。

第十三节　吏部与国会

问：吏部近有归并内阁之议，开国会后，不将实行归并乎？既曰归并，权柄不将大替乎？

答：吏部四司验封稽勋，不啻铨选考功之重。以言铨选，未开国会，一则曰外放官吏，再则曰州县停选，吏部之权在若有若无之间。倘国会既开，无论行政法规所载登进之道，或以德举，或以言扬，或以学堂毕业，将有异于从前；而既并入内阁之后，为德举者，为言扬者，为学堂毕业者，其登进之法亦必有法定之秩序。使天下之才之出皆轨之于一律，且中央、地方权限既定，如归中央，当较前日登进人才之权尤为加重。何则？官厅者，机关也，机关之名虽变，而运此登进人才机关之人，尚须雅鉴之山涛也。吏部诸公早见及此。此不虑吏部诸公或以早开国会与本署有利害关系而主张迟缓者也。

以言考功，未开国会，则京察、大计皆依都察院吏科给事中意见而后下以确定之评判，名为吏部有黜陟天下官吏之权，实则操之察院吏科掌印给谏。与其名存实亡，不若并诸内阁，划分权限而有实权在握之为愈也。此又不必以开国会早而受变更之影响为虑者也。

第十四节　王室官僚与国会

问：早开国会，必早改官制，而官制之更，凡为王室管宗族、供饮食、供衣服、供仪卫、供畜牧、供使令诸官吏，亦必受变更、裁汰之影响，此又政府不愿早开之又一原因也。

答：各国帝王需要，虽有文质之别，而宫内诸官无国不有，以各主其职，如日本之主马寮、主茶寮之类是也。开国会后，宫内诸政，如内务府、銮仪卫之类，皆当以宫内大臣统一之，其详当别载皇室典范，其大纲惟不能侵入一般政治之范围。因时变通，宫内主之，国会即早开设，断无有干涉及此者。此不必以宫内诸官或受早开国会之影响，而共同主缓者也。

问：内务府、銮仪卫各机关之必统一而无裁汰，既闻之矣。但开国会，宗人府之影响何如？

答：各国君主立宪，皆有皇族机关以议皇室及管理皇族之事，我国宗人府管理宗室觉罗，亦正类此。将来立宪，一切身分及宗人与宗人之权限，皆当详于皇室典范，必不以早开国会而令宗人府有裁汰之影响。此又不必以早开国会为虑者也。

第十五节　京堂司员与国会

问：早开国会，必设责任内阁总理而外，诸相对于本部自负责任。如各部堂官或为本部谋达交通之目的，或为本部谋达振兴海军、陆军之目的，或为本部谋达外交强敏之目的，或为本部谋达教育普及之目的，或为本部谋达内务整理之目的，或为本部谋达财政扩张之目的，或为本部谋达实业振兴之目的，或为本部谋达司法独立之目的，则必各召业已专门学成之学生或特别为造就专门适用之学生，或位以丞参，或位以司员，现在未尝有专门适用之丞参、司员不将尽行裁汰乎？若不裁汰，不惟部堂不能尽本管之责，而国会必为学成不用、所用非人之弹劾。此早开国会不能不尚待研究者也。

答：外国政治机关，必分别孰为主持政务，孰为躬行事务之人。大堂及左右堂固为政务官，而丞参亦政务官也。政务官能学有专门，适宜本部，固为尽善，然使经验不深，非失之轻躁，即失之疏忽，不如舍专门之长，而取识见之卓。故变法之初，各国政务官皆取老成稳练之员，以其旧阅历与专门学生之为事务官者之新智识互相调和，国家坐收其效，断不至新部一负责任，即将前日之政务官一并裁汰。正赖此老成典型之丞参为群少年之学成专门者将伯也。

至若素无科学，久于政界之司员，如精力尚强，尤不必虑。变法之初，专门之才未易多得，将来各部政权扩张，旧司员亦必资其阅历而内留外放，除各部如兵部改陆军部仍留熟谙旧案司员外，凡道缺之需老成阅历者，大半必与学生在司员者互放。国会之议员，智识相去不远，断不至有不情之弹劾矣。由此言之，早开国会一日，即早设责任部堂一日，即京堂司员早宽升转之途一日，此部堂以次诸官不必以裁汰为虑而主张缓开者也。

第十六节　京衙之变更

问：倘开国会后，都察院变更否乎？

答：倘开国会，必受间接直接之影响。何谓间接之影响？行政、司法分，则会审之权消灭矣；民政部或吏部考核官吏之权扩张，不必询吏科给谏意见，则考核官吏权消灭矣；礼部之权扩张，则监察朝仪权消灭矣；军机倘组织为新内阁，则监察军机漏泄权消灭矣；敕书由内阁副署而负责任，则封驳与给发权消灭矣；大理院为司法终审之署，则伸直冤抑权减杀矣；审计院设立，则调查会计权消灭矣。凡此皆因国会既开，实行立宪，必如以上之组织各官厅而受间接之影响者也。何谓直接影响？国会有弹劾官吏权，而察院弹劾官吏之权移国会；有检查行政权，而察院检查行政之权赘，凡此皆直接受国会之影响者也。虽然，我国专制政体传之最久而不十分大坏者，谏臣之力也。今之御史，即古之谏臣。国会未开，固全恃强硬之都察院以为弹劾发言之机关而维持敝政。即［既］开国会，当仿外国行政裁判所之例，构成行政裁判所，以为行政诉愿及权限争议判决之机关而维持宪政。现今之察院，凡行政、司法之诉愿与诉讼，固可受理，而权限争议之问题，未尝为法定机关，由其解决，其作用多不完全。倘国会早开一日，斯署早改为行政裁判所一日，官斯署者得以以权副才，凡诉愿、诉讼与权限之争议，尤幸得有专理判决之机关公平处决，事无停滞而为铲除专制之将伯，剖解行政、司法之分水犀矣。谅察院诸贤，公直救国，不以考核、检阅、封驳、弹劾诸权有隆替为疑，而以赞成三权分立之政体与增长本院裁判之职权为心，而共表早开国会之同情也。

问：改为行政裁判所后，比为都察院职权轻重何如？

答：官吏之权，不在门类之多，在扼其纲要。夫立法之外，莫如行政，使无行政裁判所平权限之争，受诉愿与诉讼之提起，则宪政虽行，皆为亡国之引火线。何则？国会开后，实行宪政，就权限而论，必上级行政与下级行政争权，行政官厅与司法官厅争权，行政官厅与对等行政官厅又争权，权限不明，不违宪法与法律，即放弃终局。未开国会，大半军机处处决；既开国会，斯署必设，而处决之权移此矣。就行政诉愿而论，凡行政处分或有不当，或毁损权利及利益，皆非所以答被毁损者望行宪政之本意。有行政裁判所受其诉愿而救济之，宪政之弊去而利存矣。就行政诉讼而论，凡行政处分之已生权利毁损之结果者，被毁损者得以提起诉讼，请求行政裁判所救济，不然宪政为厉国厉民之政矣。夫监督宪政之权如此其重，虽消灭减杀以上所述之职权，而此监督行政之权较诸昔日有时可监督司法、行政，有时不能监督司法、行政，轻重迥殊矣。

问：现内阁于开【国】会后何如？

答：就职权与官厅分论之，内阁之权移于军机久矣。现今所存之权，不过掌常例之应上章奏及颁布不由军机至速至密之诏饬而已。此外祝辞之撰定，贺表之进达，谕旨之批答、立案及发送，部本之检阅，典礼之执行，御宝之保管，谥号之拟定，监修实录、史志之总裁请简，皆与决定统治政权无甚关系，俨分宫内省、翰林院之一职。如早开国会，议设新内阁，以军机昔分诸内阁之重权者，仍还诸内阁，则内阁政权之庞大无比肩矣。

即变军机为新内阁，而所用衙门或别立一阁，而此旧内阁或将吏部并合，或将民政部并合，不敢代为预决。要之，新内阁无论成立与否，而军机大臣如实行副署而负责任，内阁诸公或不同一副署而负责任，则内阁虽存，国会不开，其官厅之关系轻重若何，可想见矣。倘国会早开，早定改革官制主义以定官制，无论改为新内阁，并入吏部，并入民政部，宪法上之职权较会典上之职权尤为巩固，不至如顺治以来，旧三院之名时有兴废，与翰林官厅离合时有变更也。想内阁诸公亦必冀开设之早也。

问：翰林院为我国最出人材之衙门，登进之途较他署为最优，开国会后，当编行政法规，出身之途萃之学堂，此署不当撤乎？

答：翰林院自掌院以至编检，不惟读书中秘渊雅迥出凡流，且多政见开达或老成谙练之人。当此需才孔亟之时，开国会后，衙门愈多，大半在帝心简拔之内。其高年硕望不愿以执行政务相烦者，当留此署，如新官制之集贤院，即以留馆诸公充两宫顾问之选。各立宪国，民选议院为拥护民权之机关，上议院为拥护君权之机关，此集贤院将来无论并拟设之枢密院为一院，抑或仍别为一院，必为最清最要献替两宫之机关。若不早开国会，在馆诸公不自上折言政，几无政治关系，似仅有侍从文翰关系，不若开国会后之加重政治关系，权更大也。

第十七节　督抚与国会

问：开国会后，如采中央集权制度，督抚受内阁及王管各部指挥监督，但我国幅员过大，交通又不便利，一切政治受中央命令则消息迟缓，不受命令又违反官制，故主张缓开者大半为是。

答：采地方分权制则政权难于统一，采中央集权制以期统一，而版图大阔，交通不灵，又于地方行政殊多不便。正需早开国会，博采全国舆论，或采中央统一之制，或采地方分权之制，以定官制，以定行政法规，期便于吾国中央、地方而后已。现在虽有新官制，实无中央集权主义或地方分权主义之复杂新官制，无主义之官制，无论迟至何时开设国会，无人负责，宪政终不能行也。一国之政，行政为多，不行新官制，旧官制如不复杂，有一定主义，或可缓开国会。何则？现今以为地方分权乎，又实无权。贤明督抚欲作一事，或枢相与部臣掣肘，或因与某大臣有政见反对之处，数字之电，朝湖北而暮四川，一种热怀付之流水，则似中央集权也者。以为中央集权乎，则又不然。开明之枢相、部堂欲行一新政，必须督抚赞助或直接推行者，而督抚有时可以无款推诿，可以缓议推诿，可以授意司道会详考察地方情形风气未开、财力不充尚须培养以后方可举行推诿；甚至强有力之督抚，虽限期议覆之件竟不议覆，则又似地方分权制者。是故中央官厅新政不举，归咎督抚奉行不力者伙矣。夫中央以官制未改不便，而地方尤以官制未改不便，不若早开国会，提出此二主义议决，以定官制，以定行政法规，督抚乃有所适从。采中央集权制，则内阁负责任，各部为本部应管之政负责任，督抚转可依行政法规而行政，不必揣摩政府，可做一有秩序的督抚，而不必以权轻责重为虑。采地方分权制，则督抚俨然联邦之主，可独立做一省之事，而无所牵顾，自负应管之责任之为得也。由此观之，早开国会一日，即早定有主义之官制一日，即早定行政法规以为其行政根据一日。总之，欲督抚负责任，当使有确定之权；欲内阁统一政权而负责任，当明定中央政权与督抚政权之权限，而后各政能举，知开通督抚对于早开国会之政见必极力赞成者也。

问：未开国会，各省财政虽曰支绌，督抚尚可隐其地方款一部，以为举行新政外销之资金。若早开国会，当日之可以隐留地方款一部之不报度支部者，必和盘托出；而和盘托出之后，度支部竭地方款而提之，其将何以立足乎？是故督抚间有不主张早开者正为此也。

答：惟此之故，正需早开国会。何则？国会不开，皇室费、国家费、地方费不能确定其界线，无论内外官吏，皆为无款所苦。若早开国会，此为一国命脉，必早作为一议题提出于国会，由上下二院体察中央、地方二方面情形而均其支配，不得使度支部时时仰屋，亦不得使督抚不能以地方之款而支办地方之政务也。现在各省督抚非不欲一切要政同时并举，其所以不能如是者，无款之故也。不宁（维）〔惟〕是，已有之地方的款，固以皇室、国家、地方各费分别清晰后，而后有的款可为。此外人民所增纳之税之应纳于地方官厅者，亦皆确可指用矣。就地方财政而论，知督抚亦惟恐开设之不早，而解决此财政困难问题之不早也。

第十八节　司道与国会

问：早开国会，必议提学、提法诸司，巡警、劝业、交涉诸道，概由曾习师范、法政、警察、实业及通晓外国语文之学生在司员者外放，将何以处现在之司道乎？

答：变法之初，于司道大员不能求全责备，亦如京堂司员当分别政务、事务。司道为政务官，如开达谙练，必仍利用其旧阅历；而各署课员为事务官，则必概用专门学生充选，利用其新智识，以与旧阅历相调和，而举厥职。现在各政不能尽举者，非司道全无阅历，乃课员不用专门学生之故，以致无尽职之知识。而学生不用专门之故，亦由无行政法规之登进法以为之纲，无国会以盾其后者也。现在司道之欲尽职者，如本管部堂与督抚鄙厌新政，不能不放弃责任，唯唯否否以终日。何则？推求其故，譬之警察，无国会以协赞责效于民政部，致民政部责效于督抚，且致督抚责效于巡警道，故警察行政终无大效。如已开设国会，民政部经费有着，早以不顾留隙以召国会之弹劾，而催促督抚；督抚虽顽固放弃者，亦畏民政部弹劾，不敢反对，而催促巡警道；巡警道而为负责任之官也，必利用催促之主管大臣，而共造成警察国矣。官厅不独巡警道，而巡警道其一斑也。由此观之，上有督责之机关，下有尽职之权柄，而司道皆作事矣。为司道计，不惟不虑早开国会而早裁汰，且以早开国会而早完司道之权也。

问：现任司道固资其经验而如故矣，惟是候补试用道员，中央政府屡促督抚令道员与府厅州县以次入法政学堂。倘国会既开，督抚必实行限入法政学堂同习法政，年老家贫之道员不能用功，又不能一日无事，何以能习法政，其奈之何？

答：此不关国会开设迟早，视督抚主张何如耳。如江南制军、浙江抚部限道府入法政学堂，不入者视为未到省者，与国会开设之迟早无与也。不过开国会后，道府必入此项学堂，办到一律耳。为道员计，惟有于未开国会之先，早入法政学堂学习。我国人性质与政法相近，研究不难，不入学堂未必即有阔差美缺，不如求之学问而可凭。国会如何开速，在三年内，及开国会时，业已学有专长，凡新官制所载诸司道缺，皆可立得矣。此时而不补习，则新来之由学生出身者既相形见绌，已有缺者又以久历仕途而资其经验，无缺可望，四顾茫茫，皆无立足之地矣。如早见及此，急习法政，正赖国会早开，用我者取我所学之适于宪政，差缺何难之有。

第十九节　府厅州县与国会

问：即开国会，事实上自治团体当即变为法律上自治团体。夫自治之事，除官治之事外，本绅民自为其本团体之事，而受地方官之监督，其自治之权即其自主权，固无官吏代为经营之理也。而试办之初，袭专制政体之余威，自治之预备大半官为代办，此事实上不完全之自治体也。惟自主权不完全，地方官方以尚无流弊可虑。一旦开设国会，必即设责任内阁，而内阁大臣中之民政部堂官，必认自治体所议之条例，而予以完全之自主权，载在行政法规，竟变为法律上自治体矣。夫既变为有完全自主权之自治体，不复由官代办，不将侵官之权限乎？

答：地方自治，立宪国家区为二种：一官治，一自治，各有其权限也。官之权积威之余民何敢侵，民之权虽不可侵，尚可为之监督。此不必为开国会后自治权侵官治权虑也。

问：未开国会，必不议设行政裁判所，必仍用大清律，地方官偶有过失，人民大半畏大清律所载告官之律，而不敢告。既开国会，必变更法律，必设行政裁判所，万一地方官有过，人民得控之行政裁判所，而剖其非是，无所谓告官有罪，此地方官之极不愿早开者也。

答：地方官如贤，虽有行政裁判所，人民虽刁，无可告之根据。地方官而不贤，虽不开国会，不设行政裁判所，而绅民之有势力者，或联名上控，或亲诉于其本管督抚司道，或耸同乡京官举发，或属御史弹劾，亦未见其久安其位矣。又如大清律可变，则本管大僚挟私怀怨冤劾僚属者，正利用此行政裁判所及讦上司无罪之律，而得直于朝矣。

问：不开国会，行政、司法不分，地方官之威严尚可长保；若早开国会，则宪法立速，宪法立速，则行政、司法必即分开，地方官无司法之权，遇刁抗之百姓，不能自为裁判，尚可以官斯土乎？

答：国家无裁判机关，则民必不畏而多犯法。国家使地方官专心行政，别立司法机关，就地方官一方观之，似剥去其司法权也者；就国家观，有专心司法之官，较前此行政、司法混于一人之手者，尤必令出法随，地无纵民也。为地方官者，如遇刁抗之民，违犯国法，移交裁判所，如证据确实，无项可说，不啻自为裁判。譬之学司，但谋教育普及，本衙门何尝有直接刑讯之权，而人民莫敢不听命者，有国家特设之司法机关，万一有应裁制之件，可以交付裁判所裁制，畏学司如畏狱吏也。夫学司之能专心教育，正赖无讼狱以扰之。地方官何独不然。平日心魂役役，朝夕不安，惟在难于结案，或有冤狱，或在八参之案，故地方官于行政非不热心，其所以无成效者，不暇给也。今则无此虑矣，且得以专心行政，凡教育、警察、实业、卫生、交通诸政，无不利用此无案狱劳形之日月，保赤诚，求担负本管范围内之责任，而收美良之结果。唐宋以上之循良，国会开后将见无地方官不循良也。为地方官者，正利用此国会早开，司法分开，而专心行政也。

问：开国会后，地方之政间接受民政部及各主管部堂监督，直接受本管督抚及主管各司道监督，不能敷衍，事事认真，款将何出乎？缓开国会便。

答：所谓地方自治体者，实为筹款之机关，人民既得参政权利，而后报酬以纳税义务、募债义务也。纳税之外尚不足用，如地方议会认为必办之件，由地方议会公议，认借认还，或公摊公用〈之后〉。譬之警察，乡间警察大半以其本乡人为之，其款即由本乡下级团体负担，而地方官不过监督之，使无流弊，无筹款之难，而有警察发展之名。警政如是，推之教育、卫生、水利、实业、交通诸政，何莫不然。开国会速，地方之款易筹，功易成，名易得，前云将见无地方官不循良，正谓此也。

问：地方财政因开国会而易筹，既知之矣。惟是地方官厅所入，不比前兹可以自用自销、无人稽核之为便，若滴滴归公，地方官供给甚繁，无帐可报者不知凡几，将无人敢作矣。

答：地方官薪俸，新官制业已增加，如开国会，必即照给。不宁（维）〔惟〕是，前日之手续料，非由法定，受之则为贪，拒之则自贴办公诸费，开国会后手续料既由法定，亦为入款大宗，受之转觉为正当。夫粮税之入，另有委员经取，而议会既须豫算决算，不若听其实用实销，官不经手，不受不洁之影射之为得。无经手钱谷之烦，无生息入私之惑，而比前此之官俸所入加至数十倍之多，地方官何乐不为也？况国会开，法必变，法既变，一切供给必尽删除，所入倍多而所出加少，地方官尤为可作也。

问：未开国会，中央命令，督抚尚可不遵。如中央命各省候补道府以次概入法政学堂，江南、浙江诸省固遵行之，而此数省外督抚，有变通办理府厅州县不必一律入法政学堂，尚可委差放缺者。若国会既开，有缺差者固已如上所答，实有利益，而无差缺之候补官，强入法政学堂，不能谋差与缺，资金充者不过耽搁日子，资金不足者何以一家生活？此亦可虑者也。

答：中央政府正恐开国会后，为事择官，断不为官谋事，而使受政法教育。将来行政、司法分开，以之行政，以之司法，事无不举，不必营谋，费钱费日，求一不可必得、得不必久之差缺，而安坐取得相当之差缺，且可以久之差缺之为愈也。如早开设，彼前所问可虑之事，无足虑矣。

第二十节 佐官与国会

问：开国会后，无学问者尽归淘汰，佐班之中，以盤盤大才小试其技、吏隐于其间者固不乏人，而学问未成、厕身斯职者比比相望。如开国会，事事决诸公论，佐班之无学问者必在淘汰之列，果何法以生存乎？

答：开国会后，必行新官制，新官制之佐班，实辅助正印官，可独营一职，反可以显长见好，坐得升迁，比前日之贤佐班为正印官所掩有间矣。

问：信如子言，开国会后有可以干事之职权，惟是必尽曾习专门之人，奈何？

答：他种专门业已过时之人固难成矣，若法政学堂，正为造就若辈办事之根据地，无已，惟皆入法政学堂。

第二十一节 官吏一般之利益

问：开国会后，各官有各官之利益，固确如此矣。然则官吏抑有一般利益乎？

答：一般利益视特种利益为多，时促难详，约而言之：登进以学问为资格，而定之行政法规，不必贿赂奔竞，此一利也。违反法律，箴戒处分，由箴戒委员会处分，长官不得挟嫌妄劾，此一利也。官吏进退，公诸舆论，如认真做官，绅民可以挽留，得始终其事，此一利也。办公诸费，定诸行政法规，不致取之则诬以为贪，却之则自累，此一利也。长官供给，将遍设支应局，由支应局开支，从此无供给长官之苦，此一利也。大法一变，衣服必取简朴，赴任之初，及候补之时，不以筹制衣服为苦，此一利也。变法以后，道路必修，改轿为车，不必多蓄工仆，此一利也。宴会之事，必取洁约，以省时省费，此一利也。欲兴要政，地方自治体或度支部必为担负经费，不必设法筹垫，此一利也。不分省界，可以服官，舟车费省，此一利也。加俸之法，逐年递加，此一利也。新官俸禄比原额有加，此一利也。退隐家居，依原俸之额，酌给若干，以为退隐之资，此一利也。领受俸禄，实领实用，不致扣偿他费，此一利也。官吏死亡，另有给赐，非属虚文，此一利也。官吏家属，本官死亡，另给遗族扶助金，此一利也。用即所学，不转他职。专心一职，则易精明，此一利也。治外法权既已挽回，民教之事皆受本国法官审理，无因教案被参之累，此一利也。地方自治，刁绅劣监不能干预公事，无交通滥绅之累，此一利也。警政整顿，盗贼化为良民，无抢案之可虑，此一利也。教育普及，诉讼日简，此一利也。实业振兴，地方必富，富则易治，此一利也。地方自治，收养贫民，教之工艺，自谋生活，清盗之源，此一利也。法律既定，有所根据，一切政务，皆可以任法而行，此一利也。此官吏于早开国会所得共同之利益者也。

第四章　人民与国会

问：早开国会，于人民负担最重，则亦何利之有？

答：开国会后，凡要政缺款皆取之人民，似于人民大不利益。而其实，宪政之进行，一方多取于富厚之民，一方为中人之资本加资本，以发达其经济；一方救助贫民事业，一方为人民除去障碍，而使之自由生存于法律之内。盖为人民酌盈剂虚，使贫富不甚悬隔，而成一可以生存之地方团体。天下事从州县做起，积千数百之可以生存之地方团体而成一可以生存之国，不致被淘汰于列强之手，则人民之财之被取去以行宪政者，即存之己身之府库。反而观之，明亡之时，某民拥赀百万，藏之窟中，闯兵一至，化为乌有，盖国不能存，虽藏之家，犹在野外，可以悟矣。

问：如子之言，信有利益矣，不知有几种利益。

答：国会开后，国可立强，强国之民，无不利益，观东西强国之人民之在我国者，可以知矣。约而计之，除例有为行政、司法各官之希望外，有二十余种：一、有被举为国会议员之希望；二、有被举为咨议局议员之希望；三、有被举为府县市会议员之希望；四、有被举为参事会会员之希望；五、有为陪审员之希望；六、有为市长及下级团体长之希望；七、有为地方警察官之希望；八、有地无盗贼之希望；九、【有】不受外人压制之希望；十、有受官吏违法处分可以诉愿诉讼之希望；十一、有不受刁绅劣董武断之希望；十二、有开发农业之希望；十三、有振兴工艺之希望；十四、有普通特别银行设立金钱活动之希望；十五、有保护劳工之希望；十六、有被举为学务员之希望；十七、有道路交通，运输、旅行无不便利之希望；十八、有市街整洁，公众卫生之希望；十九、有凡为子弟得受教育之希望；二十、凡有旧学之人，咸有见重乡里或国家之希望；二十一、凡有新学、未有旧阶级之人，皆有为事务官或办学务、实业之希望；二十二、凡为女子，皆有受教育、不裹足之希望；二十三、凡鳏寡孤独之贫者，有地方救助之希望；二十四、凡废疾之人，有入废疾学堂，得习谋生工艺之希望；二十五、凡热心公益之人，可以募集公债之希望；二十六、诉讼法既定，有冤屈易伸之希望；二十七、有真是真非，可以立足社会之希望；二十八、有检查财政或管理财政之希望；二十九、有好官被调，得破除旧律，挽留久任，自治能办之希望；三十、有国会为人民后援，凡人民疾苦冤抑及志愿皆得达于政府一切活动之希望。凡此皆人民受早开国会之利益之最巨者也。

第五章　结　论

问：早开国会一日，皇室早尊严一日，国家早富强一日，官吏早有实权实利一日，人民早解倒悬一日，举国上下无怀才不用、是非颠倒之忧，无有利难兴、有害难除之苦，皆国会早开之赐，既闻之矣。子主张早开，究竟以五年开设为宜，三年开设为宜，二年开设为宜乎？

答：不佞就现在内忧外患逼迫论，急需开设以救危亡，则二年开设为宜。

问：一切未尝预备，二年开设，窃恐各省之风气已开、普通教育稍稍有效、政治思想勃勃难遏者，或可选出合格议员；若普通教育毫无成效，政法、警察教育种子未及分布者，选入国会，必不知何者当反对，何者当赞成，其若之何？

答：开设不论迟速，在预备力不力。如预备不力，自治不急试办，户籍吏不急设立，选举法不急编定，调查局不依宪政编查馆办法，咨议局不切实急办，虽迟至十年，或七八年，或三五年，皆不能一律有合格议员。应选人民犹赤子，无保赤诚求之心，赤子未有能长成者也。譬之西人，腊时向园丁言明春欲观荷花，夫荷花之难得，园丁若为华人，固必以主人乃不通之言，时尚未至，卸也。而西人之为园丁者，必诺曰有，于是急急出其平日所习去冷之法，避风之法，用磷速长之法，透日用玻罩及当用红色之法，时时伺候，及春居然盛开矣。今之言开设宜缓、程度不及、未尝豫备者，由前之说是也；言开设以二年为期，可以办到者，由后之说是也。

问：子言豫备得力，即可二年开设，必确有把握，固知之矣。请将着手从速之法言之。

答：今言开设宜缓者，除怀疑者疑有一二流弊，而忘其上安皇室，内静民心，外抗强邻，可以国富兵强而外，一则曰豫备开国会手续繁难，一则曰合格议员难得，一则曰经费难筹。去此三难，则开即开耳，一年即开国会，有行之者也。

问：豫备开国会手续何以能简捷而免繁难乎？

答：因咨议局之选举则省许多手续。伏读前月二十六日上谕，有“由咨议局互选议员入资政院”之谕。夫国会者，合上下二院而成者也。我国若为一院制，则资政院即元老院，亦应有一民选下议院。既为二院制，则资政院即上议院，实应有一民选下议院。今咨议局议员既得充资政院议员，是咨议局议员已有入国会资格矣，盖资政院实为我国国会之半体也。咨议局议员既有入国会之资格，何不除由敕选入资政院外，暂勿另分选举区，即依咨议局奏定选举区法而奏请广选议员，每州县多选一二人入咨议局，并奏明除每省咨议局敕任为资政院议员外，每州县仍互选一人入京师下议院，与资政院以构成国会。夫咨议局议员已有入上院资格，独不可入下院乎？如试办一次不善，再一面另定选举下院议员法，此无可疑者也。

问：就咨议局多选议员，即由此选举民选之下议院议员，固简捷矣。虽然，风气已开之省，普通教育既有端倪，政法、警察教育亦已布有种子，且风气既开，即不入学堂，而政治思想勃发之人为多，固属足敷议员之用。现在风气未开之省，普通教育、政法、警察教育皆未有种子，如此不知国家关系及宪政之人，以之选入下院，将何益乎？

答：此事宜由中央用通力合作办法，先由宪政编查馆咨请民政部咨行各省，限期将曾习法政、警察毕业学生各有若干人报部，由民政部按省之大小而札派学生之多少。我国腹地州县千四百有余，而法政、警察学生已达三千以外，除尽本地学生办理本地之事，其余分派邻省，以补其不足。此二项学生者，其札饬所办之事，使佐地方长官办理自治局，而受该地方长官监督，由自治局而发生自治研究所、自治传习所，仿天津自治研究所，四个月毕业以后，续加课期。其所招之绅，每州县匀派，不得令有向隅而程度终不能齐之叹。一面由民政部咨请督抚，将各属佐治官兼充户籍吏，一面俟研究、传习毕业之人帮同户籍吏主持一切，一面即由自治局派研究、传习毕业各生充传习调查自治员。且户籍吏既设，则调查选举资格易而且确，尤必限期先成地方议事会，以资练习，夫然后选举资格藉以得确实之调查也。此为养成研究政法之议员及调查选举资格之办法也。至于普通教育普及之事，亦必由宪政编查馆商请学部咨催各省督抚，限期将初等小学切实推广。如教员不足之省，从速责成缺乏教员州县，先择中文有根底者办简易师范，从速毕业，以资派充教习小学生徒。教员虽无选举资格，而地方之被选者，非其父兄，即其戚友，此普通教育之影响于议员之办法也。至于开通风气，由宪政编查馆商请民政部、学部咨请各省督抚，提倡开通风气之宪政白话报及宪政宣讲所，此开通风气以养成多数议员之又一办法也。凡此皆为养成一般议员知国家立宪之关系，而应选者也。

问：此二种二年办到，其间详细手续如何？

答：诚如鄙言，至迟从今冬十月起，即遍设自治研究所或传习所，同时并设，仿直隶四个月毕业。在明年三月毕业后，佐治户籍及调查，限二个月。一面共立自治章程，设立地方议事会练习，一面即调查咨议局及下院议员资格，不过明年五月。按照宪政编查馆奏定咨议局选举章程，并带选下院议员，经复选到省，不过明年七月。俟开局会议，练习一次后，即行互选下议院议员。选定后，将选举名册报宪政编查馆及资政院、民政部上奏，候旨召集。如预备竭力，自今秋起至三十五年冬、三十六年春，即可开设，不过比咨议局稍迟数月，未有不能开设者也。此不必以速开手续繁难、议员难得为虑，而主张二年开设国会之理由也。

问：信如子言，议员无合格太少之虑矣。虽然，欲养成合格议员，必由以上办法，而依以上办法，必用许多经费，现在各省支绌之余，一时何能办到？

答：由督抚筹款者，莫如设普通特别银行，贷与地方自治体兴办各事，由自治体分期认还，一面谋本地生产之发达，一面即兴办各要政。要政中之要者，莫如准民间私设法政，受法部、学部监督，以布种子。其次莫如仿直隶，准民间自设自治研究所与传习所，自治局为之监督，何难之有，特患实疑法政及自治研究与传习为有流弊，借口无款，则百年之后都办不到耳。至于宣讲之款，与咨议局、自治局之费，用下议院议员，即不藉以培养而附之选举，亦必自行筹款，如限办到，与国会开设迟速无关也。其为国会议员入京费用，三五年开设亦当预筹，二年开设亦当预筹，无已，或由度支部筹给，或由咨议局议决筹款之法，均无不可。教案之起也，至穷之省亦必筹赔数十万金，而此金一去不复返矣。议员决议国政，不惟可以强富，且必担任筹款，质而言之，议员之费用，是自存款于会计，而被选后支用所存之旧款也。盖从未有行政、司法官吏带私家之款而办公家之事，是消费即已生产，不必以此小费为虑也。此又不必以经费难筹为虑，而主张二年开设之理由也。

湖南长沙罗杰：《早开国会问答》，光绪三十四年（1908 年）铅印本

请速开国会建设责任内阁以图补救意见书

张　謇

昌言瓜分中国之说，二年前曾一见于德报。日人之图统监中国，则于其大限重信饯别伊藤博文统监朝鲜时昌言之，亦见日报。彼时我国人民稍有爱国思想者，即相与扼腕愤叹。而闻我政府及政界要人，则以为是特空言而已，未必果有是事。今年则日人占筑安奉铁路发见后，又有占及吉长之说。未几又有传说东西列强在海牙公会，密议对待中国政策三条，其最后者为统监财政，前二条盖不忍言。八月初旬钱恂、陆增祥先后密电外部代奏，各省乡士大夫及于商埠，皆惊相走告，几于无人不知。愤叹之声，雷动猋合，有识之士，束手旁皇。以为外则海军未立，陆军不足，海疆要塞，不能自固，船舰枪炮，听命于人；内则至艰极巨

之责任，悉加于监国一身，政府俯仰委蛇，曾不闻有所设施，足以分监国之忧劳，而轻天下集视于监国之责望。欲求一非枪非炮非舰非雷而可使列强稍稍有所顾忌者，实无其策，于是拟请速开国会及组织责任内阁之议，各行省乃不谋而同。其立言有激烈，有和平，其宗旨主于爱国则一。今分二义，述其同意如下。

宪政馆立宪之预备，定开国会，期以九年。以各省地方财政，与人民知识程度参差不齐，必一千七百余州县自治之事，一一按年表而行，至于完备而后开国会，即加多于九年之外，岂得为迂？然列强之欲逞志于我者，则正恐九年之后，全国人民合力拱卫国家，必将难于专制时代。但劫持一二政府大臣，即可行其强权狡计，而愈以促其及早摧我之政策。我不为备，而惟是循序以进，是何异揖让而救焚？其为不及，可以断言。故救急之法，惟有请明降谕旨，声明国势艰危，朝廷亟欲与人民共图政事，同享治安，定以宣统三年召集国会。未至期以前，设有大政谘询，并得开临时国会。一面饬宪政编查馆速将议院法及议院选举法提前编定，限半年告成，以备应用。如此则各省素有学问、热诚爱国之士，其对于监国益感奋而加意研求，亦可使列强知我有民气为后盾之预备。即使列强统监财政之说发生，我国会有词焉：外交则赔款已过之八年，并未尝分毫短少，即各部所负之债，亦未至不可分偿，不得以债权迫我。内政则各省有谘议局，即各省财政之监督，万国公法宁有独立帝国而受外人干预财政权者？此请速开国会之同意也。

万世一系，有国家者之至愿也。永享太平，世世不见有改玉改步之事，又人民之至情也。然我中国历史之所从无，则以专制政体，君上独负治乱安危之责任。平时百僚庶尹，一切行政，阳为奉一人之命令，而阴窃其威福。一旦有事，则诿过于上而谢其责，而祸乃中于国家。今世界立宪国之编制也，曰皇位神圣毋侵，曰万世一系，求之中国册籍，以为理论则有之耳，以为颂美则有之耳，绝不见有此事实。立宪国何以能之？其立法也，曰责任内阁。责任云者，以内阁代君上负责任焉耳。责任专于内阁，而君上日临而监察之，内政有失，则责内阁大臣焉；外交有失，则责内阁大臣焉。中外人民之观听，群倾注于内阁大臣，凡为内阁大臣者，但稍有知觉，决不能如向之持禄保位，泄沓自安。且其地处于可进可退，即有桀骜不驯之才，亦受责于举国之舆论而无所容逞。是有人代负责任，而君上乃安于泰山。君上为责任所不及，而又有国会在下，助君上以监察此代负责任之人，而神圣之号，光于日月矣。较之君上独负责任者，其安危难易何如？今皇上冲龄，内政之弊，外侮之棘，又中国二千年所未有。千危百险，举以困我人民所倚望而敬爱之监国，各省有识之士，均甚惜之。故惟有请明降谕旨，建设责任内阁，稍分监国之忧劳。此请建设责任内阁之同意也。

或者虑人民之程度未至，政府之筹备方新，速开国会，则哤杂无益于事。请质言之曰：国会所以备列强非礼之侵，岂有拯溺救焚，而可以诿之程度不及，迁延观望，以待将来之理。即政府之所谓筹备，其与国会有直接关系者，惟速订议院法、选举法二事，其余各事，多不必于召集国会之前粲然皆备，并有候国会成立之后，而筹备益易者。统监之说，既有所闻，举国将堕于巨焚大溺之中，而可瞻顾迴翔不为之备乎？

或者虑今日能胜责任内阁大臣者无其人。请质言之曰：必欲得皋、夔、伊、吕、管、葛、房、杜为大臣，则岂惟责任内阁可不设而已，祸至无日矣。与为高论，无宁择于今之大臣中，稍有学问阅历、明时事、为众论所与者，举而畀之，不胜任则固可更置也，不犹愈于亦名大臣而无责任者乎？

各省舆论，既不谋而合，有志之士，又观感而兴，往年上书请愿之举，不期而集于辇毂之下者，十有余省，今且有继续而至者矣。虽朝廷有种种之限制，而彼之为此举者，必各省志节之士，各挟一爱国监国之血诚而行，其必欲达此意于监国，决无旁顾。而区区之心，则窃有微虑，请更申之。

中国前代痛国之危，而身负斧锧上书言事者，一二贤豪而已。国家甲午以后，庚子以前，冒世不韪而感慨言事者，亦犹少数人耳。自我德宗景皇帝立宪之诏下，而天下人民乃渐有与国家共戚均休之思想，乃渐有政治法律之理论。是今各省绅士志气激奋，千百为群，固由我德宗景皇帝至仁至圣之心鼓舞而来。设请愿而行，天下固颂监国之友爱仁明，益有以振天下之士气。侧闻都察院新章，士民上书之限制甚严，是欲塞天下之口也。设请愿之来，竟格于院例而不达，至于再，至于三，或达而不获请，亦至于再，至于三，恐内外将有不美之观念。一二激烈之士，将以为国家负我，决然生掉头不顾之心；和平之士，将以为义务既尽，泊然入袖手旁观之派。当预备立宪之日，忽使士类灰爱国之心，可乎？不可。此可虑之在内者一。

欧人涎我国为商场，防我立宪有国会后，不便于攘臂争权利者有之；日人料我立宪终不成，国会终不能开者有之。今各省绅士请速开国会，建设责任内阁不行，各国知我人民与政府之不协也。欧人将利我政府之不愿开国会，而益怂政府重其压制之力；日人将利我人民国会之不获得请，而益激人民生其反动之力，皆势之所必至。此可虑之在外者一。

今日国势，犹处风雨危幕之下，波涛漏舟之中也。上下相顾，大小相扶，尚不知有济与否，而群嘿焉，群觑焉，诚不知所届矣。竭区区之愚，为国家计，为监国计。监国以我德宗景皇帝之心为心，天下所知也。今先帝梓宫既已奉安，宜本则友之义，申立宪之心，不待臣民之请，即以许开临时国会，建设责任内阁，特降明诏，宣示中外。譬诸水也，相其壅塞之无益，而为之川以导其流；譬诸屋也，知其罅漏之可虞，而增之墙以厚其辅。此立宪之通例，而国家之大利。兹尤其时，尤其时也！惟在监国睿裁，毅然行之耳。

《张季子九录·政闻录》卷三

论请速开国会事

政治之界，素非中国人所敢言者。自海禁开，万国交通以来，始知文明各列强，以立宪称治，上下议院皆有一定之则，曰权利与义务相对待。信乎？承平之治，肉食者流，不足与议国家大计，而天下之治乱，匹夫与有责焉，此殆今之人所习言而不怪者。无如政治思想，本中国士民所罕有，故世界文明竞进，瞠乎其后者，则惟中国是。立宪各邦对兹谓为专制之政体，使人民囿于其中不能自由，非虚语也。苟不谓然，试观中国政界之变迁，无论如何纷扰，总以权归当道者为主要，而士民之列，谈国事则有禁，故政党之说，例不敢言。识者谓中国政界上，向不见有各省志士之政治团体，信矣夫。惟其有之，亦不过数年之间，二三志士，立持空论，以鼓舞群徒耳。乃近者有人焉，目击时事之孔艰，意谓当道者未足深恃，且因去年各省志士上书，有速开国会之请，朝廷即予以定期九年实行立宪之诏。今年各省谘议局开办而后，各省志士见时势孔急，非速开国会不可，于是有人首倡联合诸同志，函达谘议局议员，相与首途上海，开特别会议，遣代表至京，再请速开国会以救亡，意则殷矣。闻此次领衔者，为直隶孙君洪伊，并举刘君崇佑、罗君杰、方君还、永君贞，以四人为代表团干事，其谋画之周到，无微而不至，其运动力，势不可遏止。就中国政界上观之，亦可谓开一新局面，肇造万年有道之基也。

虽然，速开国会之议论，宗旨不能谓不正，然亦有异议在。何也？国会之开，诚为中国人习言者，设使不能完全办理，利害未敢预定，而欲开完全之国会，则非预备之于先不可。而其预备之间，需费八九年之岁时，亦未可知。但现在政府当道者不可以数计，既宣言预备立宪，而热心于实行者鲜。苟且图安，加意弥缝，以空言塞责，以作伪为能，是中央政府王大臣，与各省督抚司道，并守郡牧令之长技也。以故有心者提速开国会之议，刺激政府当路之人，尤冀以此等论说，警国民全体之视听，振国民全体之精神。于中国政界，确见其有利益，而不至有害，立宪之预备，道德不外是矣。

虽然因请开国会，而各省谘议局议员，相与举代表陆续而至京，至京以后其运动力之如何设施，局外者不得而知之。然以鄙见之所及，第一代表于当道者，须善为访问，以申明其政见，勿使彼有所疑虑，则目前之阻碍，自能消除于无形。第二于报界上，宜郑重视之，以为舆论之公地。举意见之私，商诸各同志，向各报社发明其志向，登之报端，以宣布于天下，则群情自免于滋疑矣。第三须开催大会，相与反复讨论，按切实处指示，何以鼓励夫民气，何以联络同志诸人，使各效用于国家，罔或有所贻误其可也。第四于开催大会外，更须移檄各省，求同胞民族之有心者，以相与拟议。不必问其为谘议局议员与否，说帖既具，苟有可采，裨助自多，其势力之大愈张矣。审是国会速开之预备，万不可以疏虞。运动则壮甚，议论则雄甚，而要不能以失之狂激，亦不能以失之粗暴，又不能以失之因循，更不能以失之误会，谆谆相议，意见各抒。自抒己之意见，以听他人之意见，然后折衷于一是，因而结约联盟，组织有规则、有节制之团体，勿或有始无终，或者积日累月，今年不能达其目的，则须诸来年亦可；来年目的不能达，更可以需诸将来，期时能达其目的而后止。如不其然，代表者欲速达目的，而政府以旷日持久之策相应，则亦无如之何也。以各省之代表言，顺直议员能为东道主，夫固尽人而知之。惟是先联合顺直同志诸朋辈，开催欢迎会，以酬各省代表之盛情，并以所筹方法切实研究，尽地主之谊，是皆所宜预办者。政界之推扩日进，以全国人力任其责，断不至于有所失。观立宪各国，已有作我之明法者在，敢窃私论及之。

《顺天时报》，宣统元年十二月初二日（1910 年 1 月 12 日）

直隶宪政研究会致商法讨论会论速开国会书

商法讨论会诸大君子公鉴：敬启者。自通商互市以来，各国竞出其经济战争之实力，租借我土地，垄断我商权，愚我政府，欺我人民，互争借款以干涉我路政，诡词合办以攫取我矿产。近如中日新约，将东三省之利权全归日人之手，是朝鲜我矣。海牙平和会闻将提议监督我之财政，是又埃及我矣。呜呼！民利国权，日有摧削，瓜分惨剧，近在眉睫，俯仰危局，而不思有以拯救之，坐视宗国沦亡，凡我国民当必不忍出此。然则救亡之道将奈何？亦惟有取世界共同认定之立宪政体，以移之于我国而已。我先皇帝明诏天下，召集国会，期以九年。苟外患不生，时局无变，则未始不可循照定章，徐为筹备。无如陆沉之劫，已伏目前，兼程并进，已有日暮途远之忧，矧辗转因循，大局宁有济乎？与其延宕时日，议院未立而国先亡，何若变更前期，即开国会，或可挽回于万一，此各省士绅所以有要请政府速开国会之议也。窃知我商界诸同胞亦皆国民之一分子，必能急起直追，互为策应，谨即国会开设之迟早与全国商业之关系，为我诸同胞一一陈之。

——国会不开，〈为〉不能实行保商之政策也

无国会之国，必无责任政府；无责任政府之国，必无行政之方针，即必无确定之商业政策。自近世纪以来，经济战争日益剧烈，各国皆以讲求商业政策为立国图强之首务，而其政策之如何，每随国境时代而殊，有不能强同之势，必因世

界之趋势，统计全国商业之现在与未来，以谋改良进步之方法。而我国近年以来，海外之商业既已不能扩张，内地之商业又复日见摧萎，全国之商权几尽在外人之手，凡我商人将并陷于劳动者之地位，数年以后，当无一人有资本家之资格者矣。至此而犹曰中国不亡，我国人民不为外人之奴隶，亦强颜耳。夫以中国之地域，地味肥沃，物产丰饶，占天然之优势；中国商界人才，勤勉刻励，亦具有优等之资格，何难巍然成一经济独立之国家。顾何以败退之现象至于如此？揆厥原因，盖外人之商业有政府以为后援，吾国之商业我政府反多障碍。币制之不定，商法之不行，关税不速改良，金融机关之不完备，无一不足以绝我商人之命脉，而阻商业之进步。夫国家对于商业，何以无确定之政策？则以政府无确定行政之方针故。政府何以无确定行政之方针？则以无监督政府之机关，政府不负责任故。此即行政之关于商业者言之，不可不速开国会者也。

——国会不开，不能实行整理财政也

今欲植国基于不敝，其第一着手，即当以整理财政为本源。然非有代表民意之机关，实行监督财政权，则财政终必无整理之一日。我国财政紊如乱丝，数年以来，内而度支部曰清理财政，外而各省督抚亦曰清理财政，而内外皇皇，现一种惊惶恐怖之状况，而终不得一正当确实之策画。盖积弊已深，以官吏监督官吏，固未有能济者也。然财政之不理，其祸卒中于国家，而其害先及于商界。数年以来，新政繁兴，故收入之途亦广，而吸取小民之脂膏，徒饱贪吏之欲壑，罕用于生产之途，半耗于虚牝之地，一切行政，非常挥霍。独至筹一大宗正款，为维持实业之用，则司农仰屋，大吏兴嗟，而必无以应。况为济一时之需，则滥铸铜币以取赢，既而值价大落，而商人蒙其害；为补既亏之款，以官立银行为周转，异时纸币无灵，而商业又蒙其害。至于因缺款之故，以强制之力，增加商人之担负，尤所易见者也。夫使国家用款，并以归于实际，我商家虽受目前之痛苦，或犹有将来之乐利以相偿；虽受一方之损害，或犹有他方之利益以相抵，则亦何害？惟观我国之财政，以一纸造报，上下相蒙，而其款已归于无何有之乡。输纳愈多，度支之空乏亦愈甚，政之不兴，事之不举，一如往昔。竭吾商人血汗之所得者，并以献之国家，亦恐无济。况今日海陆军之筹备，新官制之将行，国家经费较前必骤加数倍，使仍任一班官吏之滥收滥用，极其流弊，不至举国财政濒于破产之势不止，而商业更不可问。立宪各国之财政预算案，必经议院之通过，然后施行。盖我民自起而监督财政，利害之关系既切，而监督乃有实力也。此以财政之关于商业者言之，不可不速开国会者也。

——国会不开，不能防止滥征租税也

吾民有纳税之义务，即不可无承诺之权利。以文明国之公例言之，尚未有夺其权利而专责以义务者也。夫国家行政经费，必以人民所纳之租税为入款大宗，此无论专制国与立宪国所同然者也。惟专制国之租税，由政府之强制，故税法恶劣而民力困；立宪国之租税，必国民之承诺，故税法善良而民力纾。然欲得国民之承诺，不能执人人而问之也，必有国会以为代表民意之机关。盖同一租税也，甲国行之则有利，乙国行之则有弊；同一租税之征收法也，前日行之则有益，今日行之则有损，不独准诸法理，更当考诸实际。政府之为民谋，诚不如吾民之自为谋也。我国家征收租税向无定章，自近年变法以来，尤为一大弊政，关卡林立，名目歧出。但以济一时之需，而民力之能胜与否，税法之适当与否，皆所不计。是故租税者，必无妨于财产之发达，而我国之租税，则若惟恐其发达也者；租税者，必无妨于交通之便利，而我国之租税，则若惟恐其便利也者。谓于赋课之中，隐寓禁止之微意，而被禁止者，却在常品；谓于征收之中，略有保护之作用，而被保护者，则惟外商。且政府以种种名义，攫取小民之资财，而下级官吏，复各出其贼民之手段，留难侵蚀，借以为肥己之计。人民困于权利之不敌，任其剥削，而莫敢谁何。感受此等痛苦，尤以我商界为甚。夫前此既有之厘卡杂捐，已足摧残一国之商业，使无复存活之余地，而国家复孳孳讲求加捐加税，百方取盈而未有已。今凡百税，则一无整理，而田房税契之增加，印花税之实行，朝廷督促之于上，督抚劝行之于下，又复不可缓矣。夫我国之商业，正在幼稚时代，保护而维持之，以当世界商战之场，恐犹不免于劣败，况复以此种租税重困之乎？虽今后国家行政之经费，必有加而无已，商民担负之租税，亦必有增而无减，是固无可如何者；然租税之输纳，固为人民当尽之义务，而义务与权利实相互而生者也。立宪各国，凡国家加征租税，必须代表民意之国会承诺，而后乃能实行，是以无滥课之弊，而租税乃不为病。此即租税之关于商业者言之，不可不速开国会者。

——国会不开，不能救济条约之失败也

夫人民之当参与条约者，以条约既经公布，而人民必须遵守，与国内法律有同一之效力，其利害影响于人者甚巨。况近世以来，列强以条约竞争，其所注重之点，惟在商务，是条约之与商业界，尤有密切之关系也。我中国处列强胁迫之下，失利丧权，更仆难数，在我商界，首当其冲，其害尤烈。故国家定一次条约，商家必剥去一种权利，中国之权利几何，能任政府之一再割弃而不尽耶？华商日病，外商势力弥满内地，皆是故也。然历次条约之失败，外部之失职固罪无可恕，而无国会之政府与外人缔结条约，绝对不能占胜利，亦未始非世界之公例。盖彼以有方针、有宗旨之政策而来，我以无方针、无宗旨之政策而应，胜败得失，判然立决。试一浏览我国近数年之外交历史，能不为之痛心哉！夫吾民竭毕生之心力，洒血汗，涸脑筋，经营一事而不足，政府不动声色，不费唇舌，片言断送而有余。使非早开国会，人民皆有参与条约之权，则大地神州，尚有我华商生存地耶？此就条约上之关于商业者言之，不可不速开国会者也。

以上四端，言之虽未能尽，而早开国会一事，与吾商界团体有切身之利害，则固不待智者而后知也。吾人果甘心如犹太商人，为无国之民斯已耳，若犹眷念神州，系心家国，则当云合景从，联袂而起，对于我政府为强毅之要求，非得勿休，非获勿止，纾商困以植国基，保主权而维宪政，在此举矣。敝同人区区愚诚，想当共谅。今各贵会代表为讨论商法事集于沪上，此诚难得之盛会，用敢不揣冒昧，陈书于诸大君子之前。伏祈转致各贵会，并通告今日未到会之各商会，速行组织，联合请愿，以求达速开国会之目的。不胜翘企待命之至。直隶宪政研究会同人公启。

《中国报》，宣统元年十二月初三日至初五日（1910年1月13日至15日）

国民程度说

选

自景皇帝下立宪之诏，在廷臣工佥以国民程度未至，期于筹备九年而后，乃开国会。顷者直省议员以吾国内忧外患，迫于眉睫，非缩短国会期限，不足以挽回大局而维系人心，爰拟公举代表入都，为协力请愿之举。然而兹事体大，观日前资政院定明春召集直省议员开第一次豫行会议，政府未经允准，逆料守旧之徒，必有藉端驳斥，请从缓办者，而究其终，必以程度未至一语拒绝国民之要求。是则旁观所鳃鳃过虑，而不容不辨者也。敢贡其说如下：

预备立宪之发起者，政府也；国会请愿之发起者，人民也。政府不知人民之真相，而借口程度未至，遂不得不俟诸九年之后。虽然，人民之立宪之基碍在于国会，并能对于政府为正式之要求，是即程度已至之明征，而犹曰程度未至，是非重诬我人民之甚者乎！况所谓至与未至者，吾不知政府果于何见之，于何知之也。如谓四百兆之众，目下未尽开化，不足以当代议士之资格也，则试问今日东西各立宪国，其人民果尽皆开化，而无一不具代议士之资格者乎？又试问今日先我立宪之俄罗斯，其人民之程度果居何等，其高出我中国之上者有几何乎？盖所谓代议士者，由于人民公举，必其人学识超群、行谊迈众而后得膺斯选，下此者即不能羼入。以我国普通之人民而论，其程度容有不足；而以民选之代议士而论，其程度断无不足也。人民虽不同于东西各国之人民，而代议士则不异于东西各国之代议士，此则验诸各省谘议局之程度而已毫无疑义者也，而何程度不足之有？

如谓通国之内，惟官吏程度最高，而人民非其比也，则试问今日之由谘议局以选入民议院者，果皆来自田间，而无一曾登仕版者乎？盖今日之被举为代表以入都，与公推为领袖以任事者，绅也，非民也。绅则已经解职之官，与未经出仕之官，且为官界之翘然独异，而开通最先者也。今日之举为代表、推为领袖者，既非斯人莫属，则即不得因其现处于人民之一方面，而谓其非官，且谓其程度皆卑卑不足道也。对于民则为绅，对于国则为官，相去只一间耳，而何程度不足之有？

况所谓国会者，以谋全国人民之利益为目的者也。人虽至愚，莫不知自爱其性命，自保其财产，为个人谋利益之计。今以个人自谋利益者，进而谋全国之利益，不过充其谋利益之量，而私者公之耳。是即圣贤之所谓良知良能，而西人之所谓天职者也。藉曰程度未至，则岂吾全国之人民，并不知其性命财产为何物，而毫无自谋利益之思想乎？盖能谋个人之利益，即能谋全国之利益，舍蚩骙不慧者而外，初无程度之可言也。既无程度之可言，而何程度不足之有？

且也人民程度之高下，恒视乎国家程度之高下以为等差，以吾国人民之程度，较诸东西各立宪国人民之程度，固不可同年而语。然所谓程度不足者，殆谓吾国之人民不足以参入他国之国会耳，非谓吾国之人民不足以参入吾国之国会也。如曰无此程度，则试问目下南斐、北美（坎拿大诸地）等处，其人民程度之下于英、美各邦者何限，而何以其议院组织之完备，竟与英、美各邦无少异乎？由是而论，吾国人民之程度，纵逊于东西各立宪国，要不至并南斐、北美而弗若也，南斐、北美尚可开议院，则吾中国亦可开国会，而何程度不足之有？①

《厦门日报》，宣统元年十二月初五日（1910 年 1 月 15 日）

倡办义捐以促开国会论

中国不亡矣，岂惟不亡，将从此勃兴焉。何以明其然？征诸近日人民爱国心之勃发而决之。自各国监督财政之风说起，热心志士恐吾国将为埃及、波、印之续也，急筹挽救方法，如上海之国民捐会，天津之筹还国债会，安河之海军义捐会，他省当亦有闻风响应，开会提倡者。于以觇民气之（旁）〔磅〕礴，民德之增进，最近可喜之现象也。顾其名称虽异，其目的则同，盖均以救国为惟一之目的，皆可谓之义捐。设捐款可成，以之偿以前之赔款，而赔款清；兴将来之海军，而海军复；或更以其余济教育、实业之不足，而教育、实业盛。对于外人，则干涉我财政之说无从而起，侵略我土地之心不戢自消，吾民力之可敬可畏也有如此。对于政府，则见国家观念之发达，洗程度低微之诋諆，吾民德之继长增高也又如此。由是中国一跃而为世界第一等国，与列强共竞存于二十世纪之时代，此吾所谓中国不惟不亡，且可决其必兴焉。鄙人对于此举，所大赞成者也。

① 原文只登至此，余未见。

虽然，天下事不难于图其始，而难于善其终。一事之兴，造端者未尝不期其成，乃行之未久，不能得预期之利益，而反呈反对之结果，是岂作始之初心，正为其憾事。试以往事征之。黄学士思永仿内国公债，奏办昭信股票，意在筹还甲午赔款也。事非不可行，而行之不善，天下骚然，未几而罢集款，将三百万用途不明，本利虚悬，代之以官爵。结果如斯，而政府失大信于天下，然此犹自官吏倡之也。前次京师志士倡办国民捐以偿赔款，各省多表同意，乃百方征集，捐款无多，后议还诸捐者，而暂存于银行焉。此则由人民倡之，而又归于失败者。其他若拒外款，抵外货，类皆一作再衰，始奋终怠，其收效盖寡，见讥于外人，见轻于政府。故外人知吾民之易与也，种种无理之要求陆续进行之；政府知吾民之可制也，种种宝贵之权利慷慨承诺之。此所以安奉铁路问题既决，而后监督我国财政之风说继此发生，（恶）〔噩〕耗传来，更不一而足也。

事迫矣！当局者昏昏然，尚无所举动。吾民人心未尽死，倡举义捐。无论其偿国债，复海军，当民生困敝之余，在应纳租税以外，谋牺牲一己之利以挽救之，爱国心之切实，其事之重大，非可与昭信股票同日语，更非前之国民捐作一例观。然法虽良，意虽美，苟行之不得其道，而未从根本上解决焉，前车可鉴，不如其已。可已而已，夫复何言？不可已而已，失今不图，尚待何日，是坐以待亡而已矣。即勉强行之，而得反对结果，亦终于必亡而已矣。呜呼，尚忍言哉！

我国人作事，不激不动，激不烈亦不动。然而激之稍缓，则弛矣，事过境迁，淡然若忘，久而久之，复其永静性矣。惯例若此，不可讳言。观于庚申、甲申、甲午、庚子诸役，非其明证乎？岂吾民特具此恶根性？曰：惟国家观念不明故。国家观念不明，故得任在高位最少数人之不仁者为所欲为，断送国民利权不知凡几矣。今者猛烈之激刺横来，足以制吾人死命之所谓监督财政者，政府不为动，而国民乃函电纷驰，奔走惊告，群集谋对付之策，而集义捐焉，可谓动机大作矣。其将一发而不可收拾乎，抑为有秩序之行为？能如愿相偿乎？吾不敢谓果有异于往日之举动之有始鲜终也，然而当兹安危在此一举之时，吾惟愿能如往事之能图其始，更将继续之以善其终也。

然则，将有以善其终当如何？亦惟有慎之于始而已。慎之于始将如何？凡欲行一事，当对于其事实，通全局筹画之也。其研究之点，则如：此事当行不当行乎？如以为当行，而揆诸时事、情理能否实行乎？实行之有无困难阻滞，设有困难阻滞，有何方法可以排除之乎？实行之结果，能如所预计之利益乎？凡兹疑问，当行事之先，不可不求解决之方法，而始行着手。方针既定，进行无误矣。若冒昧从事，其不失败者几希。近今十稔，国民自觉之心渐发达，有损于吾国民权利者，合群力以争；有裨于吾国民权利者，亦尝合群力以请。顾争矣，请矣，而效用不大，或竟归无效焉。其吾民无恒心、毅力哉？无实力以盾其后，不足以动政府，又不足以慑外人，固为主因。毋亦作始时，未及深长思之故乎？然而，未来事未可预料，亦为少数人之智识有所不及，是当集众长而为远虑。浅学如鄙人，何足与论天下事，谨以前所举之疑问，就义捐商榷之。

义捐当行否？此问题就经济学解之。国家之财政支绌，正惟国民之经济困难，担负正税已竭蹶矣，而于此外又生一捐焉，毋乃不可乎？且一年骤提出多金，将减少社会资本，如为还外债，巨金流出外国，经济界必生剧变（此当别为一问题研究之）；如为兴海军，陆续提用，变动尚缓，即购船、置械，不过一部输出国外，一部尚流行国中也。然从各人之消费物品方面观之，购用外货，每年输出之额岂啻四百兆（日本大隈伯尝言，对岸支那绝大销场，每人一元，已得四百兆元），即以买洋货之金作义捐，亦未尝不可。然此说究非正解。如以为可行，惟道德上之解释为惟一正当耳。旧说毁家纾难、急君父之急是最好百姓，固属可通；新说则纯为爱国心之所发动，牺牲私利以为公益，牺牲现在以为将来，是为大国民。舍弃性命尚无不可，而况区区一部分之财产？则此说尤为圆到。反言之，谓为利己心亦可。舍弃一小部分财产，而可保全其大部分财产，忍一时之苦痛，而得永久之安宁。设中国灭亡，性命、财产均不保，则此义捐即保险费，正个人之利益也。夫皮之不存，毛将安傅？栋折榱崩，侨将压焉。保全中国即保全自己，何乐而不为？而各人利己心之积，遂成公利心矣。但以法律学论，人民负纳税义务，于应纳税金之外，不得侵及其财产，即无于税款外献金之责任。但义捐为人民自动，非由政府诛求，可谓不生法律上之问题也。

由是以谈，从道德上及利害上立言，义捐之当行，而且不可不行也，明甚。则第一问题已解决矣。而第二问题遂因之发生焉，即能否实行，有无困阻乎？此问题可化分为两：一在难于普及，一在难于继续。以甲乙两说释之。

（甲）难普及。前所谓当行者，少数人之议论，抑合于多数人之心理否？少数人倡之，少数人出之，得款几何？于国奚益？其必以推行于国内之中国人，且推行于国外之中国人，而后可积成巨额，以济实用，不然不如不办矣。然而中国幅员之广，难于周知，即知之矣，而有愿出、不愿出，有能出、不能出者。能出而愿出者不必论，其不出者，又略分二派：一曰有心无力派，一曰有力无心派。对于前者，可设除外例待之。对于后者，只有善言劝导、热力感化之方法，无权力命令、强制执行之处分。设劝导、感化皆不从，将奈何？则普及难矣。然此尚非极难之问题，难题既决，可随之而解。论及此，姑作为已通过。请更言。

（乙）难继续。少数人倡之，多数人和之，推行尽利，无人不出捐款，可谓普及矣。然募捐之方法不一。经一次缴款，其责任告终。其分期缴款，不问十日交一次，或一月、或三月一次，手续复杂，非一回可毕，必有常设之机关、一定之经理人，试问此机关何在？经理何人？如以他机关兼之乎？一机关有一定之职务，有不暇为此琐屑之事者，安得家收而人索之？藉曰肯尽义务矣，然对于出捐之人延期、抵抗、间歇者，此非债务，宁能出诉于公庭、押抵其财产耶？则继续难。虽然，社会舆论之制裁，较之法庭判决之制裁，此等事尤有力焉。且既认捐矣，又为数不多，何乐为为善不卒？则此疑问亦易解决，要当详究其办法耳（详后）。此与前题同，亦可随他种尤难者迎刃而解，姑视为已通过。更详究第三题，则为：

实行之结果能如所期之利益耶？且假定能普及而又能继续矣，其所谓筹还国债，所谓兴复海军，自以国债清还、海军兴复为祈向。试言还国债，吾民能与他国直接交涉，为履行债务之事乎？究竟本息共计若干，各国分计若干，年限之长短何若，吾民不若政务当局者之周详。如以兴海军也，其用途不外培养人才、置备船械两者，吾民能以私人资格设学校、派学生、立工厂、造船坞乎？则惟政府始有此权限。且我国距今十余年前，本无外债也，何故今日议筹还？本有海军也，何故今日言兴复？非自甲午以后无者使之有，有者使之无乎？谁尸其咎？厥惟政府。近今各国，未尝无国债也，且利用外债，何我国汲汲筹还？彼由国家经国会决议借之，亦由国家筹的款还之，何我国待人民自为筹还？各国皆有海军，虽船只吨数之多寡不同，要皆由政府筹费经营之，何我国待人民集款始兴复？呜呼！此非以外患急迫，国库空虚，政府束手无策，故吾民激发公义以为之哉！

夫吾民年年既完租税供度支矣，还国债、兴海军皆政府应尽之责，何至经费无着而有待于租税以外者？然则所纳租税究如何支配而不足，吾民不知也。政府之不示信用于人也若是，若是之政府，乃欲以巨款委托之，使襄大事，宁足恃乎？委之以还国债、兴海军，设用之于无益之地，将若之何？或用其一部分，而以一部分费于其它者，将若之何？全用于此所示之目的矣，而经理者侵蚀中饱，将若之何？即无前举之弊矣，如外债既还，能禁其再借而虚掷之否？如海军既兴，彼即拥之以压制吾民，而吾民更莫与之抗。前者谓之注漏卮，后者谓之傅虎翼。

今者圣主当阳，贤王莅阼，热心志士创义举以号召天下，方期奠苞桑于永固，纾宵旰之忧勤，吾何敢为此不祥之言，触忌讳而沮丧人心？然正惟其望之殷，而不觉其言之激。诚有见于既往之失败，而不得不深思远虑，推测其将来弊害，欲得而免除之，求所以得根本之解决也。所谓根本之解决者何？先在改良政府，俾政府之信用巩固，则义捐之举可决其必成，义捐之款乃不为虚掷，而国民捐集之苦心始足以达到也。

所谓改良政府，所以坚人民之信用者何？在设立财政之监督机关，即速开国会是。夫今日外人所以有监督财政之风说者，正惟吾国财政不整理故；财政所以不整理，惟无国会以为豫算决算之机关故。吾国财政而不知自行整理，是谓放弃责任，何尤乎他人之干涉？财政不整理，岂惟将无力还外债，无款办海军，一切政治皆弛而不张，其弊害所及，至于国势日危，民生日敝，而无以副民望，人民信用政府之心自薄。负纳正款，尚且怨咨，而欲其别有所踊跃输将也，得乎？故欲捐款之能实行，必在巩固政府之信用；欲求巩固政府之信用，必先改良政府之行为；欲改良政府之行为，必先立监督政治之机关。所谓国会监督财政，举其主要者言之耳。国会立而有监督，则不良之政治鲜；不良之政治鲜，则民信；民信，则捐款之预期利益可必，而捐款之普及与继续能实行矣。此所谓就根本问题解决，而前两项之困难，自随之而解决者也。

由是以谈，则义捐与国会其相互关系之密接也如此。论今日时局之危，既义捐万不可不集，则国会万不可不开，两者不宜分枝脱节，急宜兼营并进，合一炉而冶之。一面筹集义捐，一面请开国会，集义捐以开国会为指归，开国会即为集义捐之保证。然二者之关系虽切，而进行之方法则异。其异者何？速开国会者，请之自上者也，长者将缩之使短，远者将引之使近。事之困难莫甚如此，非有实力随其后，徒恃空言，庸有济乎？实力非他，武力与财力而已矣。以武力取得国会者，泰西诸国殆无不然，然而流血惨剧，何堪再见于今日；今日之中国，又何堪再有暴举？则惟有利用财力焉。天下无无代价之物，国会为最可宝贵者，岂朝上一书，夕发一电，可唾手而得之哉？前此请求之寡效者以此。今政府于财力则需之甚殷，求之不易，最要者在国债之急须偿还，海军又将兴办，而又有监督财政之风说。利用此机而义捐盾其后，吾知不动则已，动必有功，而且关于将来宪法之制定，尤有至大影响。盖宪法由国会出，则为协定宪法，而政府与人民之权利平均；国会自宪法出，先由政府订定，则人民之权利弱矣。是此举于吾民权利，尤关重要也。

虽然，曰请求、请求，亦将如前者之举代表一二人进呈请愿书耶？是不必。然即以各省之谘议局议员为之，然岂能合各省谘议局全员为之？要在各局自为举定数人，约共集于一处以为之。论利便之处莫如上海，而直、苏议员先得我心，已于该处先设招待所矣。然但言要求速开国会，而未尝明言以义捐为条件也。则宜于上海招待所先布告各省，以兴义捐为请开国会之后盾，速开国会请愿联合会即为筹集捐款之总机关。若各省所举之员到已过半数，即宜议拟书稿，议定即行，不宜迟徊审顾。一面当请宪政馆拟定选举法，本年各省曾办过谘议局之选举，其名册调查已具基础，再覆加详查，亦易为功也。

请速开国会进行之法，大略若是。兹事重大，当集众长，必广征意见，以备联合会之材料。是在热心明哲之士，各抒所见陈之。以下言集义捐之进行方法。

广集义捐者，行之自下者也，将合散者以成整，集细者而为巨。若与前之请开国会相对为言，可云近者将推之及远，短者将引之使长。何则？从捐款之集成观之，则成整以为巨；从捐款之进行言之，则必期于自近及远、继短为长，所谓普及与持久也。一人如是，人人皆如是；一日如是，日日亦如是。纵捐者或为无力，捐款当为有期。然当推行时，自以此为预定之宗旨，则不可不讲求其达到此宗旨之方法。不厌求详，请分四项论之：

一曰出款。无论捐还国债、捐助海军，不外使人人牺牲其财产之一部分，然对于出款之人，如何而后愿出，如何而后能出，当分两层办法：其一为劝捐之事，其一定应捐之人。

劝捐之事。以文字、语言并进。用文字行之者，曰刊行机关报。专为此事而组织一报，其费不赀，可利用官报及其它民办之报，报中当着论提倡，自不待言。至关于此举之寄稿并报告，及其广告，皆当代为刊登，不另取费，曰广布劝捐。通俗单行本，此款当另由发起人筹款为之。用语言行之者，凡知捐款当出之人，皆有劝捐之责，但散而无纪，可为劝捐之补助，而非扼要之办法。似宜从学、商两界，先举定数人，以为提倡者。其余推行各地，以公益机关之人充之，如教育分会、学会、商会、自治公所职员、宣讲员等，择地演说，总期人人知当捐之义务为主，如何说法，则在说者好自为之。

应捐之人。凡为中国人，皆当捐，不以国境为限，而以国籍为限。理论固然，但事实上，不能无分别，宜采租税公例中公平之义，量各人资力行之，此所谓定应捐之人。则第一当除去不应捐之人（如实际不能出寻常捐者），则其余皆应出捐者也。应出捐者，资力有等差，而同一额数，贫者重而富者轻，负担不公平矣。于此，宜约计其所入，仿累进之意，而以特别捐酌剂之。约举其要：在野者巨绅、富贾，在朝者王公、官吏，沐国家之恩泽尤深，皆宜尽力慨捐巨款，更当合请将内库积金奏请提出，以为民倡而坚民信。总之，此事非强制手段，万不可勒派，致起骚扰。劝捐者最宜注意，须以热诚善言动之。

又捐款总额约若干两，捐期为若干期，当计一大数，以俟联合总会决定；或定暂行一年，以待国会开时议决。

二曰收款。此项最为繁琐困难之事。捐款之衰旺与否，正以此事办理之善不善定之。按筹还国债会办法，似以一次交款为足，而海军义捐会按日计算、按旬收集，二者亦各有长短。一次交款手续简便，第恐出者一时全出为难，而得款之数将不多；分旬收集，出者轻便，得款之数将较胜。然而，无论自交或走取，皆繁复难办。一次交者可不论，兹研究分旬交者。此亦当采取租税公例为法，求合于明确、便利、核实三者。请更细分四目详言之。

（子）明定收款之法则。此目又为二条：曰收款规则，凡关于收款之事，如常捐之钱数、期限、时日及交收方法等，悉明定之，使人易知；曰收款票据，每次给一收条，办理既繁，费用亦多，宜仿前行昭信票式，分两连，一为存根，一为捐据。捐据上方书捐款人姓名、职业、住所、捐数等，下方约一年之数，分三十六小方，每交款一次，切下一方，或更于上方背面记注意之事，使不易受人欺诈。其特捐另给收据。其它关于捐款书类，亦宜划一，订简当办法。

（丑）确定收款之职员。此种职员不必另举，各尽义务，不取薪资，即以地方办公益之处，如教育会、商会、向为慈善事业之绅董、已办地方自治之局所等职员兼充之。其会或所即为收款之机关，凡担任事务者，宜特给一执据，如徽章之类，以免冒名收捐。至收捐之区域，即以地方向管者为界，指定之后即为本会分会。分会不妨多设，盖地域小，则人少而易知，事简而易举也。然合一省，必设一总机关（当在省城），用谘议局兼理；全国又宜设一统一机关（常在上海），各省谘议局、国会请愿联合会充之。此但言国内也，至外洋各埠，自当推行，即以该埠之会馆为之可也。

（寅）酌定收款之时期。按期分交，所以谋出款者之轻便也。似当于每月逢十日，或自交，或收取。但交收之际，必当其能交之时，此又当变通。办理者大约宜查社会习惯收入之期，如衙署、局所、学校、商店及雇佣等，大概有常职、有定款，即其主计者按月扣出汇交，最为简便。所难者，住家散户，然必有家主认捐之后，即由家主汇交亦可行也。但家则迁徙无常，人则来去无定，将若何稽查、收取之？此又一难题也。移家尚易稽查，至有人必有家，认定其家收之；其无家者，可不论矣。对于出捐者，以自行按期投交为原则；不能者，只好派人收取耳。又按旬分交，不过出款之轻便，若其人自愿先期一年全交者，或半年一次者，亦听其自便。又，虽云收钱，其人或以银两、银元交者，亦当听其便，随当地时价收之；或其无现钱，而以有价之物相当为代，苟其物易销售者，亦当收取。总之，期出款者之便而已。

（卯）另定收款之经费。收款人不取薪资，似不生经费问题，然而用于此事之纸张印刷及收款人舟车、食宿并输送捐款之运金、汇费等，皆不能责人自备，即不可不预计之，宜另提相当之款，或存款所得之利息当之，总以不动捐款丝毫涓滴，归正用为要。盖此捐款非通常租税，不但求减少征收费，直求无费也。

此捐款全属公利心，苟根本问题既决，则出款、收款之人自必乐输报效，行之无弊。然当订立章程，亦不可不预防。由出款一面言，如抵抗、延误、隐避、脱漏等；由收款一面言，如侵蚀、挪用、需索、诈伪等，皆须注意。然苟能合于租税公例之义，办法得宜，不能作弊；天良不昧，亦不忍作弊也。昭信之法，要在登报，或按旬登之，或按月载之，其款目须明确。

三曰存款。存款之总机关，自以现设立之大清银行为妥善。然集有若干，未成整数，当存何所，不可不筹及之。此当以距离银行之远近，与交通之便否为衡。距离近，交通便者，满百元即送交银行，否则酌量情形，存诸当地之确实钱店或当典，至便于运送、汇兑时，随交总机关汇交银行可也。但收款以钱计，用款以银计，于存款时，当随时作银价，以一定之数报告，并登报周知。

四曰用款。用款之困难问题已详论于前，此处直可一言蔽之曰：非开国会，经议员议决，不得丝毫提用。虽然，关于捐款之性质，尤有须一研究者。此捐纯为爱国心之所发，前既详言之，则此捐非租税也。课税为国家之权力，纳税为人民之义务，而此则出于人民之愿意，非强制而任意者也，非他动而自动者也，故纳捐非强制征收，而为自由捐集。既无强制力，而吾民肯慷慨输将焉，何所恃？恃人人之有爱国心而已，恃日日不忘此爱国心而已。今试指一人而言曰：汝无爱国心，汝忘爱国心。则其人必怫然盛怒，反唇相稽，可知此心同，此理同也。此捐又非寻常慈善事业之比也。被不幸而罹灾害疾苦者，恻隐之心油然以生，尚慨然解囊相助，况当此国家多难，与吾人密切相关，岂有坐视君父之忧危，并不计己身之利害乎？特患其不知，或知之而尚怀疑沮，或有徘徊瞻顾耳。苟有人提倡之，而又有以坚其信，了然于吾出此捐款，微独可除去无限之危害，且可邀无穷之幸福。即如国债，提前清还将省三分之一，轻吾民之负担，杜外人之干涉，则害去矣；海军陆续兴复，将扬吾国之威光，富民生之产业，则利兴矣。且也国会既开，民得参政，无穷幸福皆将于此增进之，其尚有吝此区区而不肯出者哉？吾知人人能发爱国心，日日能不忘爱国心，决其事之必成者也，故此捐款直可名曰爱国捐。何以言之？国债亦宜还也，海军亦当兴也，各以此揭橥，欲推行于全体，岂不两相冲突，而民将莫所适从乎？然则何不曰国民捐？曰此名已陈，且有失败之迹，不如此名之切当也。究之国债、海军两者，宜有缓急先后，则无宁待国会成立时，让代议士与政府之决定，而不必以此为名，或于章程捐启中，限定其不出此两用途可耳。又或此捐为永久爱国公债，而仍给轻息，俾人民执此券者，世守之而不失，以示与国家同其休戚、共其永存之意，似与仅为捐款较易推行，而爱国之心将永矢弗谖矣。敢以此商之发起两会之热心君子，并质诸速开国会请愿之联合会诸君子。

顾或者曰：捐款集矣，国会开矣，然而国会岂真万能？其力大于政府而直接即可与列强争胜耶？不观之谘议局乎？其效力几何？吾民程度何尝高于政府？中国现象既若此，殆不可救药，毋宁听其亡而已。斯言也，非反对之论，忧国之心过盛，乃易而为悲观，不觉其言之激也。然吾窃以国会监督中央政府之权力，究不可与谘议局同一视。夫列强政府均是人也，岂他国之政府皆良，而吾国之政府独不良乎？要在监督之有无耳。且均是人也，岂立于政府地位则不尽良，而立于议员地位则尽良乎？惟在人数之多少耳。吾国人民程度较之他立宪国民，固不敢谓高，若以之较现政府，可谓相等，然已有少数与多数之比。为执行之人，固不敢谓有以异于现政府与否；为监督之人，当决言比较胜一筹。三占从二，古训有征合多数人之意见为意见，固较之少数人独行其意见者，远矣。此意在现今识时之士，固早已言之。然而无良国民，焉有良政府？又焉得有良国会？盖国会为政府之后援，国民即国会之后援。核言之，监督政府为国会，监督国会者为一般之国民。然则改良国民监督国会，为国会后援以改良政府，尤为根本中之根本。端在教育，不单恃在有爱国之心，更须有达爱国之心之能力。故欲政府与国会能尽其责任，吾民不可不先自各负其责任。此次共集义捐，各尽其责任之一大事也，更为进一解而观吾民尽责任之能力何如。

《大公报》，宣统元年十二月初十日至十四日、十六日至十七日（1910 年 1 月 20 日至 24 日、26 日至 27 日）

论国会请愿代表宜知所准备

国会请愿之先声，中外久焉洋溢。代表请愿之来京，绅学各界人士，又群焉欢迎。既而代表诸公，谒见王大臣等，亦面为之赞成。然数日之前，请愿书既呈都察院，而未及代奏，人心望之良殷，天听犹莫达也。迨日前二十，都察院为之代奏矣，各省国民代表之诚意，因此达于天听。

善夫！自古以来，中国于结党开会事，历朝皆悬为厉禁，恐其以政治上之问题，干犯朝廷之明威也。幸先朝德宗有鉴于专制政体之为害，特明（谄）〔诏〕预备立宪事宜，以指示国民前途。而国民之政治思想，遂日形发达，以次合群结党之盛意。请愿速开国会之运动，举行之而不疑，凡以政府未能禁之故也。而且于运动开国会事，政府不但不禁止之，所有王公大员，接见代表，交换意见，请愿书由都察院代递禁门。朝廷之上，虽圣主冲龄，尚未能亲裁大政，而摄政有贤王，披览均悉，赐以“具见爱国悃忱”之褒语。此可见政治上之运动，足邀政府之嘉悦，用示奖励之微意矣。远代汉唐宋明，朋党之狱祸，学派之严禁，姑勿庸论。近视十余年前戊戌之政变，相去何如？甚矣！夫时势之迁移，至大且速，真不可以恝置也。但朝廷上贤王监国谨守先朝之谕旨，以勤求上理，仍遵九年开国会期限，不允代表之所请，即日谕旨颁发，所云缓急先后之序，与本报向者持论之意亦略相同，不具见朝廷注重预备立宪之深心乎？惟代表诸公，既受各省父老之嘱，对兹上谕之明降，不免怅望耳。虽然，亦思所以为请愿速开国会者，原为筹备立宪者之不力所激而致，今而因代表之请愿书一上，即令朝廷宣布锐意预备立宪始终不敢渝之旨，以通谕天下，若是者代表之目的虽未全达，已不啻达其一半矣。代表诸公将此结果报告各省父老，想父老之辈，亦不能咎代表之运动无效也。惟念各代表之责任，一在速开国会，二在因开国会，期造成完全君主立宪政体。今上谕仍限定九年，国会不允速开，未知代表者继续速开之运动，肉薄政府乎，抑另转方针，注重国民对于开国会之预备事，以期树立完全无缺之立宪政体乎？吾侪意谓，代表者须于此机会，组织一大政治团体，标明一定之宗旨，纠集同气同道同感情之志士，以崭新之政论，藉合群之势力，上而刺激政府之听闻，下而警醒民族之昏迷，于国会未开以前，对于宪法、议院法、选举法各项，热心研究，务制定最良之政法以为准。至开国会之期已定，议员选举之时，即由同志者流，推荐适当之候补，以期得同志之多数于国会中。既开国会而后，则联合多数同志，以实行其素所主持之政论。如此，各种政社各因政治之主义，以自立于国会坛上，讨论其政见。当是之时，用多数议员之赞成，以行其定夺，何失败之有哉？

夫国会者，进行立宪政治之机关车也；而政党、政社者，即运转国会之火夫也。国会若无，立宪之政治断不能实行，信矣。然虽有国会矣，若终无政党、政社以为之援，宪政之进行，万不能以圆满。无他，势有必然也。试思宣统元年，尚有几日几时？按先朝之谕旨，曰九年开国会，就目前而言，所余时日，不过七年之数。故识者曰，国会既愿速开，而组织政党、政社之预备，莫紧急若也。国会既不允速开，俟诸七年，亦转瞬间耳，预备政党、政社事，是为紧要之至者。苟不谓然，曷观英国乎？英国之立宪，为世界所称美，而其政界，有自由党、保守党之分。美国则有共和党，有合众党。夫此各党名目虽殊，而在英、美两国政界上，运转之妙用，尽人皆知。又如日本实行立宪，亦仅二十年耳，其政党、政社之立也，在开国会前，日形其发达，亦能为运转国会之妙用。而且日本政党中，有政友会，有进步党，有大同派等，其妙用各自殊致。而各党派中之势力，尤以政友会为最。至寻政友会之起原，实根于请愿国会之运动也。当明治十一二年之间，板垣退助、片冈健吉等，联合全国志士，倡速开国会之议，捧请愿书于元老院，而肉薄政府。及见政府之不允速开国会也，即组织国会期成同盟会，所以明治十四年有诏敕十年开设国会之谕旨也。然期成同盟会，更宏大其规模，以组织自由党。而此自由党，因时势之变迁，或更其名称，或另为之组织，或与他党联合，或同志者忽而分裂，以渐而为现时之政友会。其根柢盖依然旧日之自由党也，亦旧日之国会期成同盟会也。故有人曰：日本之最大政党政友会者，即由国会期成同盟会之所发育也。今观中国速开国会请愿之运动，与日本之运动速开国会相较，亦若相似然。上谕明降，既有所不允，代表诸公一变请愿之运动，而以国会期成同盟会继续之。由是组织政社于国会开设之际，成为一大政党，联合同志，以临议会，将若之何？果能行此，他日者，中国实行立宪时，各种政党、政社中，能占优胜之势力者，非期成同盟会之党与而谁也？以此思之，信乎，否乎？窃以为识者自能见及。然念代表诸公之悃忱，既被皇上之嘉尚，其热心亦无难见谅于父老。惟此事未已，代表者于此，若于今日停止其运动，则力似薄弱，将来运动继之，亦不免抗上之咎。以故为代表讲求转圜之策，只以组织期成国会同盟之事为最要，上对政府监视预备立宪之进行；下对民族同胞，以养成立宪国民之资格为目的；而反求诸已，则以调查行政、立法之实务，研究外交各情实，勿使有所遗误，以预备开国会事。国会既开，实行立宪，虽有权势者当道，又何患其生阻碍力乎？是则国会请愿代表，所当善自为谋而已，慎勿咏自诒伊戚可。

《顺天时报》，宣统元年十二月二十三日（1910年2月2日）

缩短国会期限论

李澄清

按：此文乃晋阳文会悬赏问题合格者。原题为“国会期限已奉明诏，近日忽有要求缩短之说，审时度势，条言其故”，兹易为“缩短国会期限论”，省言也。该会文章某亦校定，拟俟二月初旬各会友履并，然后发表。国会之声沸腾半载矣，举世犹不能破釜沉舟，以决此一役者，得毋于吾国渴待国会之处未之信与？此篇推发时事尤力，庸先公诸天下。太蕤甫识。

（上略）窃尝熟虑夫今日之时势，以为国会期限有不得不缩短者，匪一端矣。当此优胜劣败之冲，欲求生存竞争之道，非内集外偿，充实军备，不足与列强驰逐。顾此为急切措施，浩大之经费，势必至重民负担，一旦增涨税额，在人民权利义务之观念未熟，将必生慌恐之象。何如早开国会，使国民代表参预财政，则国家当行。云政务既经国会所协赞，国民经济之盈虚复为议员所均悉，对于支出之费用，必不至冒求减缩，以贻误国家；对于收入之来源，亦当能妥酌事理，以撙节民力。英法诸国，国富而民不穷，政修而财不匮，稽其每岁负担常十数倍于我国民，而从无怨尤者，有国会以为之贯通耳。是故豫算操之国会，天下不疑其私；协赞出于事前，庶人不议其后。方今预备立宪，在在需款，即在在堪虑蓄怨。权利乃义务之代价，不有以要结之，孰乐输将？此国会期限不得不缩短者一也。

吾国自通商以来，衰弱情形显暴于世界，列国乃逞其无厌之欲，恣意要求。一教案也，割地而外偿以赔款；一兵事也，和约所在担其军费。合以当道之所贷借，外人之所投掷，盖已涓涓江河，积至九百余兆之巨也矣。近世以来，经济主义之亡人国，较铁血主义为更惨。其亡也，为愈不可救，积深约之渐也。故各国对我中土，莫不以投资为拓殖之地，未数十年而铁路、矿山、银行、航运、邮便、电政、工厂，举凡所谓国家生财之大道，非以债务关系抵押于人，即以最惠条款暴弃自我。夫一国精华只此数者，尽数而亡，国尚国，民〈民〉尚【民】乎？巨室之子，恃产业贷于人，人固挟隐谋而乐输之，产不尽，贷无已也。今之中国正如是，愈贷愈穷，愈穷愈贷，待至产业不敷债务之候，各国乃从而宣告破产矣。不闻诸上期平和会议，已拟监督我国财政乎？埃及覆辙，旦夕事耳。国人忧之，乃倡筹备外债之论，以为犄角。夫国民果克均外债之数而乐担也，固无责矣，无如政府数十年所累积者，一旦举而出自国民，吾恐言之易而行之难，倡始有人而成功无日，国民捐非前鉴与？盖天下无无偿之负担，无已，则速开国会，使国民承偿外债，以参与朝政、权利义务天然相抵，然后可期于有成。此国会期限不得不缩短者二也。

今天下之大患，在于本部者少半，在于藩部者多半。本部如沿江沿海，外祸虽深，尚有疆臣士民少资抵御。至于藩属各部，黄沙塞草，民游牧以生活，敌乘隙而深入，蹙土放猎，盖几一日千里矣。而其形势据上游，又足为中原害。故各国妄思割据，如英俄于藏卫，日俄于满蒙，狡焉思启，不可终日；而日本尤明目张胆，欲并吞辽东为瓜分之祸首，则本部或因外藩而亡，未可知也。加之中国东南已达海隅，唯西北辽阔，天然吾国开拓之区。列强殖民政策，至投数千万资本，经十余年血战而不恤者，我国拱手而授诸人，可乎？故今日经营满蒙藏卫，捍大患，即以辟大利也。特政府孤力为之卒无济，盖经营之财与人仍在民，不令晓然于本部、藩属一体之义，同舟共济，则胡越视之矣。然必有利害共同之机关，速与泯畛域于无形，而后可合图藩部，以固本部。此国会期限不得不缩短者三也。

世界大通，各国因迫于国际团体之竞争，愈促其国内团体之巩固。我中国以种族繁多，素乏爱国思想，而各爱其族。近亦逼于外忧，返图内治。政治不平之结果，遂启种族猜贰之嫌，始仅流行于士庶之口，嗣乃显着于政界之中，彼此离畔，将有不可收拾之势。为今之计，唯有速开国会，使满、汉、蒙、回各族之人民处于同一之地位，权利义务一切平等，此疆尔界自然化融，夫而后种族观念一变而为国家观念。盖国家观念之于人类校他种观念为最强，然必有所以发达之而混同之者，始可脱族民思想而成国民。否则，日言融和，猜忌滋甚，良由无利害共同之机关，足以范其心目，而使之各安。此国会期限不得不缩短者四也。

国家之成立，端赖法律以维持。世界列强均有成文法典，中国素寡一定之法文，又无共通之习惯，所以互市以后，各国侨民不能就我范围，而领事裁判之权乃益伸涨，甚有滨海人民，亦且服从其权利之下。夫土地、人民，以主权为属归，主权削（面）〔而〕国尚可称独立乎哉？欲清裁判之权，须修立法之事，而法立于少数意思，孰与质诸舆论为信而可久？故各国协赞之权，付之国会。今中国国内各法急宜修订，以为裁撤领事权之预备，而无协赞之机关正式发布，恐为诸法治国所不认。加之国际间特别条约最惠条款，失利丧权，盈千累万，苟不概行改正，卒无立国之道。日本之受制于各国，先与我同，国会成立以来，十余年经营改正，条约案乃克实行。我中国放弃校多，改正尤难，非合国人之智虑能力，今注此点，速加讨议，宪法虽布，若国权何？此国会期限不得不缩短者五也。

然难者或谓，国会之设，必俟宪法发布，然后克收厥效。今缩短期限，躐等凌厉，虽有立宪之形式而无实质，本实先蘖，何益于事？不知宪法虽为国家之根本，而运用之妙，则全恃夫国会。英吉利，宪法之母国也，开国会数十年矣，尚无成文之宪法；普鲁士，钦定宪法之模范国也，国会成立亦在宪法颁布之前；日本国会虽在宪法成立之后，而开设之决定实在制定宪法之先，且不及豫定期限而即开矣。由是言之，国会之于宪法先期后期，各国固权其国情而任意设立者也。今中国时势不可少待，已条言如上，而国民之国家观念方兴，政治能力尚弱，不有所助长，有所预备，则进行缓而政事疏。匪特各国不假我宽闲之年，得以优悠布置，即河清可俟，人寿几何？天下事非孟晋不克成效，顾于国会有所疑与？

难者又谓，人民程度尚有未及，即开国会，仍鲜实效。此说尤谬者也。夫人民程度有自然发达者，有助长上进者。立宪各国唯英吉利之议会由人民程度之自然发达而来，此外无论何国，其初开国会，人民之程度皆非如今日之优尚，不过有国会以促之长耳。精神（常）〔当〕与形式为振作，设以为今日程度有所未逮，不开国会，吾恐再迟八年，人民以无参政权故，而其政治思想仍无异于今日，不几永无开设之期乎？是人民程度之不高尚，非不可速开国会之原因，实不可不速开国会之原因也。

难者又谓，国会成立须待自治制度实施以后，中国地方自治之现象尚未发达，一旦开设国会，其议员出于选举，来自公民，自治未行，终不能为完全无缺之国会。不知国会者，一方为立法机关，一方又为整理行政之根本。自治制之所以未发达者，正由无国会以为整理行政之根本耳。若必俟地方之制度既固，始开国会，长民之吏，俦识大体，渐办即不办之谓，而地方议会与中央议会将相牵而莫振。且自治与国会不必甚相附丽，去年各省谘议局，本年京师资政院，其议员之来，府厅州县城镇乡之自治固未行也。有经有权，审乎时势而已。而况地方自治，督令筹办一二年，将次普及，分道扬镳，有相资而无偏废，于事实尤为至适者乎？

于虖！时危势迫，城矮寇深，于无可挽救之中，而筹孤注之策，各省代表乃相与会于上海，集于京师，宣言请愿，伏阙上书，一举不克，再三再四，卒冀可以挽天心而收成命。一国之事，速聚一国人共谋之，周礼致万民而询国危者，义正如是。成败此几，存亡一线，当国者其终许也耶？其终不许也耶？

《晋阳公报》，宣统二年正月廿九日、二月初三日、二月初六日（1910 年 3 月 10 日、13 日、16 日）

论国会继续请愿之分道进行法

选

去冬各省谘议局公举代表驰赴京师，请愿速开国会，旋奉明诏，以民智未开为虑，未予允准。今各代表留京未归，将为继续请愿之举，京津商学各界又有国会请愿同志会、国会期成会之设，并通告各省合力提倡，互相联络，而各省商学各界亦先后开会，集议办法，足见人心坚定，百折不挠，大有非达目的不甘罢休之势。开设国会，关系国家之存亡，倘能合全国人民竭诚而要求之，不可谓非我国前途一线之幸也。虽然，办事贵有秩序，成效乃可预卜。记者不敏，敢就实行继续请愿之各团体，而略述其进行之方针，倘亦当事者所乐闻者乎？

各省谘议局宜开临时大会，召集议员共同讨论继续请愿之方法，一俟全体议员议决后，应再各举代表员，各撰请愿书，分道进京，陆续捧呈都察院代奏，不必为同时联合之举，具名者亦仅谘议局之议员可耳，不必混称某省代表云云。今江苏谘议局已蒙督抚批准，定于三月间开临时会矣。虽所提议者为类甚多，然继续请愿问题亦其中之一也，尚望各省谘议局群起而为之。

各省绅界中之有势力者，其言论举动每足引起政府官吏之顾虑。为今之计，绅界亦宜别树一帜，另开大会，讨论继续请愿之方法，撰就请愿书，陈述不得不速开国会之理由，公举代（奏）〔表〕晋京，以冀上回帝心，具名者但属已有官职之绅襟辈可也。

各省教育总会，宜通告各属劝学所、教育会，号召学界全体人士各开会议，征集实行继续请愿之意见，每省各举代表撰就请愿书，由学界人士具名，赍赴京师陆续呈递。

各省商务总会，宜通告各属商会，联络商界全体人士开会，集议办法，亦各撰就请愿书，公举代表，由商界全体具名，携赴都察院代奏。

各省宜由绅学商界热心志士，分道倡设国会请愿同志会、国会期成会等，不论官绅商学农工诸界均可入会，按期开会，演讲速开国会之益，及不开国会之害，务以振起全国人民之精神为主。此系公共团体，与上述之绅学商三界各自为谋者有别，亦宜公举代表进京，随同各团体上书请愿者也。

各省府厅州县，不论城镇乡村，均宜广设宣讲所，聘请富于学识而有口才者，演讲开设国会之理由，务使一般人民晓然于不可不速开国会之故，以期开通愚氓之智识，而融化其固塞之见解，免致从中煽惑，遇事阻挠。此于宪政前途大有关系，尤宜及时实行者也。

各省商学界宜通告旅居海外之学生、商人，提倡国会期成会等，鼓吹开设国会之主义，并请公举代表回国实行请愿之举，以期内外联络而壮声势。又宜转嘱面谒驻留各国使臣，请其会衔入告，痛陈外患迫切，不可不速开国会之事故，庶政府不致视此举为少数人之事业也。

各省谘议局以及绅学商各界，宜联名呈请本省督抚，同各督抚专折请开国会。在各督抚以国是民心为重，定必乐于赞成。果能如愿以偿，亦足以壮民团之声势。是应由各省绅学商界及早提议，而于谘议局开临时会时，亦应随同议决者也。

在京诸代表宜遍谒谏台诸公，请其联衔吁恳速开国会，以示上下一心之趋向。自江御史被撤后，凡身任言官者，颇有彼此联络甘为其难之势，倘以至诚恻怛之言，痛切敷陈，未有不感动于中，概然允诺者。又宜频谒枢府诸大臣，说以不得不速开国会之理由。倘拒之不见，宜以痛切之言，而为一再上书之举，虽不能望其赞成，但求其不致阻挠，亦已可矣。此亦实行继续请愿以前，所应提早而为之者也。

凡人民有所要求于政府，必以全体一致为最要，上年国会（诸）〔请〕愿所以未邀允准者，正以一部分人民之请愿，而非全体人民之请愿，故朝廷以民智未开通、教育未普及为推诿之辞耳。今各团体倘能分道而鼓其进行之气，陆续上书，不至达我目的而不止，则朝廷鉴于民智之大开，民气之难遏，未有不翻然变计，俯顺舆情者，是在我人民好自为之耳。风闻在京诸代表以及京外各团体均有于三月间同为继续请愿之说，韶光易逝，转瞬即届，尚望全国人民共起而图之，慎勿如国债会之声息不闻也。

《厦门日报》，宣统二年二月十九日（1910年3月29日）

忠告国会请愿诸代表

竹　园

天下事凡结果至巨，关系极大者，其造因必极深极远，而进行亦必极艰极难，苟非辨清是非，胸有主见，未有不半途中辍，功败垂成者。所以古人云：非常事必待非常人。

办大事只可论是非，不可计成败，尤不可计利害。盖是非既审慎认定，胸中自有一定之方针，勉力做去，得尺则尺，造大因者结大果，造小因者结小果，断不能毫无效果也。然有徘徊歧路，瞻顾迟疑者，何也？盖由于是非未明，而成败利害之念日夜萦绕于其心也。

其事果是，即当勉力前进，虽毕世不能成功，甚且灾患并至，亦不能因一时之成败利钝，灭却千古之是非。即以国会请愿而论，中国当此内忧外患蜂起之际，秉政者正当开诚布公，从速召集，既集思广益以分内忧，尤利用民气而防外患，利多害少，何乐不为？乃一再拒驳，防民如寇者，何也？盖个人利害之念深，置公共是非于不顾也。

国会请愿为救亡不可缓之图，是则是矣，而成败不敢预定也。诸代表果将是非辨清，即认定宗旨，坚忍前进，成败非所计，利害不暇顾，心目中惟存一舍身之志，愿终必有达到之一日。

夫造因者每急于求速果，殊不知事有难易，势有顺逆，魔障阻力，皆当然一定之阶级，不必急求收果，而效果已随因而俱进矣。试想，无甲申轻弃越南之因，何以造甲午割弃高丽、台湾之果；无甲午丧败之因，何以造戊戌改革之果；无戊戌之因，何以有庚子之果；无庚子之因，何以有今日之果。若执今日之现象与庚子以前比较，国民程度不可以道里计矣；若与戊戌、甲午、甲申之前后层层比较，更不可以道里计矣。今日之国会请愿，未必非胚胎于戊戌，是前日之因，今日已收效果矣。今日之请愿诸代表，只可仍当做造因看，即或一时无效，然将来之硕果已隐伏于今日之造因。无论如何，吾知此后之民气必有进无退，有增无减，无疑矣。以日形澎涨之民气，处日就危亡之国家，政府苟善利用，不难转危为安；苟不善用而强为抑压，亦未必瞬归消灭。诸代表当此千钧一线，宜耐烦坚忍，默为联络融化，以期终达救国之目的可也。

虽然，吾不能无虑焉。前年当宣布立宪诏旨之前，而先以严旨解散政闻社，并严订报律及结会章程，以束缚舆论。当德宗景皇帝濒危之际，先宣布脉案，召选（明）〔名〕医，继又授职留学武备生，继又奖励当年立功之武职大员子弟。民心与军心既定，然后始颁布哀诏，以告天下。此等老辣镇定之手段，浮躁者岂能窥其万一。去年国会第一次请愿书上时，温谕婉驳，寓贬于褒。今年四月初一与十七两日，又选派资政院议员以建议院之基，此正抵制国会计也。本月十五日第二次请愿书上后，代表诣阙，拒而不见。南苑陆军调京当差，且又严谕各学堂不准集会演说，干预功课以外之事。凡此布置，皆为拒驳国会请愿设堤防也。惜此等深谋硕划，仅用于痛哭流涕、徒手爱国之绅民，对于外人之明削暗谋，反漠然置之而不顾。是岂真宁断送与外人，而不予与家奴耶！噫，是可悲已！

总之，诸代表既以救国为宗旨，即当委曲婉转，坚忍耐烦，期达救国之目的而后止。勿见事太易而生轻略心；勿见事不遂而生激急心；勿因个人偶尔文字语言之失检，贻政府以口实而累及全体；勿为一时之躁进，致碍后继者之进行；勿使政府疑我争权（朝廷疑民不疑官，正防此也）；勿因救亡，而挤成速亡。事虽不成，心终见谅。果能从容镇定，未必终久无成。至于流血掷头，牺牲万有，在泰西固为美史，在中国尚非其时。若流血掷头无裨时艰，是仅为光荣个人之史册计也。国家不保，史册奚存？倘成败之虑深，必致误蹈沽名之歧路；利害之念重，恐贻虎头蛇尾之讥评。国会未开之前，诸君固难息肩；国会既开之后，诸君尤不能遽卸其任也。人谓诸君为中国之伟人，我谓诸君为中国之苦人。然古今来之豪杰志士，凡成大功，建大业，造福国家，遗泽后世者，何非从苦中求得者？来日方长，愿代表诸君勉旃。

《大公报》，宣统二年五月廿一日、廿四日（1910 年 6 月 27 日、30 日）

论国会请愿代表宜向资政院集势力

小不忍则乱大谋，至圣之明训也。能尊奉此明训而行，无论欲建立何等功业，事鲜有不济者。今中国民以爱国热诚，公举代表员上书请愿速开国会，实行筹备立宪，谋则大矣，乃一蹶再蹶，目的恐难遽达。此时最要有忍耐之力，而不可轻举（忘）〔妄〕动。然忍亦非固执之谓也，能设他方，以成此谋，斯谓得之。闻代表员均商议嗣后办法，何以对付完善，尚未有良策施行。本报窃案代表对付之策，厥有二种：一对付全国同志之策也，一对付政府之策也，是则代表者宜善自为谋而已。

夫对付全国同志之策，无他道，于是时，代表者须回本省，将请愿运动之颠末报告同志，更向同志者倡议政党之必要，非急先组织之不可。以此化速开国会之运动，而为组织政党之开始。政党能成，自无患国会之不速开。想各省同志者，亦闻而具有成谋，无所异议矣。

夫对付政府之策亦无他，代表者于此，正宜向资政院，心目注重，设法以养成左右院议之势力。苟于资政院开办以前，迅速联络各省谘议局互选议员，相与筹策要案，一其政见，同其步驱，即于该院开幕后，左右其院议，是决非不可能者。然亦思均请愿也，立于法制上无权力之地而请愿，与立于法制上有一定权力之地而请愿，其刺戟政府处，至相差霄壤；亦均奏折也，由代表署名，与用资政院之名，以此较信用之厚薄，又何足论。而且速开国会之运动，已谕令勿庸再渎，即愿再行上书，万难再向都察院呈请代奏，虽呈请而都察院亦决不代奏也。如资政院者，与代表团迥异。资政院之权限所定，有奏陈之权，代表团苟得资政院以扶殖势力，固结同志，则以资政院之名，具全院之决议，缮折奏请速开国会事，其谁能咎？然因立法之权力，以参政之资格，代抒全国民之意思于上闻，其能摇撼政府，戟刺朝论，令政务处王大臣听从，不敢违资政院之议，或可待也。何则？资政院虽非纯然完全之国会，而其组织法采用合上下两院之形式，其议员半由各省谘议局互选，论其权力，亦不可谓少。其能议决者，有若国家岁出入豫算决算，以及税法公债、新定法典修改事，并特旨交议之件。而且于税法公债、修改法典，有自行草具议之权。若军机与各部行政大臣，对于决议之件有异议，亦能奏陈所见恭候圣裁；资政院于各衙门事有疑问，亦能咨请答复；其或军机与各大臣侵夺资政院权限，有违背法律事，亦能奏请裁夺；至于各省政治得失、人民利病，亦能询之该省谘议局，札令申覆；若各省谘议局与督抚异议，或彼省与此省有争议，资政院亦能核议具奏；督抚若侵夺谘议局权限，违背法律，资政院亦能据谘议局之呈请，实行奏陈；又况乎资政院能收受各省人民关系全国之陈请事，作为议案，亦或咨行政衙门办理。审是，资政院之权力不可谓少也。为该院议员者，果自知权限广大，披沥热诚，切实讨论，活用其参政之权，勿使贻误，政府欲不听从其言也得乎？试举一例观之，资政院既有收受各省人民关系全国利害之陈请事作为议案之权，即如请愿速开国会之书，由全国同志陈请资政院，若该院议员赞成者多，则直作为议案，讨论认可，以资政院之名达政府，即能迫其实行。万一不行，则直奏请圣裁，亦属权限内事也。又况资政院之权，既能议决岁出入豫算，苟政府不容资政院议决事，则资政院亦能声明政府之不信任，将豫算案不认可。故各国议会，时与政府意见不合，议会每运用可否豫算权，以肉迫政府，而政府苦之。何则？豫算之案不能决，政府不能得行政之库款，其感痛为何如？若资政院议员，有达于此事例者，运用其所有权抵抗政府，以视各省代表上书，向都察院呈请代奏，或拜访王大臣陈明意见，其效果之收异矣。

夫同一权势之军机大臣也，同一品级之尚书也，乃因其人物之高下，才力之短长，遂使地位、权势判然各别，无足怪者。噫，以极有权势之大臣，视极无权势之大臣，差别若云泥月鳖，议员何独不然乎？假使议会中之议员，具备人格，有识见声望者占多数，则所有议决事，必适机宜，副众望，令人不能反对，并能使议会为政界之重镇，权力之大何如也？其或反是，列议会之席者，良莠不齐，而佻达之辈，眉睫相向，每事议决，辄失公正而损国利，与民庶敬重议会之念先失。政府大员于此，愚弄而轻侮之，更贿买之以为爪牙。议会之威信，因之坠地，权力虽有而若无，亦良堪痛甚。所以识者谓，议会之权限，广狭不必问，必先问议员之人格，与议事之当否。今中国资政院，虽为一种变态之议会，然其议员等，苟具有人格、有声望、有文明之学识、有爱国之热诚者占多数，则权限虽小，可令之大；虽狭，亦可使之广。而况现在章程之所定，其权限本已广大乎？

呜呼，资政院定期开办，其时日尚有三阅月，为国会请愿代表计，必须注重在兹，游说资政院议员，引为同志，据资政院以发表所见，使直行奏陈，莫便利于此者。各代表员果欲厚积势力，以拜访资政院议员，热心游说之，在此三阅月之内，势力集成，届期资政院开办，当头提议速开国会之奏请案，事无不可实行者。然为时已迫，图之正在今日。大谋不可乱也，能实行筹备立宪与否，具视此矣。而何忧速开国会之目的不能以遽达哉？代表诸君，其忍而奋励之便。

《顺天时报》，宣统二年五月廿七日（1910 年 7 月 3 日）

请速开国会

国会，国会，国会，开国会，速开国会，今与诸君讲论一遍。

第一，要诸君先明白什么叫做国会。国会就是一国中会议国家大事的所在。

什么叫做国家大事？譬如国家要定一个法律管理人民，那法律一定经国会议过，实在可行，然后才成为法律。又如国家要用多少钱，也要预先开个数目，交到国会会议，那一款要用的，那一款不要用的，国会都有力量核实增减他。诸君你说，国会是何等重大的。

第二，要诸君明白国会里头是什么人，有多少人干这种种会议的事。那个人统叫做国会议员，各国议员多少不同，大约都有数百人。那议员多不是皇帝派的，是我们百姓举出来的。既是由百姓举出，那议员自然要替我百姓说话，比不得做官的，只是管理百姓，有许多百姓的苦楚，他都不能明白。我百姓有这个举出议员的权，就是叫做选举权。有选举权的百姓举出议员，那议员在国会里会议国家大事的时候，就替百姓说话，这就算得我们国民有会议国家政事之权。诸君你看，国会与我们国民有多少关系的。

第三，要诸君明白我们请速开国会的缘故。西洋各国如英国、德国、法国等等，以及其他小小诸国，东洋各国如日本，在今日都是富强的。这几国当初也是由国会做起，有了国会，人民与国家才能痛痒相关，合数千万的人民，同心协力，都来替国家谋利益，自然国家容易发达。到了国家发达，一切租税也公平，官吏也知守法，百姓的身家财产自然安稳，这是何等快乐。我们中国自从数十年以来，也不晓得经了多少厄运，战争败了，人民死伤了，赔款去了几万万，我们百姓人人受了困苦，更加外国洋货进口一日多过一日，我国货物生产一日少过一日，真叫做民不聊生。都是如此过去，诸君想想，如何过得日子。假使当初有个国会，一切事情大家协心共谋利益，何至今日这样田地。我先朝皇太后、皇帝知道了如此原因，情愿给我国民参与国家政治的权，于光绪三十四年降了上谕，令天下文武百官齐齐预备开国会的事情。

但是预备要九年的，年年安排下去。各省谘议局也已经开议了，资政院也已经设立了，这也都是会议国家的事，做九年以后国会的预备。但是资政院的力量比国会的力量小的多多，谘议局的力量更少了，所议的只是一省的事情，其中有与各省牵连的，或应归北京大老官做主的，他就不能议及。所以我们国民知道，地方上许多项不方便的事，到底没处告诉；知道许多项方便的事，到底没处请求。现在是何等危急时候，到处闹饥荒，到处闹米贵，到处闹土匪，民穷财匮，试问这样景象能彀平安过去么？若不及早立一个当真的国会，使我们大家商量个好好办法，真是别无良法了。

去年各省谘议局议员已经联合举了代表进京，到都察院衙门递了呈子，请他代奏皇帝，求速开国会。当日天下臣民也，有割臂的，也有断指的，作了血书，痛哭流涕以告天下，就可见得我们民气何等团结。那呈子递后，皇帝复降了上谕，仍是按照九年预备的年限办去。在朝廷也并没有反对的意思，不过要慎重慎重，使国会按部就班，于数年后成立就是了。然现时事势，能彀等到八九年否，实在不堪设想。所以各省人民又起了第二次请求，本月初十日已经再递呈子。这一次请求之人，比前次多了数倍。我们中国的存亡安危，实在全看这一举，想朝廷必当允许我们。我们国民好趁这个时机，同心合力，益加团结，自然会成事的。

诸君想一想，这个国会如果不是眼前最急的事情，最大的关系，那也罢了，要是我们中国最急的事情，最大的关系，我们大家自然要各尽天职，各出天良，拼命出来争的。不然还是照从前，他推一步，我退一步，岂不是昧了自己的天良，辜了自己的天职？不只对我们中国不住，就是自己对自己也是不住呢。我们中国安危存亡，既是全看这一次请求，要不努力，恐怕大家就是自己甘愿对自己不住，也没得这伴人过世的地方啰，望诸君赶紧打算打算。

现在北京已经立了一个会，名做请速开国会同志总会，凡天下同志的人都可作为会员。各省也都立了分会，我们福建省也应当立这个会，与各省联络。今先由福州省城立起，名做福建省城请速开国会同志会支部。诸君倘有赞成的，无论上下人等，均可自行签名做本会的赞成员，有会员保荐的，均可入会做本会会员，一切照本会章程办理。另外分送章程一分，望诸君详细一看，便晓得本会的意思。国家兴亡与百姓的苦乐，只看本会振作得起不起。机会万不可失，机会一失，便追悔无及。诸君快来，诸君快来。①

《厦门日报》，宣统二年五月廿六日、廿八日（1910年7月2日、4日）

① 原稿只登至此处，余未见。

论国民宜速准备第三次请愿国会之进行

帝　民

自第二次国会请愿拒绝后，迄今又逾旬日，环视吾国民，尚丝毫无所感觉。记者不禁抱满腔无限之热诚，以正告于吾国民之前曰：吾闻英国立宪政治之确定也，其国之人民崛起而与政府相争，数千载如一日。日本之要求国会也，请愿书达七十余通，而其志卒不稍衰。呜呼！吾人民而不欲要求也则已，吾人民而欲要求也，则虽自一次至十次，自十次至百次、千次，不达其目的勿休也。今不过第二次请愿而不遂吾愿，直意中事耳，吾望吾人民再进而准备此第三次请愿。

夫天下无一蹴可几之事业，所担荷之责任愈重，则其前途之阻力愈艰险，而其成就之手续亦愈困瘁。以今日脆弱之民气，当专制手滑之政府，挟朝旨以屈抑吾人民，吾人民固无如何耳。所日兢兢而自信者，怀抱之真理，终为最后一战胜之利器而已。而当其未达此一时之际，如孤军之陷于重围，非鼓勇往直前之气，即为同就危亡之机。敌既强矣，而吾乃相视失色，裹足不前，是示怯也。夫岂吾人民要求国会之心而欲如此哉？吾愿各省人民起而为第二次代表之后援，以主义相结合，以道德相扶持，前者往，后者继，则必有如其愿以偿之一日也。况吾人民以正当之请愿，决不至有意外之摧残。如所请而无效，吾心亦庶几尽矣，而可告无罪于国家也，夫又何惮而不为耶？

今对于请愿国会问题，而有两种之心理焉。一躁急者，激于感情，主锐进而易破坏；一冷静者，沈于悲观，重退守而甘放弃。二者皆非记者所期许于吾人民者也。然则，所以担此责任者，当如何乎？先圣之言曰：至诚而不动者，未之有也。吾人民苟抱此一点以进行，虽此进行之程途必无坦坦平平之路，而唯吾心之所向，障碍来则吾排去之，艰屯至则吾容受之。如负重登山，力虽不足，而志欲必达；如乘骏走坂，足不能前，而鞭必重加。举患难困苦之境横吾前途，而吾皆视为成事之母。彼英国大宪章权利法典之存立，明治十四年开设国会之诏敕，亦岂一举而即畀我哉？不知经多数人民表示其请愿之意，而后乃不得不俯允人民，以有今日耳。若志行薄弱，恃一时之客气，不旋踵而瘪；否则误走极端，牺牲目的于一往，皆不适于今日进行之轨道焉矣。

吾所望于吾人民者，欲达此救国之目的，固不仅今日区区数十代表之责任而已，实当起吾四万万人民而共负之。虽则什伯千倍于今日之艰巨，而终必有一片降旙出石头之时矣。今捧呈请愿书于政府者，仅少数人士耳。吾谓第三次当遣员游说各地，飞檄全国，无论何界，各举代表，竭诚请愿，合多数之同情，作正式之要求，国会不开，请愿不已。此则记者所欲以此自誓，而愿与吾国民共勉者也。

《时报》，宣统二年六月初三日（1910年7月9日）

论第三次请愿国会之准备

寒

今使有一物焉，其势力至大，其威严无上，其权利甚溥，冥行独断，可以举天下惟吾之所为，刀锯斧钺，无施不可，此其可宝贵，为天下所艳羡，初不待智者而识之；此其当护持，为人类至尊严，初不待勇者而守之。乃今有人焉欲出而取之，以散给于人〈人〉，分其权，霁其威，解其势，使向之独有者忽一旦变而为众有，则此独有者将不免起而争议，此亦情势之出于自然者矣。诚其迫于时，屈于理，无可争议，而既为吾之所旧有，散给之之权固犹在我，稍迟缓焉，人固无如我何也。矧所以迟缓之者，其辞则甚正，其义则至当，而蚩蚩者，固未能全辞其咎耶？此国会请愿之一不遂而再，再不遂而三，而四，固意计中事，毫无足怪者也。

今者第二次请愿已归无效，煌煌朝旨，虽有“毋得再行渎请”之语，而未尝不嘉其忠爱之忱意。吾国民聆此，必有投袂而起，再接再厉，出而掬示其忠爱者。乃旬日以来，舆论阒然，一若以此事委之数十代表人，即可告无事者，其成也听之，其败也亦听之。以如此极重大、至急要之国会，千钧一发，关系于国运前途者，利害之大，莫或与京，而以是若明若昧者，模棱其间，有形式而无精神，有因循而无壮往，恐一旦即开国会，亦且无补危亡于万一。国民乎，其急起而直追之乎！外患之迫如火斯炽，内忧之兴如防将决。时机之来，稍纵即逝，初不能任吾琼佩从容，规行矩步，以将事也。则第三次请愿国会之准备，又乌得不汲汲也。

特是请愿之术，出以正当，固不外上书言事，畅论其利害，积诚以动之。顾今政府老成持重，虑或失于草率，操切肤末，转滋流弊，期期以人民程度未及为言，其所以关吾口而夺之气者，亦大有津津乐道，【声声】动听之概。而揆政府所筹备之事，类皆颠倒涂饰，缓其所急而急其所缓，敷衍塞责，择其无关紧要之一二细事，稍稍任吾民之自理。有所建白也，则颟顸以阴消之；有所干涉也，则迁延而阳与之。而下之于上，亦或相应以虚文，未能实事以求是。政府有鉴于吾民之易与也，遂亦不惜出其箝制之手段，以虚与委蛇；有鉴于吾民之涣散也，遂更不惮施其独断之命令，以强为抑制。空穴来风，履霜坚冰，非一朝夕之故也。吾民而不欲建国以图存乎，则长此终古，坐以待毙斯已耳。吾民而苟欲立足东亚，保此锦绣山河，绵祖若宗万世无疆之休云尔者，可不速冀此国会之成乎？可不于政府所以轻视吾者而加之意乎？然则加之意奈何？曰固结民力，万众一心，急为补牢之谋，毋忘散沙之戒，以确定宪政之基础。人人有宪政之常识，即人人有立宪国民之资格。记者不敏，敢即所以准备之者，聊贡芜词，藉当献曝。

前者执政诸公颇有疑国会请愿出于少数人之私见，非全国国民共同一致之意向，于是各代表四出号召，联络海外华侨，以及商学各界，团结成一大团体，合力请求，以明非出于一二少数人之私见，政府于是稍为所动。一二巨子更思组织政党，猛力进行，群公于是益骇汗相告。迩闻有由警员强行解散，毋许逗留京邸者。其所以抑之者，正其所以惮之也。惮之者，惮事理之秩然，势不得不为之动，气不得不为之夺，而姑出此拘执之见，以为暂时之抵制也。请愿者果从此即行解散，则大局破坏即在目前，恐目的卒不得达。而悠悠长夜，国会一日不开，即庶政一日不举，外患一日不弭，无论如何筹备，决无可有立宪程度之希望，以启新机而收实效也。

故准备之第一着，当不为浮言所动，持之以贞恒之毅力，守之以坚忍之志操，不畏难，不苟安，仍各依吾最正当之目的以进行。毋徒肆辩难，毋争以客气。盖立宪政体，自有立宪政体之各种机关，各种精神，其机关固与专制政体不同，其精神亦与专制政体大异。今宜整理此机关，长养此精神，务使一国人民咸晓然于立宪政体之不容缓，以亟求达此立宪之目的。全国一心，不特商学各界宜竭诚联络，即军界、政界亦宜尽力呼吁，广谋将伯，如粤督袁，吉抚陈，滇督李，或请设责任内阁，或阐明中央集权，皆于立宪政体洞垣一方者，苟百端游说，未必不收寸效。至军界中人，近自游学陆军者多，于政体之改革必当赞成，宜联络其上级长官，说以利害，动以情实，以谋得其臂指之助。要之众志成城，恐政府虽欲不速开国会而不得也。此宜准备者一也。

盖今政府所持之说，与人民所持之说，成极端之反对。政府以为宜一切筹备完美，然后可开国会；人民则以为不开国会，种种筹备决不能完美，因无总机关以绾合一切故也。此其大较也。由政府之说，则是守常之道。国势苟稍处稳固之地位，雍雍步骤，何不可者？由人民之说，则为处变之方。际此四邻日迫之秋，卧榻之侧，鼾睡者多，自宜抢攘彷徨，速谋纾难。揆时审势，自以后说为正，此国会请愿之所以不容已也。记者综是二说而沟其通，以为无论国会开幕之迟早，而一切立宪应行筹备之事宜，固跬步不容踰越者，特未开国会之筹备，虑无实际，已开国会之筹备，为易收效耳。顾语当曰：民以国立，国以民存。民者，国之一分子，未有分子不善而全体善者，亦未有多数分子不善而全体善者。今吾国多数人民果尽合于立宪政体之程度乎？如无此程度，纵国会即时开幕，恐仍不免由个人之专制，化为少数若干人之专制耳。且既开国会，苟人民程度未副，何不可借口以屡行解散。届时执政者或仍以筹备为言，延缓其复行召集期。则一经挫折，恐虽九年之期，尚或以为未足，是速之适以缓之也。故国会之开宜早，而一切筹备亦不容缓。一方则继续请愿，一方则竭力从事于筹备，上下一心，绸缪未雨，以求合乎立宪之真精神，即以促国会请愿之进步。此宜准备者又一也。

考各国要求国会，无不经历许多波折，其甚者乃至流血以争之，前者覆，后者继，百折不挠，卒达建设国会，成就宪政之大目的。此无他，以有必应建之理由，必当成就之实际，非强权所得而屈，非严威所得而夺，非情势所得而移，故卒能获最后之胜利。天下惟真理所在，吾人不能以私意左右之。宪政为治国至公至平之法，其中真理，经无数名人之讨论研究，出之以至赜之义，辅之以至精之法，虽有雷霆万钧之力，无由遏抑之也。而国会则又宪政之总机关也，其不容终靳而不从速建设，自是至无可疑者。夫治国者不公，则必有偏枯之处；不平，则必有受害之力。最不公者，小民终岁勤动，急公奉上，有义务而无权利；最不平者，竭小民之脂膏，供在上者无艺之欲。害至，则众人受其殃，在上者避其祸；利至，则尽为在上者所独得，不复以分之众人。贪富贵而恶贱贫，自非圣人，谁不从同？饥寒之迫，虽慈母不能以有其子，铤而走险，急何能择？且更有大不利于民者。专制政体于一切治理保卫之法，悉惟在上者之指挥，人民有依赖性，无自治力，脆輭薄弱，一经强有力者之征服，无不低首下心，忐忐忑忑，厥角稽首，屈膝受降。是故历览中国史籍，东南之民恒受制于西北，而西北之强有力者一入东南柔顺之乡，无不与为同化。人民间数十年必一小乱，数百年必一大乱。嗟嗟，专制之祸，酷矣。今宪政虽见萌芽，人民之自治力尚极薄弱，欲得宪政之神髓，自治必宜发达；欲求国会之速开，自治尤须严整。此宜准备者又一也。

方今朝廷既明言旧政体之不善而锐（竟）〔意〕图新，心诚求之，安知不终回天听耶？愿我国民毋以第二次请愿失败而即噤若寒蝉也，更愿我国民毋徒着意于表面之形式，当事事求其实际，人人鼓其热诚，精诚所至，金石为开，则庶乎可终达速开国会之目的已。

《申报》，宣统二年六月初七日至初八日（1910年7月13日至14日）

明新子致国会请愿代表团书

敬启者。请愿被驳，国民之耻。今继续请愿，惟有请将宪法、议院法、选举法等提前修订之一法。盖中国宪法大纲，系采用日本钦定宪法，曰须使议会由宪法而生，不使宪法由议会而出现。在宪法未颁布，选举法、议院法未修订，国民请愿两次被驳者，政府恐宪法由议会而出，致失钦定宪法之宗旨也。故吾党请愿速开国会，亦声明此意：（一）呈请缩短筹备宪政年限；（二）请将宪法、选举法、议院法等提前修订而颁布之，然后召集国会。国会之关系，第二次请愿书言之精详，第三次请愿各团体宜抱此宗旨为是。照此办法，合议会由宪法而生之宗旨，民定宪法之疑虑，政府自然不存于中矣。虽然，议会由宪法而生一语，实得之日本专制之论，于宪法法理甚不合。吾党要求此等无价值之国会，与专制又何以异，何必多此一举？然吾主张右之办法者，乃出于一时不得已之计，俟国会开后，然后要求改正宪法。虽暂时受专制宪法，亦莫如之何也已矣。但（告）〔吾〕党须赶于七月以前上书，如能达速开之旨，斯吾国之幸矣。如再被驳，是政府专制达于极点，平和要求既不能达速开之目的，不得不行左之二法：

（一）不应资政院召集。速开国会发起于各省谘议局，第一次请愿代表由各省谘议局所举，是国会请愿代表由人民所举也，国会请愿，人民之请愿也。然有一事与国会请愿相冲突者，资政院议员之举出是也。夫资政院议员由谘议局议员互选，然则资政院议员亦由人民之所选出也。人民既举代表要求速开国会，非得政府之允许誓不干休，乃国会未允速开，而又选出不伦不类之资政院议员，是国〈会〉民默认资政院即为国会。一举一动，自相矛盾，无已两次请愿，政府往往以人民程度不足为辞。呜呼，我国民何其拙也！

今宜通告各省谘议局，撤回上年所选资政院议员，本年九月资政院开院，万不可应召集。会召集之日，正国民要求速开国会之日，使政府知资政院不足以牢笼吾国民也，势必废资政院，颁速开国会之诏。但不应召集之手续，又须严加罚则。如有甘听政府之愚弄而应召集者，以非国民论，不许为谘议局议员；如不应召集，而政府命各省谘议局补行选举者，可以速开国会答之；如有补行选举者，各省谘议局联合以攻之。盖用此办法，可以促国会之进行。何则？第一次请愿被驳，出于军机处之意；第二次被驳，出于各衙院行政之大臣，吾料第三次请愿必交资政院议决。然资政院诸议员，试问有立宪国民之资格否？各省议员虽占百人之多，而一盘散沙，且不知国会为何物（彼能知国会关系者，必不为资政院议员），而满、蒙诸议员更无论矣。以此等非国会之议员，而欲生其主张速开国会，不亦难乎？故吾所以主张不应资政院召集者，使政府不以资政院为请愿之借口也。

（二）不允办印花税。我国税项以鸦片收入为大宗，每年赔款实赖于此。鸦片烟禁以来，收入减少，度支部于是奏请办印花税，以为抵制此项税款之用。无如厘金未停，政府既失信于前，兹复试办印花税一年，再停厘金，恐不免又失信于后。况民穷财尽，搜刮无出，南北洋商人反对，泽尚书屡请开缺。我财政危险现象已为外人所洞知，累累赔款恐受影响，而派员监督中国财政之说起。故现在中国欲救危亡，不得不办印花税，我国民纵如何困苦，亦当勉力输将，以尽国民之义务。商会宜结团体，要求速开国会，以享监督财政之权利。如国会不速开，则国民誓不认办印花税，为国会请愿之后援。上年阅某报载，某埠商会有屈膝请端午桥代奏缓办印花税，不胜愤恨。夫权利义务，实有密切关系，政府既强我民纳印花税，我民何不强政府速开国会。计不出此，而奴颜婢膝哭诉政府，彼政府只顾收入，不顾民生之经济，我国民任如何哭诉哀求，或为无意识之暴动，岂能感动政府体恤我民，缓办印花税哉？我国民其三思之。印花税为国家财政之关系，出于政府之不得已，与其向政府哀诉，不能使政府缓办印花税，国会为救亡之机关，为国民应享之权利，何如要求速开国会，以为监督政府之中心点乎？未始非国会请愿之一后盾也。

以上二者，一归各省谘议局之责任，一归各省商会之责任。我国民苟欲达速开国会之目的，则此二种办法犹是平和举动，我国民不以为难也。苟不欲达速开国会之目的，仅仅数张请愿书，虽日达天听，于事无成，反以启厌吾党。宜通知各省谘议局及商会，趁此良好之机会，毋自疏忽，毋抛弃权利可也。鄙见如此，伏乞明公斟酌，并请一安。

《顺天时报》，宣统二年六月十五日至十六日（1910年7月21日至22日）

论联合会宜讲求完全进行之法

无论世间何事业，苟欲力行奏效，非积多数人联合成一体，则有难以进取者。今中国各直省谘议局遣派议员，相与组织联合会以图进行，具见爱国热心，发于真诚。所订联合会章程，现已宣布矣。凡同人等绝无有异志，其运动之敏快，其方法之公明，其目的之正大，不禁令人赞叹不置也。然该会题首曰“直省谘议局议员联合会”，一见其名，似谘议局议员，以个人之资格相会同者。迨进察其内容，其第一条则云，本会以各省谘议局遣派之议员组织之；又第四条云，各省谘议局议员，非经谘议局遣派而愿与会者，本会认为参议员，得就特设席发表意见，但不列表决之数。由此观之，该联合会以谘议局各遣派议员组织而成。则是各直省谘议局议员等，虽同为议员也，而不经谘议局之遣派者，有参与会议之权，而无议决之权也。而且该会之名，虽以议员联合会著称，实则谘议局之联合会也。又进而思之，夫既为谘议局之联合会矣，则其会员等即为谘议局之代表员无疑，并且该会所议决之事项，出自直省谘议局全体之意见，则各直省谘议局全体，即有遵奉该议决诸事之义务无疑。究极事实，果能行此而不稍怠若该会者，可谓特别一种之立法机关也。而其势力之大，其影响之广，真不堪以设想。但现在该会势力尚未隆盛也，影响尚未广远也，直省各谘议局中，或有未遣派议员者，或虽已遣派，不甚注重其人者。盖该会自兴创办之议，未逾数月，筹画尚莫能完备耳。如今者，果能联合各谘议局以厚积势力，俾各谘议局速行遣派其议员中之老成练达、堪胜代表之重任者数人，而此代表议员时常在京，调查诸般紧要问题，上向政府进说其意见，下对国民同胞指示其方针，届期资政院开院，与资政院互选议员相联络，互相讨论时事，以一其趋向，同其赓调，先使互选议员在资政院内占有大势力，然后令资政院举其全院之决议事项，迫实行于政府，以是于革新事宜，显着成绩，自可想而知也。本报对兹，甚祝该会之成立，而冀其发达焉。然亦有可忧虑者，不敢不直陈于当前。

一则曰各省谘议局者，即各省之地方议会也。夫地方议会之职务，以议地方之民政为要，犹不可超权限而议国家之政治。若以地方议会而容喙于国家大事，此端一启，则州县城镇之小议会，亦将开容喙于国政、省政之机，其弊殊难以枚举。所以，禁止地方议会之联合，不使其讨论时务而议国政者，各立宪国之通则也。今中国议会之经验尚浅，故于地方议会干与国政之弊，未之深知，竟冒然而无所顾虑焉。该会势力设已发达，而政府或举以上所说禁止之，未可知也。所忧者此其一。

二则曰该会在资政院外，与院内之互选议员相联络，声气互应，表里相援，最可希望之事也。然万一院内之互选议员等，与院外该会代表员意见竟至不相符，而互选议员自以为在院内独立，义不受他人之干涉，对于院外该会员而拒绝之；而院外该会员，则以为互选议员虽在资政院内，必须遵守谘议局之议然后可，两两对持，势不相下，阻碍宪政之进行也大矣。是则所忧虑者二。

窃为之筹思，方今之时，欲弭消此可忧虑之患，因而求永远发达之道，使宪政借该会之助，以与时进行，另有一手段在，曰不用谘议局议员之名目，不限资政院议员之种类，不假代表各省之声称，即会同议员绅商士民等，凡有志之人，政论相合，主义相符者，相与组织政党之一事云尔。盖政党之事，原因主义政见而成，必网罗国民各阶级志士，以作兴国家之各般舆论。政府也，资政院也，皆可与之相对待，而立宪之真正机关，始可见其运用矣。或曰：直省谘议局联合会，正所以预备组织政党也。曰：果然，本报又何敢多言哉？亦惟祷祝该会之将来发达而已，于中国立宪前途，实大有所裨补，敢窃持论及之。

《顺天时报》，宣统二年七月十四日（1910年8月18日）

劝立同志会

现在我们中国危险极了。往国内说是政治腐败，君臣不能通气，加上天灾流行，兵变民变，老百姓不能安生。往外国说又是各国协议，暗含着要瓜分，如同麻绳儿蘸水，一天紧着一天，再要想过太平日子，恐怕是不能的。

说到这里，真是难过。可有一层，难过会子，还是无济于事，总要想个法子，把国家事整顿起来。比方人得了病，总得想法子吃药，不吃药万不能好了病。我们中国的病，眼看着要入膏肓，赶紧治或者还可以好，要不治是必死无疑。这治的法子是什么呢？就是开国会。因为国会是人民同政府合手商议事情的地方，向来我们中国，一切政事不准人民搀言，也不教人民知道。列位请想，这么大的中国，这么多的事情，只凭着三五个作大官儿的，能够办的好不能呢？就不必说徇私舞弊啦，不徇私舞弊也不能办好了，必得国家的大事叫一国人同办才行。常言说的好，三人同心，(无)〔其〕力断金。又说道众志成城。我们中国可是危险到了极处，要是大家齐起心来，努起力来，还怕国家不能救吗？但是齐心努力，可不是一句空话，总要实地去作，不可彼此推托。这实地去作的头一着，就是求皇上家快开国会。列位听到这里，必有人说现在求了两回，皇上家都不准，也是枉然。不知道求神佛的必要虔心，才能够有灵验，要是求的心不虔，不要谩怨神不灵。再说根病吃药，是人用此心，大病吃药必多，小病吃药必少，不可因为一两剂药并不见好，就从此不吃药，眼看着死，恐怕多们傻的人，也不拿性命当儿戏。大家既然知道，开国会是救国的好药，就应当极力要求，一次不准两次，两次不准三次，三次不准四次，就是十次、百次，总不灰心，没有不成功的。但是一盘散沙，万不能成事。大家都有爱国心，没有联络，也是不行。望那爱国君子，在本地方成立一个同志会，凡对于开国会有同志的，都算会员。这些会员，打起精神来，见了人就说国会，一位传十位，十位传百位，百位传千位，从此有同志的，陆续加入，会员一天比一天多，同志会的势力，一天比一天大，作为三次要求的预备，所有入会的衔名，于十月间送交天津三条石直隶同志会。送齐以后，好择期开全省大会，进京要求。将来国会开了，作了立宪的国民，享了福气，把国家整顿的铁桶一(搬)〔般〕，还怕什么风吹雨洒吗？至于把“亡国民”三字变成了“强国民”，那更是外面的好看喽。

同志会简章

宗旨　以联合同志要求速开国会为宗旨。

名称　凡在某州县者即称某州县同志会，无分部、总部之别。

组织　先由数人发起，分头联络，自认为干事亦可，俟联络多人后公推干事亦可，余皆为会员。

职任　干事任联合会员、统筹全局之责，会员任鼓吹宗旨、分担义务之责。

地址　事务所附在地方公所内为佳，以何处为宜，由发起人酌之。成立后通知直隶同志会以便通信。

经费　费用无多，可由热心人酌量资助。

期限　以国会招集之日为解散之期，国会一日不开，会员必尽一日之责。

此不过普通简章，实行组织之时，可由各该处酌量情形办理，有已经成立者可仍其旧，惟不可与简章有大反背。

顺直同志会谨启。

《大公报》，宣统二年七月二十日（1910年8月24日）

余所希望于直省谘议局联合会者

思农 投稿

空谷闻跫然之足音则喜，吾居吾国闻联合则喜，况其为搢绅先生之联合，况其为全国代表搢绅先生之联合。呜呼！天实有灵，不墟吾国，乃于此沈冥寥绝之秋，而有此神圣优美之社会出也。

吾思之，吾重思之，世之救国者之言，莫不曰责任内阁急，国会急也。吾尤以为聚集今日朝野上下物望所归、深达事体之人，同心协力，一以改革政府，一以制造舆论为尤急。此政党之说也。吾重哀吾国今日时势尚不容有伟大政党之发生，吾兹望有一种政界之潮流有以为之先导，此潮流愿诸公汲引之也。吾重哀吾国开明团体，志气议论有余，而魄力道德不足，故朝揭橥而夕闭户者踵相接。顾吾思之，吾重思之，今吾人但能将转瞬可以幻现之灭亡惨影，日日悬在心目中，则有何种感情不能化？何种意见不能除？何种阶级不能泯？今外人心中，方将以吾全国之事，各于其势力范围内为其本国之事，吾奈何于同舟遇风、顷刻可以倾覆之日，而画南北、分疆界也。故畛域界限既除，而后国事乃有可论。吾固望联合会之无之，而且深信其无者也。

官，今舆论所同嫉者也，凡败坏隳落吾国事，牺牲吾人民者，实惟官尸之，故舆论之集矢于彼族诚当。然若必以民选议员为一种农民、地主或富豪或学界或舆论界之代表，而一意与官为反对，凡官之所为务屏斥之，官之所陈诉务阁置之，则未免失之偏。故一方面代表民意，一方面更须以国家主义为此会之纲领所在，则联合会之所应有事也。凡攻政府务须攻其急处，而急处非局外所知也，故须联络行政衙门所选出之议员，与夫大人先生之实能念吾国家者图之。凡唱议政策，献替可否，必须择其可行者。然其能行与否，则非平日有调查政务会合种种人研究之，分科焉，讨论焉，决定焉不可。资政院者，宗室、蒙古王公、诸行政衙门，与夫诸省代表所丛集之地也。今若能组织一全体政务会，蒙古人则言蒙古，各省则言各省，行政衙门人员则言诸行政衙门，务使得政治实相、民生疾苦所在，而后建言立策，不为空谈。资政院之筹备会，具体实未为备也，而此全体之政务会，吾滋望联合会为之中坚也。

一哄之市，必立之平；一族族聚，必立之长。英之政务，非决于君主也，非决于议会也，实决于议员会中有多数议员之政党；亦非必决于其党全体也，实决于其首领及三四辅佐诸人。故最共和之理想，实以最专制之制度行之。今联合会各省物望所在，断无容三四人专制之理。但必须择其尤为众望所归者，而听命焉，而后不至如散沙，如道谋。吾初非联合会中人，而此意甚愿联合党之诸公省察之也。

《时报》，宣统二年七月廿四日（1910年8月28日）

论蜀人由今当竭诚竭智竭力于立宪

白 坚

立宪政治者何？君民共为国之主、以理国政者是也。其在民主立宪之国，其国中惟知有所谓国民，不知有所谓国君。方今世界一等国中，若美、若法即是也。此外之一等国，若英、若德、若意、若俄、若荷、若日，则无不皆君主立宪之国。夫所谓君主立宪国者何也？无他，即其各国君不以其国为私有，而以其国为一国人之所公，不能不以其国事公诸民；而其各国民多独自尊，亦不以其国为君之所私，而以其国之兴亡为己责，不敢不以国事责诸己。夫是以其国之重，其君任之，其民任之，各守分际，无或相妨，政鲜遗计，计鲜无成，而其国政以治以理。然则我中国居今日而言预备立宪，则在君主立宪，而不在民主立宪，而又不可不出之以君主立宪，此固今日言立宪者多数之所同。明哉先帝，于危急存亡之日，而焕发立宪之诏，将为中国开万世之太平，将为皇室绵无穷之统绪，诚计无善于此者。

夫立宪之为言，即立法之谓。试考我国历史，凡一朝代之法，罔非开国之君与其少数臣工议定而立之，以行于全国，期后世永无所更。继体之君，大率遵先王之法而不敢变。若有欲变及敢变其先王之法者，其不便于是之臣工与其宗室率非议而阻挠之，其儒生又率摭陈腐朽霉烂之古语，以为狂吠盲扰之资。是故历代中叶，欲变先王之法以顺应时势而卒不易得者，比比皆然也。至于历代之末，法弊而朝野间祸乱丛生，于斯时也，法不及更，而祸乱不能已，败亡随之，而代立之新朝，于是起而言立法矣。要之，我国各代之立法，其权在君而不在民，其时率在新朝而不在中叶与末叶。嗟乎，嗟乎，是岂适于进化之公例哉！无怪乎数十年或一二百年或数百年间，必一见顺天应人之师起，一姓仆而一姓兴也。

夫国必立法者，为其适应国民之生存进化而有也。不适应于国民生存进化之法，是厉民之法也。是故欲法之适应于国民，而无厉于国民也，则君为民计而立法，孰若民自为计而立法之为得乎？君及少数臣工立法，孰若聚比较的多数之国民立法之为得乎？君以一时立法，期永行之后世而多不便，孰若随时立法因时制宜之为得乎？君以一方之人立法，孰若聚全国东西南北之人立法之为得乎？君以法之故而来天下之怨，离天下之心，孰若因民之所立法而立之，不来天下之怨，易结天下之心之为得乎？以君一人立法，劳而益鲜，孰若国民立法不劳而效多之为得乎？是故观世界列强以行立宪制而致国利民福则如彼，反观我国，以不行立宪制而致国殃民祸则如此。然则我国人当今日，安可一息懈，不竭诚竭智竭力，以求真善之立宪政治哉！

夫真善之立宪政体果奚若哉？盖不外以民权克自由以预国政而已。惟是民权自由，实为立宪政体之真精神。立宪政体之需民权自由也，若灯之需膏，鱼之需水，人之需蓄至精然。灯无膏则灭，鱼失水则殆，人不蓄至精则徒具形骸而将死。立宪政体而民权不克自由于法定范围中以预政权也，则有立宪政体之名而无其实。如是政体，上下欺蒙，朝野隔阂，祸患之蕴酿日深，而覆败危亡，实无日也。虽然，我国为专制国既已数千年，此非唯施政者恣然安之，即受之者亦率帖然安之，且或以专制为天经地义矣。于此而言民权自由，此又非独施政者所恶闻，即奴颜婢膝之民亦所不乐听，或将以民权自由为洪水猛兽矣。悲夫！民权自由，实非恶语。所谓民权自由者，不过民之所好必得遂其好，民之所恶必得遂其恶，民之所欲必克得之，民之所恶必不见施，如是而已。仲尼曰：民之所好好之，民之所恶恶之。此二语实足为立宪国君主之勖，而今世真善立宪之君主固已如是。

民权自由之发动也，在国会；无国会而冀民权自由，实虚愿也。夫国会者，代表国民者之所聚，为代表国民而议国事，且代表国民之意思而有之机关也。近来法律学者中，颇有持法律意义，将欲不认国会为国民之代表机关者。然是言也，虽以法律论，恐亦非正当语；借曰正当，而亦不过单纯之形式的法律论而已，而于议会真实之性质不适合。而自议会真实之性质言之，则所以设议会之目的，全在代表国民之意思者，更无所疑。各国中有称议会为代议会者，有称议员为代议士者，是二语实足发挥其意义而无余蕴。虽然，民权自由，在我国今日，正须我国民自求之。何则？尚无国会故也。恭绎先帝明诏，开国会在宣统八年。然今之时势，非先帝在时之时势也。先帝在时，无人于我国境内之土地自由行动以改筑铁道者，无人与其仇敌结协约以谋我者，无人联合其与国以企握我财政权者，无人以其工商政策烈战于我国腹心地以及于我各乡邑者。悲夫！此特外祸之既发已切吾肤焉者也，况夫世界之风云倏忽变幻不可端倪者乎！兹仅以外祸论，亡犹可计日至，况夫以我国今日之内政当之乎！以我国今日之内政，虽无外祸之来，亡亦可计日至，况又有外祸纷至沓来乎！夫内有乱而弗能理，外有祸而弗能消，此实我国人人之羞，而当国者无或能辞其咎。故今之当国者，既为前祸之阶，而又酿将来之祸于不可究诘者也。于此我国人甘为蠢蠢之动物，甘为无意识之国人，则一任当国者断送我国，以亡其身，殄灭其种，无不可也；不然则望国会之速开，以聚草野中龙蟠凤逸之英才，以论天下事而预国政，以矫当国诸人之失，而救国事于既危，实不可一日缓。

是故国会早开一日，则民权自由当早伸张一日；民权自由早伸张一日，则政府诸人少为一日恶，而早一日救危亡。故今日而言早开国会，自既往之因无国会而生种种失败论，不可不谓为既迟；而待转瞬国既覆灭后，始悔何不早开，则今日不可不谓庶几犹有可及而未为晚。慨自请愿书两次上，一不见允以来，草野间浅识者流，咸谓请愿为无益，继此虽三上、四上以至数数上，恐终无济。至若不利于国会之辈，又从而非笑之，揶揄之，且从中尼沮之，以国会不早开为幸，且以国会终不开为幸。于是国中翘然待国会早开之士，咸沮然无复有早开之望矣。夫国会之不可不早开，凡深识之士，无不若饥之于食，渴之于饮。而不能早开者，徒以摄政王惑于左右不忠之说，不察国民殷殷待治之意而然耳；且又我国民对于立宪及早开国会，亦不无诚有所未尽，智有所未周，力有所未竭也。向使尽吾诚、周吾智、竭吾力也，则若摄政王之察纳雅言，以国民之好恶为好恶者，乌有不见允者乎！而全国中之国民，对于是有未尽其诚、有未周其智、有未竭其力者，尤恐无川人若是。故今日国会不能早开者，非当国诸人之吝而不允之罪，我国人有未竭诚竭智竭力之罪也，而我蜀人之罪觉犹深。

当去年冬，江苏深识之士，以国会不可不早开呼号全国，集同志于沪上，由谘议局遣代表者十五六省，而四川谘议局不派一人。其第一次请愿书中，四川无一人也。至第二次，仅有四川某会名目，有一二代表人，而其人不过薄志弱行之青年，聊以备员而已。所以如此者，由于蜀人对于此举无甚热诚，不过苦于请愿团之呼，聊举一二人以为应耳。嗟乎，不竭智、不竭诚、不竭力孰有甚于蜀人哉！嗟嗟，是有故。蜀人近来虽帖服拳屈于暴恣官威之下，而隐然有负固气，居恒腼然言独立，不乐与外省交，一似以外省为外邦也者。悲夫！此蜀人之陋，由来已久，不谓于今之世犹及见之。夫蜀而欲进化也，则无人不当先具独立气，以革旧污；以蜀之土而欲进化也，亦不可不励独立气，以言自治。虽然，我国今日当言统一，万不可言分析。惯言分邦独立以自快者，是昧于今之大势者也。且独立者必善群，不善群者必不善独立者也。今之大势，无海不可以立国。且即以国内论，他省皆亡，蜀能幸而独立乎？吾愿蜀人痛自猛省，常运心目于全国及世界，毋为夜郎之续也。蜀人以是之故，故他省人对于请愿速开国会，热度极高，颇有竭诚竭智竭力者，而以蜀人冷落之故，故请愿之力犹薄弱而未有效。虽然，既往者不必追，而将来者正可竭力。今日者正吾蜀人奋兴以从各省有志者奔走立宪，或助之势力，或鼓吹舆论，以冀国会速开，以改革一切，不可一日缓之时也。

且夫我国今日望真善之立宪政治也，较他国为易。何也？我先帝有求真善立宪政治之明诏，今上虽在冲龄，而摄政王有奉先帝明诏而行之真诚。此实我国民无上之幸，而千载一遇之时也。非若欧西各国之初立宪也，必待杀人盈野、杀人盈城之后，而后真善之立宪乃见。要之，立宪事业，为发达自由民权之事业，而国民之事业也。国民多竭一分诚，多竭一分智，多竭一分力，则立宪政治真善之量自多一分；早竭一日诚，早竭一日智，早竭一日力，则立宪政治真善之量亦早多一分。是故国民之诚也、智也、力也，购国会及发达自由民权之代价也。不然，惟日袖手痛国事之危急、官吏之横暴、权贵之贪婪者，是惟知忧国之民，而终无济于国之民也。

且今日而将致忠敬于君国也，莫若致力于立宪。何也？真善之立宪政治不早见行，则国将危亡，而君将为亡国之君，以步朝鲜王之后。真善立宪政治之早见行也，致国于盘石之安，致君为英国之君，为日本之君，与国无终极，与天壤以俱长，则今日而言忠敬君国之道，当无良于此。彼夫今之权贵及尾大不掉之疆臣，耳不能听远，目不能视远，心不能虑远，惟营营逐逐以偷取一时富贵，不顾国事之危亡，对于立宪貌不敢不从，而心实恋恋于专制权之便其私，而尝以反民之好恶为能事，以妇寺之道尽于君，而阴阻立宪之进行者，是皆不忠敬于先帝及今上之贼臣，而在盛世当罹不忠敬之诛者也。若辈虽欲亡中国，而我为中国国民者，必不忍使之亡。我中国国民于今日，惟当致力于立宪，以致忠敬于君国而已。

惟夫以蜀人而欲竭诚竭智竭力于立宪，其道将何由？无他，立宪国民不可不具立宪国民之资格者是也。立宪之国民，不可不智，不可不强，不可不道德。苟多能是，则真善之立宪政治不难而成。试观蜀人士，具立宪国民之资格者，有几何人哉？蜀距京师远，官蜀之疆吏及其各官属，每恣肆无上之威炎，故蜀人呼总督为海外天子。生于如是政体下之一般人，乌足言有智、力、德之士哉！尝闻蜀之显绅某某，以承当道之颦笑为无上之荣幸，其他则又何说。故夫今日蜀人痛湔旧污，自立自尊，义则为之，不义则虽死弗为，此当为蜀人言道德第一着手处。至于世人谓亡国之民多嗜利，而谓蜀人尤嗜利，然否虽不可知，要之蜀人处四塞之中，生惟知嗜利为乐，国亡灭种，不甚关心，或非过语。证以故蜀人去嗜利之恶根性，而能知耻，则其他之道德，庶几可言。至于智，必待多闻多见而后智，蜀人若不打破所以负固之险，以观世界之云诡波谲，而知盛衰强弱之故，以制于机先，则井蛙之讥，实未易免。若夫民力，必待集而后大，必待结而后坚。立宪国中所以有伟大之政党，克改良政治者，由其志同意合，集之大，结之坚而已。民智也，民力也，民德也，是三者必待教育训练而后兴。以越王句践言教育、言训练，其有成功，犹待二十余年，矧以今之中国，大于昔之越数十倍者乎，借有数十越王句践其人者起，收效犹在二十余年后也。然则今日言速开国会，其收效不戛戛乎难哉！然今日所以望速开国会者，在以全国草野中方今有数之英才，易当世肉食诸公之腐朽，支柱残局，而上尽忠敬于先帝及今上，下以开万世无疆之休业，以待后之人。逮教育训练之既成，英才无数，随在皆材，则上承无疆之休业，发挥而光大之，以对于天下，以告诸先帝之灵。《书》曰："弗求胡获，弗虑胡成。"又曰："时哉，弗可失。"蜀人诚有竭诚竭智竭力于立宪政治者乎，恐不外是已！

《蜀报》第二期，宣统二年八月朔日（1910年9月4日）

国会与国权

端

国会者，民选议院事实上之所表见也。民选议院而谓之国会，见民与国之关系，伸张民权，即所以伸张国权也。

今者国会请愿两次无效矣，夷考国家之意，亦非欲故抑民权，以求展其莫大之专制力，实有虑夫吾民之程度未至，速开国会愈足以长其嚣张之气、虞诈之习，而阻滞新政之进行。缓以图之，未始非正本清源之计也。虽然，是说也，若自理论上言之，未见其非，是顾吾人今日所为亟亟欲开国会者，盖有一极重要之前提焉，则以今日之中国，不若是进行，即无以图生存，以求免夫列强之群思染指也。夫日本实行开设国会之期，固后诸颁布开设国会之期三十年，而于其未颁布开设国会之期之前，犹且上国会开设愿望书而不济，则又立国会期成同盟会，千磨百折，仅得一敕令最赊之结果而去。而彼民咸相戒箝口不忍卒发者，无他，以无外患之相乘，国会之问题尚无关于国权之问题之急切沉痛也。尝论日本国会之成立，多半由人民激荡于下，而二三豪杰因势利导于上，顺水推舟，（遵）〔遂〕演成震古（余）〔烁〕今之雄剧。彼欧洲各国得之皆未有若斯之易易者也。即如英国为国会成立最先之祖国，而不有北方之蛮祸，则世界国会之开幕，尚不知留待于何时。若法，若伊，其受外界之刺击力更烈，其也脓血换成国会者，更惨怛不可言喻。至今过巴黎、罗马如荼如火、如锦如绣之名城，恍佛犹有昔时战死者之血腥余臭焉。

呜乎！不有外患而国会无由构成，则不有国会而外患尚何由消弭哉？而消弭外患之问题，又即伸张国权之问题。况乎今日之中国，尚不足言伸张国权，而但可言恢复国权。往者不论，鄂路事日前之事也，铜官山矿事目前之事也。有路事即有路权，有矿事即有矿权，而路权、矿权均之国权也。路权、矿权之失而复得，即国权之失而复得也。失而复得谓之恢复，然试问今日之恢复此国权者，伊谁之力乎？则正我国家所谓程度未至，而恐以长其嚣张之气与虞诈之习者也。且吾国民亦正以吾国无国会，而遂乏此参政权之经验耳，以其无参政权之经验，遂谓其无参政权之能力，有是理乎？况世界各立宪国之民，其初之经验能力，〈能〉皆未必能反我国民也，以其国会成立之时期，去其封建时期犹未远也。而中国则自秦变其封建以来，全国民皆有事以活动于政界之希望。将相本无种，男儿当自强，此语已（权）〔灌〕输诸人人之脑筋，以待夫时期之至，而门（地）〔第〕资望之说之概归无效者，已二千年于兹矣。则不能于事实上求国会，而已具备应付此国会之能力，有可断言者。以其元来之能力而更加以经验，而谓国会之成立，必无可观，诚不通之论也。且日本于明治二十三年初开国会时，于选举议长一事，虽稍形纷扰，而届第二期，则会场之秩序便井井有条，安见我国之必不及日本哉？

或曰国会成立，则人民责任政府之机关成立，政府惧为人民所责任，而阻之，而尼之，国会所以不能速开也。而不知国会正为政府责任人民之机关，人民有参政权，则人民当兵责任不能免，人民纳税责任不能免，匪特当兵、纳税之责任而不能免，而凡可以恢复国权之责任均不能免。朗贝勒日前在庆王府会商要政，曰国会早开一日，政府之负担可早轻一日。旨哉言乎，先得我心矣。今者日俄新协约成，薄海人民无男女无少长稍有知识者，(成)〔咸〕奔走骇汗，求负担责任惟恐不及。吾不知政府坐受人民责任之为得乎，抑起而责任人民之为得乎？吾言国会，吾益念国权。

《厦门日报》，宣统二年九月初三日（1910年10月5日）

借债与国会之关系

选

自锡、瑞两督入京后，奏请筹借外债十万万以上，兴筑川藏、粤汉、伊黑、张恰四大干路。旨交该部议奏。惟此事关系甚多，除农部只有间接关系无甚重轻，外部只于【外】交上有关系外，自以度、邮两部意见为解决之根据。而度部则以财政上恐生绝大危险，邮部亦以损多益少，多主反对。即揆诸多数之舆论，佥以印度、波兰、埃及等国之失败，多由于外债过重，财权丧而主权亦亡，前事覆则，后车可鉴。兼之苏浙路筹款自办之发达，津浦路借款官办之腐败，轩轾显分，毋庸讳饰，一般明达之士咸以借款为灭亡之导线，不借款为保存之基础。其说未尝不近理，然而非笃论也。中国之亡与不亡，岂在乎外债之借不借哉？必谓借款可以亡国，则试观东邻三岛，其先贫弱不亚于中国，明治维新叠借外债为练军购艇之用，一战而霸天下。此无他，财政机关有人民为之监督，一出一纳，必有豫算决算表以昭大信，且非议院通过概不承认。故每有债票发现，他国之民争愿输赀，数恒溢额；己国之民担承偿债之责任，亦复踊跃争先，按期筹备，尝有节衣缩食，鬻田宅、典器物以给公上者。君臣上下疑忌全捐，国势之强实起点于此。埃及等国之亡非亡于借债也，由于政府但计借债之利目前，而不计他日之于何抵偿；国民亦但知国借国还，不为政府代荷其责任。财政纵极紊乱，从无人焉结雄厚之团力以谋监督者，不久而主权尽落人手，不亡何待？是可知亡国之由来，非国债亡之，国人自亡之也。若但浑言曰，借债亡国，借债亡国，其说殊不尽然矣。

虽然，吾国之所以筹借外债者，曷以故？将以兴办实业也。兴办实业，曷以故？将以保存固有之权利也。自顷以来，外人易其侵略主义为开放主义，而协以谋我者，无非眈眈于各种实业，而铁路为实业中最新之利器，我不自谋，人且越俎代庖，而主权因以沦丧。揣锡、瑞二督之意见，亦以粤汉一路虽争回自办，而风潮迭起，收效无期。若夫川藏一路，英法人早思分享杯羹，伊黑及张恰两路，俄人垂涎已久，日人未尝不欲染指其间。故欲保主权，不得不先发制人，又以徒手不能奋呼，不得不挹彼以注此，此中万不得已之隐衷，当亦为主张拒款者所公谅。然而事机重要，则于成败利钝之际，不可不统筹全局。合观四路之中，惟粤汉可操胜算，得有赢余，此外三路，则地方辽阔，人迹稀疏，既乏通商大口岸，又无出口大宗货物为取偿之后盾，其亏损无待耆蔡。不知亏损之巨金，异日从何抵制。将取之自上欤，而帑藏空虚，一贫如洗；将取之于民欤，则赔款之苦早已不支，何堪再益以额外之赔累。反复思之，利害殊不相敌，是亦不可以已乎。

必不得已而借，则有一策也，曰：用途宜慎，滥费宜防。须择其确有把握可操获利之左券者，庶黄金不掷诸虚牝，而后患悉以蠲除。其对于外，则申明财政之交涉，不得干预内政；对于内务，使人民有参预财政之权，且可晓然于出纳之真相。今日之借债，为国民扩张其权利；异日之偿债，自宜为国家担任其义务。民力虽艰，天【良】具在，有不急公奉上者，吾不信也。然试思国家之财权，国民安得而参预，则非速开国会不可。国会果开，财政不清理而自清理，以视监理官之一方面调查而仍归于无效者，相去奚可以道里计耶？或曰：借债问题已归入资政院提议，其性质与国会同也，抑知否？否。资政院范围狭小，除行政官而外，只谘议局互选议员与纳税较多者得参预政务，而普通人民不与也，岂若国会之气魄大而效力宏，为监督财政之总机关部哉！

《厦门日报》，宣统二年九月初四日（1910年10月6日）

财政与国会之关系

程莹度

自度支部有清理财政之举，吾国经费遂尽暴其挖肉补疮之情实。此诚非常可骇之事，为国民者，固不当卷舌韬心以坐听其胥溺也。据本年各省监理官汇报到部，其中出入相敷者，唯山东、河南、四川、奉天、黑龙江五省，其余十七行省，类皆入不敷出，而夙称殷富如江、浙、皖、鄂等省，亏短尤巨。夫据一岁之收支平均计算，其窘迫既已如此，若就筹备案中，豫度其新添之经费，其困绌之现象又当何如。哀我人斯何不幸而生于今之世也。试举吾川例之。据财政局所报，昨年岁入为一千五百三十余万，岁出为一千四百九十余万，而上年之蒂欠，来岁之预征，尚含混而无从具悉。是名虽有余，实则无余。岂唯无余，吾恐支绌之现象，既藏于含混之中，而非局外所能知矣。且其可危者，尤不止此。近闻当道编制明年预算，即陆军、审判两项，常款已及千万，较昨年岁计几增其倍。一省如斯，他方可以例举；明年如是，来岁抑又大难。当此外逼内讧之日，罗掘之计既穷，库藏之储如洗，若不早为之所，吾政府必将有破产之忧。吾不意埃及、突尼斯之祸，乃倏移于亚东，如疾风骤雨之乘人于不觉矣。嗟我国民，尚能于厝火积薪之下，回翔容与，以自矜其雅量耶。夫吾国今日对于财政计画，虽言人人殊，然要其大概，不出于消极、积极之两说。

为消极之说者，谓国家之政务无穷，人民之财力有限，与其竭泽而渔，致蹈土崩之祸，何若守株而待，徐为晚莩之谋。是说也，所谓量入为出，传之数千年以前，而为吾多数之国民所最欢迎、最崇拜者也。然以吾国今日产业凋敝，经济困难，茧丝之治，既已抽无可抽；避债之台，抑且筑无从筑。在外则尾闾之泄，未知所穷；在内则潢池之兵，日虞其弄。若长此不变，就令朝无加赋，吏不扰民，而吾国生计且将愈趋愈降而枯瘪以尽，更无论欧风亚雨之相逼而来也。又况外界既逼，则内治宜兴。十一部之新政既待举行，五十镇之强兵又将开办。居今之世而持量入为出之说，试问目前之岁入，果能供新政之要需乎？吾不知持消极主义者，将何术以善其后矣。

为积极之说者，谓吾国之弱，不在取民之过重，而在糜费之滋多。使取诸民者仍用诸民，则工商之所入自足供其行政之需，虽多取之，而于民固无所病。是说也，所谓量出为入，诚近世言财政者之通例矣。然试问此多取不病者，果缘何道以致之欤？以吾国官制之敝，吏习之污，能必其取诸民者还用诸民耶？借曰能之，而取民者为直接，利民者为间接；取民者在目前，利民者在日后。试问此过渡期间，吾国民蚊负之力，宁不虑其举鼎而绝膑耶？吾国民茅塞之心，宁不虑其揭竿而称乱耶？观比年以来，叛兵饥民，警告周叠，觇国者方以为炸药四埋，独迟此一星之火，而遽以非常之负担骤压民肩，是崇祯之三饷并征，适足为亡明之券而已。彼持论者独不虑鹬蚌相持，而环顾之列强，乃徐起而收渔人之利乎？

或曰：如子言，量入为出势既难存，量出为入又将致乱，然则吾国财政岂终无术以处此乎？曰：否，是有先决之问题焉。问题维何？即欲理财政，必先开国会是也。夫吾国人之主张速开国会也，其理由固非一端，而要其重要之点，则莫如财政问题。何者？财政者，自关系言之，国家与人民之关系也。国家为人民之保障，人民应国家之征求，彼此相依，共支危局，纲维一解，祸乱旋生，是犹水能载舟，亦能覆舟，特视其操舵者之工拙何如耳。故国家当危急存亡之秋，如欲增筹国用，非得人民之同意不为功。而欲得人民之同意，又非先有国会以为之枢纽不为功。否则上下隔阂，非枯坐以待亡，即苛敛以召乱，未有能得良善之结果者也。夫一国之权利义务，当均配之于一国之人民。既欲合无数阶级之人，分担政治上之义务，不能不使无数阶级之人，分沾政治上之权利，此固揆诸法理而无悖，亦证诸历史而可凭者也。英当十三世纪前无所谓国会也，自约翰即位，因军储之困竭，听人民之要求，遂得发布宪章，开议会之新幕。法当十七世纪时，议会停闭垂二百年，至路易十六朘削之计既穷，反抗之机忽动，两相轧轹，卒底和平，竟于白耳采宫得权利之宣誓。日本当维新之初，藩债艰于处理，饷项无可腾挪，纸币债券，匝地滥发，公私困竭，民不聊生。自井上、蕊泽两氏将岁计窘困实情公布，全国舆论沸腾，争诘政府，遂以导立宪之制，而得监督财政之实权。自余各国国会之发生，虽事机略异，而要无不以财政紊乱为唯一之前提。国会既多缘财政问题而发生，于是财政监督之权遂为国会无上之天职。是故近世国家无国会则已，苟有国会，其财政未有不振兴，即国势未有不发达者也。虽然，吾国财政其不能不待国会之解决者，尤有特殊之理由三，试晰言之。

第一，从立法上观察，有不可不开国会之理由。夫财政制度之紊乱，至吾国极矣。一言整理，几若千头万绪，着手无从。试举其荦荦大者言之，如国家经费与地方经费，其界限固应划分，而地方经费中孰为官治行政费，孰为自治行政费，其性质尤不能不区别也。又如国家税与地方税，其税源固须选择，而地方税中何项可许厅州县附加，何项应令城镇乡自筹，其范围尤不能不画定也。他若中央金库与地方金库之组织，公法收入与私法收入之制定，旧币收回与新币发行之方法，凡直接间接关系财政立法事项，条理极繁，关系尤巨。苟非先有国会萃全国之代表，以共同协议，而酌取其宜，必不能裕国便民，措国家于盘石苞桑之固。乃论者不察，谓遣官设局已足为功，而无待于国会之参预。不知清理云者，不过以截清旧案，句稽现款而止。若自今以后，法制之变更，如政费、如税法以及关于财政之一切法规，非准学理，酌国情，通盘计画以确立一定之系统不为功。夫岂少数官吏以单简智识，节节枝枝而为之，遂足胜任而愉快也哉？

第二，从节流上观察，有不可不开国会之理由。凡国家之岁计，收入务求确实，支出须归正当，此财政家普通之原则也。而以观吾国，则又何如？以云收入，则下既取诸民，上未归诸国，沿途洒漏，以中饱于官吏者，不知凡几。以云支出，则既非直接而利国，又非间接以利民，藉事铺张，以消归于无何有之乡者，又不知凡几。虽行政长官未尝无监督责权，然机关既非独立，且以利益均沾之故，而互相容隐者，又多有之。以如此之官吏，而欲责以节流之效，是犹北辙南辕，马虽疾而去将愈远矣。唯有国会，则豫算之议决有权，决算之承认有权，额外支出之追认有权。以完全之国宪附以监督之实权，庶几涓滴归公，而国利民福之前途乃有可望。不然，派员理清，无论如何核实，而已整者仍可复乱，已裁者仍可更加。吾恐旧病未去，而新疾复生，吾国财政之沉疴，将终无可瘳之一日矣。

第三，从开源上观察，有不可不开国会之理由。吾国数千年来，均以薄赋省刑为唯一之善政。尼父猛虎之言，柳州捕蛇之记，其哀矜恻怛之意，已灌输于全国民心脑之中，虽欲濯而无从也。以故朝廷每颁一新政，立一税法，不问其关系若何，利害若何，辄群相惊愕，以图抵抗。溯其病源，岂真吾民之天根独薄哉？实缘专制过久，国家既以田主征租之法待遇其民，小民亦遂以偏力佐门之心膜视其国。读庚子国变之诗，所谓珠江花月之场，国事兴亡之语，有心之士能不为之慷慨流泪也哉！今欲矫正此习，计唯有速开国会，以启发其国家之思想，增益其政治之能力，俾人咸晓然于财政盈亏关系于吾人之身家性命，则急公赴义之忱，不待驱迫，而自能如水之就下，丸之走阪，手足之捍头目，不期其然，而自无不然矣。观日俄之役，日本以军费不济，二次加税，五次募债，力小任重，旁观者为之寒心，而日本人民卒能协力担负，以收此最后之胜利，岂非国会早开，民智早进之效与？

或曰：如子言，国会之利于节流固已，以云开源则吾未敢尽信。欧美各国以政费预算遭议会之反抗者，指不胜屈，此正朝廷所熟思审处而不能骤决者也。子独未聆其事，而悉其弊乎？应之曰：吾民之请愿国会，其初意图在节流，然目的既达之后，既负政治上之责任，势必进而谋国家之健全。当此之时，必有环顾列强，感生存之竞争，而持积极之政策者。又况政体既易，以其所得于民者，还用之于民，息耗循环，灌输不竭，必有如孟氏所云，虽多取之于民而不为虐者，又何反对之足虑哉？如论者必疑吾言，则请以俄国之近事征之。俄罗斯者，君权最重之国，亦小民对于政府感情最恶之国也。当数年前，俄民蜂起要求国会，俄政府始犹虞其不利，百计耽延。及开会之日，政府提出两案，一为阿穆尔铁路接续案，国会以现有东清铁路自由行动，暂议缓修。一为岁增五百万兵费案，国会于烟、酒、糖、火柴四项下筹加补助，数小时间，不唯全案通过，且播于全国。人民以为国会所决，靡不乐从。以视吾国搜刮搪捋，敲筋剔骨，一言加赋，而海内为之骚然者，果孰得而孰失耶？虽然，是特一国之事例尔，一国之事例，或感于一时之热潮，（激）〔徼〕幸之成功，犹未足为吾说之铁案也，请更进而征近世之立宪国家，举其岁计增加之成案，列之为表，以证吾说之非诬，为杞人之忧者，夫亦可憬然而自释矣。

（甲）各国国会开设后岁计增加表

国名	国会开始年别	一八九三年	一八九九年	一九〇六年
英国	一二五九年	一二八（单位百万磅）	一六二（同）	一九八（同）
法国	一七九五年	三二五一（单位百万佛郎）	三五九六（同）	三七〇五（同）
美国	一七八九年	四六一（单位百万弗）	六一〇（同）	七六二（同）
德国	一八七一年		六五四九（单位百万马克）	七一七六（同）
意国	一八四八年	一七四八（单位百万利拉）	一七四七（同）	一九〇〇（同）

按：此表系从各国国会开设后，摘列三年岁计，以示比较。其金额仍依各国币制，以百万数为断，余数从略。

（乙）日本国会开设后岁计增加表（单位千圆）

年度	岁入	岁出	年度	岁入	岁出
明治二十四年国会开始	七八，八八七	八三，五五五	同三十七年	三四九，六七二	三八〇，二三二
同二十七年	九二，四二一	七八，一二八	同三十九年	四九二，八九八	四九二，八九八
同二十九年	一五三，八九七	一六八，九五六	同四十一年	六一六，一九〇	六一六，一九〇
同三十年	二〇八，二二七	二二三，六七八	同四十二年	五一七，一一〇	五一七，一一〇

据上表观之，各国国会其权力愈高者，其收入亦愈多，如英、如法、如北美是也。其民族程度骤增者，其经济亦骤长，如日本是也。要而论之，就近年岁计回视，其未开国会以前，其相差之率，大约自一二倍以至于六七倍。盖几以有盈无绌，为学术中精确不磨之一定例矣。其所以致此者，岂真天雨之金，地献之宝，神为之输，而鬼为之运哉？人人视国事为家事，斯节流之政举，而开源之效彰矣。不知出此，而徒仰屋而嗟，是犹苍蝇寻光，被瞒于眼，而不知此纸以外，尚有天空海阔之场。设长此不变，是将以财政之紊乱，而致民怨之沸腾，外逼内讧，祸机隐伏。当斯时也，无论非今之具臣所能为，即日夜绞管、商之脑，呕

申、韩之心，镂刘晏、孔桑之肝肺，而迅雷之下，不及掩耳。诚有如《大学》所称，虽有善者，亦莫如之何矣。欲求如今日之从容展布，联上下之心以求同舟之济者，岂可得哉！岂可得哉！

《蜀报》第四期，宣统二年九月朔日（1910 年 10 月 30 日）

论全国议员联合会宜速成立

自有爱国志士，倡立宪之私议，于是全国人心，群相鼓舞，以致感动政府诸公，起而猛省之。自有全国热心之人，见政府首鼠观望，不能决议筹备立宪事，于是各省举代表来京，上书请开国会，以耸动夫朝廷。德宗景皇帝慨然下明诏，定期九年开议院，于议院未开以前，拟订逐年筹备各项事宜，届时即行颁布钦定宪法，并颁布召集议员之诏，谓凡我臣民，皆应淬（厉）〔砺〕精神，赞成郅治。大哉圣谟！中外有心人，其谁不颂之！

现在第二年筹备期内，各省一律开办谘议局，所有选举议员等，即代表各省舆论，以指陈地方应兴应革之利弊，而筹计地方治安，维国势于巩固。是则议院虽未开，而民选议院之基础，盖已肇于斯矣。然今者各省谘议局行将闭会，而京师资政院选举议员章程，已由资政院会同军机大臣奏请施行，转瞬召集资政院议员，举行开院之期又将到，虽曰尚待明年，亦相去不远也。有心人时切关怀，固未尝斯须忘之。吾侪尤加意鼓舞，不敢以稍惎。而况各省为谘议局议员者，负责既重，又以代表舆论之故，相与筹计地方治安事，并力保维国家大势，其思议之奋发，又必鼓舞于不容已。一则因时事之日迫也，一则因政治思想日进月异，自不能以稍退。故近闻直隶、江苏两省绅民，拟联络各省，要请速开国会，其商定入手办法，于谘议局闭会后，每省酌选数人，齐集上海，开全国议员联合会。现已布告各省谘议局，皆翕然应允。此可见中国之志士，非无政治思想也。其能力之所以不足者，以阅历少，而困于专制者深。当道者不假之事权，则无如何耳；

骤与以议事之权，而漫然杂陈，原不足为诸志士咎。本社已尝持论及之，谓利益之所获良多，而且全国议员，若真能齐集开联合会，则凡事皆持公论，不能各执其偏私，以相与滋扰，视在各该省谘议局开会时，相差远甚。况乎其明定宗旨，专以求达速开国会之目的为务，不使惹起民气嚣张之恶感。如是以要求政府，其为政府谋也，亦不可谓不忠。

当此之时，世界各国，非立宪不能以自存，以专制者而与立宪相比较，优绌之形，不待辨而知。中国亦知借鉴，迅速为之决议。其能实行立宪否，虽未敢预定，而廿二省有志之士，则群注意于此，罔或敢自暇自逸，因循苟且，与人以口实。就令外洋各列强视之，亦不敢相轻。特官民不相洽，朝野自相为难，始与人以可乘之隙耳。今而志士各朋辈，既确定其目的所在，或曰速开国会也，或曰实行立宪也，夫道一而已矣，能不自为难，无论欧美各列强，其谁敢侮我者？

左氏传有云：人无衅焉，妖不自作。人弃常，则有衅，故有妖。以现今时势观之，不可想见乎？虽然，中国各志士，固早有思患预防者，亚东和平全局，日本既为之竭力保持，吾想中国诸人，苟非肉食者流，断不能以漠视。窃默想数年来，自立宪私议起于中国，民气因之而鼓舞，不禁祝之于其后。

《顺天时报》，宣统元年十月二十日（1909年12月2日）

请速开国会以释群疑

梦　幻

国于二十世纪地球之上，未有不行立宪而可以巩固主权者，亦未有空言立宪而可以涂饰众听者也。今中国之贫弱甚矣，虽预备立宪以来，海陆军之筹备，工商业之发达，国民程度之膨胀，地方自治之进行，未尝不略收成效，然当此国势阽危，财政困难，强邻环伺于外，官民交哄于内，预备之时期未竟，危亡之现象已成。推其受病之源，则皆“因循欺饰”四字有以酿之也。及今治之，犹以为晚，否则病势日剧，元气日亡，虽仓、扁不能奏其功，和、缓不能施其术，有坐以待毙而已矣。治之之法奈何？则实行立宪是也。欲治其病而不实行立宪，是犹讳病而不延医也；欲实行立宪而不速开国会，是犹延医而不服药也。

夫中国之病迁延至今已几乎不可救药矣，所恃者民心团结，民气发扬，尚有一线生机，可以徐图挽救耳。乃自日俄协约发现，我国危迫情形有岌岌不可终日之势，爱国之士坌息奔告，泣涕呼号，或刺血上书，或戕躯请命，以求达其速开国会之目的。政府而不欲立宪则已，政府而果欲立宪，岂不知国会一日不开，国是一日不定，即人心一日不安，乃犹出以因循，济以欺饰，仅以缩短三年，为调停一时之计。此与讳病而不延医，延医而不服药者将毋同。吾知全国人民必将虑朝廷之反汗，防政府之食言，因疑成忿，因忿成嫌，始而请求，继而强迫，易和平而为激烈，其事有必至者，盖今日之事，政府虽欲取信于民而不可得也。

在政府之意，不过以宪法未编，官制未定，即一切议院、选举等法均非仓猝所能竣事，迟以三年犹恐不及，何论明年？不知立宪纲要早经颁布，所缺者不过条文而已；新官制度业有端倪，所缺者不过细目而已。至议院、选举等法，要皆发生于宪法之中，亦不过一举手之劳耳。如谓一时未能完善，不妨俟国会既开，从容修正，岂迟缓三年即能完全无缺乎？俟河之清，人寿几何？此人民之不能无疑者一也。

且宪法者，全国人之宪法，非朝廷一方面之宪法也。编订不得其宜，则土耳其之前提，葡萄牙之覆辙，可为殷鉴。今以如此重要之事，既不令人民协议，又不多派熟谙法律大员，如日本之大隈重信、伊藤博文其人者，公同撰拟，而仅派一二亲贵大臣以主其任，安知不以少数人之偏私，损多数人之权利，而为国会前途之障碍？此人民之不能无疑者二也。

内阁大臣之副署，为负责任也。内阁对于国会而负责任，则军机大臣之副署不当对于资政院而负责任乎？盖军机与内阁其名虽殊，而同有副署之名，其应负责任则一也。若副署而不负责任，则他日之内阁安知不仍今日之军机？且内阁本由国会所发生，国会未开，内阁先设，所谓副署者仍属有名无实已耳，立竿可以见影。此人民之不能无疑者三也。

资政院者，开设国会之基础也；谘议局者，为组织资政院而设，亦即国会议员之所产生也。今资政院提议之案，政府之能否执行，已为吾人所共见。而各省谘议局上年议决公布之件，各督抚之见诸执行者十无一二。本年开会以来，冲突之事时有所闻，广西谘议局则停议矣，浙江谘议局则解散矣，其余或因公债，或因捐税而与督抚争议者，卒无一效。即或以侵越权限、违背章程上控于资政院，亦未闻一提议之。其对于谘议局之感情如此，则三年后之国会能保一无阻力乎？此人民之不能无疑者四也。

国会代表团者，全国人民所公举代表请愿者也。此皆国之志士，朝廷即不能遽从其请，而当此纂拟宪法，筹备国会之时，亦当罗而致之，俾之及时而自效。乃缩短国会之纶音甫经宣布，而解散代表团之通谕同日颁行天下。人民方谓朝廷阳示调停，阴施箝制，欲藉此以关代表团之口而破坏其团体也。此人民之不能无疑者五也。

当代表团之初次请愿也，朝廷以国会年限定自先朝，不得擅行更改，驳不准行。迨一再上书，风潮激烈，不得已而有缩短三年之谕。不知三年之与五年相去曾有几何？如谓成命难更，则三年可缩，五年亦可缩也。如谓筹备不及，则一年不及，三年亦不及也。将欲与之，又故靳之，旁观不察，将谓非朝廷之本意矣。此人民之不能无疑者六也。

凡此数端，皆政府之不能取信于民者也，此即中国向来因循欺饰之病也。不然，三年期限不过一转瞬耳，而何以各省人民仍复汲汲皇皇，奔走相告，以策进行之方法，以筹最后之要求，其激切至于此极乎？盖一则因事机之日迫，一则疑政府之不能践言也。今为政府计，惟有速开国会以徇人民之请，以安全国之心，则此日之所疑于政府者，无不涣然冰释矣。人心一定，大局斯安，否则一再迁延，政府虽有实行立宪之心，终恐无以自白，不几如讳病而不延医，或延医而不服药，使可治之病终成不治之病哉？

《大公报》，宣统二年十一月十四日至十五日（1910年12月15日至16日）

立宪国之要素，一曰国会，一曰宪法，然当预备立宪之时，究应先开国会而后定宪法欤，抑应先颁宪法而后开国会欤？

备取蕊仙 投稿

泰西法律学者之言曰：国会者，宪法之母也。无国会则宪法无自而发生。盖国会之机能虽非由正面执行政务，实可由侧面以监督政府，使依既定之宪法而执行政务也。君主之意志非必即国家之意志，政府之意志愈未必即国家之意志，必也国民出面组织一代议机关，以代表国民之意志，此意志乃为纯粹国家之意志也。

当预备立宪之时，必先开国会而后定宪法，方可为君主立宪之本质。何则？国会者，人民出代议士以为参预国事之机关也。使先立宪法而后开国会，则由政府规定宪法以左右国民，则必以政府权利为本位，以政府为手段，实与专制无异，国家所谓立宪者何？人民所要求者又何？况宪法天经地纬，非两院议决、君主裁可不能颁布。东西各国之宪法，无论其为君主，为民主，为共和，莫不如是。

吾国自维新以来，日日言民权，而实际不见扩张，则以无国会之过也。无国会则民权始终托之空谈，有国会则民权乃有实质，故各国民权之伸缩，视国会之有无强弱以为断。况中国危亡之现象出于国权不张。国权者，民权之积也。欲扩张国权，必先扩张民权。世未有民权巩固而国权不巩固者，亦未有民权销磨而国权不销磨者。然泛言民权而无国会以实之，则亦未见其能济也。何以言之？国会之要素，即国民全体所选之议员，议员有议国政之权，国民有选举议员之权，故国会之实权始终操于国民之掌握，而国会乃得经久而无弊。政府有所设施，必先经国会之承认，国民对于国家之意见，在在可以宣达。夫如是，然后即全国民出代议士以规定宪法，以国民权利为本位，而以国民为手段，受君主之裁可，而不出于君主之决定，方为真正的立宪。以国体论，则为民权国体；以政体论，则为君主立宪政体。君主不负责任，故君主无论为皇为后，为贤为不肖，常安然立于政府、国民之外而保其皇室之尊荣。政府纵有失职，则政府之咎，非君主之咎；政府失职而国民放弃其监督政府之权，则国民之咎，非君主之咎。兹就东西各国国会之性质及权利言之。

欧洲大陆诸国之国会，大抵由贵族院、众议院二要素组织而成，惟德国为例外，其国会则一院制也。至于权利，则莫不有法律协赞、财政监督、行政监督各权。使以少数政府而先定宪法，未必能合全国民之意志，岂不与国会之性质、权利大相径庭乎？

要之，国会者，利于国家，更利于君主及国民，所不利者，独政府耳。盖中国国会既开，政府既不能利用之为护符，又常受国民之监督，进退维谷，欲不负责任而不能。然后两院合议，制定宪法，经君主裁可，乃为有效。何也？政府欲送土地及利权于外人也，国民群起而攻之；欲贪贿赂也，国民群起而攻之；欲偷安也，国民群起而攻之。政府不能以君主为防卫队，国民时时又用国会为攻击队。政府惧国民之攻也，则不敢偷安，不敢贪贿赂，不敢送土地及权利于外人。夫至于不敢偷安、贪贿赂、送土地及利权于外人，斯为真正之责任政府矣。有真正之责任政府，斯为完全君主立宪国家矣。如以上所述苟非大愚不灵，当莫不知预备立宪应先开国会而后定宪法矣。

《大公报》，宣统二年十一月二十日（1910 年 12 月 21 日）

立宪国之要素，一曰国会，一曰宪法，然当预备立宪之时，究应先开国会而后定宪法欤，抑应先颁宪法而后开国会欤？

备取元柳堂

客有问于予者曰：“中国现时救亡之策莫国会若，而国会之进行舍宪法无所循，斯二者相辅车，固缺一不可。然物有本末，事有先后，究竟先开国会而后颁宪法，抑先颁宪法而后开国会？试熟筹以语我。”予曰：“否！否！皆未当！先国会而后宪法，固不为不善，然国会所遵者宪法，而国会所恃以组织者亦宪法，一日无宪法，即国会一日无所丽。苟舍宪法而先开国会，吾不知国会之进行将以何者为举措。如公司然，凡人之立一公司，必先定章程，创规则，使至公司既开之日而上下皆有所遵循，以规定其事。如章程未立而公司即开，其上下有不紊乱者实所未见，即其后章程敷布而公司已腐败不堪问矣。公司如是，而国会与宪法亦何以异是，此先开国会而后颁宪法，吾所极不认可者也。如先颁宪法而后开国会，循序以进，为数年之预备，固是老成持重，有备无患。然俟河之清，人寿无几，况中国现在之时势危迫已极，内政、外交种种之现象，有不可终日之势；如必待宪法预备经时历日而后开国会，吾恐国会虽开，而政治之失败已有不可挽回者。且此所颁宪法不经国会通过，保无权限失当，上碍于君，下窒于民，以遂佥壬之奸谋，而便于官吏者耶？此先颁宪法而后开国会，吾所更不认可者也。故吾曰：皆未当。”

客曰：“信如子言，则国会与宪法不能两离，当莫愈于同时并举矣。然则子更有说乎？”予曰：“有。夫一国之政治改革，当先察一国之时势为何。若苟其国又安如盘石，改革也，先国会也可，先宪法也亦可。而国会与宪法皆从容缓步也，亦未为不可。然试思中国之时为何如时？强邻压境，财政匮乏，公廷揽权，私室幸进，种种危亡之原因，几不可收拾。而国会与宪法若再不同时并举，则内乱外祸交于眉睫，一旦变生仓猝，吾恐宪政之筹备未清，而舆图已易色矣。故吾曰：国会与宪法之同时并举，乃正吾中国之药石，非东西各国所可比。且宪法拟纂亦非甚难，如谓机关未备，则凡弼德院、审计院、行政裁判院，各国均有成案，取以仿行，苟有二三翻译员，不数月即可蒇事。况宪法大纲业已规定，又何须数年筹备，徒耗精神以虚延岁月哉？且国会与宪法同时并举，不特可以早日成立，且可以互相资助。国会初开，有不完全者，可以执宪法以律之；宪法初颁，有未恰当者，可以藉国会以裁之，互为表里，相辅而行。较之先后缓急，畸轻畸重者，又奚啻霄壤。国会与宪法固不可有先后之分，而对于国会负责任之新内阁，尤不可视为缓图。此三者皆为立宪国之基础，如一具之机器，如一人之肢体，使之互相对峙，方有立宪精神，以收实效。若一一前后分行之，不特不能互为监督，且宪政耽延时日，而祸端将愈胎愈重矣。乃中国之立宪不明于此，析国会、宪法为二，而国会未开，先曰筹备。无论其不能筹也，即使编年订月逐件施行，要之有名无实，不过一纸空文，敷衍揑报。是故两年以来，而所筹备者一无成绩，宪政二字几为人所诟病。若再如此筹备，更阅数年，吾恐三年之艾未成，而七年之病已殆矣！识者皆痛心疾首，谓宪政筹备之未善，而不知无国会以莅之，断不能核核名实，以达立宪之目的。故吾谓国会、宪政之并举不可缓者，乃正为中国计，非对于各国之立宪言也。"

客曰："噫，吾今知国会、宪法先后缓急之旨矣，虽有他说，不敢请矣。"乃拱而退。予则胸中潮涌，万念奔腾，齿颊间有不能已于言者，乃为辞以歌之曰："立宪之精神兮，厥为国会。国会无宪法兮，亦不相维系。舍国会而宪法不能偏举兮，舍宪法而国会不能独立。二者得兼兮，方中吾国之缓急。是以民皆呼吁朝廷兮，无须筹备，如再筹备筹备兮，上下交瘁。乃有昏耄一二老臣兮，从中反对，卒定国会缩短三年兮，自贻伊戚。讵知病已濒亡兮，朝不谋夕，若再迟以三年兮，噬脐何及！苍天苍天兮，可奈何？铜驼铜驼兮，吾将会汝于荆棘。吁嗟已矣，既知其非义，何待来年然后已！"

《大公报》，宣统二年十一月十二日至十三日（1910 年 12 月 13 日至 14 日）

第二编　各地绅民及华侨国会请愿活动

一、请愿书呈汇录

湖南即用知县熊范舆等请速设民选议院呈

光绪三十三年八月二十八日（军原）

湖南即用知县熊范舆、法部主事沈钧儒、花翎应封宗室恒钧、附生雷光宇，为外忧内患，时局日艰，恳请开设民选议院，以固国本而挽阽危，联名呈请代奏事。

职等窃维国家不可以孤立，政治不可以独裁，孤立者国必亡，独裁者民必乱，东西列国，往迹昭然，治乱兴亡，罔不由此。今地球之上，以大国计者十数，虽国体互异，历史各殊，然无不设立民选议院者，岂必其政府之不欲专制欤？良以世局日新，国家生存之竞争益归激烈，非上下同负责任，则国力不厚，无以御外侮而图自存；非人民参预政权，则国本不立，无以靖内讧而孚舆望。此近世以来，代议制度所以竞行于各国也。

中国数千年来，政体素为专制，故封豕长蛇之患常起于外，揭竿斩木之忧常兴于内。然当闭关自守之时，国际尚未交通，民智尚未发达，故犹可以补苴掇拾，苟且偷安。今则国际之势力与人民之思想均非昔比，苟非上下一心，君民一德，则内讧外患必愈相乘而至。职等恭读去年七月十三日上谕有曰：实行宪法，取决公论。又曰：大权统于朝廷，庶政公诸舆论。今年五月二十八日上谕有曰：上下一心，内外一气。又曰：官民各负责任。仰见我皇太后、皇上圣明独照，洞悉孤立之国家与独裁之政体，不足以图存于内外交迫之日，庙谟所运，烛见本源。然内外臣工，不能将顺圣意，仰体纶音，俾民选议院及早开设，以固国本而挽阽危，此天下臣民所为抚心泣血而为中国前途长太息者也。夫今日之中国，本千钧一发之际，存亡危急之秋。以言乎外，则机会均等之政策并起于列强；以言乎内，则革命排满之风潮流行于薄海。祸机已兆，后患难言。及今不图，恐三数年后，燎原莫救，即欲行今日之计，亦不可得。职等目击时艰，不胜悲愤，窃以为非即开设民选议院，则孤立之患不除，外忧终不能弭；独裁之弊不去，内患终不能平。谨就下忱所及，为我皇太后、皇上陈之。

中国地大民众，凌驾列邦，顾自海禁大开以后，外交失败，不可胜言。累岁以来，两宫圣人宵旰于上，枢臣疆吏奔走于下，而外侮愈迫，国势愈危者，则以民选议院未立，而国家成为孤立之势故也。夫天下大事，国家大业，非数人所得自私，亦非数人所能独任。专制国中，人民无参政之权，国家对于人民，既以干预政务为越权，人民对于国家，亦以不闻国事为本分。是故政府孤立于上，人民漠视于下，此等政体在于昔日藉以镇压国内则有余，在于今日用以抵御他人则不足。方今世界大通，列强之间，因迫于国际团体之竞争，愈促其内部团结之巩固，处此时势，犹欲以孤立之国家与列国相抗衡，其可得乎？今之言对外者，动曰外交，曰军备，不知上下之隔阂不通，人民之后援不起，则他人以君民一体相逼而来，我惟以政府数人支持应付，即令外交强硬，军备扩充，亦安有能操胜算之理。观于日、俄之往事，日以全国一心而胜，俄以上下分离而败，得失利害，已可了然。今中国孤立之势，与前日之俄罗斯等，而外患之急迫，则百什倍之。非即行开设民选议院，使国家内部无上无下，同心协力，共济艰难，则国家终无自强之机，外患终无杜绝之日。所谓民选议院不立，外忧即不能弭者此也。

中国近数年以来，人心思乱，祸变迭兴，万里神州，几成乱薮。虽朝廷累施恤民之政，而不能收拾人心，官吏横加杀戮之威，而反使效尤愈众者，则以民选议院未立，而独裁之政体有以酿成之也。自中东战后，忧时之士，知外祸之频仍，由于内治之不整，于是政治改革之思想流行于内外。然因国家无代议之机关，人民无参政之权利，故舆论不能成为国是，下情不能达于朝廷。海内人民，始而发愤，继而失望，终而怨望，乃不惜铤而走险，泄其不平，以身试法，无所顾虑。曾未数年，蔓延日众，上自监司大员，下迄无知会党，连为一气，互相声援，沿海沿江，时闻警报。政府方以人民为不法而诛戮备至，人民复以政府为专断而愤慨愈深，上下睽离，相互疑忌，而受其祸者，独在国家。推原祸本，非皆由专制政体阶之厉乎？今非开设民选议院，使万几决于公论，政权广及齐民，则独裁之弊不除，内乱之源不塞，阻碍民权之发达，违背世界之公理，土崩瓦解，岌岌可危，即无外忧，而天下前途已不堪设想矣。所谓民选议院不立，内患终不能平者此也。

虽然，中国孤立独裁之政治传之已数千年矣，今欲以数百人代表之机关，革数千年遗留之积弊，知必有致疑于立言之太易，而收效之难期者。不知治网必提其纲，振裘必挈其领。中国国家【之】所以成为孤立，政体之所以成为独裁者，皆由于无民选议院之所致耳。民选议院设立，则纲领既得，国家一切政务自有可以解决之道。谨就其中利害得失之关系，及中国现在之情形，敬一一为我皇太后、皇上缕晰陈之。

责任之政府，为立宪制度之精神，故政府职权之所在，亦即责任之所在。政之理也，政府原无可诩之功；政之弛也，政府亦无可逃之咎。专制国则不然，大小臣工互相推诿，及乎事败，责无所归，怨谤所集，皆在君主，而彼反得置身于责任之外。是以专制国之政治，无不腐败放任者，以无责任政府是也。然而政府之责任，必与民选议院相待而生，民选议院一日不立，则责任政府之一日不成。今中国艰难日亟，百务待兴，我皇太后、皇上励精图治，廑念时艰，督饬臣工，不遗余力。然而政府诸臣均不能上体宸衷，振兴庶务，旅进旅退，不痛不痒，使天下万事隳废于冥冥之中。虽朝廷累下督责之诏，人民时闻怨谤之声，而廷臣竟无一人引为己责者，此岂中国之政府独不贤欤，无民选议院故耳。无民选议院，故一方无人民以为之监督，则精神易懈；一方无舆论以为之声援，则阻碍易生。惟设立民选议院，则国会与政府立于对待之地位，一人失职，弹劾之书立上；一事失宜，质问之声即起。夫而后官无尸位，责有专归，一切放弃因循之弊，乃可以悉免矣。此民选议院之不可不开者一也。

国家政务，百度殷繁，非有统一之方针，必召无端之丛脞。立宪国中，凡新内阁成立，必宣示其大政之方向者，盖非是无以统一全国之行政故也。今政府诸臣大政之方针若何，统一之政策安在，各行其是，不相统属。自改革官制以来，几及一年，扰乱分歧，毫无定见。惟时闻军机各部互多牵制，廷臣疆吏彼此争执，往往因私人意见之参差，生政务濡迟之弊害，如此而欲求行政之统一，安可得耶？然而职等不敢以此为诸臣咎者，则以中国之政府无民选议院以盾乎其后，故盈廷之上，人人可以主张，临事之时，在在可以掣肘。纪纲紊乱，事事废弛。惟开设民选议院，则政府宣示方针之后，议院即准此以为监督之具。故大臣不得以个人之意思自为行动，致令政策矛盾，彼此纷争。而一切官吏又不能不遵由一定法规，执行政务亦不至自由出入，任意变更。立宪国家所以能收行政统一之效者，皆由有民选议院之故也。此民选议院之不可不开者二也。

世运进步，则政务之范围日见扩张，即财政之支出日益加巨，此各国之公例也。中国当此庶政不振之秋，欲图生存竞争之道，则整理内务，充实军备，筹偿国债，振兴实业，在在皆为急切之措施，即在在皆需莫大之经费。此后度支大政，若不使人民与闻，诚恐财政当局者，非退缩不前，以阻碍国家之发展，即横征暴敛，以断绝赋税之渊源。此等危险之情形，今日已兆其端绪，况大兴改革之日乎。惟有开设民选议院，使国民代表参预财政，则国家当行之政务，既经国会所赞同，国民经济之盈虚，复为国会所深悉，是故对于行政之费用，必不至惟求减缩，以贻误于国家；对于收入之来源，亦必能斟酌事情，以调和乎民力。东西各国，国富而民不穷，政修而财不困，其国民每岁之负担，常十数倍于我国，而全国无怨，税源不竭者，有民选议院以为之枢纽故耳。且豫算先于下院，故人不疑其私；协赞出于事先，故民不议其后。所以人民怨谤抗拒之事，可以绝于下；官吏肥私中饱之弊，可以清于上。此民选议院之不可不开者三也。

国家成立，端赖法律以维持，世界之列强，均有一成之法典。中国疆域辽远，风俗各殊，朝廷既无一定法文，民间又无共通之习惯，纷杂混乱，为世界所仅有。非使立法机关及早成立，必不能保国家之画一，而促社会之进步。且不仅此也，数载以来，内患频兴，讹言四起，官吏日以防乱为事，人民日以避祸为忧，恐慌纷扰，势将激成大乱。惟有召集民选议院，使制定民刑各法，以为司法独立之地步，则人民之生命财产有所保护，社会之安全秩序或可维持。夫而后民情乃可以即时静镇，法权亦可以设法收回，此尤国家莫大之幸也。夫三权分立，为各国通行之制度，即为将来立宪之本源。今行政各部方始更革，若开设国会以为立法机关，则司法旋可完全独立，是亦预备立宪之缓急先后也。此民选议院之不可不开者四也。

国家之强弱，常以国民之国家思想与政治能力为标准，列国兴亡，已成公例，东西学说，早有定评。中国今日之国民，除少数优秀者外，多不知国家为何物，政治为何事者，则以数千年来生息于专制政体之下，无闻国政之事，自无从启发其忧乐与共之心；无参议国政之途，自无从增益其发展国家之力。故其国家思想与政治能力，所以至于今日尚不能发达者，非其先天之缺乏，实由专制政体有以致之。为今之计，惟有即行开设民选议院，以启发人民之国家思想，增益人民之政治能力，庶几国家全局之大势如何，列强对我之阴谋如何，为人民者既身当参预国政之冲，自必有休戚相关之感，而后国家大计始有可图。此民选议院之不可不开者五也。

中国种族复杂，自古为然，然既居于同一政府之下，自无有此畛彼域之殊。我朝定鼎以来，因袭历代政策，无以异也。至于近岁，人民迫于外忧，返图内治，徒以政治不平之故，致启种族猜贰之嫌。八旗防兵制度，自一方面观之，不必为农，不必为工，不必为商，而惟是坐食饷糈，是为特别之权利；又自一方面观之，无营业自由，无居住自由，无移转自由，而惟是世充兵役，又为特别之义务。因此政治上权利、义务不平等之故，遂涉及种族问题。平民以为旗人之权利独优，旗人又以为旗人之义务独重，互相疑忌，强立异同，始仅流行于细民之口，继乃出之于政界之中，今不早为之所，则将有不可收拾之势。惟有开设民选议院，使满、汉、蒙、回、藏各族之人民，处于同一之地位，担负同一之职务。权利、义务一切平均，种族猜疑自然融化。且人民既可以参政，则无论何种何族，皆必活动于同一政见之下，利害得失与同政见者共之。如此则虽有党派异同之分，自无种族狭隘之见，感情主义相习相摩，行动既已共同，精神自归统一。

此民选议院之不可不开者六也。

凡此数端，皆就时势所急，略陈一二，其余书生迂执之见，与法家破碎之言，皆不敢以上渎天听。然而职等窃恐廷臣中不免有以胶执之说上蔽圣听，致令我皇太后、皇上仿行代议政治之美意，不能立刻见诸实行者。请就见闻所及，略筹利害，以间执异议者之口，愚者一得，或亦圣明所不弃也。

今议者动谓，宪法尚未颁布，议会不能先开。不知宪法虽为国家之根本，而运用之妙与保障之法，则全恃夫议会。故英吉利世所谓宪政之母国也，然至今尚无成文之宪法。普鲁士所谓钦定宪法之模范国也，然宪法颁布以前，已先召集议会。日本则议会开设之日期，虽在宪法成立之后，而议会开设之决定，实在宪法制定之先。况日本当时外无列强一致之侵凌，内无革命称兵之祸乱，故得从容闲暇，假以岁月，俟宪【法】成立，始与人民以实际参政之权。今中国惟因人民无参政机关之故，故外忧之迫如此，内患之亟如此，若必迟之又久，待宪法颁布，始开设议会，窃恐宪法尚未成立，而外忧内患之交迫，已将有不忍言之危险矣。

议者又谓，人民程度尚有未及，即令开设民选议院，亦无实效。此则最普通之说，而尤为谬误者也。夫人民程度有自然发达者，有助长而使之增高者。东西各立宪国，惟英吉利之国会，由人民程度之自然发达而来，除此以外，无论何国，其初开国会时，人民之程度，皆非即如今日之优，特因有国会以助长之，乃得至于今日耳。故以我国今日之人民程度比较欧美，彼以有国会之故，训练既熟，经验既久，两者相形，自不免有高下之殊。然比于其国会开设之初，则固未见其远逊。设以为今日之人民程度有所未逮，故不开国会，然迟之十年、数十年，人民以无参政机关助长其发达之故，则其程度仍无以异于今日，不几永无可以开设之期乎？且以人民程度而论，则今日尤有一奇怪之现状，不可不为熟思审虑者。内地之农民与谫陋之学究，未知国家为何物，政治为何事，而其受外界之潮流者，见时局之不可为，而己志之不能发抒也，又每欲破除国界，均一财产，其言论思想，往往逸出事实之外。故非开设民选议院，不能使不及者仰而进于公民之域，好高者驯而至于常规之中。人民程度之不齐，非为不可开设民选议院之原因，实为不可不开设民选议院之原因也。

议者又谓，地方自治尚未举行，国民教育尚未普及，一旦开设民选议院，未免全无预备。不知议会者，一方为立法机关，一方又为整理行政之根本。中国言变法者久矣，何以地方自治至今尚未举行，国民教育至今尚未普及，即由于无民选议院以为整理行政之根本故耳。今惟有开设民选议院，则根本既立，枝叶自茂，一切行政庶可振作。决不可借口于整理庶政，以阻挠民选议院之开设，致使本末颠倒，缓急不分，以误大局而祸国家也。

议者又谓，中国自有史以来，君臣之义素严，天泽之分久定，若开设民选议院，则朝廷之行动，势必须议会之赞同，恐于至尊之威严，不无冒渎。不知帝王不可侵犯，各国宪典皆有明文，责任负诸大臣，弹劾止于政府，其安富尊荣，比于专制国之君主，实又过之。且君位之继承有一定，摄政之顺序有一定，成法所在，规定綦严。我皇太后、皇上聪明仁圣，四海同钦，凡在臣民，咸身爱戴，乘此时开设民选议院，则上足以永宗社万年之业，下足以贻本支百世之安，岂不懿欤？

以上诸端，均无足虑。伏乞速颁诏旨，晓示天下，督饬朝臣遵去年七月十三日上谕，发布选举制度，确定召集期间，于一二年内即行开设民选议院，俾全国人民得以勉参国政，协赞鸿图，同德一心，合力御外。庶列强知中国之不可以侮，人民知国家之尚有可图，外无相逼而来之忧，内无铤而走险之患，天下幸甚，中国幸甚。职等顾念时局，实深危惧，谨【遵】人民请愿之义，沥陈草茅衷诉之忱，仰恳皇太后、皇上下体舆情，早定大计，俯赐采纳，降旨施行，天下臣民不胜企幸欢忭之至。谨联名呈请代奏。

职等均留学海外，未能全体归国，特由湖南即用知县熊范舆、法部主事沈钧儒、花翎应封宗室恒钧、附生雷光宇呈递，合并声明。谨呈。

《清末筹备立宪档案史料》下册，中华书局1979年版，第609—617页

举人萧鹤祥请速开国会呈

光绪三十三年十月（军原）

具呈湖南举人萧鹤祥为应诏陈言，恳开国会，尊君主以奠邦基，顺民心而端治本，呈请代奏事。

窃闻为治之道首在得民，天生民而立之君，自古迄今，未有遗民而可成治者也。《皋陶谟》：天聪明，自我民聪明；天明威，自我民明威。《大禹谟》：罔违道以干誉，罔咈百姓以从己。盖天从民所欲，君代天而理物，古帝王本性理以为治法如此。《大学》：民所好好之，民所恶恶之，此之谓民父母。《孟子》：得其心有道，所欲与聚，所恶勿施。又言：左右诸大夫、国人皆曰，然后察之。古圣贤本学说以论治道如此，后王后贤不必述矣。

我朝垂治二百余年，国家荷列祖列宗、皇太后、皇上深仁厚泽，亦已久矣。率土臣民，尊君亲上，爱戴皇室，亦云至矣。而何以上下终形隔绝，朝野未得同情，其故安在欤？方今时事多艰，两宫廑念，日求君民相安之道。近奉明诏，实行立宪，于是薄海内外，喁喁望治，群以开国会为哀吁。此诚宪政之初基，为政治家所有事，而非法学家之常言也。

夫宪法何法乎？岂东西各国皆有，而我国独无乎？我中华开国以来近五千载矣，考之史籍，德莫高于尧、舜，治莫盛于唐、虞，孔子称其大哉为君，无为而治，岂无故而然也。间尝取二典读之，而晓然于宅百揆、熙帝载之说，即内阁总理之职务也；官牧亮功、府事允治之说，即行政作用之效果也；皋陶为士、臣庶罔干之说，即司法独立之证据也。夫以尧、舜稽古同天，乃圣乃神，而于用人行政，犹且兢兢业业，以官人安民为难。观其询岳辟门，明目达聪，可以为开议会之先例矣；帝咨臣荐，益推伯让，可以为公选举之先例矣。其后河图洛书，圣衍为范。谋及卿士，则今上议院所托始也；谋及庶人，则下议院所托始也。宪理浑涵，高矣美矣，夫岂欧美所能几及。惟是议院选举当时无其制，后虽周孔代兴，未遑制作，无怪历朝以来，一治一乱，未有长治久安之策者也。

近三百年，英吉利以一岛邦，独先天下而开帝国会议之局，岂尽气数使然欤，盖亦有人事焉。夫英以不成文法为近代各立宪国之母，我尧、舜实以未成文法为皇古立宪国之祖，而今日强弱异形，相去不止千百倍，岂非国会有无之故耶。今如创两议院，以弥我阙典，规模英制，不必成文，斯帝者之上仪也，其他国法又何足效哉。且夫国会中人与政府中人，皆君父之臣子也，圣人大道为公，选贤举能，何私于政府，何疏于国会。有政府以为君主信用，有国会以为人民代表，而后上下不至隔绝，朝野乃得同情。三代而后，君与民远，是由于有政府而无国会也；近世各国君与民亲，是由于有国会以维持政府也。而或者疑国会开，则君权太轻，其说非也。凡国会协议一事，必经君主许可，而后议案乃能成立，是协赞之权虽在人民，而批准之权仍在君主，神圣不可侵犯，君主之尊荣何如也。或又疑国会开，则民权太张，其说亦非也。凡国会公立一法，必由官厅发动，而后空言乃见诸施为，是言论之权虽予人民，而执行之权仍在官吏，权限各有规定，臣民之受制裁何如也。且有两院制，则议院势力不虞过重，倘一院专横，一院得而制压之；一方冲突，一院得而调和之，此两院之利也。有公选制，则投票秘密，无所瞻徇。被选举者既不得由贿赂而来，即选举人亦可以恩怨两化，此公选之利也。

夫人民何以必参与政事乎？以人民所应尽者义务也，不尽义务，斯可以不参与矣。君主何以必取决于议会乎？以君主所代谋者公益也，不谋公益，则亦无须议会矣。今论者谓先地方自治以为下院基础，设资政院以为上院基础，不知自治局者与议会相辅而行者也，资政院者即贵族异名而立者也。无国会，则地方无保障，虽欲自治，而人民仍不知有权利；无国会，则政府无监督，虽有资政，而君主谁与分负担。固不敢谓政府少数皆非，国会多数皆是也。人民来自田间，新出闻政，设有不谙治体者，政府得而开导之，或作为报告以晓喻之，而民智日益进矣。亦未可谓政府上级皆智，国会下级皆愚也。三代所行直道犹在斯民，设有不适法律者，议院得而发表之，且破除情面以研究之，而公理日益明矣。然则国会一开，议院与政府两方面智识以渐演而渐高，程度以愈进而愈远，同心协力，不数年而国富兵强，可立待矣。匹夫不放弃责任，斯君主乃得乐有国民；君主不出私命令，斯人民乃得知有国家。君主享宪法之安荣，臣民受宪（民）〔法〕之保护，此国体竞争之世，共同生活之道也。否则，君主无国民，人民无国家，极其结果，不至君民同受其祸不止，稍知忠君爱国，仁民爱物者，能勿痛哭流涕耶?

吾国自来政体虽曰专制，其实我皇太后、皇上临朝听政，何尝独行独断，不肯俯纳群言。而究之众志不齐，国是无定，君民阻格，国力散漫，推其原因，总由无国会之所致。《书》曰：可爱非君，可畏非民，众非元后曷戴，后非众罔与守邦。凡此天经地义之文，圣经贤传之旨，勿论如何，宪法举在其中，国家当承平无事，而欲图万年有道之基，尚必出此，况在今日。职窃见内忧外患，国势日危，圣主焦劳，枢臣失措。朝廷方议改宪政馆，组织新内阁以为预备，然天下学者，则请以开国会为立宪之根本。职故谨就《尚书》诠释，参以新学之法度，以复我旧有之精神。伏愿皇太后、皇上曲顺舆情，准今法古，补尧、舜之所未备，行孔、孟之所已言，建此机关，以安上而全下，则我国家之幸福也。

职草茅下士，愧乏知闻，幸逢圣诏，广开言路，敢据立宪根本法，敬为我皇太后、皇上披沥陈之。干冒宸严，不胜战栗陨越之至。谨呈。

《清末筹备立宪档案史料》下册，中华书局1979年版，第620—623页

广东全省绅民请开民选议院折稿

□□□等为恳请速开民选议院，以消乱萌而固国本，呈请代奏事。

窃维方今寰球各国，凡足以维持其独立者，无论君主国与民主国，而皆为立宪政治之国家。立宪政治者，即所称国民政治是也。若夫君主独立政治之国，非泯泯以归澌灭，即岌岌沦于危亡。故近世各国强弱之情形，而即以其国宪法之良否以为断。今日国于大地之下，其不能取君主独立政治也审矣。比年以来，外患日亟，国步方艰，朝廷洞悉乎中国所以致弱之原，深维乎各国所以致强之故，知非采行立宪政体，即不足以图存。乃者叠下明诏，纶音既布，士庶腾欢。粤民僻在海隅，虽甚愚濛，然仰见朝廷发奋自强，殷殷望治之心，未尝不延颈企踵，日

冀宪法之实施，以立强国之根本也。乃者考察政治大臣返国以来，将有两载，而于立宪事，窃不见有何等之设施。无识之徒，几疑诸臣不能仰体圣意，宪法之实施恐渺渺而无期。及读去年十一月二十日上谕，而知圣谟宏远，睿虑高深，虽在九重端默之时，实事事谋宪政施行之预备，此率土臣民所由感激涕零，知上有可恃之君，而中国之自强胥于是也。虽然，圣上宵旰忧劳，举凡宪政实施之条理，固无日不廑圣虑，而所表示于天下者，以何者设施为预备立宪之著手，薄海喁喁，犹以为日望之而未之见也。谨就管见所及，以为今日立宪之切实预备，莫急于开民选议院，不揣梼昧，敬为我皇太后、皇上缕析陈之。

一曰民选议院开而国是定也。窃维国家当经营进取之时，不可无一定之政策方针；国家当新旧过渡之交，不可无一定之国是。国是未定，则人心惶惶，靡所适从，不能挟全国之精神以奔赴于一途。行政官吏对于举办之新政，多存模棱两可之见，朝廷虽日言改革，而终不以施其实效。盖国是未定，无以一天下之视听，即无以齐国民之心志，欲政治之不泄沓，官吏之不愒玩，虽日日严诏督责之，乌可得也？前者诏书屡下，曰实行预备立宪，曰庶政公诸舆论，仰见圣明励精图治，发奋为雄，深悉乎以立宪振自强之基，薄海臣民咸知著手于立宪之预备，以仰副圣主孜孜求治之盛心，似国是未尝不定矣。而不知兆庶喁喁翘乞于宪政之实施有逾于望岁，虽诏书屡言预备，而下情未通，行政官吏奉行不力，蚩蚩之民不知朝廷之所谓预备者果出于何途，其不能不怀疑者一也。朝廷有虑国民程度之不足，因未定宪法实施之期限，以故宪法颁布仍渺渺而无期，其不能不怀疑者二也。各国学者称立宪政治为国民政治，亦即前谕所称庶政公诸舆论之意也，而迩年以来，朝廷所谓着手于立宪之预备，京师开资政院以为上议〈谘〉院之权舆，各省开谘议局以为地方会议之基础；而细考内容，资政院议员不由民选，而仍以资格老臣充之，谘议局则办事权限仍听地方行政官厅之指挥。以立法机关反受行政机关之监督，冠履倒置，本末错乱，实大违乎庶政公诸舆论之谕旨，而亦非国民政治之精神，其不能不怀疑者三也。故今日国是似定而实未定者，端以此故。为今之计，唯有速开民选议院，俾知朝廷勤求立宪，非徒托诸空言，使天下皆翕然知宪政施行之期当不远，而国民政治可冀其实行。斯国民能力，即随而发展，上下一心，并为一途，同挟此目的以为振拔自强之道。此民选议院之所以不能不开也。

二曰速开民选议院而乱萌自熄也。方今不逞之徒倡煽内乱，而其所借口以煽乱者，皆持排满革命之说，以摇惑乎人心。朝廷纵日以威力镇压之，懦者或畏祸而戢其野心，强者愈冒死以（挺）〔铤〕而走险。何者？欲消弭革命之源，终非以武力为解决之道也。解决之道仍在立宪，固今日稍具普通智识者所同认矣。故决议立宪之诏书一下，万姓欢呼，举国庆祝，而独若辈（待）〔持〕革命之说者，刊诸报章，播诸演说，谬加以丑诋之词，毁谤圣朝，以为立宪事业终无由实现，乃至五大臣出洋考察政治，竟出其暗杀手段，希图遂其狡谋。彼非有恶于五大臣，实以为立宪事业一成，而革命党羽可以登即解散也。乃近者预备立宪，实行无期，我国民之热望于宪政之实施者，其始欢呼之声达于全国，而今则彷徨观望，皆若冷而心灰。彼革命党徒莫不举手蹈足，窃笑于其旁，以为若辈之所丑诋者，谓中国立宪事业终无由而实施，至今而其言验矣。夫若辈侮慢朝廷，扰乱天下，非特朝廷之所嫉怒，而亦我国民所痛心疾首，欲得若辈而甘心者也。乃以今日政治现象不良之故，致令彼辈快心，讵不大可哀哉！今惟有速开民选议院，以确立宪政之基础，俾举国上下知朝廷预备立宪并非空言徒托，不日即见诸实行。宪法确定，则人民之权利义务皆有所规定，而人民咸恃法律为保障。国民无论满汉，共享国民之权利也同，其担负国民之义务也亦无不同，而种族问题自消归于无何有之乡矣。种族问题既消灭，排满革命之说尚乌有立足之余地哉！且议院既设立，才智之士得以发表其政见之余地，而不致牢骚抑郁，奔赴于革命之途。此又民选议院之所以不能不极谋设立者也。

三曰开设民选议院以顺今日之时势也。自古圣帝明王因时为治，故五帝不相沿乐，三王不相袭礼。孔子作《春秋》，发明三统之义，以明改制之必要。语云：虽有智慧，不如乘势；虽有滋基，不如待时。诚以王者因时定制，不可不顺乎时势也。顾今日之时势何如乎？以寰球大势言之，立宪政治之潮流发源于英吉利，浸灌于欧洲大陆，披靡于南北美洲。近者渡太平洋，来亚洲，而先及于日本。俄罗斯据莫大之版图，拥无上之威力，以专制为治，威加四海莫抗衡，夫亦足自豪于世界矣。乃自与日本交涉，无战不北，强霸威名扫地以尽，卒乃翻然变计，应国民之要请，即开民选议院，颁布宪法，举数千年来之君主独裁政治，一扫而空之。洵哉，立宪政治之潮流震撼簸荡于世界！顺之者昌，逆之者亡，挟雷霆万钧之力而不能与之抵御矣。夫当俄国之未变其专制政体也，环球上独立之国家，以专制为治者，独中国与俄罗斯而已，今则俄已顺潮流而转变矣。又当俄国专制、立宪过渡之交也，内讧频仍，君民之间日生冲突，乃至俄国君主屡遭不测之惨祸。其君位之杌陧不宁，日在忧疑危难之中，遭遇之可怜，有非平民之所能耐者。自民选议院一开，人民有参与政治之权，而君民之间互相融洽，宪政之基础于焉确立，国家之基础于焉巩固。其国中之暴徒，平日专以颠覆政府为事者，至今已匿迹销声，莫不转其方针，为国家谋政治上之幸福矣。此何以故？既有民选议院，国民有参与政治之权能，复有发挥政治之余地，人人担负国家责任之一份，而无复生异议也。故观于俄国，而宇内之大势可知矣。宇内之大势既然，即中国大势言之，亦何不莫然。频年之外患相逼而来，日甚一日，甲国垂涎我土地，乙国谋攫我铁路，丙国攘夺我矿山。俄睨于西北，日瞰于东，英、法窥于南，环伺以谋我。乃者日俄协约、法日协约、英俄协约，各以吾国为禁脔，而试问以中国积弱之余，恃何者以御外侮乎？从根本上求其解决，非先整顿内治不可；整顿内治，非实行立宪不可；实行立宪，非先设议院不可。又况革命邪说横逆之时，欲以摇人心而危大局，与夫国民热望立宪之日无异，若大旱而望云霓。时耶，势耶？开设民选议院，诚今日千载时一之机而不可失者也。故外而揆诸环球所趋之大势，内而察诸中国现在之情形，民选议院之设立，实刻不容缓者也。

四曰民选议院不设立而国家之财政终末由而整理也。国家之有财政，犹个人之有财产，个人之财产不足以资生，遂不免于饥寒之患；国家之财政不亟图整理，不足以应支办之需。中国以财政不能整理之故，因而国用不足；国用不足，虽巧妇不能为无米之炊，因而举办之新政半归无效。盖举办一事，经费即从而增加，国愈文明，事务愈多，经费之增加亦愈甚。观于欧美各国近年来国用增加之速率，为一与三之比例，是实堪惊叹者也。即以日本言之，本年【收】支之豫算表案为六百兆余元，比之未与俄国开战以前，突增两倍。乃以中国之大，每成岁所入，仅一百兆两有奇，而各国偿款之数，亦须豫为腾出。赔款以外，每年除拨支军事费用，所余有几？如是则举办一切之新政，安所资以为经营创办之费也哉？故今日不能不整理财政以充国用者，势也。虽然，整理云者，亦非别有点金之术，可以凭空挪出也，仍不得不取诸吾民也，必矣。顾何以今日各省因苛细杂捐之故，往往激成事变而民不乐输者，岂吾民皆无爱国之心，坐视国家财政之困竭，不图急公奉上耶？抑何东西各国多取于民，而未闻有嗟怨反抗者，抑独何也？无他，各国皆以上下议院为财政监督之机关故也。凡立宪国家，上下两院皆有财政之监督权，而监督之重要机关，其权利尤在下议院。盖以国民为财政之所从出，而下议院为国民权力之源泉，国家之财政与国民之自身有密切之关系，以故政府于豫算案之提出，必先交于下议院核议，得过半数许可，乃移交于上议院而斟酌损益之。以故国家征收租税，照豫算案之所议定者照额征收，虽有增加而既经下议院之许可，即无异全国民之许可，夫是以担荷租税虽极繁重，而毫无嗟怨也。今中国则不然，立法者不过政府一二人，增加何项租税，未尝得国民同意。行政官吏但知奉令维谨，按额征收，而国民之反对与否，所弗计也。而又无议院以为国民发表意见之地，虽有反对之议，而无从直达于政府。其对于官吏之逾额加征，但有私心痛恨，以为官吏之横施压力，日事朘削，以图中饱而已。夫是以赋税虽薄，以中国民与各国相比较，其担负国费为极轻，而犹有咨嗟反抗之声，以官吏为朘削民膏，饮恨无已者，职是故也。故以中国今日之现状而言，财政之困弊，实不能不竭力整顿；欲加整顿，势不能寡取于民。而民选议院不开，政府对于旧时之赋税，虽欲增加毫厘，而民已侧目垂足，群起而议其后；若强施威力，而反抗之事又起，适授暴徒以借口煽乱之端。故观中国今日之情势，就财政一端而论，实不能不亟开议院者也。

五曰民选议院不开则朝廷日言改良法律而终难收其实效也。专制政府朝廷之生杀予夺，视在上者之恩威；立宪国家人民之生命财产，恃法律为保障。今朝廷方议预备立宪，改订一切法律，以为将来司法独立之计画，此诚朝廷殷勤求治之盛心，我国民所共表同情者也。虽然，今日者，法律亦次第颁布矣，商律中之公司律、破产律与夫新订之报律及改订之刑律，已颁发而期其实行矣，而谓颁布此种之法律，即欲收良效果，则绅民等窃以为未敢必也。尝考世界各国进化之阶级，野蛮时代无所谓法律，以共同之习惯而互相遵之，其后遂成为一种之习惯法。殆国家日渐进化，达于专制时代，则由政府一二人认此习惯法为有效力，而强令人民遵守，由是始有法律之制定。至于今世立宪国家制定法律，非仅在上者一二人之意，则必得国民之认可而效力生焉。夫国民至众，而安得人人之认可？唯其有民选下议院，以为国民意思发表之机关，通过于下议院，是即经国民之认可也。今朝廷方拟破除专制，实行立宪，凡制定法律，自当以得国民同意为先。乃按诸中国现在之情形，所订法律，其主持之者，不过法部中之一二人，乌得其国民之同意也？仍不外挟国家之威力，而强令国民遵行。是岂立宪国家之精神乎？夫法律之制定也，当因沿于数千年之历史，与夫各省之风俗习惯，而又参酌于东西各国之法律，事业繁重，理解详密，非合全国人之聪明材力以研究之，未易折衷至当，推行无弊也。法部诸公虽甚明通，岂能以一二人之意见，而独掌握此立法之大权乎？就令其所制定之法律皆能折衷至当，推行无弊，而并未征诸国民意见之如何，以独断独行之，宁不背乎立宪国家立法权操诸议会之通例耶？且就令修律大臣揭若谷之虚怀，不欲一二人独揽其权，将以博采国民之意见，而下议院既未成立，国民之意见将藉何机关以为表现耶？故就改革法律言之，而民选议院亦不能不亟图设立者也。

以上所举五者，皆就管见所及，举其关系大局之最重要者，大略言之。要之，民选议院之设，实应乎今时势之必要。考诸各国立宪，或先开设议院，后颁宪法，或先颁宪法，后开议院，次序原无一定，视时势以审机宜。英吉利为宪法之母国，上下两院权力久已确立，立宪政治早已成立，而至今尚无成文宪法之颁布。比利时颁行宪法在一千八百三十一年，而已于一千八百三十年开设国会。普鲁士宪法公布在一千八百五十年，而已于一千八百四十八年开设国会。今中国先开议院，再定宪法实施之期，亦各国之成例有可援照者也。今日者国势阽危，事机急迫，内讧交作，外患频仍，一线生机，足以救危亡而挽大局者，惟有立宪。立宪政治之实行，惟在速开民选议院，以振国民之志气，耸环球之观听。皇太后、皇上明见万里，洞烛几先，于宪政实施之次第成竹在胸，本无俟□□等言之喋喋。然而泰山不择土壤，河海不择细流，□□等一得之愚，或者有裨高深于万一。兹谨遵庶政公诸舆论之旨，不辞狂瞽，以备刍荛。伏乞断自圣听，立下明诏，速定期召集国会，先饬各省疆吏划定选举区。明诏既颁，内之足以顺舆情而消内讧，外之足以慑外敌而张国威，则我国家亿万年有道之基，与天无极矣。宗社幸甚，大局幸甚。广东三千万人民不胜惶悚待命之至。伏乞代奏皇太后、皇上圣鉴。谨呈。

《时报》，光绪三十四年六月初十日、十五日、十六日（1908 年 7 月 8 日、13 日、14 日）

代拟浙江士民请开国会公呈

仁和 邵羲

呈为大局阽危，急于图存，恳请实行立宪，速开国会，组织民选下院，以定国是，联名呈请代奏事。

窃某等迭次恭读明诏，预备立宪。上年四月十三日谕旨，又有饬励官民共负责任之语。跪诵之下，仰见我皇太后、皇上神圣聪明，迈越寰宇，知非改行立宪政体，不足以与列邦角逐而保平和；非使官民共负责任，不足以修明政务而固邦本。立宪政体之有利于国家，早在圣明洞鉴之中，固无烦臣下为之赘述者也。

窃谓吾国人民不负责任之原因，在朝廷未予人民以参政权。欧洲、日本等国实行立宪政治，无不有二院制度之国会，其下议院皆由人民选举议员列入国会，共参国政，故国事之艰难，国家之财政，人民皆得知其实在情状。诚以国者，积民而成，人民既为组织国家之分子，即有共同维持国家之义务。国家一切行政，全恃财政为活动，国家之财政无非取诸人民，人民既有为分子组织国家之义务，即有共同负担国家财政之责任，故国用不足，由下议院议员议决增加税额，担任一切财政，以达维持国家之本务，国事艰难，毋使君主一人负之也。吾国情形则不尔，从来人民对于国家政务视之淡然，不及对于其个人本身之利害亲切，是仅知有个人，而不知有国家，于人民为组织国家分子之义已背，宜欧西儒者诋我人民如散沙之不相结合也。夫同为国家人民，何以彼与国家联结，而我如散沙？揆厥理由，实由彼国人民有参政权，而我国人民无参政权。人民无参政权，对于国家观念不能发达，视国家与人民离而为二，不知朝廷征税，即所以供保国卫民之用。国家进步，国用亦随之增加。我国自通商以来，国用浩繁，而收入之数有限，无以谋行政机关之改良。况欲施行立宪政治，如添置各部，增加官吏，创设海军，加增陆军等，皆所以使行政机关组织完备，始足与列强竞争，而无事不需财政。若人民不为国家负担财政，则国家之组织如何完全？查日本人民为其国家负担税额，以今视昔，不止倍蓰，始能战胜而列于世界强国之地位。其人民之愿为国家负担各种税额者，以日本国家与人民以参政权故也。国家之岁入岁出，有豫算表以令人民检查，使人民目睹国用不足，不忍任国务之废弛，而爱国之心油然以生，自不能免其责任，而议决增加税额。今吾国一言财政，君父忧劳于上，司农束手于下，实人民不负责任之咎也。然人民之不负责任，乃借口于各国人民皆有参政权，而中国独无。不能使人民晓然于国家行政、国用不足之故，又何从而使之负责任？虽然，吾国人民又非全不知代国家负责任也。今各省人民向我皇太后、皇上请求速开国会，组织民选下院者，即人民对于国家愿负责任之端。朝廷若不俛人民之请，是不愿人民为国负责任，殊非我皇太后、皇上饬励官民共负责任之本意。立宪政体之精义，即在使大臣与人民对于国家负责任，而君主不负责任，君主乃超然独立于政治之外，无为而治，有神圣不可侵犯之尊严，而不为人民众矢之的。是速开国会，不特国家行政机关之费用既无虞其不足，而君主立宪政体亦以确定。此速开国会有关于整理内政者一也。

十九世纪，列国以武力为激烈之竞争，谓之帝国主义；至二十世纪，列国一变以财力为平和之竞争，谓之国民之帝国主义。今欧美、日本多数强国皆采用国民之帝国主义，对外则采殖民侵略手段，对内则采关税保护政策。大势所趋，非藉国民之实力，无以与他国相竞争。实力者，即国民之财力也。各国扩张本国之实力，已无他国可以容足之地，惟我国实力未充，物产虽富，而工业不进，致列国咸以我国为尾闾。观税关统计册，进口货物逾于出口者倍蓰，金钱流出日多，即我国财源愈困，上以病国，下以病民，使不合全国之实力以相抵制，则无由与之竞争。伏读上年谕旨，命大臣出洋劝谕海外华商，制定爵赏章程，以奖励实业。朝廷期人民之振兴实业，可谓至矣。而人民对于兴办实业组织之大公司，建筑铁路、开采矿务之大工筑，权利思想薄弱，皆不愿担任重大资本以维持之，几成为非借外款不足以兴大工业之势。而各国又利用我之借外款，藉以伸张国权，而国势愈不可问。中国人民富力，虽不能与欧美较，然视日本而有余。日本人民能知与欧美相竞争，国中工厂林立，几为后起之工业国，吾民何以勿如？是即人民有参政权与无参政权之关系也。欧美、日本人民皆有参政权，于国会制定保护工商法律，故资本家立于巩固之地位，内部巩固，然后可并全力而为对外竞争。吾国人民之观望不前者，予夺之权操自政府，人民无丝毫可以自保之权利。营农工商业者，仅图博微利以为生存，无愿抛大资本为国家兴实业。以如此能力薄弱之国民，与二十世纪列国持国民之帝国主义相竞争，优胜劣败，势也。故欲振兴实业，惟有速开国会，使人民晓然于国家之图存，全恃国民之实力，不能专依赖政府，庶合国民之帝国主义竞争之原则，方可与列强并峙。此速开国会有关于对外竞争者二也。

速开国会之利益，固不仅此，而二者尤为我国之最切要者。我皇太后、皇上非不知之，惟廷臣中之老成持重者，每虞人民程度不足，不能速开国会，必待各省谘议局成立，而后议开国会。持论非无理由，但人民程度之足不足，无确定标准，仅能就少数者而言之。若就一般人民之程度言，即今日欧美各国，亦未能议开国会。欧美教育虽行之极早，然欲一般人民程度皆胜议员之选，则不及格者正多。况民选议院之议员，由多数人民选举少数人民之优秀而娴习政治者充议员，吾国方舆最广，人民称四万万，内具国家观念、关心政治者，可得十余万人，至少亦不下六七万人。以此六七万人而行选举，选出千余人之议员，程度又何虞其不足？且政治知识由练习而经验愈深，若无国会使人民实地练习，则智识能力无由增进，虽阅数十年后始开国会，其现象视今日无异。说者谓，各省设谘议局即使人民练习知识之端，不知谘议局为地方自治之行政机关，其所议仅关于地方自治行政之一部，与国会为立法机关性质各别，必有国会关于全国之立法，而后各省之自治行政机关，可依其立法而图自治。国会与地方自治，虽有相互之关系，而仍有先后，如脑筋之司手足，根本之于枝叶，若舍本逐末，则宪政终无以成立。环顾列邦，未有不开国会，仅言自治，而可为立宪国者。

方今国势日亟，列强对我国政策瞬息变换，逼迫愈紧，势无再待。日本进步党首领犬养毅曾谓，吾国欲成立国会，即在此数年内，否则列强亦无容我设立国会之余地。痛哉斯言！凡为中国臣民，无不盼国会速行成立，以保存我立宪之国家。惟乞宸衷独断，立予施行，万无可再假以时日矣。或者谓，中国选举机关未能完全，户籍法尚未制定，统计局未能遍设，人口与财产之实数无从切实调查，欲速开国会，则一时难行选举方法。惟此仅就理论言，于事实亦未必确当。非谓必待二者设置完全后始可议开国会，我国原有之保甲调查丁口册，与各县之征收地丁钱漕簿，虽未必厘整，暂时凭藉以为标准，亦未始不可。各国所行人口比例制选举议员，亦未能尽确实无差。姑就日本而论，明治三十九年之调查户口，东京府与警视总监两处调查之户口相差六七余万，而日本已开国会十九年矣，可知调查之不确，不足为行选举之阻碍。今日姑假各省之丁口册与钱漕簿为标准，分别各省人口与纳税之多寡，分配各选举区而为选举机关，严定选举人与被选举人之资格，采直接选举主义而加以限制，既无背于各国法理，而有才能者，有学识者，多额纳税者，皆无偏颇不及之弊，则选举制度数月蒇事，国会之开期年可待。

伏愿我皇太后、皇上迅速宣布确定召集开设国会日期，薄海人民闻之欢颂。朝廷既以参政权利俾之人民，则人民对于国家所负之纳税义务、兵役义务，亦无从借口规避。于是上下一心，合力赞襄国务，修明内政以御外侮，庶列强知中国之大有可为，亦不敢以无理之要求横加侵逼。内可杜乱党铤而走险之患，外可抵列强觊觎之心，期以十年，犹可为地球上之强国，而与列国相并峙。不特为朝廷立万世有道之基，抑亦为中国臣民莫大之幸福也。某等区区愚忱，伏乞代奏，不胜悚切待命之至。谨呈。

《中外日报》，光绪三十四年六月十三日至十四日（1908 年 7 月 11 日至 12 日）

江苏绅民请开国会公呈

具呈江苏绅民四品卿衔翰林院编修缪荃孙等，呈为人民渴望立宪，请速开国会，以定国是，恳请代奏事。

窃绅民等迭次恭读谕旨，预备立宪，又声明君主立宪政体，设资政院、谘议局为国会及地方议会之先声。仰见朝廷大公无我，顺世界之大势，定施政之方针，以冀我国家亿万年有道之长。昭示来许，薄海内外，欢呼庆祝之声动天地。二三年间，时事日棘，欢呼庆祝者，乃窃窃然疑，疑“预备”二字之无当于事实，而程度不及之说之非笃论也。又疑朝廷之空言预备，而无意于实行也。迨体察各国情势，如日、俄、德、法之协约及各国驻使之奏请，则疑者又转而为惧。惧列强日逼，我虽欲图存，而彼不我待也。又惧人民失望，日益解体，我国家将漓然涣散而不可复凝也。绅民等昔皆为欢呼庆祝之一，今亦为疑且惧者之一。窃伏自念，忧心如捣，辗转千虑，以为非钦遵迭次谕旨，即日实行，必无以纾败亡之祸。顾立宪之妙用，在使人民同负责任；欲使人民负责任，在速开国会。盖人民负责任，必有其方法，有其场所，有其时日。国会者，人民负责任之方法及场所、时日也。即以海陆军备论，欲使人民负纳税之义务，则必示以预算之表式，告之以不得不然之故，然后协定征收之法；而又不可遍国中而语之，则使人民选举议员代议，此所谓方法也。有议院，有开会，有休会、闭会之期，此所谓场所与时日也。此各国之所同，由之则治，违之则乱，度已在圣明洞鉴之中。然而我皇太后、皇上犹若有难焉者何也？以绅民等愚虑度之，其故有二，请为我皇太后、皇上剖析之。

一曰人民负责任之说不足恃也。伏读上年四月十三日谕旨，既有“官民共负”之语，似已灼然无疑矣。若犹以为不足恃，则试问中国国家，为何人之国家？依体制言之，必曰我皇太后、皇上之国家也。又试问皇太后、皇上所有之国家系何物以造成之？则必曰土地、人民、政事也。国家既为人民所组织，则国家之利害，即人民之利害。人民之利害，不使人民与闻之，此国家为无人民之国家矣。我皇太后、皇上亦何乐而有此无人民之国家乎？难者曰：国家之责任，当使大臣任之，于人民何与？不知国家无所谓富强，以人民之富强为富强，欲人民富强，不使人民自谋，专任二三大臣谋之，其庸有几？且外患日亟，人民不负责任，则惟二三大臣御之；人民负责任，则四万万人同御之。少数人御之，孰若多数人御之之为有力乎？此不必辨者一也。

一曰人民之程度不及，无负责任之能力，不能不迟回审顾，以待将来也。夫程度之及不及，必有一标准。今曰不及，标准安在？百年无国会，则百年不及。朝廷既无由试验，人民亦无以自解，以不白之冤诬吾民，非圣明之所忍出也。且无论其及与不及，但令曰某日将开国会，尔百姓但举有才德、为尔所信望之议员，来与议国事，至期果集，则无所谓及不及也。及入议院，政府提出议案，令议员决议，彼为议员者，必依题解答，若对策然，无所谓及不及也。议员之所议，皆取决于多数，不啻合一国有才德、为众所信望者之心思耳目，极深研几，而后得之，无所谓及不及也。议决之事，政府以为不当，可驳令再议，议员即以政府之所驳，复合一国有才德、为众所信望者之心思耳目，反复讨论，得多数之同意，而后上之，又无所谓及不及也。夫有才德、为众所信望者，诚不易得，然谓被选举者程度不及，不足与言国事，则多数议员之知识，决不至于利害倒置。又议员议决不当，政府可以驳回，一驳之后，复加讨论，则不及者，且从此而及矣。如谓选举者程度不及，无以识别天下之有才德者，则偶一滥竽，在所不免，而有才德者，终不可沦没。选举者程度虽有参差，而自多数言之，彼应举而来者，亦自有取得时望之处，虽欲谓之不及而不得矣。此不必辨者二也。

释此二难，其又奚虑？绅民等请就今日世界大势与中国之现象，申言无国会之害，与有国会之利，惟皇太后、皇上择焉。

曷言乎无国会之害者也？一曰对外。今大地交通，世界万国各欲伸张己国之权利于他国土地之上。各国同有此志，而各国莫能相下。如甲国欲伸张权利于乙国，乙国必不听，乙国于甲国亦然。盖立宪国之人民，皆负责任，甲国欲伸张其权利者，人民也，非执政也。而乙国能抵制之，使不得逞者，亦人民也，非执政也。今世界可数之强国，无不立宪者，故能相抵制如此。设遇一无宪法之国，但有执政而无人民，则眈眈者遽集于此而甘心焉。以各国多数人之心思耳目，群萃于无人民之国，以求逞志，虽善支梧，其何能淑？自海通以来，外交事事失败，皆人民不负责任之故，言之痛心。故曰无国会之害，见于外交者一也。一曰对内。天下之人才，自唐宋以后，皆消磨于无用之科举。今既知其无用，而又悯念消磨之可惜，决然废止之。科举废矣，其所谓有用者安在乎？考各国秀杰之士，皆得被举为议员，其知识高出于一乡者，为乡之议员；高出于一府一县者，为府县之议员；或于府县而选举于国会，为国会之议员。则大而一国，小而一乡，其秀杰之民，皆有以自见，而不至有废弃之感，且可以收群策之功。今之论者，皆曰士气嚣张，倏开议会，则其焰益煽，不可复抑。不知无议会，则嚣张日甚，议会者，舆论之所归宿也。舆论皆自国会出，则成为有纪律之舆论，而号呶者，且无所容其喙。今东奔西叫，散漫于中国者，皆无法之动也。政府嫉之，官吏又从而摧折之，阴相搏击，国脉于以大伤，可不谓大哀乎？故曰无国会之害，见于内政者又一也。

曷言乎有国会之利也？一曰皇室之利。立宪之制，元首不负责任，而可为万世一系之君。国会议决之事，君主有裁可之特权，而无丛脞之隐患。无为而治，恭己正南面而立，传之子孙，永永无极。各国皆然，吾何为而独否？一曰大臣之利。立宪之制，国务大臣对于国会无责任，似乎难矣。然无国会之日，偶一失挫，天下怨詈，而戮辱随之。既设国会，则以人民为后盾，一委之于宪法，虽有强敌，莫之能逼。措天下于盘石之安，只见有功，不见有过，身心俱泰，而安富尊荣随之。盖执行国会所议决之事，则怨詈之口，无所自来。与其受无穷之责望，何如受有法之协赞。以彼易此，孰得孰失？至于人民之利，乃国家之利，虽有参政之权，亦有负荷之重，盖出于不得已，非有乐于此也。皇太后、皇上神圣聪明，又何惮而不为此？

当今之世，而欲以一二人负天下之重，当列强之冲，箝众人之口，灰志士之心，扎其手足使不得行动，灭弃其智慧使不能自谋，终至于民穷财尽，外人唾手，甚非所以保天禄也。今人人自危，以为迟一日即多一日之损，几于朝不待夕。用敢联名环叩，伏乞代达天听。仰恳圣主俯察舆论，速定期限，以二三年之间开设国会，天下幸甚。绅民等不胜迫切待命之至。再，此呈系公推附生雷奋、举人孟昭常赍呈，合并声明。谨呈。

《时报》，光绪三十四年七月初四日至初五日（1908 年 7 月 31 日至 8 月 1 日）

湖南人民第二次国会请愿书

呈为新政繁兴，大本未立，外患日迫，民志未固，纪纲就坏，公议未张，恳请速定国会期限，以立大本、固民志、张公议，联名呈请代奏事。

窃维今日之世变，盖自书契以来，未有若斯之亟者也。夫治国之道，顺天者存，逆天者亡。今之世变，实为天意。考选举之制，导源于希腊罗马；代表之制，发达于英、美、法、德。推移生衍，传播全欧，海通以来，波及日本。彼以万世一系之皇统，不惜改弦易辙，以从欧制，卒之成效立见，国运大兴，既侮西邻，复摧北敌。彼强俄专制，知不足恃，召集国会，实行立宪矣。此非原出于天，何以昭德塞违，必在乎此？惟我皇太后、皇上体天立极，与民更始，采立宪之议，救垂危之国，涣汗大号，薄海同钦。庚子以降，大局阽危，外侮横集，凡我臣子，朝夕论思，日月献纳，嘉猷硕画，夫岂无多，而皇太后、皇上必预备立宪，易中国三千年相传之政体，蕲合于全球公制者，灼知世变之来，非此不足以应之也。然谕旨立宪，布告海内，于今三年，而新政不见其收效，外患不见其稍纾，纪纲不见其立正者，何也？夫亦曰：大本未立，民志未固，公议未张，有立宪之名，无立宪之实而已。所谓立宪之实者，维何？夫亦曰：速开国会而已。国会制度为宣达上下情谊之机关，原委利弊，陈之天听，已有其人，职等不敢以铺张扬厉之辞进。惟即今日缓开国会，不能立宪，即不能行新政、纾外患、正纪纲之实证，为我皇太后、皇上缕晰陈之。

维新以来，政令之变更不遗余力，废科举而兴学校，改营制而练新军，易保甲而置巡警，停刑讯而重审判，与夫邮传、农工商务诸政，其所变革，大抵非常之业，为中国三千年来政书之所无。然今日变甲，明日变乙，朝令夕改，【剜】肉医疮，国制抢攘，甚无条理。推原其故，非新政之不可行也，亦非行之全不得其人也，如筑室焉，栋桴杂陈，棼撩四布，而丈量图稿未具，虽有大匠监督于上，群工劳动于下，其不能区处得当，焕起堂构，不问可知。如动机焉，锅炉备具，轮件皆灵，而测验汽表独无，虽有名手为之司机，佳煤为之助力，其必至于破裂炸坏，伤人损物，亦不问可知。夫国会者，犹建筑之图稿、汽箱之汽表也。今兴办新政，而提挈纲领、宣测舆情之国会犹付厥如，是欲无图稿而谈建筑，无汽表而司机动也，本末舛逆，首尾横决，夫复何怪？且朝廷之督责新政，亦不可谓不至矣。设部董理之不足，增置司道重员以执行之；增置重员之不足，而遣专使以调查之。轮骑四出，冠盖相望，虽无绣衣直指之恣，而有均税宽恤之繁。自古变法之朝，繁扰公私，厚结民怨，罔不由此。曷若速开国会，集举国舆论为政府推行新政之后盾，即为政府考察新政之方针。舆论若以为是，则厉行无前，贯彻终始，以确收效果而后止；舆论若以为非，则收集众议，折衷至当，或省焉，或革焉，岂能强犯不韪，维持弊政，贻误苍生乎？开设国会，较之增官遣使督课新政，程功难易有如此者。

且推行新政，莫大于筹款。历代变法之臣，如商鞅、王安石诸人，结怨士民，靡不由于苛赋。盖中国自古无宣达舆情之国会，民间不知变法为何事，即不知理财为何因，疑忌丛多，谤讟备至。孔子曰：信而后劳。其民未信，则以为厉己也。征之圣训，得失昭然。今之财政，难于古代者亿兆计矣。赔款十万万以来，举国民膏尽输于外，益以新政经费，敲骨吸髓，已不可支。近又兴办海军，岁计在千万以上，所筹之款，除前此关税、厘金不计外，近以抵补药税，无论何省，盐斤通加四文，所入亦在千万以上矣。夫立宪之国，财政主之计臣，而税案定之国会，不由国会通过之税案，虽追呼强迫，担荷无人。今我国征敛商农动辄千万，而民不暴乱者，此皆我朝深仁厚泽，列祖列宗在天之灵，有以默护而维系之，幸底于不败，非果多取而不为虐也。为今之计，撙节经费以复古制势所不能，则曷若速开国会，以预算决算表案布告全国，举代议士参与赋税之权。民间既知变法之由来，且解理财之实际，疑忌谤讟无自而生，上下相安，公私兼顾，我圣朝万年有道之长基此矣。职等所谓立大本以行新政者，此之谓也。

论中国今日势者，或愤俗哀时，以为不可救药；或粉饰欺罔，以为同我太平。此皆非知治乱之体者也。职等窃以为，今日情势非不可救药也，特外患之为害，不能目为已治、已安耳。往者瞻对夷横、镇南匪警，若在唐、明季世，几何不与黄巢、自（诚）〔成〕，同酿大乱？乃仰承天威所及，无不立予荡平，可见萧墙之忧，无足介意。若夫今日之外患，本侵削权利也，而曰保全平和；本攘夺土地也，而曰均衡势力。其机尝伏于不觉，其病尝中于至微，日积月累，遂我有尪瘠之象，精神魄力日即销铄。故兵革非不坚也，米粟非不多也，外侮之来，不能移瞻对镇南之师御之者，缓急异势，主客相反也。且内治莫大于安民，外交莫大于固圉，今保全治安，既得其要，于慎固封守之道，尚尔无闻，万一朘削太甚，国脉动摇，更有揭竿思乱之徒，直起而乘其敝。斯时以危民而御强敌，埃及、印度覆辙具在，殊可深惧。职等尝考欧洲外交历史，自嘉庆十九年维也纳会议以后，彼中外交政策虽极变幻，而以君主代表国民权利、利益为国际之定义，则不问皆同。无论何国，苟能抱此定义，朝野同心，则虽蕞尔弹丸，亦无人敢抱此主义。故宋卫中山，不存于七雄之世，而荷兰、瑞士、丹麦尚瓦全于英、俄、德、法之间。虽曰列国均衡，无敢发难，而所赖于国民团结之志气，以抵抗强权者，盖亦多矣。夫中国外交失败，就事论事，必谓外部非材，或横加恶声，诋人卖国，此无良之言也。当竞争之世，霸力自雄之时，国欲自立，乃内无精练之陆军，外无重吨之铁舰，而且以一团散沙、亿万心之百姓诡随其后，则虽以子产、俾斯马克为外务大臣，庸有幸乎？故职等痛念外交失败，不咎外国，自咎而已，非惟自咎，咎我国人而已。因思咸、同之朝，发捻、回逆同日猖獗，而湖湘子弟带甲荷戈，惟恐成后，卒之大功克立，辅翌中兴。惟于对外战争，则致命捐躯，慨归无效。甲申谅山之役、甲午牛庄之役，皆以挠败军，徒为天下所诟责。职等诚太息痛恨，深以不能报国为耻。虽然，羡鱼不如结网，亡羊曷勿补牢，前事之败，后事之师，及今蠲弃私仇，勇于公同，行万众一心之政，破兼弱功昧之谋，各效材力，各负义务，富强之效，期月必成，侵土可还，岂但权利，是在朝廷速开国会，有以董理之耳。或谓开设国会之后，言庞言杂，于外交秘密多行不便者。然此无足虑。外交政策千变万化，固在当事之臣。其中秘密有时关系太巨，事机甚迫，不独不能布之国民，且不能上告君父，以应变机宜，理固如此。若夫外交之方针、主义，则光明磊落，有何不可告人？如德将报法、日拟拒俄，政见已定，全国三尺童子，无人不知，夫复何讳？国会之所与闻于外交者，主义、方针也，若夫秘密政策，决无发言盈廷而干预之者。试取列强近政证之，外务诸臣当可无疑于国会问题矣。职等所愿固民志以纾外患者，此之谓也。

夫国家政治，散则为法令，众则为纪纲。为治为乱，不系乎法令之疏密，在乎纪纲之存亡而已。有纪纲，有法令，而法令乃出于整齐；无纪纲，无法令，而法令乃散漫无所统；无所统则东防西溃，此塞彼决。有司奉行故事，百姓疑怨有司，一旦上下崩离，衔辔中断，乃至于不可收拾。先王知其然也，当创制立法之后，于是设台谏以明公议，明公议以维纪纲焉。欧洲诸国知其然也，当法制进步之后，于是设国会以明公议，明公议以维纪纲焉。盖专制之国，纪纲之存亡视乎台谏；立宪之国，纪纲之存亡视乎国会。而国会之所以异于台谏者，则台谏主弹劾，而国会实弹劾而兼主扶持；台谏有时侵犯尊严，而国会忠告仅及于执政。作用虽异，而所以维系一国之纪纲，则一也。今天下之治，如乱丝矣，官制日出而日繁，新章日纂而日密。禁令朝下，夕碍于治外法权以收之；部议内降，外格于地方情形以抗之。竟至有明诏煌煌饬办之件，期年而不奏（保）〔报〕者矣；即或以章奏粉饰，有数载而不实行者矣。号令虚设，所在错谬，以致我皇太后、皇上变法自强之苦心亦无以表见于天下，而朝野上下相率酣嬉，曾无以纪纲就坏、土崩瓦解之为虑者，此诚可哀者也。为今之计，其将以督责之术，刑躯势迫，以正其纪纲乎？即将以德化之政，移风易俗，以正其纪纲乎？而皆有所不行也。治水莫要于清源，疗疾莫要于问证。方今之证，在于上下否塞，中焦失运，惟疏通而推荡之，则其病立解。且国家统治之纪纲，犹脑力也；天下群积之公议，犹血液也，譬有人焉，血液瘀废，欲其脑力兴奋，其可得乎？是故振肃纪纲，莫要于大张公议。

或曰：言论嚣张，处士横议，正所以破坏纪纲也。此说尤谬。夫立宪之国，虽曰言论自由，而一切必本诸法律。法律为全国所公定，即为人人所遵守，决无因横议而破坏纪纲者。且纪纲不惟不可以言论破坏也，且可以言论维持之，观于往昔之台谏、欧美之国会可恍然矣。自今以后，若以立法之权属之议会，行政、司法之权属之有司，统治大权归之皇太后、皇上，如身之使臂，臂之使指，若网在纲，有条不紊，既无内外轻重之弊，复惩彼此敷衍之习，百废聚举，法度修明，国之不强，岂可得乎？职等之愿张公议以正纪纲者，此之谓也。

职等生长湖湘，具有忠爱，或身蒙天眷，或世受国恩，念时局之艰危，愧报称之无自。前经郎中衔附贡生雷光宇等，递陈恳请开设民选议院以实行预备立宪一折，呈请代奏。职等仍不能已于言者，并非敢浮慕异国，苟为曼辞，实以上所献愚忱，为天下之公论。伏愿我皇太后、皇上奋宸断，降德音，速定期限，召集国会，则海内向风，地方自治不劳而理。若虑程度之不足，致选举之无期，则人格日卑，民心日散，将并此直道而行之俗，亦即于夷亡，更无程度之可言矣。且平日论道经邦，孰不自称为礼义之国，何以言担荷义务，共负责任，则谦逊不遑，而让人以独胜，此职等之所不解者也。惟皇太后、皇上聪明仁圣，不为浮言所惑，速定国是，以行新政，纾外患，正纪纲，上以承宗庙万世之安，下以作亿兆黎元之气。天下幸甚，中国幸甚。职等望阙瞻依，不胜惶悚待罪之至，谨遵诏书令绅民条陈立宪之制，联名呈请代奏。

再，此呈由候选道廖名缙、同知衔江苏试用知县陆鸿第、廪贡生易宗夔、监生仇毅等递呈，合并声明。谨呈。

《申报》，光绪三十四年七月十六日、十八日、二十日（1908 年 8 月 12 日、14 日、16 日）

吉林全省人民国会请愿书

具呈花翎二品衔军机处存记特旨吉林遇缺即补道、地方自治会会长松毓等四千六百六十八人谨呈，为时局阽危，内外交迫，惩前毖后，痛创弥深，恳速开国会，以顺民心而维根本，联名呈请代奏事。

窃以立宪之国，上下同心，机关所在，厥惟国会。比闻各省请愿开设国会者，同时并起，万言之书，洋洋盈耳，度于国会必须开设之理由，早在圣明洞鉴之中，职等又何敢以常词进。谨就我东三省人民已经之痛苦，与未来之危险，所以重有待于国会之实在情形，敬为我皇太后、皇上披沥陈之。

何谓已经之痛苦？甲午、庚子往事勿论，论最近甲辰之役。夫日俄开战，我中国独非中立国耶？两邻国开战于中立之地，寰球诧为奇闻，而我弗能禁也。然使战线以外，鸿沟划然，马足所限，戎车何利？乃辽西中立地，而哥萨克之游骑横行。新民、锦州之间，省城中立地，而俄则直踞机器厂、军火局矣，日则欲提库款充军实矣。甚者陵寝重地，亦且阑入，乔木伤于斧斤，飨殿化为营垒，其视我为何等国耶？然使横拓战线，申明纪律，我人民犹可偷息也。乃勒饷于我绅商之手，征兵于我编户之氓，痛告其时日俄之前锋，大半皆吾东省之赤子也。而师行千里，转战两年，宛转敲朴之下，呼号悉索之余者，尚不知凡几。此皆职等所身亲目击者。方事之殷，我皇太后、皇上布告中立于天下，我枢臣疆吏迭次移牒，严守局外，然而我东三省人民犹罹此惨劫者，彼知我朝廷自朝廷，人民自人民，气势一薄，首尾难顾。使当日国会已开，提案付议，竭全国之心思才力，公同抗拒，破我中立，全国愤之；逾越战线，全国斥之；蹂躏人民，全国仇之，则必有种种对付之方法，保全我自主之权者。职等非敢张国会而耸圣听也，朝廷单独之主张，与国民团结之力量，事一而效殊，无庸讳也。扬昆明之灰，敢忘前劫；思会稽之耻，有待补牢。此职等痛定思痛，尤亟望国会之早日成立者也。

何谓未来之危险？两大渝平，南北撤队，民亦劳止，迄可小康。乃东清、南满，一纵一横，辽东片壤，军政、民政等诸日本之属地。而北满哈尔滨、海拉尔各地，俄亦径行其地方自治。故论东省表面，还我河山，诚为快事，考之实际，则非驴非马，波谲云诡，不可思议。此国际问题之危险一也。

有人有土，经训昭然，移民实边，艳称史册。而东省则奉天惟东边稍空虚，至吉、江两省，有千里莽荡，渺无人烟者。无民何以守土？顾谁不知殖民为急务者，然一言殖民，凡转移、往宿、籽种，非与内省官民为同一之策画，其何能济？绿林啸聚，长此终古，可叹孰甚。此殖民问题之危险者二也。

撤旗之举，调和畛域，率土王臣，何分满汉。今日何日，人不分我，我乃自分乎？然生计上之艰难，营业上之计画，各驻防之解散，事关全国，复杂纠纷，至难理董，百密一疏，分裂之祸立见。此撤旗问题之危险者三也。

林木、鱼盐、五金、矿产，良隅宝气，光于大陆，然而疮痍满目，元气未苏。非无企望家之雄心，谁具托辣斯之资本？非厚集全力，同时举办，则实业一废，新政无一可为，而影响且为八百万人民生死之关键。何况求宝者非止波斯之狼顾，望气者不仅东海之扶桑耶！此实业问题之危险者四也。

东省文化，后于内地，近始萌芽，甚为幼稚。夫教育所以储才，育才所以为国，东省民风向称沕穆，绝不知人民与国家之关系。此时举办学校，千艰万苦，仅乃成立，而智识并未普及。然此犹第一层耳。兴学之后，学生不知匹夫有责之大义，及将来选举与被选举之资格，深渊瞎马，无异盲从，此其所成就，职等诚愚，无以测其结果矣。此教育问题之危险者五也。

以上诸端，粗具大概，其余若商业、若交通、若税务、若警务、若军政，种种方面推究，将来之问题无不有至危极险者伏乎其后。其所以然之故，则合各省而成中国，此省与彼省必有呼吸相感之真情，必有痛痒相关之实际，蛛丝马迹，牵引钩连。若仅求之一方面，则一方面必事事隳废；一方面隳废，则各方面亦必随之隳废。非有国会为之总机关、总代表，提出重要之条件，通盘筹画，众议而决行之，而又监督乎其后，则研究必不能精，方法必不能备，鞭策必不能严，不能相提携、相调剂、相挽救、相生存，而东事危，而中国亦危，是所谓牵一发而动全身者也。

夫我皇太后、皇上顾念根本重地至矣，备矣。设行省，改官制，立宪、新政，将从东三省入手，凡以为未来之危险计也。而职等环顾大局，深察根本，必重有待于国会者，非以东省人民能力独薄，必倚赖国会中人也。各省之危险不亚于东省，未来之问题不减于东省，国会一开，统全国重要各问题，悉待决于国会，其时非但我东省有待于各省，各省亦有待于我东省。存亡并命，同舟共济，理势使然也。夫天下大势，自西而东，近二十年来，各国之鹰瞵鹗视者，悉注目于我大陆一片土。各国一工一商，无不挟其后盾之国会以谋我，而我仅以孑然孤立之一政府与之对待，虽有公忠体国、精奇卓绝之才，亦不能抗国家主义之潮流，而力图抵制。此职等所由仰望我皇太后、皇上睿谋内断，明诏外颁，速开国会，以顺全国之人心，以挽濒危之时局者此也。顾或谓国会一开，民权过重，不无损及君权者，此瞽言也。不观日本乎？明治以前，人民但知幕府，自实行立宪后，天皇陛下之尊严始震人耳目。此不必高谈法理，观于东邻之已事，可以了然。又或疑人民程度不足。夫程度安有完足之境哉？不开国会，不举代议士，人民永无国家观念，虽预备百年，犹且无效。反是，则国会召集之期，即程度勃增之日，尤可决也。

职等愚昧，妄谈大计，伏乞我皇太后、皇上赫然下诏，颁布开设国会日期，以为实行立宪之计。东省幸甚，全国幸甚。不胜惶悚待命之至。谨联名呈请代奏。

再，此呈由候选道庆山等呈递，合并声明。

《申报》，光绪三十四年七月十七日（1908年8月13日）

各省请愿国会代表上宪政编查馆书

宫保、王爷、中堂大人钧鉴：敬禀者。窃职等为请开民【选】议院事，受故乡父老之付托，赍书到京赴都察院呈递，恳请代奏。

当各本省签名属稿之日，方在四五月之间，故呈词均以将设民选议院为言，纯乎请愿之意。及职等束装就道，乃奉六月二十四日之谕，知谘议局限一年成立，议院召集之期限，方令宪馆及资政院妥议具奏。仰见朝廷策励臣庶之殷，益想见枢府赞襄之力，轩歌鼓舞，各为其乡之父老子弟额手称颂，谓有谘议局，则人民既有与闻政事之权，民生之疾苦，皆可以上达，地方之乐利，皆可得自谋。又有资政院可以解决各省谘议局之纷议，实具有议院之性质。枢府主持立宪明切如此，则议院召集之期，决当不远。自谓可以归报乡之父老，令知枢府翊赞大政，不待人民之请愿，而先有以塞天下之望，此岂惟我百姓之幸，抑亦邦家之福，我父老子弟，其可以无憾矣。顾职等集于辇毂之下，静候谕旨，犹若有硁硁之见不能自已，窃愿以一得之愚上尘钧听者，以为政府果无意于开设议院，则人民请愿或犹以冒渎为罪，今既视议院为必不可缓之举，则条陈管见，宜为【枢】府所乐闻。既不致有越分之嫌，或且引为集思之益，故忘其罪戾而思有以自致也。

夫人民所以渴望议院之成立者，非为私也，为国家也；抑非为人民与闻政事之权利计，为国家负担经济之义务计也。方今大地交通，列强环伺，非增加国用，无以济行政之需而收富强之效。惟我枢府筹之已熟，故实行立宪之政策屡见明文。今惟以期限之迟速，征诸馆员之合议，计至深，虑至远也。然合议之归宿未必能悉合人民之心理，恐一切迂缓之说，有勿能捐，而盛化之隆，犹将有待。

职等窃以为，法律驱事实进步，则其势顺；事实驱法律进步，则其势逆。今谘议局限一年成立，一年之后，地方行政，厘然可观，是法律驱事实进步也。谘议局有种种不可解决之问题，必待决于上下议院，而上下议院遂为事实迫促而成，是事实驱法律进步也。今定法之时，不图迅速驱策一世，使骤跻于文明之域，而必待事实之迫促，始稍稍变易其初志，勉强而应之。本其迂缓之法，削成急就之章，要为名世者所不取。请略言其迫催之状，幸辱裁焉。

夫谘议局既省省而立之，其必至于省自为政，纷然不可齐一者，情也，亦势也。惟我枢府筹之已熟，立资政院以统摄之。又虑谘议局与地方大吏时有抵触，则假资政院为最高机关以判决之，似已无遗恨矣。然依资政院之性质，果足以统一二十余省谘议局之所主张否？果足为最高机关判决各省官民之抵触而得各省官民之承诺否？某等诚愚，窃不能无惴惴也。夫各国之所以必用两院制者，为经两次之议决，两次之通过，所以缓其扭结之力，而杀其冲击之势也。今日以资政院为上下议院之基础，夫既曰上下议院矣，则是取两院制主义也，乃其基础又合并而为一，则是以两处之建筑并于一基础，而以一基础营两处之建筑也，此于理论上既不甚明确，而要其事实，抑又可虑。

伏查资政院议员，以在京诸达官及各省谘议局推出议员组织之，纳官民于一院，为一次之议决，一次之通过，其取决于多少数之时，官民杂糅，必不能得公平之结果。如是而欲统一各省之纷歧，判决各省之抵触，其势有所不能。然则一年之后，谘议局成立，天下大势几无日不在纷歧抵触之中。纷歧抵触，而不得其要领，官民之间，交相疑阻，交相猜忌，夫亦何苦？职等愚见，以为资政院为诸达官与谘议局议员所组织，与意大利之上议院相似；由谘议局议员中推出数人充资政院议员，含有地方代表之意义，又与德意志参事院相似，似可确认为上议院。有上议院而无下议院，实为古今万国所无。职等窃愿枢府速定宗旨，认资政院为上议院，即于资政院成立之年分，设下议院，以符实行立宪之旨，而纾纷歧抵触之隐患，不胜上愿。不然，至纷歧抵触之后，为事实迫促而始憬然变计，分设两院，或恐悔今兹立法之已疎也。至于预备之次第，人民之预备在选举谘议局，选举之名册，即可为下议院选举之根据。谘议局成立一年之后，召集下议院，宜无不立应者。政府之预备在预算案。谘议局成立，各省财政既清厘有序，全国财政亦一览可知，调制预算表式，直旬月间事耳。况政府主持立宪如此之切，预备之方自较人民为尤速，岂有人民立待召集，而政府反借口预备以纾缓其期者？此职等硁硁之见，所愿以壤流之细增益高深者也。

抑职等尝闻迂缓者之说矣，一曰人民程度不足，不能为国家负义务，反足掣行政者之肘也。夫增税之令，所以不行于乡里者，为无议会也。无议会则无从告以不得不然之故，又不能授以征信监督之方，其不行也固宜。若乃示以预算之表式，曰为某事需费若干，此事不举，于尔百姓有大不利，如是而犹有出反抗之者，非人也。晋作州兵、作原田，而民皆悦，自古已然，彼岂尽上智之民哉？今乃曰程度不足，试问由今之道，靳议会而不予，百年之后，遂有输将恐后者乎？如曰议会可以把持梗令，藉监督之名而掣行政者之肘，致为可虑，自某等视之，此为因果倒置。议会一日不立，则国用一日不得增加。惟公私款目厘然有序，然后知国用与地方费之不足，而国税与地方税乃在所必增也。夫监督非掣肘之谓，尽人而知，夺官家行政之需，为闾阎盖藏之计，虽至愚不至此。故人民之渴望立宪，乃区区忠爱之诚，若视之如毒蜇，诋之曰狂热，斥之曰嚣张，不亦冤乎？

一曰人民程度不足，议员多滥竽充数，不足以代表国民也。夫议员之滥与不滥，未经选举，未经召集，政府何由而知之？且即迟至百年之后，始行选举，始行召集，其遂能免此病否？政府又何由而知之？设强断之曰：吾料其必如此。天下之人亦几无以自明，曰：吾必不如此。人民求利于国家，而政府不信，上下相戾，如闻勃溪之声，此岂景风淑气之中所宜有哉？

职等既恭读谕旨，知限期之迟速，悉取决于宪馆，以枢府之公忠体国，馆员之精思淬虑，自无不求其速。而当合议之时，苟有参加，或不废刍荛之采。即如以上迂缓诸说，能否袪除净尽，亦不能无鳃鳃之虑，是用屏营不能自已，谨将管见所及上尘钧座，冀于合议之深衷，微有所凑合，而人民之心理，或上通于密勿之精神，庶不负故乡父老郑重托付之意。所有请认资政院为上议院，即于资政院成立之年，并设下议院各缘由，谨合词呈请，伏乞宫保、王爷、中堂大人，俯赐鉴纳，采择施行，不胜感幸。肃上，祗请崇安。伏维垂鉴。

《顺天时报》，光绪三十四年七月十七日至十八日（1908 年 8 月 13 日至 14 日）

留日湖北公友会请都察院代奏请开国会书

为外患内讧，交乘并起，吁请宣布开设国会年限，实行一切豫备事项，以弭乱萌而固邦本，呈请代奏事。

窃维欧洲各国以独立称者十数，无不本于立宪政治。即专制最久且最强之俄罗斯，亦怵于战败之主因在于独裁政体，已于上年颁布宪法，召集国会。我国圣明在上，洞悉于专制政体决不足立国于今日，乃屡下明诏，预备立宪。上年七月十三日谕旨有曰：大权统于朝廷，庶政公诸舆论。去年五月二十八日谕旨有曰：上下一心，内外一气。仰见我皇太后、皇上聪明天亶，匪惟深悉我国之危弱，由于未行立宪政治，且于各国宪政之精神，亦洞鉴无遗。谨（译）〔绎〕圣谕，曰

"公"曰"一"，盖无私隐而后谓之公，无隔阂而后谓之一。欲达公与一之目的，必不外乎建设代表国民公议之机关，此机关即东西各国现行之国会制度。

天语煌煌，昭然不诬，率土臣民，感激零涕。方引领以望宪政之实施，乃两载以来，内而枢臣，外而疆吏，尚无宪政上之切实预备，及根本上之改革，致令薄海臣民，咸滋疑虑。据新闻纸所载，近来各省国会请愿书纷纷呈递，哀吁之声，幸达天听。王大臣仰体圣意，连日集会讨论开设国会年限，急进者主张三年、五年，缓进者主张十年、二十年。其讨论之内容虽无由悬揣，然皆不外以人民程度之高下为前提，可断言也。窃以为年限问题之解决，不当以人民程度之高下为前提，当以预备事项之多寡为前提。人民程度国会开设后而益增进，非高悬其格以待人民之克副，而后开设国会。试问彼主张三年者，果恃何术而令人民程度之速高；主张二十年者，又安能保人民程度之必不低耶？总之，专从理论上研究，虽聚讼终年，仍不能为确当之解决。从事实上研究，则宜视开设国会以前所当预备之事项多寡，而定年限之迟速。若预备事项于三年内刻期整备，则三年后开设国会可；若预备事项必十年、二十年而后整备，则十年、二十年而后开设国会亦可。然以我国情势衡之，于三年内为种种之预备，实绰乎有余裕。况乎外侮日迫，时不我待，非速开国会，决不足以固邦本而弭乱萌。谨就国会必速开之理由，及开设以前所应预备之事项，为我皇太后、皇上缕析陈之。

上年朝廷甫预颁立宪之诏，列强眈眈凝视，报纸宣传，与日胜俄后倡言黄祸同其惊异，以为我国政体改革振兴犹反掌也。乃荏苒两年，官吏之因循如故，民气之奄萎如故。虽去岁各国协约成立，致有动机，而积极之进行，仍无所睹。改革托诸空言，遂召外人之轻侮。海牙会议名列三等，第二朝鲜之名，竟成我国之别称。此国耻之较著者也。故欲免外人之轻侮，则不可不速开国会。

近二年来，苏杭甬路事件、辰丸事件，人民往往以外交之失败，函电纷驰，诋諆政府。列强方窃议我国政府阘茸，民气可畏，我正可利用民气，以为外交之后援。夫立宪国家皆用国民的外交政策，断不用专制的外交政策。专制的外交，其结果必致屈败；国民的外交，其结果必获优胜。此近时东西各国政治家、外交家所同一主张，且屡验而不诬者也。美系共和政体，其政治多不适用于我国，惟缔结条约须经议院之赞成，最可法效。今日中国最迫切而不易挽救者莫如外交，若得国民之同意，则上纾宵旰之忧劳，而政府亦脱于丛谤矣。故欲免外交之失败，则不可不速开国会。

列强眈眈虎视，攫我利权，争先恐后者，莫如路矿。然所以启他人之觊觎者，以我国经济困乏，弃利弗取耳。今各省路权、矿权半操自外人，若自兹以往，不萃全国国民之力与之抵抗，仅凭官力经营，恐黄河再清，亦无利权收回之可望。窃以为路矿要政，宜付诸议会，使各省绅商分担款项，合力承办，以中央政府为之监督，庶固有利权，国民自享之，不致任他人盗取也。故欲利权之收回，则不可不速开国会。

迩者朝廷整军经武，严饬各省增添师团，改练新军，俱以经费支绌，一时未能符陆军部派定额数。近又议复海军，亦以需款最巨，办理尚无端绪。或主张施行印花税，或主张暂借外债。夫印花税为各国通行税则，只以我国办法未合，致多滞碍。乃政府不从根本上研究，动云暂借外债，此策之最下者也。且军事经费之负担，系国民法律上之义务，今也时局艰难，非扩张军备断不足以自存，民人受国家军政上之保卫，即应负担军政上之费用。然欲国民不逃此负担，不可不使先知有负担之义务，东西各国关于军备扩张费先提出于议会，其明证也。故欲扩张军备，尤不可不速开国会。

然所谓速开者，非近在日夕之谓，尚须于数年间为种种之预备。预备事项，举其重要者言之，则有四端：

一、颁布地方制度，以促地方议会之成立也。去年三月，朝廷命试办地方自治，此预备事项中所最切要，而不可一日缓者。然地方自治，虽可参酌风俗习惯，究不可无统一之法规。有谓中国疆域过大，万难施行统一法规，此大谬也。盖条例之制定，其权在自治团体；法律之制定，其权则在朝廷。即以日本证之，区划町村在明治四年，颁议町村法在明治十一年，现行市町村制颁布于明治二十二年，第一次开国会在明治二十三年。可见国会开设以前，不可不先【定】统一之地方自治制度。我国地方议会，尚无萌芽，实因自治行政之权限未明示规定，而乡里议会之组织及选举等法，亦未制定也。

二、议院法及选举法宜速为编订也。上年谕旨有曰：上下院一时未能成立，设资政院以为议院基础，其组织及权限，与日本元老院相近。然将来帝国议会，必以两院成立，民选议院尤为重要，故选举法不可不及早编定。盖国会有种种议决权，脱不定严重之纪律，则一哄众咻，不足以昭慎重。日本议院法、选举法颁布于国会召集之先，可为明证。我国于国会未开之先，关于一切组织、费用、权限、职务、纪律、警察、惩罚等事，当饬宪政编查馆详审考究，亟为编订也。

三、实行预算以清厘财赋也。议会之权限，除立法外，则有财政监督权。每年豫算，必得议会之协赞，各国宪法，多有明文。我国宪法虽未颁布，然议会必有此权，可以推想。现今各省财政紊乱，整理无方，宜由各州县实行豫算，以次推及各省，久之而中央及地方财政各有界限，各有端绪，将来政府之岁入岁出，可以调制预算表，而提出于议会。盖我国财政积弊日久，清厘调查，非数年不能得其要领。日本定理财方案，实行豫算，在国会成立之先，其意可师也。

四、改革官制，以期司法独立也。上年朝廷拟改官制，为实行宪政之预备，东西各国，咸伟其议。嗣因疆臣多方反对，遂以中辍。不知立宪国之特色，首在三权分立，我国行政、司法混合为一，致各国领事裁判权设定于各通商口岸，法权丧失，外交挫败，实根于此。今朝廷预备立宪，司法独立尤为重要之点，论者不察，谓人民程度之不足，不知此事与人民程度绝对无关，请举近事以证之。朝鲜国，法制紊乱国也，自日韩新协约成立以后，不数月而司法独立，岂韩民程度优于我国国民耶？中国以行政官而兼司法，故人民之权利不能保障。今欲以国会为立法机关，则不可不别立司法机关。伏请速颁诏旨，饬各州县设置审判厅，专理民刑诉讼，使州县专理行政事务，否则国会虽成，而法权仍被蹂躏于行政官，即议员之地位，亦不能稳固也。

以上四端，皆国会开设前所必预备之事项，于三年内无难次第举行者。至其他关于宪政实施事项，条目繁多，必俟国会开设后，乃能积极进行，今置弗议。惟声金等窃有虑焉，当此讨论国会开设年限时，内外臣工或不免有以迂执之说上荧圣听，以私见而误大计者，仅再就一般瞀说，略加驳斥，为我皇太后、皇上剀切陈之。

今之阻挠开设国会者，有谓国会成立以后，国家重要政务必先通过议会，则有冒渎尊严之虞。不知国会有议决权，君主有裁可权，且解散、召集权，亦专在元首。是国会之成立，愈足以巩固皇图，并不侵犯神圣。明乎此，则第一说可立破。又有阻挠开设国会者，谓一般士民，动言国会为监督政府机关，以大臣而受庶民之监督，未免上下倒置。不知国会为监督机关，政治家言，非法律家言也。据法律言，议会居国家分子之地位，议会之意思对于国家，谓之分意，又为国家意思发动之必要机关。其机关立于政府之下，并非立于其上而监督之，即云监督，亦不过对于腐败政府而言。若国会成立后，责任政府亦同时成立，政府所执行者，多系议会所议决，议会与政府同以增进国利民福为目的，即谕旨所谓上下一心也，又乌用其监督乎？明乎此，则第二说可立破。

伏愿我皇太后、皇上屏绝浮言，宸谟毅断，宣布开设国会年限，并督饬廷臣，将国会开设前所应预备事项，切实推行，则非徒外患内讧戢泯于目前，国家万年有道之基亦在是矣。声金等海外羁留，未谙朝政，眷念祖国，时切忧思，幸逢圣诏，广开言路，故敢据见闻所及，为我皇太后、皇上披沥陈之，干冒宸严，不胜战（慄）〔栗〕陨越之至。谨联名呈请代奏。谨呈。

《申报》，光绪三十四年七月十八日、廿三日（1908年8月14日、19日）

北京士民国会请愿书

呈为外患内忧，国危民难，恳请诏示天下，定期三年召集国会，以顺民情而伸国体，联名呈请代奏事。

窃□等恭读光绪三十年八月二十三日上谕，有曰：君主立宪为吾国政体所最宜。又曰：立宪政体宜决公论，上下议院实为行政之本。仰见皇太后、皇上圣明烛照，洞悉政治之要素，立宪之妙用，以代议之制度为实行之本源。纶音所沛，天下同钦。至于国家不可以孤立，立宪为救亡之本，政体不可以专制，人民有参政之权，亦早在圣明洞鉴之中。此薄海臣民欢声庆忭，感戴天恩，咸思以涓埃之报，勉参国政，协赞鸿图，共负责任者也。□等草野愚氓，托身日下，受恩较重，缄默难安。窃以为外患之频仍，内忧之不靖，非速开国会，实行宪政，内无以定国是而顺民情，外无以摄列强而伸国体，则中国虽免瓜分之惨，亦有陆沈之痛。凡属臣民，各有天良，□等虽愚，又焉肯茹憔吞声，椎心泣血，甘于缄默，终归放任，而不上体宸衷，下全责任，国家之歼亡，而不力图挽救之理耶？□等敢以刍荛之献，藉吁参政之权，谅亦为圣人所不弃。□等就中国政体上研究，有不可【不】速开国会之理二；就中国时局上观察，有不可不速开国会之理四。值此上下共负责任之际，庶政公诸舆论之秋，谨就管见所及，为我皇太后、皇后缕析陈之。

查立宪政体，披靡流沛，自西而东，凡有国者，顺其趋势则兴，逆其潮流则亡。以俄罗斯之强武，竟以专制而播丑于世界；以日本之蕞尔，以立宪独称霸于亚东。盛衰之机，兴亡之理，早为识者所推评，亦我皇太后、皇上庙算鸿谟，早烛及此者也。读屡次上谕有云：立宪之道，全在上下一心，内外一气。又云：君民上下，同负责任。是以君臣上下之际，列国行政之本诰诫。薄海臣民，共图奋勉，凡有血气，莫不同钦。□等以为，欲期明谕见诸实行，上慰宸衷，下顺民望，又非速开国会，其道莫由。何则？夫所谓立宪之妙用，在全国人民对于国家，皆有当尽之天职，即有参政之权利，上分君父宵旰之忧，下督政府放任之弊，此国会之作用，所以为完成。宪政之机关，上有责任政府，下有责任人民，国无不举之政，政无丛脞之虞，立宪之实而后举代议制度以告成，此征之各国无或稍诬者也。□等第一愿者，在开设国会，以建设责任政府；第二愿者，在开设国会，以造成责任人民。此二者皆所以完成宪政必经之轨道，天下四万万人民引领以希望者也。夫责任政府云者，上对君主负责任，下对国会负责任。政治之所出，法令之颁布，上断君主，下决舆论。政府对于君主有副署之责任，国会对于政府有协赞之义务。是故政之得也，君主有可诩之功，政府无放任之弊，国会尽协赞之责；政之失也，君主无丛怨之虞，政府难逃失政之咎，国会有弹劾之权。君民一体，上下维系，以为政府施政之监督。此国会制度所以披靡世界，无敢逆其潮流，反其趋势者也。我中国素以专制著称，政府故以放任为是，举国政治，君主独负法律上之责任，政府反得事实上之专擅，匪惟与责任内阁之制相乖，且于君主不负责任之意相反。此政治废弛、民情怨讟之一大原因，而中国之所以弊也。于此，非开国会以国民之总意为政府之参谋，以全国之舆论为政治之生机，其不国歼民沦，沈溺以亡者，未之或有。此□等请开国会，建设责任政府之苦衷也。

夫责任政府，既为立宪国惟一要义，而□等尤以为非举国人民群起以协助政府，共负责任，仍无以完成宪政也。古哲有言：天下大事，匹夫有责。西哲有言：惟立宪国始有国民。上谕有言：君民共负责任。名言侃侃，皆所以证明国家之政务非政府独有之责任，乃天下臣民共担之责任。此东西列邦所以集天下之视听，采民众之舆论，组成代议机关而开设国会者也。夫人民与国家之关系须臾不可离，国家之兴废休戚靡不以国民政治能力与夫国家思想为标准，未闻国民能力（需）〔懦〕稚薄弱而可以促国家之进步者。我中国承四千年专制之余，至于今日国运之阽危，民生之雕瘁，皆坐此弊。况夫人民虽有协赞国政之心，实无协赞国政之地，势必散任心生，责任志短，视国势之安危与己身无关痛痒。一人如此，千万人孰不如此，举国懵懵，放任于下，政府虽贤，焉有不丛脞于上之理？是皆无代议机关之所致，而反以人民程度不足，容缓宪政。□等则以为，国会一日不开，民度一日不上；参政权一日不畀与，人民责任心必趋于冷淡。则中国不为埃及之亡，必成朝鲜之墟，诚可痛惜。是非上下一心，臣民共负责任，不足挽此危机。此□等请开国会，造成责任人民之苦衷也。

以上二端，皆立宪政体之要素，代议制度之精神，就列邦政体上研究，无能逃此成轨，中国又焉可与此相反耶？□等吁恳天恩开设国会之二大理由略具于此，谅亦为我皇太后、皇上洞鉴深悉，无庸□等喋喋恳请者也。

虽然，世界竞争之潮流愈簸而愈烈，愈荡而愈急，列强之野心（成）〔咸〕集注于中国。自日俄战争以后，四国协约继成，一则曰门户开放，再则曰保全领土，质而言之，瓜分吞噬之变名词耳。况乎俄罗斯野心勃勃，虎视于蒙古；英、法狡计百出，觊觎于西南；德人以全副精神，经营于山东；日人着着进行，拓殖于满洲。各由其认定之势力范围逞其野欲，以为势力均等之谋。凡我臣民，能不痛心疾首，战慄兢兢，惧为亡国之民，咸有为奴之戚？其不歼亡，或有天幸。且比年以来，苏杭甬铁路问题、二辰丸交涉问题、中法交涉问题，皆外交上最大之问题，而贻我政府莫大之荆棘，增我国民极大之羞耻。稍有心者，孰不痛恨外交之失败，政府之不负责任，而□等则以无国民后援之所致。何以谓无国民之后援？则以无国民外交协赞权之所致。何谓无外交之协赞权？则以无国会之所致也。夫各立宪国外交之大权，虽为君主所独专，然缔结条约，以及外交大事，莫不经国会之协赞，而定外交上之方针。是故国会既可以资君主之垂询，又可以为政府之后援，必获外交之胜利。日本之胜俄，不知者咸以为干戈之利，实则国会之功也。是国会有裨于外交可以知矣。我国受列强之压制，蒙外交之耻辱，一而再，再而三，彼有进取，我有退让，割地赔款，辱国丧师，天下之忧，莫甚于此。□等以为，国会一日不开，外交一日失败，非畀人民以外交协赞之权，决不能为政府之后援，以图胜于国际竞争之际。而议者有以低回审顾，以为延宕国会之计，言之成理，持之有故，□等则以为，恐国之不亡而促之以戚也。试问中国今日处于强邻环伺之中、群虎垂涎之地，苟非举全国之心力共图抵制之方，其不为人吞噬者几何？况美国之舰队日巡弋于太平洋，为示威之运动；俄国舰不出十年，重整旗鼓，为进取之先锋。□等敢断言，十年之内，东亚必演（决）〔绝〕大之战争，翻涛倒海，势力所播，日本将有不保之虞，况中国久为众矢之的，其必遭吞噬也，有必然矣。若非速开国会，早伸民气，政府能以孤掌难鸣之势，而当百万久练之师乎？此□等以外交上观察，必三年内开设国会之理由一。

中国所处之地位，深渊履冰不足以喻其艰险，覆巢累卵不足以形其颠危。及此不图振兴，歼亡悬于眉睫，是振兴海军、扩张陆军，又为今日第一要政，不可稍缓者也。近年以来，政府孜孜讲求军政，然陆军虽具，不过表面上之改良，仍无浩大之经费，纵使力图拓张，亦不能与列国相竞也。中国海军自甲午一歼，一蹶不振，今虽有兴复之议，然苦于经费无着，竟不能重张旗鼓。然而外患日迫，外侮纷腾，我无力以振兴军旅，而人之军旅一日千里，飞突进步，不我待也。势必人已臻于绝顶，我犹居夫坵垤，不待智者，有以知国之必亡、民之必僇也。若夫振兴军备之责，专任于政府，其不能负积极之责任，固无论矣。即使政府励精图治，以负责任，□等亦恐其无国民之援助，财政必无所出，与不振兴军备何以异耶？是故国会一日不开，军政必无振兴之理；国民一日不得参政权，必无筹措军资之道。而彼反对国会者，则以陈腐之言，为辗转之计，试问列强军备之进取，能待我军事之缓兴否？此□等就军事观察，必三年内开设国会之理由二。

国际竞争愈剧，国家政务愈繁，而财政之范围亦必日见扩张。欲图生存于国际冲横之世界，必以财政为富强之根本，未有财政雕塞而不枯竭以亡者。我中国地大物博甲于天下，有无穷之宝藏任他人以掘取，有莫大之民众而日夜忧贫，朝廷束手于上，司农仰屋于下。欲兴教育，恒以困于财力而辍；欲振军旅，屡以饷源奇绌为阻。其他若振兴实业、整理内政，在在以财力绵薄，功败无成。□等窃为中国忧，更为中国耻也。夫以中国广土众民，（尤）〔犹〕以贫匮为患，则蕞尔之日本，更当如何？然日本所以有今日者，皆以全国之力，为对外之谋，人人有参预国政之权，则即人人有纳租税之义务。国家出入之盈虚，为人民所深悉，政府有仰屋之忧，国民即有分担之责，上无中饱吞食之弊，下无抗捐拒税之谋。是皆开设国会，畀人民以参政权，故人民相率以纳国税，虽洞胸穿膈不忍以息其肩。故日本未开国会之先，岁入不过一亿万元，人民尚以为苦；至于今日，岁入之额超出六亿万元，人民犹乐于输将。此国会之利益所以万能也。比来政府日以国财支绌为戚，人民时以厚敛增赋为苦，百政废弛，一筹莫展，惟有以外债之一途，为国财之挹注。殊不知外债多借一次，国权随之以伤，中国虽免宰割之苦，亦终有悬罄之忧。呜呼！是皆人民无财政监督之所致。人民何以无财政监督权？以无国会之机关故也。故国会一日不开，国财一日不裕，欲图国富而民不穷，政修而财不困，是犹南辕北辙，望梅止渴，未有济事者也。此□等就财政上观察，必三年内开设国会之理由三。

国家集人民而组成，人民藉国家以团结，故人民之休戚，与国家有密切之关系。自国家主义发达以来，稍有观察者，无不以国政之兴废视为己身之痛痒，对于国家即有应尽之天职，不能即甘处于被动之地位，此欧西各国所以不辞以国民之血，购参政之权也。潮流所迫，速于置邮而传命，国民因之以受浸染。迩来国事日棘，民气日张，歼亡之机益迫，责任之心愈增，或因外交之失利函电以谏政府，或以国事之颠蹶联名上达天听。人民对于国家责任心继长增高，非闭关自守时代可同日而语，固可为中国前途庆也。况乎人民之气不可动，动则不能复静。近年好事之徒与夫枭张之匪，明目张胆，藏器待时，大地神州，所在皆是，如萍乡之乱、饶平之乱、滇省之乱，层见迭出，一波未平，一波又起，虽出于无意识之举动，然民气已张，不可复制，制则适以致乱，而不足以静安。况国民中鉴于外患之燃眉，内治之腐败，以爱国之热诚，谋强国之方法者，正不乏人，又岂尽喜好乱之徒哉？为政府计，利用之，诱导之，犹恐其涣散，矧复羁縻之，反抗之，以归纳于（挺）〔铤〕而走险之途，势必激民气以至于戾，而人民与政府将无并立之道，此法兰西所以激成漫天劫日之惨祸，俄罗斯所以酿成枪林弹雨之苦剧也。若非开设国会，纳民气于有用之途，藉民力为竞争之本，中国必以内部难弭之乱，而召外部分割之惨，又可断言。况当此之时，犹欲以压制之手段，迟延国会之期限，使人民不得参与国政之权，以激其（挺）〔铤〕而走险之变，不待智者，知其必不可也。此□等就民气上观察，必三年内召集国会之理由四。

凡此四端，皆□等以为不可不速开国会之理由，胥就时势所急，故敢上谏天听。至于愚鲁之见，与夫冒昧之咎，诚无以自赎。然鉴于时局阽危，国运乖蹇，非三年内召集国会，则外无以竞国权，内无以伸民气，颠覆之危，有非□等所敢言者。

伏乞我皇太后、皇上独奋干纲，排除众议，俯顺舆情，早定大计，明示天下，三年内召集国会，畀人民以参政之权，立国家富强之本，奠圣朝亿万年有道之鸿基，恩泽所被，当与天壤无穷矣。则宗社幸甚，国家幸甚，天下臣民幸甚。□等谨遵人民请愿之义，沥陈草茅哀诉之忱，不胜栗悚待命之至。谨联名呈请代奏。

《申报》，光绪三十四年七月廿一日至廿二日、廿六日（1908 年 8 月 17 日至 18 日、22 日）

东三省留学生国会请愿书

具禀留东东三省同乡会全体学生某某等，为外患内忧，时势日迫，恳速开国会，以保大局，呈请代奏事。

窃查环球大势，列强之谋人国家者，无不合全国之智识，振全国之精神，萃全国之能力，以与他国竞争。又恐己力不足，复联合同盟，厚集势力，以自立于不败之地。势力大者其国强，势力小者其国弱。是故英俄协约、日法协约、日俄协约层见迭出，其秘密之未经宣布者，尚不知几何。彼每鉴夫大小多寡强弱之差异，以隐符乎孟氏多助寡助之精理，而为此进战退守之无上之妙策也。而吾国之谋国者，仅以少数人之智识、精神、能力，以折冲御侮于列强之间，即据表面观之，而已知其不逮矣。故去今两年，迭颁预备立宪之上谕，洋洋圣谟，明见万里，顺时进化，薄海同钦，草茅至愚，讵庸烦渎。然而国家者，重大之器也；筹画者，艰巨之任也。人民狃于故常，放弃责任，视国家无与己事者，是已以安逸自处，而以艰大之事，独遗之政府。揆之情理，已失其平，况时势迫人，几有朝不及夕之虑。及今不定方针，若再迟数年，国会即开，恐未必如今日之人心固结也。故生等所以请求速开国会者，关于普通之理由有九，关于东三省特别之理由有三，关于解决难解问题者有二。请晰言之于左。

普通之理由者何？一、可以发人民之忠爱心。开国以来，以民为本，故爱民善政，史不绝书。顾人民坐享其成，不负何等责任，遂谓国家重务，自有主权之人，哓哓何为者？此言虽小，而遗误甚大。其所以驯至如今日之景象者，我人民亦何得告无罪也？将欲使薄海人民，人人有国家观念，人人有政治思想，使之视国事如家事，有若设身处地，同休同戚，而一一筹计，油油然发忠君爱国之诚者，舍开国会，恐无以作斯民之精神也。则不可不速开国会者一也。

二、可以为政府之后援。近数年之外交，着着棘手，岂外部诸臣力不能为欤？殆亦仅有一部之谈判机关，而无全部实力之机关也。实力者何？可断为（余）〔全〕国之人心。全国人心不可见，国会则代表全国之意思者焉。夫人以全部与我争衡，而我仅以一部相抵抗，一部纵极猛烈，其如彼众我寡何也？有国会则不啻四百兆人民，挟全力以相见，彼虽强项，已知其非我匹敌，自帖然就我之范围矣。故欲占外交之胜利，使全国隐处于后劲之地者，舍开国会无如此健全之能力也。则不可不速开国会【者】二也。

三、可以筹巨大之财政。今之司农，仰屋空嗟。我朝累叶宽大，不忍苛敛于民，然当新政备举，无财断不能支持。欲加税，则无以结民心；不加税，又无以办新政。而国债、外债，又不可冒然从事。当其任者直进退维谷矣。各立宪国，所以不忧贫乏者，岂别有理财之上策哉？亦曰加税而已矣。乃加税而民不怨者，以通过国会，直不啻人民自愿加之也。国民视国如家，自出其财以办己事，尚何畏难之有？故兴办各项新政，而得筹巨大之款者，非开国会，无以操其要也。则不可不速开国会者三也。

四、可以得全国之军人。日本封建时代，皆武士为兵，维新以后，始倡举国皆兵之制，而民智不开，倡始之兵部品川至被戕害，今则无不以当兵为光荣。我国近摹征兵制度，而江南首见骚扰。何则？未开国会，而首先征兵，虽有良法美意，而人民固不能骤喻也。有国会发其忠诚，为之倡导，而人民始知国家之军务，即人民之义务。此不可不速开国会者四也。

五、以救目前之阽危。我国今日，凡精神上、经济上、教育上种种情形，政府与人民胥立于隔阂之地位。乃既有同一之患难，而不为同一之计画。政府不知人民之何心，人民不知政府之何意，致南辕北辙，虽嘉谋嘉猷，不能免在野之疑忌，用是而成功之事少，而失败之事多矣。以我国之现状，尚能堪几次之失败乎？卜氏曰：信而后劳其民。将欲昭信用于多众，通情意于愚氓，以诰戒晓谕之，固不如以国会道达之为顺利也。此不可不速开国会者五也。

六、以图后日之扩张。我国天时地利人和，占全球之最优美之位置。然始以优美著者，继以耽于优美，而反见其短。然以外患内忧，人心之郁久必舒者，反以得利用之机会。盖祸患迫于眉睫，与其坐而待亡，孰若一鼓作气者，尚有可希望之一日。然而上德不下达，下情不上通，于此而求发动之机关，舍国会之开，无以为联络情意之具，即无以为扩张国权之基也。此不可不速开国会者六也。

七、以谋舆论之统一。方今过渡时代，新智识之输入，日以复杂，无的以为标准，则治丝愈见其棼焉。又况我国地域广漠，禁令虽发，恐有耳目不及之处。一旦变生仓卒，财力人力，胥为牺牲。此焦头烂额之取譬远也。悬国会以为之招，各省晓然于政府之心志确然不移，则海内散漫之精神为之一聚，虽有梗顽，无能为矣。此不可不速开国会者七也。

八、以收政党之议论。夫以中国之大，此省一电报，彼省一上书，纷纷扰扰，岂必尽合机宜，而政府亦不能漠然置之，遂有应接不暇之势。以形式而论，已不如开设国会之为整齐矣。况国会开，聚群英于一堂，言虽盈庭，赞成否决，只有两方面之议论。其一不切时势之谈，会内已先为驳诘，执简驭繁，计无便于此者。此不可不速开国会者八也。

九、以减政府之劳苦。国家本人民集合所成，人民各宜宣力，始无忝于分子。既往之义务，人民胥委之政府，而令政府独任其劳，人民已不得谓之忠矣。际此时艰，仍推委政府，使政府事前独受其焦劳，事后复不免于怨望，处不负责任之地，为欺诈取巧之谋，操术虽狡，问心何忍？是不啻自弃其国家，抑且自弃其生命矣。将使人民得改其已往之偷惰自安，为将来补盖前愆之地者，赖有国会以肩其责任也。此不可不速开国会者九也。

所谓特别之理由，则在东三省。三省人民之祖若父，身受列祖列宗之恩泽，故后人之歌功颂德，历久不倦。是以三百余年，而满汉毫无界限。以仁泽之入人深，而人民忠君爱国，故无畛域之见，而非他省之所能及者，亦自然之势也。虽时至今日，而人民爱戴之忱，仍如昔日。一利用之，则忠爱之心，将勃不可遏。如放弃之，则以有用之利器，将埋没而不彰。诚假此时会，而俾以参政之权，必能先诸省而表其特色，远以答累代之殊恩，近以筹国家之福利也。此不可不速开国会者十也。

东三省丰富甲于寰区，为善最易。特以近十余年间，数经兵燹，而元气凋丧，人民奔走逃亡，残于战争者半，残于水火者半，残于盗贼者半，更残于赃官污吏者半。生命几何？生机之不绝，而终能守其浑朴，不为异说所摇者，先泽尚在，守死之定力坚也。若复束缚驰骤，官民隔阂，上焉者委之而去，择良木以自栖；下焉者盲然无从，必铤而走险。此种现象，将来不免，三省奥区，谁与为守？不待人之我驱，而我先拱手让之矣。①

《时报》，光绪三十四年七月廿五日至廿六日（1908 年 8 月 21 日至 22 日）

海外亚美欧非澳五洲二百埠中华宪政会侨民公上请愿书

康有为

呈为内讧外侮，同忧国危，乞立开国会而行立宪，撤阉宦，除满汉而一中华，迁新都而图民和，裁督抚而重州郡，经营辽蒙回藏而防边增部，大营海军而举国为兵，制铁铸械、造船牧马，罢全国各税而令地方自治，助国饷，以民力抗外而令民举议员，办外交以救危局，舆论协同，公上请愿书，乞为代奏事。

窃维国势抢攘，乱（气）〔氛〕日滋，内外交讧，危机待发。夫以五千年文明之国，四万万神明之胄，二万里膏腴之域，苟能图治，强大莫有比焉。乃若一旦而沦于波兰，参于印度，同为奴隶，并作牛马，念之伤心，思之流泪。商民等

① 原文只登至此处，余未见。

生于中土，旅于外国，日受凌辱，目击危亡，未有不日扼腕而唏嘘，同怒发而忧愤者也。乃者朝廷非不略为变法矣，比之畴昔守旧之政，岂不大异，而天下滋忧、士民怀疑者，诚以举大事在实心而不在空文也。曩者戊戌变法，其日至浅而事至简矣，而天下犁然归心，强敌耸然惊动者，以皇上真有救民之实心也。今屡言立宪，期诸必行，庶政公诸舆论，而政府行政，压制殆有甚焉。以举国拒借外款，而朝廷必抑舆论而行之，岂不与立宪之政大反哉，此天下所以不信朝廷也。且今世变至亟，外敌日张，又岂戊戌之可比，一旦祸发旋踵，岂能待朝论纷呶之定乎？昔宋人议论未定，而金人兵已渡河，亦可为殷鉴矣。商等诚恐诚惧，人有同心，忧国愤切，开会请求，凡二百余埠之地，数十余万之人，博谘极辨，舆论同协。伏惟明诏有庶政公诸舆论之言，大哉王言，至公至平，是用不避斧钺，合词上请，以救危局。

商民等所请愿者，凡十一[①]事：

其一曰，立开国会以实行立宪也。中国政教之原，皆出孔子之经义。孔子作《春秋》以定名分，君不曰全权，而民不为无权，但称其名而限其分，人人皆以名分所应得者，而行之保之，君不夺民分，民不失身家之分，则自上而下，身安而国家治矣。宪法之义，即《春秋》名分之义也，中国数千年之能长治久安，实赖奉行经义，早有宪法之存。惜经义之名分，以教宗话言奉之，而未尝立国会，以誓盟守之，渝盟则殛之，故汉、唐、宋、明，二千年来，宪法若有而若无，以是政治逊于泰西，而大势沦于危弱。今大地各国皆已改行立宪，苟不改者，则身弑国亡，如俄及波斯，今事汲汲，而法大革命之已事可证矣。此其成效得失，天下咸知，无待赘言。在明诏已许行之矣，所以迟迟者，或疑于民智未开，资格未至耳。夫以中国之大，四万万人之众，学校之盛，当讲求新学之殷，通于中外之彦，殆不可数计，而谓区区数百议员，竟无此资格之人才，此不独厚诬中国，自贬人才，亦无此理矣。夫以变法之日浅，阅历之难，办事之艰，人才或乏，若夫徒发空言，兼取中外，从多取决，岂患乏才。即有严苛之论，谓通才仍乏，岂合四万万人公举数百之人才而多数取决者，其见闻知识，乃不如政府数人之明耶？夫今政府诸臣之才否，非民等所能妄为毁誉，如诸臣多未游历各国，

① 以下实际所述只有九事。

未遍阅行省郡县边徼，以亲贵清流之故，多不解民俗农工商矿之百业，凡此数事，皆举议员应有之人，而政府诸臣皆实未经，则政府诸臣虽可颂为上圣大贤，或真能清忠公正，而实不能免即聋从昧，虽有苏、张之舌，无能为政府诸臣解矣。夫以中国之奇大，危险之极势，而付之寥寥数聋昧者之手，如以巨舰驾洪涛，乘逆风潮，而以瞽人为舵师，其事可谓出奇。乃不谓其人才不足，举政府而不设置之，又不谓待他日有治国之资格，人才足而后设政府，何乃于以全国才人公谋国政，而独责以才不足与？此商民等隐笑大奇而不可解者也。夫立宪不过空文耳，苟无国会守之，则亦如教宗之经义耳。故商民等以为，真欲救国，必先立宪；真欲立宪，必先开国会。欲定宪法之宜否，与其派一二不通语文之大臣，游历考查，不如合国会之民，献千数百英彦之才而公定之。且今朝论纷呶，忧忿蹙蹙，凡责任内阁，内外官制，皆不能定。若夫经营海军及辽蒙回藏诸边，皆切要之图，而巨大之费，亦无从筹。若一开国会，则人民有选举之权，即有担任税务之责，司农无事仰屋而忧，而经武营边及举行新政，自强至易。夫不开国会之害如彼，立开国会之利如此，然则何事迟疑徘徊，而不立行耶？商民等请下明诏，决定时期，立开国会，首为请愿者一也。

其二请愿，曰尽裁阉宦也。《礼》曰：刑人不在君侧。诚以辱人贱行，身体伤残，知识愚陋，心志险波，不可以在左右。故古者唾壶虎子，皆用士人，况于伺中朝之事变，执椒房之枢机，有手握王爵而口衔天宪者矣。中国古无宦官，自汉武游后宫而始设，于是常侍亡汉，天策亡唐，魏监亡明，其祸患亦至极矣。遍考欧美各国，自突厥外，既无阉人之刑，更无宦官之事，而我国有之，万国常以为笑柄，讥为野蛮，岂可以号称五千年文明礼义之邦，而宫廷有此奇耻大辱哉？夫施之实政，则汉、唐、明之烈祸如此；考之名誉，则欧美亚之讥如彼。夫宫廷仆役，岂患无人，无论我朝宫女无多，不待假阉寺以为防戒，假如古者后宫三千，亦何难雇用宫婢以供使令。即如今者德、奥之主，宫婢二千，岂不顾而乐之。然则何事冒累朝祸患之辙，犯万国野蛮之诮，而必用刑人哉？若以其服役多年，辛勤可念，放出不能自养，则或给田宅以报其勤，或赐长俸以终其身。今以数百万从龙之兵，犹可一旦裁撤旗、绿，况于区区数千奔走之宦监乎？伏乞立下明诏，尽裁阉寺，以清君侧而雪国耻，所关非细故也。若仍虑诸阉无以为养，则除其有职事者放出外，其余赏给内外诸王公大臣。夫诸阉亦人也，令其等于寻常仆隶，不得复以阉监为名，以渐淘汰。彼知无恃，能以忠勤事主，自可得食，否则弃逐亦无可恨。惟永垂严禁，宫廷不得再用阉人，本原一清，余自易举。民间若有自阉者，科以不孝之罪，加以囚刑。如此则放之易行，养之易给，而数千年大辱大祸之政体扫荡廓清，比于武事，祸患永绝，令名大新，天下后世，无不颂我皇太后、皇上之圣明，岂不懿哉！此商民等之请愿二也。

其三请愿，曰尽除满、汉之名籍，而定国名曰中华也。古今中外治国亲民之道，皆务在熔铸而合同之，然后能相亲相爱，团成一群。若故为别异，则永不合同，而难于亲爱，不合不亲，斯乖忌生而祸衅作。夫天下之大患，岂有甚于内讧者哉！内讧者，一日而土崩瓦解，尤非外患之可比也。今德人迫波兰人之为德语，而萨谛尼王意大利乃自舍其国语，而从佛罗炼士之意大利正语，皆期于易统一之也。今革命之说纷纭，皆起于满、汉之别异。夫汉乃刘氏之朝号，仅与李唐、赵宋、朱明同科，刘氏亡则汉不存，改玉改步，易姓易朝，已往之迹久矣，与今中国人无与。及国朝入关定鼎以来，同为清朝，一朝之时，不能容两朝号，曰汉固无可解，即满洲本国故号，已为清朝，应同除去。乃昔误法金元之失策，不知上师北魏之宏规，仍存满、汉之名籍，致生今日之内讧，商民等私窃忧之。乃者明诏亦既大询群臣，谋及此义，裁去数百年之旗、绿矣。然满、汉之名籍一日不除，则人民猜嫌之心一日不去。方当外侮交迫，而先教国人以内讧，甚可忧危，且尤非所以熔铸一群之意也。昔北魏文帝起自北代，衣冠文字并改华俗，帝室既改拓跋为元姓，其九十六大姓，并赐汉姓，如侯莫陈崇改姓陈，纥狄于改姓于，库狄连改姓连，今北魏之朝虽久改，而其子孙繁衍于中国，此其明效也。国朝久统中夏，悉主悉臣，一切礼文，皆从周、孔，久为中国之正统矣。俱为中国，何必内自离析，所以生讧衅乎？且中国昔阻于交通，环我封疆，多为朝贡小蛮，故以天下自居，只有朝号而无国号。今环球百国，舟车大通，亦既并为列国，绝非畴昔闭关之可比。夫万物皆有定名，而以立国之大，乃反无定名，则措施有所不便，甚不可也。今中国之名，出于诸经，中华、华夏之名，着于诸经史传记，而大清者，但为本朝之号，与前代唐、宋、元、明对耳。朝代有易，而国号无改。朝代如一人之名，别于祖父，但与前朝示别异；国号如一姓之号，垂于奕禩，当对异姓而作殊称。今外交之国书，尚称大清，是以对待前朝者而对待外国，犹人之有名而无姓也。夫天下惟极野蛮生番，乃有名无姓，岂可以文明之中国而有类此乎？此其所以重为日本人笑也。其与欧美交通之书，译者皆译为支那，故寡斯诮。夫支那之名字，乃印度人称我之名，而晋、唐译佛经者写成之，或作真丹，或为震旦，今日本人写支那为我国号，欧、亚调音，略皆从同。考印度及南洋诸蛮，与西班牙、南美及欧洲大陆诸国，亦皆称我为支那，或称支尼基那，除英音曰猜那稍远，要皆支那转音，相去至近。夫各国东西相远数万里，而音何以相近哉？名从主人，必从我出。考支那之音，实从诸夏、诸华译出，支诸那华，其音至近。昔者春秋诸国，以文明别异于诸蛮夷，故称诸夏，亦曰诸华，所谓内诸夏而外夷狄，遍见春秋传及诸传记，繁多不胜引，犹今欧土诸国自矜为欧人也。字母之张、真、中、诸，皆为转音，而诸夏、诸华，亦称中国，故又合中华为一名，中、诸、支，以音转而写殊，亦犹支那、震旦之殊，猜那、基那之转耳。统译音之沿革，由诸华而中华，由中华而支那，特写异耳。故对外之名，通为中国，周前多为诸夏、诸华，汉、唐后多作中华，今折衷其名义，环球圆土，实无中之可言。夏为禹朝，亦不能为国之永号，若沿汉、唐后二千年之旧名，又协于欧、亚支那之音转，既未尽失中国之本义，以花为国，亦欧人所艳称，考之古经之大义，质之万国之通译，定国名曰中华，莫不允协。伏乞下廷议，删除满、汉名字籍贯，而正定国名，即永名曰中华国，上自国书官书，莫不从同。自满、汉及蒙、回、藏既同隶一国，并当同为中华国人，不得殊异。其满人并赐汉姓，俾合同而化，永泯猜嫌，则团合大群，以强中国，莫善于此。商民等所请愿者三也。

其四请愿，曰营新都于江南，以宅中图大也。夫王者都畿，为民所止，吸力愈大，文明更繁。英之伦敦，法之巴黎，万国动观，亦既觏止，然各都之吸集民众，实视得地与否。德之柏林，当道光十年，人民仅六万，至今仅数十年，人数遂过三百余万，为大地都会第三矣，以得地而便工商使也。俄大彼得之大变法也，迁都于临海之圣彼得境，大便工商运业而国强；日本之复王政也，亦迁都近于海之江户而盛强；西班牙马得理京，凭连冈而无水，不便工商走集，故昔虽霸有南美，而京邑蕞尔陋小，为人所轻视，则宅京之失地利故也。西班牙之筛非故回京，近海广陆，易集工商，班人不知迁都之则繁荣难滋。盖建都之时，或因拒敌控险致然，遂永为后世之累矣。我燕京之能久建千年，实因金、辽、元、明，便控于辽漠之故，盖据乱世凭险之都，非升平世阜民之地也。且飞沙积雪，盛暑祁寒，其地其时，皆于人民不便，尤非繁盛工商所宜也。夫工商不盛，而欲与伦敦、柏林、巴黎争吸集之广，而盛文明之业，必不能也。且今中国之人民及生产力，皆在长江流域为多，而万国竞争之通衢，皆注于太平洋海为盛，若辽、蒙皆僻处边壤，既无内争，即非要地，无待于神京之控御也。今维新伊始，营筑甚多，凡百举动，皆当为千万载之远图，而不得徇目前之小计也。以我幅员之广，人民之众，财力之富，当为大地霸国，则宅京图大，必当顾视全球，内之当思收长江万里之精华，外之当思争太平洋海之权利，近之可便全国士夫及工商之走集，远之当争伦敦、柏林、巴黎、纽约之繁荣，如是乃为长治久安计也。然则统而计之，地利可凭长江巨海之宜，天时适在不寒不暑之候，土脉膏腴，人民秀灵，舍江南无与比矣。夫武汉虽土中，而远于海；金陵虽旧都，而隘于山；杭州则愈狭而太偏矣。窃谓吾国人民四万万，当铁路大通之日，若新京得地利之宜，非度宏规而大起，令可容二三千万众者，不可以为京师，然则规此宏图，择其地宜，当有在矣。窃谓内凭苏州，以握江南之胜地；外临上海，以控太平洋之通衢；北界江阴，以收长江之利赖；南襟大湖，以吸水泽之秀气。周方纵横，约二百余里，规为新都，每三里辟马车之坦途，每三十里辟一电车铁轨之通道，凡大学、公园、博物院一切建置，皆择胜地，而虎丘、无锡，皆置行宫。道路既通，人民争集，乃裁府县守令之官，行各国都市之制，先设保厘大臣经营之，割分区市，令人民选举之，计不三年，繁盛已不可思议。今北京秽沟久积，其害养生，客馆崇墉屹峙，尤滋国耻，亦不可不改图矣。若营新都，皇上以时幸巡，止辇图治，俟百度皆举，乃定迁都，或如俄制，分驻两京，皆为其便。昔成周营治，宅丰镐而卜涧瀍，东汉、唐、明皆并建两都以成繁盛，况今者营新京邑，凭控江海，因于天时，雄视大地，以吸全国之人庶，而肇文明之新光，岂有此哉！乞下廷议，定营江南新都，商民等所请愿者（五）〔四〕也。

其五请愿，曰裁去元、明督抚之制，而复唐、宋州郡之法，俾行政之分治可精密，而中央之集权可实行，必分治极其分，集权极其集，而后庶政可举也。商民等闻议更官制者累年矣，商民等久旅外国，日观各国政体，盖未有国会未开，督抚犹存，而可言责任内阁、厘定官制者，故商民等皆窃笑之，以其本末颠倒，皮不存而毛何傅也。昔者一统卧治，政体虽谬，亦无大病。若今万国竞争，而财政兵政，不统于一，坐令督抚各自为政，无论兵饷大柄之倒持也，乃至派遣游历数臣，游费区区，亦分求于诸督抚之凑集，令外国人大笑而不解其故，其他大事之窒碍，不待问也。昔曾国藩、左宗棠名臣，舍身家以为国，而为争养兵、争拨款之故，以石交而起戈矛。甲午、庚子之难，调各省之兵，衣服器械皆不一，逡巡不进，情形可笑，此实万国所绝无，而非常大可怪笑者也。即以美国联邦之治，民事则各邦自主，若兵、财二政，亦统于华盛顿政府，未有我国号称统一，而各督抚自私其疆，自专百政，如别为国，西人、日人致诮吾为十八国。夫方今万国交迫，合中国全国之力，犹虑不给，而可分为十八国乎？夫兵、财不统于一，而可得身臂之使乎？夫各省总督，多有才望重臣，如李鸿章、左宗棠者领之，而谓各部臣能指挥之乎？如部臣各为政府，而度支部不能统一调度财政，陆军部不能统一调度（学）〔军〕务，农商部不能统一调度农商政，所有一切兵财学法百政，皆各统一于督抚，而布政、提学、提法诸臣，不能上达诸部，诸部不能下达诸使，咽喉中哽，呼吸不灵，诸部臣所管领者，只有文书册籍，或仅建言而已，此与一胥吏何异。是有俾斯麦、张居正之才亦无所施，而何责任内阁之可言乎？商民等窃观德国联邦之治，各侯国或市府，多以数百数十里之地，而各能治军数万，筹饷数千万者，分治愈细，略如吾之州县故也。至大者莫如普国州郡，亦仅比吾一府而已。今以吾一省之大，数千万之众，乃有一督抚为上达、下达之官，欲为政之精密，何可得也。且凡地方之治，其权贵多者，其举事易集；其工商盛者，其文明易发。观欧土之小国，如丹麦、荷兰、比利时，仅以数百万人立国，而其中君相咸备，世爵如麻，士夫如鲫，故其工商之精，学校之盛，文明之丽，遂能比各大国之都会。吾三代侯国，正可推也。吾国自去封建而为州郡，文明一降矣。自立州郡而集权督抚，一省之中，惟省会繁丽，自余郡县，皆朴僿鄙野，器物粗恶，百物不备，文明不启，以比欧土一切，适成反比例。推此而言，欲文明之速开，工商之繁盛，几有非每县升为侯国不为功。令每县之中，公卿大夫数十，士则无数，苟如此，其举事未有不易，其工商未有不盛，文明未有不启者也。吾昔台湾，设官仅卅，长官仅道府耳；今日本治之，设官三千，县僚百余而台治。今纵以（五）〔吾〕国太大，不能令县为自治之国，亦当复汉、唐、宋之旧，画州郡为行政最大之区，以太守刺史为藩镇牧伯至高之官，遍设群僚，如今各省诸司，号称卿大夫，崇高其阶，盛增其属，令分治极精详，虽不能比欧土，犹庶几于望治也。考唐时全国三百余州，宋疆偏小而分州四百余，知州长官多亲王宰相为之；今吾全国仅二百余府，仅及宋州之半，正宜令其为独立行政之区也。宜画定各府直隶州界，其闲散者并之，其冲繁者增之，如宋制。且有直隶县，其县不隶于州，而隶于吏部焉，今可仿行之。请定全国行政二区，上达于国者用古制，定名曰州；下达于民者，定名曰县。其极大之县，下统于州；其极大之州，若各省首府，可名为府。其州、府长官，照顺天、奉天府尹例，府名之为尹，州名之为牧，大者皆加尚、侍、京卿衔，小州则领御史衔，体制事权，一如今各省巡抚；或皆给巡抚衔，视秩高下，加以行、守、试等之名别；或以王公、大学士领州以重之。其大县直隶京部者，与州郡皆为差官，无品，亦以王公、京卿、御史领之。其各县隶于诸州者，加崇其位，名为政长，大者比道，小者比府，除妙选名士外，即选今道府班充之；其州郡遍设诸司，如今行省，位比道府，以道府班充之；其各县遍设诸司，位比今同、通，以今同、通州县班充之。诸司亦听长官征举京僚及士庶充之，皆为差官，不设品，升转各从原秩，如唐、宋然。汉时大县令，秩千石，如今三品。考日本县知事，仅降各部大臣一级，每县设官百余。考于日本县制设官之多，与秩之崇，可知其得失。今所升改，尚远不能比之也。各省督抚，皆可尽裁，其事权散归于布政、提学、提法、农商诸司，以上达于各部，由本部奏派指挥之。各州府尹、牧，与布政诸司，平行不相属。乃分内地十八省为东西南北中五部，如直隶、山东、山西、陕西为北部，江、浙、江西、安徽为东部，河南、两湘为中部，闽、广为南部之类。五部设大臣于京师以分领之，如英国苏格兰、阿尔兰大臣参入政府例，州县之吏治选举皆统焉，略如各国内部之制。夫所以必分五部者，以中国土地太大，实非一人所能统理，每部略领三四省，则适与欧土大国同，而后可得而理也。其督抚之制，重权兼统，可行之于远边，若辽、蒙、回、藏，可设四督经略之。其下设官体制，仿英之印度总督可也。其滇、桂要防，则设边防大臣数人以统兵权，募工商，事开垦，办交涉，画沿边诸州，听其节制，事权如唐制节度使诸州之比，必若此乎，而后民政边防，可得而详治也。《诗》曰：无田无田，维莠骄骄。今之行省督抚，虽有贤能，而精力亦难及远，故民治不能举，莠出骄矣，能不芟刈而改良乎？商民等请裁督抚，而以州府为行政区长，请愿【者】（六）〔五〕也。

其六请愿，曰京师设辽、蒙、回、藏四部大臣，而于辽、蒙、回、藏多设大官重镇以经营之，而多开校导以华俗也。方今国势久弱，诸边辽阔，强邻窥伺久矣，慢藏诲盗，狡焉思启。夫中人家少有财宝，而无守卫，则大者劫，小者窃，况辽、蒙、回、藏数万里金矿之地，而数十年绝无兵卫之守，无富教之图，是自弃其地，自弃其民也。直布罗陀一峡耳，英、班争十七年：难施蔑士沙自卜诸小城耳，德、法争之数十年。皆竭无数之人命国帑，而争此尺寸之土。法、德界延斜仅百余英里，至今两国屯兵，各三十余万以守之，况于辽、蒙、回、藏，寥寥恢恢，三千万方里之地，三倍于华夏，几等于全欧，而沿边无兵，疆内无治，岂非绝怪大异之事哉！若谓二百年旧制，安平已久，无庸多事于更张，岂知万国大通，俄、英、法、日骤强而迫近，皆在此数十年之中，而为夙昔所无者。习于轻罗羽扇，岂知大雪已飞；惯于山园席眠，岂知虎罴环至。以列强之界在比邻，日相窥伺，试问尚得以百年前之小番跳梁，远荒无人者比之乎？近年东辽几变为俄人之疆，西藏几属于英人之土，亦既动魄惊心，谈而色变矣。乃若法窥滇、桂之境，俄扰蒙、回之边，边吏飞电，警报日闻，亦阅二三十年矣，在强敌绘图遣吏，苦心经营，日月弥深，伏患弥甚。昔英人之久规缅甸也，事机已熟，则五日而举其全国矣，可不畏哉！夫吾国所以能苟延性命于乱世者，岂有他哉？不过以国土太大，一时难吞之故耳。若既削小，则亦高丽、缅甸耳，彼鲸鲲之于鱼虾何有焉。闻吾国士大夫私谈，乃竟有谓中国太大难治者，不知从何有此亡国人蠢愚至极之言，乃知所以弃诸边而不修，良有以也。昔以中国汉、唐文物之全力，而西北番小丑，若匈奴、吐蕃南犯，尚无以拒之；如宋之弱小，倾国力，极人才，尚不能拒一西夏，无论辽、金矣。若辽、蒙、回、藏、滇、桂有失，俄、德、英、法之四面环来，实中国自古未有之奇祸，不审朝廷何以待之。前事已大失矣，于今及早经营，亡羊补牢，或犹未晚，过是时乎，恐后欲为之而悔无及也。今新疆、东三省已久改行省矣，闻朝议亦有改蒙、藏为行省之议，岂不较胜。然内地行省之制，已极不善，坏中国久矣，而谓区区仅议改省，遂可救危亡之大变乎？台湾何尝不改为行省哉？而今为何国之疆域也？朝议之意识粗疏如此，无论改省实事，尚未易办，即此空言，而其为卖国鬻疆之媒，已令人适适惊矣。盖昔者鼾睡未醒，一切不理，犹可言也，若今知忧边备，而亦以改行省至粗疏之议，朝廷误以为起死还生之神方圣药而力行之，则辽、回、蒙、藏三千万里之地，一去而不可复得也。夫一切之行，皆有方针，针指既误，则毫厘千里。夫行省之制大谬，上出于元世，既久误中国为贫弱僿野矣，尚不知变，而以为救死之方，则买药煮汤，负薪燃火，备极辛勤，药未饮而人先死。今之议改行省者，何以异此。今且勿言未改行省之不可，何不以桂、滇久成行省之边防论之。永昌、腾越者，通缅之衢也，腾越之戍兵一营，仅数百不练之卒；永昌以北，千里荡荡，殆类无人，兵备器械皆无，仅有狪獠野农茅屋萧条而已。于是野人之山千余里，暗入于英而不知，缅北境地，无一华人考察英人之举动者。桂边龙州，驻有重兵矣，然以广西一省，边界已二千余里，口凡七十余，而以此万余不练之卒，无继备之兵守之，缓急请命于隔数千里之督抚，铁路既无，即调强兵，亦何时能赴。若滇边益无重镇严备，而一切请命于二千里外之督抚，即在省会，亦无器械。边省辽远，名士才人，多不愿往，故官场贫愚蒙陋，尤乏人才，缓急有事，无铁路以致之，幸敌未大犯耳，若真掩袭，恐亦如缅甸耳。以云、桂久为行省，然荒芜闭陋尚如此，况辽、蒙、回、藏之尤荒旷者哉？盖行省之制最荒疏，本出蒙古，尤与列国竞争之道相反，其坏中国事久矣。其原因甚多，不暇细数，然国人习而不知，今且不可行之内地，况欲行之于补救危急之辽、蒙、回、藏哉？今将欲新整顿之，非采集万国经营藩属及新地之法，而一变以中国之教俗政化，不能为功。夫今所谓开为行省者，朝论盖欲郡县而内之云尔。日人之经营台湾也，其法至密矣。英之经营印度，法之经营安南，荷之经营爪哇，俄之待波兰也，其制至严酷，奴隶牛马其人，而非吾今欲子弟其民之意也。英之待加拿大、澳洲，德之待联邦，则以同种而听其自治，而辅导引进之，或收其兵权、杂税权焉。美之营辟新地也，则纯以自治之法行之，而长吏主其大政焉。吾之辽、蒙、回、藏，当分别其宜，以日、美为法，而略采印度之制，其庶几可也。夫吾行省之制，督抚兼统一切，于内地大不善，而施之远边，有全权以举事，乃有威力以抗敌，亦非尽不可行者，故宜裁之于内地，而反适用于远边。英之印度，日之台湾，荷兰之爪哇，其长官之威权，颇有类于吾督抚而过之，同此意也。然统吾行省官制之谬，则在于下之民治太疏，上之大官太少，选用卑轻，而政权不分。如一省而兼有督抚，则兵、民、财、刑大小各政，皆集于总督一人，虽巡抚无权，而何有诸司也。夫以万数千里之地，而大小诸政皆集于一人，假令得才，其精力必不逮，而丛脞疏漏，不可言矣。夫以防地之重且密，岂可容少疏漏者乎？千金之堤，溃于蚁穴，况一非其人，则大局立败，今内地各省，此害已大，况于经营防边之新地哉？此政权不分之害也。今蒙、藏未改行省之制无论也，假使将来改定行省，必如新疆之疏旷，浩浩万里，仅设一巡抚，有事权能出奏者。夫巡抚吏民之事，已丛繁不可算，何能专心防边练兵乎？夫治一地，无权贵重臣主之，则呼吸不灵，举措维艰，故大官太少，设官太少，乃中国官制之大害也。凡无地方自治者，仅借一二有司之力，于修路、开学、卫生、警察、图籍，一切民治，必不能举。边远苦寒，才人已不愿往，而今以道府大僚，方面千里，而捐班可至，资望极轻，上之不能通于朝廷，如徐世昌之请借千万而事不能举，下之不能调用人才，如岑春煊之能旦夕保荐张鸣岐为广西巡抚，于名士才人，皆不能招致，而事不能办，此资太卑而选太轻之害也。夫日本一县，地至小也，知事亦至闲散矣，而其阶资，仅降政府大臣一级，上与各部次官同等。夫次官者，吾侍郎也，以知县与侍郎同阶，则是岂不可反复其故哉？况于边防之重乎？窃谓经营新疆、东三省，用内地重州郡之制，裁道设府，加巡抚衔名，开府以重事权；即至疏阔，以道改巡抚，开府办事，并设诸司，专治民事。设经略大臣总之，兼设诸司，如一国然，以节制诸巡抚，而界限分明，不理民事，如新疆以伊犁为长驻地，而仍周年分驻各边，分巡各镇。其各府各县，皆有地方自治会、参事会以佐之。其县改名曰道，其长即升为道班以重之。采用美制，募人民能开新市、新乡、新厂、新路、新矿者，皆许以自治权，大则有司以官力营助，小则地方公议行之。经略大臣诸司以兵为重，而拓垦、募工、通商、查边诸司，皆听其辟举中外名士人才充之，苟得其才，不次超擢，此采用印度总督之制也。西藏、蒙古，语文不通，自治之制，只可半行，令其举修路、开学、警察诸制，但官用监督耳，采英治南洋大小霹雳吉朗之法行之。西藏地太旷辽，请分前藏、后藏、巴塘三省，设三巡抚，其下分立诸道，道下分立诸厅，道、厅之治地与民，宜析至极小，而官宜极尊，乃足调度控制而得人才。其法、学诸司，全藏置一，仍复独立，以通上下。每道、厅下有判官、税官、学官、警官，与内地州县同，但官权重而民权轻，与内地异耳。乃合全藏，升办事大臣为总督，节制诸巡抚以经略之，专任营边治兵；其拓垦工商大事，虽无不统，而不理民事；常分巡各省道，与东三省、伊犁。并设一外交通商大臣，驻亚东关以办交涉，由总督保荐用之，其办事可以和衷，而免费总督营边之精神，庶得专理。岁调新疆、四川、甘肃边兵十军，凡七万人以戍之。亦教练藏人，人人为兵，同内地之制。藏民六百万虽弱，然耐寒苦而习其地宜，亦可练十余万之兵以充守卫焉。藏地近印度，二日可至，若兴工商，购机器，以辟地利，自印度运入至易，欲启辟之，尚便易于新疆十倍也。蒙古内外，宜分两部，置两总督……商民等思之烂熟，乞下廷议采行。商民等所请愿者六也。

其七请愿，曰速成海军也。凡国防之势，与时推迁。昔者大地未通，中国闭关以自治，但经营漠北，镇抚内地，精练骑射，足以自雄。今则万国交通，以海为卫，故有海军精舰者，欧人可飞越数万里，而远略美、澳、亚诸洲之地；无海军者，如鱼之无翅，鸟之无翼，人之无手足，听人之絷缚而已。印度万里之国，而英人囚之如笼鸟，以海军也；英人属地，离绝万里者四十余，而联之如片陆者，以海军也。英人陆军寡弱，而赫然为第一强国者，恃海军也。吾华侨民，在中美之亚基国、个郎国、瓜地马礼国，皆被虐逐。彼数万人、十数万人之小国，不如吾一县，而敢凌藐我莫大之国民者，以吾无海军也。各国公使，入外部而恃强要索，不得，辄拍案谩骂曰：吾将调兵舰来。吾大臣即畏而俯首听命，甘割地失权者，以彼有海军，而吾无海军也。故今天下有海军而多则强，无海军而少则弱，故德、美日日经营之，意倾国债逾于国库而图之，成事至昭昭矣。我国臣庶之受侮辱攘夺至繁矣，而数十年以来，不少发愤以经营海军，甚且有而废之，为天下笑，亦可谓至愚而不可解矣。迩来三年，朝议非不渐知及此，而苦于经费之无从也。夫苟曰无经费，则赔日本之二万万三千万，赔八国之十万万从何来也。经营国事者，于所必应有之事，乃不预谋之，致大败而偿无量巨款于人，则又有焉。此小民经营一家一店为不可，而何言经国乎？今既开地方自治局及各省谘议局矣，苟朝廷能俯从民欲，则国民亦何难任此巨资。故速开国会，以令民担海军经费，至上也。急不及待，为今之图，则将每年经营海军之费，先营银行，颁示于民，令各县自治局任之，或以举公民之费充之，或举公债充之，则百数十舰之资，尚非难也。若夫择北南之港坞，定营置之舰数，增造船厂，多开学堂，多鱼雷以便守卫，增快舰以便敏速，请比较中外，审定时宜而决行之。夫有海军而过少，终归于尽，亦犹之无也。巨舰大工，非三年不能成一艘，则及早营购，尤不可迟迟也。愿朝廷日夕思之，日夕念之，日夕举之，立决廷议，早成海军，以保国防，而免侵分侮辱。商民等所请愿【者】七也。

其八请愿，曰举国民为兵也。中国积弱岌岌，为外人侵凌轻贱久矣，盖一统守文太甚之故。夫以文明至古之大国民，而为外人所藐视，不得平等，动相侵迫，苟有血气，莫不耻之。夫中国者，中国人之国也，即当全中国人共任保守其国之责。然则非举国人民同任为兵不可，此非徒各国之通例，实吾国民不可辞之大义也。三代之世，民皆为兵，盖列国竞争，则国民自当各执干戈以卫社稷。近世虽废斯义，然汉、唐、宋以来，庸调固不能免也。汉世宰相之子，不能免戍边。魏、齐、周、隋，以府兵强天下，亦以民为兵而已。今大地各国，惟英、美不全国民为兵耳，英以海军雄天下而不借陆军，美负两海之隔绝而不虑兵事。此外欧洲大陆及日本各国，无不人人有任兵之义务，虽限年之格不同，至二十岁无不为兵。此制既发于德，而训练之精，亦莫德为甚。故破法之役，三日之促，而能调兵（廾）〔廿〕四万，渡来因河而入法境。至于今日，其尚武之风犹独盛，学生私戏，动拔刀相斗，故学生面皆有刀痕，否则以非壮士相笑。自德诸先生皆然，以圣人至仁之道观之，诚为恶剧，然既立于万国竞争之世，弱肉强食，则其养成国民雄武之气，不可轻视也。且德今以工商业雄视大地者，固由奖励所致，然其人民曾充兵二年，久习法令，兵规本严，故德人起居坐作、卧宿行立皆有法度，及推以为工商，亦复法律整整，人人有自立之概，故能振兴极盛。故德人之为兵，虽失业二年，实可以为入法律学校视之，有二年严课，习惯其精神，终身遂得受用焉。习之既熟，人民以爱国尚武之风，亦无怨者。今欧土之能数十年太平无战事者，诚以各训练其民兵，咸相持熟视，而莫敢发也。故养兵之费虽极多，充兵之民虽极众，然因此各得以保国保民。若有一不图自强，弛兵不备，则（校）〔狡〕焉思启盗、思夺之矣。故以尚武为修文，实新世之新义也。吾国不以民为兵，虽似爱民，而甲午、庚子败辱失地，丧民无数，赔款以绞国民之脂膏无数，其他利权被侵无数，奈之何不思所以振救之？夫振救之法，以中国之大，国民之多，但定一令，国民皆为兵，训练数年，即立有数千万之卒。及铁路之交通也，调遣灵速，天下莫强，谁敢侮余。而政府蹙蹙私忧于国弱，日俯首听令于强邻，亦无策甚矣。且吾国民既众，不必全效德制，少存宽大，亦无不可。请定一严制曰：凡国民年二十以上至四十以下，必当为兵，否则不得承遗产，充公民及一切议员。又定一宽制曰：凡有要职及他病者，岁出银若干两，免其为兵。如此则富民、职民，既得所息，而兵饷亦有所补。此亦汉制也，今可行之。德之萨逊王国，人民四兆，土地人民不能比吾一大府也，而宿常兵五万，纠纠桓桓。然则吾以每州府为一军，练马步炮工兵七千人，大县亦可为一军，其宽待国民，仅比萨逊八之一而已。岁调戍东三省、蒙古、新疆、西藏、滇、桂之边，各略二十军，凡为百军，共七十万人。内地百余军，可互调戍，令南人戍南、北人戍北，俾安其风土，而亦互调戍，以熟地宜。以方今各国情势论之，但此令一行，而谓列强尚敢如前之横行胁犯，商民等敢信其必无也。自治局既立后，伏乞立下征兵令，举国民皆当为兵，其畏葸逸民或有避缩，而爱国尚武之民，必有踊跃应调者。前直隶、江苏征兵，已有举贡诸生愿充卒伍，其谁谓吾国民尽畏葸者。商民等所请愿【者】八也。

其九请愿，曰中原多开制铁枪炮之厂，漠北广阔牧马之场也。今举国亟亟言学，曰强迫教育矣；又亟亟言工商，知激劝实业矣。此固富教根本之图，今病而急治标，尚不尽在是也，以强国压力之迫促，不能久待也。徒言学也，则亦跪河北诵《孝经》以却贼耳；徒言工商也，则非十年无成。且匪尼基、迦太基、啡呢士、犹太人之富有也，适足为奴而已。今固竞争之世，富于兵备则为世雄，寡于兵备则为人弱。兵备者何？船厂、枪炮、铁器、马队是也。管子曰：器械不精，以卒与敌。凡百他物，可以急就，此物非预蓄多数，即不能久战而望成功。小波之拒强英也，蓄械十年，故能以百余万之波人，而战英三年；小普之【胜】大奥也，以得赍赐新制之前膛枪；弱德之破强法也，以克虏伯新制之大炮；西班牙人葛爹之以五百兵灭墨西哥也，以十三炮二百马而破墨兵三万，盖墨人无炮故也。德人工商之业，于光绪十三年始兴之，破法之时，巧工精器，尚一无有。光绪三年美国费城赛会，德人领金牌者，只克虏伯炮一物而已，其时工商业至不足道矣。然德以兵备修明，遂为欧霸。故同言变法，而各国缓急，亦各有宜。吾国势空虚，非虚文空学所能济急，甚宜先师德国，先治兵备，令君臣民庶，励精注意。宜以制铁、造船、枪炮厂为先务，宜择地利所宜，劝募官民，每省必须一厂，岁省月试，比其高下，重赏罚以激之劝之。吾国铁矿既多，非无巧匠，必有得赍赐克虏伯出以应国之求，而精器不可胜用也。陆军之用，马兵尤胜，吾国蒙古、新疆，水草万里，尤宜蓄马。天马血汗，来自西域，今在吾疆。开国之初，亦以索伦马制胜，此尤近事也。唐时土壤不及今域，而太仆张景顺牧马至四十万匹，今奄有东三省、蒙古、新疆之地，而不事经营马牧，坐弃万里水草之地，岂不大奇。古今人不相远，张景顺岂患无人，何不如唐世之甚哉！且牧马之图，非止以强军实，若承平无事，亦可以便市易，而增富源。伏乞立下廷议，复立牧马监于蒙古、新疆、东三省，分立三监，每监设督牧大臣经营之，听圈出水草之地以为牧场。凡沙漠之地，马必精良，故阿拉伯马种为天下雄。令内外蒙古诸盟诸旗，括其马数，汰弱取良，就令蒙古诸王公尽充诸牧群长。每监之下，酌设若干群；每群之下，酌设若干闲；每闲之下，酌设若干厩。略以万马为一群，千马为一闲，百马为一厩。别设牧马会、牧马学，以讲求繁孳改良致雄之法。每监之下，三年之内，可至百万匹，横扫无前，即可以雄视欧、亚矣。商民等所请愿【者】九也。

方今国步艰难，变法多故，千条万汇，实不能以一二陈。但为政有先后缓急之宜，举事有本末纲目之异，商民等言其纲本之先且急者，以为救国之图，兆众一心，众论允协。伏望俯徇舆论，不爽王言，立赐施行，中国必强，国民必安，皇太后、皇上盛名，将与俄之喀林、彼得同昭天壤。若不垂采纳，则国势危而人心变，庙社凄怆，皇太后、皇上亦恐不能安，西狩之辱，恐不止此。览古危亡之事，冒犯威严，非商民等所敢口之也。商民等既为国民，与国同有休戚存亡之义，不胜恐悚之至，用敢竭诚上闻。伏乞代奏皇太后、皇上圣鉴。谨呈。

汤志钧编：《康有为政论集》，中华书局1981年版，第608—625页

八旗国会请愿书

呈为国势颠危，民生彫瘵，非速开国会，内无以顺民情而固邦本，外无以慑列强而张国权，联名恳请朝廷，早定大计，速开国会，呈请代奏事。

窃职等恭读累次上谕，我皇太后、皇上所以奠国家万年之基，全黎庶亿万之命者，厥惟完成君主立宪政体。纶綍王言，薄海同钦。及读六月二十四日上谕，有曰：开设议院年限一节，自是立宪国必有之义。又曰：将来使国民与闻政事，以示大公。仰见两宫圣人，洞鉴政体之本源，而创此千古未有之盛举。此天下人民靡不鼓舞欢欣，延颈企踵，共冀协赞鸿谟，勉国事以共负责任者也。职等以

为，开设国会，俾人民以参政之权，使与闻国事，不待人民哓哓呼吁，而圣明早洞鉴于几先，此征之各国立宪往绩，未之前闻，不能不感我皇太后、皇上变法图强，与民更始之深恩厚泽也。虽然，天下大局，愈迫愈殆矣。列强胁束于外，庶政丛脞于内，具有歼亡之机，而无挽救之术。职等世受国恩，身经时艰，丁此危急存亡之秋，千钧一发之际，对于国事不忍伏处放弃，甘居缄默，上劳两宫宵旰之忧，下贻政府奔走之苦。咸以为国会一日不开，国家必无振兴之一日，虽无陆沈之痛，亦有瓜分之惨矣。职等就中国大局观察，今日之开设国会，有二利、三要、两不可缓。观察既熟，忧戚日切。谨遵上下共负责任之谕，人民请愿之例，贡一得之愚，为我皇太后、皇上披沥陈之。

所谓开国会有二利者，第一利于皇室。夫立宪国家云者，质而言之，法治国而已。法治国无论统治之君与被治之民，皆奉宪法以为权利、义务之界限，统治者既不能逾法以侵夺被治者之权利，被治者亦不敢违法以干犯统治者之权利。虽共和政体，民权政治，其元首靡不有特别之尊荣，规定于宪法，以为权利之保障。是故宪法之精神皆以君主不负责任、政府代君主负责任为第一要义。德意志宪法第十七条云：凡皇帝之命令及处分，以帝国之名义公布而生效力，必须首相之副署，首相因副署而负责任。比利时宪法第六十三条云：国王之身不可侵犯，国王诸执政皆为有责任者。日本宪法第三条云：天皇为神圣不可侵犯。第五十五条云：各大臣辅弼天皇而任其责。观此可知，立宪国大臣责任规定如是之严正，所以标明君主不负责任，神圣不可侵犯也。夫大臣代君主负政治上之责任，故元首可享特别之权利，既无丛怨革命之虞，尤无揭竿斩木之患。国会为君主之耳目以监督政府，政府为君主之股肱代负责任，有可诩之功，无废弛之弊。其视专制国君权下移，大臣僭越，人民革命，宗社颓圮，相去又岂可以道里计哉！是故子孙帝王，万世之【尊】，惟立宪君主可以当之，专制国则未之或有。职等以为，国会者，为监督政府之机关，即为保卫皇室之机关，国会一日不开，君权一日不固。此开国会之第一利也。

所谓第二利者，利于政府。夫一国之有政府，政令所出，民生所系，国家之休戚荣枯，靡不系命于此。使无一定之大政方针，有背于国利民福之本旨，不独人民蒙其摧折，即政府亦受其荼毒。是故谓人民愿得良政治，政府独不愿得良政治，此大谬之说也；谓开国会利于人民，不利于政府，此又不通之论也。夫国会者，代表舆论之机关，上下共负责任之利器，一方面虽为政府之监督，一方面实为政府之协赞。一国政治上之责任，与其使政府单独任此艰巨，何若使天下人民与政府共担此责任，既免放弃丛脞之虞，更获集思广益之效。是以国会又代负责任之机关，国会早开一日，人民早负一日之责任，则利于政府，不待知者可决。此开国会之第二利也。

凡此两端，皆就各国往绩上观察开国会固有之利，施之中国，必可以媲美于列国，称雄于寰宇，〈不〉可断言矣。职等更就中国内治上观察，开设国会有三要，再为我皇太后、皇上缕细陈之。

所谓三要者，何也？方今百度维新，需用正伙，各省之罗掘已穷，中央之拮据早见，司农仰屋，束手无谋，政务因而废弛，财政益形艰窘。夫国家行政经费，原必待乎人民，特无岁出岁入之检查，豫算决（莫）〔算〕之规定，半租半税之增加，有不释然于心者矣。故无国会，人民既无参政之权利，自无正当之义务，视国事漠然无所关于心者，有如秦人视越人之肥瘠，每岁量入为出，时虞不足。而有国会之国，既许人民以参政之权利，上下即有痛痒相关之感，君臣有同心同德之致，每岁量出为入，犹为有余。一彼一此，大相悬殊，国会与财政之关系，可想见矣。窃以为今之计，只有不三年而召集国会，根本既固，财政自理，司农无仰屋之叹，朝廷收莫大之益。此国会之需要者一也。

方今列强虎视鹰瞵，注意东亚，国际之竞争胥以胜力而决定，此为世界之通例，而维持平和一语，殆为骗人之具耳。然强国之平和有恃以维持，弱国之孤乱无由而幸免。以腕力之有无，决国势之强弱，征之今日，信为不诬。我国自甲午以还，海军尽覆，陆军复蹶。比年以来，朝廷锐意图强，定天下为三十六镇，而各省率皆以无款为辞，举办者寥寥，辍办者比比。此以无款之故，而海陆军因以不能复兴。纵使有之，无国会以为代表人民之具，征兵之制度不行，国民不复以当兵为其正常之义务，则此充兵役者，对于国家无所爱惜，只顾其一身之利（书）〔害〕，不复及他。日俄之战，可为前车。日以国民全体为战，俄则反是，因以失败，固定所也。窃以为今之计，惟有不三年为召集国会，根本既树，军备自兴。国会之召集早一日，朝廷即早收一日之益，迟一日国民少获一日之幸福。此国会之需要者二也。

方今普及教育为立国大本，朝廷锐意维新，特设学部以综理全国学务，意至善也。特通都大邑略有可观，而僻壤穷乡晨星寥落。此由于地方自治制度不行，胥仰官家之提倡，官家又岂能有若许资财，使全国学校尽属乎官立哉？良由于地方自治制度不行，却求教育普及，殊大难事。而召集国会，根本既树，地方自治因以励行，教育不期普及，而自有普及之势矣。盖必国民皆受完全之教育，而国家始能臻于真实之富强。此国会之需要者三也。

职等更就中国时势上观察，开国会更有不可缓者二：一外患问题，一民气问题是也。夫自海通以还，我国外交无往而不失败，甲午、庚子两役，元气尽伤。今则四国协约成矣，我国更处于被动之地位，势力均等，门户放开，形之约章，暴之天下，直以我有主权之国土，各认定势力范围，是岂数年以前所料及耶？况彼强俄，暂虽失志于远东，势必别图于蒙、藏，十年恢复舰队之期瞬息将至，若不预筹未雨绸缪之方，必有噬脐无及之患。而彼英、法、德、日，亦各逞有野谋，不肯让人一步。华土神州几何，而不胥为列强所宰割？远者姑勿论，请举最近之外交失败而言，若苏杭甬铁路问题、间岛问题、二辰丸问题，彼皆以强硬之外交手段，而为扩张势力之谋。然此犹就已然之事变而言也，若夫不测之灾，三年之内更必有掀天震地之惨剧，非□等之所敢言，亦非□等之所忍言也。自日俄之战局告终，而世界大势之趋向亦为之一变，帝国主义洋溢五洲，顺之者兴，逆之者灭，未有不以帝国主义而图外交优胜之谋，可以远存于今日者也。彼朝鲜者，特当其冲，致有今日之惨酷，然亦非数年之前所料及此，今则如是矣。我国尤为众矢共集之的，将来之祸变更有百倍于朝鲜者，言念及之，能不悚然？盖昔则国与国战，今则民与民战；昔则以兵战，今则以农工商战。战之不胜，立就歼亡。故今日之战争，不能不以国民为先提，而谋外交之利胜。然则以我国民与他族比较，固同是人也，惟以参政权之有无，而判民力之强弱。世界最强悍猛鸷之俄罗斯，尚不敢逆此潮流，幡然变计，以图桑榆恢复之举，矧我国之国势则弱于俄，失败则倍于俄，若不速开国会以救危亡，中国前途何堪设想？今年固犹是自主国也，则明年即未卜如何。决生死于旦夕，保残喘于垂危，即今日召集国会，已恨有日暮途远之忧，更迟之数年，则恐神州非旧，事变靡常，虽欲图补救之方，恐列强将不我许矣。□等以为，对于外患，三年不可再缓者此也。

更以今日中国之内情言之。比年以来，内部之纷扰为何如耶？匪党、乱民伏莽内地，革命排满日有所闻，若萍乡、饶平之乱，安庆、滇省之变，皆发乱以后未尝有也。虽赖天威所播，获首擒渠，然一波未平，一波复起，愈激愈横，愈演愈烈。抱排满之宗旨，祸机深入人心，以破坏之手段，甘心居于化外。若再任其自消自长，大局将何以堪？来日方长，后患不可思议。我列祖列宗经营缔造，皇基巩固垂三百年，我皇太后、皇上上受祖宗之付托，下为万民所瞻仰，际此国事多难之秋，不能不求易辙改辕之计。况今日之人心，日趋政治改革之一点，非由根本上解决，必不足以弭祸患于无形，固国本如盘石。夫兵力足以定有形之乱，而不可以弭无形之乱。有形之乱在外，无形之乱在心。特今日之所患者，不在有形，而在无形，若徒以兵力定之既乱之后，不求他策以弭之于未乱之先，是犹救火而覆之以薪，火尽而薪复燃；治水而防之以堤，水壅而堤必溃。合二十二行省之大，四百余州县之广，何在而不为倡乱之渊薮，即何在而不为中国之隐忧。抑不惟是，方今要求国会之声殆遍全国，人民之视线皆集注于国会问题，若再徘徊犹疑，则彼请【开】国会之人不难变为反对朝廷之想。当此之时，国会一日不开，即民心一日不定；民心一日不定，即国祚一日不安。倘一日内乱纷生，外患乘起，四方解体，全局动摇，我皇太后、皇上将何以对列祖列宗？更何以对四海兆姓？□等揆之事实，征诸舆论，国会迟早之关系，对内较对外尤为切亟，三年之期及今已觉其晚，一展转则又月异而岁不同矣。时事之迫，一发千钧，期月之后，不知事变如何，故社稷安危，决于今日。□等以为，对于民气，三年不可再缓者此也。

以上所陈二利、三要、两不可缓，皆就现今之时事上观察，无所讳忌。仰乞我皇太后、皇上远念祖宗之付托，近惧覆辙之堪忧，早定大计，独振纪纲，不惑于左右之言，【不】摇于流俗之说，以三年为国会之期，以国会为立宪之本。宗庙幸甚，大局幸甚。□等（爰）〔受〕国厚恩，义当图报，身遭国难，目击时艰，苟有所知，安敢缄默？故不避（斥）〔斧〕钺之诛，效人民请愿之例，用竭愚狂。惟皇太后、皇上垂择焉。不胜惶悚切近之至。

《申报》，光绪三十四年七月三十日、八月初一日（1908 年 8 月 26 日、27 日）

山西全省绅民请愿书[①]

为列强均势，惨淡逼来，党祸内讧，解崩日急，请特下明诏，限三年为召集国会年限，以维宗社而顾大局，联名呈请代奏事。

窃近者各省士民鉴于独裁孤立国家之可危，代议从众政体之可贵，后先奔走，伏阙请愿，或以微官而入告，或以布衣而贡言，均蒙皇太后、皇上如天之仁，同民所好，故敢不避斧钺之诛，披沥血诚，忘其僭越，为我皇太后、皇上陈之。

国于东亚大陆之上，历史有五千余年之久，人民有四百余兆之众，物产有廿六万种之多，而对待强邻纔焉若不终日。说者谓军械不振兴，教育不普及有以致之，是皆炫于表面富强，而不研究其所以能达此目的之故。

夫廿世纪之时代，民权发达之时代也。泰西诸国人民均参与政事，故上下一心，能挟持所谓帝国主义以披靡于世界。人民无参政权之国或有之，而不适于生存，一与之遇即受天然之淘汰。日本以崎岖三岛，召集国会以来，五年而胜我，十年而胜俄，骎骎乎一跃而为世界第一等国之林矣。而我则三等之国，尚不可永保。职等尝言，三十年前人民而有参与政事之能力，则民力伸张，国势外竞，吾国久已列于世界强国之林。廿年前人民而有参与政事之能力，甲申之役不必败于法，甲午之役不必败于日，吾庞然无大之古国，犹可自保于宇内。十年前人民而有参与政事之能力，则庚子之祸可以不作，而数年来所有之种种外交难题，皆可以潜消而默化。况以今日世变荏苒，日挠日厉，协约影响，急起直追。此职等对于世界大势应请以三年召集国会之理由也。

以言乎内情，军国民之无精神，教育之不普及，财政之日形困难，在在足以起外人瓜分而豆剖。而所以使此三者，条分缕晰，厘然并进，则皆以国会为之收

① 原标题“全省绅民请愿书”，兹拟标题“山西全省绅民请愿书”。

功。迩年以来，益以政治改革牵入种族，各省之土匪时藏时起，上流之志士流血捐躯，不于此速思补救之方，长此以往，恐难免燎原之患。此职等对于中国内情应请以三年召集国会理由也。

以言乎民气，西风东渐，卢骚民约之深入，斯米尔自由独立檄之灌溉，一入其脑，牢不可拔，几将醉心欧化，随彼潮流之旋涡。幸承皇太后、皇上爱民如子，教之以方，立宪之明诏屡下，予民以参政之途，而潜匡其过激之行动，是故政党之发生，国会之期成，请愿之继续，声势之洪，一日千里，皆吾民将顺圣意而期国会早开，宪法早布，以巩固我大清亿万斯年，而一班人士得为二十世纪立宪之国民，不亦幸乎？此职等对于中国民气应请三年召集国会之理由也。

以言乎路矿，吾中国路线之长，矿产之富，久为各国所艳羡，徒以人民智识愚弱，独私独利，不能集合巨本大启公司以自筑自采，而为外人势力所挟夺者，不知凡几。职等晋人，请言晋事。正太路之无可收回，同蒲路之不能修筑，固无论矣。而其与二千万人生死相依，西北大局相系，足以支全球两千年之利用者，其惟煤铁矿乎。晋人托天之福，新夺回于英之福公司，虽有贤明大吏如丁宝铨之力争，宝棻之提倡集股，其热度均达极点，而晋人以未普被教育，智识莫周，竟坐拥宝藏，徘徊瞻顾，而不能广为开采，窃恐再以启外人窥伺之虞。虽然，国会一开，教育普及，人人同负责任，人人同知权利，纵举全中国之路矿，不难咄嗟立办，山西一方面尤属易易。此职等对于中国路矿应请以三年召集国会之理由也。

总上四端，就职等所知言其梗概，而要皆以国是早定一日，人心早安一日，君主之尊荣无疆，人民之幸福有赖。所有职等为列强党祸相逼日甚，谨贡四大理由，邀求三年召集国会，理合缮书，联名呈请都察院代奏。谨呈。

《晋阳公报》，光绪戊申八月初三日（1908 年 8 月 29 日）

山东全体绅民国会请愿书

呈为恳请颁布召集议会日期，以系民心而消隐患，联名呈请代奏事。

窃维为治之道，首在得民。中国自甲午、庚子以来，内忧外患，层见迭出。一二不逞之徒，乘此时机，鼓吹极端破坏之说，全国人心，几为所动。朝廷虽无失民之政，草野咸伏解体之机，民心思乱，隐患无穷。两年以前，忧时之士，其不流于激烈者，盖甚鲜也。及光绪三十二年，仰赖我皇太后、皇上聪明仁圣，焕发预备立宪之诏，而人心为之一镇。去年五月二十八日，诏许人民条陈宪政，纶音所布，四海涕零，喁喁望治之心油然而起。仰体官民共负责任之明谕，实行预备立宪之始基，佥以为非开设议院，则预备立宪无从着手。道途之所偶语，士大夫之所研究，莫不以朝廷之许开议院与否，藉卜国家前途之安危。幸赖我两宫圣人宵旰于上，枢臣疆吏辅翼于下，至前月二十四日，特颁大诏，着宪政编查馆、资政院王大臣等迅将议院未开以前逐年应行筹备各事分别拟议胪列，具奏呈览，俟朝廷亲裁后，当即将开设议院年限钦定宣布。圣恩高厚，将与国民以与闻政事之权，凡属臣民，何胜感戴。然绅民等有窃窃然不胜忧虑者，则以朝廷之必开设议院，虽为天下臣民所周知，而开设之年限，与宣布开设年限之日期，均犹未定。普天率土，企首君门，希望之忱，方将愈切。设使迟之又久，宣布无期，或一旦宣布而开设年限过于久远，绅民等窃恐群情疑惧，易生动摇，激烈者流将借口于朝廷有吝予之心而煽惑之。是不惟足失既得之人心，且恐于大局之前途诸多危险。此绅民等所为私衷恐惧，不敢不披沥详陈，而吁恳我皇太后、皇上有以维系之者也。

夫以中国今日国势言之，强邻眈眈，协以谋我，所可以为一线图存之机者，实此人民希望立宪之心而已。乘此时而利导之，缩短召集议院之年限，则众情欢慰，爱戴斯殷。参政之期愈迫，责任之心愈重，即一切之预备必愈急，虽偶有谬论邪说鼓惑其间，人民必将有不暇与闻者。否则年限愈缓，观望愈深，夜长梦多，是授乱民以鼓惑之机会耳。故绅民等以为，召集之期愈速愈善。惟召集以前应行筹备各事，亦有不能不需以岁月者，绅民等敬谨仰体前月二十四日之谕旨，预为熟筹，分期拟定，为我皇太后、皇上缕析陈之。

夫召集议院以前，凡应备事件之最重者，莫如编纂选举法及议院法，今请以六月为期，则从容有余裕矣。编纂既成，奏请朝廷钦裁后，便可颁行。中国疆域广远，交通迟滞，颁行之事有决不能如各国之速者，宽以三月，自无不能遍及者也。颁行既遍，即可实行选举，以五月为编制选举人名册及选举监督官为一切准备之日期，以一月举行选举，计六阅月而被选举之议员确定矣。此后一面由选举监督官为文报之往还，一面由被选举议员为赴都之准备，计需三月而议员集于都下矣。统计自编纂选举法及议院法及以至于兹，特两年耳。绅民等窃以为，定以两年开设议院，则天下臣民必相与亟亟着手于勉尽参政责任之端，而不遑他计，彼莠民乱党自无从售其煽动人心之术。所谓系人心而消隐患者此也。

今之议者不深察民情向背之机，动引日本前事为例，以为日本明治十四年诏以明治二十三年开设议院，彼区区岛国尚须迟以十年之久，中国之大似有不宜过于急遽者。不知日本之事，乃失败之成迹，正所以为我中国覆车之鉴者也。当时日本国民以议院之开设为期尚早，凡在议院中所为尽参政责任之事，有不必早为准备者，于是舍弃事实上之筹划，专为理论上之纷争，竞竞于国家主权所在之点，或以为国权宜在议院，或以为国权宜在人民，甚有以为宜将国体变为共和者。故明治十七八年之顷，日本政府与其人民之冲突，几至不可收拾。犹幸彼国当日之情势，内无种族猜疑之隐祸，外无列强一致之侵陵，因得以延至开设议院之年耳。不然，绅民等窃恐其议院尚未开设，而国家大局早已不堪设想也。故绅民等以为，日本之事，我中国正宜引以为戒，不宜引以为法。

伏乞我皇太后、皇上宸衷独断，俯念民心之不可失，时机之不可弃，速降明诏，以两年开设议院，庶民心愈以大定，隐患可以潜消。中国幸甚，天下幸甚。

《申报》，光绪三十四年八月六日（1908年9月1日）

直隶绅民请开民选议院书

为预备立宪必以先设民选议院为要图，谨抒管见，联名呈请代奏事。

窃□等请恭读光绪三十二年七月十三日上谕有曰：大权统于朝廷，庶政公诸舆论。又去年五月二十八日上谕又曰：立宪之道，全在上下一心，内外一气，而以官民各负责任。殷殷垂诫。我皇太后、皇上圣明独照，洞烛立宪本原，凡所以奋发精神，共图治理者，惜恐薄海臣民不肯引为己任，故所以期望之者如此。□等恭（译）〔绎〕圣旨，窃维国家迫于外患内忧，其势岌岌，非毅然变法，使上下一心，内外一气，无以与列强相竞而救危亡。所以举庶政公诸舆论者，岂惟广开言路，播一时刍荛之议云尔哉！凡民生之利病，教育之废兴，官制之良窳，法律之完缺，财政之盈绌，军武之强弱，外交之得失，其利害成败有关国家危安者，皆可进天下臣民，使与参谋议必矣。然博进群言而不能导之规律，则人人得逞泛滥无当之说，〈有〉徒滋纷扰而已。欲广征众议而不有维持机关，则事事皆为竞胜一时之计，有空言相争而已。故立宪之国，欲上下各负责任，而使舆论为有效者，不可不尊以规律；欲导以规律，不可不设立机关；欲设立机关而使其规律能范围舆论，不可不行代议制度。此明诏颁布立宪以来，天下臣民所汲汲以速设民选议院为请者也。

然议者辄谓，遽设议院，人民程度未至，恐不能为正当之论，其弊一；政见未深，动责速效，多不满于政府所为，或生反抗之阻，其弊二；地方议会未立，无以为造就议员之地，而难得人才，其弊三；立宪尚在预备，既无各种机关，不能收代议之实效，其弊四。

然以□等愚见征之，则惟有早设议院，可使人民程度藉有增进之途，断无不设议院，而使人民程度坐以待定之理；有早设议院，使人民出其智虑，有赞助政府之功，断无不设议院，而人民安于愚蒙，不违反政府之义；有早设议院，使与地方议会有相助为理之资，断无不设议院，而但期地方议会能奏完全之效；有早设议院，可以促宪政之速成，断无不设议院，而能望机关之遽备。何则？人民之程度恒与所受术能与所任事务相磨厉而增高，其进步迟速，一视利导之早晚耳。议院者，一国政见所出，凡利导人民，使程度磨厉以渐增高之地也。故其国二院之设立早者，其民程度之进必速；其民程度之进速者，其国家程度亦因之而增进。今以我国与列国较，彼何以强，我何以弱？既有以知我国程度之不及，毅然变法，急起而力追之矣，乃独于议院有可造就人民程度者，靳之而不与，岂计之得乎？所谓早设议院得藉增人民程度【者】，此也。

空气传于大地，其流常平，而其为用常小，一有燥湿之气，则激而为风，然后可以吹万物。其始见为相激，其继则见为相需而已。且惟其时时相激也，方可时时起而有功。政府无议院，则百政推行，常患孤立，且久将疲敝而不能自振。惟以议院立其后，有监督之责，有质问之权，有赞画之力，相推相助，有足使政府奋发精神，举为一国之利益者。虽政见未深，有时为行政之阻，然此无论何国何时，必不可越之阶级耳。今国家既已颁布立宪，则凡百事务皆待政府以举行，不有议院何以为相激相需之用？所谓早设议院可为政府之赞助者，此也。

凡举一事而以人才不足为虑者，此乃不善求取人才之咎，而非人才不足用也。且惟其人才不足，方当以提倡诱掖之法而造成，安坐以待，有终身弗获耳。夫不居水乡者，不足与语舟楫之用，若使生长江湖，则操纵裕习与不习之辨也。今举天下大计以语匹夫，莫不闻而色变，使朝夕探讨于其间，则可谈如笑而议之。夫设立议院者，但使选举得法，则人才自出，其以朝夕探讨，从容而议国政者，将数百人。此数百人之才，不必其相若也，有可据之事理，可争之利害，相摩相荡，才智能力即由此而生。其对于地方议会，固可同时并举，互相辅助。且凡其力之所不能谋，智之所不能及者，皆可以先有议院而代谋之。所谓早设议院有与地方议会相助为理者，此也。

集人民而成国家，故人民即为组织国家之分子。分子之结合弱，则国家必不能强。顾人民不能自成其结合，必有待于政治。政治之所施无难易，无向背，无迟速，要在因时变通耳。然必先求本原，方可以绝天下之相竞；必先立轨范，方可以正天下之所趋。向立宪之诏既颁，是本原既得，独所患者，愚智不齐，所见各异。其敢为激荡诡变之言，以淆乱天下听闻，欲破坏我宪政者，无论矣。即持其迂谬拘虚之见，托于老成持重而为苟安之谋者，亦足为宪政之阻。不有议会力持其间，其于预备立宪有相去愈远耳。夫宪政者，汇海也；舆论者，水流也；议院者，江河也。舆论于议院，俾讨论利弊，整顿庶政，方成为实行立宪。譬束众流以入江河，而输之于海，有愈趋而愈近者矣。所谓早设议院以促宪政之速成者，此也。

且夫居万国竞争之世，以不战而制胜，非以国争，乃以民争。民弱则国固不能独强，然民之强也以智，而所以造其智者仍在国。今欲预备立宪，必先设立议院，以开民智，而为强国之基。既无以上四者之弊，而有其利矣。利之所在，则当急起而力图之，乃可以有功。

□等生长北洋，即请以北洋之事为喻。举其大者言之，为军政，为教育，为警察，为自治，为审判，此固吾国所震骇，以为未尝前闻者，而在北洋，则民已奉令承教，晓然于其义。岂能程度独异哉，抑亦创设既早，而智识有与并进耳。假使此数者不行于数年之先，恐今日之民仍蒙昧如故。且并今日而不行之，虽迟十百年之后，其蒙昧亦将如故。然则国家速设议院之利弊，可取证而知矣。且议院者，非独使人民参与政治而已，又将以造实行宪政之人才。今国家所恃以谋新百政者官吏耳，以高级机关计之，将数百千人，此数百千人者，非犹是中国之民，而为方今时代之人乎？乃同是人也，以之为官吏，则信为有余；以之入议院，则虑其不足，恐无是理，固有以知其程度均未至耳。然国家不因其程度未至，屏官吏而不用者，诚以政治不可一日不行，即官吏不可一日不设，卒乃以其未能尽明政治之故，致使朝廷屡下维新之诏，而或不能奉行。若既设议院选举议员，参与政治之数，少亦五六百人，三年一改选，十余年后递为进退，其谙于政治之道以出者，已数千百人。一旦实行立宪，前日之议员未始非异日之官吏，人才之进，如操左券。故议院早设一日，则此政治人才之数，即早一日而增多。况其平日所议，有能补官吏之不足，而利害所关，足启发人民政治之思想者，又不可以亿计乎？然则设立民选议院为预备立宪之要图者，其势既不可稍缓，而其组织之难易，范围之大小，权利之重轻，选举之良否，经费之措筹，恐又为议者之所虑，将彷徨审顾而不敢出，则何不选集天下通习法律政治之士，俾会于京师，以议其事，知必有以报朝廷之命，而使议院得早以成立者。

愚昧之见，倘蒙垂纳而试行焉，□等幸甚，天下万世幸甚。冒昧上陈，不胜战慄待命之至。

《现世史》第七号，光绪三十四年八月二十日（1908 年 9 月 15 日）

直隶人民代表孙洪伊等上政府书

直隶人民代表孙洪伊、谷芝瑞、温世霖、于邦华、王法勤、张铭勋、齐树楷、崔谨、高俊彤、李景芳、张锡光、张肇隆等，匍匐上书于我王爷、中堂大人钧座。

窃以中国时局之危至于今而极矣，天下事机之变，有非常识之所能预料者也。十余年前，欧洲列强盛倡瓜分中国之说，国家之命运，悬于旦夕。人民等懔懔危惧，方谓埃及、波兰之惨剧必将复演于今，我中国四万万同胞，奴隶牛马，万劫而不可复矣。而当时英、美、俄、德、法、日诸强国，或主侵略，或主和平，各因其利害之不同，互相猜忌，互相牵掣，两派对峙，而莫能调和，我国能暂免于亡，延其命以至今日。及日俄战役终结，侵略派戢其凶锋，保全派占有优势，英日协约、法日协约、美日协约、俄日协约相继成立，皆以保全中国领土、尊重中国主权为口实。昧昧者于此，方以为我国家托庇于列国保全之下，得以宽闲之岁月，修明内政，徐以图强，异日必能以大国之资格，占世界之最高地位。当局者以此自慰，在下者亦以此相安，一若中国真可以不亡者。抑知各国协约，虽若有爱于中国，而各欲巩固己国之势力，伸己国之权利，是故不可为讳者耳。前者尚互相防御，今则互相默认，其对于我中国也，各欲常保其均势，遂不能已于进行。中国之利益有尽，列强之贪欲无穷，则瓜分案之通过于世界，当有不期而至者也。其包藏祸心者，以日本为尤甚，而实行其政策，以为列强之先导，则莫著于七月之中日新约。人民等前以新约之成即中国瓜分之始，惶惧无措，曾条列新约之种种失败，上书呈请代奏，请速废约，以挽危局，并申明国法，治□□□□□□□□等以误国之罪。想我王爷、中堂大人眷怀时局，俯察愚忱，必能仰体我朝廷庶政公诸舆论之意，下采刍荛，上达天听矣。惟翘首待命，已逾两旬，人民等愚昧寡识，惶惑实甚。因念同此国民，共托斯宇，环顾国家，既已休戚同体，瞻望朝廷，莫释爱戴之愚诚，用敢不辞冒昧，为我王爷、中堂大人再一陈之。

夫国家危亡之运迫于眉睫，虽有善者，一若莫可如何，上下皇皇，不知所出。推其致此之故，不独由于内政，亦并缘于外交。盖我国与列强所订之条约，皆片面的，而非相互的，有义务而无权利，有牺牲而无报酬，故迩年以来，列强之势力益张，我国之主权日促，非独强弱之不同，亦受条约之限制也。夫当时缔结条约，皆在战败而后：因鸦片战役，而有《五口通商条约》；因中法战役，而有《中法新约》；因中日战役，而有《马关条约》。战时之国际交涉与平时之国际交涉，原不可同日而语，战败国之对战胜国，自不能立于同等之地位而享对等之权利，斯固无可如何者也。今日救亡之策，方在上下一心，改订前此片面之条约，而为相互之条约。至于新发生之交涉，无论如何，必不可再蹈故辙矣。日俄战役，中国严（安）〔守〕中立，未加入战争团体，且日人取得俄人既得之权利，如大连、旅顺之租借，及南满铁路之占有，需待我国承认者，既已于光绪三十一年缔结中日条约，则今此七月新约，已与日俄战役无若何之关系，纯然为平时之国际交涉。夫平时国际条约，自应以两国之意思合致为原则，条约之缔结，既须双方之允许，条约之关系，必为双方之利益，相互的而非片面的者也。乃观于中韩之界务条约，及东三省五案条约，举东省之铁路、矿产以及土地上之主权，尽以让诸日本，而日人并无相当之利益以为报酬，与战败国对于战胜国缔结条约无丝毫之异。日人欺凌我国至此已极，而外务部竟慨然允许，外交手段之脆弱，亦令人百思而不能得其解也。窃思外务部所自解免者，必曰以条约与之，主权仍自在我，使不应日本之要求，而妄加抵抗，日人亦必以强力而自取之。国势既弱，终不能与一战，所损失者当较此而尤巨。人民等愚陋寡识，而独不解我外务部昧于世界之大势，何竟聩聩至此也。

夫保全中国领土，各国协约所公认者也；尊重中国主权，亦各国协约所明言者也。英日、美日、法日、俄日诸协约，其势力足以亡我中国，其效力亦足以牵掣列强，使日本于此甘冒天下之不韪，以强力占我土地，侵我主权，不独破坏中日之国交，并破坏各国之协约。中国弱矣，固莫敢谁何，而各国之对于日本，必不甘受其侮，不独与日本所订之协约同时解散，尤必互相联合以摒日本。日本孤立无援，转陷于极困难之地位，故日本上自政府，下迄国民，虽以阴谋诡术煽动祸机，处心积虑图亡我国，而和平之假面目必不敢显然揭破，此固可断言者。或曰，安奉铁路日人既采用自由改筑之政策，则以强硬之手段攫取我各种之权利，安在其不可为也？抑知安奉铁路之改筑，载在光绪三十一年中日会订之附约，经我国主权者之允许者也。中韩界务条约及东三省五案条约所与日本之铁路、矿产及土地上之主权，在初议定约时未经我国主权者之允许者也。既经我国主权者之允许，日本有应享之权利，虽期限已过，效力既失，日人曲为解释，以强力责我条约之履行，尚不患其无词。然当时日本政府建自由改筑之议，内阁诸人开秘密会议三次，犹兢兢以列强干涉为虑。在野党领袖大限重信辈尚倡言而反对之，责其政府之失策。若夫未经条约所允认，而谓日人肆行无忌，以强力而夺取之，侵害我国之主权，蔑视列国之协约，日人虽骄，必不敢悍然而出此，此可与天下人以共信者也。是则中日七月新约，无论日人为何等之要求，我国坚执不允，日人固无如我何也。然而一着既误，则全局皆非。自七月新约成立，日本对我之政策于是而一变，英、美、俄、法对我之政策亦于是而一变。日人既取得非常之权利，惧招列强之忌，乃谋接近俄人，抵御英美。伊藤满洲之行，盖欲实行其政策也。而英美诸国实去满洲甚远，明知我东三省土地已在日人势力范围之中，而此次七月新约，既经中国政府之允许，即非日本所强占，又不能遽责以违背协约之罪。与其责难日本，必无若何之结果，何如取偿于中国，仍可暂保其均势。近观各报所载英国国务大臣答议院质问之词曰：此中日两国之事，非英国所应干涉。美国政务处近亦刊发报告谓：既经本国询问中国政府，中日新约并无屏弃美国之意，如有美国及他国人民寻得中国矿产，中国政府必无拒绝。呜呼，英美外交之手段，灵敏已极，而此后对我之方针并已昭然若揭矣。利益均沾，机会均等，援中日新约以为口实，各即其势力范围之所及，肆行无理之要求。我政府其拒之欤？违反于最惠国之前例，难逃各国之责言。其许之欤？则二十二行省之路权、矿权及土地上之主权，当不待一二年并以削夺而尽。不假手于武力，并无待于协商，各国合意一致，默谕于无言。即其势力范围所及，行使其先占之权，我中国瓜分之局将从此而大定。在我国，虽欲自救而不得；在各国，虽欲自已而不能。异日追原祸始，则七月之中日新约岂非亡国之导线也哉！夫以平时之国际交涉，俨然为战时之国际交涉，本应为相互的之条约，而竟甘为片面的之条约，一若日人已以强暴之武力迫胁，我国急于自救而无如何者。然当订约之时，外务部严守秘密主义，日人有若何之举动，通国皆不知之。岂日本已有作战之计划耶？以世界之大势论之，是固不敢出此者也。抑其以强暴之手段加诸我外交之代表者耶？准诸国际法之公例，对于国家之代表者加以强暴迫胁，其条约当为无效。而亦未闻日本之对我外部，如日韩订约时以兵力迫胁之也。呜呼，日本以空言吓我，既视我中国如无人，外务部□□□□□亦竟以此奏请皇帝陛下结此怪异之条约，其敢于欺蒙我皇帝陛下，实我全国人民所疾首痛心、同深愤慨者也。顷闻俄国政府已拟定六款对于黑龙江、库伦、蒙古、伊犁、新疆等处要求特别之权利，而其意犹注重于西北。援中日新约而首先发难者，已有人矣。英、美、德、法必亦各自准备，将为意外之要求。我国前途尚堪设想也耶？人民等除请代奏废约外，外务部□□□□□欺蒙我皇帝而误我国家，尤应责成其挽回者也。

陆沈之痛，已在目前，椎心泣血，夫复何言！临楮不胜惶悚待命之至。肃此，恭请钧安。直隶人民代表孙洪伊等公叩。

《申报》，宣统元年十一月廿二日至廿三日（1910年1月3日至4日）

国会代表上都察院请愿书

呈为时局阽危，非速开国会不足救急，合词恳请代奏事。

窃查上年夏秋之际，各直省人民始有伏阙请开国会之举，虽未获明奉谕旨，训示施行，然天高听卑，六月二十四日、八月初一日孝钦显皇后之懿旨、德宗景皇帝之上谕，固已明定国事，颁布宪法大纲，开设资政院及各省谘议局，以造议院基础。标准既定，天下知朝廷早以国会为图治之本，所兢兢致慎者，不过迟早数年之别耳。夫使冰霜未兆，时尚宽闲，宪政按照期限与年俱进，讵非循序图功之道，无如内觇国本，外察邦交，无一不足增皇上之殷忧，即无一非加监国摄政王之担负。大臣咨嗟于上，人民叹息于下。一年现象即已如此，推之九年，能无懔栗！夫宪政之当行，国会之当立，朝野上下本无异词，洪伊等之所欲言者，在于速开国会而已。盖拯溺救焚，刻不容缓，其激切有非上年请愿所能比者。谨为我皇上披沥陈之。

一在内政。

内政之改革，视乎机关之善不善。机关一日未善，则政令一日不得实行，九年筹备之政，一切将等诸具文。国会者，宪政机关之要部，有国会，然后政府有催促之机，庶政始有更张之本。不然者，无提挈纲领之所，畛域各分，十一部不相统一也；上下相诿，地方官无可执行也。仍向来所有之旧制，责以向来未有之设施，此必无可行之事。计自筹备以来，按照清单所列，京内外衙门业已奉行矣。类有文书之移，几无可睹之效。盖机关之不完善，方针之不确定，虽有忠荩之臣，勤敏之士，无以尽其职而期其功也。以程度论，则长此筹备，九年后之国步，未必进于今日；以时机言，则从容坐失，九年后之危局，不知又当如何，岂徒虚掷此九年之岁月而已！资政院之设，其制亦略似国会，然国会之为用，在于政府对之负责任，今资政院章程绝不见有责任之政府，政府无责任，则资政院何能为？欲藉此以督促政治之统一，振起国民之精神，必无国会之效。如其有效，则此制长行可也，又何必期以九年更立国会乎？此内政中关于机关之改革，不可不速开国会者也。

内政之举，又视乎财政。古今中外断无府藏空虚，庶政棘手，而其国能久存者。我国自甲午、庚子以后，至辇天下之财以应赔款，而岁入只此，抵质已穷，过此三十一年，不知何以为计。筹备之事，合十一部之新政，责各省以施行，举凡国家行政之经费，其用又将何出？自各省谘议局成立，参稽互证，竭蹶皆同，相顾忧惶，无从措手。剜肉医疮，既有必穷之势；量出为入，复无可恃之源。循此以往，将内之无以为兴革之资，而宪政之前途可危；外之无以偿积年之负，而列强之干涉尤可惧。欲亟纾内外之交困，必先求上下之大通。通亿兆人民之好恶于各省谘议局，而范围只限于一方，何如通各省谘议局之计虑于国会，而精神贯及于全国。国会者，人民与闻政治之所也，必人民得有公举代表与闻政治之权，国家乃能加以增重负担以纾国难之责。与其待之于九年之后，涣散而难与图功，何如行之于九年之前，鼓舞而期其自效。此内政中关于财政之筹划，不可不速开国会者也。

机关能立，财政能裕，然后乃有筹备之可言。否则，不利之器，无米之炊，岂能举其事而收其功者？此国会之关于内政一日不可缓者也。

一在外交之难处。

即使强盛之国，有时迫于事势，稍稍退让，国人尚起反抗之声，政府且为丛怨之地。况我国自有交涉以来，始以暗于外情，操纵失策，继以势成积弱，因应弥艰，政府受困于上，国民不满于下。每缔一约，事前则秘密万端，事后则亏损百出，忽而蹙地，忽而负债。政府之作用，人民不知也；政府之苦衷，人民不喻也。条约出之一二人之手，负担加之亿兆人之身，设使易地而观，安得不为怨府？既致怨矣，何从求谅？凡人对不谅之人，其助力必寡，政府处寡助之地，则因应愈难。苟有国会，则国际交涉无论如何困难，政府即有不得已之衷，不能尽喻于国民者，国会犹可以代申；国民即有不可忍之痛，不能直达于政府者，国会亦可与代陈。且各国之于我立宪，其注视甚勤，和平者期我有同等之政治，雄猜者忌我无可攘之利权。是以著论赞誉者有之，宣言轻量者有之，乘我国会之尚未成立而公然自由行动于我域内者有之，虑我国会之终不成而必至财政紊乱不可收拾者亦有之。有国会，则对于全国，为政府交通之邮；对于列邦，为政府文明之帜。上下相通，猜疑自泯；邦交既正，民气自和。非独证世界公理之同，且可保东亚和平之局。若更徘徊待之九年，九年之中患机叵测，设使雄猜者时遂其进步，窃恐和平者亦易其方针，外交必更颠危，民怨必更剧烈。万一有强邻之群蠢，得无惧覆辙之蹈前？此国会之关于外交一日而不可缓者也。

抑洪伊等今日更有迫切不能已于言者：东西各国，凡君主立宪国，其皇位之继承，以及亲王之摄政，皆有国家根本之法定之于前，人民爱戴之诚卫之于后，而其君主又处最高不负责任之地，临以神圣不可侵犯之尊，故宫府安而国家盛也。我国《宪法大纲》本已取法于是，而孝钦显皇后、德宗景皇帝不及亲见宪政之实施、国会之成立，此薄海臣民之所共痛，欲攀龙驭而无从者。皇上冲龄入承大统，监国摄政王以周公之谦光，受阿衡之重畀，而适当此内外交困、上下未通之时，以言宪政，则甫有大纲，而责任内阁未立也，皇室典范未定也。内无可以表彰尊亲之宜，外无可以代负人民之责。设使内政外交之际，百密偶有一疏，则怨归于朝廷，望轻于监国摄政王。监国摄政王受先帝之付（讨）〔托〕而孤立于庙堂之上，坐抚四百兆涣散之人民，而莫得其助，而四百兆之人民虽共有忠君爱国之忱，欲为皇上、为监国摄政王之舆卫，亦以涣散而莫能效助于分毫，甚非所以巩固皇祚而措国家于盘石之安也。有国会，则与之对待之责任内阁始能成立。国会有议政之权，然后内阁得尽其职务；内阁负全国之责，然后皇上益处于尊崇。显可以末虑助圣主之聪明，隐可以公论消奸人之反侧。人情一日不安食，则必易其所食；一夕不安寝，则必易其所寝。宁有图国本之安于息息可危之日，而必迟迟至于九年之后？此为根本中之根本计，宜速开国会者也。

论者或谓九年筹备之旨，降自先朝，不宜轻有更易。洪伊等诚愚又以为不然。夫先朝既以国会为必当开，则我摄政王正宜体皇上继志述事之心，速开国会，以慰先朝在天之灵。如曰缩短其期即为背旨，是谓先朝有意濡滞，不欲国运之早进步，皇室之早奠安也。是厚诬先圣，非我皇上及我监国摄政王之所忍出也。抑朝廷周详慎审，惟恐人民程度不及，不可谓非圣主之至仁。然及与不及，必试之而后见，不试之而强抑之，毋乃冤吾民乎？且所谓不及者，必有一标准，今日不及之标准安在？谓恐其葸苶耶？则有法律为之根据，而馁者壮矣。谓恐其叫嚣耶？则有法律为之范围，而激者随矣。谓恐其智识不足耶？则磨砺之而聪明出矣。今年各省谘议局既小试之矣，曷尝累圣明重宵旰之忧乎？

洪伊等伏愿皇上速降谕旨，颁布议院法及选举法，期以一年之内召集国会，含创忍痛，共图补救，俾尽协赞之忠，而收舆论之效。此诚国家之至计，安危之所系。惟我皇上以孝钦皇后、德宗景帝之心为心，俛鉴人民忧国之愚悃，宸衷独断，毅然行之，天下幸甚！

谨冒死以闻，伏乞代奏。

直隶孙洪伊、谷芝瑞、张铭勋、王法勤，奉天永贞、刘兴甲，吉林李芳，江苏方还、于定一、吴荣萃，安徽陶镕、潘祖光，江西闵荷生、汪龙光，浙江郑际平、应贻诰、吴赓廷，福建刘崇佑、连贤基，湖北陈登山，湖南罗杰、刘善渥，山东周树标、朱承恩，河南陈熙朝、杨治清、宫玉柱，山西渠本翘、刘笃敏、李素、刘懋赏，广东沈秉仁，广西吴赐龄。

《申报》，宣统元年十二月十六日至十七日（1910 年 1 月 26 日至 27 日）

都察院代递文耀等吁恳速开国会呈

呈为事机益迫，时局濒危，吁恳速开国会，以图挽救，合词呈请代奏事。

窃维去年八月初一日，德宗景皇帝钦奉孝钦显皇后懿旨，明定国是，宣布召集国会之期限，并设资政院及各省谘议局，以立国会之基础。十一月初十日，皇上明诏重申前定年限，期在必行。朝廷期望国会之心，已为薄海臣民共闻共见，所以期至九年者，将以积渐之推行为完全之筹备，图终慎始，有不得已者存也。文耀等年余以来，伏察外界之趋势益以进行，内治之现象日见退步。以言筹备，形式虽具，而精神不充；以言更革，大利未兴，而弊端先见。无一非启人民戚然兴忧之具，即无一非促朝廷翻然变计之机。是故居今日而言国会，虽在一年，犹惧其晚，况至九年，能无叹其不及？文耀等蒿目时艰，不胜忧愤，窃以为非速开国会不足以振积弱之势，而立图治之本。谨就一得之愚，为我皇上披沥陈之。

一在国势之关系。今日之国势，不可不谓之危矣。以政治大臣无一定之方针，庶吏无共同之趋向，责任不专而上下相诿，事权不一而人自为谋。法令非不具也，执以施行者乏人；治道非不善也，见睹实效者无几。支离杂错，莫可究诘；百孔千疮，不堪逼视。是以政事日堕，吏治日疏，权利日失，地方日敝。推原其故，皆由监督之机关未立，而官吏不负责任使然也。如使国会成立，则责任内阁亦必与之俱立，以国会监督内阁，而放弃责任之弊去；以内阁统一庶政，而尽心职守之力生。全国之政，如身使臂，如臂使指，有运用灵活之美，无行动牵滞之患。而后以言行政，则政无不举；以言用人，则人必尽职；以言兴利，则利溥无疆；以言除弊，则弊乃潜消。行之数年，天下治矣！若视为缓图，因循不举，诚恐沧海横流，江河日下，后虽欲行，恐亦无能为力。此国会之关于政治不可不速开者也。

以国际言之，自海禁开通以来，列强之侮我至矣！割我土地，攘我利权，欺凌我官吏，戮辱我人民。一言之不合，责言立至；一事之未允，兵舰忽来。要挟恫吓之言，无日不闻，无所不至。此固由于国势积弱，不得不然，要亦政体不【同】，有以致之。盖立宪国之于外交也，莫不以政府为先锋，国民为后劲，势厚力宏，其手腕之强硬，权力之伸张也固宜。我国之外交，只恃一二外交官，以口舌强辩之功为樽俎折冲之用，无国民为之后援，是人以全体国民至坚至厚之势来，我以一二人至薄至弱之力应，众寡悬绝，强弱大异，竟致人占优胜而我归失败也。使国会成立，则人民有代表机关，以为政府之后盾，实力既充，手腕斯硬，于以折无理之要求，拒虚声之恫吓，所不难矣。若不速开国会，则人进我退，人取我与，再过数年，国势恐更不及今日。此国会之关于国际不可不速开者也。

一在民力之关系。我国地大物博，民向殷富，自通商以来，各国以其消费之品，淫巧之物，窥吾所缺，投吾所好，一转移间而坐获厚利，于是人民之力一敝；外债累数万万，国库空虚，司农仰屋，不得已而取之于民，赋敛繁兴，搜刮备至，取之尽涓滴，泄之如尾闾，于是人民之力再敝；且财政之组织不完，官吏之奉行不善，每有征取，辄至扰累，于是人民之力又敝；加之水旱频年，灾疫迭起，闾阎困苦，生业荒芜，于是人民之力又敝。坐受数敝，民力盖将绝矣。若不于此时速开国会，以培养元气，迨至民力销蚀已尽而始图之，机关虽具，政治虽良，而财殚力尽之余，凡百庶胥无以为举办之资矣。此国会之关于民力不可不速开者也。

抑文耀等更有进者。东西各国宪法，其于君主之尊严及权力，所以保护者綦至。一则曰君主神圣不可侵犯，再则曰君主不负责任，再则曰君主总揽统治权。有此规定，则君主有无上之尊，至高之权，绝无一毫之危险。其人民以君主不负责任之故，虽有不平，亦只申诉于国会，而于君主无舆焉。此各国已然之效，亦我国必至之符也。是故有国会，则朝廷益尊，皇基愈固，治平之盛垂于永久，圣德之美遍敷中外，为古今所罕遇也。且我朝二百余年，深仁厚泽，沦洽肌髓，孝钦显皇后、德宗景皇帝更创数千年未有之盛举，毅然改行立宪政体，励精图治，廑念时艰，立万年有道之基，造兆民无量之福。皇上冲龄入承大统，监国摄政王以周公之谦光，受阿衡之重畀，天下喁喁，想望太平，正宜乘此时机速开国会，上以终先朝未竟之志，下以慰亿兆望治之心。何必以变更年限为嫌，而期期待至九年之后？此关于根本至计尤不可不速开国会者也。

文耀等八旗世仆，受恩最深，管见所及，不敢不冒斧钺，痛哭直陈，惟愿一年之内召集国会，以冀治臻上理，共享升平。伏乞代奏。谨呈。宣统元年十二月二十日。奉上谕已录。

《申报》，宣统二年正月初四日（1910年2月13日）

海内外华商联合请开国会书

华商联合会报社 拟[①]

呈为国会未开，人心思乱，恳请收回成命，俯鉴愚诚，定国是即以济时艰，筹大局即以维商业事。

窃去岁十二月，由各省谘议局恭遣议员孙洪伊等伏阙上书，吁恳速开国会，商等是时栖迟市井，逖听风声，念议员既代表乎国民，冀请愿或幸邀乎天听。恭读去腊二十日谕旨，知召集国会一事，朝廷自有权衡，所兢兢加谨者，不过虑地方筹备之未易完全，与国民程度之未能划一，具见圣谟远大，宪政周详，商等何人，敢行妄渎。顾尝读太史公语有云：贫穷愁苦未尝不呼天也，疾痛惨怛未尝不呼父毋也。人当至危极迫，进退无所，每不惮反复呼吁于君父之前，而君父亦从而谅其心者，无他，势处于无可逃，而情迫于不及待也。今天下之祸变亟矣，内忧外患，纷至沓来，国事日非，人心瓦解。商等思维再四，知非国会无以通上下之情而使之萃，非开国会无以挽危亡之局而即于安，谨就海内外之见闻，与我国家之形势，引伸互证，取其与国会有切要关系者，为我皇上覼陈之。

夫国会之设，其制固不自今日始也。古者太史陈诗，以观民风，輶轩之采，其权舆矣。他若黄帝合宫之创，虞、舜总章之访，谋及庶人陈于《洪范》，大事咨国著于《周礼》，而《孟子》之论用舍也，必证之以国人皆曰，即至天子之

① 原文开头有“此稿尚请海内外华商公团核定并公举代表赉呈”等字。

位，亦以国人之朝觐讴歌讼狱为断。此非国会议院之精意而何？迩来东西各邦知宪政之不（虚）〔实〕行，而人心之未易固也，凡有号称文明政体，殆无不以国会为之枢纽者。虽其间英、美、德、法、日本制度不同，要其合举国之人民而议政，使各出其聪明才力以卫国而自卫，则目的实无区别。且夫积身而成家，积家而成国，积国而成天下，以天下四万万人之众，性命之所付托，财产之所积聚，而欲以政府少数人之力，一一给求而养育之，其势常有所不能。且无论其限于势也，就使措置裕如，然天下事待人谋者恒不如自为谋者之周，为人谋者更不如听人自为谋者之切。吾国积弱之故，正惟人人倚赖于政府，坐使政治之常识以阅历少而不知渐进，即各人对于国家之观念，亦彼与此不相谋，上与下不相应，而政府乃不得已空负重大之责任也。

夫一国之盛衰强弱，不在乎土地之广狭，户口之多寡也，其要素乃以国民之分合验之。国与民合，则国家即人民，人民即国家，互相依倚，互相联属，而政府且立于最尊严、最巩固之地位矣。国与民分，则国家自国家，人民自人民，政府每行一事，人民辄以为不便于己，而嫉之者且睨于其旁。此而冀其出力以保国家而即以自保，出财以养国家而即以自养也，庸可得乎？惟各国亦知其然也，而乃以国会为立国不二之方，顺而行之，则富而强；逆而制之，则危而乱。彼俄国之会党，波斯之覆辙，土耳其之专制，西班牙之内讧，近因大势之所趋，亦亟图召集议院，恢张民权之举。自是欧亚两洲之国，盖无无国会而自全于世界者矣。

我国历代相传，闭关自守，中央有集权之势，庶民高不议之风。挽近以来，海禁大通，外界激刺，而内外诸臣釜鱼幕燕，酣嬉自若。以言内政，则紊乱无序也。自中央各部以至各省疆吏之权限，往往独行己意，不相统摄。人民有事，官吏不及知也；官吏有事，人民不敢问也。无提挈纲领之处，但恃此三五人为改革施行之张本。平日则各分畛域，及其有过，又迭相推诿，道旁筑室，迄无成算。其有关于行政经费者，则强取诸民，以为解决之地。国民见无监督之权利，遂并其应尽之义务而弃之，而国家之理乱已几几不在人民心目中矣。此内政之失人心者一也。以言外交，则孤立无助也。各国对于交涉事件，必先审民情之向背，以定对外之方针，甚且藉通国民气为后援，故其事有百成而无一败。盖以政府一二人之力与外人较，势以小而侮辱旋生；以各省亿兆人之力与外人较，心以齐而藩篱易固，胜败之数不俟蓍龟矣。我政府夙持秘密之主义，每有条约提议，辄成于少数人之手，国人无所容其置喙，切肤之痛则以国人身受之。吾见交涉则政府之交涉也，非人民之交涉也；赔款则人民之赔款也，非政府之赔款也。事不经多数人之讨论，则其所决议者，必归于失败一途。既失败矣，在外人，以有成议而相难；在国人，以不预闻而反抗。为政府计，何苦担千钧之重任以受谤耶？此外交之失人心者又一也。

以内政则如此，以外交则如彼，佥曰无国会故。无国会，则无督促政治之机关，无抵拒外界之能力。第见此逐年筹备者，有名无实，废而不举，无一不足增皇上之隐忧，即无一不加监国摄政王之担荷已耳。虽然，使及今而犹得苟安无事，暂顾目前，则内外诸臣正不妨坐论从容，依期展布，而商等处覆帱之内，戴高厚之恩，亦岂好无病而呻，故为是危言以动听哉！无如自去岁以迄于今，距请愿不行之期才三阅月耳，而人心思乱，已岌岌不可终日。江苏则宜兴也、泰州也，浙江则武康也、桐乡也、仙居也，江西清查户口之酿乱也，山西禁止种烟之惨杀也，广州溃变新军之警告也，扬州贫民闹荒之罢市也。其甚者，则本月湘省之乱，亦以频年米荒，生计窘急，而大吏办理不善，至于焚署殴官，仇教闹学。民变影响之巨，为近年所未有。将来抚疮痍，办交涉，又不知耗费若干款项，使国家益受贫弱之累。追思及此，可为寒心。夫内乱之循生，由于民心之先变；民心之先变，由于下情之不通。商等曷敢谓国会一开，即足措国家盘石之安，登斯民衽席之上乎？然而，达下情而安人心，其道莫过于是。否则，朝廷日以九年预备为事，而人之见者，因本年各省民情之蠢动适与去岁阻开国会之事相继而起，则有疑人心之尽去者。履霜坚冰，山崩钟应，其结果岂第目前之乱象而已？然则为政府者，与其私国家为已有，处此凋敝之后，寝不安席，食不甘味，功不可保，而过且随之，则何如以天下之国家公诸天下之人民，俾各谋其家，各治其身。蚩蚩者纵欲乘机煽动，亦不免有投鼠忌器之思，即未筹万世之安，亦可已一时之乱也。且就令政府诸人多享此七年之专权恣欲，而七年之后，在势亦断无久据之理，更恐大局愈坏，斯时虽欲开国会而不可得，徒留此败家亡国之历史永永不可磨灭，又何如及早图之，藉以保其令名之为得计耶！

抑商等更有进者，今日请开国会，孰不曰是？为大局各方面计，非为商等一方面计也。然商等则以为，欲筹大局，诚莫有急于先维商业者矣。是何也？经济者，世界竞争之要素；而财政者，国家自治之先声也。为问我国积弱之原因，其受病处果安在乎？要不外生计问题之窘迫而已。此窘迫之问题，上自宫府，下至庶人，各界俱蒙其损害，而商界实为此事之主动力。统计商人所有事者，而皆不负责任焉。是故金融不备，制造不兴，路政不修，矿学不讲，工厂不设，垦牧不倡，林业不振。猥欲以闭塞涣散者，驰逐于商战之世，难乎不难？顾此亦不尽商等之咎也。上无联合组织之总机关，斯无整顿扩充之真效力。迩者，朝廷亦知以商务为重矣，而行印花，则下民以为苦也；禁彩票，则有名无实也；欲裁厘加税，又磋商而久无成议也。其大者盐政一端，既公私之交困，近虽欲谋改革，而部臣督抚已先互存意见矣。丝、茶两项为贸易之大宗，近则渐觉衰微，而洋货漏卮不能恃以相抵矣。若夫货币制度问题，尤商界所藉以立命者也。近十数年来，对于赔款之用金磅也，而举国已受其困，至今日而金银本位形质轻重依然毫无定见。民间发行之币，混杂已极，周转不灵；而外币之输入者，反信用流通，喧宾夺主。将来影响于内外贸易，良非浅鲜。脱有意外，既病商，复病民；既病民，即病国。商等以为，此数者皆我国重大问题，其余似此者尚不可胜计，不合举国人民研究而讨论之，事未有能济者也。或谓此等事属地方行政范围者，已有谘议局议员任之，不知议员有提议之件，无执行之权，加以各省之情形不同，一方之范围亦隘，曷足语于荦荦大者哉！是所望于国会之成立耳。慨自洋债赔款之事起，我国输出之数约十万万有奇，加赋则病农，苛捐则病商，长此日朘月削，而无法以补救于其间，恐消亡不难于立待。此外，厉行新政，在在需款以措手者，更无复为兴革之资。乃者恢复海军之议兴矣，朝廷鉴于保和会之创巨痛深，亦思固我主权，保我商业，然而无源之水，无米之炊，罗掘俱穷，支持匪易。今各直省之拨派海军经费，虽以浙粤之富，每年仅认二十五万，合一国之所拟拨，不足供一舰之费。持此而论，窃虑海军成立亦终在梦幻泡影中也。政府亦知其难，不得已有求华侨捐助之举。不知我侨民处今日之时势，国权不振，外力侵凌，生计之艰与内地殆无差别。彼慨捐二十万军费者，不过偶一能之。况国会未开，各侨民知我国政体之犹旧也，而感情无自生焉，派员宣慰亦余事耳。

窃以为我国今日存亡危急间在须臾，宪政施行踌躇未决，此无他，朝廷所欲责诸人民者财而已矣，即商界所欲效诸朝廷者，亦财而已矣。顾欲扩张国势，非整顿财政，其道无由；欲整顿财政，非提倡实业，其道无由；欲提倡实业，非联合商情，其道无由；欲联合商情，非设一总汇之机关，使远近相应，上下大通，以争雄于商战剧烈之时代，其道无由。振衣者挈其领，提网者握其纲，凡事皆然，而谋国尤甚。此则请开国会一事，所谓为商等计，而不徒为商等计者也。

恭读去腊二十日上谕有云：国民知识程度未能划一，如遽开议院反足纷扰不安。论者鲜不谓程度之至难划一者莫商界若矣。四民之中，以工商界占大数，政治普通之知识决不易人人遍及，是亦无怪其然。然商等又有说焉。近日国家有事，其慷慨输将、分忧捍患者，孰非由商界之发起乎哉？惟朝廷亦以为然也。故近年来商务总会、商业研究所等随地建设，罔非使商等研究阅历，俾知个人与国家关系之重要。前则引而亲之，今则推而远之，毋乃非商等之始愿乎？且所云划一与不划一之说，必试之而后见，靳之不使练习，斯真无划一之望耳。即欧美先进之国，其商界之学问力量，足以操全国中选举之权，然究其实，则不明政治原理，不知国家大势者，尚属不知凡几。就以人民程度论，则南美之人不及北美，普、法之人不及英国，其事实为世界所公认。而卒不闻因是而迟开国会者，可见天下事示之以标准，而范之以法律，断无终于不及格之日也。

商等又伏读上谕，有“试问代表诸人，何以对四万万国民之众？”窃恐朝廷疑孙洪伊等所奏出于议员少数人之私见，不知谘议局为朝廷特予参政之任，时势之利害，事理之是非，自较商等更为明白。且分位不容僭越，是以昨岁上书之始，商等未敢冒昧上陈。嗣以诏旨未颁，议员孙洪伊等未得国民之意，不敢还乡。商等既闻此事，关怀时局，夙夜彷徨，北望觚棱，凄然陨涕。故不避嫌疑，谨集合端口商人暨内地各商人共遣代表，待命阙下，叩恳天恩，伏乞皇上再降谕旨，期以一年之内召集国会，实行宪政。永万世无疆之祚，体兆民爱国之忱，使将去未去之人心，感恩而益坚内向。则所以筹国家之大局者在此，所以维商等之商业者亦在此。

谨冒死以闻，伏乞代奏。

《申报》，宣统二年四月初一日至初二日、初四日、初六日（1910 年 5 月 9 日至 10 日、12 日、14 日）

上海商界国会请愿意见书草稿

杨翼之

呈为商战之世，商力薄弱，不足图存，事关大局安危，合词吁恳速开国会，呈请代奏事。

窃□等自光绪三十四年以来，伏读历次预备立宪明旨，九年筹备期限分明，理宜静候麻嘉，何敢哓渎。顾自去年时局益亟，率土人民咸知，以筹备完成而后开设国会，乃理想之词，与事实不相中。有国会而后有负担，有负担而后有筹备，有筹备而后有完成，官长不必为无米之炊，人民不忍缩袖间之手，以故各省谘议局有合词请愿之举。朝廷不欲天下易视宪政，迟回不遽，转圜至今，又越半年矣。□等在商言商，谨以利害迫切之故，披沥上陈，以补请愿之一义。此为未营商业者所不遽悉，而实于民生国计有莫大之关系，用是不避斧钺，谨为我皇上陈之。

溯自古代闭关而治，战胜在兵，国之强弱与实业无关，于是工商皆为末务，垂数千年。迩来世运迭进，易兵战为商战，国与国以生计相倾轧，以财力相长雄。此非徒商人知之，比年朝廷百计提倡，设商部，结商会，列商爵，奖进实业，如此其勤，然而僵仆相望，"实业"二字不啻为阱于国中，其故何哉？敢痛心疾首而乞哀于君父之前曰：惟无国会之故。夫牵车服贾，振古有之，所以失败于国际之贸易者，魄力微耳。商人有竞争世界商业之心，而无颉颃世界商业之力，冒险尝试，什九无幸。营一新事业，究其结果，不过破小康数十家，使谨愿者以实业为大戒而已。至事已无可奈何，辄传述人言，谓各国皆有官力补助，以底于成，自憾生为华商之不幸。然平心思之，待兴之事业无穷，国家用何术而能遍予补助？此则虽欲呼吁而无由启口者也。乃自澈底推究，知天下最有把握之事无如实业，其天事较多者为农林、矿产，其人事较多者为制造工作。但能于国境以内多一文生殖之财，国境以外少一文泄漏之利，即于国家为有补益。至本利是否相称，此为另一问题。凡实业所耗之资本，仍散在本国劳力之民，在私人有得不偿失之忧，在国家仍为挹彼注兹之举。有如因兵战以储军实，终年所费不资，以其本无赢利之可言，遂为一国岁出之常经，并无将本求利之意。国与国之商战，何以异是？私人自逞拳勇，必不足以壮国威；私人自掷资财，又何足以觇国计？或投资过巨，罗掘为难；或收效过迟，株守不易。在私人冒之，皆为极险，若国家筹经出之款，掷之于兴业，视掷之于养兵无别，则尽一分地力，塞一分漏卮，皆实业之明效大验，与兵之或以不戢为害者大有不同。各国惟持此老谋而实业兴，中国惟昧此远识而实业窳。但无国会，则虽能言此义，而孰与为此通盘筹划之谋乎？夫以兴业之款，为国家岁出，当其利不副本，国与民所获已多，迨其并有赢利之日，则此稍缓须臾，从善计议，商情民瘼，两面兼顾，则庶几大局之福耳。否则与其取盈于小民，无宁稍稍觖望于商人也。

《申报》，宣统二年四月十三日（1910 年 5 月 21 日）

旅美帝国宪政会呈涛郡王代奏速开国会请愿书

呈为国势贫弱，恐酿危乱，请定宣统二年九月初一日开国会以弭危乱，伏乞代奏事。

窃惟方今万国之政体，盖无不有国会议院者矣。《管子》曰：夫民分而听之则愚，合而听之则圣。《洪范》称谋及庶人，《孟子》称国人皆曰，《盘庚》之命众至庭，《周礼》之大事咨国，盖自黄帝之创合宫，帝尧之设总章，帝舜之询四门，殷商之议啧室，国会之制，吾国行之古矣。厥后地大民众，道路未通，咨问为难，遂成专制。然闭关自治，一统无虞，虽复政法未周，尤可鼾睡相安也。无如近者，大海交通，万国并竞，势同列国角力争长，稍有不逮，败亡随之。印度如何而为墟，波兰如何而为社，美洲如何而殄猕，中亚如何而灭亡。乃至近来，缅甸、安南数甸而举高丽今日亦同归于尽矣。横览诸国，念之伤心，社稷邱墟，人民牛马，黍离麦秀，顾望吟吁，稍有人心，能无痛乎？

夫国势之得失强弱，不在乎土地之大小，而在乎人民之分合。夫自政府一二人为政，则以一国之大，虽有圣贤豪杰，亦不能周者。故必听民，使其乡邑自治而后纤悉无遗，乃又拔其秀者，合而议一国之政，然后举无败事。令顺民情，又非徒令民合议之也。以为国者，民之国也，一国之土地政事，犹民之公产云尔，民知为己产，则引为己任，然后同愿出财，而任一国之度支；同愿当兵，而荷一国之防守。盖善为国者，使【其】民视其国如其家，使其民视其国如其身。夫合数千万兆人之身为一身，合数千万兆人之家为一家，而犹患贫弱者，未之有也。夫以合数千万兆人之身家为一身家，以视政府数人自为国家，其为强弱厚薄，孰得孰失，孰是孰非，不待智者而辨矣。且令政府数人而治国家，无论其愚贪无道也，即使甚才，而数人自为，政府与民无预，瞑瞑然视之，岂肯出其财以供国事，舍其身以供国防哉？故土地虽大，人民虽多，其实不过政府数人，朝堂数里，天下之寡少，未有若此者矣。故若瑞典、丹墨之小国，以有国会而强俄莫若之何，波斯、突厥以无国会，故日为诸欧所轻弱。

若夫专制失政，因致内讧、革命变乱之惨，非商等所忍言矣。以俄之大，岂真弱于日本哉？惟日本有国会，俄无国会，俄有革命之乱党，日本无革命之乱党故耳。故自英创国会后，披靡全欧，万国从之，遂为新世之政体。有国会则治强，无国会则乱亡，早开国会则治强，迟开国会则危乱。乃至两年来，俄至专制，以败于日本而开国会；突厥至专制，去年以畏兵变而开国会；波斯至专制，昨年至废君而开国会。故地球开化至今日，稍有广土众民之国，无论其文野开化如何，固无不有国会者矣。

维我先帝，深观时变，俯顺民情，特下明诏，定九年开国会之议。所以九年者，实以时变未殷，姑尚为预备耳。今日之时势为何如之时势乎？乃者安奉路事之警民心惊惧，弭兵会监财政之说举国震悚。夫路何以为人所欺，岂非以无民兵故；财政何以为人所监理，岂非以无财故。夫政府诸大臣孰不欲足食足兵？丹墨、那威百余万人之小国，乃未闻患贫患弱，今以贤王宵旰忧劳于上，以二万万里土地之大，四万万人民之多，而恐惧于下，此何故哉？盖亦反其本矣。今度支仰屋，欲举新政而未能，欲办海军而未可，乃致外债千兆，骇人听闻，部臣忧惶，只有辞职。若外部卖国，国民痛恨，安奉之后，接踵而来，后患方长，何以拒之？商等平心而论，非必财政大臣之寡计，又非必外部大臣之不忠也，无国会之民力以助之也。今外交日迫，权利稍失，后难挽回，且外交经蹉跌之后，各强邻知我之无能为也，日来朘削，旋即分割。噫，岂不念胶州之前事乎？胶州割后，旅顺、广州湾、九龙继之，其能从容以待宣统八年乎？且至危弱后而开国会，不将等于波兰乎？俄人以重兵大炮监其国会，至斯时虽开国会，犹无开也。

且夫吾国之威灵损挫久矣，当今海道大通之世，无海舰以保护之，犹鸟之无翼，鱼之无翅，人之无足，复何以为国？故以中南美瓜地马拉、位亚基个郎，数十万人之小国而侮逐华人，而秘鲁、智利无论也，美国更无论也。乃者朝廷亦知重举海军矣，亦派大臣考察于欧洲矣，而舰队寡少与不置同。今者英之舰队五百，其余强国皆以百计，而海舰自二万吨以上，无论其为镇舰、卫舰、快舰、巡舰，每艘费以十万两计，如今财政何以办之？今各直省之拨派海军经费，虽以粤、浙之富，岁仅二十五万，合一国之所筹拨，不足供一舰之费。且铁舰不可咄嗟而办也，即使订购，尚须三年而后成。若以今度支部而筹议此不可思议之巨款，虽使百官不食，百度不支，皆终无能成海军之一日。何况外债千兆，其息占岁入之半数，新政当办，其费又增昔日之倍数，则海陆军虽为至急，然度支无术，睨视而叹，犹乞者之视富邻，终日垂涎，仍复枵腹啼饥、无衣号寒而已。然一时饥寒犹可忍也，间或大雪数日，终毙沟壑。今吾国势得无有类是者乎？与其坐而待亡，同归于尽，夷祖宗之社庙，致生民于涂炭，百官奴隶，王公鞭笞，庚子之祸，犹未远也，宁不鉴之乎？苟有道以救之，岂不犹愈于弱亡乎？夫所谓救之之道者，即国会是也。夫国会之必开，固无论矣，纵有百端挠阻，不过迟以七年。窃为阻挠者计，得此七年之专权，纵欲未必属于彼身，而亿万岁之败国亡家即祸锺于子孙，倘思及此，岂不惊心？乃者王公卿士皆有以缩短国会为宜，各省疆臣亦有以缩短国会为请，而各省议员咸以缩短国会为议，薄海亿兆莫不以缩短国会为心。考之万国之政体如彼，考之上下之心如此，民情可见，时机难再，阻挠者无以置其喙，其内心则曰：苟开国会，则政权旁落。其外论则曰：速开国会则预备未至，且人民程度亦未及也。窃敢冒昧为阻挠诸臣言之。

今诸大臣之奉职当官，岂皆才能称职？如其才能称职，中国何危？今中国阽危，则诸大臣之程度未至可断言矣，又未闻尽废诸大臣而不置员也。夫国会议员，不过空言者耳，大官行政，乃掌实权。今于空言之议员则谓其程度未至而缺之，乃于实权之大臣则任其程度未至而用之，何其重空言而轻实权，颠倒不伦若是哉？且夫以四万万人之众，选拔数百议员之才，中国虽乏士，尚何至无人？且凡人莫不短于行而长于言，此数百议员者，以之行政，或阅历尚浅，未见优长，若以之论政，则或熟于地宜，或长于专业，其过于政府大臣有必然矣。即不然，披隙导窍，补缺拾遗，下顺舆情，上收人望，内动万国之观听，外合内国之人心。以此加赋税而行公债，民皆相信而无嫌疑；以此改民兵而增陆军，民当舍身而愿任兵事。夫出财至难也，当兵至险也，若开国会，民皆曰：是我国民之义务，我当任之。夫以四万万人愿出其财以为用，则富不可言；四万万人舍其身而为兵，则强难思议。其与今上下忧危，如寝薪火，如履渊冰，忧心忡忡，不知所届，神州有陆沉之痛，人民有绝种之忧，孰为得失乎？

古者冢宰计国行于岁终，今者万国国会开于岁暮。今宣统元年九月初一日为各省开谘议局之始，窃谓宣统二年九月初一日可为开国会之初。秋高气爽，大典举行，一以着圣天子即位之休明，一以着监国贤王摄政之更始，上强国势，下洽民心，举国翘企，诚在于此。或谓中国地大路远，期迫时速，议院之制未定，议员之集綦难。岂知一切政事取之时宜，随时变通，渐期美善。始于筚路褴褛，后乃玉辇金舆。政体但取于合民，议院可从乎权制。去年突厥以七月下诏开国会，以十月全国集议员，虽选举或有未周，而合议固已环集。何必待明堂毕建，诸儒聚讼而无成；养老乞言，群臣逡巡而不敢。迟迟未定，迄用无成，国家阽危，岂能久待？今内之开谘议局之成规具在，外之各国议院之章程具在，译出编定，旬日可成。全国议员，两月可举，四月可集，比之突厥，暇豫从容。国会开定，自能更拟妥章，此则议院之内事，非诸大臣之责任也。

伏维我皇上圣明照临于上，至监国贤王夙夜忧劳于内，上念祖宗付托之艰巨，下慰国民云霓之切望，特下明诏，涣汗维新，即以宣统二年九月初一日为开国会之期，令各府州县选举议员，以多为贵，仿英国例，约七百人。今户口未定，请令每直州一人，简府二人，繁府三人，首府四五人。若蒙采纳，中国幸甚，人民幸甚。商等不胜鹄立翘企之至，伏乞代奏皇上圣鉴。谨呈。

《申报》，宣统二年四月廿四日、廿八日至廿九日（1910年6月1日、6月5日至6日）

吉林全省商务总会暨各属总分会公请督抚代奏即开国会呈

呈为请愿即开国会，以实立宪而维大局，谨合词仰祈代奏事。

窃商等恭读宣统元年十二月二十日之上谕，仰见朝廷于开国会之事仍遵先朝遗训，必俟九年始克实行，以为预备尚未完全，复虑人民程度不及，设一旦速行召集，恐难收立宪效果。属在国民，自应恪遵，况吉省远在边徼，智识尤逊于内省，又何敢徒博开国会美名，以上渎天听乎？然观今日内忧外患，觉有非即时开国会不足以适存于二十世纪者。盖政治之改革如何，必有国会始能上下一心；人民之程度如何，必有国会始能意思统一。且开国会之利，更仆难数，几于尽人皆知，勿庸商等赘述。商等谨以今日国事之失败，以征未开国会之弊，约有数端，缕陈于左。

试以政治言之，何以国是未定，有名无实，内外官制尚未改，责任内阁亦未设，其余应改革者未征实，宜举办者未施行？曰：无国会参预故。以财政言之，何以款项混淆仍如故，侵蚀中饱仍如故，国债之筹还匪易，公债之召募尤难？又何有于预算决算案之可言？曰：无国会监查故。以外交言之，何以今日强借款，明日占领土，既攘夺矿路权，复阴施殖民策？人视我如俎上肉，各欲择肥而噬，以强权为公理，以武装示和平，当轴者肆应失策，遂退让之不遑？曰：无国会援助故。以立法言之，何以草案甫颁，非有背于习惯，即有碍于推行，疆臣指摘，人民驳议？曰：无国会通过故。以言乎教育，何以守旧者反对科学，维新者轻视道德，停科举而优拔犹试，重专门而毕业投闲？曰：无国会维持故。以言乎实业，何以农工未发达，路矿失权利，官办而半多耗折，商办尤苦乏保护？曰：无国会审查故。以藩属言之，何以蒙藏为外人所涎，改省之经费无自，致有达赖之梗化潜逃，外蒙之借款私订？曰：无国会筹议故。以言乎军政，虽大权自有所属，何以征警与常备激变，争私忿而少公德，海军为强国要图，乏正款尤鲜公募？曰：无国会扶植故。

此可见政府之不负责任，酿成今日之贫弱，亦皆惟无国会监督故。然则就以上所举，足见不开国会之失败，适足征必开国会为有益。且值此内政外交之棘手，不速开国会无以图补救。故与其延时日而贻误事几，何如早成立以维持时局，此中迟速利害所系，谅在圣明洞鉴之中。况不开国会，犹为专制政体，必开国会，始为实行立宪。时不可失，理宜早断。此商等本爱国之心，效刍荛之献，仅就愚见所共及，而不敢壅于上闻也。所有请愿即开国会以实立宪而维大局缘由，理合具文呈请代奏。伏乞宪鉴，批示施行，实为公便。须至呈者。右呈督抚宪。国会请愿代表团公布。

《中外日报》，宣统二年四月廿八日（1910年6月5日）

南洋雪兰莪二十六埠总商会国会请愿代表兼澳洲华侨代表陆乃翔上政府书

窃维民与国离，谓之土崩，国与民离，谓之瓦解。土崩之势下坠，瓦解之势上离。昔秦之亡也以土崩，隋之亡也以瓦解。君子凛夫上下不交之否，故子舆论治首重人和。外人深知国家与国民相系之深，故国民政治首创于英，全欧披靡，绎陆趋洋，至美以来，波及日本。时势所极，顺昌逆亡。横览五洲，大陆华离，决无容专制立足地。然苟标明立宪，而不即开国会以实行宪政，敷衍粉饰，苟且一时，是犹磨砖作鉴，愈苦其不明；蒸沙成饭，终归于无济。故俄极专制，以败于日本而开国会；突厥极专制，亦以畏兵变而开国会；波斯极专制，去年遂肇废君之祸而仍开国会。自地球开化以至今日，凡稍有广土众民之国，其无不有国会章章矣。即至寡小若丹墨、那威、暹罗、哥郎位亚基百余万人、数十万人之国，亦莫不有国会焉。有国会则盛强，无国会则贫弱，即开国会则治安，迟开国会则危乱。况吾国今日处群雄耽逐、四面楚歌之中，外患纷乘，内讧蠢动，海军歼毁，财政困难，交涉忧惶，利权丧失。而国会之设尚待八年，夜长梦多，变深祸速，分乱之惨，旦暮间耳。商等离国愈远，爱国愈深，所为北望唏嘘，感极而悲，痛哭呼号，泪尽血继者也。若夫吾国不能不开国会之理由，与吾国可以即开国会之事实，达人论略，言之甚详，无俟商等喋喋。所以忍悲含泪，欲有所陈者，一在吾国与侨民之关系，一在侨民与国会之关系。谨就管窥所及，痛哭流涕而敷陈之。

一曰中国与侨民至相关系也。侨民筚路蓝缕，以启南荒，历世绵暖，几五六百年。元明以前，足迹已至，以生、以育、以居、以游，开山林，逐水草，传衍散布，合南洋英、荷两属爪哇、苏门腊答、暹、越而计之，逾六百万人。其旅居日久者，不读中国书，不操中国语，宫室、衣服、饮食一切与中国殊式。叩其籍则曰新嘉坡，问其国则曰雪兰莪，稍有知识者，或曰唐山、唐人，若习英、荷文者，则曰支那、支那而已。斯时侨民，固不知有堂堂二万万方里土地，四万万人民之大祖国也，而中国亦不知万里外犹有同怀之父叔兄弟也。祖宗斩其支裔，国家灭其人民，任其长子孙，谋家室，营农工商事业，自生自灭于重洋群岛之中。今吾国人游历所经，与海外同胞握手言欢，经其陈迹，有不皇然生感，念其披荆斩棘、栉风沐雨之艰，而为之啜泣耶。然侨民具冒险性质，有刚健精神，戮力经营，雄长其地者，往往而有。伊昔着称，如潮州人郑昭之王暹罗，东莞人叶来之领吉冷，类皆辉煌史乘，照耀海邦。自欧亚交通，英、荷入寇，侨民以血肉战枪弹，远无所援，近无所驯。藉至昔时势力扫地俱亡，而犹幸父母之邦，拥大国之虚名，藉无形之保护，性命财产得以无恙者，十而八九。乃自道光十九年鸦片之役，极于甲午、庚子之败，吾国威棱损挫殆尽，侨民声势依附遂空，于是起而联大群，策众力，建商会，开学堂，奋成城之志，为万一之谋，以竞生存于海外。而外人又日挟其蔓延不已灭民之新术以对待侨民，或编国籍以驱迫之，或立学堂以怀柔之，或验其体以辱之，或税其身以困之，或木屋扣留以苦之，或予以议员之任而笼络之，或锡以甲必丹之衔而宠荣之。其中杂以严例重罚而拘制之，或组织大公司以挤排而推倒之，其酷者侮辱、践踏、驱逐、芟夷，禽狝封割，如马牛处羁轭之下，如鱼肉置鼎俎之上。其施行之政策日烈一日，我侨民自保之生机日蹙一日。悲夫，悲夫！此华侨与我国生死存亡相关系之最切者也。故忠爱发于激刺，羞恶积为热诚，凡可以富吾国，强吾种者，无不热望焦思，彷徨午夜。于是集巨款以兴实业，倡义捐以复海军，交口欢称，发心慨助，义之所在，力之所能，如蓬转风，如水趋壑。

夫南洋之林木，吾侨民开之；南洋之锡矿，吾侨民兴之；南洋之渔业，吾侨民举之；南洋之农利，吾侨民扩张之；南洋之商务，吾侨民发达之。故侨民以富力豪海外者，租税拟于国君，山园华于公囿，姓字举以名埠，君相与之分庭。外国固重商，若吾国之商，彼与为敌者而亦隆重若此。侨民一摇足，在汉在楚，利害系之，夫亦大可惊矣。况乎近在吾国之林木、矿产，与夫渔业、农利、商务，侨民岂不欲奋雄心，鼓大力，群起为祖国攘剔开启，扩张而发泄之？但使速开国会，政治修明，信用著于上，群情跃于下，浩浩南洋，固吾国天然一大殖民地也。精神一振，万汇昭苏，我侨民更将奔走恐后，负襁偕来，为祖国开森林，兴矿产，办渔业，扩张商务，发达农利，共图富强。否则，蹉跎岁月，年复一年，亚雨欧风，烟云万变，浸久而侨民易盼望为怨嗟，激热诚为孤愤，时势所极，局地蹐天，加以外人侮辱驱逐，芟夷刲割，诸惨毒相逼而来，牛马奴隶，湛族灭种诸谶应，危词相悚。而南洋革命党徒所在雾集，今复予以口实而助之攻，狡焉伺隙，乘之以大放厥词，力煽狂焰，一呼万应，裹挟景从，群趋于彼党之一途，以争旦夕之生命，走险之事焉必无之？事理推寻，可为变色。所谓吾国与华侨存亡治乱至相关系者，此也。

二曰国会与华侨尤至相关系也。近数年来，国家之整顿南荒也，大臣抚慰，兵舰周巡，宣示朝廷之德意，不可谓不勤；怀柔侨民之方略，不可谓不盛。偶有以海外富商之姓字上达天聪者，无不立沛恩施，锡以侍郎，荣以太仆，宠以京卿，异数之颁，累降不一。尔时侧身稠人，见其一种欢跃之情，睹吾国之旗飏，如披青天而见云豁；闻吾国之轮至，如经久旱而沛甘霖。依依大臣慰问之傍，欣欣纶音涣汗之至，血气之伦，尊亲之挚，动色称道，感激涕零，诚有口所不能述，笔所不得而绘者。即令其毁家抒难、舍身救国而亦无不可者。乃一转念间，默观内镜，仍觉吾国未力操富强之根原，晓示信用之准的，以乘机鼓荡其忠诚，用是经久淡忘，迟回观望，趑趄裹足，攀慕无从。盖恐投其身于不效之地，沈其家于无底之乡也。是何也？是盖侨民热望国会之开，以为内国振兴之依据，否则侨民京洛衣冠，遗忘已久，洋洲风气，濡染日深，耳之所闻，目之所见，无一强国不有国会，亦无一弱国不受困于无国会。盖即开国会以见示信图强之思想，无日不盘结往来于群情戢戢之胸,凡此勤勤款款之愚与其徘徊观望之苦,北瞻祖国,图效无由,志之所之,万流一致,颠倒梦想,不知其他。故大臣慰之,感激而已;兵舰视之,欢跃而已;高爵厚赏,以荣之一时,拜嘉而已。仍无震中外、铄古今之大报效者,何也?则亦曰国会,国会而已。然则此二字之名义,侨民梦魂萦之而性命依之矣。况即速开国会,有形之权利,侨民远处万里,曾不得沐其分毫,而无形之影响,实有莫大之关系焉者。商等更请即事实中之研究,而剀切言之。

一、即开国会可以保护华侨之利权，而并可以助长吾国之实业也。侨民经营海外事业不一，而最大者约有两宗：一曰种植，一曰矿务。种植以胡椒、金蜜、咖啡、橡皮为巨观，矿务以锡矿居多数。过吉冷、太平、坝罗、金宝、双门丹、万挠之矿场，汽笛铿訇，机轮交错，核其资本，辄赢千数百十万，大率侨民投一人财力以举办之。其锡矿公司所在多有，充塞洋溢，悉数难终。若南洋金蜜、胡椒、咖啡，输通大地，稍知外情者，类能言之。至橡皮之价值突飞猛涨，震动全球，尤堪惊骇。其事吾侨民于十三年前独得风气之先，今又遍七洲府而播殖之，且伸其远势于柔佛、吉打、吉灵丹矣。近年以来，漭漭南洋，遂成一橡皮国界。英人自嗟其顿落吾后也，近一二年始谋收拾创建大公司，以笼其利。但侨民国力衰微，动遭苛制，大臣慰之而无补，兵舰巡之而不效，上爵加之而不足以资镇压。倘速开国会，可以合全国之力以保护之，斯时橡皮中之祭酒，舍华侨其奚属哉！且华侨曷尝须臾忘祖国哉？广西之金、锡，云南之锡、铜，琼州之种植，山东之酿酒公司，华侨亦已少引其绪。但上下之情意未通，都人之疑信参半，欲前仍却，比比皆然。一旦上下交孚，信用顿确，东三省之金矿，山西之煤铁矿，蒙、回之畜牧地，两粤之种植场，华侨宁不为本国计，并为自己之身家计乎？客子畏人，故乡可乐，恒人之情也。无如国会未开，感孚无术，国门一入，龃龉时形，又侨民之至虑也。此国会之宜即开者一也。

一、即开国会可以收华侨内向之心，而消革党之诡势也。近来革命党徒恃南洋为通薮，英、荷两属满谷载途，或以演说输布其宗风，或以报馆招摇其势力。其所借口，多谓吾国政府断不肯实行立宪，予吾民以参政权，今之预备立宪云者，特敷衍粉饰，剽窃名义，涂饰吾民耳目尔。近且揶揄姗笑，詈请愿诸人为奴隶，为重怡。羁旅之人无识者多，君门万里，莫测虚实，每每轻量朝廷，迷信谬说。倘长此游移不决，请愿无成，则彼党且援为口实之铁证，更阴以助其军债票之销场。群情汹汹，将难收拾，横决铤走，大局阽危，内匪蜂兴，外奸云涌。近年偶有风鹤之警，彼党辄起螳螂之势，虽湟池小丑，不足敉平，而为飑弗摧，燎原何及。故欲弭彼变，须巩侨民，以开国会者巩侨民，即以巩侨民者孤彼势，一举百善，莫过于兹。此国会之宜即开者二也。

一、即开国会可以得华侨效力，而举办要政也。吾国海军自甲午歼亡而后，所余败鳞残甲，不堪复用。横睇外国，飞空球队次第告成，而吾国海军未复百一。无翼之鸟，无翅之鱼，无踵之人，何以图存？更何以为国？乃者朝廷锐意兴复海军，不惜再三遣派大臣以谘诹欧洲矣。然苟舰队寡小，与不置同；军实不充，与无军同。今者英之舰队以五百计，其余强国皆以百计。若其海舰，自万吨而上，凡所谓镇舰、快舰、巡舰、卫舰，衡其巨值，又每一艘千万计。今度支仰屋，蹙蹙忧贫，四民悬罄，嗷嗷莫救，持此民力，何以图存？况外债千兆，巧算难拆，核其溢息，占岁入半数，新政需办，其费又增，较之昔日动居倍数。纵使百官不食，百度不支，终无能成全海军之一日。夫侨民之盼望海军至热以切矣，昔者吾国兵舰之至新嘉坡也，舰队有登岸者，英巡捕以事阻之，舰队殴巡捕，英吏莫敢问。以英之强，犹逊顺若此，海军声势，壮何如乎？故近者海圻、海容周巡南岛，旅民无论男女老幼，为工为商，皆奔走埠头，徘徊仰望，拍手龙旐，动色矜夸，引为宠荣，隆于身受。夫慰情胜无之举，犹倚之以自豪，故海内海军捐之议发生，侨民欣欣认为义务者万口一声。然则国家之急欲观其成也如彼，而侨民之倚为性命者又如此，但使国会即开，昭示大信，合海内外之力，立复雄军。俄军波罗的舰队全歼而国会即开，至今二三年间，亦复成队，其明鉴矣。时者难得而易失也，事者难成而易败也。苟不乘此时机即开国会，乘其感奋踊跃之雄心，而收其慷慨输将之实力，必待其绝望灰冷之后，而使复燃之，其能济者，盖亦寡矣。此国会之宜即开者三也。

合两者之关系，与三者之利益，如彼如此，利害昭然。揆之事理，按之时势，鉴之人心，不即开国会不足言图存，即开国会则有百利而无一害。用敢合恳，上达天听，下顺侨情，立沛纶音，即开国会，内以一全国之心志，外以动万国之听闻，上以抒圣天子南顾之忧，下以慰侨民北望之切。商等幸甚，中国幸甚。

《申报》，宣统二年五月十一日至十三日（1910 年 6 月 17 日至 19 日）

海参崴阖埠华侨王廉钦等请愿速开国会上农工商部代奏呈

海参崴阖埠华侨王廉钦等为速开国会，以救国危，恳请转呈代奏事。

窃我国自甲午、庚子以来，外侮频临，内讧蜂起，丧师失地，赔款以亿万计，辱及我君、后，贻害我人民，凡我国民，莫不欲同心戮力，以雪此耻。只以上下隔阂，君民不得相接，致朝廷为丛怨之薮，人民无祈响之方。廉钦等羁留异域，爱戴宗邦，每念及此，未尝不叹息痛恨者也。及见丁未九月十三日、戊申六月二十四日、八月初一日孝钦显皇后懿旨、德宗景皇帝三次上谕，明定君主立宪之制度，九年为期，颁布宪法，召集国会，正期我人民以困苦之余，身受隆盛之旷典，能不色然以喜，奋然而兴？第自预备以来二年有余，朝廷徒以新名目责任旧官吏，官吏惟有敷衍塞责，辜负朝廷〈廷〉之美意。长此以往，而欲预备之完竣，虽推而至于九十年，亦无以救一发千钧之危局，无怪我人民之大为失望，而有各省公举代表伏阙上书，吁恳速开国会之举也。乃于去年十二月间，阅俄报，知奉旨未蒙允准，不徒廉钦等奔走号呼，惶急失措，即邦交较厚之外人，亦深叹我国政令之过于迟缓，坐误因循。其素挟侵蚀政策者，则更或笑或骂，纷腾于报纸。廉钦等觇此累卵之危机，受此奇辱之激刺，虽冒万死，能不为我皇上及我监国摄政王披沥陈之。

夫速开国会之效果，关于内政外交及根本之根本者，各省代表孙洪伊等尽言之矣。廉钦等固知皇上及监国摄政王望治之殷，较之我人民有过之无不及，岂忽此而不一念及。之所以靳此期限者，实如上谕所谓幅员辽阔，筹备未完，国民智识程度又未画一，遽开议院，反致纷扰。可谓圣虑周详，皇猷慎重。惟国会之开，为我国数千年来未有之创举，如何为完全，如何为画一，朝野均无标准。廉钦等不揣冒昧，谨援引以证明之。

〈粤〉考环球受人保护之国，如朝鲜、印度等不计外，凡独立之国，宪法之美备者无论矣，其与我堪比例者莫如俄罗斯最称幅员辽阔之国也，程度之不齐，至今自兵农以下目不识丁者在在皆是。旅大败后，颁布预备立宪之令，期年之内，无所设施。俄民请开国会，俄政府先阻之而卒听之，然犹思设法操纵而箝制之，于是开会之日，第一件交国会以阿穆尔铁路接续案，国会谓现有东清铁路之自由行动，可无须此。第二件交以岁亏五百万兵费案，不数分钟，国会于烟、酒、糖、火柴四项下加捐补助决议。人民以为议员经由国民公举，既经国会决定，无不乐于捐纳，绝无抵抗请减者。俄国上下隔阂之积弊，至此销除，国会旋亦成立。以彼例此，我国固无待九年之期限而始可开国会之一端也。计宣统八年召集国会之期亦只有七年，为时诚无几，我人民之所以恳吁缩短而急不能待者，实有不得已之苦衷。盖未来时代之七年中，虽不敢决定如何危急，如何失败，即如过去时代之七年中，其危急失败，我人民所共见共闻而不能讳饰推诿者，如借贷外债，丧失路矿，不设军备等，不一而足。夫外债之能亡人国，如印度、芬兰、埃及等不胜枚举。朝廷借贷能弱人国之外债，丧失能富人国之路矿，不设能强人国之军备，上无刍荛之询，下无诤谏之阶，遂孱弱萎靡，一任诸大强国为所欲为，莫能抵制，是朝廷之自安贫弱，自弃国民也。夫外债既借，谁能还之？路矿既失，谁能赎之？军饷不给，谁能供之？非我人民而何？设使过去七年中有国会为之监察，为之援助，能致若此之危急失败乎？过去时代之覆辙，即未来时代之殷鉴，近思既往，决想将来，国会之开，非特不可迟至七年之后，其实不可迟之俄顷之间。解围城而无援应，处凶岁而乏积储，其不至危急死亡者几希。此我人民所以急不能待，而欲请愿缩短之一端也。

四万万之人民即我国四万万之分体也，合之为国，分之为民。国之所以为国者，因有民也；民之所以为民者，因有国也。国危则民辱，民散则国微。今各省所举代表孙洪伊等是四万万人民结合之公体也，以四万万人民所结合之公体请开国会，是四万万人民自救个人之灭亡，即所以保国家之巩固也。当此国步艰难之日，人心惶惑之时，犹以为国家大事，人民不得干涉，而分国与民为两造，则国自为国，民自为民，民但知有国而不有所分任于国，犹之一家数口或数十口之衣食而欲个人供之，个人任之，其家即不致倾覆，鲜能振兴。孰若一家数口或数十口，各有所分任之，必见其蒸蒸日上也。各省代表请愿速开国会，是尽人民担任保国之责任，并非有碍君权立宪之政体，亦断不累宪政之前程。盖彼反侧之徒，即满九年之期，亦断不愿开国会，以希冀上下睽隔，徼幸其一击之手段，（靡）〔糜〕烂我家国人民。此廉钦所以继续陈情请愿速开国会也。

皇上仁爱宽宏，监国摄政王英明俊毅，上绍丕基，下抚众庶，凡有可以裕国惠民者，莫不乐于施设，岂有国会为上下交通之机关，内外捍御之利器，而反过为迟迟哉？廉钦等固知必有明陈暗讽，寓贬于褒，或以开国会为害多益少，或以请愿为民气嚣张，遂致上累君父之忧，下失人民之望。盖彼等良由生长宗邦，惯施专制，身未入文明之境，足未登议院之堂，皂白难分，利害莫辨，遂视请愿为鬼蜮之谋，国会为豺狼之窟，诚于中，形于外，不禁冲口而出，而自不觉其阻挠新政，压制民权也。廉钦等惟愿我皇上及我监国摄政王，早竟先朝之遗旨，俯顺亿兆之舆情，断自宸衷，速开国会。则人民忠君爱国之愚衷，从此更形亲挚，强邻要挟损害之政策，亦将无所措施，羁旅华侨亦当受尊敬于主邦，沐恩波于域外。此廉钦等所以共表同情，请愿速开国会也。苟不然者，其害可胜道哉。故不论官吏之因循，预备之不善，虽满九年之期限，仍无成效之可观。

当此强邻压境，伺隙而动，反侧之徒，坐待时机，其所以迟迟而不施强暴之猛举，以制我死命者，非亲我国家，惧我国家也，实惧我民气之尚团结耳。自奉旨未蒙允准速开国会以来，人心惶惑，纷乱如麻，廉钦等日接此等警报，交相悚惧。盖今日者国势不振，所望民气固结，为国之助耳。苟欲助国家，而国家视若无所关系，不急有以鼓励之，恐一旦国家欲召民而民转有所疑虑，亦不急出而应响之。是徒使外人觊觎我上下不一心，而欲蚕食我土地，侵占我利权，限制我自主，层层剥削，流为印度、朝鲜之续。此则人民所晨夕思虑者耳。尤可虑者，民气之固结，无非出于爱国之热忱，苟积热沸腾达于极点，势（不）〔必〕至激成祸患不止。法兰西古时君权无限之国也，假令路易十五世时早开国会，查理十世时与民共政，何致煌煌君主之威权归诸乌有？廉钦等伏愿我皇上及我监国摄政王俯顺民情，同舟共济，速降谕旨，召集国会，置人民于衽席之上，措国家如盘石之安，我国我民幸甚。

谨冒死以闻，伏乞转呈代奏。

《申报》，宣统二年五月十五日至十六日（1910年6月21日至22日）

各省政治团体国会请愿代表余德元等呈请代奏书

呈为请速开国会以顺舆情，敬披沥上陈，恳赐代奏事。

窃维天下之大患，莫甚于失人心，失人心之由，莫甚于阳许以至美之名，而阴靳其实。光绪三十四年六七月间，士民上书请开国会者凡九省，诸代表集于辇下，情词恳切，人心之所向可见一斑。是年八月，孝钦显皇后、德宗景皇帝有诏，期以九年立宪，并饬中外大小臣工按期筹备，人心略定。上年十二月，各省谘议局议员怅九年之迂远，叹筹备之失宜，奔走呼号，道路相属。于是联合上书，请速开国会，到者凡十有九省，迫切之情，较之昔岁尤甚。旋奉谕旨，但诏以宪法必立，议院必开，而九年之期，则未有所更易。天下之人于是多缺望，有志者灰心而短气，咨嗟而太息；不学者且流于激烈，多扼腕而不平矣。某等集会以来，期与斯民共为立宪国民，与民最狎，故知之最真。窃叹我皇上与监国摄政王未遑熟计而轻辜天下之望也，区区愚忠，不能自已，敬为我皇上披沥陈之。

夫皇上之所以不肯轻易先朝之成命者，为先朝必有深意存乎其间，惟恐易之而适以负罪于先朝也。皇上以继志述事为孝，然善述先朝之事者，必善继先朝之志。皇上圣明，以立宪为非乎，则先朝虽有成命，皇上毅然罢之可也。以立宪为是，则期以九年，必非先朝之所愿。揆之继志之义，虽克日行之何害？某等恭绎上年谕旨，一则曰筹备未及完全，国民程度未能画一；再则曰宪法必立，议院必开，所慎筹者，乃在缓急先后之序，盖始终抱一审慎图维之意。某等敢就筹备之事，本慎筹缓急之意，略拟办法，胪陈如左，以广圣听，惟皇上垂察焉。

谨按筹备清单，逐项分别，所以绵亘至九年之久者，非真有千头万绪、日不暇给之事也。举其纲要，不过数事：一曰地方自治，而调查户口及编订户籍法属焉；一曰教育普及，而编纂课本，广设学塾属焉；一曰普设巡警；一曰司法独立，而修正法典及筹设审判厅属焉；一曰厘订官制，而文官考试及文官任用、官俸等属焉；一曰变通旗制；一曰清理财政，而厘订国税、地方税及会计法、审计院、预算决算及皇室经费属焉；一曰颁布宪法，而议院法、选举法属焉。故列之篇幅则有九十二项之多，而并其从属，挈其主要，不过八款。某等愚虑，以为自治、教育、巡警三事，与国会初无直接之关系，筹备国会固当办，即不筹备国会亦当办，即国会既开之后，亦终无完足之一日，仍不可不办。各国立宪已数十百年，而此三事尚孜孜日进而未有穷已，当立宪时亦未闻以自治、教育之程度与巡警之成绩为迟速之标准，以此知其与国会无直接之关系，国会初无需乎自治、教育、巡警，而自治、教育、巡警乃不能不需于国会也。此缓急先后之不能无疑义者一也。

司法独立不可谓与国会无关系，然司法为保护人权而设，只可谓与国民有关系，而与筹备国会初无直接之关系。立宪国之机关有三：一曰民选议院，二曰责任内阁，三曰司法裁判，三者并重。盖议院为立法机关，内阁为行政机关，裁判为司法机关，三者并重，因一机关未备而遂并他机关亦不许成立，此何理也？三者并重，立法机关必后于司法，此何理也？司法机关虽未完善，而立法机关先已告成，不犹愈乎？此缓急先后之不能无疑义者二也。

厘订官制不可谓无关系，然只可谓与行政有直接之关系，而与立法为间接之关系。仍今之官无变今之制，但开国会，即大臣负责任，大臣负责任而行政机关全身皆振矣。况国会未开，官之责任未显，私而忘公，虽厘订无益。并有把持抗沮，使厘订官制之大臣，虽欲更张而有所不能者。此缓急先后之不能无疑义者三也。

变通旗制是我朝特有之事，与国会更无关系，以选举言则为旗人立专额议员，如今各省谘议局之于驻防可也。此缓急先后之不能无疑义者四也。

清理财政为预算决算张本，与国会可谓有密切之关系矣。然按之筹备清单，宣统二年，各省谘议局即有预算，地方税既已划分，即国家税亦从而确定，虽以宣统二年实行全国预算可也。且资政院今年开办，即当有预算，藉曰无之，则不特资政院失其效力，窃恐议事之际一涉经费，彼此均不得其要领，而冲突繁兴必有不能待之数年之后者。以皇上之明威，饬下度支部，限一年之内制定预算表式，焉有不能之理？如其不能，则终不能矣，岂理也哉？此缓急先后之不能无疑义者五也。

至若宣布宪法、议院法、选举法并举行选举，则真与国会有关系，真为未开国会以前应行筹备之事。然所当筹备止此，则何待九年，又何以列之第九年而前八年略无所计议？夫前八年既无所计议，则无待于（先）〔九〕年筹议可知，既无待于（先）〔九〕年筹议，则自今日起先从事于宪法、议院法、选举法可也。舍应行筹备之事不议，而以无甚关系之事从容延宕，坐废八年，于义何取？此缓急先后之不能无疑义者六也。

由此疑义，略筹办法，则惟有请皇上迅赐饬下度支部，自今年起即调制全国预算案，并饬下宪政编查馆，速将各国宪法进呈御览，恭候钦定，并由馆臣速将议院法、选举法订定，即定期举行选举，听候召集。似此一转移间于急切进行之中，仍无背于审慎图维之旨。皇上圣明，何惮而不为此？今天下之人皆以为九年之期可已而不已，筹备之事应为而不为，故一请再请，不能已已。此其悁悁忧国之忱，至可悯念，未可以躁妄斥也。夫民困于专制政体之下之一切官吏之手也久矣，生计垂尽而又怵于外患，侘傺无聊而渴望之意，仅仅得一九年筹备之诏，黄发耇老欲恐死须臾以观盛化之隆，则如恐不及焉。未奉明诏之时，不过渴望，既奉明诏而故缓其期，则转成觖望。某等故曰：天下之大患，莫甚于失人心；失人心之由，莫甚于阳许以至美之名，而阴靳其实也。皇上以冲龄寅承大统，监国摄政王以负扆代宵旰之忧劳，何乐而使天下多觖望之心乎？

夫一年以来，筹备之不力，久为海内志士之隐忧。推原其故，皆无国会之监督，而政府不负责任所致。今既探本于缓急先后之间，而熟筹办法，则前此之力与不力，转可不论。惟在皇上迅赐干断，召集国会，则宪政之精神立时振作，可以警顽庸之官吏，可以苏垂毙之人民，可以收涣散之人心，可以（廷）〔延〕灵长之国阼，惟皇上与监国摄政王一振起之而已。区区愚忠，不胜迫切待命之至。伏乞代奏。谨呈。

《申报》，宣统二年五月廿一日至廿二日（1910年6月27日至28日）

东三省绅民全体代表乔占九等国会请愿书

呈为时局危迫，吁恳速开国会，救东三省以保大局，谨请代奏事。

窃维植国如植木，本实拔则颠覆相因；医国如医疾，脉络活则血气自旺。东三省为根本重地，昔为颂发祥者之恒言，今为谈均势者所公认。日俄战后，环球视线，注重东方，其势岌岌不可终日。幸我孝钦显皇后、德宗景皇帝，聪明天亶，烛在几先，诏以九年召集议院。明诏一颁，中外震慑，遂使谋我者不能不生其顾忌，而伺隙而动，方且视我进行之迟速，以定其对待之方针。迩来朝廷廑怀东顾，特简重臣统制三省，本冀通财合力以为握要之图，乃甫经设施，已苦财力不继。可知欲据东三省以谋全国之安，成算虽操，成效难睹。势非合全国之财力，以救东三省之危急，而时势必无转机也。计惟有速开国会，萃聚二十余省之人才物力，共为国家担负责任，庶内可以收众志成城之效，外足以戢强邻觊觎之萌。东三省人民抱此志愿，如饥待食，久思上叩九阍，吁陈下悃。乃去岁各省谘议局议员，联名上书，请开国会，旋奉十二月二十日上谕，仍以宣统八年为限，俟将来预备完全，届时召集议院。仰见朝廷于锐意维新之中，严审慎周详之意，自应钦遵，理无烦渎。惟是立宪预备，九年本不为迟，其奈时势迁流，一岁百变，国会之开，非人民不能待，实时局不能待也。谨先就东三省时局之危急，有迫不及待者数大端，为我皇上披沥陈之。

东三省南襟黄渤，北带黑河，左屏朝鲜，右藩蒙古，边烽不警二百余年。自甲午、庚子两番战败，天堑夺矣，屏藩撤矣，东瀛之风潮直入，北门之筦钥已虚，茫茫疆土，正如一片肉悬于两虎之口，虽不即噬，呼吸可危。此疆域之日蹙，迫不及待者也。

东三省天产之富，久为外人所垂涎，自门户洞开，遂各逞其无厌之求。安东之森林，沿海之盐坨，抚顺之煤矿，漠河之金矿，以及鸭绿、混同江之航业，南北满洲之路线，利之所在，无不囊括席卷，为一网打尽之计，溪壑可盈，是不可厌。此利权之日亡，迫不及待者也。

东三省自庚子变后，财政之困难，已为从前所未有，近以举行新政，需款浩繁，杼柚已空，罗掘无术，外人复乘我之敝，逞其工战、商战之手段，以掬此垂尽之脂膏。农商交困，已苦于补救为难，倘再数年，非跻全土于外债之台，即索斯民于枯鱼之肆矣。此财力之【日】竭，迫不及待者也。

东三省之民心夙称强固，虽屡受外界之挫蔑而不忘忠君爱国之心，则万众所同。东三省之犹可为者在此，而外人之对于东三省所以迟回不遽攫此土者，亦未必不在此。然不及早图之，恐困疲之民久蜷伏于强力之下，习为固然，仰鼻息以乞怜，甘奴隶而不耻。近年以来，巧黠之徒甚至有假洋商入外籍，以希图免税藉作护符者。履霜坚冰，相逼而至，倘再数年而不失其本心者，复几人耶？此人心之日变，尤迫不及待者也。

以上四端，皆东三省治乱存亡最大关头，实即全国治乱存亡最大关系。而欲使治而不乱，存而不亡，断非东三省之财力所能维持。改设行省，今四年矣，疆臣悉力规画而志与愿违。起视时势，则人方绝尘而驰，我且中途竭蹶，力不能逮，时不能待。设使光绪三十四年已似今日情形，我德宗景皇帝当亦立沛恩纶，早开国会，以共济时艰。皇上以继述为心，摄政王受付托之重，扬烈觐光，正在今日。恭绎前颁谕旨，亦深冀议院早立，以固邦基，惟虑筹备既未完全，国民程度又未画一，恐遽开议院，反致纷扰不安，诏示殷殷，具有深意。然管见所及，则尤有可上陈者。

以中国民智初开，其程度诚万有不齐，即俟至宣统八年，而谓程度遂能画一，此在内地或可循序以几，而在东三省，万难从容以待。且程度者，必因事而见，亦因事而增。国会诚开，人民实任其事，其程度及者，自当益竭忠诚，其不及者，亦勉图自效。如必俟程度画一始开国会，恐无能开之日，何若先开国会以促人民之进步，而程度容有画一之时。上年诏设各省谘议局，仰赖宸衷独断，决策行之，迄今各局设已经年，各议员黾勉从事，尚不至贻宪政前途之忧，贻中外通人之笑。可知程度者，无定之名词，而惟此国民奋发之气，阻抑之则易致决裂，利用之则共矢忠爱。即如九年中所筹备，如海陆军、司法、行政、实业各要政，际此经济困难，端赖国民之担负。诚使国会早开，上下同心，分途共进，以分年筹备之事为实地练习之端，则人人视国如家，齐力担负，亦何事之不成，何政之不举？盖有国会，则机关完备，人民知有应尽之义务，而无异词。非然者，纵使多方搜括，窃虑怨诅繁兴，而来源涓滴，去势汪洋。非惟东三省不堪设想，恐筹备所需，即各省亦万难为继，预算决算徒托空谈，势必坐废半途，终无完全之日，此亦莫大之忧也。况立宪各国皆力守国界主义，我国二十二行省，外人尝笑我为二十二国，盖省界不化，则国界不坚。国会者，化除省界之大关键也。天下大势，分则力弱，合则力强。东三省既为国家根本，东三省之存亡即关系全国之安危。国会一开，则东三省纳于完全国界之中，而脉络互相贯通；国会不开，则东三省囿于各省界之地，而气势不能壮旺。强弱之关，迫而且危，若必预备九年，深恐时机不待，挽救莫及矣。

伏愿我皇上明降谕旨，速开国会，俾得及早以图，藉以团结未涣之人心，担荷救危之责任，则财政可纾，利权可挽，疆域可保，东三省之幸福，亦全国之幸福也。东三省人民益当激发热诚，共襄郅治，以无负我皇上实行立宪之至意。所有吁恳速开国会以救东三省而保全局缘由，披沥上陈，伏乞代奏。谨呈。

《申报》，宣统二年五月廿一日至廿二日（1910 年 6 月 27 日至 28 日）

各省商会国会请愿代表沈懋昭等呈请代奏书

呈为商业困疲，国计民生交受其弊，请速开国会以图挽救，恳赐代奏事。

窃各省谘议局议员及绅民上书请速开国会者，屡矣。恭读上年十二月二十日上谕，知宪法必立，议院必开，薄海臣民，同深钦感。惟国会召集之期，仍待之宣统八年之后。商等内顾身家，外观时局，窃见夫民生日蹙，国计濒危，挽救之谋有不能待至数年后者。商为四民之一，无国会之害既确有所见，自不忍不言；于商等有切身之灾，恐他人言之，不如商等言之之亲切，尤不能不言。辄不避罪戾，为我皇上披沥陈之。

我国自通商互市以来，出入货物不相抵，金银之流出外洋者，岁以数千万计，数十年来以数万万计，财力耗竭，已将不支。至甲午、庚子两次讲和之后，摊付赔款，岁出金银又以数千万计，十余年来又数万万。吾国版图之大，人口之众，以现银平均计之，几成无银钱之国矣。银根奇紧，全国掣动，东倒西亏，不绝乎耳。汉口、上海、杭州、东三省等处市面颓唐，皆有朝不保暮之势。夫通商互市，为万国之通例，何病之有？顾世界各国有法律以维持之，有政令以调剂之，故只见其为利，不见为害。中国则不然，以言法律则不完备之法律也，以言政治则不均平之政治也，故只见为害，不见为利。顾法律何以不完备，政治何以不均平？则商等敢断言之曰：是惟无国会之故。敬举数事，惟皇上哀怜之。

各国皆有国家银行为全国金融之机关，又即以银行为国家之金库，吸收全国之金银，纳之其中，势力雄厚，用以剂一国之盈虚而济其不足，故市面无掣绊之虞。我国则不然，周转不继，则运掉不灵，其势所以常不敌也。然全国之总机关必全国人监督之，无国会之监督，为之担保，朝廷究有何法，能维天下之信用，能吸收一国之金银，尽纳之于官立之银行而操纵之乎？此机关不立，则中国商业永无望矣。此商人命脉之悬于国会者一也。

商业之盛衰，当视察国民经济，以恃其消息，此之谓商业政策。然合一国而统筹并计，非经国会协赞不能定此政策，而督责政府以必行。故各国商业有由国家补助者，补助之款惟国会筹集之；有由国家干涉者，干涉之法惟国会议决之；有由国家保护者，保护之必要惟国会提出之，此其所以能获胜利而无或挠屈也。我中国则不然，应补助不补助，应干涉不干涉，应保护不保护，听其自生自灭已为至幸，又且有剥夺贸易之自由，絷缚其手足，沮抑其心志，阻碍其交通发达，摧残挫折，不至于失败不已者，此则无政策之故也。无国会所以无政策，此商人命脉之悬于国会者二也。

运输之通塞，货物之良窳，成本之轻重，皆源于税法。税法得宜则百利兴，失宜则百弊生。各国租税皆由国会承诺，故应增、应减、应蠲、应缓之处皆经国会之决议，要皆熟察于民生日用之需与物力低昂之故而后定之，盖非有多数之民选议员决不能调查研究而至于惬心贵当也。我国则不然，有应征收而反漏免者，有应蠲缓而反重征者，有日用品应轻而反重者，有消费品应重而反轻者，颠倒失据，而商人无所措手足矣。不有国会何以能正？加以收税机关不善，官吏侵渔，胥役诈冒，商人纳十文而国家不能得一文，不有国会，何以能革？此商人命脉之悬于国会者三也。

与洋商贸易，胜败之数，全视乎进出口税。进出口税额由国会议定之，此各国之通例也。我国则不然，订立商约，大臣无咨询之实，商人无过问之权，大臣一席之谈，商人数世之累，洋商处处便利，华商处处受亏，数十年来，华商已无立足之地矣。不有国会，不经多数议员之调查研究，其势必至于此。此商人命脉之悬于国会者四也。

被此四害，焦心苦思以望国会，如饥者之思食，渴者之思饮，而朝廷犹纡徐曲折而曰，必期之宣统八年之后。独不念商力疲则民生蹙，民生蹙则税源涸，商人命脉之所系即国家命脉之所系乎？朝廷励行新政，百端待举，长此入不敷出，草野之民亦知其不可。然欲增税以报效国家，则税已无源。司农有仰屋之嗟，人民亦苦乏点金之术，朝廷又何法以支持此数年之危局？人民又何术以仰体宵旰之忧劳乎？抑闻之廷臣曰，今年开资政院即与国会无异。商等以为资政院议员虽有多额纳税者十人，实未尝有商人之代表。其所谓多额，又非合全国统计，而二十二省又不能遍及，仅此十人，其所以能表现商民之心理者，能几何哉？夫资政院之不可以当国会，要自有理论，非商等所能殚述。伏愿我皇上、我监国摄政王念民生之日蹙，国计之可危，恻然动心，立时召集国会，以图挽救，则岂惟商等之幸，实国家之福也。区区愚诚，不胜迫切待命之至。伏乞代奏。谨呈。

《申报》，宣统二年五月廿三日（1910 年 6 月 29 日）

各直省谘议局议员代表上第二次请愿国会书

呈为时局忧危，民心惶惑，泣陈圣听，恳即召集国会以救危亡，伏乞代奏事。

窃上年冬间，洪伊等本全国人民愿望，伏阙上书，吁请速开国会，蒙温旨慰谕，加以敦勉，跪诵之下，感悚莫名。洪伊等同具天良，苟时势尚可缓图，救国尚有他策，亦安忍再渎陈于君父，干禁御之威严。抑或海内人心安帖，不复函电纷至，责以再上，洪伊等亦当退处静候，各守庸愚。无如数月以来，民情日裂，时事日危，筹备日成具文，故今日国会之开，正臣刘宗周所谓宜以日计，不宜以岁月宽限者也。洪伊等细绎朝旨，于宪政期于必立，国会期在必开，其所以审慎图维者，实因筹备之未完全，国民程度之未画一，且谓资政院可为国会基础，故仍期以九年。洪伊等至愚，亦谓国会不可不即开者，亦正因筹备之不完全，国民程度之不齐一，资政院之性质尚未明析。静观熟察，危惧交陈，耿耿寸诚，不能缄默，敢为我皇上覼缕陈之。

一曰欲宪政筹备之完全，不可不即开国会也。夫有国会，然后可举行宪政，无国会，则所请筹备者皆空言。此论骤闻之似近于激，然证以近两年来之政治，实丝毫不诬。内而各部，外而各省，其筹备宪政，大率真诚之意少，敷衍之意多。观其奏报，灿若春葩，按其实际，渺如风影。两年之情形如此，推之九年可知；此时之筹备如此，他日之实行可知。所以然者，无国会为之监督于旁，则人民与官声息阻隔，与朝廷更属阻隔。其始也，则行政官不能借重全国人民之研究以决定施政之方针；其继也，则因无国会以编订法律法规，一切政治无所遵守而征信用；其终也，因无国会以为法律上之按问，则行政官所负之责任，究属有名而无实，有偏而无全。夫朝廷之所以三令五申，督促筹备宪政者，岂非出于治国安民之至意？若如今日官吏之奉行故事，则国家因筹备而较之前财力更困，元气更伤，人才更窳。是吾国日日言筹备，而宪政之利未收，害已先着也。故就其外观言之，何尝不视此九年为转弱图强之会，及实核之，则此九年适足以植酿乱速祸之根。夫以扶危定倾之举，变为养【痈】贻患之忧，人情尚能忍耶？且考各国宪政之成立，惟英国由于自然之发达，其余各国大率规仿英国，并无所谓筹备之时期，绝不闻各国以此顿蹶者，良由立宪制度首重机关完备，去其一而取其一，则运用不灵，反以取祸。惟规仿其全体，则有百利而无一害。人之几经参酌而后得者，吾国可以直追而捷得之，稍涉游移，即危国本。夫吾国今日为宪政萌芽之会，即令国会组织未尽合度，亦凡事谋始时之常情，而国会一日不成立，即筹备一日不完全，此必然之势。然则吾国惟其欲筹备宪政，亦当速开国会也。

一曰欲国民程度之画一，不可不即开国会也。夫国会者，所以演进国民之程度，若不开国会，即人民程度永无增进之一日。今以欧美人民之程度衡吾国民，诚见其不及，若以吾民之程度，参与吾之国会，何遽见其低？夫国家各（省）〔有〕自具之历史、政治、风俗，即各有宰治经纬之能力，既不能强彼以就此，更何容抑己而扬人？且国会制度者，非尽人人而参与国政之谓也。世界无行普通选举之国，必有限制之资格，吾国资政院、谘议局之选举，即系此种限制法也。于千万人民中择其少数有程度者，畀以选权；又于千百人民中择其少数有程度者，畀以被选举权。国家既阻制之于前，而犹谓其程度不足，是矛盾其法令也。况国会将来被选之议员，其大半必系有职官有资望者，并非纯是齐民，不过因其为人民所选出而混称之曰人民而已。其次则以其有新智识者，多为此种人才，朝廷近来亦（当）〔常〕破格录用，岂〈故〉置之国会中即虑其程度不足耶？以议员而概视为人民，因人民程度不及而并谓议员程度不足，既非情实，况欲人民程度皆及，无国会翕集而倡导之，则程度又安有画一之日？是立宪之实行永永无期矣。全体议员中，或不无少数之滥竽，然宪政者，多数取决之政治也，少数人程度不足，于事何伤？况今日所恃为筹备宪政之官吏，其程度又岂有异乎？且国于天地，必有与立，而恃以立国者，专制国则在上之重臣元辅，立宪国则在下之民心。今日由专制而立宪，此筹备九年中，人民智识画一之时期既未来，旧时之所恃倚者又全去，倘长此纷歧扰攘之中，设有事变，将何以御？恃在上乎？则环顾盈廷，有汲黯在朝，淮南不敢轻汉者乎？有司马相宋，契丹不敢窥边者乎？皆无有也。然则开国会一事，正今日所急需而当利用者。往昔三代圣时，虽无国会，然或为旌木，或为鼓铎，或诏矇瞽，或询刍荛，此可见古代之博采舆情，不必定人民程度之高尚。即如为后世汉宋太学之士，皆得上书，明初耆老，皆得召见，此可见但取民之秀异者，已觉有益于国。揆之今，证之古，莫不以达民情者固民心，即以固民心者巩国本，此理至易明耳。故欲求智识程度之画一者，为多数国民言之，其收效在二十年后之教育。求智识程度之较高者，为少数之国民言之，其利用即在国会之举行。若恃今日筹备之所为，而期他日人民程度之画一，洪伊等可同声决断，必无其时。然则吾国今日惟欲培养国民之程度，亦当迅速开国会也。

【一】【曰】资政院性质不明析，不能不即开国会也。夫资政院为上下两院之基础，近于各国一院之制。然细察其性质，又与国会迥殊。君主不负责任，为立宪国拥戴元首之良法，而资政院与大臣有争执，则恭候圣裁，是仍以君主当责任之冲，而大臣逸出责任之外也。行政官不兼议员，亦立宪国之良法，而资政院议员则有各部院司员，是仍为行政、立法混含之机关也。况议长、副议长较之议员，品秩特崇，尤与行政部院之堂属无殊乎？夫国家颁一法令，立一机关，先视其组织之若何，权限之若何，而后效力因之而生差异。今资政院之组织与权限，皆不相融洽，既不便于人民，复不便于官吏，窃恐开院后，将酿成朝野两派之冲突，行政官吏更无所适从。冰霜所兆，识者忧之，故朝廷苟欲表明实行立宪之心，必自罢资政院而开国会始。

洪伊等以上所陈之三端，实恭绎去年所奉之谕旨而确解当释，冀仰邀圣明之洞鉴。抑洪伊等更有陈达者，方今国中舆论混淆，多不悉朝廷殷殷图治之苦衷，而隐怀觖望，或争路矿，或拒外款，或攻击官府，亦恒有入于激烈，昧于事实之弊。甚或主持言论者，亦以偏宕挑剔之习气，邀誉于人民，人民亦遂靡然从风，而浸润于浇漓之舆论中，不能自拔。众喙争鸣，公理湮晦，不独朝廷炫于视听，即士大夫亦渐相厌倦，以不与闻国事为高。危象至此，后祸方长，此皆由于无国会以同一舆论，训练舆论也。盖专制国无人民参与政治之机关，故舆论散布于社会；立宪国有之，故舆论汇归于国会。散布于社会，无统一，无训练，其是非淆乱宜也；汇归于国会，则主持舆论者，事事受法律之节制，有一定之轨线，是以定国家之大计，供政府之取求。至于国会以外之人民，因有国会耸立于国中，有百千议员参与国政，有确定之责任内阁，彼自不能横倡浮议，鼓动风波。观各国当未立宪之时，舆论披猖，既立宪之后，民安职守，即可知国会之妙用。夫天下有道，则庶人不议者，公议兴而私议息，庶人自无可议也。若国会既开，庶人亦可不议，因有议员代之议政也。乃近来当事见国中民（乞）〔气〕稍激，深恐开国会之后，人民据有机关，将更难遏抑。此种误会，恰与世界治理相反。夫英、法两国前此人民要求立宪之时，革命大起，岁无宁日。日本人民当明治初年，亦屡次几成革命。今日英、法、日本之人民，皆各守法令，各尽职务，何也？团体已定，民心已安，乱机无由生耳。

我皇上幸勿谓九年期限先朝遗训，未忍遽改也。古来事机之迁变常迟，今日事机之变动最迅。我德宗景皇帝尚是尧步舜超之时，我皇上已届禹驰汤骤之世，气热一涣，恢复愈难。洪伊等观近来各省兵变民变之事岁常数起，粟荒钱荒之困海内骚然，虽扑灭于一时，终（挺）〔铤〕走于异日。土崩之形可虑，厝火之象迭呈。朝廷若无雷霆之举动，以昭苏薄海之生机，恐人心一去不复回，国运已倾而莫挽，大势滔滔，何堪设想？近年来，人民窃窃私议，谓吾国历代倾覆之危机，与世界各国灭亡之炯鉴，吾国今日皆已备具，恐国事从此已矣。洪伊等骤聆之，痛恨此种不祥之言，而一转念间，神魂又未免为所搅乱，觉前途之一切之惨象，时丝悬于梦昧中，故今日不得不上渎圣听，冀回天聪。伏愿我皇上念祖宗付托之重，体先帝求治之怀，祛屏浮言，从速颁布国会之诏，以国家之安危与四万万人共之，则洪伊等虽冒犯忌讳，身【置】斧钺，亦所甘心。哀迫陈请，不胜惶恐待命之至。伏乞代奏。

《时报》，宣统二年五月廿四日至廿六日（1910年6月30日至7月2日）

山东谘议局呈请代奏速开国会稿①

为时局日棘，国势阽危，请速开国会，以奠邦基而维宪政，吁恳代奏，仰祈圣鉴事。

窃维事有本原，审端宜预；政有切要，致力宜先。《书》曰：疑谋无成。又曰：惟克果断，乃罔后艰。往者各省农商学民各界士庶暨各局议员，痛时势之艰危，鉴人情之惶迫，伏阙上书，吁请至再，叠蒙温旨慰谕，仍期九年。在朝廷吁谟宏远，实以壮往则有悔，虑深则获全，为慎重维持之道。职等仰体圣怀，何敢再渎。惟是率土普天，延颈企踵，期我国家早臻一日之巩固，即宵旰早释一日之忧勤。今者仰参天时，俯察人事，外观世界状态，风云变幻，惕目怵心，更即国势所关，实有刻不容缓者，为我皇上陈之。

一曰速开国会，则宪政之由筹备而成立，方能渐臻完备也。谓仅恃九年之设

① 原标题“呈请代奏速开国会稿”，兹拟标题“山东谘议局呈请代奏速开国会稿”。

置，即可纲举目张，则前此之朝夕不遑，分曹共画，相与聚庙堂而颁订者，已三年于兹，乃奉行者因循如故，虚缓如故，勉强应付如故。枢纽不灵，主张各异，以致每举一事，明知事重费艰，万难因应，而筹备之期限已迫，于是部臣姑以是责之疆吏，疆吏姑以是责之地方有司。文告频繁，簿书催促，其经费之如何筹画不问也，名实之是否相符不问也，乃至形式略具，而精神全非，纲目厘然，实效难睹。读各省每届半年胪陈成绩之奏报，未尝不瞿然惊骇，以为今日所谓筹备者如斯，则他日之所谓成立者已可概见。夫立宪国家，三权鼎力，适成为完善机关。今乃以行政机关即参与立法事务，虽当此筹备之时，究属不可混淆。况乎国会不开，则机关不备，机关不备即无内阁大臣负责任，何怪乎因循虚缓，勉强应付者终无以善其后。此宪政之筹备不可不速开国会者一也。

二曰速开国会则经费有确当之负担，方能不虞竭蹶也。闾阎雕敝，生计将穷，商务困疲，税源几竭，此请协济，彼恐截留，百务待兴，罗掘俱尽，仰屋者亦穷于术矣。非敢谓国会一开，即能易枯槁而为丰腴也。大凡世界宪政国家，其经常及临时费两项，皆经议院之预算决算而定。关于军事、庶政诸大端，其一切费用，无不赖一国人民全体负担，而政治斯可以毕举。中国地大物博，本非实为贫弱，良由实业未兴，致令自然美利，概事捐弃而无所用；并司度支者于收入、支出纷糅挪移，久无以示大信于编氓，而输将几视为厉民之举。惟国会以为之监督，则开源节流悉握其要。若国会再为迟缓，而仅于岁入、岁出之检查，国家、地方税之厘定，日事纷纭，恐延至九年，会计法终无实行之日，即预算决算亦终非确定之税率。此经费之负担不可不速开国会者二也。

三曰非速开国会，则人心之萃聚者恐至涣散也。将疑遏抑之极，恐滋意外。所谓事起干戈，变生铁血，前仆后继，不惜牺牲性命以博此参政权者，揆诸吾国之善顺人心，万无虑此。只以立法、司法、行政三端为宪政上之大纲，惟立法为国民之特职，此固揭在人心，无庸置议者也。议会所协赞之法律，即一般人民所公认之法律，亦即天皇裁可、上下共守之法律。今以行政参立法之权，凡政府所擘画而经营者，有司亦得依违而奉为故事，无他，立法不出自国会，已失定制之本旨，况又无国会以督其后耶。薄海臣庶，方殚精竭虑，期于涤除旧弊，定宪政上根本之图，倘仍迁延审顾，使忧心国是者有恭焉待尽之思，亦非得计。此欲顺人心不可不速开国会者三也。

四曰非速开国会，则国势之觚尯者将至于衰弱也。水旱频仍，盗贼迭起，外交事故，易形棘手，内乱虽靖，亦足深虑。长此委蛇，势成坐困。所恃者，国民拥戴之诚，尚堪绸缪于未雨。伏思议员之召集，本奉先朝诏旨，期在九年，将谓限期所在，不容或渝，抑思善继善述之治，原不在徒泥成迹。比者外界之机谋转瞬递变，斯内界之淬（励）〔砺〕一息难宽，外观亡韩覆辙，其促吾国之危机者尤不可以旦夕计。若国会速开，大局奠定，上以慰先皇帝在天之灵，下以慰寰宇云霓之望，我皇上继志述事之善，无以逾此。然使前此之规定可以隐弭内患，捍御外侮，足巩固国家万年之基业，则国会之开，虽再迟数年，亦不得为晚。非然者，即稍缓期年，而犹觉其迟。《洪范》有训：国有大疑，谋及乃心，谋及卿士，谋及庶人。今环球交通，列强并峙，亦皆合全国之深识远虑，厚集其势，以为实力，成效昭然，无俟蓍蔡。此欲振国势不可不速开国会者四也。

综此四端，则国会之速开，无烦再计，而所以迟回慎重者，正以九年预备未完全，国民程度未齐一也。顾职等则以为无虑此者。良以执政者非不知无源之水，无本之木，易形枯竭，乃或过虑民权嚣张，而姑为是从容布置，以渐臻日本维新之轨迹，有不待其事之毕而罅漏立见者。姑仅以一省论之，山东经费预算，仅就目前国家、地方经费计之，不敷之数每岁已将百万，后日更难为继，此固昭然若揭者也。若必俟预备完全而后开国会，恐预备实无完全之望。夫立宪国之所以尊重国会，与国会之所以维持国家者，在国会之重有立法权，编纂一切法规，用能详分纲目，有条不紊，此预备未完全而可开国会，无容迟疑者也。以国民之程度观之，衡诸列邦，诚有未逮。顾所谓国会者，乃代表全国之人民，使与参国政，非合全国之人民召而集之，使共参国政也。况代议之士，必皆公正明达合格之人，凡悖谬营私者，举无容滥厕其间。彼附会名义，藉端构煽之弊，可以无虞。夫合上下两院之议员坐而讨论，以供君上采择，其于国计民生、内政外交之利病，无不目击而身受，得失昭然，若烛照而计数，不犹愈于委诸一二官吏之手，自订之而自行之，权限不明，责任不定，徒滋此隔阂纷扰之弊。此程度未齐一而可开国会，又无容迟疑者也。职等愚昧之见，非敢故作危词以渎圣听。外视列国，内顾寰区，岌岌若不可终日。日俄协约、日韩并邦之成，关于大局之安危者尤为紧要。《易》曰：其亡其亡，系于苞桑。《语曰》：时乎时乎不再来。愿皇上乾纲独断，为宗社保灵长，为生灵延命脉，不得不披沥陈词。急切悚惶，不胜屏营待命之至。伏乞代奏。谨呈。

《山东谘议局会议第三期报告书》，宣统二年（1910年），首编，第1—3页

请愿国会全体代表团合上政府书

请愿国会谘议局代表孙洪伊，绅民代表李长生，东三省绅民代表乔占九，旗籍代表文耀，教育会代表雷奋，江苏教育会代表姚文枬，商会代表沈懋昭，上海、苏州商会代表杭祖良，政治团体代表余德元，南洋暨澳洲华侨代表陆乃翔等谨上书。

敬肃者。窃中国今日之国势，其忧患危迫，可谓极矣。政府棼乱于上，士民怨讟于下，各国协商协约于外。以国内之棼乱怨讟言之，则无时无事不可以亡国；以各国之协商协约言之，则无时无事不可促我以亡国。譬如孤舟遇风，生死呼吸，同舟者既束手待毙，而四面又皆敌人，安有幸存之理？观近来外人之评论吾国也，曰财政紊乱可以亡国，吾侪当监督其财政；饥民流寇可以亡国，吾侪当派遣舰队以资镇压。夫外国人谓吾国之必亡，犹可言也，乃吾国人士亦终日惶骇奔走呼吁，若皆有汲汲顾影不可终日之概。懦者明知国之将亡，而始终存一灰冷之心；健者日求所以救亡，而遇事挫折，不获一逞，亦时萌灰冷之念。哀莫大于心死，今吾国人之于国事，其心未死者有几？呜呼，国家将亡，必有妖孽，人之将死，其言也哀。此代表等今日所以万难含默，而披鳞触忌，剖心泣血，欲与我执政诸公一痛陈之也。

窃谓吾国致亡之途虽多，然其总因，则首在国家政体不定。代表等所谓政体者维何？即立宪政体也。立宪政体与专制政体之区别，即首在宪法之有无，而国会者，又为宪法上之最重要机关，无国会即无宪政之可言。此非代表等之私言也，世界各国极平常之见解也。此中理论，万言难宣，代表等昨呈都察院代奏之请愿书，已将吾国速开国会之利益，与吾国有决可速开国会之理由，一一论列，

兹更无烦复述。代表等今只就政府一面之危急情形，非速开国会不能挽救者，略言两事可也。

一曰吾国若不速开国会，则一切现行法律皆无根据，不能推行也。夫国家所恃以存者，在有法律以维系一切秩序。各立宪国之所以尊重国会，与国会之所以能维持国家者，首在国会之握有立法权，以编纂一切法律法规也。今吾国无此立法机关，故政务日益紊乱，官民毫无遵守。近来宪政编查馆与各部院所颁布之现行法律规章非无妥惬者，司员中非无明达者，然颁布之后不独无甚效力，且多置若罔闻。若因此即谓人民无研究法律之程度耶，则民间号称法政淹通之士，平日素喜研求各国法律者，今对于国中之现行法亦多不经意。且非独在野者如此也，即主持立法之各部院与各省行政官吏，又何尝有信奉此种法律之心乎？甚或本身行事显犯本身所定之法律，亦悍然不顾。推此原因，则由于此种法律非协赞于国会之中，无论其优劣，不足以耸朝野之观听，人民必鄙屑之。此世界人类普通之性情，非独吾国为然。倘非人民所信仰之法律，而可使人民尊重耶，则欧美各国又何不召集国中人才于行政部院之中，命其编纂法律，而必断断设立国会，畀以立法之全权耶？此其故可深长思矣。夫人民之所以要求国会者，必因目前极厌恶此种专制政体，极不信任此种官僚，故必欲参与立法，使之独立于行政部之外。若人民所要求之物在此，政府所畀与之物在彼，所答非所问，其根本上已与人民之心理相反。人民走于狂热，其物之美恶不暇辨，必不任受，无怪其然。况国会既开之后，经多数之讨论，其编纂之法律必与少数司员之讨论者较为详备乎？故吾国若一日不开国会，法律必无效力，则国家可谓为无法律之国家，官吏为无法律之官吏，人民为无法律之人民。上无道揆，下无法守，国家安得不亡？此最可痛心者。故吾国今日人民，只知要求国会，对于一切不完全之法律皆可视若弁髦。政府既不授人民以立法之权利，人民即无遵守法律之义务，日后人民虽酿成大变，虽仇视政府，虽显有不法之举动，代表等亦无力可以导喻之，惟有束手以坐视宗社之墟耳。虽然，谁无祖宗庐墓，谁无室家，岂有不思患预防之理？代表等今日要求速开国会之一大理由也。

例如枢府欲取中央集权政策，则各省督抚联衔电争以挠之；督抚欲取地方分权政策，则枢府可奏陈圣听以扼之；海陆军大臣欲取扩张军需政策，则度支部与各督抚皆不协筹军需；农工商部欲取整顿实业政策，则度支部既不拨给经费，而海军处又到处争拨巨款，致无余力可以经营实业；度支部欲取财政统一政策，则地方长官暗中梗议，虽清理财政一事，亦受把持，他如筹一的款，拟办一事，则各部或奏请拨充，各省或奏请截留，函电纷驰，辗转请托，竞争国帑，如攘私利，令人骇然。全国政务如乱麻，全国政策如飘蓬，扰扰纷纷，徒以召乱。夫吾国何以毫无政策一至此耶？则亦因无国会之故。盖无国会，其始也，则责任内阁无所倚重，不能成立，各部政务无连带责任之关系，故行政上各不相谋，必至各部有各部之政策，或各部均无所谓政策。其继也，因无国会以公共讨论，则所谓政策者，必系政府一面之理想，不能惬于国势民情，合于世界大势。其终也，则所取之政策，无论是否，不能得全国人之信用，而遇事阻挠，甚或惹起民间之激争，足以堕非常之大业，灰当国者之热心，此祸之最显著者。若既经开会之后而共同讨论其政策，则朝野联为一气，政府始能贯澈其主张。虽一时国会程度或有不逮，然政府与国会当相接洽，出以大公，则议员亦不至轻于反对，可提携牖导，以跻于中正。且政府之苦心，亦可邀人民之共谅。国家者为全国人之国家，其政治又何不可与国人共之也？乃吾国执政诸公因近来国中舆论混淆，以为纵开国会，恐亦无裨于国家大政，殊不知吾国今日何尝有正当之舆论乎？凡国中一大事之发生也，则民间所倡之言论不过少数人之意见，一时一事之感触，故甲说与乙说相反，前说与后说相违，是非难于决择。盖吾国宪政未成，既无国会，复无政党，不能集合数百千人讨论国事，其舆论原难悉当，无足深怪。而国中人才，虽有卓识远见者，不能遽显其清议于社会，故其理终湮，国事易败耳。若速开国会之后，则必有伟大稳健之舆论腾布国中，而异说必见渐消纳于一轨，政府乃可借重此等舆论，以为施政之方针。夫国会既赞成之于前，自能协助之于后。考各国历史，当未开国会之时，则舆论散布社会，辄与政府为敌；既开国会之后，则舆论集中于国会，遇事可资协赞。故代表等窃计，此时若能上下一心，共趋于国利民福之一途，议论或有参差，情势并无隔膜，亦正不难调和之也。此代表等今日要求速开国会之又一大理由也。

以上所论吾国若不速开国会，其害之大，至易明了。代表等深察国中情形朝不保夕，觉即从速召集国会，尚恐不能救亡，况并此国会，亦靳而不予。窃恐人心一散，危局更难支持。观近来各省兵变、民变之事，数月之间已数十起，为前此所未闻。虽幸扑灭，未即蔓延，而祸机隐伏，有触必发，汉唐元明末造之祸，必将复见于今日。盗贼蜂起，人民涂炭，宗社邱墟，思之良可寒心。何则？各省民穷财尽，今已无可为讳，况复加之以饥馑，激之以外患，煽之以革党，而政令纷歧，官吏贪婪，又无时无事不可以速乱乎？代表等鳃鳃过计，与其俟大难已作，同遭玉石俱焚之惨，何不及今力持大体，俯顺民情，速开国会，以弭乱于无形乎？此非代表等丧心病狂，故作危耸之词以荧执政诸公之听也，诚上迫宗社之危亡，下逼人民之委托，惶恐陈情，势难中止，故语无忌讳，不及选择，惟原其心而宽其罪，幸甚。除胪列情形，呈由都察院代奏外，合再泣陈愚悃，仰候钧裁。不胜悲悚待命之至。

《申报》，宣统二年五月廿六日至廿七日（1910年7月2日至3日）

请愿国会代表团上政务处王大臣稿

直省国会请愿代表孙洪伊、李长生、乔占九、文耀、雷奋、姚文枬、沈懋昭、杭祖良、余德元、陆乃翔等谨呈。

王爷、公爷、中堂大人钧鉴：敬肃者。洪伊等于本月初十日呈进国会请愿呈词于察院后，现已浃旬，日夕彷徨，仰望明诏，有若云霓。今日捧读谕旨，敬悉政务处王大臣于明日会议，闻命之下，欢忭交并。夫所会议者果为何事，虽非民间所得妄揣，然速开国会一节为国家安危所系，而王爷、公爷、中堂大人之一言一行亦国家安危所系，则会议时自当提议此事，精详擘画，赞助圣明，俯顺民情，速定大计。洪伊等识陋才疏，原不足讨论国政，但外考世界大势，内证中国事实，觉国会有万不能不速开者，其理由已详陈于各请愿呈词中，兹不复续。

窃谓国会之果能速开与否，即于明日政务处会议卜之，倘王爷、公爷、中堂大人能力持大体，则四海之颂声作，否则四海之泣声起。此所谓善不善，千里之外应之，一言可以兴邦，一言可以丧邦也。庙堂一席之吁谟，指顾间即腾播于寰球，流传于史乘，天地鉴临，鬼神瞰室，其枢机全系于政府诸公之齿颊中，顾可不慎欤？

夫今日朝廷之厉行宪政，取舍原无成心，惟视左右辅弼之陈议何如耳。在洪伊等，既各膺代表之重任，势难中止。且近日各省督促洪伊等请愿之函电极多，皆力陈大局危迫，乱机四伏，非速开国会不能挽救，读之动魄。倘朝廷此次而不能速定大计，哀恤舆情，则洪伊等真进退两难。若再作第三次之请愿耶，则恐上触君父之严谴；若即畏难苟安耶，则下受人民之抨击。洪伊等虽死不足惜，然国事人心从此必更难收拾。故今日疏狂无状，沥陈下情，敬恳王爷、公爷、中堂大人俯察刍荛，力持速开国会之议，则不独宗社民生之幸，亦洪伊等身受生死肉骨之恩也。

惶恐上言，仰希钧察。附呈上政府书稿一件，伏乞垂鉴。

《申报》，宣统二年五月廿八日（1910年7月4日）

江苏教育会国会请愿代表姚文枬等呈请都察院代奏书

呈为宪政以教育为根本，非速开国会议定教育费，不足以增进国民程度，恳请代奏事。

窃维吾国颁行学制近十年矣，而兴学之费，所在支绌，强迫教育未易实行者，则宪政尚待筹备故也。筹备宪政亦第三年矣，而时局危迫，民智乍开，汲汲挽救，惟恐不及者，则又教育尚未普及故也。教育与宪政之关系，既若此其亲切，则有教育而后有宪政，有宪政而后有教育，此诚大疑问。今者举国人民（之）〔知〕宪政之足以巩卫国家，皇然以速开国会为请，讵非数年来教育之成效？乃举国人民奔走呼号于下，而我皇上犹踌躇审顾于上者，非有所靳，将俟筹备完全，而以召集国会为宪政告成之日也。顾筹备之始，千端万绪，既为人民普谋其乐利，忍使君父独任其忧劳？与其以筹备之权委诸人民受治之官吏，而计画容有未周，何如以筹备之责付诸人民代表之国会，而利害视同身受。

今日草莽之臣，敢披沥肝胆，竭诚请求者，非谓有国会而（电）〔宪〕政竟可速成，直谓有国会而筹备乃可扼要。即如教育之前途，亦为筹备之一事，而以二十二行省之辽廓，四百兆户口之众多，按面积方里以画学区，查学龄儿童以设小学，通国应支教育费若干，某省应支教育费若干，某厅州县、某城镇乡应支教育费若干，地方之肥瘠不同，风气之通塞亦异，非国会议员，孰与调查而统计之？且教育费之所从出，以实业为根据，又以税法为范围。官立各校应支国税之若干，公立各校应支地方税之若干，虽以人民之财力培养人民之智识，而支配不均，动多扞格，要必以厘正税法，为筹画教育费之先驱，乃能以振兴实业，为扩充教育费之后盾。又况实业之盛衰，亦与教育相表里，教育与实业之规画，咸以政治为枢机。变甲而遗其乙、丙，则有举必废；舍本而理其枝叶，则虽荣易枯。

今朝廷日日筹备宪政，而独于召集国会若怀疑而未能决者，则人民之程度尚劳圣虑，而未遽信其有参政之资格也。夫程度以何为标准，有中外之比较，有今昔之比较。以中视外，不得不以国力为比较，其程度之不足，殆无可讳；以今视昔，不妨即以民气为比较，其程度之日高，又未可诬。在人民之晨夕自谋者，岂不曰增进程度，舍教育固无他术。而试问国民教育与人才教育，何以能分途而并进，则宽筹教育费，其急务矣。又试问教育费之支出，何以使高等、中等、初等之名义适如其需要，则确定国税、地方税，其急务矣。又试问国税、地方税之收入，何以使贫民、富民之负担适得其均平，则召集国会，其急务矣。

恭绎宣统元年十二月二十日谕旨，明曰：深冀议院早为成立，以固邦基。大哉，圣谟如日月之昭明，为凡有血气所共仰。天下事知其非义，则宜速已；知其当务，则宜速行。如以国会为宪政之形式，则召集之期愈缓多一年，筹备官吏亦徒费一年之经营；果以国会为宪政之精神，则筹备之事方殷，先一日召集，人民即早享一日之幸福。伏愿皇上宸衷独断，俯察全国人民望治之愚忱，特沛纶音，节缩年限，即以明年召集资政院之期为召集国会之期，用以慰百虑一致之人心，而奠万世一系之皇统，则人民幸甚，国家幸甚。惶恐上闻，伏维代奏。

《顺天时报》，宣统二年六月初一日（1910 年 7 月 7 日）

华侨呈稿

陆乃祥

呈为国步日艰，旅民无庇，吁请速开国会，以定国是，而纾侨困，伏乞代奏事。

窃维吾国立国最古，开化最早，吾民复具冒险性质、营业精神，足迹遍于五洲，心计工于事业。故财权富力，雄视海洋，租税拟于国君，山园华于公囿，匹夫姓字举以名地，列国君相与之抗庭，车马所经，额手为礼者，往往而有。近年吾国王公卿相游历彼都，或人驻旌其庐而会燕其室者，未尝不惊其建筑之精而席履之厚，此吾国侨民商业荣盛之大概也。然物换星移，情见势绌，只计目前则尚安，返观往昔则日退，逆料将来则尤可危也。盖今日寰海交通，万国并竞，优胜劣败，商战尤亟。外人对于商务厉行保护政策，经营殖民不遗余力。吾国则国力微弱，无以保商，一成一败，无待龟蓍。乃翔等激刺愈多，热诚愈发，北瞻祖国，悲愤交并，所为绕室彷徨，伏阙而呼吁也。谨将华侨现在情形，敬为我皇上、我监国剀切陈之。

自美洲地震、檀香山大火以来，商业衰败，惨不忍言，今虽旧业复营，而元气未复。例如吾国绫罗绸绉擅美大地，远贩安南乃提岸一隅，稍有风波，全受影响。南洋商品向推茶、烟为大宗，今茶则日本、锡南，烟则吕宋、埃及，竞纱吾臂而夺之食。吾民挟百万之赀以逐万一之利者，仅寻常之土货而已。此商界之大略情形也。

禁工之议首倡于美，效尤于庇鲁、智利。自是澳洲则稽察益严，人负千金之身税；瓜哇则出入有制，重困一纸之人情。吾国人竟有鬻身南荒，长为佣役者，风雨飘摇，瘴疠郁蒸无论矣。锥笞刲割，如俎上肉，前拔后疐，万死一生。今过新嘉坡、丹阳、马吉之途，华民政务司之署累累青衣而戴笠荷毡者何？莫非吾祖宗之子孙而国家之赤子乎？颠连转死，为仁人所不忍言。此工界之大略情形也。

吾国人种植事业，暹、越以米为巨观，南洋以胡椒、金密、咖啡居多数，前南洋食其食而利其利者，亦不乏人。但此数年间，物植市情倏忽变幻，富豪变为小康，贫者至于绝业。今橡皮价涨，稍茁生机，举国若狂，倚为奇货，乃外人群起而组织大公司，以持其涨缩之权，而肆其挤排之力，势虽未厚，局殊可危。安南米业全左右吾国人之手，而去岁工人竟得以借资外力与我争锋，彼势若增，吾力即减，偶有不竞，折仆随之。此农界之大略情形也。

综观以上侨民之各种困苦，皆为前日所无。侨民所以沦胥若此者，以无国家保护故；吾国所以不能保护侨民者，以非立宪政治故。盖吾国宪政未成立，则国家机关不完备，法律不修明，政府责任不确定，君与官民不联洽。内政日棼，外侮日急，虽十八省本部尚难保存，断无余力以经营海外之商业，宜乎吾国之侨民不能与他国之商民抗，而国家亦与之以俱困耳！然吾国若欲成立宪政，非速开国会以资鼓舞，则非徒无益而又害之也。盖国会者，宪政最重要之机关，各国人皆以国会之有无为立宪国与非立宪国之区别。倘吾国不速开国会而可以举行宪政耶，则国会之一物，为立宪国之赘疣矣，各国现皆每年召集国会，岂非多事乎？且吾国官僚大半无政治上之知识，若今日官僚即可以筹备宪政耶，则国家大事由官僚主持足矣，而欲于筹备九年之后召集国会，又岂非多事乎？乃翔等平心静气熟察国家各种情形，窃以为今日吾国有万不可不速开国会之势也。乃翔等原属侨民，兹仅就海外商情与开国会之关系言之也。

夫侨民事事受外人虐待而犹忍气吞声，远离祖国以经营海外商业者，岂其本心之所愿哉？实由于国内无振兴实业之机耳。盖国家之所以能保护人民之生命财产者，首在【法】律，而吾国则无国会以握立法之权，既无民法，又无商法，人民生命财产易生危险，权利义务极不确定。其次则无国会以为人民请愿、诉愿之地，则民情不能上达，例如税目繁苛，关卡留难，京吏剥削，无所名告。此外，则交通不便，运输艰难；币制不定，金融窒碍；银行信用不厚，储蓄易受损害；物价不平，市面易于惶恐；全国实业无统计，经商者无所适从；刀兵水火，随时可虑。国家不负保护与赔偿之责，事事皆足以寒商民之心，阻商人之进步。如此，则人民谁肯以重大之赀财，经营此种危险之商业乎？两害相形取其轻，故仍不如营业海外之为得也。

倘吾国果能从速立宪，渐渐革除商人各种困苦，则海外豪商回视易听，必欣欣内渡，争立公司，争办商业。乃翔等深悉各国侨民中具有赀产数十万、数百万者，不胜屈指，其最富者甚或以千万计，以万万计，逐次归国兴办实业，十年之内即可蔚成大观，足以抵制各国经济之争竞，此可断言者。

吾国现今财政奇窘，无可补苴，外货之充斥，赔款之浩繁，不可推算。加以近年练兵、兴学及一切新政，经费较前顿增数十倍，而国币之收入毫无增加，闻之令人骇绝。各国人皆谓吾国若不从速奋然改革，整顿财政，纵无外患，纵无内忧，恐十年之内民穷财尽，亦必亡国。此固外人昌言不讳者，乃翔等原不忍述此言，然又不忍不述，圣明在上，想能鉴其愚忱。

窃谓吾国财政一事，固足以酿成变乱，然今日有一挹注之法者，则招徕侨民振兴国内实业是也。天假之缘，朝廷岂尚漠然置之乎？且各国政府对于吾国侨民牢笼备至，或胁迫入籍，或引诱入籍，或募集公债，颁发爵赏，彼国百计迎之，吾政府反若有意拒绝之，驱鱼驱雀，岂非天下最可骇之事乎？

夫各国侨民感激朝廷之深仁厚泽，谁不愿急国家之难，特国会一日不开，则朝廷励精图治之盛意不能下宣，蚩蚩商民必遇事观望，裹足不前。乃翔等受六百万人之委托，夙夜彷徨，惧不胜职，临行饯送者络绎于途，无不以要求速开国会一语相敦勉。故乃翔今日哀吁陈情，惟冀圣主贤王采纳狂言，速颁召集国会之诏，则海内外欢声雷动矣。夫吾国今日民心甚为涣散，朝廷能藉以维系一线之民心者，即此而致。倘今日再不速开国会，则海内外人心灰冷净尽，无复以国事为念者。圣明孤立于上，内忧外患相逼而来，宗社其有幸乎？

乃翔等怆怀时局，肝脑摧伤，出语无伦，显触忌讳，朝廷若能采纳速开国会之言，则乃翔等虽冒斧钺，亦所甘心。沥陈下情，伏乞代奏。谨呈。

《大公报》，宣统二年六月初一至初二日（1910年7月7日至8日）

直省教育会国会请愿代表雷奋等呈请都察院代奏书

呈为宪政与教育关系密切，非速开国会，则教育终难发达，事关大局，合词恳请代奏事。

伏维方今列强环峙，时局阽危，朝野上下皇皇然，咸以力图富强为第一要义。顾富强之道，不越二端，一在成立宪政，一在振兴教育。于是谈教育者，则谓宜增进民智，造就人才；谈宪政者，则谓宜速开国会，组织内阁。要而言之，二者之关系密切，宜同时并举，分路程功。盖欲宪政之成立，其根原在于教育之振兴；而欲教育之振兴，其关键在于国会之召集。迩者吾国颁行学制近十年矣，预备立宪亦已三年矣，去岁各省谘议局联名上请速开国会，未蒙俞允。在朝廷审慎周详，深以国民程度不足为虑。夫国民程度之何若，要视其教育振兴之何若。某等窃以为，国会不速开，则教育终难进步，分年筹备，必无成功，国民程度恐反坠落，而国势终陷贫弱，不足以图存。盖国会之关系于教育者甚大，某等从事教育有年，目击情形，用敢不避斧钺，再申谘议局之请，披沥肝胆，为我皇上陈之。

考教育制度，曰普通教育，其宗旨在增进民智；曰专门教育，其宗旨在造就人才，相需为用，不可偏废。伏查各省所设大小学堂，若但就文书之奏报及表面之形式观之，不可谓其无进步。而按诸实际，则大不然。揆其受病原因，厥有三种：一、教育行政之机关未完备也；二、教育之费用未划定也；三、教育之法令未取信于一般人民也。机关不备，则责任不专，行政长官得以因循，办学人员动多掣肘，其弊一。费用不定，则指拨不均，款多者不事充拓，而每易虚糜；款绌者不能维持，而恒至中辍，其弊二。法令不能示信于民，则人民不知教育为何事，或视学堂如科举而维图奖励，或视学堂为畏途而相戒不入，或视学堂为怨府而动酿事端，其弊三。弊不除，则循是以往，所谓分年筹备，徒托空言，而欲人民受完全之教育也难，欲教育之普及也尤难，虚掷数载之光阴，而不睹一毫之实效。然此犹曰弊在内部，乃极其甚也，患且延及于外交。盖我国当未立学堂以前，愚民动因细故与外人为难，酿成交涉。今既昌言兴学矣，而国民之未受教育如故，即受教育，而智识之锢蔽仍如故。一遇水旱疾疫，民穷财尽之时，土匪乘机煽乱，近如湖南之变，仇教毁学，可为殷鉴。而外人窥我真相，将益玩视，而启其觊觎之心，经营政策一变，外交更多棘手。弊在内部，尚可弥缝，祸从外来，将何抵制？是侈兴学之美名，转因教育之不完全，而受其实害，岂言分年筹备者，其始念之所能及哉？

事变至此，某等得而断之曰：皆国会未开之故。盖国会一开，首在组成责任内阁，厘一切官制，权限分明，事有专责，而从事〈之〉教育之官吏绅董无所推诿，无所牵制，举凡执行、补助各机关，咸得奏其实绩，而第一之弊害可除。其次则国税、地方税既已划清，而教育费用自有定数，学务官厅有的款而可谋扩充，办学人员受监督而无〈订〉从侵蚀。学校各有基金，必无已成复毁患，人民咸知负担，复免筹捐滋事之虞，则第二之弊害亦消。且也国会议员为人民之代表，议员之所赞定而承认者，即一国人民之公意，天下事断无自行赞定、自行承认，而复自行反对之理。今者国会开，则一切关于学务之机关既经设定，一切关于学务之预算、决算既经承认，一切关于学务之法令既经协赞，一般人民必重视学务，争加濯磨，而第三之弊害亦可无虑。弊害已去，实益益可期，将见教育事业日臻完善，民智由此而增进，人才由此而造就，请又得而断之曰：为速开国会故。

综之，吾国方今主持教育者不外数人，此数人者于外国之学制，本国之情形，均属隔膜。所颁布之法令，徒袭皮毛；所挟持之方针及施行之次第，自相矛盾。长此不变，则匪特教育无成效之可言，而害之中于人心，毒之流于社会，有难堪设想者。计惟有速开国会，集众人之才识经验，以谋改良，庶几积重可返，无碍推行。抑尤有进者，国民程度，全视教育为转移。教育就广义言之，不仅学校而已，有社会上之教育，有政治上之教育。今使学堂纵极完整，民智纵极开通，人才纵极兴盛，然其智识皆不过为理想的。凡理想远于事实，有理想而无经验，则民智虽开，其所造成之舆论必不能健全；人才虽多，其所措施之政策必不能切当。是非学校教育之不完全也，无实验之地以资其练习，智识与才具末由以养成也。苟能速开国会，则人民得为实地之练习，必不能仅凭理想以发挥其议论，见诸施行大，而后国民程度乃因是而大有增进。由理想趋于实际，所谓智识乃成为真智识，所谓人才乃成为真人才，而何程度不及之足虑哉？必泥定程度不及，不可开国会，而教育终无由收效，驯至终无可开国会之一日矣。

伏惟我皇上俯顺舆情，独伸干断，节缩期限，以明年为召集国会之期，宪政于以实行，国本于以巩固，则天下幸甚。谨冒死上闻，伏乞代奏。

《顺天时报》，宣统二年六月初二日至初三日（1910 年 7 月 8 日至 9 日）

江苏苏州商务总会代表杭祖良、上海商务总会代表沈懋昭请速开国会书

呈为商务日危，商情日涣，请速开国会以振商业而维商情，合词吁恳，呈请代奏事。

窃维立国之道，通商惠工皆为根本之要图，今当商战之世，商业一端尤系全体之命脉。纵考往古，横览东西，凡一种族治化之升降，恒视实业之兴废为正比例。至实业门类虽多，可约为两种：其天事较多者，为农林矿产；其人事较多者，为制造工作。而能沟通此两种，懋迁有无，挹彼注兹者，厥惟商业。商业之盛衰，则又视金融之通滞为转移。某等在商言商，请将商业有关于国家、国会有关商业者，为我皇上痛切陈之。

上海一隅为中国商务总汇之区，钱庄银行，森布尔列。两年以来，钱市恐慌，大局几不可收拾，倒闭者多至十余家，数至百万。其勉强支持，照常贸易者，大抵恃招牌而非恃资本。其内容空虚，朝不谋夕者，更不知凡几。不但上海为然，即汉口为七省通（衙）〔衢〕，商务称盛，去岁迄今钱铺之倒闭者，亦十余家，为数多至百万，少亦数十万。近来江浙等处，正当恐慌倒闭时期，推原其故，曰各处商业失败，市面衰落，故其病皆中于金融。而各处商业之所以失败，市面之所以衰落，则其原皆起于税法。国家百端待理，万事需财，厥惟取之于民

之一途，故一物也，产地有税，出口有税，过关有税，落地有税，重重征取，处处留难。而洋货进口，一纳正税，即通行无阻，非华货之价值原高于洋货，而华货之贩运实艰于洋货，税法使然也。华人喜用洋货，华商乐贩洋货，而业土货者受其害矣。且同是华货也，一挂洋旗，则沿途偷漏关卡，莫敢迫诘；同一华商也，一入洋籍，则影射架空，官吏亦莫可如何，而为华商者受其害矣。于是，或甘于困守，不更营谋；或相与效尤，百端趋避，驯至国家与商业交受其害而莫救。夫人心岂乐于附外，甘于昧良哉？亦政府无善法以保商业，无大信以孚民心，但事苛敛重征，而致此恶果耳。查各国之赋税，非轻于我国也，而人乐输将，商民不困，国家与商业交受其益者，何哉？有国会故也。有国会，则国之财用有预算，有决算，国家无滥取之嫌。预算之成立由国会协赞之，决算之确定由国会认可之，人民有参与之权，则国家所取之于民者，还用之于民，固已昭然其若揭。而商民之所输于国者，亦深知国家之无所利，而相感者深；又深知官吏之无所隐匿，无所诈欺，而相孚者至。至于纳税之科，则轻重厚薄之间，各有至理，若者宜加，若者宜减，经国会承诺之，则无偏枯不均之弊。故一议案之通过，商民无不乐从。何则？国会议员即商民平日所推尊信服而选举之者也。欧美各国无不如此，故日进文明；我国惟不如此，故日就衰败。今当外患迭乘，内讧蜂起，时局累卵，一发千钧之际，朝廷既许吾民以立宪，而国会之开偏迟迟以吝与，各省代表麕集都下，延颈企踵，有如失乳婴儿，其失民心，害信用，孰有过于此者？且政府今方亟亟以维新，百废重兴，海军为要图，为问其款安在？将取之于民，民穷如彼；将责之于商，商困如此；将图之于外债，而无论外债之损害如何，其偿还则仍吾商民为之担负。即使商民果有此项财力，外债果无损害且易偿还，而群疑满腹，众难塞胸，以为政府因循如故，蒙蔽如故，贱视吾民不肯开诚布公如故。以国民之脂膏，为乱民作赔款如故，恐氓之蚩蚩，亦将翻然以思别图自保之计，而郁积之久，决裂分崩，尚堪设想哉？

今当民气蓬勃之际，安危旋转之间，因势利导，奚啻反手？易曰：见几而作，不俟终日。我政府亦何乐而不为，其亦有正当之理由，以解吾民之惑耶？今我政府果能念祖宗缔造之艰，图万年有道之长，俯顺舆情，速开国会，则民气伸，团体固，如拨云之见日，譬掘井而及泉，壅蔽皆除，富强立见。彼时虽吾民之担负更重于今日，亦慷慨输将，争先恐后，盖利害显明，是非昭著，取用得当，可大白于天下也。且洋货之输入，惟国会能设法以抵制之；外人之要求，惟国会能恃民气以抵御之。有维系相扶之道，无冤抑不达之情，商业之弊害自除，实业之振兴日盛，商通工惠，上下交孚，百姓足，君孰与不足？中国之转弱为强，去危就安，在此一举。不然，国会不开，商困莫挽，追敲剥不已，势不至驱中国之商家尽挂洋旗，中国之人民尽入洋籍不止。九年筹备，人不吾待也。

某等承数十万商民之委托，不辞斧钺，稽首君门，为求一线之生路，吁请速开国会。朝廷苟迟迟不与，则商情之涣，商业之衰，必视前此有一落千丈之势。盖希望绝，人心离，由商业而牵及全体，全体瓦解，噬脐何及？则亦何若思患预防，早为之所之为愈哉？所有吾国商民危困情形，披沥上陈，伏乞代奏。谨呈。

《大公报》，宣统二年六月初三日至初四日（1910年7月9日至10日）

直省绅民国会请愿代表李长生、旗籍绅民国会请愿代表文耀等呈请都察院代奏书

呈为时局危迫，筹备难恃，披沥再请速开国会，以图挽救，伏乞代奏事。

窃上年十二月初六日，各省谘议局议员代表孙洪伊等伏阙上书，请愿速开国会，钦奉上谕，以宪政必立，议院必开，特以筹备尚未完全，国民程度又未画一，遽开议院，恐致纷扰，故召集之期，仍定九年。此盖我皇上审慎为怀，厉行宪政之至意，循绎再三，莫名钦悚。惟是时局阽危，更非昔比，长生等区区忧国之愚，尚有不能已于言者。

方今世界各国率皆修明法制以巩固国基，通全国人之意见以立法而法行，顺全国人之好恶以施政而政成，此各国立宪所以有国会以为人民参与政治之机关也。否则，政体不立，如舟无舵，如车无轮，内外百官皆将各行其是，而政府失其统一，吏民无所适从，虽法令灿然，终无与于国家根本之计。吾国未有立法之机关，而以宪政编查馆所定九年筹备清单，诏令天下人民以实行。果可行也，复

何须国会。而今两年以来，法令滋章，上下紊乱，政烦官多，耗财殃民，计利得害，求福婴祸，危险之象，转发生于筹备中者，何哉？盖一国之法制，必先根据于一国之历史与地理，以定一国之纲领，而后详细节目，分条别类，皆得有所附丽。此固非一宪政编查馆所能集事也。原始所以设立宪政编查馆之意，不过如日本明治初年设法制调查局，编纂各国法典，以为宪政之取资，非遽认为立法机关也。以落落百数之人才，编订国家素所未有之法制，性质已属不类；况又纷之以兼差，牵之以成例，东涂西抹，但求合于文明国之法程，不按诸吾国之事实，本末倒置，轻重失伦。举凡国家要政，恒任一二科员枝枝节节以谋之，而未尝有统筹全局、提挈纲领之举，涂饰迁延，支离灭裂。叠床架屋，新章与旧制并行；倒果为因，立法与行政相混。厘定地方税于国家税之前，是欲使全国之自治团体先当财政之冲也。实行新官制于第八年以后，是欲责现在之行政机关强任筹备之重也。行政纲目为官制之先声，而本年三月始行具奏，则筹备清单所列第二年厘定京师官制之条，并未执行也。责任内阁为行政之根本，而行政纲目竟未列入，则原奏所称以政府辅弼行政之说，仍无实际也。大端如此，细目可知；京师如此，外省可知。两年筹备以来，行政经费靡耗不知凡几，而按之事实，莫非敷衍。筹备审判而令杂流充数，筹备巡警而以团防滥竽。托调查于保正，以填表为成功；问自治于丁胥，以传呼为了事。论学务则州县指私塾以相蒙，言禁烟则差役假牌照以取利。内外相欺，如出一辙。日日言筹备宪政，而人民之失望于国家也愈甚，岂果欧美立宪之治不能望诸中国乎？亦由无国会以实行监督阶之厉耳。故皇上虽有励精图治之心，而国家尚未获转危为安之效也。然而，皇上固曰资政院将开，足以为议院基础，而当立法之机关也。长生等窃谓，定天下之大计，图天下之大功者，必不能得之于疑似之间。国会之所以能效用于国家者，为其能监督政府，使政府负责任，以统一全国之行政机关也；为其能协赞立法，令皆如民意所自出，行之通国而无碍也。今资政院章程既无责任内阁之余地，而政府与资政院持异议，则令各陈所见，恭候圣裁，是对于资政院而负责任者，皇上而非政府也。夫使朝廷当议会之冲，陷皇上于孤注之地，而为军机大臣、各部尚书者，反逸处于责任范围以外。此不特有害于天下臣民解释国会制度之正，抑亦非先朝所以断行立宪政体之意也。且国之大患莫大于悬一甚美之名，一朝颁布，震耸中外，不旋踵而求其事实，则皆苟且涂附，似是而非，致令列国觇其底蕴，人民咸有怠志。大势瓦解，信用全失，危险之象，孰大于是。且皇上亦知今日时势，国家大局果能一日安乎？列强权势互相膨胀，协约同盟公然腾布，此后外交安知所届。观迩来各省民乱，兵舰云集，可为寒心。夫果令上下一心，以图国事，祸乱不生，并力前进，则正气内充，或可抵拒外邪。而乃饥谨洊臻，伏莽滋多，警告迭至，往往牵涉外交。财政空虚，艰于应付。计自入岁以来，各省闹荒、闹漕、闹盐、闹捐，聚众滋事之案，几于无日不有。乱象已成，元气已竭，譬如病夫，身婴尫羸，而欲内弭家庭之讧，外御寇仇之至，劳顿困惫，一时并赴，虽欲不陷于危亡，不可得矣。吾国今日之病，奚止尫羸，若复因循坐误，不以雷霆万钧之力，昭示天下以朝廷立宪之诚，则人心一去，不可收拾，窃恐不待九年，而国家前途，已不堪问矣。

伏愿我皇上与监国摄政王，上念先朝付托之重，下顾人民望治之急，外慑寇祸，内惕隐忧，毅然下诏，速开国会，于明年召集举行。政体既定，机关既备，而法制可行，国家可安也。迫切陈情，无任屏营待命之至，伏乞代奏。谨呈。

《大公报》，宣统二年六月初五日（1910 年 7 月 11 日）

东三省谘议局呈请代奏速开国会书

此稿锡制军已允代奏，因奉五月二十一日上谕，未经缮发。

呈为财政日困，外患日迫，吁请速开国会，统筹全局，以图自存事。

窃去年各省请开国会，奉旨慰勉，仍以九年为期。在朝廷之意，以为事体重大，非得数年之预备，不能完善。自旁观论之，则预料筹办庶政九年之内万难实行，而变故相乘，九年之期亦有万难久待之势。惟有仍以速开国会为请，望朝廷一日猛省，俯徇众议而采取其说焉。

所谓万难实行之故安在？则财政日困是也。自宣布立宪以来，朝廷采本君主□□立宪之制，当时建议诸臣之意，以为专制政体相沿已久，今虽改为立宪政体，必将政府之权先行确定，而后予国民以预闻政事之权。一面亟兴海陆军以为镇压国内之具，稽迟国会使之渐就范围，则政府所立之地位可期巩固。其用意立说，诚足以动朝廷之听，坚朝廷之信，实则按之实行，必有颠倒瞀乱，终归于失败者。何则？以行政之本源在于预算，预算之纲领在于财政，未有财政不兴，预算不定，而可漫言变法者也。今上至政府，下至国民，其意皆谓中国地大物博，财力有余，行政之费，取之国内，必可足用。此犹闭置暗室，摸壁循墙，终无一线光明之可见，巨谬大误，无过于此。试取九年预备之清单，核之目前全国岁入款项，即论行政一项，非加至岁入数倍以上，已不敷用。乃行政之费犹无所出，而又亟兴振兴海军、陆军，似海军、陆军皆可以徒手空囊，指挥立办者，无怪各国闻我之宣言，靡不揶揄匿笑，以为狂愚若此，殊无可望也。近年以来，惟度支部有统一财政之计画最为切要，然亦误于地大物博、财力有余之说，以为去弊节流，即可足用。殊不知自秦汉以来之中国，大抵因陋就简，行政一切不求完备，故历代之言政治者，皆以去弊节流为长策。今则世界列国，莫不制度完全，威力雄厚，方足以言立国。其国用之浩大，视中国古来之国用，何止倍蓰？既知用中国古来苟简之法，万不足与世界各国竞存于今日，则变法者即欲变我国前代苟简之法，以效当世各国完备之法，则一奢一俭，较之前代，相去天壤；国大民多，较之各国，所费尤巨。徒恃节流去弊之策，而欲供变法自强之用，何异竭中人一家之产，以建通天之台，决久旱无源之塘，以沃万顷之野乎？夫欲效列国富强之图，必先效列国理财之法，不外开源兴利而已。美利坚之立国也，先营全国之铁路；德意志之立国也，先开全国之河道。其地既辟，其民遂富，其民既富，其国遂强。今为度支部计，宜一面致力于节流去弊，以为行政之预算；一面致力于开源兴利，以期民力之扩充。然统一财政之总纲，则莫大于（弊）〔币〕制一事。币制虽已降旨，而从此以后，千难万险，相继而来，将有应接不暇之情状。苟非速开国会，合全国上下之力，恐不足以当其震撼之势。其始必有各省督抚之抵抗，其次必有绅民工商之抵抗，其后必有通商各国之抵抗，未知度支部之力，果足以独当之乎？如其不能，则九年之预算，必将半途而废；半途而废，则举国之人民必将归罪于政府。而因去弊节流之故，行政之官吏莫不离心蓄怨，欲令彼等为失败之政府更出死力，弹压国民，将不可得。则全国之内，土崩瓦解之象必至于不可收拾。所谓财政日困，九年之内万难实行者，此也。

所谓万难久待之故安在？则外患日迫是也。中国上下之论，皆以为中国国境之内，皆为中国人自有之产业，中国人之中国一语，几于人人习为常谈，而不知此语实不合于公理，万不足以为口实者也。汤之于夏，已有兼弱攻昧之辞；周之于殷，亦有伐罪吊民之诰；近代之哲学家，又有天演淘汰，优胜劣败之说。故凡有国家，有政治者，必以极其智力，开通经营，使世界人民日臻于文明安乐为职务。设有据数万里之雄国而听其荒废，拥数万万之人民而安于僻陋，而厉色拒人曰：我之国也，宁听其荒废，尔不得以侵吾权；我之民也，宁安于僻陋，尔不得以陵吾种。则彼列强者，亦将执兼弱攻昧、伐罪吊民之策，以施于我，谁得而拒之乎？前此之属于中国者，缅甸则为英属矣，越南则为法属矣，琉球、朝鲜则为日本属矣。国境之内，台湾则割与日本矣，香港、九龙则割与英矣，黑龙江、乌苏里江之东北部则割与俄矣，青岛、胶州则德据之矣，威海则英据之矣，旅顺、大连、哈尔滨则日、俄据之矣。数十年以来之政府诸臣，对于列祖列宗之灵，其负罪可谓重矣。琴瑟不调，必改弦更张而后可用。失败至此，犹不肯速开国会，共谋自存，此如同舟遇风，存亡呼吸，而舵工篙子互詈忿争，则其舟之立覆，必矣。今虽有宣布立宪之诏，而政府之用心，专在于压制人民，所有应行开通之务，必抑而不行，曰国民之程度不足也。国民之用心，专在于排斥政府，所有应行经营之业，亦必拒而不办，曰政府之信用不足也。是国民与政府既为鹬蚌之相持，彼列强者必坐收渔人之利矣。统观各国力征经营之地，如亚非利加、澳大利亚、南洋诸岛、南美洲等处，今日皆无可下手，故举世所注目者，惟有中国。此时之中国，惟有速开国会，合全国上下之智力，师美利坚尽力于铁路、德意志尽力于河道之策而变通之，以开源兴利为宗旨，以吸收外资为长策，则国内既泯其猜忌之心，外人亦罢其攘夺之计。何则？借资与人者，其所得之利自有界限，而我取轻息之资本，以营重利之事业，何所惮而不为乎？如曰借债足以亡国，此为负债不偿者言之耳。中国人之才力，经营工商乃其长技，所乏者资本而已，使资本既充，则决不至于失败，又何负债之足虑乎！且国境之内，如铁路、开矿、农务、航业、工厂诸大端，我置之而不办，则列国借口于通商之不便，肆其要求，非无理也。若我既筹款自办，或借款自办，则彼已得所应得之利益矣，自非负债不偿，谁能无故而攘夺之乎？即如东三省一隅，已入日俄势力之下，皆以殖民辟地为主义，非若各国以通商营业为务之比也。日俄之并力亟进，皆有一日千里之势，而我之政府人民方且从容暇豫，坐以待毙，岂非以国会未开，故宗旨不定，心志不一，使本朝根本之地听人之鱼肉而不顾乎？举东三省之危局以例之，内地各省其废弃不办之事何可胜计，则引起外人之借口，使之日萌其兼弱攻昧之思，一国发难，列国应之，分割之策，逼而出于实行。此时以上下离心、百事废弛之中国，登于刀俎之侧，虽日日【呼】号于各国，曰中国人之中国，岂可得耶？所谓外患日迫，九年之期万难久待者，此也。

中国千古圣贤帝王相传之治法不过一语，曰得民心而已。今举国人民求开国会，奔走号呼，其情至迫，而政府深闭固拒，曰必待九年。此可谓得民心否耶？政府所筹九年预备之庶政，无论其不能实行，而自今以往，须以六七年为背戾民心之时代，政府其果能自安否耶？今上下之程度诚皆不足，所谓不足者，即互相猜忌，不求实际故也。国会果开，则政府、人民悉纳于坐言起行之地位，意见尽消，空言皆废，则必量力进行，分别缓急。今之所九年预备者，开会决议之后，视财力所及，为施行之次第，或当分为二三十年之政策未可知也。上下同心，以整理财政、吸收外资为主义，使全国铁路限年告成，农工商务以次发达，法制兵备纵未完全，不妨随时修举。窃谓救亡之急务，在此不在彼也。民等既为满洲之人民，于皇室尤为亲切，诚不忍见此上下离心，百事废弛之时局，剖心沥血，以冀朝廷之一悟。伏乞代达天听，不胜迫切待命之至。

《申报》，宣统二年六月初五日至初七日（1910年7月11日至13日）

各团体国会请愿代表公上摄政王书

敬肃者。某等自去冬迄今，千里万里奔走都门，一再上书吁请速开国会，背寒涉暑，不敢告劳。以贤王任监辅之重，当得早邀洞鉴，立赐施行，无俟哓渎。惟是款款愚诚，尚虑有壅蔽未达，欲求贤王稍假须臾之暇，面陈刍言。

方今国势日见蹉跌，内忧外患，更起迭乘，勤求立宪，已苦不早，设令戊戌行之，何至有拳匪之祸，帝京旧痛？思之怆然。庚子再误，负创思变，又复为臣下稽延，事过辄忘。举目河山，良可伤悼。今日即开国会，已万不如囊昔之易于措施，前路茫茫，诚未必果有把握。然疾已濒危，而急求医药，或尚有更生之望，如令今日不为，再贻后日，蹉跌之悔，是并希望遏绝，坐待灭亡，祸乱所至，尚忍言哉？

夫四海人民所以犹爱戴朝廷，如赤子之怀慈母者，则以皇上冲龄，有吾贤王为之监国耳。贤王之于皇室，亲为一体，而职居衮衣，临朝始事之日，天下向望，其于国家安危存亡之关系，固非举朝臣工及贵戚之卿与异姓之臣可能比拟于万一也。两年以来，宵旰忧勤，国事阽危，亦计之谂矣。然吾王试审度今日时势，主少国疑，民穷财尽，外患鸱张，饥馑四告，革命党又前仆后起，如燎方扬。民情隔阂而不通，政治敷衍而无实。弭乱救亡之策，非开国会，果尚有他术乎？抑犹可从容暇豫，如二十年前乎？故当此时，而欲审慎图维，阳为老成持重之言，而阴以遂其阻挠国会之私者，皆自全躯命、保禄位之臣，惮于改革而或不利于身家者也。夫以全躯命、保禄位、苟利其私之臣蒙蔽贤王，而不顾贤王之与国家利害如何，此直为戊戌、庚子新政罪人之续，而为国家万年根本之蠹，岂可为所荧惑，犹蹈先朝屡覆之辙乎？夫先朝往事，言之痛心，殷鉴不远，固贤王所亲见。语云：当断不断，反受其乱。又云：需者事之贼也。某等依恋阙廷，半年于兹，弃室家，旷职业，所以再三请愿者，亦具嫠不恤纬之义。设坐视危亡，而忍不一言，将何颜立于人之列？安南、朝鲜，邻属已墟，祸每中于所忽，二十年前盖犹语中国之今日也。

哀哉痛乎！时不我待，幸贤王图之！书不十一，泣涕上陈。

《大公报》，宣统二年六月初六日（1910 年 7 月 12 日）

澳洲华侨代表请速开国会书

为内忧日迫，外侮日深，乞速开国会以维国势而固人心，恭呈仰祈代奏事。

窃惟国势扰攘，人心日变，内外交讧，危机待发。商民等生于中土，旅于外洋，目击危亡，日受凌辱，未尝不日握腕而唏嘘，同怒发而忧愤者也。况方今天道为穷变之日，大地为进化之秋，世界中无专制国立足之余地，非实行立宪即不适于生存，稍有识者，莫不知之。我德宗景皇帝有见于此，锐意图强，励精求治，于光绪三十四年八月初一日明诏宣布预备立宪，薄海内外，莫不欢欣鼓舞，想望治安。然谨按预备立宪清单所列，迟之第九年乃开国会，商民等又未尝不转相疑虑，恐实行立宪终渺而无期也。举大事者，在实心不在空文，贵因时不贵泥古。易曰：穷则变，变则通。为政固宜知时哉！且今内忧日迫，外侮日深，又非复前两年可比，一旦危机暴发，岂能待至九年、十年乎？使我先帝生当今日，亦必因时改制，断不肯因循泥守空文也。夫立宪不过空文耳，苟无国会以守之，有名无实，终成画饼，虽俟之二十年，亦在预备之列。商民等以为真欲救国必当立宪，真欲立宪必当速开国会，速开国会固有百利而无一害者也，请为我皇上陈之。

一、速开国会可以靖内忧。夫国之能立，恃有民也。民犹水也，水能乘舟，亦能覆舟，为国者，当知所鉴矣。我国近年革命之声，遍于海内，伏莽四布，乘间窃发，滇、粤、长江，半被煽诱，非开国会实不足收已散之人心。我国人民忧时感事，急起直追，以故请愿之书，咸集于京师，要求之声，不绝于草野，亦惟期速开国会，达救国之目的而已。然自预备立宪以来，已及三年，而起而视之，内治之不修也如故，外交之棘手也如故。使果循此以行，恐十年后亦将无异于今日，则宪政终难实行矣，国民之怨望生矣，革命党得以乘之矣。天下之大患，惟在瓦解，当斯之时，虽欲速行立宪，召集国会，其可得乎？

二、速开国会可以御外侮。我中国之在大地，版图二万余里，地之大等于三；人口四万万，民之众等于一，全球万国未有伦比，苟能图治，强莫大焉。今外人之待我，果何如乎？前闻海牙和平会，直欲抑使我国降等矣。即我华民之旅居外洋者，以数十万计，而外人侮之辱之，目我为无国之民，屏我为三等之国，非欺我国力之不张欤？数近年外交诸事，如日俄战后之议约，东三省之主权，澳门之界务，无一非退让不遑，坐失权利。当轴者每以国势太弱，无可与争为言。夫国势弱，诚不能以口舌争。何也？以无后援故也。后援者何？国会是已。国会开，则群策群力，民力足，国力未有不足者也。观于西江之捕权，英人旋亦退让；辰丸之交涉，日人非议其政府，使非藉民力争，彼肯退让耶？彼肯非议其政府耶？可知合群力之有效矣。

三、速开国会海军可以速办。我国自甲午战开，艨艟巨舰，或削或夷，或以资敌，所余败鳞残甲，再经津沽一役，归于乌有。南北洋海面数千里，几不复有我国之帆影轮声。虽有门户，弗扃弗钥；虽有藩篱，弗屏弗蔽。国无海军，如蟹断足，奄奄待毙而已。数年以来，朝廷知虑及此，毅然兴复海军，然兴复海军所费不赀，若以区区千万之款，因陋就简而为之，容有济耶？故不合集国民之力，以缔造海军，则螳臂易化为虫沙也。今海内外人民咸倡办海军捐矣，而国民无监督权以维持海军，则来轸终蹈于覆辙。国会一日未开，恐海军捐亦一日不输将也。

四、速开国会国债可以早偿。我国财政之困难至今日极矣，负外国债以数万万计，此实一最危绝险现象之一端。闻外人将有监督吾国财政之举，事之属虚属实姑不必问，第以我国财政如此紊乱，即现在以逆方来，监督之事，虽不行于今，兹恐终难免于日后。海内外人民闻之，莫不惊怖，故国民起而筹还国债，以保国权。夫国民之担任筹还国债，亦欲尽一分义务，得一分权利耳。国民所以希望之权利，亦只欲得速开国会而已，是国债之与国会固有密切之关系者也。今若靳而不遽予，恐民望不能如愿以偿，民气即因之沮丧矣。

由此观之，速开国会之利如此，不开国会之害如彼，尚可迟迟而不立行耶？乃伏读去年十二月二十日上谕，则曰筹备未完全也，则曰国民程度未画一也，则曰遽开议院恐致纷扰不安也。所持之根据，未尝不明白正大，然所谓筹备必如何而后谓之完全，商民等诚不知其说之何由。设九年以后，筹备仍未完全也，亦将再延之十年、二十年乎？恐国会未开，虽迟之十年、二十年，亦无完全之一日耳。国民智识之程度，究如何而后画一，更茫然而无有界说。夫以中国之大，人民之众，学校之盛，不乏奇才硕彦，而谓区区数百议员，竟无此资格，亦太自诬矣。若必斤斤以国民程度未画一为言，恐待至百年后，仍无画一之日，又果何确见而信于九年内必能画一乎？虽周、孔复生，未必有此能力也。若谓遽开议院，恐致纷扰不安，商民等更不识国会之开，其足致纷扰者安在，其足致不安者又安在。各省谘议局已开矣，自开会以至毕会数月中，所提议、决议，悉守权限，秩序整肃，未闻有违背法律，致有冲突嚣争举动。即开国会，亦断不虞秩序之纷扰也，又何不安之足虑乎？商民等寄居外国，眷念宗邦，蒿目时艰，忧心如捣，读二十日之上谕，未尝不彷徨失措也。惓惓之忱，不能自已，迫得再三请愿，明知有渎天听，而及今不图，后悔莫及，实有非商民等所忍言者矣。

伏维我皇上上继先帝之志，下鉴人民之愚，干纲独振，迅速施行，则天下幸甚。乞代奏。谨呈。澳洲全体华侨代表陆乃翔，乌修威省叶炳南、梁创、冼俊豪、郑蕃昌、黄在兴，域多利省黄世彦、周瑞朝，坤士兰省王占元、曾廷光，南澳省谢济众、朱和、赵士润，西澳省陈丽珍、余骏，他士荣耶省陈高等谨叩。

《时报》，宣统二年六月十四日（1910年7月20日）

拟浙人请开国会公呈

汤寿潜 稿

呈为图存济变，系命于立宪，而根据于国会，联合吁请从速饬议实行，以定国是而顺舆情，仰祈代奏事。

窃某等叠次恭读上谕预备立宪，上年四月十三日谕旨又以饬厉官民共负责任为言，是立宪之为国利，为民福。自特简五大臣考察宪政归来，皇太后、皇上久已开怀延纳，明烛无遗，且各省先后请求，诸王大臣仰秉宸谟，又已详加讨论，不日将见诸实行，奚待浙人之饶舌。顾他省但言立宪之利，浙人但言缓开国会之害，请为皇太后、皇上覼缕陈之。

夫使中国迄今锁港，外无列强之环立，或环立者与我同一政体，则国会未必不可稍缓。海通以来，十数强国鹰瞵虎视，其所以驯至富强者，所有政体无一不归于立宪，收效于国会。且有视立宪更进者，大率立两院制度之国会，予人民以参政之权，有参政权而后有责任。时势所趋，日本迎其机而利用之，蕞尔三岛，已见明效。中国为之，事半功倍，何独不为？顾或疑人民程度太低。惟其低也，汲汲需开国会以便人民实地练习，得以增长其智力。国会一日不开，即缓至数十年，其人民之程度现象犹今日也。若必俟程度足而后开，既足矣，又奚取立宪之纷纷也？

或又疑人民权力太大。中国幅员广袤，交通又不便利，人方议我十八省如十八国，正苦人民未有权利，故如溃瓜，如败叶，有事辄烦朝廷独当其冲，主客劳逸，势成倒置，动为列强所凌侮，未闻人民有权力之国而列强敢于凌侮者。然则朝廷独负责任而受列强之凌侮，自不如以权力假之人民，而令天下同负责任之为愈矣。

或又疑中国户籍法尚未制定，统计局未能遍设，人口与财产之实数无从切实调查，选举将无从着手。查日本明治三十九年之户口，东京府与警视总监所调查差六十余万，而日本国会已开十九年矣，可知调查稍有参差，选举无甚阻碍。今姑假各省之丁口册与钱漕簿为标准，分别各省人口与纳税之多寡，分配各选区而为选举机关，严定选举人与被选举人之资格，采直接选举主义而加以限制，既无背于各国法理，而有才能者、有学识者、多额纳税者，皆无偏枯不及之弊，则选举制度数月可蒇，国会之开特期年耳。

各国对外则用殖民侵略手段，对内则采关税保护主义，盖非合全国之实力无以与他国相竞争，故相竞相胜，其国内已无容足之地。惟中国实力未充，物产虽丰，而教育未普及，工商不发达，至各国咸以我为尾闾。观关税统计册，进口货超过出口者几倍，金钱流出日多，即内地财源日涸，此何待兵战而始寒心哉！中国人民富力诚不逮欧美，然视日本有余，日本人民敢与欧美方驾，国中工厂林立，商贩四出，我国何以不如？是有国会与无国会之别也。无国会则予夺之权操之政府，人民率观望不前；有国会则由人民参订保护工商法律，资本家地位巩固，自能并全力而为对外之竞争。抑非止工商而已，所患者弱，而人人有当兵之责任；所患者贫，而人人有纳税之责任。至人人能负责任，骎骎乎地球头等强国矣。

说者谓各省已设谘议局，是即国会之模形也，不知谘议局为地方自治之行政机关，所议特关于地方行政之一部。国会为立法机关，性质各别，必有国会以总全国立法之成，而后各省可依其法而自治。若不开国会而言自治、言立宪，能免外人之匿笑否？老成持重，诚虑国会或以召乱，然不开国会而乱象亦日见，孰如开国会而危机犹可转也。国势日亟，列强对我政策瞬息万变，愈迫愈紧。日本进步党首领犬养毅氏曾谓，中国欲成立国会，即在此数年内，否恐列强无容我设立国会之余地。痛哉斯言！凡为中国臣民，咸盼国会迅速成立，以保皇室之万世一系，而人民亦得一日为立宪之国民。

区区愚忱，不能自已，伏乞代奏。不胜惶悚之至。谨呈。

《大公报》，光绪三十四年七月十四日（1908 年 8 月 10 日）

谘议局联合会陈请资政院提议请速开国会提议案

为陈请提议请速开国会以救国亡事。

窃直省谘议局议员去年联合上书，请愿速开国会，未蒙圣允。今年各省绅商、教育、政治各团体，以至海外各侨商，云集乌号，相率而继续请愿。圣明不察，仍守宣统八年开立国会之成命。海内外人士奔走呼号，终持国会不开，国亡不救之见，又将准备上书矣。议员等详究此事，深维将来外患内忧，日易月异，将死未死，不敢缄默。其国会不可不开之理由，关于宪政上，法律上，教育上，实业上，种种方面，为前二次请愿所先陈，可不复殚述。谨就本年五月二十一日谕旨，参之数月以来人心时局，见闻所及，披沥陈之。

伏读五月二十一日谕旨，仍谆谆训以九年立宪者，主要有四：曰宪政筹备未完全，曰人民程度未画一，曰资政院为议院基础，曰议院不能参预一切。前三者第二次请愿书已反复言之，而圣训仍云然者，自系出于郑重立宪之深心。然议员等犹有说焉。

所谓筹备宪政者，非指立宪政治则已，如系立宪政治，必先定立宪政体，而后政治乃得以理。立宪政体虽根原于三权分立，然司法、行政两机关，无论国家政体如何，此作用均不可少。若无国会，则无立法机关，即亦无所谓预备立宪。然使立法机关不独立，而宪政无以筹备完全，则国会永远不开，亦不妨留此政体。乃今观之，中国现情所谓审判、巡警、教育、自治诸大端，或椎轮伊始，或初设维艰，虽朝廷按期责效，而空文具报，诚如圣训所谓未完全。夫此数大端者，非立宪所始有事，乃至预备立宪而竟不能举，则无完全法律以俾之执行，而又无完全法律定之监督机关以迫之执行也。然此犹曰财政支绌，执行匪易也。筹备原单，编订法律章程，各省定限自治，为立宪初基，何以每届颁布年限必于十二月上奏？官制为行政根本，何以去年应行厘订者，至今日尚待起草？此其故匪由于人才之不足，必由于改革之碍难。虽夫无完全法定独立机关，而编定法规延缓窒碍如此，又何惮而不早设完全立法机关？故议员等以为，筹备宪政未完全，由于立宪政体未确定，立宪政体非速开国会不可也。

若谓人民程度未画一，必俟诸九年，则此九年中必筹一完全画一之方法。今筹备清单只期人民多数识字而止，以此推之，后此六年并未颁定人民有如何之程度。且欲增进程度，必赖完全教育，今日教育根本困难，诸多问题均待解决，非萃人民全体之知识以解决之，则人民程度永无增进之日。况所谓程度者，果以何为标准？若必人皆圣贤，则古今中外无此历史。若谓人民系对于官吏而言，今日人民程度不及官吏，以此为画一之准则，必人人皆达于今日官吏之程度而后谓画一，则必使全国非官吏者人人皆有官场之习气，而后可谓之人民有程度，朝廷又何乐而有此在朝在野不能完全筹备之全国人民。若谓人民系立宪国所谓对于君主者而言，包含官吏于内，在位在野均未画一，则莫若合全国之人民，选举其优者以与闻国是。议员等以为，专制之国，仅恃一二圣贤，立宪之国，则尚普遍之知识。因在野人民程度之未画一，而选举就全体人民中选举其优者以与闻国是，此代议制之所由来也。因在朝人民程度之未画一，而选举其优者，畀之以代议之权，而实行其监督行政之事，此代议制监督政府之所由昉也。又况国会不开，教育不能发达，人民永无增进程度之日。故议员等以为，非速开国会不可也。

若谓资政院为议院基础，实又不然。无论其性质，其组织，绝不相似也。以法制言，议院为独立机关，而资政院不然；以效力言，议院议决之案经君主裁可，大臣副署而实行，而资政院不然；以责任言，议院议决案对于负责任者为内阁，而资政院不然。资政院以不能独立之故，而丧失其议决之效力，于此而负其责任者，惟吾皇上一人为全国怨毒之府。大臣善用其趋避之术，而以国家大难多方诿卸于一人之躬，律以善则归君，过则归臣之古训，容或不然，而按之立宪精神，尤允无一当者也。故议员等以为，资政院与议院居于反对之极端，实非基础之预备，欲预备立宪基础，非速开国会不可也。

至谓议院不能参预一切，此尤壅蔽圣聪之言。立宪国虽具三种机关，实只议决、执行两大部分事。执行机关为司法，为行政，议决机关祇有议会。以议会立法言之，则除日本钦定宪法外，无论何项法典暨其它法律，无一不经议会议决而成，各国皆然，历史具在也。以议会参预一切言之，则如议决预算案，如事后承诺，如质问上奏，弹劾受理，东西各国，此项参预权莫不畀之于议院。此外如军政、外交，虽有为君主之特权者，然欧西各国亦多有经议会协赞者。盖议院而不能参预一切，则议决权内之一大部分将无所属，而议决之执行终亦必以无监督故而失其效力。我皇上不欲守先皇帝之遗诏预备立宪则已，如欲立宪，宜速开国会，选全国之优于聪明才力者，与之议决全国一切大计，不宜听信少数壅蔽之言，割裂议决之事项，枝枝节节而筹备之，以为议院于立宪无大关系，国会不必速开也。

议员等以为，筹备一切，非速开国会不可。

议员等窃见数月以来，人心惶惑，如赤子之无依。道路传语，愈谓朝廷以筹备之空名，掩天下耳目，而实行其专制之政。关怀国是者相与咨嗟流涕，谓朝廷迟一日立宪，中国早一日丧亡，或议抗租，或反对新加税，以极愚违法之为，冀圣明之一悟。此虽因误会而生违议，亦我皇上实行立宪之心，尚未昭然大明于天下也。又其黠者，主张革命暗杀之流，传染浸淫，日益以甚，暴裂横决，匪所敢言。此辈岂尽无良？而其言既不见信，又无地以相容，不得已变爱国之余忱，为戕贼之手段，虽穷搜尽杀，势不可尽。诚毅然即开国会，以国家一切大计公之人民，其优者既得有所凭藉，以发纾其所怀抱，其显然违犯者，为一般舆论所不容，则亦渐焉相率变其违法之举动，而融洽于范围之中。故议员等以为，正人心非速开国会不可也。

夫一国之政体，由一国之历史而成，而一国之政策，因一国之时势、地理而异。专制之政体至今日而何以划除殆尽，立宪之政体各国何以有君立、民立之不同，联邦列州之组织又何异于单独国，此类均必有特别之事实存在也。全球交通，优胜劣败，大圣不世出，故必选全国人民之优者以谋定一国之大计，决定进行之方针，东西各国大概然也。中国当筹备立宪之初，荦荦大者均未计及，集上下臣工纷纭于挂一漏万，如所谓数十宪政者，而筹备尚不能举，亦可见少数人之聪明才力其不能拨乱而反之正，彰彰明已。证以中国之历史、之时势、之地理，今日国家大计进行政策何在，草野未能深晓，而中央集权即中央集钱之说，已喧传于内外人士之口，此种政策且无论其藏否，而事实发生已有不可解决之问题。

夫一国政事，均视财力为弛张，大而国家，小而地方，其道一也。今日中国财政之支绌，经各省监理财政官之报告，暨各省督抚之预算，现势既已如斯，以云节流，而裁减之法寄之何人？以云开源，则开拓之策为之何所？国家税、地方税何自而分？预算案、决算案关于国家者何自而定？关于各省者以何为范围？各部分立，向无统一之机关，一部员司，岂具万有之能力？各国以财政为国家命脉，因防少数专横之弊，相率而采用代议制度。中国亦以为代议制之必可行也，而必欲得此少数者之结果决定一切之后，而始用代议士。过此以往，富于地藏者，既不能为源源之取求，而流通于地面者，日减一日，百举既废，万国均觇。内而封疆大吏束手待（弊）〔毙〕，其极也将以兆疆域分裂之祸；外而强邻环伺，要挟多端，其极也不至于实行监督财政不止。然则，不开国会集全国人民之聪明才力以速解决国家大计，日目危机，不为中国历代末年之割据，则埃及、波兰、印度、高丽之续耳。议员等匪丧心病狂者，而讵忍语此，然而势之所趣，固虽欲掩饰之而太息于无从也。而反对立宪者，则将以财政支绌为破坏宪政之理由，此如病者已极危险，尚有一法几希挽回，庸医不知此法之谓何也，主张不药而坐视之死，此其至愚极陋，岂待明者而后觉哉！今日之外患内忧，逆计如此，长此纷纷，变象胡底？故欲救国，非亟开国会不可也。

议员等为各省谋幸福，守局章之范围，以国家将亡，地方何在，同筹共计，以为舍速开国会一策，无以为立宪之计画，即无以拯国家之覆亡。国会开洵不足以竟其功而臻郅治，然振衣必挈其纲，谋国必其有本，舍立宪之根本而曰筹备宪政，而筹备复不能完全，且其势亦必不能臻于完全，则所谓竟全功而臻郅治者，议院不开，允不足以致之。诚非开国会，确立立法机关，俾责任有所专归，执行不敢粉饰，按期责效，或可渐臻上理。时至今日，存亡之机，间不容发，愚者一得，鸟鸣也哀。道不定，罪可无逭。应请提议速开国会，以救国亡。须至陈请书者。

《申报》，宣统二年八月初六日至初七日（1910年9月9日至10日）

吉林请愿国会代表李芳、文耆上监国摄政王书

窃维自日俄协约告成，三韩灭亡，外势日迫，首当其祸者厥惟三省。近数月以来，日俄在东三省之经营兼程并进，司马昭之心路人共见。三省臣民奔走相告，咸谓灭亡之惨即在目前，父母妻子不能相保。芳等目击情状，心悸胆裂，今以父老兄弟之委托，匍匐来京，敢殚一掬血诚，为我贤王涕泣陈之。

夫今日外势之逼迫，国事之委靡，非即开国会，不能保我宗庙社稷，即不能保我子孙黎民，此当在贤王洞鉴之中也。惟格于廷臣老成持重之谋，国会请愿两次未蒙俞允。今距二次请愿之期甫经数月，世局之变，瞬息千里，再一蹉跎，祸变更不知何若。使廷臣果别有救国之谋，不必即开国会，则不妨开诚布公，明示天下。凡我臣民，既知救国尚有他途，决不再以危言上渎睿听。窃观日俄协约、日韩合邦之后，廷臣一无举动，则其决无救国之策可知。至此而不幡然改图，即开国会，将见祸变之来，不可思议。我贤王受孝钦显皇后、德宗景皇帝之付托监国摄政，社稷之安危所系，全国之祸福攸关，一旦大局有变，根本动摇，我贤王上何以对列祖列宗，下何以对薄海臣庶。此芳等所以披肝沥胆，泣血以言者也。伏望我贤王上念祖宗社稷之重，下顾臣民呼吁之诚，毅然决然，请旨即开国会，以与天下相更始，庶几于将亡未亡之间，而冀有一线不亡之望。芳等粉尸碎骨，亦所甘心。

芳等籍隶三省，休戚较切，不忍坐待亡国之后为奴以死，故敢冒狂悖之罪，直言以悚于贤王之前，以冀圣明之一悟。三省之存亡，中国之存亡，胥在此举矣。冒死上言，不胜迫切惶悚之至。

《国民公报》，宣统二年九月十一日（1910 年 10 月 13 日）

代表团孙洪伊等上监国书

监国摄政王爷殿下：敬肃者。前所上书，度蒙省览。岁月不居，邈焉已秋。洪伊等概念时局，奔走呼吁，希望国会，惄如朝饥，一再陈请，矢志不忒。私谓世界立宪，皆经铁血，吾国当圣君贤王临轩出治，顺民之欲，期以九年膺福安悆，实为至幸。顾当饥而思食，迫寒而求衣，期之旦暮，虽欢欣鼓舞，犹虑饥寒之不及待，矧九年之久乎？窃计洪伊等自去年至今，蹙国势之阽危，痛外患之亟迫，思救国亡，惟有国会，既两次奔叩帝阍，未邀俞允，抱忠怀愚，不敢谓见屏于君父，辄自退阻。方欲与全国人民为三续请命之举，而海内外父老昆弟亦复函电交驰，迫不令去。洪伊等滞羁京师，其所以奔走号呼不敢告劳者，诚欲以款款之愚诚，冀幸君父之一悟也。

乃者东三省人民，以日本并韩而后，势力渐趋于南满，北部则迫于强俄，介居两大，协谋来侵，约章既成，风云益剧。东省人民寝不贴席，既合全省士绅会议数四，乃公推特派员数人到京，佥谓及今不开国会，国家必无幸存。东三省有变，则全局瓦解，宗社人民将置何地？虽欲从容立宪不可得矣。时势迫促，不能再缓须臾。嗟嗟吾王，期年之间，时变如此，吾贤王受先朝遗命，监辅冲主，身膺国家之重，倘亦有震撼于中不能自已者乎？

夫鉴往以知今，即今以察来，有远虑而后免近忧。人民生长草野，习审时变，私冀奋然图治，转弱为强，转危为安者，非贤王莫属。徒以天泽之分，不能旦夕面王痛陈国家之大计、变革之大纲为可痛耳。方今之病，患在壅隔。以贤王求治之殷，吾民望治之切，两相需于冥漠之中，而迄不能豁然大解者，则以上下不交通之弊也。顾上下交通，则机关之设，首在国会。国会者，所以通上下之情，为宪法上立法最高之机关。有国会而后可言立宪，无国会而言立宪，人民生其疑阻，政事日即惰偷，虽日日言筹备，而财用之耗蠹，人才之隳窳，民生之凋敝，恐即在此筹备之中，而祸乱之至且无日矣。王试思，列国之强皆有一日千里之势，而吾国至今犹在纷纭棼扰中，庶政孔多而财政奇绌，官僚充斥而责任无人。非不日言筹备也，而局处衙门凡号称新政机关者，率皆东涂西抹，举一遗二，而其间犹复新旧杂糅，有举无废，循节敷末，百孔千疮。以如此之政治，当列强之竞争，其有幸乎？且无暇与列强絜短较长也。凡事不从根本解决，而徒爬技搔叶，鲜克有济。王试观两年以来，宪政筹备之清单，不可谓之不密矣，督促进行之诏旨，不可谓之不勤矣。以言财政，而财政之紊乱如故；以言教育，而教育之腐败如故；以言警察，而警察之疲玩如故。其它军事、实业凡关于国家大计者，更无一足餍人心焉。外人之觇吾国者，以为吾国之政治，如灭烛夜行，无一线光明，几不足与于国家之数，故其在吾国之行动，皆不以平等相待。

值此内外交迫之际，若非有大举动，大变革，则孰若速开国会，与天下以更始，令四海万国耳目一新，知吾国家真实立宪，见日月之明，而奸谋自阻。以中国幅员之广，人民之众，必不信开国会后不能自强也。凡百事功皆发乎机，机之一发则群耳易听，万目改视，腾为舆论，亦遂朝黄暮绿，南北易位。开国会即其机也，我能行之，安知不足以震慑列强？闻卧虎之啸，则猎者骇走，莫之敢撄。国家危亟，北钥告警，猎人在前，当复何谋？洪伊等分属国民，有俱烬之痛，义不忍复偷瞬息之安，所以昧死一言，冀吾王之投袂而起也。伏愿吾王上为皇上，下为人民，巩固我国家亿万年永永长治久安之基，当机立断，即日请旨速开国会，上以副先朝付托之重，下以慰亿兆人民望治之心，俄顷之间，立新朝局。但令国会早开一日，即人民早享一日之太平。洪伊等归耕垄亩，歌咏衢壤，于愿足矣。所有披沥下情，请速开国会缘由，除陈请资政院议决代奏，并呈由政务处代奏外，谨合词笺状以闻，惟冀垂鉴。抑更有言者，资政院之性质本与国会不同，其组织亦与国会迥别，万不足以代国会，前日都察院代奏书中已缕晰言之，幸王少留意，毋惑于叶公之龙也。

迫切陈请，语不及检，无任惶恐待命之至。秋风迅厉，伏惟万福。

《申报》，宣统二年九月十四日（1910年10月16日）

四川绅民请代奏即开国会请愿书

为时势危迫，请顺人心，即开国会，以幸天下，合词哀吁代奏事。

窃闻古之大有为之君，未有不顺人心，而能兴非常之功，成不朽之业者也。我德宗景皇帝神圣英果，知人心不可不顺，王道不可不复，于是鉴于百代，征之列国，深惟国会为合于古明堂之制，毅然以立宪政体布告天下。国事一定，朝野上下，欢呼如雷。呜呼！自秦汉以来，皆用杂霸之治，君主专断于上，百姓怨咨于下。尧舜文武之后，其能明天道、顺人心，未有如德宗景皇帝者也。志事未竟，遂集大命于我皇上。而监国摄政王本周公之亲，处阿衡之位，精白恭俭，辅导呈躬，海内喁喁向治，如望日月。故皇上即位，先后诣阙下上书者数十万人，万口一声，牢不可破，以速开国会为请。诚见人民思慕先帝，忠爱本朝，欲以继善述志望之皇上，以成千载之盛也。乃终奉五月二十一日之诏，人民悲叹，绕阙不能遽去。盖以皇上新御大宝，惟名与器不肯轻以假人，或姑徐之，以观民志之坚否，俟其更请而后许之，慎之至也。不然，则二三大臣必有巧说以疑误皇上之听者，不可不察也。天下者，天下人之天下也。使立宪政体不宜于今，则先帝何为亟欲行之；使国会可以从容待至预备九年之后，则天下何为哓哓然屡渎而不已。此其缓急之数，至易明白，天下谈士毋虑交驰辇毂之下，指陈其利害，烂熟于执政者之耳矣。某等不暇具论，惟望皇上独运睿断，速定大计，以顺人心而已。夫天下情势危迫，未有如今日之亟者也。内则时有盗贼水旱之警，外则加以强邻逼处之忧，今日俄协约又见告矣。某等不敢远喻，即以四川而论。西藏者，四川之屏藩也。英、法交窥西藏久矣，英人铁道去拉萨才数百里，法国铁道已达云南境内，若旦暮亦如日俄之协约，则西藏非国家所有，而四川因之以危，某等实不胜厝火积薪之惧。四川人民奔走相告，以为皇上及此不图，将终弃西藏，且弃四川，可为寒心者也。然即朝廷欲经营西藏，非得绝大之财力，直无济于事。不开国会，人民孰肯负荷此财力者乎？况为强邻所涎视者，宁止四川一隅而已乎？某等虽愚，非以一开国会，既足厌乱弭害。不过谓时势至是，皇上宜博咨天下之贤士，急起直追，以救危亡于万一；不宜仅用一二大臣老成之私计，拂千万人之望也。使因循数年之后，筹备未必有效，而国势日艰，人心已去，某等虽欲效忠于皇上，其道无由。王者，天下所归往也。民情难与虑始，盘庚殷之贤主，小民犹或胥怨。皇上以冲龄入嗣大统，缵行宪政，而天下归往若此，诚能因而用之，即开国会以昭大信，则三王不足四，五帝不足六也。《诗》曰：为谋为毖，乱况斯削。言谋者迂缓，坐失事机，仅以召乱。又曰：维号斯言，有伦有脊。言王者当察人民呼号之言，不宜忽之也。如皇上决知宣统八年以前，内外臣工所以筹备宪政者，必能完善，则待之可也。今已届三年，而成效仅如捕风，此群情所以疑惑，非尽内外臣工之不称其职也，诚事理有所难耳。夫亟开国会，则所谓筹备者，或可次第而举；不开国会，而望筹备之效，必无之事也。何以明其然也？凡筹备诸政，虽百出其途，度无一不当有财力以济之。吾国财政困乏，先未有以顺天下之人心，而遽倍取于民，大乱之道也。孔子曰：信而后劳其民，未信则以为厉己也。筹备诸政在国会未开以前，人民容以为苛扰；在国会既开以后，人民必踊跃以赴之。盖其时，人民与国会为一体，晓然政府所取于己者，皆用之于公，譬之父兄有疾，子弟不召而自至；头目有患，手足不令而自力也。惟有好恶与民同，而后可以理天下之财；可以理天下之财，而后筹备有所资。现在四川明年预算，当视往年多至千有余万，今尚未知所出，此事理之难者一也。又今赖以筹备者，内则各部之尚书，外则各省之督抚，即使内外一心，犹难与图功，况部与部异权，省与省殊趣，隔阂实繁，而谓能筹备称旨，谁其信之？则非国会，殆终无以通内外之邮也，此事理之难者二也。由是观之，今日筹备之不可恃，章章明矣，皇上何嫌何疑，而尚靳于国会耶？勿以人民程度之不足为虑也，即至九年以后，安见其程度之皆足耶？勿以先帝之诏书为词也，先帝明明欲观宪政之成，九年云者，将倚有司筹备故也。今筹备无效如此，民心想望国会如此，先帝在天之灵，犹当许之。勿以资政院已立而国会可缓也，即使资政院之实不异于国会，皇上尤勿为惑国会之虚名矣。至于二三大臣一切巧说于皇上之前，以挠国会者，皆为其私，不足信也。如非先帝明定立宪年限，二三大臣或未尝念及国会也。某等悾悾之诚，惟愿皇上独运睿断，速定大计，即开国会，以顺人心而已。宗社安危，在此一举，天地鬼神，实昭鉴之。某等诚惶诚恐，昧死以闻，伏乞帅座钧鉴，据情代电，奏请即开国会，以顺人心，不胜感戴云云。①

《蜀报》第五期，宣统二年九月望日（1910 年 10 月 17 日）

国会请愿代表孙洪伊等上资政院书

为时局阽危愈甚，臣民望治愈亟，请速开国会，俾宪政得以实行，以苏民困而救危亡，联名陈请，泣恳代奏事。

窃洪伊等闻事君父者无隐，发于天性之爱，不忍为饰辞也；救焚溺者不趋，迫于祸害之急，不敢循迂节也。洪伊等前曾代表民意，吁请速开国会，叠于上年十二月二十日、本年五月二十日，钦奉明诏，诲以勿骛虚名，勉以一心图治，鉴其忠爱，而戒其渎请。洪伊等循诵再四，感极生泣，何敢更犯威严，自干罪戾？顾犹哓哓焉不能已于言者，则以国家危急存亡实迫眉睫，今日事势已迥异数月以前，更阅岁时，安知所届？昔人有言：鹿死不择音。又曰：疾痛惨怛，未尝不呼父母。洪伊等窃见自五月二十二日以后，时局骤变，惊心动魄者不一而足。外之则日、俄缔结新约，英、法夙有成言，诸强释嫌，协以谋我。日本遂并吞朝鲜，扼我吭而拊我背；俄汲汲增兵，窥我蒙古；英复以劲旅捣藏边；法铁路直达滇、桂，工事急于星火；德、美旁观，亦思染指。瓜分之祸，昔犹空言，今将实见。内之则各省饥民救死不赡，铤而走险，土匪乘之，骚乱日告，长沙、莱阳几酿大变，虽幸获戡定，而善后之策一筹莫展。乱源不拔，为患方滋。此外各地，无不嗷鸿遍野，伏莽满山，举国儳然，不可终日。此等现象皆起于最近数月之间，非

① 本篇录自“请愿国会之热忱”时事报道，标题为编者所加。

惟洪伊等所不忍闻，当亦我皇上所不及料。昔汉臣贾谊陈时局之危，譬诸抱火厝积薪之下而寝其上，火未及然，因谓之安。数月以前我国时势盖有类于是，今则火既然矣，且将燎原矣。举国臣民，顾影汲汲，朝不保夕，非赖皇上威德，亦复何所怙恃？此所以不敢避斧钺之诛，沥心泣血而思上诉者也。

伏读谕旨有云：国家至重，宪政至繁，缓急先后之间，为治乱安危所系。大哉，王言治道，尽于是矣。夫求治莫要于审缓急先后，而若者宜缓，若者宜急，若者宜先，若者宜后，则不能徒征诸理论也，而当以事实为衡。今中国非实施宪政，决不足以拯危亡，尽人而知之矣。然宪政若何而始能实施，此最不可不审也。比者筹备宪政之有名无实，天下共见。中外臣僚其涂饰敷衍，捏报成绩，苟以塞责者，固所在多有；而一二忠勤爱国之大吏，亦尝知虚名之不可以久假，欺罔之不可以公行，力陈现在筹备之失当，成效之难期。如督臣李经羲、陈夔龙，抚臣陈昭常、孙宝琦，藩臣王乃征等，皆先后有所献替，虽所求补救之策各有不同，至其言现在筹备之不能举实则一也。筹备而不能举实，则何如不筹备之为犹愈，于是诸臣中渐有倡停办宪政之说者。夫以今日之所谓筹备，非惟不足以利国，而反以病民，则停之似宜也。虽然，曾亦思孝钦显皇后、德宗景皇帝所以赫然宣布立宪者，其意果何在乎？使专制政体而尚足以维持国命于不坠，则以在天两宫之圣，亦何乐为此扰扰，以摇惑天下之耳目。先圣之以宪政贻谋于皇上也，盖洞瞩时势，深察民情，知中国非此则不足以图存也。夫朝令暮改，君子犹讥其反汗，况于先朝训诰为国家定百年大计者。为人臣子，乃敢窃窃焉议废弃乎？是故以现在筹备宪政之不能举实，而务设他法以举其实焉可也，坐是而疑宪政之当废焉不可也。此如抱病之夫，缘食增病，不务治病，而思绝食，未有不速其死者也。洪伊等以为筹备宪政之实之所以不举者，皆坐无国会而已。何也？盖立宪之真精神，首在有统一行政之机关，凡百施设，悉负责任，而无或诿过于君上，所谓责任内阁者是也。责任内阁何以名？以其对于国会负责而名之也。是故有责任内阁，谓之宪政；无责任内阁，谓之非宪政。有国会，则有责任内阁；无国会，则无责任内阁。责任内阁者，宪政之本也；国会者，又其本之本也。本之不立，而末将安所丽？两年以来，所以筹备一无成绩，而“宪政”二字几于为世诟病者，皆坐是也。

洪伊等恭绎谕旨谓：据各衙门行政大臣奏称，按期次第筹备，一切尚未完全。又云：仍俟九年筹备完全，再行降旨，定期召集议院。皇上慎终于始之盛心，洪伊等具有天良，岂不知感，特不知届九年期满之时，倘筹备仍未完全，亦将召集国会否耶？如云不完全而亦召集也，则等是不完，后之与今，复何所择？如云必完全而始召集也，窃恐似兹筹备，终古更无获效之时。此非洪伊等疏逖小臣吹毛责备之私言，即以国之世臣如李经羲辈，身处当局，洞悉情伪，而其言之忧危既已若彼，皇上于召见中外大吏时，试命其自抚良心，问有一人焉敢谓前此筹备之确着成效者乎？又命其自摅怀抱，问有一人焉敢谓将来筹备之确有把握者乎？他勿具论，即就财政一端言之，自侈言筹备以来，岁费增加，司农竭蹶数倍于前，后此且将益甚。筹备案中所列诸要政，虽欲勿停，又安可得？一事如此，他事可推。若是乎，筹备宪政一语，不过供大小官吏欺罔君父，自便私图之口实，而于先朝殷殷贻谋之本意，更复何有？我皇上如谓今日中国可以不复筹备宪政也，则洪伊等亦复何言？亦既知筹备之不可以已矣，又灼见乎二三年来所谓筹备者之一无实效矣，而不深考其所以无效之故，而别思所以致效之途，此洪伊等所大不解也。

夫筹备何以能有效？必自行政官各负责任始。行政官何以能负责任？必自有国会以为监督机关始。是故他事皆可后，而惟国会宜最先；他事皆可缓，而惟国会宜最急。谕旨谓缓急先后之间，为治乱安危所系者，岂不以此耶？昔汉臣刘向上成帝封事云：下有泰山之安，则上必有累卵之危。陛下为人子孙，保持宗庙，而令国祚永移，降为皂隶，纵不爱身，奈宗庙何！其词危苦，千载下读之，犹将流涕，而独怪当时世主处彼岌岌之势，闻此謇謇之言，何以漠然曾无所动于中，或明知其善而莫能用，坐使身死国亡，为天下笑。岂天命不佑，非人力之所能回，毋亦在上者不能听言择善，有以自取其咎也。今国势之危，过于汉季者且将十倍，出万死以求一生，惟恃国会与责任内阁之成立。及今急起直追，犹惧已迟，更复荏苒数年，后事何堪设想？

夫自五月二十二日以迄于今，不过数月间耳，而事变之咄咄逼人，已再四而未有已。盖悬崖坠石，愈近地而速率愈加，今后数月中其可惊可痛之事，恐将又甚于此数月，而筹备案之敷衍告竣，乃须期诸六年以后，此六年中，内忧外患，谁复能料？而长以此泄沓阘冗、不负责任之政治应之，祸变之惨，岂复臣子所忍言者哉？昔朝鲜当光绪二十一年，其主亦尝誓庙告天，宣言豫备立宪，设责任内阁，其所颁《大诰十二条》略与我《宪法大纲》相类，徒以无国会之故，监督机关不立，凡百新政，皆有名无实，利不及弊，坐是鱼烂，以底于亡。《诗》曰：殷鉴不远，在夏后之世。若朝鲜者，可以鉴矣。

洪伊等诚知冒渎宸严，罪合万死，徒以时局煎迫，朝不逮夕，国脉民命，系兹一线，谨合词沥血，陈请贵院迅赐提议，于宣统三年内召集国会，并请提前议决代奏，恭候皇上圣鉴，训示施行。须至陈请者。

《申报》，宣统二年九月十六日至十七日（1910年10月18日至19日）

顺直绅民为国会事呈请直督代奏稿

为时局危迫，人心惊惶，非开国会难图挽救，据情泣恳代奏事。

窃以人有灾害，未尝不呼天，有疾苦，未尝不呼父母。此情之流露，抑之不可，无君子小人而一者也。方今国势阽危，有如累卵，为鱼为沼，患切剥肤。东望榆关，三省已非我有；北顾蒙古，俄人势渐侵凌。四面楚歌，逼人惨淡，而保护黄河以北之密约又逐次发现，直隶片土已陷荆棘之中，此有耳者所共闻，有目者所共睹，无容深讳矣。况复频年水旱，民不聊生，饥馑频仍，汹汹思动，加以税则不良，负担日重。新政之名纷立，旧日之弊未除；人民之积怨已深，官吏之瘝顽如昔。内无内阁负其责任，外无专权以应缓急。乱端四伏，如响应声，虽有贤良，不足以善其后。盖激则生变，变则必危；急则思逞，逞则必烈，古今合辙，无足怪者。一旦内忧外患相继而来，朝野离心，众庶背德，神京咫尺，全局必摇，谁与执干戈，卫社稷者？

皇帝御宇之初，虽叠降明诏，重申国是，公天下之心，不可谓不至矣，然而上窥官府之举动，俯察预备之成效，大有令人失望者。孟子所谓今有仁心仁闻，而民不被其泽，上无道揆，下无法守，朝不信道，上不信度，君子犯义，小人犯刑，正此时也。急则治其标，缓则治其本。若不急以公天下之心，施公天下之政，召集国会，与民共治，深恐转至宣统八年，则徒虚悬一梦中之国会，明日黄花虽欲开而势有不能。非民等好为不祥之言，势有必至，理有固然，虽欲粉饰太平，情何克已？特此不避忌讳，据情上陈。至于开国会之种种利益，不开国会之种种弊害，已经各省代表言不一言，兹不复赘。惟此忠诚迫切，欲罢不能。

谨合词哀吁，泣恳代奏。

《申报》，宣统二年九月十九日（1910年10月21日）

美洲中华帝国宪政会上洵郡王请愿速开国会书

呈为国势危亡，不能久待，谨联合会众，吁恳速开国会，以救危亡，呈请代奏事。

窃惟立国之本在于民心，而表民之心在乎国会，无国会则民心无所表见，是曰无民。既无民，尚安得有国？是故以中国之大，四万万人民之众，而国权尽削，岌岌待亡。则以吾民无参预政治之权，不能自救，而肉食者鄙，又皆孟子所谓安其危而利其菑，乐其所以亡者也。夫谓诸臣如此，诸臣或不肯任受。然读五月二十一日之谕旨，则诸臣之阻挠国会，以五千年之国家，三百载之皇室，四百兆之民命，为三五军机大臣之孤注，其罪诚不可逭矣。诸臣以国会之有利于国，而无奈其不便于己也，于是借谕旨为护符，致君父于怨府，以苟延其数年盗权卖国之事。然使其果能达其目的，以保其终身之富贵，商民虽不肖，亦何惜不牺牲全国之生命财产，以听诸臣之愚弄圣主，祸害兆民，以遂其私愿？而无奈覆巢之下，必无完卵，诸臣之富贵，转瞬皆空，则民等又何忍而不言？今者速开国会之声遍于全国，第二次之请愿数十万人，公理大明，无待商民等之喋喋，且商民等亦已于呈请涛郡王代奏时言之綦详。盖国会之当速开，已成为天经地义，虽有秦、仪之舌，无从置辩矣。故民等今所言者，不必博数事理，以赘其辞，而惟举最近之见闻，以鸣其意。

夫最近之消息，孰有可畏过于日俄之协约者乎？据其内容，日皇迁都韩京，以控制中土；黄河以北，日俄主之，干涉财政，制我死命；日取满洲，俄取蒙古，夷为属地，直逼中原。德据山东，势将染指，加入协约，期不在远。列强赞成，英法南来。以葡之小，竟占香山，划界无成，而三百余之民命惨遭炮毙，粤吏不敢过问。呜呼，瓜分之议，已阅十年，至于今日，殆施之期矣。吾民何辜，能不悲哉！然而诸臣犹且乐灾幸祸，为聋为盲，谬指日俄之协约可保满洲之和平，则民等试别举一惊心动魄之事实以明之。

夫诸臣虽甚聋盲，其于高丽之亡，或亦有所知乎？夫以高丽立国数千年，世守东藩，其古代之文明，本远出日本之上，乃自甲午以后，日本干涉之，名为独立，实则在日本之掌握。日俄战后，遂设统监，至于今日，日韩合并。箕子之遗裔，永为臣妾；东洋之古国，变作郡县。回首中东之役，曾几何时，关心父母之邦，能无自惧？昔者，中日相隔，间以高丽，东藩无恙，海军尚存，而马关一败，日军深入，支那处分之案，著有成书；日本统治之谋，已为定策。况乎今日兼并高丽，气吞中原，南有台湾以为犄角之师，北据满洲以操建瓴之势，水陆接壤，实逼处此，而水陆两军皆臻强盛。言念及此，能不寒心？夫使世界而仅有日本一国，中国之命已恐为高丽之续，而况列强之如日本者，又皆眈眈环视也。且夫中国之不早亡者，幸耳，使中国而如高丽之小也，则甲午已亡矣。故中国之未亡者，非恃吾有不可亡之道也，恃人有未可亡我之势耳。连鸡互忌，其中国苟延残喘之故也乎？然今者，则列强不互忌而互亲矣。日俄协约一成，而中国亡其大半；列强协约一成，而中国且无寸土。驯至其时，则诸臣虽欲借谕旨以藏奸，而并无谕旨之可借矣。降表也，和约也，此诸臣将来卖弄笔墨，保全富贵之机会也。闻高丽之臣，其主张亲附日本者，将来或可附入日本之华族。此亦如我国鼎革之际，其贰臣或得高官美爵，或得赐姓以为荣幸者也。我军机诸臣，如有意乎，则以亡国之大夫，而为外族之华胄，虽政权丧失，而身名俱泰，且以遗子孙焉，此亦顽钝无耻之诸臣可藉以自慰者也。所最堪痛者，汉文劝赵佗以去帝号，而日本亦贬韩皇为王爵，当此之时，果置我大皇帝于何地乎？列祖列宗创业艰难，而诸臣竟辜负圣恩，敢于阻挠国会以亡国，殷鉴不远，在高丽之事矣。

且不特外患足以亡中国也，内乱已足亡国而有余矣。近十年来，财政日困，生计日穷，或兵变，或民变，乱机四起，数见不鲜。统观历代之亡，其亡于外患者犹少，而亡于内乱者居大多数。以秦之强，以隋之富，乱民群起，亡也忽焉。而明末之流寇，尤我朝之民藉以得天下者也。今者四海困穷，人心思乱，虽无煽惑，岂可谓安？而况革命之谈，排满之说，乘机煽诱，推波助澜，过此以往，即无外患，而海内已鼎沸矣。李闯入京而怀宗自缢，诸臣独不见煤山之树也乎？君非亡国之君，诸臣皆亡国之臣，民等窃不忍见此等景象也。然我中国四万万之人，又岂尽甘于为亡国之民哉？（挺）〔铤〕而走险，急何能择？束手而待亡，或反冀其倡乱而不亡，如此则翘首望治之良民，且转而为犯上作乱之事矣。谁生厉阶，至今为梗？则军机大臣之阻挠国会者尸其咎也。

民等外审敌情，内察国势，上忧君国，下念民生，实有见乎速开国会为救亡之第一义。盖国会一开，然后四万万人乃有代表民意之机关，内阁既负责任，庶政方有功效。圣主制于上，贤良翌赞于下，君民一德，薄海同心，然后大臣不能借谕旨为护符，皇上不至代军机为怨府。顺民情而为政，何内乱之不消？结众志而成城，何外患之足畏？孟子曰未闻以千里畏人者也，而况中国之大也哉？迟开国会则亡，惟速开国会可以救亡，孰得孰失，何去何从，愿我皇上勿为诸臣所惑也。不然，君上不开之，下民将自开之，如此则上下交争，流血成河，内乱外患，相因并起，亡国更速，亦非民等所忍言矣。

民【等】忠爱性成，素以保皇立宪为主义，心所谓危，不敢不告，情词迫切，无暇择言。伏乞王爷代奏，皇上圣鉴。谨呈。

《帝国日报》，宣统二年九月廿三日（1910年10月25日）

奉天全省谘议局呈请代奏即开国会奏稿

呈为东省危迫，牵动全局，吁恳即开国会，以救危亡，谨请代奏事。

窃本年五月间，各省谘议局员、东三省及各省绅民、华侨等，以内忧日迫，外患日深，伏阙上书，吁恳速开国会，以维大局，钦奉五月二十一日谕旨，仍俟九年筹备完全，再行降旨，定期召集。仰见睿虑周详，审慎持重之意。薄海臣民咸晓然筹备秩序，无事再行渎请。即东都人士日濒危亡，亦冀次第程功，得以支撑时局，不妨忍死须臾，以企国会之成立。乃甫逾一月，而日韩合并之祸急，风云惨变，朝野震惊，一若幸我国会之未成立，乘此上下不交之际，急图乘时进取之谋。两月之间，事变如此其剧，而谓能从容图治，竟九年完全筹备之事，恐狡焉思启者不我待矣。伏惟圣谟远大，鉴此时艰，睠然东顾，必思施根本之治，萃全国之力，以保东省而维大局，则顺时应变，即召国会，使上下交而内外靖，早在圣明预计之中。顾东省士民犹不能已于渎请者，东省时事日益阽危，以东省之财之力谋东省，东省不能存；即合全国之财之力以谋东省，而以迟回瞻顾出之，东省亦不能存。彼挟其全国人民之强力以谋我，而我不以全国人民之强力急起而相抗，徒劳皇上忧廑于上，内外大臣经营于下，规画沮于强权，失败诿诸气数。甚且谓国会人才未经历练，仓卒召集，徒滋纷扰。抑曷能为是说也！阻宪政，误大局，而言之易于动听。此东省士民所以披沥上陈，不惮屡渎之咎，而以即开国会呼吁请命者也。

夫事至万难则进行难缓，理有对镜则不辩自明。国会之益，前上书者已俱详陈，无庸赘渎。请以东省之往事，并战胜国之国会证之。甲午之役，我孝钦显皇后、德宗景皇帝十年之前烛照几先，即设东三省练兵大臣，严整边备。当时以李鸿章之硕辅，南北洋海军及湘军、淮军之精锐，以为战胜三岛如操左券。及宣战后，胜负之形，竟至相左。何则？彼恃有国会之后援，增筹兵费，鼓吹国民军，保护军人家族。即战胜之后，犹议组织义勇兵团，增长国势。故甲午之败，非庙谟犹有遗算，乃少数民力与全国民力比较相差之数也。今东省之危十倍曩日，乃欲责枢府、疆臣数人之力保存已危之局，以与立宪国之全数民力抗，诚不知其可也。向使甲午以前深维国本，早开国会，军民一心，力图国是，胜负之数，当未易量。往不可谏，来犹可追。今幸朝野上下鉴于往事，惩前毖后，已知强国之根本在立宪，立宪之精神在国会矣。又知并韩而后，东省危亡急无可待，舍根本之计画，更无别策矣。然则我皇上亦何所顾虑，何所疑畏，而不出于此也？

恭读五月二十一日谕旨，有谓：论议院之地位，在宪法中只为参与立法之一机关耳，其与议院相辅相成之事，何一不关重要，非尽议院所能参预，而谓议院一开，即足致全功而臻郅治，古今中外亦无此理。是我皇上洞微烛远，统筹兼顾之至意也。窃谓国家至重，宪政至繁，非领挈则衣不振，非纲举则目不张。国会不立，则百事莫举，考之各国，莫不皆然。议院为参预立法之机关，其与议院相辅相成者，则行政、司法之机关诚为重要。今法院编制粗具规模，议会而外急宜组织者，莫若责任内阁一事。然议院与内阁相对待，议院立则庶政公诸舆论，下情无壅蔽之虞；责任归诸内阁，政府无推诿之弊。绅民之所以殷殷请愿者，正以召集国会，则内阁成立即在同时并举之中，他若枢密院、会计、审查院之提前组织者，亦属期月可成之事。分途并进，敏则有功，非谓议院一开，而行政之重要机关皆可缺焉不讲，正谓议院一开，而行政重要机关转可促之速成。至于庶政待理，千绪万端，国会既开，次第经营，进行自速。日本改正官制现行法规，其颁布多在议院成立之后，典籍俱在，可覆按也。若如各衙门行政大臣所奏，按期次第筹备一切尚未完全，不知宪政繁重，因时变通，积久大备。所谓完全者，乃政府与国会无穷之责任，与时竞进，非第九年之功，亦非筹备事宜清单所能尽也。

谕旨又谓：况以我国幅员之广，近今财政之艰，屡值地方偏灾，匪徒滋事，皆于宪政前途不无阻碍。是我皇上深谋远虑，防患未然之至意也。窃谓幅员无论广狭，而五方风气不能强同。日本之北海、冲绳，人民程度不及内地，而不足为立宪之障害，我国之新疆、蒙、藏亦犹是也。至于财政之艰、地方偏灾、匪徒滋事，正以国会未开，上下隔阂所致耳。租税无待承诺，即施以强制之成权；财政不允监察，但责以必尽之义务。偏灾缓于报闻，匪徒因而□□，事急变生，铤而走险，长沙、莱阳之变，其前鉴已。俄国幅员至广，人民之程度□□不齐，然自旅大败后，颁布立宪，召集国会，以岁亏五百万兵费案，国会于烟、酒、糖、火柴四项下加捐补助，国民以既经国会议决，无抵抗者，而上下之隔阂以消。然则财政之艰，正赖国会之协赞，有国会而上下之情通，内患因之以靖，宪政前途之阻碍，国会其疏通之具矣。

谕旨有谓：本年九月即届资政院开会之期，业已降旨选定议员，先期集会。如能上下一心，共图治理，不惟立议院之基础，兼以养议院之精神。是我皇上思艰图易，循序以进之至意也。窃谓国家立一机关，必先辨其性质，杂而不纯，障害因之而起。各国贵族与众议员多取两院制度，为其性质异也。今资政院之组织，各部员司选充议员，是行政与立法相混淆也。且合贵族与众议员而一之，组织既不融洽，恐朝野两派冲突一生，不惟失议员之精神，更恐无识者以资政院为诟病，将深闭固拒于国会之请愿，而议院之基础坏矣。诚欲上下一心，共图治理，则宜采两院之制，随其性质各为组织，而后议院始立于颠扑不破之地，不宜□迁就，以误促行宪政之至计也。

【综】计以上各项理由，即令地无东省，时非今日，□□我皇上励精图治之心，已属□□可□，何况迩来时事日异月非，□□□□□□□□祸机一发，内地各省，□□□□□□□□，不惟九年筹备，河清【难俟】，□□□□□□至二三年后始行组□□□□□□□□□□□□□时局者辄□□□□□□□□□□□之□□正不必耗内地之力，空费经营。此等悠谬之谈，诚不知其何心。议员等但念发祥重地，根本攸关，一有动摇，全局瓦裂，正宜即开国会，化除省界，置东省于完全国界之中，联合二十二省之人才物力，以维大局而救危亡；不宜筑室道谋，今岁筹备不完全，明岁程度不划一，竟令中国之大，终无筹国是之□而□致沦胥。又况召集大计，定自先朝，宪政筹备，已经三载，默察时局之当否，静验人心之从违，固无待烛照数计，已如水之赴壑，群注于国会之一途。诚使明诏一颁，自必全国□风，智竭其谋，勇竭其力，而危【机】犹不可转，根本犹不能固，必无之理也。伏愿皇上宸衷独断，即召国会，以保东省，而救危亡，勿格于内外臣工老成持重之谋，稍短期限，以□□□人民之□，则东省幸甚，全国幸甚。所有东省威迫，【牵】动全局，恳请即开国会以救危亡各缘由，理合具呈，恳请代奏施行。谨呈。

《国民公报》，宣统二年九月廿三日（1910 年 10 月 25 日）

代美国宪政会请开国会折

康有为

为外患内忧，国危民困，请立开国会以救亡局，伏请代奏事。

窃惟中国岌岌久矣。民心去而不忘，天命绝而复续者，赖有德宗景皇帝毅然维新，决行立宪，故薄海内外犹有余望耳。不幸我德宗景皇帝未竟厥绪，中道升遐。赖我皇上克绳厥武，我监国摄政王善继先志，天下喁喁，犹未绝望，咸望立开国会，奠我国基。故举国人民咸怀忠义，三十万众联名上请，此诚吾国存亡所系之命之秋也。

顷闻日俄协约，有分割黄河、攘夺蒙古、监理财政之说，薄海震动。民等远外，恐惧忧惶，既愤且忧，奔走罔措。乃遂闻明诏拒绝代表之请求，仍守九年之旧议，再三言之，不以为筹备未至，则曰程度不足。国民骇变，以为波兰之割立见于今，若待九年，恐国非其国，至时虽欲开国会而无能及也。商等之会，昔为保皇，今为宪政，十年爱国，竭尽心力。是用收涕会集，特举代表远诣京师，为我皇上陈之。

窃惟今上下所言皆曰宪政，其名词写从日本，其义法译自欧洲。夫欧美之为宪法义也，曰立大法，而上下同受治焉。非惟同受治也，曰立法、司法与行政各别事权，而立法则与国民有权以议政焉。一言蔽之，立宪专制，政体相反。专制主之君，立宪公之民；专制家天下，立宪公天下，此其大别也。以吾国向无立宪政体，先帝有公天下之心，故今乃斤斤求之也。夫既求之，则所以筹备者，必在宪政立法之本，而立法必公于庶民，则非开国会乎，宪政将何属也。乃今者宪政编查馆所议九年筹备之案，上之明诏，下之公牍，皆斤斤以宪政为名，而详考其政，若地方自治也，若警察也，若审判监狱也，若调查户口也，若开学堂教识字也，甚至若旗制、弼德院，是皆万国通行之国政，虽专制国亦当有之。虽吾国无宪政，而古者乡老、亭长、保甲、审讯、学校何尝无之。虽然，是国政也，非宪政也，即谓之新政可也，谓之宪政不可也。盖自国会立法外，实无他政可冒充宪政也。孔子曰：（言）〔名〕不正，则言不顺；言不顺，则事不成；事不成，则礼乐不兴；礼乐不兴，则民无所措手足。

夫德宗景皇帝之遗诏，曰在行宪政，而公天下与民，至仁也；昭告万方，涣汗大号，至严也。乃有司所以奉诏筹备，昼夜督行者，不在宪政，而在国政，何名实之反也。甚且以国政而冒宪政，又何名实之颠倒乱淆也。夫名实之反，已足误国，何况于颠倒淆乱，惑众疑民。甚且执政者借宪政之伪名，以拒真宪者之请，诚所行非所往，所问非所答，苟借以粉饰天下，拒塞众望，指鹿为马，蒙羊以虎，耳目移易，真孔子所谓手足无措也。以挠阻宪政之实力，而托于筹备宪政之名词，侨民等诚不意煌煌大政，肃肃明诏，而有是大误谬也。我皇上方在冲龄典学，我监国摄政王日理万几，度必非我皇上、我摄政王之意也。政府诸臣署名有责，以德宗景皇帝临之，则为抗违先帝之命；以国民全体对之，则为辨言乱政之诛。我皇上仰承先训，我监国将前烈，而政府诸臣肆意欺蒙，阻挠立宪，下则大失天下之人心，上则隐恫先帝之灵爽。我皇上、我监国摄政王，上何以对先帝，下何以对国民乎！

然上所云云，不过讲明虚名云尔，犹非关实祸也。侨民等窃计，国会若不立开，则中国必不能救。姑舍远者，即就近事言之。今明谕所督责，在兴学、自治、审判、监狱诸政，而疆臣所覆陈者，则以每事动须千数百万，无款不能举行，苟非实认空文，则请暂从缓办。若海陆两军，尤关国防之大命，所以折冲御侮，保守国疆，苟不能张皇六师，则是坐听分灭。近者各国在我疆土，竟作自由行动，铁路、汽船、矿山惟其所欲，不待主人，其轻视若无人甚矣。然而度支仰屋，无以应百政之求。今赋税日羡，杼轴日空，铲地无术，只有坐以待毙，不日不月而已。然且民穷财尽，哗乱频闻，湖南其已事矣，各省迭有所闻。国谋如此，其何以臧，试问司农更有何术支柱乎？然则国债能不偿，而海陆军可不举耶？恐监理即来，而吾为埃及，外兵旋至，内乱更生。至此时乎，虽欲求十万万之偿饷而不可得，虽欲开国会而咨之民，亦不可得也。故今者救急而谋军备，筹饷而修庶政，（会）〔非〕开国会，令国民自谋之不可得也。诚如明诏，一开国会，未必遽臻郅治，然不开国会，则必难救危亡。昔宋人议论未定，金兵即已渡河。及今早开国会，令民献筹，财政尚有救也。迟是乎，日俄夹至，他国并兴，虽开国会，压于强兵之下，亦无济也。

我皇上尚在冲龄，我监国摄政王受祖宗传授之重，承先帝玉几之命，岂徇诸臣之私，而以国土为孤注也。若舍国会之外，犹有救国之法，或迟开国会，亦有经国之方，侨民等犹不敢妄渎。无如举国内外，询谋佥同，咸以立开国会为救中国不二之法，且速开则能存，迟开则不救。故九年之议，时乎不可，迫不及待，遵先帝遗诏之命，循孔子正名之义，请旨饬下宪政编查馆，不得以自治、警察、审判、学校冒充宪政。并乞立下明诏，定以宣统三年开国会，则宪政真行，人心去而复留，天命绝而复续，其在此矣。中国幸甚！不胜恐惧屏营之至。乞代奏皇上圣鉴。谨呈。

上海市文物保管委员会编：《康有为与保皇会》，上海人民出版社 1982 年版，第 299—301 页

山西全体人民代表郑永贞等呈抚宪代奏速开国会请愿书

呈为国会不开，民心惶惑，吁恳速行召集，以救国危而维宪政，伏乞代奏事。

窃闻君主立宪国之要旨有三：一曰巩固皇室，二曰确立责任内阁，三曰设政治上之监督机关。具此三者，而后君主立宪国之精神乃备。吾国数千年来，承专制积习，君主负无限之责任，人民无参政之权利，上下隔阂，政治易颓，故鼎革之事，或数百年而一见，或数十年而一见，求如日本之万世一系，自开国以来永戴一姓者，为中国史上所绝无。此非人心之向背无常，实以政体之良窳有别也。英、德、日本诸国有鉴于此，集多数政治家之研究，始采用责任内阁制度，以国务大臣负国事之责任，而君主仍不失其尊严，皇室自可期以巩固。然欲使国务大臣不放弃其责任，非有国会监督于其后，恐行政难期有功。是国会之开，于国家政治有绝大之关系也。

德宗景皇帝聪明天亶，烛在几先，毅然定立宪之国是。凡属食毛践土，莫不感激涕零，前此倡言排革之谬说，不戢而消，海内人心赖以大定。乃近数年来，日日言预备立宪，而宪政曾无进步之可言。加以外交之挫辱，财政之混淆，吏治之颓萎，民生之凋敝，较之甲午以前，更有甚焉。揆厥原因，实以国会不开，无监督政府之机关，而所谓九年筹备者，不过枝枝节节而为之。试观近来所筹备之成绩，甲部定一新章，则梗于乙部而无成；甲省办一新政，或征之乙省而不举。禁烟大臣虽设，而统税之征收如故；变通旗制处已立，而八旗生计之艰窘如故。此尤其最著者。长此以往，窃恐敷衍因循，举列祖列宗之社稷，将不免为三韩

之续。

永贞等具有天良，窃以时局阽危，至此已极，舍开国会别无挽救之方。近数月间，内而亲贵贤臣，外而封疆大吏，亦皆以组织责任内阁及速开国会为请。苟救国尚有他策，大局尚可缓图，亦何敢再三烦琐，上渎君父之听？无如外患日亟，邪说思逞，设不明定国是，确立政治之监督机关，则民心觖望之下，难保无诡妄之徒，乘机煽惑，内治外交，必均受其影响。

三晋人心向称静谧，庚子两宫西幸，人民道旁罗拜，忠爱之性，本于天成。自全省路矿两政一时并兴，勉为筹办，民力实已不支。上年禁烟，幸已一律肃清，然无知愚民，犹借口于秦、豫未禁，时作不平之鸣。当此民穷财竭，人心惶惑之时，倘有奸民鼓煽其间，窃恐忠爱之忱，化为顽梗。晋民如是，推之各省，难保无类似之情形。惟速开国会以维持之，庶国事不致纷歧，而人心可以大定。若谓人民程度不足，国会早开，恐涉嚣凌之习，则本年资政院开院，民选议员曾未闻有蛮横之事。今日本国会召集已二十余次，议员程度继长增高，国家政治进步甚速，中日一衣带水之隔，取则匪遥。

伏愿我皇上屏除浮议，颁速开国会之诏，以尊万世一系之皇统，而慰四海亿兆之民心，则吾民幸甚，国家幸甚。伏乞代奏。谨呈。

《晋阳公报》，宣统二年九月二十六日（1910 年 10 月 28 日）

国会请愿代表上监国书

摄政王爷殿下：前所陈书，度蒙省览。奔走呼吁，冀得上请，略分冒嫌，于前数日遍谒军机及亲贵大臣，幸承赞可。庆亲王言尤恳挚，泽公则并允代奏。报纸风传，腾布中外，草野人民皆谓此次请愿决无阻难，诚望王一言决之耳。而风语流传，谓尚有人民要求，即予允准，有伤国体，以进言于王者。寻绎斯旨，窃所未喻。从绳则正，从谏则圣，古有明训，不闻尧舜在上，好行独断。矧先朝谕旨既言庶政公诸舆论，则今日皇上允准速开国会，固为采取舆论，克绍前猷。请求出自人民，裁可归诸君上，诏谕所颁，何损尊严？且枢臣亲贵亦既面允代表代为奏请，而顾复有国体之说荧惑朝廷，是使人民怨望萃于吾王，而凡百臣工均为不负责任之人，有乖忠爱，莫斯为甚。国家所与共治者人民而已，今当主少国疑，内外交迫之秋，藉非博采众议，俯顺民心，则皇祚何以永固，即邦本何以久安？吾王辅翼冲主，独不欲固皇祚，安邦本乎？人心向背皆在朝廷一举动间以为标准，幸王裁之。迫切待命，渎冒皇悚。

《国民公报》，宣统二年九月二十六日（1910年10月28日）

河南绅民请抚院代奏速开国会书

为吁恳速开国会，以维危局，恭折呈请代奏，仰祈圣鉴事。

窃某等伏读宣统元年十二月、二年五月为各省谘议局代表及各省绅民伏阙上书恳请速开国会两次上谕，于慎重宪政之中，仍寓俯采刍荛之意，圣德浩大，钦佩莫名。某等戴高履厚，良心未泯，念时局之阽危，感宵旰之勤劳，昼夜旁皇，苦竭千虑，冀获一得。乃再四思维，仍觉中国今日，实非速开国会，万难有济。负暄愚诚，不忍不披肝沥胆，上陈于我皇上之前。

他国之求立宪，在争人民之权利；中国之求立宪，在救国家之危亡。争人民之权利，故相持必久而后成；救国家之危亡，故其时宜速而不可待。两年以来，薄海臣民莫不以速开国会为惟一之目的，人心趋向盖可知矣。夫国会可以救亡图强之理由，累千万言不能尽。即如皇室无国会则根本不固，外交无国会则后盾无力，内政无国会则财政因无监督之机关而紊乱，政治因无责任之内阁而废弛，凡此种种，前各团体奏牍度已言之，无俟赘述。而某等尚复哓哓者，经有之“无征不信”。近两三月间，我最近之东邻，最古之藩封，古圣人箕子后裔两千余年之高丽之见灭于日本，则其至信而有征者也。高丽自丙午年来，内政如军事、教育、官制、警察、审判厅等行政、司法，以日本干涉之力，莫不次第改革，与强国同其形式，而卒无救于灭亡者，其故何也？日本既以全力改良其司法、行政，而独不干涉之使其开国会者，其故又何也？盖无国会之国，其责任全在君主；有国会之国，其责任兼在国民。责任全在君主，故可以劫而夺之；责任兼在国民，故不可以劫而夺之。百足之虫，至死不僵，职是故耳。夫高丽则亦已矣，向使其君若臣，十五年以前能见及此，必不至有今日；即十年以前，五年以前能见及者，亦未必遂有今日。今日虽悔，嗟何及矣。

自今以往，不自强则灭亡，决无界乎两间者为弱国立足之地，可断言也。夫积弱之国，非藉战胜之威不能以图强，非大兴海陆军无以为战胜之备。我国今日之宜大兴海陆军，夫人而知之，然海陆军者，消耗者也，欲大兴海陆军，势必至于加重国民之负担，当此民穷财尽之时，竭泽而渔，危险莫甚。是故欲加重国民之负担，必先增高国民之生计。农工商者，国民生计之源泉也。欲振兴全国之农工商业，非筹巨大之款项不可；而欲筹巨大之款项，则内而确定财政之统系，外而利用世界之资本，其最要之政策也。然国会不开，不惟财政之统系万难确定，且信用不固，于此而输入外资，势必至于利权损失。利权尽而国亦随之，埃及之祸，其前车也。然则，财政者强国之根本，而国会则根本中之根本也。政策之不可紊既如此，纵下无吁恳之赤子，外无窥伺之强邻，亦应统筹全局，积极进行，而况祸促眉睫，有迫不及待之势乎？

抑某等更有进者，今之致疑速开国会之议，不曰资政院即国会，即曰筹备不及。其资政院之非国会，事理至明，无容深辨。而筹备案之不能尽行，已屡见诸臣工奏议之中。照筹备立宪者，筹备国会也；筹备国会，则编订议院法，编订调查、选举议员法；即主持钦定宪法，亦不过再加以编订宪法，如是而已。彼教育、军事、实业、裁判等司法、行政之事，正待国会以促其进步，非国会待此而后可开也。如以改良行政条件为筹备立宪，抑失本末缓急之序矣。

总之，时事艰危，外患日亟，即今为之颁布召集，已需岁时，更迟数年，时移势殊，祸至无日，恐有臣子所不忍言者矣。伏恳宸衷独断，急速召集国会，涣汗大号，与天下更始，立法、行政，相辅俱进，殷忧启圣，转弱为强，微独全国国民之幸，列祖列宗在天之灵，实式凭之。某等学浅术疏，罔知忌讳，填海有心，自怜精卫，负山无力，有似蚊虫，望阙伏俯，不知所云。为此呈请代奏，实为公便。谨呈。

《国民公报》，宣统二年九月二十八日、二十九日（1910 年 10 月 30 日、31 日）

国会代表上政务处王大臣请速开国会书

敬肃者。请求速开国会，上自疆臣，下至人民，呈递书词，高可盈箧。九月二十六日钦奉上谕，着将原折电交会议政务处王大臣，公同阅看。二十六日政务处开特别会议，衮衮诸公，谋国荩筹，诚非草莽下士所敢臆测，顾道路传闻，恒有缩短三年之说，窃用过虑，敢复渎陈。

夫缩短三年，则必俟宣统五年方始举行，今去宣统五年则尚有三年，试问三年以内，以内政而论，全国财政能不加新租税，可以举办宪政，出入相抵否？加新租税而无国会为人民完全监督之机关，能承认否？即曰不取诸民，将以利用外资，则借贷固属国家，担负仍在百姓，无国会人民能无反抗否？虚悬此三年之岁月，坐令上而官守有敷衍宪政之心，下而人民有不信朝廷之见，若病痈疽，稍或内溃，王大臣能担此责任乎？抑非特内政也，又试问三年以内，外交上无国会为之协助，政府果能确定方针否？即能确定方针，而万一旦晚之间事变不虞，果能无人民以为之后援否？三年遥遥，列强环视，恐未必我待，王大臣亦能膺此艰巨乎？亦既与之，何用靳之？人民希望，在此期年，因而利用，则掉运尤神，王大臣洞烛国情，当憬然知其故矣。

王谓期年迫促，恐事有障碍，则反复审思，可以解惑。举行国会必要适用不过议院法、选举法而已，先进诸国成规粲然，依据编订，可一月而毕。若欲先颁宪法，则寥寥数十章，假以半年，亦能蒇事。抑谓户籍未清，其说诚是，然调查户口清册，势必期以十年，今日国势所当举纲要而后细目，不当先细目完备而后纲要。故于期年以内，召集国会，决无迫促之虑，障碍之端。王大臣幸勿过事疑虑，而令天下人民再三吁请，如百里之得其五十也。王大臣幸熟计之。

人民请愿自今而三，仰蒙皇上与监国摄政王俯顺舆情，已交王大臣阅看，则此次责任，固惟王大臣是任。年限迟速，所争不过数年，而国家之安危，人心之向背，即在此斯须之间。靳而不予，则此后怨毒之归，必不能复诿诸君上。为王大臣计，亦何苦身婴其冲？夫阽危艰巨，少数人任之，与多数人协助之，其劳逸得失相去何如？筹备清单两年以来，已贻误匪浅，即厘订税则、官制两项，颠倒错乱，宪政馆亦既自诡于法，安能责之督抚？各省疆臣所以亦纷纷电请者，正知其筹备之不可为也。若不然，沿流平进，安详妥贴，亦何用众口嚣嗷，必曰非速开国会不能补救耶？王大臣试易地以处，当知疆臣之言，实出于万不得已，遑论人民。临楮不胜皇悚。

《申报》，宣统二年十月初七日（1910年11月8日）

全闽各代表请代奏速开国会呈词

具呈南洋福建侨民代表周之桢，永春州属人民附贡苏清华，汀州【府】属人民举人雷焕猷，建宁府属人民职商徐嘉宾，漳州府属人民谘议局议员林天骥，兴化府属人民举人黄国桢，福州驻防谘议局议员椿安，福州府属人民谘议局议员李馥南，泉州府属人民拔贡黄贻果，延平府属人民谘议局长高登鲤，邵武府属人民县丞李树容，福宁府属人民举人卢鸿，龙岩州属人民副贡生吴琅等，为呈请代奏速开国会事。

窃闻事君不数，臣子之道，况敢以危亡不祥之言，日号哭市朝，上干天听，此诚万死之诛，斧锧之所不宥者也。国会请愿自去年十二月至今，各省臣庶已三上书，明诏温语，不以为罪。盖天高地厚，有以鉴其迫切之情，与愚戆之意，而宽假之。惟愚戆，故敢言，惟迫切，故不能已于言。椿安等今日匍匐涕泣，不敢避死罪而渎陈之者，亦此愚戆迫切所感发于不自知耳。

豫备立宪孝钦显皇后与德宗景皇帝之所许，亦我皇上屡次降谕，视为继志述事，必见之实行者也。立宪国必有国会，国会之当立，无俟椿安等言之，即言之亦惧其不详。至于不待九年，而请求速开国会，亦非敢忘先朝筹备之计，实体孝钦显皇后、德宗景皇帝以立宪法、开国会为救亡已乱之本心。盖戊申八月降诏以后，至今逾两年，此两年中内忧外患之亟于戊申八月者若何？莱阳之变，长沙之乱，此近事也；日俄之约，高丽之亡，又最近事也。外力之迫，无一国不能制我死命；隐患之伏，无一事不足酿成大乱。试办预算，而财政竭蹶之状尽露；极力练兵，而内讧戕杀之事时闻。一有偏灾，内乱必起；一有内乱，外力必乘，不知国家果何恃以自存。民惟邦本，当此之时，非先收拾人心不可。收拾人心之道，风声所树，有更大于国会者乎？即曰筹备，亦必以国会为之始基。无国会，则责任内阁之实不举，人民不以政府为可恃，而中央地方之政令皆不得行。筹备清单，今日已成空文，此为不可掩之事实。

景庙为变法令主，两年以前，鉴于时势，至举累朝沿袭之政体而易之，定为今日之国是。两年以后，设亲睹时事变迁至此，必不惜缩数年虚定之时期，毅然一旦开国会、布宪法，以与天下更始。我皇上、我监国摄政王当以列圣之心为心，求所以继先朝未竟之功，而昭示大孝于天下也。欧洲各国历史，国会请愿往往有激烈之举，大计未定，先肇祸乱，此椿安等之所痛心疾首，而深幸我朝野上下皆严守先圣之训，一以慈爱忠恳之至诚出之，则此后宪政之成立，即我国家深仁厚泽之有以固结人心，与夫人民奉戴高厚不忘报答之实意，幸而得此至良之效果也。

伏乞皇上即日下诏，于一年之内召集国会，以慰群望，以救危亡。椿安等不胜迫切待命之至。伏乞代奏。谨呈。

《厦门日报》，庚戌年十月初七日（1910 年 11 月 8 日）

资政院议员罗杰上摄政王书

自第一次请愿即开国会至今，爱国之士，始而断指，继而割臂刲股，再继则有将刎颈以送请愿代表之别者。当代表捧书出发时，其书血淋肉跃，惨不忍睹，贤王当亦闻而怜之矣。夫人孰不爱躯壳而恶痛苦，惜生命而避死亡，其所以不顾痛苦、不避死亡者，诚以内忧外患所迫，与其不即开国会改良政治而死为亡国之奴，吾宁忍痛苦、捐生命以表示请愿决心，而坚代表诸人之志，或有一线生机。资政院据各团体代表孙洪伊、汤觉顿等及各谘议局陈请即开国会书上奏，王以亲贤之资，受阿衡之寄，国会即开岂真不欲许，特虑王虚怀若谷，博采群言以定期限，或有一二不明国会即开之利之人，主张期限稍有异同，以淆乱王之视听，而失国民之望，召危亡之祸者，故不能不倾沥言之。

夫国会即开之有利皇室及官庶，去岁杰再与闻请愿，从代表上书之外，所呈《早开国会问答》已详，不必再渎钧听。维是各国立宪，如系君主政体，最重巩固君权，而摄政为代理君权，同一注重。其鉴于历史所载，事实上之摄政或有因事动摇，不若规定摄政之资格及大权于宪法及皇室典范，确为法律上之摄政。何则？事实上之摄政，其权授之宫庭，或有动摇之变；法律上之摄政，由于全国共同心理之承认，其拥护摄政之权也必坚。王之贤明，全国仰戴，太和气象，久溢宫庭，负扆之位，固不必即有宪法与皇室典范，已处于泰岱之安矣。但立宪政体通例，未有不首编宪法及皇室典范以巩固摄政资格及大权，而奠下民之意者。夫皇室典范，固皇家家典，与国会关系不深。至宪法与国会关系，如肉体之与精神，不可离立。宪法既当急颁，国会独当稍缓，无是理也。请即开国会以表拥护之忱者，此其一。

国势强弱，纯恃国会与责任内阁对待，促之负责。财政可监，肯诺新税以振国防，夫然后内充实力，外保和平，可以立国于群雄竞争之世。若迟开一二年，而此一二年中，人以负责、尚武之国，与我不负责、不能武之国相竞，胜败之数，不待智者可决矣。夫政府诸公，非不公忠体国，甘心灭亡也，以无国会原因，行政以无促之负责者而沓泄如故，人民以不能监财、不诺新税而国防日萎，外力日侵，内腐愈甚。且见政府已不重业已公决之舆论，将来无舆论以为后援，益无顾忌。于此而国有不亡者，未之闻也。当资政院通过国会案日，大清帝国万岁之声震动天地，外人之电告本国者日数十通，以为我国由此上下一心，刷新去窳，可企富强。国会即开之关系可概见矣。请即开【国会】以救国势颠危者，此其二。

国之兴也以得民心，其丧也以失民心，古圣贤言之详矣。今全国人民聚于即开国会四字，下以决心。倘和平请求，即开不许，各团体代表大都淡泊无他，长此归隐；各省谘议局议员或全体辞职，坐看国亡。斯亦已矣，所可惧者，全国人心风起波涌，不无请愿代表以外之人，以为朝廷无心立宪，敷衍国民耳目，迫于世变，蠢然思动。加之民饥兵变，随在皆是，一夫夜呼，四方响应，欲免流血之惨，岂可得哉！斯言也，非某一人之私言，天下之公言也，英、法之革命，其前例也。当此之时，朝廷以此等之民为乱民耶，其处置之法不越杀字，而若辈既不畏死，将愈杀愈激，愈激愈变，将来事变，有臣民所不忍言者。以此等之民为忠爱之民耶，民即不反抗，而政府多杀无辜，断丧元气，知王亦必追悔左右大臣当御前会议之日，未力争即开国会者矣。夫国事至于有悔已无及矣。请愿之人早见及此，其所以不惜再三之渎者，凡以欲致承平之福，求免革命之惨，如世俗所谓宁为太平鸡犬，不愿作离乱之民者也。请即开国会以定天下人心者，此其三。

抑杰更有申解者，二三怀疑即开之人，不曰程度不及，则曰赶办维艰；不曰赶办维艰，即曰清单不敢更改。今资政院已开，议员程度与政府比，自有公论。赶办之事，只有议院、选举二法，阅月一二，编定何难？至依法选举，又有数月选举谘议局议员先例，不辩自破。惟清单难改，容易荧惑睿听。不知先朝当日因恐筹备不及，故宽以九年，正为各省谘议局选举筹备，惟恐不能提前赶办，非必至若干年而始许也。岂有臣子能仰体在天之灵，提前开设，反不共慰者。何则？国家专制如抱重恙，清单其医方也，国会其方中之重要药品也。以国会为毒药乎，则不惟当掷去此药，且当拉烧药方；以国会为治疾最良之药乎，则大小臣民当如儿子侍父母之疾，即购此药，即煎此药，即捧进此药，冀垂危之父母即服之以即瘳厥疾。倘必以清单不能更改为言，是冀父母之疾不起，而忌侍者之早进药以愈也。若就更改清单之事例而论，官制可以提前，各省审判、自治可以展限，奏定之资政院议员额数可以减少，谘议局议员之权限可以一缩再缩，此又何为者？

总之，国势民心及大权作用，均系之国会迟速，而分结果之良恶。乞王力排群议，代行干断，俯允即开，转将亡之国，而措之存；聚将涣之人心，而使之萃；巩摄政之大权，而使民慰，胥在是矣。倘国会即开，旋召瓜分之祸，酿内乱之忧，请斩杰之头，以谢天下，以为莠言乱政者戒。人情于既已厕身之地恒保守之，即开国会，则资政院之钦选议员或改上院，依然存在，互选议员，当然改选。杰既以互选厕身资政院矣，与同院议员何故不自保守资政院，而反求变更己之地位？其所以佥求即开，宁牺牲资政院者，以国家存亡在即开不即开决也，且在王之断不断决也。

以上即开下情，伏乞贤王俯赐明断，准如所请，则国家可转危为安，易乱而治，胥拜王赐矣。伏惟裁察之。再《英国革命史述概》及日本前内阁总理大限重信与杰《内阁国会谈》，实有足备参考者，附呈钧览。

《申报》，宣统二年十月初八日至初九日（1910年11月9日至10日）

顺直谘议局呈请督宪电奏明年召集国会原稿

顺直谘议局全体议员以国会之开万不可缓，特再呈请督宪电奏，原稿录下。

为再恳电奏明年召集国会，以系人心而维大局事。窃议员等以人心易涣，时会难期，恳请电奏速开国会，业蒙督部堂据情电请军机处代奏在案。逖听之余，莫名钦祷。惟是朝野之望治，既如此其殷，则国家之乘时，实刻不容缓。我皇上仰怀国本，俯鉴民心，必能顺舆情以速开国会，固早为中外臣民所共信。而议员等犹必再三渎请者，诚以缓急迟速之间，实治乱安危所系。倘迫切呼求，仍从容布置，则观望疑似之际，每至事变百出。方今海内杌陧已极，万不可再生他故。

伏求我皇上俯鉴众志，立沛恩施，断自宣统三年召集国会，则方炽之民气可以不失，垂危之大局无难立挽。不胜迫切待命之至。为此备文具呈，伏祈督部堂电奏施行。须至呈者。

《中外日报》，宣统二年十月初十日（1910 年 11 月 11 日）

侨寓日本华商请速开国会书

具呈侨寓日本横滨、神户、大阪、长崎四埠中华会馆、中华总商会、中华教育总会代表人职商汤觉顿等呈为时局艰虞，人民望治，谨近鉴日本，吁陈早开国会之利，呈请代奏事。

窃职等侨寄海外，怙恃宗邦，伏读先朝大诰，定中国为君主立宪政体，以树国家亿万年有道之基，诚欢诚忭。惟是宪政与国会实相倚而不可离，无国会而言宪政，恐空谈而终无实。去年十二月，各省谘议局议员孙洪伊等呈请速开国会，实为深探本源。嗣奉十二月二十日上谕，奖其忠诚，戒其操切。职等逖听之下，感激涕零。旋闻该议员等及各省商界、学界诸团体，乃至南洋、澳洲诸侨民，揆度时势，细绎圣意，更为第二次请愿。职等闻风兴感，深有同情，徒以疏逖谫陋，不敢妄有所建白。且亦早开国会之义，既已普天率土，万口同声，舆论所趋，民情可见，我皇上视民如伤，所欲与聚，谓当必俯如所请，以慰民望，无劳羁旅小民，更赞一词，是以虽怀欲陈，旋默而息。恭读五月二十二日上谕，以行政筹备未完成，谕令静俟九年，毋许再三渎请。仰见圣谟宏深，慎终于始，反复循诵，钦佩莫名。草莽庸愚，更何敢摭拾陈言，自干罪戾？惟是职等旅居日本，或三四十年，或一二十年，目睹其宪政过渡之际，消息得失之林，窃深有所感，用敢不避斧钺之诛，敬效芹曝之献，为我皇上陈之。

一曰日本之财政因开国会而始能发达也。考日本明治二十年以前，其政府之岁入不及一百兆，而收营业税、家屋税、印花税，民怨沸腾，莫可名状。至于所得税、遗产税、通行税，以及盐专卖税等，在欧美各国类皆以此为政府收入大宗，而日本无一能行。故其时财政，竭蹶万状，一切政费，惟恃不换纸币以支给，识者忧之，谓其国将不免于破产。及国会既开以后，其第一年政府提出于国会之预算案为一百五十八兆九千七百九十余万，其案竟能在国会通过。自兹以往，岁岁增进，至今政府收入竟为八百四十兆有奇，财政基础稳固不摇，故能聿扬国威，以有今日。推厥所由，皆缘人民既有出代议士之权利，即乐于负纳租税之义务。前此种种良税不能实行者，既有国会而次第克举也。

二曰日本之内乱因开国会而始能消灭也。考日本之宣布立宪，实始自明治初元五条誓庙之文，然因国会未开，宪政徒托空言，以故内乱纷起，几无安岁。故明治七年，则有江藤新平等作乱于佐贺，九年则有上野谦吾等作乱于熊本，十年更有西乡隆盛等作乱于鹿儿岛，宗社几为颠覆，仅乃获安。十一年，更有片冈健吉、林有造等作乱于高知。同年，有水野桥一郎等作乱于福冈，三添卯之助等作乱于东京。十五年，有陆奥宗光等作乱于土佐。其余小乱不可枚举。而暗杀大臣之事，则自明治十四年以后，无岁无之。若大久保利通、森有礼之被刺而死，大隈重信之被刺而伤，其尤著也。盖当时日本人民愤国会之久不开设，乃竟倡民权自由之论，主义日趋于急激，民气日趋于嚣张。当此之时，日本皇室危若累卵，及国会一开，民始憬然于朝廷之真意，而畴昔热狂之态，乃敛就范围。故林有造、陆奥宗光、片冈健吉等，前此实为乱民，而后此乃为大臣，效忠皇室。彼陆奥宗光即曾以作乱下狱六年，而甲午之役乃亲为外部大臣，以与我国议和者也。此无他故，盖既有国会之后，则人民不平之气自靖，上下一心一德，内乱无自而生耳。使日本国会而缓开数年，则皇室之安危未可知也。

三曰日本之外交因开国会而始能平等也。日本当明治以前，与欧美各国所定条约，其损辱国权之处，不一而足。最甚者，则其租界内各国有领事裁判权，而关税则为外国所掣肘，不能自改税率也。日本君民上下深以为耻，日思改正条约，而不能有成。自明治十五年井上馨始开交涉，至十九年前后，与外国谈判者亘二十八次，莫之肯应。二十一年大隈重信继之，二十二年青木周藏继之，二十三年榎本武扬继之，皆无成议。及国会既开，责任内阁确立，其所制定各种法律，实见施行，乃由下议院上奏改正条约之议案，外部大臣陆奥宗光持之以与各国交涉，英国首先认可，各国次第赞成，然后领事裁判权得以全撤，而税权得恢复一部分。使无国会之后援，则此事之成，不知期以何日也。

由此观之，日本之所以能安内攘外，百废具举，蒸蒸日上，以有今日者，其根源盖无不在国会。当彼国会未开以前，政府方疑国会既开，将有大权旁落之患，不知立法、行政，范围本不相妨，而大权政治之精神，愈得以发挥光大。至今彼都元老，每有集会演说，常自述其前此压制舆论之隐衷，毫不自讳，皆谓由今思之，不禁哑然失笑也。

今我国频年以来，人心思乱，加以水旱洊臻，物价腾踊，伏莽遍地，在在堪虞。而复有不逞之徒，假泰西革命邪说以煽之，愈益嚣然不靖。而考其煽动之口实，不过曰专制政体未变也，预备立宪恐托空言也。既开国会，自足以杜莠民之口，虽诪张为幻，而民听不惑，此国会之宜速开者一也。

自互市以来，国权损失，外侮凭陵，屡思补救，终无大效，及今不振，滋蔓愈深，而推原外国所以不以平等相待，实缘今世各文明国皆有国会，我尚无之，人乃羞与为伍。观于土耳其自开国会后，距今不过三年，而撤回领事裁判权，已将有成议，其效果与日本相等。是知外交之后援，必藉舆论矣，此国会宜速开者又一也。

然此犹得曰与国会非有直接之关系也。独至财政一项，为全国命脉所关，而纵观世界各国，苟非国会既开之后，则财政殆无整理之期。今我国中央财政，大半仰给于各省，而据各省所奏报，每省财政入不敷出之额，少者百余万，多者动数百万。中央之不敷者，尚不在此数。合计年年不敷之额，在数千万以上。而新政之待举，经费之增加，且未有已。而欲加新税，则民怨沸腾；欲办公债，则莫肯应募。夫以私人生计而论，苟一时偶然竭蹶，尚可以设法弥缝，若年年所入，恒不足以供事畜之资，则家之倾覆，可立而待矣。国家亦何不莫然，年年岁入不足以数千万计，苟非别有术焉以得确实之财源，则岌岌之势，何堪设想？然国家财政必取诸民，民非乐输，财无由理。故英吉利、匈牙利两国议院，实为今世国会之滥觞，而动机皆起自筹款。盖承认租税之机关，实理财家所最欢迎故也。今使朝廷能别有道焉以扩充税源，募集公债，则国会开设之迟速，原可置而勿论。然今者，司农仰屋之象，亦既情见势绌矣，国会未开，恐更无复筹款之途。恭读谕旨，以筹备未完，欲待其完而始开国会。皇上郑重宪政之意，职等敢不凛遵，顾所最虑者，则财政不理，恐筹备断无获完之时，而国会不开，恐财政亦断无获理之日。更阅数年，竭蹶愈甚，必至官俸、兵饷无从给发，而吏治之隳，兵队之变，皆在意中。事势至此，岂复臣子所忍言？窃恐其时欲开国会以图补救，而亦有所不及矣。此国会之宜速开者又一也。

抑职等更有欲陈者，朝鲜今则亡矣，识者推论其所以致亡之故，则皆由庶政废弛，民生彫悴使然。虽然，朝鲜当甲午以后，其主亦尝郊天誓庙，颁所谓《大诰十二条》者，其中亦有采取舆论建设责任内阁之文，复设一中枢院指为发表舆论之机关，谓将以为议院基础。徒以无国会之故，监督机关不立，百事皆有名无实，官府混淆，贿赂公行，以致于亡。职等闻之，与治同道罔不昌，与乱同道罔不亡。愿我皇上上察日本之所以昌，下鉴朝鲜之所以亡，而慎所择焉，则国家亿万年有道之长，实赖之矣。

职等懋迁海外，于政治学理，毫未讲求，何敢妄陈大计。况明谕煌煌，宣示利弊，凡有血气，皆已晓然于圣意所在，宣统八年之必开国会，已属毫无疑义。职等亦何必不忍须臾，而哓哓然干冒宸严，为兹渎请。徒以财政危机之迫，至今日而已达其极，故就他种行政一面论之，国会不宜速开，诚如圣谕所言；而就财政一面论之，国会之速开，又似属万不容已。职等食毛践土，具有天良，苟心所谓危，而不以告诸君父之前，罪莫甚焉。用敢不避严谴，再以渎陈。伏乞皇上外鉴邻治，内察舆情，早颁召集国会之明诏，天下幸甚。

职等经联合横滨、神户、大阪、长崎四埠中华总商会、中华教育总会公同集议，意见相同。理宜阖埠商民齐集阙下，沥陈管见，特以远隔重洋，不敢造次。谨举汤觉顿代表专呈贵院，伏请代奏皇上圣鉴。谨呈。

《国风报》，第一年第二十八期，宣统二年十月十一日（1910 年 11 月 12 日）

补录江西谘议局呈请冯抚代奏速开国会文

为国势极危，人心难失，吁恳从速召集国会，以救危亡，谨请代奏事。

窃去年冬季及今年五月，各团体一再伏阙上书，未蒙俞允。恭读上谕，仍俟九年筹备完全，再行降旨，定期召集。钦此。闻命之下，钦悚莫名。乃为日无几，时势瞬变，自日俄协约告成而日本即实行吞并高丽，举数千里之土地，千余万之人民，囊括而席卷之，曾无亡矢遗镞之劳，韩臣且弭首帖耳，列强亦熟视无睹。而自箕子以来之声明文物，遂如灰飞烟灭，无复留贻。即黍离麦秀，怆怀故国，而抱遗民之痛者，亦渺不可得。书曰：兼弱攻昧，取乱侮亡。古今天演之公例。然则亡朝鲜者朝鲜也，非夫人而能亡之也。今磨牙择肉，綦布满洲，拊背扼吭，陪京人民惊惶无措，海外群雄又抱其均势主义，乘机会而抵隙蹈暇，巨祸何堪设想。

当此唇亡齿寒之时，已无曲突徙薪之暇，即欲偷安旦夕而不得，而可从容坐论，按照九年期限，而冀万不可获之效乎？且即筹备言之，有国会与为协赞，与为监督，裨益吁谟，亦未可置为后图者。今者筹备已数年矣，而财政日繁，生计日枯，国势日危，人心日涣。今日立一政，而后此之筹划或与相妨；中央欲集权，而外省之交争莫能相下。乖隔分离，不相统一，糜费巨万，效果毫无。此即无外侮纷乘，亦当即谋补救之法，若长此不变，恐九年筹备之期未届，而生民之精血已尽矣。

伏读上谕，又以匪徒滋事为忧，此正由国是未定，革党得乘机煽惑，而群黎之处于水深火热、无所控诉者，不惜以父母妻子倚赖之身，横发盲从，以求一逞也。使一旦奋然改图，好恶同民，机关特立，则民之蜷伏于衡轭之下者，旷然如拨烟霾而睹天日，人人知朝廷之爱我，谁复甘心从乱，彼悖逆妖言，不久自熄。是收人心、镇大变，无过于速开国会。若圣虑以各省偏灾，伏莽未靖，为宪政前途之阻，议员等愚暗，窃谓可消弭于无形也。夫时机孔迫，百事废弛，如处泛舟之中，四面旋涡，风涛险恶，长年三老，束手无策。然与其坐待沦胥，何如发奋自强，为万死一生、冲出重围之计。盖中朝久开文化，衣冠礼乐，雅步优游，而未历试于生存竞争之场，故耳目不习，心志不坚，地以广而不相团结，人虽众而不能合群。甚至人民与国家之关系生命，视政治为安危，亦不知其所以然，故淡焉漠焉而不相联属。今虽处于至危极险之地，而究不知其受病之源。诚使国会一开，下哀痛之诏，君臣上下戮力同心，材智有练习政事之资，庶民知患难与共之谊，则天下安危，匹夫有责。国本不固，身于何在，将见智者竭其谋，勇者竭其力，富者殚其资。前之彼疆此界者，今则胡越同舟矣；前之趋避推诿者，今则同仇敌忾矣。争先恐后，如赴私仇，竭力致死，以谋公益。非人性之顿殊，实由利害之切与不切使然也。

伏读上谕有曰：议院一开，即足致全功而臻郅治，古今中外亦无此理。圣谟宏远，岂能赞辞。然处今日民族竞争时代，舍此一术实无以转危而为安，转弱而为强。稽之泰东西事，历历不爽。况目今时势阽危，开国会犹可以结群情，不开国会又何策可以却外患而固邦基。且揆诸我国古者聚众庶、询国危之义，亦应开诚博采，以维系人心。宋臣苏轼有言：人心之于人主，如木之有根，如灯之有膏，如鱼之有水，如农夫之有田，如商贾之有财。又言：君子未论行事之是非，先观众心之向背。今薄海内外，臣民奔走匍匐，上下求索，人心如此，而其事为先朝所颁布，人无智愚皆晓然，有百是而无一非，则又何惮涣汗大号以收人心，而徒蹈管子所谓言是不能立，言非不能废之弊，则亦抚臣过计矣。抑议员等所言累牍千百而靡罄者，皆成常谈，而方今事势扰攘，其危犹置函牛之鼎，挂纤枯之末，苦语噍音，诚不能噤。罜罜鄙怀，惟有吁恳皇上独伸英断，特沛纶音，即以明年召集国会，以振人心而新观听，庶众志成城，国权可复，无任屏营待命之至。披沥上陈，伏乞代奏。谨呈。

《申报》，宣统二年十月初六日（1910年11月7日）

武汉各团体代表吕逵先等暨全体会员呈请督部堂代奏明年即开国会书

湖北国会请愿同志会、汉口国会请愿同志会、湖北宪政筹备会、湖北地方自治研究总会、湖北农务总会、武昌商务总会、汉口演说自治戒烟会、汉口银行研究会、汉口万全保安会、汉口自治研究会、汉口中西医学研究卫生会、汉口清真自治会、汉口清和保安会、汉口敦乐保邻会、汉口永安社、汉口江苏同乡会、汉口两粤团体会、汉口商业体育会、汉口商业补习会、汉口商【业】泰安会、夏口教育分会、汉口公益救患会、小董家巷筹备自治会、汉口中路由义保安会、汉口仁义中段保安会、汉口平安社、夏口自治公所、夏口议事会、汉口工团青年会、武昌钟祥学社、驻鄂黄梅国会请愿同志会、汉口永安同志自治会、仁寿宫四段保安会、黄陂街上段保安会、四官殿保安会、汉口永宁社、汉口【邻】济保安会、汉口永济消防社、汉口义成社、堤口下段保安会、汉口商团益智会全体会员，为时局危迫，朝不保暮，恭恳再行电奏明年即开国会，以救国亡事。

窃本年十月初三日钦奉上谕，缩改宣统五年实行开设议院，薄海臣民欢忻鼓舞。方宜分途预备，切实进行，逵先等各有职业，自应遵旨，静候朝廷详定一切，次第施行。然而，起观时势，共策将来，一日千变，迫不及待。逵先等良心未死，薪厝弥忧，不敢不同声泣血，为我督部堂陈之。

伏读本月初三日上谕确定缩短年限，在朝廷既亦知揆度时势，瞬目不同，危迫情形，日甚一日，缓之固无可缓；而必迟至宣统五年者，不过谓召集议院以前应行筹备各大端，计非一二年所能蒇事。而所谓筹备各大端者，乃不过定官制，设内阁，编定宪法、议院法、上下议院议员选举法，及有关于宪法范围以内必须提前赶办事项。夫使此各项筹备必须在国会开设以前，而筹备各大端必非一二年所能蒇事，逵先等何须再言。又使今日内政尚可从容补救，外患尚可旦夕撑持，逵先等仍不敢始终主张亟进。乃实按之，筹备各大端有须在国会开设以前者，有应与国会同时设立者，有须在国会成立以后始能筹备者。何以言之？国会者，一全国人民代表之总机关。中国向无此制，今欲立此制度，其设备、权限究以何国为标准，其选举方法究以何种为根据，议院法及上下议院议员选举法不厘订，则国会无自而成立，不待言也。然此项法则之厘订，至多不过数月而已足，不必俟之宣统五年也。宪法为立宪国之根本法，在各国有钦定、民定之分，我国立宪出自成命，则编订宪法亦应在开设国会之前。然各国成文宪法，或数十条，或百余条，非有卷帙繁重也。则宪法之编订亦不过数月而已足，不必俟之宣统五年也。立宪之国，三权分立，官制属于行政一部分，不必在国会开设以前。且各国内阁，所以称为责任者，乃对于国会负责任之谓，国会未开即无责任之可负。国会纵不能先设，亦当【与】内阁同时组织。此外筹备各节，大率属于执行范围，与议决机关相对待，无议决机关，则执行无所据，故必俟国会成立之后而始有筹备之可言。今之议者以为行政机关宜设立于议决机关之先，援日本往事以为证，不知中国今日之情形与日本绝不相同。日本明治之初，实为幕府返政之日，人心思王久矣，而天皇毅然一旦公其政权于国民。其外交上之失败，如领事裁判，如租界，虽有类似中国之点，而全国之利权不似中国之放弃。其行政上之设施，颇具有一定之政策面，官场之积弊，盖不如中国今日之甚也。以情形极不相同之国，舍其上下一心之宏旨，而专取其缓开国会之事实，再迟一二年，行政机关尚未完备，而中国已虽欲开设国会，而已不可得矣。

夫立宪国制，不外三权分立。以行政少数人之知识，势不能立完全之法律，故不得不设一议决立法机关。因行政少数人兼握立法之权，则法律必至失其不可动摇之本质，故不得不予议决机关以监督行政之权。今议者乃欲以资政院代之，试问责任内阁成立之后，资政院最后之解决，仍将恭候圣裁乎？如仍资政院旧章，则内阁之责任安在？如其改章，则非今日之资政院可知也。资政院之议决权只有五项，如仍旧章，则内阁不负责任时，资政院即无可解决，而责任又将谁归？如其改章，则非今日之资政院可知也。资政院之组织，有议长、副议长，而后有议员；议员之选举有钦选、督抚选，而实无民选。论其性质，则资政院乃似全国之一会议厅，而非议院明甚。证之各国，一院制则纯由民选，而资政院则类似各国上议院，而非一院制明甚。立宪国之所以有议会者，在聚合全国人民之意思。今以非纯粹民选之一资政院，而使之代国会于三年之久，而议决权之效力，其最终之责任，则使我皇上一人负之。然则所谓设新内阁者，不过藉以为掩饰我皇上之具耳。如其不然，则必改今日资政院章程，而后内阁乃有责任。资政院章程既必改而为议院，则国会之开设即在内阁组织之时明矣。而政府始终淆乱圣听，必欲开国会于内阁之后，此逵先等所为饮血吞声呼吁而无从者也。夫危迫情形既已日甚一日，苟国会可以解危，则大小臣工无论如何为难，亦当兼程并进，以纾君父之急。乃国会召集以前应行筹备之事，不过数月而可了者，必故为迂【缓】至三年之久，苟为爱国，苟有人心，计必不出。此逵先等所以终不能已于请求者也。

再以内政言之，宪政之筹备已及三年，计日之程功安在？财政之支绌如斯，欲筹备之臻于完全，必俟之官制大定之后，然官制大定而无监督机关，则泄沓相仍，终无救济之术。今每届成绩奏报炳然，实效如何，莫能为讳，再一二年，安所底止。然则欲计日以程功，其必先与人民以参政权也彰彰明矣。欲救财政之支绌，不外加赋与借债两途，中国民力久竭，负担固不敢轻易增加。列圣永不加赋之诏言，先皇帝照旧完纳之规定，圣明早已鉴及。则今日切要之问题，不外于借债一事。然各国国债多者其国强，而中国则以借债故而至有埃及之虞者，其故安在？在无国会以整理之，而财政日形其紊乱；无国会以监督之，而国家将有破产之危险也。又况今日国势日蹙一日，朝鲜既并，日俄协盟，东方既不可保，西藩既失藏卫，将沦长江天堑几成公有，沿海要区割让殆尽；加以路权、矿权之丧失，金融机关之操纵，内地菁华早在外人掌握之中。各国之密约相寻财政之监督将起，印度、波兰之惨即在目前。彼方抱一致之政策以进行，而我乃一盘散沙，茫无政见。欲提倡筹还国债，则实以速其空虚。其偏宕【者】乃激而流为排外，则又（蒋）〔将〕酿为交涉。此真生死存亡，间不容发之日也。故不欲保存国家则已，欲保存【国】家，苟舍国会尚有他策，则不必开设【国】会。诚知舍【国】会无以为救亡之策，则国会之组织，一日不可再缓。向使皇上不惑于老成持重者之言，国会已经成立，则一切筹备早已具有规模。及今不图，再迟三年，国家亡矣，尚复何言。

逵先等苟畏斧钺，必恪遵此次明谕。然怵于国家之亡，而生命终不可保，晰夕思维，走相研究，谓与其为韩亡而求生不得，不若共甘一死，以求【国】之存。用敢仰体督部堂联名入奏之原议，合词呈请督部堂俯赐即日再行电奏，吁请更降谕旨，明年即开【国】会。【国】家幸甚，地方幸甚。无任悚惶待命之至。谨呈。

《帝国日报》，宣统二年十月廿七日、廿八日（1910 年 11 月 28 日、29 日）

四川谘议局请川督代电奏速开国会稿

窃维今日国家大计，惟在速开国会而已。比来上自亲贤大臣，下及士庶，以逮海外侨民，亦既同声吁请缩短九年之限，签名累万，成牍等身，所以反复于利病成败，而开解一切疑虑者，罄矣，备矣，无待复陈。综而论之，则方兹时局艰难，事势乘迫，废兴成毁之机，决在旦夕，非并全神以饬内政、固民志，其他盖无可言，其变亦将不忍言。顾责任内阁不立，无统一政治之方针，内政无由饬也；国会不速开，无代表舆论参与立法之机关，民志无由固也。内阁立矣，而无国会与之对待，责任不明，辅助不厚，而内阁终无所得力，则其枢纽又全在国会。钦惟皇上继承大统，必以祖宗之心为心，创业垂统、万世勿替。祖宗之心如是，苟得其心，法令制度之迹缘时为变，不必其相袭也。守其迹而无失，滞国家转弱为强之机，非所谓体创业垂统、万世勿替之心也。我孝钦显皇后、我德宗景皇帝知之，故惕然衷祖宗之心，而毅然创中国千古未开之局，特许天下臣民以九年布宪法、开国会。国是既定，而期限稍远者，盖恐欲速而不能，非示臣民以必不可速。今海内外望治之切，日急一日，年异一年，迥非先朝临御时可比，则缩九年筹备之限，以巩万年兴盛之运，先朝之心，今日实寄在皇上。惟皇上沛涣宸断，旨下资政院，于本年会期中，编成议院法、选举法，颁布宇内，刻期召集国会，以饬内政，以固民志，以承祖宗创业垂统、万代勿替之心。国家幸甚，臣民幸甚。议员等显愚之忱，公同之见，合呈督部堂采纳，电奏施行。

《国民公报》，宣统二年十一月初九日（1910 年 12 月 10 日）

奉省人民请代奏明年即开国会文

奉天全省人民吴景濂等为期限缩短，东省危不急待，非明年即开国会，不足以救危亡而保全局，谨联名合词呈请代奏事。

窃本年十月初三日钦奉上谕，于宣统五年实行召集议院，仰见宸衷裁断，力挽时艰之至意，属在臣民，宜如何鼓舞欢忻，共庆再造。而惟东三省人民，则同居覆帱之中，深恐或遗于生成之外，有不能不上渎天听者。

伏查九年立宪，定自先朝，两次请愿，未蒙俞允，乃三次上书，竟奉上谕缩短三年，非曲徇臣民之请也，诚如诏旨所云，缓固不能再缓也。至诏旨所谓急亦无可再急云者，诚以兹事体大，理宜求详，但求赶赴事机，并非拘定程限。讵料潮流所演，东省大势有较三次上书时日俄协约、日韩合并情形，更迫不容待者。日则安奉宽轨日夜并工，闻于明年即拟告成，沿路线内移民日多，且显以协剿胡匪挟我外部。俄则以侵蚀瓯脱、扩张交通为政策，移民之谋更亟于日，不惟航权界约狡执无方，且阴以诱我边民以窥蒙古。是危机之伏，已岌岌不可终日，诚俟至宣统五年，而此土尚为我有与否，已不可知。现今朝野中外无不公认国会为救亡之良药，果无此良药则已，既有此良药，则早服一日，早救一日之亡。乃犹纡徐以待，坐使良药不能即时收效，以致三省坐亡，牵及全国，此景濂等焦心沸血而不能已于再请缩短者也。亦知国会筹备诸未完全，其如时势阽危，瞬不及待。谓急遽以开国会，恐有欲速不达之虞，然不达之弊，尚可以挽救，而即亡之祸，乌可坐待？两害相权，自以速开国会以救危亡为急务。况筹备之事，如官制、内阁、议院法、选举法等类，缓图之三年亦未必完全，急图之数月亦可以竣事。若明年八九月召集议院，薄海臣民咸知朝廷锐意更始，不容仍前因循，各于应负之责，自必夙夜以图，无敢或息。

伏愿我皇上俯念东三省之存亡，关乎全国之安危，早开国会一日，即早救东省一日之亡，再降谕旨，明年即开国会，以系人心而维大局，俾三省不为韩国之续，而后全国不为三省之续，中国幸甚，三省幸甚。所有欲请明年即开国会，以救三省而保全局缘由，联名合词，呈请督部堂鉴核，据情代奏。无任惶悚待命之至。谨呈。

《时报》，宣统二年十一月十四日（1910年12月15日）

东三省各界人民代表董之威等上监国摄政王请愿即开国会书

之威等谨上书于贤王殿下。

窃以中国今日之情势，舍即开国会，组织责任内阁，谋政治之统一，不足以救危亡。前经各省人民两次请愿速开国会，本年复经资政院提作议案议决上奏，暨各省督抚先后电奏速开国会，当于十月初三日钦奉上谕，俯顺臣民之请，缩改于宣统五年实行开设议院。在我皇上审机观变，好恶同民，贤王力辅圣猷，主持大计，属在臣民，畴不感激涕零，仰承高厚，尽心于实行筹备，以期早日观成，孰敢再事请求，意存尝试，而自取罪戾？顾之威等默窥时局，近察事机，家国危亡，实有刻不容缓之势，而东三省危险万状，尤为不可思议。之威等身受目击，刺激尤深，知而不言，非臣子之道，言而不切，非事君之忠。用敢椎心泣血，披沥陈之。

今日东三省，乃名存实亡之东三省也。统览三省大势，为日俄南满东清铁道及安奉、吉宁诸铁道所包围，步步处人肘腋之下，屯兵要隘，蹂躏主权。不与之争，安忍以祖宗发祥之地，人民身家性命财产所托之区，任人行动自由；与之争，则空言适足以速祸，奴隶牛马之惨剧，不待三省舆图变色，而已身受，可为恸哭。此犹我国朝野上下所已知者。据近日情形，则并吞之概，又相逼而来。安奉路工原期二年竣事，今则缩短于一年半竣工，且日夕从事工作。似此亟亟，则日人将欲迁都朝鲜之说不难实行。近又借口于铁道沿线胡匪之滋扰，要我外部允许会剿，如是则我无警察权。南满铁路日本移民日渐增多，如入无人之境，如是则我无土地权。俄国亦运用日俄协约之作用，野心勃勃，嗾使胡匪扰我边境，并进窥蒙古。近以哈尔滨发生鼠疫，竟借口查疫，侵我主权，如是则我无行政权。因防疫之故，竟断吾国行人，如是则我无通行之自由权。种种举动，无非急欲揽我主权，并东三省名义而去之，置我于朝鲜之列。而此数事又皆发生于近数月之间，莽莽浩劫，无术以避之。故数月之内，农不安于耕，商不安于市，士不安于诵读，工不安于制作。人心惶迫，盼望国会，不惜断指割股以表示其哀恳迫切之诚，不十日间，已至五十余人。其可惊可哭状况，诚如前途岌岌，朝不保夕，几有风中残烛之象。一旦有变，则三省人民，父不能保其子，兄不能保其弟，夫不能保其妻。哭之于天，而苍苍者无语；哭之于我皇上，我皇上亦无如此丰镐之孑遗何。而谓宣统五年开设议院，延颈以待，能乎？不能。近世之政治家、外交家论中国者，恒谓欲解决中国问题，当先解决东三省问题。东三省存，则中国存；东三省亡，则中国亡。我贤王不为东三省计，亦当为全国计；不为全国计，亦当为祖宗陵寝计。欲救东三省之危亡，舍即开国会，谋政治之统一，实无他善策。

恭读上谕，所谓缓之固无可缓，具见圣明。以今日时局之危险，急起直追，即开国会能容我补救于万一，而得免危亡与否，尚不敢必，若待至宣统五年始开国会，则我国必不能免于灭亡。我方审慎迟回，人已急不我待。至其时虽有良法，亦无所用；虽欲开国会，而必不能。与其追悔于事后，何如补救于未然。若以为既确定于宣统五年召集国会，不能再议更张，之威等以为事贵求实而不骛名，不再议更张不过体制上稍有虚誉，而国亡家破，丝毫无补于事实，朝廷又何必求虚名而速实祸？先朝之谕旨尚能因时制宜，我皇上必能俯顺舆情，再缩年限，以活三省而拯大局。至议院、选举诸法，各国具有成规，并力编纂，则数月亦可蒇事。资政院议案本系主张速开国会，徒以不负责任之军机大臣不能襄赞圣谟，致收此不痛不痒之结果。然而之威等经庚子之乱、日俄之战，劫后余生，已成两番未亡之人民，今兹苟延残喘，痛定思痛，实不能再忍须臾，重见东都板荡之祸。为此联合各界，公举代表，沥陈东三省危急情形于贤王前，请于明年七八月间开设议院，俾得政治统一，力救危亡。

伏乞贤王俯采刍荛，不必交由会议政务处会议，毅然独断，以宗庙社稷为重，则之威等虽膏斧钺之诛，亦将含笑而赴。国家幸甚，天下幸甚。泣血哀鸣，语无伦次，罔识忌讳，无任恐惧之至。

《申报》，宣统二年十二月初一日（1911 年 1 月 1 日）

二、请愿代表在京活动

1. 代表晋京

河南国会请愿代表到京

河南国会请愿代表人胡汝霖、杨源懋二君，已于初六日晚到京。呈稿已将缮就，数日内即当赴都察院呈递，计署名者约四千余人。闻在京同乡官拟择日开会欢迎云。①

《中外日报》，光绪三十四年六月十六日（1908年7月14日）

湖南请开国会代表到京

湖南全省请愿国会代表人萧鹤祥等，前到察院，乞代奏请开国会折，都察院并未代递，故湖南士民选举第二次请开国会代表人廖名缙、陆鸿第、仇毅、易宗夔［夔］等，于日昨廿六日已经到京，拟日内即到都察院，再催递请愿国会书。闻廖名缙前充江西陆军统领，系日本宏文学校毕业生，代表军界；陆鸿第系湖南机器印刷局总办，代表商界，颇有名誉；仇【毅】与易宗【夔】代表学界，均皆有资望于乡间者。

《顺天时报》，光绪三十四年六月廿八日（1908年7月26日）

① 原标题“各省国会请愿之大动机”，本条为其中一片段，标题为编者所加。

江苏请愿代表抵京

江苏请愿代表孟君昭常、雷君奋已于二十二日抵京，现正缮写请愿书。惟字数约在十万，尚须稍延时日，大约万寿节后即可呈递。①

《时报》，光绪三十四年七月初二日（1908 年 7 月 29 日）

安徽国会请愿代表陆续抵京

安徽国会请愿代表除许承尧原寓京师外，方皋于数日前抵京，顷又到两人，一为潘世杰，一为窦炎，均寓虎坊桥聚魁栈内。闻该省签名者有万余人，拟日内赶速誊写，将于初二日赴都察院呈递。②

《中外日报》，光绪三十四年七月初四日（1908 年 7 月 31 日）

① 录自“国会与请愿”，标题为编者所加。
② 录自“关于国会之近闻”，标题为编者所加。

吉林代表到京

吉林代表文君耆、庆君山到京。闻该省签名者异常踊跃，共四千余人，请愿书已经缮就，定于初十日呈递都察院云。①

《中外日报》，光绪三十四年七月十五日（1908 年 8 月 11 日）

吉林之请愿

吉林自治会选举该省国会请愿代表人文耆等，于月之初六日已经来京。该代表等暂住西河沿高升店。现在缮具请愿书，不日即呈请都察院表奏矣。

《时报》，光绪三十四年七月十五日（1908 年 8 月 11 日）

宪政公会欢迎各省国会请愿代表演说

今日之会，乃宪政公会欢迎各省国会请愿之代表诸君。开设国会乃宪政公会

① 录自“国会问题汇志”，标题为编者所加。

现今最大之目的，而诸君适以要求此事而来，得于京师相聚于一堂，实非偶然之集合。今鄙人代表全体会员，向诸君致其欢迎之意。以今日时局论之，可欢之点有三：

凡一国之强弱，皆以国民政治思想之强弱为标准，今世界各国之能以帝国主义协以谋我者，亦由其国民政治思想发达之故。能治其内，所以能【御】其外。中国数千年来，国民以冷静为主，故【一】与各国相见，遇国民之竞争，而即摧败也。夫国民有无政治思想，以何者为表见？则以有无参政权为表见。国民有无参政权，以何者为表见？则以有无议会为表见。有议会国之人民，其有参政权，有政治思想，已不（符）〔待〕言。无议会国之人民反是。我中国数千年冷静之国民，至今日而忽然风起云涌，要求开设议会，此响彼应，全国竞起，是实政治思想发达之征，可谓国民之进步。而诸君之运动，联合各代表数千数万之人民，以联名请愿群集北京，此为中国自有历史以来第一次之事业。诸君热心国事，提倡国民之功不可磨灭，此其可欢者一。

凡一国国民之行动，未有不影响于政府者。一年以来，国民运动甚急，故近数月中，政府亦知立宪要义，在使人民与闻政治。既欲使人民与闻政治，即不可无与闻政治之机关，因此于开设国会一事，亦认为宪政首当筹及者。故有六月二十四日上谕，令宪政编查馆、资政院，将着议各件迅奏，即行颁布国会年限。闻此【次】上谕出后，议者多疑为政府故出难题，藉为延宕之计。是则出于误解。以鄙人所知者言之，除非因国民运动过激，反动力生，欲速反缓之外，当可望于月中，以最短之时日，将开设国会年限颁示天下。此事六大军机合力主持，而贤明皇族如肃邸、泽公、伦贝子等，皆极赞成，而尤以庆邸、张、袁两公主张最力，故能有此。以前时比现在，不能不谓我政府之进步。然政府之进步，仍由于国民之进步，而国民之进步，仍由于诸君提倡之力，是其可欢者二。

各国立宪之初，多由于人民逼迫，乃至流血革命，而后成之。即以各君主立宪国而论，英国一千六百四十二年之役，一千六百六十年之役，一千六百八十八年之役，英京伦敦是何气象。普鲁士三月之变，普京柏林是何气象。日本号为极和平之立宪，然人民要求国会数十百起，而后政府乃定明治三十四年开设国会之年限，当时日本东京又是何等气象。乃今我中国不然。诸君之入京请愿者，方未至京，而着议国会年限之上谕已出。然而国会年限又尚未定，此时谓政府已有所与不可，谓国民已有所得不可，乃在欲与未与、欲得未得之顷，演成最奇之现象。窥政府之意，似以为立宪者，国民之事业，不宜上下两不相应，特留此人民要求之余隙，而后从而颁布之，愈以显朝廷视民如伤，有求必应乎？然而，当此时会，实为上之所与，即为下之所求，两方之志意相同，彼此接触，恰成此君民一致之效。夫议会之为物，亦不过达上下之情，求全国中上下一心，以对外侮而已。而今者议会未开，已有上下一心之美，则将来皇室之安全，人民之乐利，宪政之美满，国势之强盛，可以预决。使果于此机会中，即可雍容以成立宪，则此等立宪之法，为地球各国之所无，将来于世界立宪史上，当以中国居第一之位置，岂非至美之事。今事势果能如此与否不敢知，然适有此机会，诸君于此机会中恰为身当其事之人，其为光荣，岂复有限？是其可欢者三。

虽然，以国民之进步与政府之进步，而成此古今无比之机会，是固然矣。惟是此等机会，以言可宝，则至可宝，以言可危，亦至可危。若忽有阻力之横来，则欲与未与、可以即与者，亦可变为不与；欲得未得、可以即得者，亦可变为不得。虽世界之大势所趋，全国之民情所向，无可抵抗之理，他日者上终必与，下终必得，然机会可惜，时不易得，使上下之感情一伤，则和平之局面难保，上而为朝廷之不幸，下而为国民之不幸矣。天下事动力愈大，阻力亦愈大。今日之事，难点尚多，愿诸君勿视为圆满进行之时，而视为危疑振撼之时。鄙人之意，但求国是早定一日，即中国早强一日。政府中如有主持者，国民不必与之争功；政府中有不主持者，国民不必与之斗（很）〔狠〕。总宜以强毅与和平出之，求事之早成而已。当此欲与未与、欲得未得之机会中，不可有幸成之懈心，亦不必有绝望之愤举，仍当从容整暇以成之，故鄙人敢以“强毅和平”四字一贡献于诸君。

《申报》，光绪三十四年七月廿二日（1908 年 8 月 18 日）

山西人之请愿

山西国会请愿代表常君松寿、李君凤翔、刘君怀瑛于日前抵京，同乡京官齐赴车栈欢迎，安寓骡马市大街三晋会馆。现正缮写请愿书，签名者二万余人。闻二十二日呈递都察院代奏，人数之多，为各省冠。

《时报》，光绪三十四年七月廿四日（1908 年 8 月 20 日）

国会请愿代表来京

各省请愿国会代表过汉情形，两纪前报。兹悉各代表已于二十九日陆续来京，一二日内即可到齐。湖北代表陈子高君则于二十五日先由汉口乘车起行，二十七夜即先到京，预备迎接上海国会团云。

《申报》，宣统元年十二月初五日（1910 年 1 月 15 日）

欢迎国会代表纪盛

昨初九日，北京绅董、报界等因各省请速开国会议员代表来京呈请缩短国会限期，故在湖广会馆开催欢迎大会。届时会员于馆门前高悬国旗，妥派招待员照料一切。就演说台前陈设各省代表人座席，次则会员，次则来宾等坐位。并拟定会场次序：

（一）定于一点钟各会员齐集；

（二）恭迎代表入会；

（三）振铃开会；

（四）宣布国会宗旨；

（五）宣读祝词；

（六）导代表登台；

（七）会员、来宾行起立欢迎礼；

（八）代表演说以及来宾演说；

（九）拍照纪念；

（十）恭送代表出会场，闭会。

届时到会者约在六百人之谱。先是由直隶代表领袖孙君洪伊演说。毕，安徽代表陶镕演。毕，浙江代表吴赓廷、吉林代表李芳、湖北代表陈登山演。毕，则有来宾余君演。毕，复有张君演说，其词略谓：不速开国会，即有亡国之祸，国既亡，则我四万万人民必为奴隶等语。其（移）〔后〕为韩君演说，大致【谓】国会开与不开，权在于民。审查东西各立宪国，开国会皆系因人民要求而得。我国各省代表来京请开国会，政府尚多迟疑不决，盖政府诸公之意，惟恐有损其权，或因碍于一已之私，以致认定九年期限。然现在时势，强国弄权，侵害日甚，政府无力可抵，若待九年开国会，恐彼时已不可逆料处于何境，大概已为亡国多时矣。众宾皆拍掌，声溢于街巷。其他如韩君亦演说，我国人民性质，遇事始而踊跃，或因小有阻力，及或日久，必自然消灭于无形之地。此次请开国会之利益，非使人民脑中时时印记，一传十，十而百，及千及万，皆（俱）〔具〕此开国会思想，政府虽百般不欲开，亦不可得也。并详说人人（为）〔以〕亡国为念，不可稍置脑后。该语句凄凄，倾座为之感激。嗣后，有日本《大阪每日新闻》北京特派员丰岛舍松君，以中国请开国会，颇表同情，故亦登台演说时局利害等事。嗣后，又为江苏代表于廷一演说。毕，即行拍成一照，以作纪念。照毕，会员与来宾恭送各代表出会。

《顺天时报》，宣统元年十二月十日（1910 年 1 月 20 日）

各代表之住址

各省请愿代表住址、名字录下：

宫玉（桂）〔柱〕（砥堂），顺治门外大街洛东河陕汝会馆。

沈秉仁（友士），丞相胡同潮州会馆。

郑际平（平甫）、应贻诰（锡之）、吴赓廷（良斋），以上均骡马市大街高升馆。

吴赐龄（荫久），驴驹胡同广西中馆。

杨治清（靖侯），骡马市大街中州会馆。

陈熙朝（觐卿），顺治门大街观音禅院。

汪龙光（勉斋），西珠市口九江府馆。

闵荷生（少窗），铁门北头路西广信会馆隔壁。

吴荣萃（拔其），西珠市街谦安栈。

永贞（佩珩）、刘兴甲（昌阁），以上均打磨厂义顺店。

陶镕（寿民）、潘祖光（伯和），以上均骡马市大街佛照楼。

陈登山（芷皋）、罗杰（峙云）、刘善渥（雨人）、刘崇佑（崧生）、连贤基（仰山）、孙洪伊（伯兰）、方还（惟一）、于定一（瑾怀），以上均小沙土园昆新会馆。

周树标（建龙）、朱承恩（紫厅），以上均顺治门外校场头条山东会馆。

谷芝瑞（蔼堂）、张铭勋（鼎臣）、王法勤（勋斋），以上均西河沿迎宾馆。

李芳（荫泉），西河沿泰安栈。

李素（位斋）、刘懋赏（劝功），以上均琉璃厂魁和参局。

《申报》，宣统元年十二月十七日（1910 年 1 月 27 日）

北京、帝国、中国三报馆欢迎国会代表祝辞

北京日报、帝国日报、中国日报于十一日设筵欢迎请愿速开国会代表诸君，各代表均到赴会，谈议此次请愿事宜，宾主甚形惬洽。

报馆致祝辞云：今日蒙诸君光临，同人等曷胜欣幸。按私情说吧，诸君为二十二行省之代表而来，今日之会，不啻集全国人于一堂，是为亘古未有的盛会，何幸如之。按公义说吧，诸君请求开国会，同人等提唱开国会，彼此均有应尽之义务，尤须互相讨论，互相策励，共筹为进行之策。故今日之会，与平常酬酢，相去万倍，直可以谓关于国务之公会呕。但有人说，此次诸君之来，事必难成。政府对于诸君所提这话，或也不很爱听，这却以私心测政府，那话可无甚根据。而且政府爱听的话，容易成就的事，只怕早已有人连脑袋也钻进去干了，何待诸君之来呢？故此次诸君之来，成败利钝，可以不管，尽我的诚心就是了。又有人说，诸君此来，总得达其目的而后止，倘或不然，即牺牲身命，亦所弗恤。同人等以为，这等意思，毋乃小视诸君了。凡事该先站地位，诸君由二十二行省公举而来，所站地位可就不小，此行之愿而果遂，那就是举国的造化福气。但请求是一方面，允诺又是另一方面，万一双方不能融洽，诸君唯有把这地位愈加巩固，愈加扩大，或者今日此方面立于要求的地位，他日反而为彼方面所要求，也未可知。此为各国历史上已然及现在的成例，并非拿着大言哄诸君。故一切以激烈之行、妇人之见勖诸君者，非爱诸君，且非所以爱国。总之今日诸君之来，不特诸君数十位之来，简直是举国四万万余同胞神与俱来，同人等敬诸君，爱诸君，即所以敬爱我所最亲爱的四万万余之同胞。除是今后，世界历史上没中国，则诸君此来之所愿，永无成就之日；使历史上而犹有中国呀，则简直断不能逃出今日诸君之所愿。但诸君的愿很长远，他日吾国光焰史上大书特书曰：某年日月二十二行省四万万余国民举某某等赴京师请速开国会，又吾国万世以后国人常常说道吾国之得有今日，微先民之力不至此，至是而始算诸君功德圆满的时候。那时诸君

跟我们同人的心愿，才算满足了。

谨献一觞为诸君寿，并祝二十二行省国民万岁！中国前途万岁！万万岁！

《汉口中西报》，己酉年十二月十七日（1910 年 1 月 27 日）

学界国会欢迎代表志盛

日前二十日，旅京各省学商界于烂缦胡同湖南会馆，开欢迎各省国会代表员大会，秩序井然，并添设音乐以表盛意。一点钟，各会员欢迎代表入席，由张君春海演说开会宗旨。张敬承读祝词毕，直隶代表孙洪伊君登台演说，来宾起立致礼。孙君大致谓：代表已竭尽心力，而政府意甚延缓。我国民若以政府锐意速办此举，自是全胞幸福，然此时政府率多口是心非云云。嗣后，来宾吴君操演说，次朱君羲胄，次曾君广干，次姜洵如，次苏文中，次徐绍尧，次王德恒，次刘瑞琛、邓子林。以上诸人演说，皆系欢迎代表，及宣明国会速开与不速开之利害关系。继经陈君佐清演说，其发论云：各省代表系全国各省人民所公举，其关系最为重大，而政府现在着意查视各代表之程度高下，即可视我国民之程度。若各代表被政府眇视〈前〉，我四万万国民即不堪问矣。现在各代表呈递之公呈，政府已有三项办法，即三派人各有所主张也。第一派办法，将此事延缓，以冀我国民见此事迟迟，必生懈意。第二派办法，即明降谕旨一道，奖励我国民如何爱国，如何图强，朝廷如何厚望，究竟国会，仍须遵照先皇钦定九年期限。第三派办法，居然谓我国民程度尚低，尚须尽力筹备。近查政府逐年所筹备者，皆系何事？不过纸上谈兵，空有具文而已。当时来宾拍掌声已络绎不绝，及至陈君演至此处，来宾至有失声哭泣，仰天喟叹者。陈君复演说政府既如此虚意立宪，我国民万不可因之灰心，当与代表组织后援会，以免政府眇视我国民也。政府既见我等联合，树成代表后援，国会或可因之速开；而各代表见有后援，亦必竭力达到目的云云。后有磁业公司程箴君以立国会后援会，电费尤为必要，故于漆板大书捐助后援会经费二百元。当时各宾即问明开会日期、处所，均表赞成。当时各来宾均变忧为喜，因陈君发此后援会议论，希冀此事必竟成功也。嗣经陈君订准于月之二十五日下午一点钟至三点钟，公仝讨论，以期妥善。又演说先在京师立会后，即分电各省谘议局，而各省人民必皆闻风响应，后援分会必遍满全国，其政府欲不速开而不能矣。(事)〔来〕宾鼓掌，起立致谢。演毕，有钟君大藩演说，赞成树立后援会。其它满人佛慎之演说，国家积弊，懦弱不强，若速开国会，全国满汉蒙古人民皆得共享厚福云云。演毕，会员奏琴，学生高唱国歌。毕，振铃散会。

《顺天时报》，宣统元年十二月二十二日（1910 年 2 月 1 日）

商界欢迎代表志盛

昨日（二十二日）为京师商界在商务总会欢迎国会代表之期，到会者计代表、会员、来宾、警察等二百余人。两钟振铃开会。会员某宣布开会宗旨，总之不外欢迎代表之意。某某两代表先后登台演说。继由马太史振宪演说国会、国债双方提倡方法，当有某君出而反对，意见尚未发表，即有一人飞身上台，意在调解马太史与某君之冲突。复由康君甲臣演说继续要求国会办法，并请热心国会诸同志，务于廿五日午后一时开国会期成会时，齐赴湖广会馆研究一切云云。众皆鼓掌赞成。三钟二刻振铃散会。

《中国报》，宣统元年十二月廿四日（1910 年 2 月 3 日）

南洋代表抵京

南洋二十六埠代表陆乃翔于十五日午前十一时抵京，由代表团孙洪伊君二十余人前往车站欢迎，备极恳款。①

《申报》，宣统二年三月廿一日（1910 年 4 月 30 日）

继续请愿国会代表先后抵京

黑龙江商会代表刘君玉堂，吉林绅商学界代表文君耆，直隶绅学界代表李君长生、王君观保，湖北宪政筹备会代表余君明清，奉天谘议局代表杜君培元，刻已先后抵京。代表团特于二十日在事务所开谈话会，欢迎并讨论赓续请愿之手续。②

《申报》，宣统二年四月廿五日（1910 年 6 月 2 日）

① 录自“国会代表团纪事”，标题为编者所加。
② 录自“继续请愿国会之佳话”，标题为编者所加。

请开国会各团体之代表

直省各团体请愿速开国会公举之代表员，现经调查，已来京者，兹将其姓名列表登录：

直隶同志分会到京者李长生、王观保、贾恩绂。

江苏商会到京者杭祖良、沈懋昭，教育会雷奋。

福建商会到京者谢笃培，教育会萨君陆、陈曾亮。

山东学界到京者赵正印，商界张锦霞、赵毓华。

河南教育会到京者周尚研、岳毓瑞、郑子宣。

奉天同志分会到京者乔占九、曾有翼。

吉林绅商学界代表到京者文耆。

黑龙江商务总会到京者刘玉堂。

云南教育总会到京者赵式铭。

湖南学商界代表到京者刘善渥。

景德镇商务总会到京者汪龙光。

湖北宪政预备会到京者余德元。

其他未到京之各团代表姓名暂不录。

《顺天时报》，宣统二年四月廿五日（1910年6月2日）

各省国会代表抵京名单

留京国会代表团会同各省代表议定五月初间续行上书各节已载昨报。兹将各省已经抵京代表之名氏调查列下：直隶孙洪伊、王法勤、张铭勋，江苏方还、杨廷栋、吴荣萃、雷奋（教育会代表）、杭祖良、沈懋昭（商会代表），湖南罗杰、刘善渥，湖北陈登山，山东周树标、朱承恩，安徽潘祖光、高炳麟，浙江吴赓廷，广东陈寿崇，广西吴（锡）〔赐〕龄，江西闵荷生、汪龙光、邹安、孟毅丞（商会代表），河南杨治清、宫玉（桂）〔柱〕、张嘉谋、海殿章（商会代表），奉天杜培元，吉林李芳，山西李素、郭际丰、刘懋赏，四川邓孝可，贵州陈因、姚华、谭西庚、张绍钴、周永年、杨谦光、潘德明、刘榜勋，陕西郭忠清。

按：以上各代表除教育会、商会所举外，其余均系各省国会同志会所举定云。

《申报》，宣统二年四月廿九日（1910年6月6日）

顺直同志会干事及代表到京

顺直同志会干事及代表谷霭堂、张鼎臣、温支英、杜小琴、王少廉诸君，因筹议三次请愿事，业于前日到京，会同代表团筹商一切。[①]

《申报》，宣统二年六月初二日（1910年7月8日）

① 录自“国会请愿不死”，标题为编者所加。

国会代表又添后援

国会代表二次请愿已奉旨未允，各省函电敦迫，必得请而后已。民气郁勃，实有不可遏抑之势。续举代表计分三类：一举贡，二优拔，三留学生。兹将举定姓名录左：四川向一中（寓山西街夔府会馆）、刘念祖（寓西单牌楼北沈子胡同），陕西贺景贤（寓关中会馆）、陈同熙（寓虎坊桥高升店），山东陈命官（寓骡马市大街长发栈）、蒋鸿斌（寓前门内西城根清凉禅林）。

《申报》，宣统二年六月初五日（1910 年 7 月 11 日）

请愿代表晋京

驻京代表团定于日内上书摄政王，要求速开国会，各节已纪本报。兹悉本埠商会代表除前次所举杜君小琴外，又公推直隶商业研究所议长孙采严及南纸书店研究所议长李樾臣二君，定于今日启节晋京。

《顺天时报》，宣统二年九月初六日（1910 年 10 月 8 日）

奉天第四次请愿国会代表至京

奉天第四次请愿国会代表于前日至京，为舒基祖、王惕、段(实)〔宝〕田、孙振香、孙鸿龄、恩吉、崔兴麟、彭济臣、董之威、刘焕文、赵中鹄、张兆龄、广轮共十三人，闻尚有续到者。其请愿之目的，一面上书与监国及资政院，将三省近日迫不及待之情形哭陈于监国之前，力求保全祖宗发祥重地；一面联络各省第四次请愿代表，研究进行之法。皆持有不得国会不生还之志。①

《申报》，宣统二年十一月廿二日（1910 年 12 月 23 日）

2. 呈递请愿书情形

宪政篇（节录）②

孟　森

自立宪谕旨诏天下为豫备者，既二年于兹矣。今年始有出其豫备之所得，作请愿国会书，迭请代奏者。而士民之呼号，朝廷之风议，尤以本月为机括相对、切劘渐进之会。其间为国家计万世之安者，固朝野略无异论，然以鄙夫褊浅测我两宫故为迟且难之说，甚或悍然立于反对之地，以身冒天下之不韪，而窥测上

① 录自“国会问题复活矣”，标题为编者所加。

② 录自《东方杂志》第五年第七、八期所载“宪政篇”，原文中所引折、呈、电稿已编入本书第二、第三编，故本篇略去。

意，冀逢君之恶而食其报者，亦所在多有。兹事体大，不可不有所纪也。国会请愿，首为国民发未申之意者实惟湘人。熊范舆单衔倡于前，雷光宇代表全湘以和于后。自湘潭杨度应召，尤竭力以国会利益，陈说于诸公之间。此数月以来之事。其人皆新自田间来，风采固应如是。京朝先达，专折请开国会者，以翰林院侍讲学士朱福诜为始。今特全录其折稿于下，重始也。(略)[①]

嗣是而有巡警厅丞王善荃之折，有度支部郎中刘次源之呈，皆以三年内召集为请。王折谆谆于国权、内治，分别言之。(略)[②] 刘呈反复言三年内不可不开国会，力破借口日本者之持之有故。……而在野最负清望之士夫，电政府吁恳者相属，尤以预备立宪公会郑孝胥、张謇、汤寿潜等先后两电最为切挚。(略)[③]

自余各省，以地方团体名义，签名属稿举代表赍呈者，无日无此事。今以抵都者计之，则有湖南催问都察院何以不代雷光宇等陈奏之代表，曰萧鹤祥，曰胡挹琪。有河南请愿代表，曰胡汝霖，曰杨懋源。有江苏请愿代表，曰雷奋，曰孟昭常。有安徽请愿代表，曰许承尧，曰方皋，曰潘世杰，曰窦炎。有湖南第二次请愿代表，曰陆鸿第，曰仇毅，曰廖名缙，曰易宗夔。其各省领衔绅耆，河南为蒋艮，江苏为缪荃荪，安徽为蒯光典，湖南第二次领衔为黄忠浩。其未抵都而方在规画者何限。此皆请愿之士民，持积极之义，以期国与民俱泰者。

政府则持之有集众会议之事，而或五六年，或七八年，或一二十年之说纷然矣。又闻有询各督抚意见，以六个月为答复之期者。惟有督抚亦间有奏请速开国会之举。天视民视，天听民听，舆论所积，纶綍从之，遂奉二十四日之谕。天下臣民，虽以仍无确定年限为歉，然犹存希望于宪法、议院法编辑具奏以后。其中集议各员，敢于主张五六年以后者，大不理于清议，尤以闽人高种独主二十年为国民之大辱。最奇者则考察宪政大臣吏部侍郎于式枚，一再阻挠，痛诋各国立宪，并有宪法当求之中国等语。国民丑之，争欲讼言其辜恩溺职、安危利灾状。二十七日，法部主事陈景仁以电劾式枚，奉旨革职，舆论益哗。然自兹以往，人

① 朱福诜折见第三编。
② 王善荃折与刘次源呈均见第三编。
③ 两电均见第二编江苏绅民请愿活动部分。

都之代表，上奏之请愿书，泚笔待记者必日多，而于式枚、高种之流，以名氏涴我楮墨者必日少。此则所谓国民之程度焉矣。①

六月之末，谘议局章程已布，而国会请愿之士民，方陆续诣阙。天下以为定宪法、开国会，指顾间事。七月初二日，江苏、安徽两省，继河南士民之后，呈递国会请愿书。初六日，直隶及京师呈递请愿书，湖南亦于是日呈递第二次请愿书。十二日，八旗、吉林、山东均呈递请愿书。十五日，在京已递请愿书之各省代表，又合词上宪政编查馆书，是为以前请愿之士民一小结束。十六日，山西请愿代表到京。二十二日，呈递请愿书，签名者二万余人，为各省冠。代表到京之日，三晋京官多赴车站欢迎，即延代表寓骡马市三晋会馆，山西绅民知救国之急也如是。是役也，湘人为觉之早，晋人为需之殷，皆特色也。是日，浙江代表抵京。二十四日，呈递请愿书。自余各省，在八月初一奉谕之后，其有请愿，必将有异乎？

前者之言，是为本月士民心乎国会之见象。若大员之电奏，疆臣中则有湖广总督陈夔龙、两江总督端方、河南巡抚林绍年、四川总督赵尔巽，皆以请开国会为言；使臣中则孙宝琦、胡惟德、李家驹三人，又皆以中外观听所系，请速定年限，免外人笑。立言婉切各不同，同以国会为急。是为本月臣工心乎国会之见象。惟官以窥伺为隐，不尽如士民之纯白为国。传闻枢府中亦有阻挠国会者，事秘不尽得实。疆臣有升允之电，请切勿轻准国会，致贻后悔，固凿然反对。即侍从之臣，如喻长霖等，往往茹吐互见，篇幅冗滥，了不足观。其最有关系之章奏，莫如考察宪政大臣达寿所上三折一片。（略）

至各省请愿国会，上书时领衔及代表人，除豫、苏、皖、湘已见前篇而外，直隶领衔为刘春霖，代表为王劭廉、胡家麒、王法勤、乌泽声、康士铎、温世霖、孙鸿仪七人。京师领衔为孙毓文，代表为冯恕、孙壮二人。八旗领衔为恒钧，代表为常文、黄荣惠二人。吉林领衔为松毓，代表为文耆、庆山二人。山东领衔为于洪起、钱金榜二人，代表为宋绍康、陈命官二人。八旗、山东领衔亦在代表之列，盖皆亲赍赴院者。山西、浙江两省，领衔未详，代表人山西为常松寿、李凤翔、刘怀瑛三人，浙江为叶景莱、邵羲、蔡汝霖三人。

① 以上为《东方杂志》第五年第七期“宪政篇”所载，以下为第五年第八期“宪政篇”所载。

其事实违异者，封江汉日【报】馆。查禁政闻社，或别以嫌忌故。惟都察院之收受请愿书而又不为代递，宪政公会之欢迎代表，而又以运动过激，恐生阻力，吹散继起者。台官视政府之意为进止，则非台纲；政党视政府之意为前却，亦恐非会约。允许与否，上之权力；请愿与否，下之知识。以各省士民之资格，处预备立宪之时代，上请愿国会之呈词，谓有不韪，夫孰喻之。至八月朔诏下而情事又一变矣。

《东方杂志》第五年第七、八期，光绪三十四年七月二十五日、八月二十五日（1908年8月21日、9月20日）

都察院代递湘绅议院条陈

上月十八日，都察院代递士民请求开设民选议院一书，洋洋万言。上此书者系留日学生宪政会公举代表员熊范舆、沈钧儒、恒钧、雷光宇等。到京递书中署名者百余人，所请求之条件甚多，而最注重于民选议院。是实可谓吾国人民政治请愿之嚆矢矣。

《申报》，光绪三十三年九月初一日（1907年10月7日）

河南代表呈递请愿书

河南代表杨、胡两君，日前到都察院呈递国会请愿书。张总宪允俟万寿后，即日与前次湖南请愿书一同代为入奏。杨、胡两君因鉴于湖南之书延搁至今，几及半载，固请再见总宪，问其代（表）〔奏〕之确期。适总宪因有他项要公，于接呈后即已退署，由京畿道赵炳麟侍御等接见，告以入奏必速，惟总宪既归，确实日期不能代答。杨、胡两君当即告以须俟入奏后之结果宣布，始能回汴报告父老。若迟迟不代奏，仍当再为谒见，请问理由等语。闻赵侍御于答复两君质问之语外，尚畅谈至数十分钟之久，深表同情于国会云。①

《时报》，光绪三十四年七月初六日（1908 年 8 月 2 日）

河南代表蒋良等呈递请开国会书

河南国会请愿代表在籍翰林院编修蒋良日前赴都察院呈递请开国会书，由赵侍御炳麟接见，略谓本院决为代奏，惟须集有多数，再行奏请，其效力必巨。若仅一二省，恐未必遽收速效云云。代表答以各省国会代表均已陆续抵京，惟望从速代奏云。②

《中外日报》，光绪三十四年七月初九日（1908 年 8 月 5 日）

苏皖之请愿书呈递

江苏、安徽两省代表已于初二日赴都察院，呈递两省国会请愿书，都察院照

① 录自“人民之国会运动”，标题为编者所加。

② 原无标题，此标题为编者所加。

例收受。先一日，孟君昭常等曾往，面会都察院副宪陈名侃，问其代奏日期，系须待全国请愿书皆至乎？抑有数省呈递，即可代奏乎？副宪答以有数省呈递便可代奏。闻已定于初八日代奏云。

《时报》，光绪三十四年七月初九日（1908 年 8 月 5 日）

北京之请愿

北京市民请愿，拟推电灯公司总理冯公路领衔，冯君谦让未遑，尚拟联络数人，公同另推。又闻北京士民请愿，现已由工商各界联合千余人，书已缮就，拟举冯君恕、孙君壮为代表，约于初八日即可呈递。

《时报》，光绪三十四年七月十一日（1908 年 8 月 7 日）

直隶之请愿

直隶请愿代表已举定刘春霖、王邵廉、胡家麒①、乌泽声、康士铎等八人，将于初六日到都察院呈递。

一说直隶国会请愿代表现已来京，佣人缮写请愿书，约定初八日呈递都察院代奏，并已举定刘君春霖、王君邵廉、胡君家麒、王君法勤、乌君泽声、康君士铎六人为代表。

① 又写作胡家祺。

一说直隶国会请愿书现已定于今日呈递，并举定温君世霖、孙君洪仪、乌君泽声、康君士铎四人为捧呈员。刘君春霖、王君邵廉、胡君家祺因天津谘议局开会，势难兼顾，已于初五日乘早车返津。

《时报》，光绪三十四年七月十一日（1908 年 8 月 7 日）

湖南之请愿

湖南请愿代表来京多日，现已将书缮就，拟定于月之初六日呈递都察院代奏矣。

《时报》，光绪三十四年七月十一日（1908 年 8 月 7 日）

皖湖南江苏之请愿

江苏、安徽、湖南等代表赴都察院呈递国会请愿书，闻每省代表另举一本省素有声望之人员为领衔，将来都察院代奏之时，即用领衔人之名。

《时报》，光绪三十四年七月十一日（1908 年 8 月 7 日）

湖南直隶北京请愿书之呈递

湖南请愿代表廖君名搢、陆君鸿第、易君宗夔、仇君毅，直隶请愿代表温君世霖、孙君洪仪、乌君泽声、康君士铎，北京市民请愿代表孙君壮，均于某日午前八时在都察院呈递请愿书。并闻各省代表将于翌日午后开联合会，商议进行之策。①

《时报》，光绪三十四年七月十五日（1908年8月11日）

八旗吉林山东请愿书之呈递

八旗代表常文、黄容惠，吉林代表庆山、文耆，山东代表于洪起、钱金榜，均已将请愿书于十二日在都察院呈递。闻山东昨有电来京，登莱青各处请愿签名者又有数千人之多，拟更为第二次上书。

又闻十二日，八旗、山东、吉林往都察院呈递国会请愿书时，八旗人之签名者约一千五百人，山东人之签名者约千余人，吉林人之签名者四千余人，当时均呈递。张都宪〈手〉虽未面见谈话，已将诸代表姓名、住址留记于都察院，以备传话。

又宗室代表锡恒于日昨十二日在都察院呈递国会请愿书，即乞代奏。②

《时报》，光绪三十四年七月二十日（1908年8月16日）

---

① 原标题“请愿书之呈递”，兹改题为“湖南直隶北京请愿书之呈递”。

② 录自“国会问题”，标题为编者所加。

国会请愿代表回籍

前来京之国会请愿代表，河南胡汝麟，湖南廖名缙、陆鸿第、仇毅、易宗夔，及其他安徽、直隶、江苏等处之人，向都察院呈递国会请愿书事毕，日前已经回籍矣。[①]

《时报》，光绪三十四年七月廿二日（1908 年 8 月 18 日）

浙江请愿代表递呈

浙江请愿书代表叶景莱、邵羲、蔡汝霖三人，已于二十四日呈递都察院，领衔者为在籍侍郎朱祖谋。呈内列名者，除耆民八百余人之外，又有杭州、乍浦两驻防旗民，并有在籍各巨绅，如濮子潼、汤寿潜诸人。[②]

《申报》，光绪三十四年八月初一日（1908 年 8 月 27 日）

① 录自“国会问题”，标题为编者所加。
② 录自“国会问题”，标题为编者所加。

八旗请愿书业已呈递

八旗国会请愿书业已呈请都察院代递，书词恳挚激切，具陈时事艰难，皇室危，八旗亦危，枢臣愚顽难靠，惟乞干纲独断，亟须来年召集国会等话。①

《时报》，宣统元年十二月十八日（1910年1月8日）

代表之近状

此次各省到京之国会请愿代表，已迁移小沙土园昆新会馆为事务所。本拟初六日赴都（禁）〔察〕院上书，旋以现在进行之手续及最后对待之方法，在在皆待研究，故上书一事，不妨少延数日。并谓此次请愿与前度不同，非得勿休，非获勿止，决不能草草上一请愿书即可了事。上书之后，仍在京设立干事部，办理一切事务。已于昨日开团体会议决定各项办法。

《申报》，宣统元年十二月十三日（1910年1月23日）

① 录自《时报》"专电"，标题为编者所加。

详志请愿国会代表在京情形

各省请愿速开国会代表，于十一月二十七以后，陆续到京。至三十日始定议借琉璃厂小沙土园昆新会馆为代表团事务所，由代表团干事布置一切。

初四日开第一次代表团谈话会，议决进行秩序，并通过呈稿，交干事员雇人缮写。因探知都察院限制递呈新章无可通融，呈上签名之人须有半数以上到院亲递，乃决议不用各省原签名单，凡派有代表进京之省，均由代表列名，其无代表进京者，则但写首列者一人，而各于呈上书明某省代表谘议局议员某某，以示此次请愿出于多数人之同意。惟为都察院新章所限，故舍签名方法而用代表方法。呈上列名者共十九省，派有代表者为直隶、奉天、吉林、江苏、山东、河南、浙江、湖南、湖北、安徽、福建、山西、江西、广东、广西十五省，列名而不派代表者为四川、云南、贵州、陕西四省。定于初八日呈递。

初五日，代表探知都察院因初八为腊八节，向例无堂期，遂决议速缮呈稿，赶初六投递，希冀初八日适逢都察院值日，或可早达天听。闻是日预备呈折至晚上三点钟始毕事云。

初六日上午十点钟，各代表冠服赴都察院递呈。候至下午一点余种，副宪陈名侃始至，各代表肃揖递呈。未几总宪亦至，各代表请见，答以向例不见。代表坚请一见，由经厅再三婉言谢绝，并言此呈代奏与否，初八日即有确信。各代表不得已，乃约初八日再行来院听信而退。

都察院向例，职官或绅士递呈者，可至左旁官厅休憩，有给应者预备茶水。时有人言："天气冷，何以不备火炉？"答言："例不供火。"某君曰："有钱即可破例。"与以一洋元，而火炉果然来矣。

闻是日各代表求见总宪时，总副宪俱窘甚，无术应付，惟盼京畿道赵侍御炳麟到院。迨赵侍御至，总宪嘱出见代表，侍御要总宪同见，总宪不敢，乃罢。

是日，京师学界开筹还国债会于湖广会馆，并迎欢代表，到者千余人。

初七日，代表团开第二次谈话会于昆新馆，决议多缮呈稿，分送各当道。并公推代表六人求见军机。被举者为孙洪伊、谷芝瑞（直隶）、刘崇佑（福建）、陈登山（湖北）、陶镕（安徽）、方还（江苏）。

初八日，代表至都察院询问都察院对于此次请愿书之意见及其办法。是日无堂期，总副宪及各御史均不到，由经厅接见。代表问请愿书察院能代奏否？答言大约必可代奏。问何时代奏，答非至十八日不可。

初十日下午二时，京师商学界复开欢迎会于湖广会馆。晚六时，直隶谘议局设宴于醉琼林，欢迎代表。

《时报》，宣统元年十二月二十一日（1910 年 1 月 11 日）

国会团呈递请愿书纪详

各省国会请愿代表孙洪伊等于初四日特开会公议呈递请愿书之手续，暨修改请愿书。

初六日上午，各代表齐赴都察院呈递请愿书。各代表到都察院时，伫立多时，始有经历一人接洽，对各代表云："署中房屋狭小，诸公济济多士，无地可容。此书本院无不代奏。"众代表曰："此事与国家关系重大，吾辈何患不代奏。惟吾辈不远千里而来，有要言面陈，请贵院堂官接见。"该经历曰："向无相见例。"众代表曰："国会请愿亦有成例乎？"经历瞠然久之，入而复出曰："待堂官会议后再行酌夺，初八日必能回复。"各代表怏怏而退。

初八日，国会代表再至都察院，则以是日为腊八之期，察院衙门放假。代表往谒，阒其无人。旋得见某经历，询问情形，据云："此话我不敢说，大约公呈必为代递，至于定准何日代递，则尚不敢必。"并云："凡遇代奏事，必先会议其有碍与否，如无碍亦待十日后方肯代奏。兹阅请愿书尚无妨碍，须月之十八日方能上呈。"

初九日下午一钟，北京绅商学界在湖广馆欢迎国会请愿代表，到者千余人。首恭迎代表入会场，振铃开会；次由会员孙伯恒君宣布开会宗旨，康甲臣君宣读祝词，导代表登台行立正礼。代表孙洪伊君宣布请愿宗旨，次由代表陶镕、吴赓廷、李芳、陈登山，来宾于邦华、余铭铨、张锡光、韩缄古、丰岛舍松（日本《大阪每日新闻》访员）、吴操、陈佐清诸君相继演说，慷慨淋漓，闻者痛哭流涕。最先哭者为南营随营学堂杨海君。

初十日为都察院堂期，某侍御特会集各寅僚，力言此次各省代表来都要求速开国会，邀准与否，实为大局存亡、民气消长之所关，亦即列强对待中国用刚用柔、敬我侮我之所系。我辈职司献替，际此紧要关键，正宜联名具奏，极力赞成，以期襄斯盛举。闻其时力表同情者颇居多数。

十一日，《北京报》、《中国报》、《帝国报》三家联合开会，欢迎各省国会请愿代表。是日下午五钟，即在镇江胡同《北京报》馆内接待，并预备筵燕，以尽款洽之忱。

《申报》，宣统元年十二月十六日（1910 年 1 月 26 日）

第二次请愿书脱稿

第二次请愿书经各代表屡次会商，始于初六日脱稿，由陈登山率众列衔，共有代表七十余员，加之各省未到京代表暨同志会会员、其它人民，不下数万余人，故所缮请愿书甚需时日。[1]

《申报》，宣统二年五月十一日（1910 年 6 月 17 日）

① 录自“最近之国会谈”，标题编者所加。

国会请愿书呈递情形

本月初十日早八钟，各省请愿即开国会代表衣冠齐集都察院，呈递请愿书，到者一百五十余人，当时情形分录于左。

（一）上书之分别：（甲）各省谘议局联合上书；（乙）各省商会联合上书；（丙）江苏商会单独上书；（丁）各省教育会联合上书；（戊）江苏教育会单独上书；（己）雪兰莪等二十六商埠华侨联合上书；（庚）澳洲华侨联合上书；（辛）各政治团体联合上书；（壬）全国绅民上书；（癸）直隶绅民上书。

（二）上书之程序：都察院副都御史陈名侃到署时将进头门，各代表领衔人在马车前拱立，挨次呈递，毕后，陈副宪入，各代表退坐于头门内左首官厅。

（三）都察院之状态：陈副宪受书后不赞一词。各代表复赴经历司，请其代陈意见，有无问答。陈对以张总宪尚未到署，俟张到始有回话。各代表复正坐于官厅。移时，张总宪至，代表领衔人仍请示，当答以书中文字甚长，一时不能细阅，请各代表先归，留注寓址，俟有准信时，必当详告也。各代表均归寓。

《中国报》，宣统二年五月十二日（1910年6月18日）

呈递国会请愿书之郑重

第二次国会请愿呈稿讨论定妥，缮写告竣后，各代表即于初九日午后二时，同至虎坊桥湖广会馆，公同校阅，议定入奏次序。第一，顺直各省谘议局议员代表；第二，京外各省商务总会及商界代表；第三，京外教育会员及学界代表；第四，京外官绅代表；第五，各宪政公会员暨政团代表；第六，侨居东西各国及南洋各岛之华侨代表；第七，京外旗籍人民代表。总计签名者有一百五十人。遂于初十日上午八点钟，整肃衣冠，齐赴都察院呈递请愿书，乞即上奏。闻到者约有八十余人云。

《申报》，宣统二年五月十五日（1910 年 6 月 21 日）

国会请愿代表第二次呈请速开国会情形

各省请开国会代表，于初十日向都察院递呈请代奏后，十五日，都察院据情入奏。十九日，奉旨令会议政务处王大臣于二十一日预备召见。是日，诸王大臣入见后，商议许久，旋定议必须俟九年后筹备完全，方可议开国会。遂降旨慰谕诸代表，并令不得再行渎请。

是日所递呈折，共计十封，兹将领衔诸君姓名列下：直隶谘议局议员代表孙洪伊，直省商会代表沈懋昭，苏州及上海商会代表杭祖良，南洋雪兰峨二十六埠中华商会代表陆乃翔，澳洲华侨代表陆乃翔，直省教育会代表雷奋，江苏教育总会代表姚文枬，直省政治团体代表余德元，直省绅民及旗籍绅民代表李长生、文耀，东三省绅民代表乔占九。①

《东方杂志》第七年第六期，宣统二年六月二十五日（1910 年 7 月 31 日）

① 原为《东方杂志》第七年第六期所载“中国大事记”片段，标题为编者所加。

割股割臂送请开国会代表团

初五日为各省代表上监国摄政王书，请求速开国会之期。各代表共二十余人，正衣冠整备临行之时，而奉天旅京学生赵振清、牛广生志士等十七人整列入。持书一通致各代表，力陈国家瓜分在即，东三省土地已先沦亡，非速开国会，不能挽救。二次请愿国会无效，今第三次请愿，势不能再如前之和平。学生等与其亡国后死于异族之手，不如今日以死饯代表诸君之行。言甫毕，赵、牛两君即各出利刃，欲剖腹绝命，以明心迹。乃各代表及仆役等力夺其刃，环掣其肘，两君意不得趁，乃泣诋代表。后各代表又苦劝牛君，防卫稍疏，而牛君已持刃在左腿割肉一脔，赵君亦即在右臂割肉一脔，各持肉在书上摩擦数遍，血涔涔滴，肉跃纸上，惨不忍睹。赵、牛诸君等即高呼“中国万岁”“代表诸君万岁”。随拭泪负痛，跄蹱而去。各代表齐肃送，并即登车，上摄政王府叩谒矣。谨将赵、牛两君血书刊布。国势危迫，志士皆有决死之心，请国人一省览焉。

《帝国日报》，宣统二年九月初六日（1910 年 10 月 8 日）

第三次国会请愿上书记

初二日，请愿国会代表团开会，公推孙洪伊等六君，准于初五日上监国书，已志前报。兹悉是日十二钟，于六君外加推李君长生、王君观保、贺君培桐、杜君宝桢、李君荫恒、温君世霖、王君双岐、杨君春泰、薛君（延）〔廷〕棨、潘君智远、王君庆昌、邢君祐周、李君寿昌、王君法勤、蒋君宗周、李君素、萧君辉锦等十七人，共二十三人，赍书赴监国府呈递，一面求见。由左翼守卫队通报，据回事处传告，监国已赴三所，此书未便收受。后由守卫队介绍孙君洪伊、李君长生、李君芳同到回事处询明理由，据云今日监国未必回府，诸君可于初八日下午三钟，公推二三人再来呈递，若监国仍未回府，可以将书留下，当代呈上等语，词意恳切。孙君等出告同人商议办法，公决酌留数人在府前守候，无论监国何时回府，何时呈上，余人可暂回寓，赶办上资政院请愿书、上政务处书。李君芳、杨君春泰、王君庆昌、潘君智远、贺君培桐、文君耆六人，甘愿守候，余人散回，俟上资政院、政务处书后，仍于初八日到王府要求监国收受，不达目的不止。并闻是日各代表临行时，忽有奉天旅京学生赵振清、牛广生等十余人，携来致各代表书一通，并云各国立宪率皆以流血购之，某等今请流血以为诸君后援。言毕，赵振清、牛广生两志士袖出利刀，拟即自杀，各代表趋前环阻，紧握两君之手，始不得逞。讵代表防备稍弛，而牛君已操刃向左臂割肉一脔，赵君亦即向右腿割肉一脔，两君各以血肉染渍书上，并申明此次请愿无效，决即自刎，各代表泣下谢答。赵、牛两君大呼“中国万岁”“国会代表万岁”始去。今代表团已将血书在京中广布传单矣。（血书及代表团刊布书明日续登）

《申报》，宣统二年九月十一日（1910 年 10 月 13 日）

第三次国会请愿记

初五日国会代表到监国府上书及留六人守候等情已志前报，兹闻所留六人在府外柳阴下盘桓，极形惨淡。围观者无数，由潘君智远、王君庆昌轮流演说，闻者莫不悲愤。六代表并不避苦楚，席地坐卧。首由巡长某君，继由巡官某君及卫队管带普君陆续前来劝慰，代表毫不为动。又由乌厅丞恪谨特派委员百般劝解，并为代觅宿处，代表诸人皆谓非露宿心不安，坚持不允。终由肃亲王前来慰问，代表仍谓非见监国面禀不可。肃王谓见监国有何言语，彼必代达，并力任代为呈书。复谓监国回府尚须数日，不如代达为速。始由文君耆、李君芳陈述三省危险情形，继由贺君培桐陈述列强窥伺情形，终由潘君智远陈述国民渴望情形，非开国会不足以释人民与朝廷之恶感，且非即刻开国会不足以救中国之亡。肃王力任初六日即进三所代陈，并约初七日午后会面，六代表方将书交肃王而归。

翌日，肃邸即将呈词代递监国，惟此项呈词不能据此以下上谕，故尚须稍缓，俟三次请愿书上奏之后，方能决定办法。肃邸将呈词代递后，即遣人到联升店与各代表接洽，各代表以此事须面见肃邸，不必用人传话，遂定初七日下午同至肃王府求见。

是日有张成珍君，手执血书至代表团处。书上自署年二十五岁，奉天省兴京府人。书系断左手食指写成。临行又出张云湖君血书一纸，上署“山东愚夫”。两书词意皆极悲愤，令人不忍卒读。

初七日，李芳、文耆、李荫桓、杨春泰、王双岐、温世霖、潘智远、李寿昌、王庆昌、杜宝桢、邢祐周十一人等，齐赴肃邸晋谒。蒙谕已于初六早召见时，将原书及当日情形面奏，监国颇为动容。代表答以外间企望国会之热诚大形膨胀，某等身为代表，若国会不能速开，某等誓以身殉。因述张成珍、张云湖断指情形，并将血书呈上。肃亲王阅之，大为叹惜。

是日下午，国会请愿代表孙洪伊、王（燮）〔双〕岐、李长生、陈登山、王寿昌、邢祐周、文耀，复赴资政院呈递速开国会之陈请书。秘书厅长金邦平出面接受，并言今日议长未到院，俟议长到时，即代交进，俟付陈请股审查之后，即可办理。

《申报》，宣统二年九月十四日（1910年10月16日）

请愿国会代表上资政院请愿书之详情

昨初六日午后，请愿国会代表孙君洪伊、李君长生、王君双岐、文君耀、邢君祐周、王君寿昌、陈君登山赉陈请书赴资政院呈递，当经秘书厅收受，复与秘书长金君邦平接洽，面称本日休会，议长不到院，俟开会日，议长到院即代呈进，请付陈请股员审查云。

《晋阳公报》，宣统二年九月十九日（1910 年 10 月 21 日）

东三省国会代表之有进无退

东三省第四次请开国会代表往庆王府求见，恳代递监国书之约章，探录如下：

第一条　今日（二十一日）如能允见三人则见，过今日定求全体见，否则至冻馁死为止。

第二条　确守和平秩序，不准激烈举动。

第三条　不准带凶器。

第四条　未见庆王不准饮食。

第五条　无论如何关系人从中调停，仍照第一条办理。

第六条　如全体得见，即叩头哀恳，务期允准代奏而后已。

宣统二年十一月二十一日上午九钟公约。

又血书两纸，一纸书“中学李德权请速开国会”，又一纸书“至诚”二字云。

《帝国日报》，宣统二年十一月廿二日（1910 年 12 月 23 日）

3. 游说王公大臣

国会谈

十一日，请愿代表五人晋谒各军机，除世中堂外均延见。

鹿中堂曰："国会如何？"代表详为解释。又曰："谘议局已设，则何须乎此？"代表对以："因须民选。"又曰："选谁人代表？"言："现尚未选。"鹿乃将上书稿留览。是鹿中堂尚未知国会之所以为国会也。

戴中堂曰："法未备，奈何？"代表言："宪立，法自进。"又曰："国会速开，有流弊否？"代表言："谘议局亦初开，尚无流弊。"是戴中堂已知国会之所以为国会，而于其利弊，尚疑信参半也。戴中堂见解较鹿中堂已高一级。

庆亲王曰："君等来京，足见国民爱国，甚善。我亦国民一分子，当表同情。"是庆亲王已决知国会之有利无弊，故力表同情也。庆亲王见解尤高戴中堂一级。

那中堂曰："此举我所素愿，诸宜久持，如有效力，亦甚有利于外交。"是那中堂非特已知国会之性质，并知国会之效用，不待代表请求而早为其所主张者也。那中堂见解更高庆亲王一级。

观此寥寥数语，而枢臣程度之高下已见。虽然鹿中堂之未知国会为何物也，一解释即知；戴中堂之未明国会利弊也，一辨论即明；若庆邸则表同情者，那相则素主张者。总之，皆无反对者也。特未知世中堂何如耳。

《申报》，宣统元年十二月十四日（1910 年 1 月 24 日）

请愿代表谒世中堂

国会请愿代表本定昨日（十二日）赴谒世中堂，适逢政务处会议期，恐不值，故今日（十三日）赴谒世中堂。延见久谈，谓：我初不解国会之宜速开，嗣晤各友，始知国会早开，利多弊少。观谘议局开办，可见此举我必赞成云云。代表称谢而退。①

《时报》，宣统元年十二月十四日（1910年1月4日）

请愿代表与世中堂之接谈

国会请愿代表十三日谒世中堂时，世云已商之宪政编查馆各大臣，多谓已有资政院，国会可缓开。代表曰："资政院非牛非马，何涉国会？"世曰："朝廷深仁厚泽，乃民有贰心否？"代表曰："贰心则无之，惟此次请愿不遂，窃恐离心耳。"世中堂悚然改容，当允极力赞成。②

《时报》，宣统元年十二月十六日（1910年1月6日）

---

① 录自《时报》"专电"，标题为编者所加。
② 录自《时报》"专电"，标题为编者所加。

代表谒涛、朗两贝勒

国会请愿代表昨日（十七日）联谒肃亲王、伦贝子、泽公，均辞不见。惟涛贝勒、朗贝勒请见。涛贝勒曰：“此举上下俱愿，恐枢臣独阻。某某面许之言，颇不足信。我辈军人，不当干涉国事，然极望国会早开，庶几可挽危局。”朗贝勒曰“预备不可靠，我辈早已知之。君等此举极为钦佩，定当竭力相助”云云。旋即肃客而退。[①]

《时报》，宣统元年十二月十八日（1910年1月8日）

十一日代表谒见枢臣记详

十一日，国会代表孙洪伊等五人谒见各军机，其问答语已略见前报。兹特除鹿中堂于国会一事未得要领不录外，余将庆亲王，那、戴两中堂与代表谈话详情录下。

庆亲王对代表云：“诸君由国民公举来京，足见我国民之可爱可敬，我亦国民一份子，岂不关心国事？况现时各国均行宪政，我国断无不实行宪政之理。此次请愿，我有一分力，定为诸君尽一分力。”随后复问及汤蛰仙、张季直两君对于此事意见何如，各代表答以“汤、张均极力主张”。王问：“张何不来？”代表答以“张系议长，故不克前来”。

① 录自《时报》“专电”，标题为编者所加。

那中堂对代表云：“请愿书前日已经见过，词意均极得体，是何人手笔?”代表答云：“张季直之主张为多。”中堂云：“诸君来京，为各国观听所系，必宜持以毅力。我于此事，定当竭力赞成。”并问此次签名者共若干人，代表云：“签名者数千人，因都察院成例，不能偕来。”中堂云：“此事重大，何能拘守成例?”言毕，并亲送代表上车。代表逊谢。中堂云：“诸君不远千里而来，我何惮行咫尺之地?”

戴中堂对代表云：“诸公来京，热心毅力，可钦可敬，惟法律为宪政之必要，现在法律尚未完备，宪政甚多窒【碍】。”代表云：“宪政进行，法律自能完备，断不能俟法律完备，始行宪政。”中堂云：“各种预备尚未完全，能否速开国会?”代表云：“各国宪政之完备，皆由国会发生，我国正在实行宪政，非速开国会不可。”中堂深以为然，于代表临行时亦亲送上车。

《申报》，宣统元年十二月十七日（1910 年 1 月 27 日）

十二日林侍郎之宣言

十二日，国会代表某君谒见林侍郎赞虞，面陈请愿大旨。侍郎甚表同情，并谓此事之成否，国家之安危所系，日内如见枢府，必当鼓吹此举，惟力是视。

《申报》，宣统元年十二月十七日（1910 年 1 月 27 日）

国会代表与大僚问答纪

上海商务总会国会请愿代表沈君缦云到京后，遍谒执政诸公，藉探政府之意向，无如诸公一闻国会代表，避之惟恐不远，拒不令见。上月二十七日，复以同乡之名义，往谒某军机，当经延见，沈君即痛陈现时商界困难之情形，谓商力疲则国势弱，征税轻重不平，则商情避重就轻而涣散。挂洋旗、入洋籍日见其多，则国未灭而种先亡。语语沉痛，句句真实。某军机大为感动，因问曰："各省商会均有代表到京乎？"答："近二十省，人数不少。"曰："国会与商界有何关系？"答："关系极重。"问："商民亦知国会开，负担更重乎？"答："剔除中饱，化私为公，何重之有？"曰："九年筹备，已届三年，曷勿静待？"答："各省督抚大半因循蒙蔽，恐九十年亦难如期筹备。"曰："曷勿监察督促？"答："小民无权。"曰："不有谘议局乎？"答："政柄不属，空言何补？"曰："国民之程度如何？"答："国民程度未到，是反对宪政之口头禅，实则立宪国之国民，亦未必尽有国民之程度者，不能以少数抹煞多数也。"当时问答有一小时之久，某军机颇有赞成国会之意。

翌晨十时，沈君复谒某都宪，即以商界国会请愿之呈底呈阅。阅毕，问："此商界之实在情形乎？"答："有甚于此者。"曰："曷勿先禀商部，请为维持？"答："商部能对内而不足以对外，此间玻璃公司之控案即前车之鉴。"曰："各省之商会如何？"答："商会能对外而不足以对上，试观洋商之控案，不直于商会者即控之于官可知。"曰："资政院如何？"答："商界只此一二人，势力有限，且亦不足以代表全体。"问："开国会于商界有何等利益？"答："各业之利弊，惟各业自知，何利宜兴，何弊宜革，何权宜增，何税宜减，一经国会议决，即为天下所公认。商业之利甚溥于是。"某都宪曰："朝廷颇注重商务，国会有如此之关系，应速递呈，当为代奏可也。"乃问："何日能递呈？"答："五月初二，迟或初六。"问："知递呈之向例乎？"答："不知。"某都宪乃一一殷勤告之。时已过午，沈君兴辞而出。

沈君复因初次谒某相见拒于门外者，乃探知某相舍午前十一时外概不见客，于是初一日依时复往请见，立蒙延入。初，相国似不知客之来意，语时亦颇重听。沈君语至请开国会时，声故高朗，相国曰："子来为国会乎?"答："是。"曰："谈何容易，日本立宪俟至二十余年始得实行，岂吾国人民之程度较日本为高乎?"答："日本当时因不知立宪之为利为害，故迟回审顾。今吾国已见日本立宪之成效有利无害，何必迟疑?既有九年筹备之明诏，何不缩短期限，以慰天下人民之望。"曰："子不见各国立宪之历史，岂一呈一奏所得而请求乎?"答："不流血，不革命，足见吾国之文明。"曰："国会能否速开，朝廷自有权衡，断非人民所得而要求之。"答："各国立宪无不自人民要求而得者。"曰："此风不可学，余不谓然。"遂举茶示送客意。沈君乃叹釜水将沸，游鱼未知，兴辞而出。

《申报》，宣统二年五月初九日（1910年6月15日）

国会代表分班趋谒枢臣

国会代表因第二次请愿书虽已呈交都察院，而代奏尚需时日，不如趁此陈说枢垣，以期愿书上递时，不至有所障碍。昨十三日，已分班趋谒各军机，并呈《国会万不可缓》说帖，恳其转恳监国，赶紧召集国会，以救危亡。且谒见庆亲王者为姚文枬、沈懋昭、杭祖良三君，谒见世中堂者为贺（倍）〔培〕桐、余德元两君，谒见那中堂者为黎宗岳、李长生两君，谒见鹿中堂者为李素、刘玉堂两君，谒见吴军机者为孙洪伊、刘克刚两君。①

《时报》，宣统二年五月二十日（1910年6月26日）

① 录自"国会请愿近情种种"，标题编者所加。

国会代表之分班谒王公大臣

国会请愿代表来京运动已久，该代表等忘却身家，热心国会，令人感佩。其坐食厚禄温饱之辈，宜引为耻也。闻日昨十九日上午十句钟，各代表分谒当道。兹略记于下：

贺君培桐、李君素往谒洵贝勒，邓君孝可、萨君君陆往谒伦贝子，汪君龙光、黎君宗岳往谒朗贝勒，陈君曾亮、李君长生往谒泽公。

以上各代表为运动国会而谒见各当道，至予见与否，并见时所谈情形如何，俟访悉再录。

是日下午一句钟，孙君洪伊、陈君登山、吴君（锡）〔赐〕龄谒吴大军机，因十八日吴军机亲到事务所回拜代表诸君故。各代表谒吴军机除为国会外，兼答拜也。想军机对国会必有一番特别热心。各代表谒见时详情如何，续探再布。

《顺天时报》，宣统二年五月二十日（1910年6月26日）

补纪请愿代表谒见那相事

第二次国会请愿已奉谕不允，仍定九年矣。而今犹录此者，以见诸枢臣之宗旨虽已决定，而表面之敷衍则甚周到也。十四日午后，国会请愿代表杭君祖良、李君长生、周君尚研等晋谒那琴轩中堂。杭君云：“商等为爱国各商人推举代表，请愿速开国会，初十日已在都察院上书，特请中堂提倡赞成，以安民心而固邦基，且时事日棘，须以民气为后盾。”中堂云：“庚子以后，国民进步甚速，皆有爱国热忱，非比从前秦越之视，漠不相关。所呈各呈极愿赞成，惟经济困难，非提倡实业不可。”杭君云：“未开国会，实业诸多阻碍。”中堂云：“甚然。”李君云：“总求中堂提倡速开为要。”当时畅谈一时之久，颇蒙优待。迨送客时，代表再三谦让，中堂以诸君热心国会，千里远来，深堪嘉尚，遂送至大门而别。李君出而语人云：“窥中堂意旨，大有希望。”不料李君之希望在梦中耳，今日方始醒也。

《申报》，宣统二年五月廿四日（1910年6月30日）

贺余二君见世中堂之报告

前代表团举人分谒各枢臣，已志报端。是日闻贺君培桐、余君德元二代表，往谒世相国。至则即延见，颇优礼，历谈至二小时之久。今撮述大要，可约分三端，阅者勿以明日黄花视之也。

一、财政问题。世相国谓：“现在民间生计艰难，开国会后，小民愈加担负，甚非易易。故朝廷深体民情，任国帑如何支绌，不准加赋，虽加盐价，亦系不得已，人民亦宜共体此心。”贺君答云：“圣朝德政早已深濡民心，代表等正为此而来。盖中国现在实系民穷财尽，上则各项新政不能不办，办则无款；下则士农工商谋生无术，又时加以天灾，故各省近日变乱警告时有所闻。若当此不设法整顿，恐即无外患，我国必亡。欲救其亡，莫如速开国会。盖国会一开，聚天下之人士共同讨论，即不啻天下之人民各自为谋，较之一般官吏，素日隔膜，徒事敷衍者不同。至虑开国会后人民难于负担，固是朝廷及中堂美意，然国会开后，监督财政，用之悉当，人民虽如何困苦，亦当有以报效。”余君接曰：“今日财政问题，实我国生死问题，不识我国数千年来，何以酿成此种紊乱财政，实东西各国所未有。若不速开国会，从新整理，上下交困，亡无日矣！”

二、教育及各种新政问题。相国谓：“二君所言人民望治固切，须知监国求治之心更殷，即我辈亦深欲当一太平百姓。无如现在所行各种新政，皆以为民，非以扰民，而民多误会，此乃教育未普及之故。愚见现在新政，陆、海军在次，须以教育、实业为本。”并自引考查教育不能普及许多事实，皆切中时弊。余君答云：“中堂此论真国家根本之论，言天下人民所欲言，甚可庆幸。但新政觉扰民之处，不全关人民知识程度，实立法未善，官吏奉行不实之过。盖小民不识不知，只知率由，自古已然。即如教育一项，当日科举时代，行之已久，人民自相为谋，每届童试，大州县数千人，小州县亦千余人。今则变为学堂，每州县不过设一高等小学，设二、三初等小学，一堂不过容数十人或十余人，四年毕业不过数人，较之科举时代，不成十分之一之反比例乎？若长此以往，不出十年，中国将无识字之人矣！他国以兴学而强，我国反以兴学而亡。岂真学堂不如科举哉？亦以立法未善耳。”语至此，相国颇动听，连言：“的系实在情形，甚是可虑。向尝与张文襄商，只有官发课本、改良私塾一法。”余君答云：“此是过渡时代应有之事，中堂热心见及，诚天下人民之幸，但系一时权宜之计，未为根本长久之谋。代表等向办学务，知此时即欲改良私塾，亦苦无私塾可改。缘自变法以来，有学之士皆收入学堂，毕业后非月数十金不就乡间，所剩者非迂老无用，即学而未成，一般人民既不知变法若何，又不信任此辈，故相率废学。”贺君接答：“国家之根本，固如中堂言，在教育、实业。然欲其改良进行，不外政治。国家无完备之政治以整饬各方，而使之并行不悖，而欲东涂西抹，求其发达，终无分毫之效。政治欲完备，莫如立宪，立宪尤在开国会。盖不开国会，无以立法，安问其所行之政策耶？”

三、国会迟速问题。相国谓：“国会必开，去年已有谕旨，大家可共谅。惟虑人民程度不足，再万一缩短后，届时赶办不及，将若何？”余君答云：“中堂此言朝廷审慎图维之心，诚宜感戴，代表等明知而复来请者，只以时势太迫，恐人不我待耳。再说，程度不足，系指教育未普及一般人民言，然各国开国会，地方开议会，未闻使一般人民均与参政事也，总须少数有知识人主张其间。若待一般人民程度足，始开国会，不惟无此事，抑岂所定八年做得到耶？再，国犹一家，中国向来如父兄理事，子弟不使与闻，一旦家败，子弟亦随之流亡灭绝。各国立宪，首开国会，即使子弟与闻家事之意，父兄固当负其责，子弟亦宜问其事，成败习知，无不同心戮力，以图自存。今我国已知其故，颁布立宪，而国会迟迟不开，虑其程度不足，是犹家长视子弟年稚，不使与闻家事。一旦年长父兄欲诿任家事，而昏昧如故，虽追悔向未早使之练习，已无及也。人生智识，皆因磨练而成。西谚有云：时势造英雄。愿中堂垂察焉。”贺君接答云：“中堂虑速开国会，赶办不及，故国家踌躇为难，亦非无故。但天下事，期之迟则所行者皆迟，届时恐未必好；期之速则所行者皆速，届时亦未见得尽不好。且代表等所以来请求者，亦非求今年即开国会也，不过求朝廷审查时势，斟酌民情，缩短年限，示人民以希望之准的耳。此次若不准请，已属二次，天下民心恐将自此冷淡，或自此激烈，前途殊甚可危。代表等每思至此处，恐他时上无以对国，下无以对民，皆此次不善请求之过。故敢尽言直陈，求中堂主持。再，中堂总言，中国民好，诚属良言。查各国立宪，无不经人民数次冲突，欧西无论，即日本以明治之英明，钦定宪法，犹几经人民之变。我国若趁此时，安安稳稳，即与开国会以应民望，非千秋万世地球上之美谈耶?”语至此，相国颇动容，言：“诸君心志，甚堪钦佩。”维时天已垂暮，二君遂辞归。

《申报》，宣统二年五月廿六日、廿八日（1910 年 7 月 2 日、4 日）

国会代表谒见那相之详情

国会请愿代表孙君洪伊等十七人，昨日往那相国府求见，门者告以相国不在府邸，诸君有何分示。问何往，则告以靡有定处，尽可转达。代表等答以相国乃国之重臣，去冬今夏某等以国会事两谒相国，皆极表赞成之意；而两次上谕发表，均不允所请，不闻相国有诤语，而署名于军机大臣之列。代表等窃疑相国非真赞成国会，而转导吾民以欺也。兹之求见，将以求相国赞成或反对之决心。如真赞成，则此次交议务恳力争，争而不听，则勿署名，或以去就争，吾民方尸祝之不暇；若别有救亡之策，而不主张国会，亦恳开诚布公，宣示吾民，免廑杞人之忧。此代表等所以求见相国之意也。随嘱其以电话探相国所在，门者果以电话询外务部，答以相国不在。时代表多数皆主张在相国府守候，陈代表登山独谓：今日之来，本非与相国预约时间，相国归邸时间尚未可必，不如俟相国归，请门者代为禀明，某等明日午前十时再来。届时如相国仍不在府，则守候以待，务赏见而后已。门者允诺。乃往谒涛邸，适涛邸公出，亦拟明日晋谒云。

《国民公报》，宣统二年九月十二日（1910 年 10 月 14 日）

代表披肝沥胆之言

愿我政府听者！

愿我人民听者！

国会请愿代表前日谒见那、徐两相国，其大概情形已登昨日本报。顷探悉谒见时问答中尚有足发吾政府、吾国民深省者，爰亟志之。

代表谓那相曰："国亡以后，吾辈不过一亡国之民，而公等不能为亡国之大臣。"

代表谓徐相曰："公曾督东省，东省时局可以支持至三年以后否？"徐亦曰不能。

代表又曰："九年筹备单，以吾辈眼光观之，实在靠不住。"二相皆曰靠不住。

记者曰：然则政府何不早开国会，然则人民何犹倚九年筹备如泰山。

《国民公报》，宣统二年九月十五日（1910 年 10 月 17 日）

请愿代表谒庆邸不遇

初九日午后二时，请愿代表孙洪伊、李素、陈登山、吴赐龄、文耆、陶镕、温世霖、李芳、贺培桐、李长生、王庆昌、杨春泰、杜宝桢、李荫恒、薛廷桀、潘智远、邢祐周、李寿昌、王观保等，同谒庆邸。适庆邸不在府邸，各代表原拟在府外守候，后经该府执事约定，初十日一时再到府中谒见。各代表遂先回寓，决定是日如不接见，各代表定不回寓云。①

《申报》，宣统二年九月十六日（1910 年 10 月 18 日）

国会代表与朗贝勒之接谈

十四日下午六钟，代表团孙君洪伊、文君耆、陈君登山等晋谒军机大臣朗月华贝勒，即蒙传见，讨论国会事约一钟之久。贝勒所谈，语语皆出自至诚。后湖北代表陈君登山极言开明专制亦能救亡，若真立宪，尤能救亡。今我国之九年筹备，敷衍搪塞，演成假立宪之手段。即在此假立宪之时，忽有日韩合并、日俄协约种种危相出见，倘犹不速开国会，势必至步韩国之后尘等语。贝勒闻之，颇为动容。

《大公报》，宣统二年九月十六日（1910 年 10 月 18 日）

① 录自“第三次国会请愿记”，标题为编者所加。

国会代表晋谒庆邸详情

初十日午后一钟，代表孙君洪伊共二十一人再谒庆邸，据回事处传告，庆邸仍不在府，但书已呈上，王爷曾面谕乌提督珍约诸位在高庙晤谈。比到高庙，先有右翼队长招待，随乌提督亦到，暂在别院用电话请肃邸同来。肃邸回话不能到，乌提督即出相见。代表等请乌提督先将庆王爷如何面谕报告。乌提督云："王爷面谕，私府非办公之所，请开国会事可向有司衙门呈请代奏，王爷无不赞成。"代表云："当今上谕既由军机副署，自应同负责任，况庆王爷乃皇室懿亲，朝廷元老，军机领袖，德业勋劳，久为天下所尊仰，断无庆王爷赞成，而监国犹驳斥之理。第一次上书时，代表等晋谒王爷，亦面谕极端赞成，及奉上谕，却又不然，故外间多以庆王爷为反对国会，亦非无因。此次代表等求见庆王爷，请问不赞成国会，尚有何法救亡。如果赞成，将来交议，若监国犹豫，王爷持积极主义应力争，持消极主义应不署名，则天下可以共信庆王爷实有赞成之意思。"言至此，温君世霖仰天痛哭，历数官吏误国之罪，谓国势危迫，人民以爱国血诚上书请愿，庆邸身居权要，人民欲一见其面，犹再三拒绝，似近不情。又谓此次请愿系受父老兄弟委任，国会不开万无生还之理，早晚同是一死，晚死不如早死为快，请将此项下情转达庆邸云云。乌公再三劝慰，允即晚约同肃邸面见庆王，详述诸君之意，是否允见，于十二日午后六钟定当函告。代表等遂出，往谒朗贝勒，亦未见面。

《申报》，宣统二年九月十七日（1910 年 10 月 19 日）

国会代表谒见庆邸详情

国会代表团十五日午后三时公举孙君洪伊、陈君登山、李君芳往庆王府谒见。王谓诸代表本忠君爱国之热心，为国奔走，几及一年，极可嘉悦。并谓前日之不见，实因人多不便接谈，曾属乌大金吾道意，诸代表想当见原。三君谦让未遑。李芳君首陈东三省大局危迫情形。王极为感动，谓东省有变，承其弊者，决不止东省而已，某受国厚恩，无日不望国家之好，苟无国，则亦无家云云。言间甚形怆动。孙君起云："方今时势威迫，人民所恃为冒怙者，上惟我监国摄政王，下即我王。曩者庚子之役，若无我王之苦撑危局，某等今日求与我王在此讨论国会，岂复可得？方今事变日亟，外患之来日迫一日，国家庶政咸无主脑。某等窃谓非早开国会，绝不足以生存于世界，王与国家有密切之关系，愿及身早定国家百年大计。"王云："立宪非有国会不行，且庶政公诸舆论，早见先皇大诰。而有国会必有责任内阁，国会与内阁有冲突时，非解散国会则听大臣辞职。某今年七十余矣，岂复有所系恋于此？"且谓现在一般人民既皆以国会为救亡之急务，某亦断无阻挠之理，只要提前赶办得及，无不竭力之，惟为选举必须详细调查，恐尚须时日耳。陈君登山言"此事前在那相处曾讨论及之，选举调查则得大概而已足，前谘议局办理选举已有先例，变而通之，绝无流弊"云。孙君复言："筹备清单，先后缓急，大失其宜。"因略举数端与宪政绝无关系者，力诋编查馆之卤莽。陈君言："现在筹备国会，只须有议院法、选举法而已足。"并言："监国谦德，遇事必谘廷臣，王在廷臣中资望最深，地位最高，与国家关系又最密切，得王一言，国会必无不准速开之理。愿王决心，无误百年大计，天下幸甚，宗社幸甚。"王谓："我与国家利害关系，较诸君尤密切，诸君既如此热心，我决无忍心反对之理，尽吾力之所能至，提前赶办而已。"并力任在监国前赞成。诸代表谢而出，王降阶送。

《顺天时报》，宣统二年九月十八日（1910 年 10 月 20 日）

国会代表谒那、徐两相情形

十二日早九钟，代表李芳、文耆等往谒那相，谈有两时之久。代表等谓："相国对于国会曾表赞成之意，乃两次未蒙允准，不闻相国力争，而署名于军机之列。兹之求见，将以求示赞成、反对之决心。如真赞成，则祈相国力争，若别有救亡之策，亦祈开诚宣布。"那相答以"时局如此，谁不知国会之必要者，且吾宗祖坟墓尽在东省，尤为关怀。故某对于国会无不赞成，但我国政体，军机虽副署，实无完全责任言"。次谈及东省情形，文君耆、李君芳痛哭失声，众代表皆失声。相国亦涕洟不止，谓此次某当极力维持云云。代表遂向相国伏地叩首。时至十二钟，辞那相，赴徐中堂府晋谒，亦谈有两小时。初徐中堂询问代表，一年内开国会可否即能办到，陈君登山详言一年内必可办到之理由，语极切至。代表等并痛言外患之危急，民心之惶惑，语次李君芳泣不能仰。中堂亦惨然垂泪，力表同情。随即辞归。

《申报》，宣统二年九月十九日（1910年10月21日）

汤觉顿为国会奔走

日本华侨请愿代表汤觉顿，日前入京，寓金台旅馆。现连日为国会事谒见诸王公贵人，痛陈国会不开，外交未能平等，税则未能改正，海外侨商种种受人之欺侮无可告诉，故举代表晋京请愿，冀国会早开一日，庶侨民等早免一日之苦。诸大老闻之，皆允以国会必开，毋庸过虑。并闻汤君今日往资政院呈递侨商等之

请愿书矣。（大）

《国民公报》，宣统二年九月十九日（1910 年 10 月 21 日）

庆王不忍负国家

十五日，孙君洪伊、陈君登山、李君芳谒见庆邸，即蒙接见。

李君首言东三省危急情状。王谓：“东三省今已岌岌可危，余岂不痛心？况三省有变，即京师亦不能保。”意甚怆然。又谓：“余与朝廷休戚同体，国家果有不幸，余之受祸，当较诸君为尤切。余年已七十，岂复急急于此，况属国家兴亡之大计，余更何忍阻难。”

孙君云：“我王何不及身为国家定百年长久之大计？”

王曰：“余与诸君利害同体，诸君勿自以为国民代表，余亦勿自以为军机大臣，余与诸君譬如一家人，可破除忌讳，讨论速开国会如何始能办到，果赶办得及，即可提前办理。”

陈君云：“若云详密之调查，无论今日不能办到，即再俟六年，恐亦不能完全无缺。代表等窃计与国会直接关系者，不过议院法、选举法二者而已。议院法各国皆有成例，仿而行之，本易集事。至选举法之编订，虽较繁难，然有谘议局之先例在，变而通之，不过一二月间事耳。再假以半年期限，举行选举，明年九月间即可召集开会。”

孙君又云：“王既言及选举，实属如天之幸。如九年筹备清单所列各项，皆与国会无直接关系，且卤莽灭裂，不成片段，大失轻重缓急之宜。当时草具清单，原出于宪政编查馆数人之手，此辈本无远大学识，又无确实经验，加以富贵利达之见，营扰于中，不惜枉其所学，欺罔朝廷，以保其个人之地位。抑知国会一日不开，责任内阁一日不立，政府虽有绝大之政策，亦不能贯彻其始终。大政之方针既误，岂独不足以致治，且适足以招亡，观于近年以来之现象，已可概见。”

王曰：“国家至此地步，余复何言。今舆论既以速开国会为救国之第一要着，余必无反对，诸君其勿疑。”

陈君云：“监国谦抑为怀，一切大政必谘询元老，得我王一言，国会必无不准之理。”

王曰：“余所能言者，余必尽力言之，诸君视余岂忍心负国者？”

言毕，代表辞出，王送至阶下。

《民立报》，庚戌年九月廿二日（1910 年 10 月 24 日）

代表谒见朗贝勒、庆邸详闻

代表孙洪伊等九人，十四日谒朗贝勒。民政部胡君伯平先在座。贝勒以次询诸代表姓字。首由孙君述诸代表来意，并云去冬叩谒，深知贝勒对于国会极表同情，今贝勒已入军机，益望极力主持，以救国亡而慰民望。次吉林代表文君极陈东三省大势危迫，现由三省士绅开会协议数次，特举某等入都请愿，语极沈痛。贝勒因问：“曾否见过锡督，三省谘议局意见如何？”文君答以皆主急进。贝勒因言：“吾国数年来进步之速，京中自军机以下，外省自督抚以下，较前皆极开通。”湖北代表陈君起言：“此事自在提倡。国家政体，不外专制、立宪两种，专制要有专制之精神，立宪要有立宪之精神。立宪之真精神何在？即在国会。今当以雷霆万钧之力，主张早开，同时成立责任内阁，庶凡事有主脑。不当以普通政治一律认为宪政，拉杂筹备，坐误机会。”贝勒颔之，允极力主持。各代表遂叩谢而退。

十五日，孙洪伊、陈登山、李芳等三人，又往谒庆邸。接见后，庆邸极奖励诸代表爱国热忱，甚堪钦佩。随东三省代表李芳君陈述东三省危迫情状，庆极感动。孙洪伊君次陈时势危迫，所仰赖者仅摄政王及王爷，国会如不早开，庶政即无主宰，请王爷早定大计。庆答：“立宪非开国会不可，开国会必立责任内阁，国会与内阁冲突，国会应解散，内阁应辞职。某年七十余，无所系恋，决无阻挠之理，惟选举事尚须详细调查，恐须时日耳。”陈登山答：“此事已与那相讨论，可仿谘议局选举法办理，尚无流弊。”孙君又力诋宪政馆所编筹备清单，先后缓急，大失其宜。陈君复云：“王爷在朝臣中资望最深，得王一言，国会必可早开，愿王决心，无误万年大计。”庆答：“诸君如此热心，我决不忍心反对，尽吾力以为之而已。”并允在监国前竭力赞成。诸代表始退。

《申报》，宣统二年九月廿四日（1910年10月26日）

代表团谒见泽公之详情

昨二十三日，代表团开全体大会，研究对待反对国会之泽公及沈林一、汪荣宝等办法。是日到者孙君洪伊、文君耆、文君耀、陈君登山等共二十余人，至十二钟会议毕，同赴泽公府第求见。值公赴度支部衙门，代表等稍候，遂专差由部请来会见。谈次，公言：“近日报载本爵反对国会，岂有提倡立宪之人，转而反对国会之理？且本爵奏请立宪之时，颇与政府诸公冲突，惟孤行己意，毫无所惧。今日舆论谓余反对国会，可笑之极。且度支部异常困难，国会开时，凡关于财政问题，一经国会通过，便为国民担负。不但度支部不任其难，即本爵个人亦多裨益。惟先皇诏旨、今上两次不准国会之谕，昭昭在人耳目，今日允准速开国会，国体所关，朝廷颇难转圜。且诸公此次要求，未免太力，所谓此进愈力，彼退亦力。诸君不如稍缓进行，朝廷必有办法。”又云：“此次吾见诸君所言，皆开诚布公，决不敷衍，第恐有人向监国曰，以一般民人之要求，朝廷遽行允准，岂不大失国体而损威重。此语最能感动天听。”代表等答以我国外交事事失败，东三省已不为吾有，未闻政府诸公有以失国体、损威重为言者，何以对于国民请愿速开国会以救灭亡，便存此客气之见？且各省谘议局、各省督抚、资政院及全国人民对于请愿速开国会一事，舆论所在，全国一致，所谓庶政公诸舆论、俯顺舆情者何在？如第三次朝廷再不允准，则全国不纳租税，谘议局全体解散，皆意中事，流血惨剧之幕亦必从此揭开。彼时内乱大起，大局恐有不可收拾者。公爷身为亲贵，既能提倡立宪于前，何不主持速开国会于后，将来中国立宪史上之异彩及铜像之建铸，流芳千古，望公爷勿失此千载一时之机会也云云。

探闻此次代表等坚持“和平哀恳”四字主义，故对于泽公纯用和平手段，哀恳维持。后公云：“此次诸公不必着急，定有好消息，本爵必能极力维持。如此次被驳，第四次本爵单衔请愿，虽牺牲一切，亦所不惜也。”大众遂欣谢而退。

《大公报》，宣统二年九月廿五日（1910年10月27日）

国会反对者投降

二十三午刻，代表孙洪伊等二十五人往谒泽公。初到府，门者答以不在。代表坚嘱其速询公爷所在，务必通报，问明赏见与否。门者出访，泽公随即回府，一见即让到客厅坐叙。各代表陈述来意，并言外间传闻公爷反对国会，谨请教。泽公云：“我本倡议立宪之人，岂有自己反对自己道理？”各代表又问：“朝廷对于此事，究竟如何？”泽公云“大家如此热心，不妨开诚布公说说。我国君主立宪，大权作用，须存体制。以余观之，此次虽未即俞允，必然活动，不久必由朝廷自发明谕，召集国会”云云。代表云：“体制是虚的，民心是实的，我国上下隔阂，朝廷与人民俨成两家，是以起革命之说，生满汉之界。趁此谘议局、资政院及各省人民之请愿，若蒙朝廷俞允，可以联上下为一心，谋政治上一致之行动，一切界说全行消除，此种精神可以永久不敝，即可以为万年有道之长基。若此次仍不遽允许，以待朝廷自行发动，在代表等未尝不可稍忍须臾，但今日人民热度，日形膨胀，一降谕旨，大家以为绝望，必有急激之进行，甚或演出流血惨剧，彼时朝廷万难坚拒，岂不更伤体制？况此次资政院表决此案时，自王公以及民选议员全体赞成，三呼万岁，外人亦脱帽起敬，电告本国。若具奏无效，则各国知我上下之猜忌未化，必愈思有以谋我，且因此显示以不信人民之心，纵开国会而感情必未能相孚，异日恐演出种种恶剧，甚非国家之福。”维时，又一代表云：“今东省岌岌，若一旦不幸，祖宗陵墓沦于异国，则国体何在?”泽公嘿然。代表等要求其对监国面述，并专折奏请，均允许。惟其意欲俟资政院具奏无效后，再行上折以为转圜之地。各代表并陈明不达到目的不止之意，遂辞出。

二十三晚，资政院议员雷继兴等，公宴《太晤士报》主笔于石桥别业，汪议员荣宝、孙代表洪伊均在座。谈及国会一事，汪宣言向来主张速开，前经往谒伦贝子，曾痛陈国会不开之害与速开之利，贝子极表同情，允与泽公磋商。外间不察，谣诼繁兴，殊不可解。并云此次如资政院具奏无效，必不独任民选议员辞职，我当倡约钦选议员辞职，且挂冠出都，以表心志。语次，颇有不平。孙代表云：“此次一不得请，人民绝望，怨毒所发，不知演出如何惨剧。大家争此生死关头，苟有所闻，万不能不即行揭载，以破阴谋，不暇爱惜个人名誉，致妨大计。足下但能始终赞成，是非自有定论，谅不至因人言而变初志也。”汪议员无言，未知其能实行否也。

《民立报》，庚戌年九月廿八日（1910 年 10 月 30 日）

国会代表与泽公

国会代表孙君洪伊等二十五人，昨日往泽公府求见，门者告以公爷不在府邸，拒而不纳。嗣经代表等再四请求，门者约请少待，即请公爷速回。约一时许，泽公由度支部回邸，当蒙接见。由代表诸君质问，谓：“吾国立宪政体首倡者，实公为原动力。今据外间传说，公爷于国会问题，颇有反对之意，果尔，岂非前后自相矛盾？且今日财政困难，国会不开，财政问题如何解决？以公地位言之，亦有极不利益也。”泽公谓：“某于国会，决无反对之意。今日某所处地位，国库如此窘迫，各省督抚及各部大臣，只是问我要钱，我无法可设，明知国会不开，财政决无解决之日。今诸君虽为第三次请愿，若朝廷遽然轻许，实于国体有碍。总之国会必开，以某意揣之，或待至二三日后，必有上谕明白宣示，亦未可知。”代表诸君又谓：“国体姑不必论，但民心却是真的。今日各省民气如此激昂，各省督抚闻于国会问题，不日即联衔入奏。吾国今日所最危险者，实为满汉成见不能化除。窃谓朝廷宜于此舆论一致之时，涣汗大号，示天下以至诚至公，庶已去之人心，或可收拾。且日前国会通过之时，国民热度之高，有非意料所能及者，如旁听席中之外国人，亦无不欢呼踊跃，此诚足表示我国民团结力之如何也。惟国民热度既高，窃恐为感情所驱遣，将来至于革命流血亦未可料，公何必欲睹此惨剧耶？若事至如此，则上下冲突，何有国体之可言？且贻笑于外人。〈今〉东三省今日危迫如此，祖宗陵寝所在，又某等祖宗坟墓亦在于此，设有不虞，有人询及，则曰祖宗陵寝在俄国，在日本，当此之时，尚复有国体可言耶？今公既已赞成，须以如何方法为意思表示？敢请公上折，极陈国会速开利益。”泽公已面允，继又谓“此折须在资政院具奏之后，始能上奏，总之我必极力维持”云。众遂退出。

《时报》，宣统二年九月廿九日（1910年10月31日）

追纪第四次请愿代表谒见庆邸详情

二十一日十二钟，东三省国会代表董之威、广轮、赵中鹄、刘焕文、舒基祖、段宝田、崔兴麟、恩吉、王惕、彭济臣、张兆麟、张兆龄、孙鸿龄、支寿铭、孙振香十五人，齐赴庆王府求见。府门上即找步军统领乌珍到来，问明来由，颇有难色。旋有警官来云：“诸君到此，足征热心，但数日内王爷大概不能见客。”王君云：“何日能见，即候至何日再见。”寻有一冠珊瑚顶长翎者近前曰："诸君请到高庙少待，俟敝上到来，带领诸君进见，何如?"窥其意，盖欲诱之离却此地也。孙君云："贵上肯为带领，感激之至。我等当在此立候，不必他往。"张兆龄君云："我辈千里来此，事出公益，非有丝毫恶意。如若不信，请即按人搜检，以明心迹。"当时段君即对旁观者陈说东省危亡日甚一日，闻者多为泣下。旋传肃王到来，由董、孙、王三君近前面语。肃王云："此处王爷暂时不能见客，休息三日再见何如?"董君云："如三日准见，我等即立候三日无妨。"肃王云："此难为情，请至厅上少息。"孙君云："王爷是否将代表等送交总厅?"肃云："否，否，请诸君暂到厅上，待以客礼。"孙君云："客礼不敢当，代表等知守法律，如王爷交厅拘留，不敢不往。"肃云："噫，拘留岂所以待国民者？诸君不辞劳瘁，为四万万同胞奔命，吾若拘留诸君，诸君固有词以谢三省同乡，本爵何以对天下人民？本爵为人居心，诸君当可相信。睹此时势艰危，心如潮涌。"言时泪痕承睫，盈盈欲堕。王君云："王爷不忍拘留，代表不肯回寓，无已，乞代达此意，令代表得见。"肃王入，未几有厅丞出，传董、刘两君入见，诸人要求全体皆见，许久始允同入。入则见庆王立阶上，肃王侍其右。诸人跪于阶下，董、刘两君报告东省情形日逼日紧，非即开国会，不足以救危亡。庆王曰："东省事，吾日夜关心，但开国会即能挽回吗?"刘【君】云："开国会后，整顿内政，人民各有应负责任，虽不能即免危亡，然集合各省力量，团结一致，当有可转圜之法。"庆王云："我也知国会甚好。"王君云："王爷既知国会有好处，请即将代表等请愿书代递代奏，并乞极力主持，以期于成。"庆王云："此分请愿书，我可以代递吗?"孙君云："第三次请愿书系乞肃王爷代递者，此次王爷更能代递无疑。"肃王云："代递一事，我替这王爷答应了。"舒君云："王爷代递好极，不然代表等长跪阶下，决不回去。"庆王云："我一人恐无此大力。"广君云："庚子之役，非王爷和约不能保存中国，此次东省危险甚于庚子，仍请王爷主持，以救万民生命。"庆王曰："明年即开国会，一切预备恐来不及罢。"赵君云："开国会所应筹备者，不过议院法、选举法耳，若能提前认真赶办，只三两月间足以成就，何至赶办不及?"支君云："王爷如不俯允此请，代表等死此不能他去。"言罢众人呼号哀恳，泣如雨下。移时，庆王似亦心动，乃慨然应允。诸人齐声曰："王爷位隆德重，九鼎一言，全国人民敬听后命。"肃王曰："王爷既允所请，绝无改易。"众咸叩谢，并高声呼万岁者三，乃徐徐退出。时已五句钟矣。

又一访函云，奉天第四次请愿代表广轮、张兆龄等于前日赴庆王府谒见，庆邸不肯出见，饬其往见乌侍郎，各代表坚不承认。后由章宗祥、肃邸前来劝慰，各代表非见不休，庆邸知难躲避，遂传见。各代表见庆邸之后，即放声大哭。庆邸、肃邸以及府中护卫人等闻之，皆心伤泪下，而尤以肃邸之哭最切。庆邸遂谓："余今老矣，对于国事未能补救万一，然心中并不敢忘情君国，倘有救国之道，必竭力赞成。但将来是否有效，则权操自上，不敢断定。明日见监国之时，一定将此意达到，决不欺伪。"各代表遂告辞而出。

《申报》，宣统二年十一月廿九日（1910年12月30日）

那桐日记（节录）

宣统元年

十二月十一日早进内，午初散值。午日伊使、高尾亨来晤。十九省请开国会代表来五人，递呈底一件，接晤畅谈。五人为谷蔼堂（直隶）芝瑞、陈芷皋（湖北）登山、陶寿民（安徽）镕、孙伯兰（直隶）洪伊、刘崧生（福建）崇佑也。

十二月二十四日早进内，午初散值。赵熙为请开国会代表奏参枢臣，奉明发谕旨一道。

宣统二年

五月十四日早进内，巳初散值。未刻进署，酉刻归。国会请愿代表河南周尚研、江苏杭祖良、直隶李长生来晤，谈尚和平。昨已来安徽黎宗（岩）〔岳〕，直隶李长生，留呈一件。

五月十五日早进内，巳初散值。未刻进署，酉初归。……各省代表二次递请开国会书。

五月二十一日早进内，召见政务处王大人十五人，议请开议院事，奉有明发谕旨一道。巳初散值。……

九月十二日早进内，巳初散值。到徐菊人处拜寿。接见各省请开国会代表十余人，谈六刻始去。……

九月廿九日早进内，巳初二刻散值。未初到资政院，朗贝勒为军机大臣代表演说方针，余与徐中堂旁坐。众议员有八九起诘问速开国会事，语尚和平。月华略答，众拍掌。语毕，听其议湖南省事。申初二刻归。……

九月三十日……各省代表来书一封。

十月初二日……召见政务处王大臣全起议国会事，午初散值。到伦叙斋处谈公事。……

十月初三日早进内，午正散值。今日宣布缩短年限，定于宣统五年开设议院。……

十一月二十一日……酉刻，东三省代表国会某人等十五人来见，立谈片刻，颇有争论，即去。

宣统三年

二月十九日早进内，午初散值。未正同菊相至庆邸谈一时之久，因摄政王十五日曾密谕新内阁事。

《那桐日记》，《北京档案史料》2002 年第 4 期

4. 国会请愿同志会

各省国会请愿代表组织同志会

各省谘议局所派国会请愿代表昨日在沪提议组织“请愿速开国会同志会”，以为此次请愿之后劲。其宗旨在鼓吹舆论，游说各种社会继续请愿，以促国会之

成立。闻已草定规约，于十九日特开谈话会决议此事。

《申报》，宣统元年十一月二十日（1910年1月1日）

国会请愿同志会意见书

吾国今日怵于内忧外患之纷乘，魂梦彷徨，泪血滂渍。上则伏阙陈书，下则缔群置社。佥谓为救亡之第一策略者，非速开国会乎？

夫速开国会之可以救亡，稍明政治学者类能言之。但明哲能相喻以心，庸众或未能相说以解，则吾侪不能不将此事之利害，缀为绪论，宣示海内，齐大众之聪明才力，群趋重于此一途。凡人之欲缔造一事业也，必其利害之识解既明，心力乃能坚定；筹画之精神既淬，规模始克久持。后海先河，始简毕巨。此各省要求速开国会者，有同志会之设，而意见书所由刊布也。

虽然，同志会者为政治结社，而与政党相近似者也。此等结社，在东西各国，其灏气英光，激越于朝野上下，人人视之，觉其与国家之关系，有如人生与菽、粟、水、火之不可一日离；若在吾国，则知之者尚鲜。兹者，同人无似，乃欲吸纳欧风，普被吾国。任重道远，力薄势孤，非共矢血忱，广征声气，斯道无由光熙。呜呼！国步艰难，靡所底止，卬须我友，黾勉同心。倘国人果能一旦挽回天厄，感动君心，国会即开，人心大定，前途荣幸，何以加兹。是在同志之乘时奋勉而已。爰揭三大论纲而叙述于后：

一曰：吾国若能速开国会，可革一切贫弱之根源。

夫吾国贫弱之原因虽多，然其大要可约为三：一在君民情感不通，一在官僚不负责任，一在财政困窘。而万事丛脞，悉由此起。倘能速开国会，则以上数弊皆可免除。或者谓各立宪国不能聚国人议政于一堂，何以开国会而君民即不隔阂？国会非行政部院，何以开国会而官僚即能恪恭将事？国会非生利事业，何以开国会而财政即能丰裕？以上疑问，人多茫然，谨以次辩明如下：

首论吾国若能速开国会，即无君民隔阂之弊也。吾国近来上下隔阂之弊，虽较前稍轻，然与各国相衡，则迥有文野通塞之异。秉政者因循鄙陋，事事足以隳败朝廷励精图治之盛心，激动人民赴火蹈汤之狂热，以致怨毒积于人心，忠爱郁为孤愤。故抱道自重之儒，多不欲为朝廷用，破格拔擢，亦归无灵。而恢奇磊落之彦，更回翔排荡，欲别树势力于一途。流风所播，故各省士绅争路、争矿、争立宪、争外交权利，几乎日有所闻。奔走呼号，群情惶骇，若皆有儳焉不可终日之概。且各省或兵变，或匪乱，或饥民煽动，亦时露铤而走险之机。此种情形，各国谓之惶恐时期，为颁布紧急命令、预备戒严之时期，最足以扰成变乱者也。而吾国则日日有此危象，当道反熟视若无睹焉。吾侪偶一思及，毛骨悚然。夫吾国之所以酿成此乱象者，岂君有暴政耶？抑官民之无良耶？实由于有司擅虐，君恩壅于下宣，民情阻于上达，有以使之然也。窃谓吾国若欲消弭君民之隔阂与官吏之压制，而收拾已去之人心，除速立宪外无他法焉。盖专制政治皆主独裁，其执行政务者惟官吏，人民则全退处于俯承命令之地。是君主与官吏有关系，与人民无关系，其官吏能擅威福宜也。若立宪国则有三种分立之机关，其最要机关即为国会，其下院议员即选自民间者，与行政部同立于君主统治之下，各有宪法之护持。例如君主发布命令，则交议院公认，议院编纂法律，则呈君主裁可，是君民常相接洽。且议院对于君主有上奏建议之权，对于人民有受理请愿之责，尤为上下交泰之符。夫议员者，人民之代表也，议员与君主既如此之联属，即全国人民与君主息息相通。此立宪国根本结合之坚，与专制国大异者也。吾国速开国会，士民既有议政之权，忠爱油然发生，自当受国法之检束，断不至东奔西突，逸出范围，以倡横议；而全国人民亦觉既有代表参与政治，彼亦各安职守，不至出位代谋。是国会一开，四海归心，国是大定，人人沐宪政之福矣。故吾国召集国会早一日，即早收一日之人心；迟一日，即增一日之荆棘。且即为保存君权一事起见，亦当速应人民之要求。考各国宪政演进之前史，即可知之。日本于民气未甚决裂之时，而能早布宪政，故君权独尊于各国，藩阀政治保存至今。英国人民要求国会，前后亘三百年，王权民权互相搏击，国王屡革弑，议会屡解散，而始确定宪法，致君权大被削夺，其政治流为议院政治，内阁流为议院内阁。法人要求立宪亦数百年，而为君主、贵族所钳制，激成屡次大革命，其后国民议会竟废去王位而行民主政治。综观以上三国，其应人民国会之要求，惟日本最早，故君权最尊；英国较迟，故君权甚微；法国更迟，故人民一跃而掌握国权而竟废去君主。追维往史，得失了然。

夫吾国民性本极纯良，而朝廷之深仁厚泽，又足以复育之，似不至如欧美人民有暴起之事。但国会早开一日，则民气更早平静一日，君权更早确定一日。寥寥数十条宪法即可纳民于轨物中，又何必迁延不决，必欲民情破裂之后，而始图挽救乎？若既经破裂，则颁布宪法时或即大起纷争。需为事贼，时不我留。此吾侪所以为当道深虑之。

次论吾国若速开国会，即无官僚不负责任之弊也。夫立宪国之所谓责任内阁者，指内阁对国会负责任而言。若徒云对于君主负责任，则官吏赏罚黜陟之权固皆操自君主，不患其对于君主不负责任。如此，又何必创此责任内阁之一新名词耶？既云对国会负责任，然则无国会之国家，即为内阁不负责任之国家。全国政务无所统一，质言之，即无人负责任之国家。此非官僚尽非贤明，不欲负责任也，实因各部政务之权限既不分明，又无一人绾连带责任之纽，故不知各部责任如何负起、全内阁责任如何负起也。若立宪国，则国会为监督内阁负责任之法定机关，其官僚若不得国会之拥护，即无组织内阁之资格。虽云组织内阁，其名义出于君主之任命，然必其人为一党派之领袖，然后各部大臣能极一时之选；必其人能树势力于议院，然后行政不致受人之掣肘。君主虽欲私其爱憎，不可得也。盖完美之立宪国，其总理大臣组织内阁时，即须提出政纲、政见，宣示议院，求表同情；中间又须受议院之质问、诘责；若果有失政，又不能不受议院之弹劾；甚或因不能得议院多数人之信用，一议案之不能通过，一责任之不能解除，其内阁即动摇，或竟须辞职让贤。有此强大之监督机关，纠之于其旁，故内阁非纯粹负全国之责任不可，其大臣非确有才识资望不能当国。此立宪政体晶莹坚粹之特质也。

或者谓议会权力如此之大，不免妨碍君权之神圣。曰：不然。立宪国之议院与内阁，同为受君主之支配，掌握其国权之一部，有何厚薄轩轾于其中。倘议院与内阁有纷争，君主或欲解散议院，或欲解散内阁，皆可审度时势，衡量是非，以行其志。议院既不能直接进退内阁，尤不能要挟君主命总理大臣辞职。然则议院之权力纵大，仍是起伏于君权作用之中，何能妨害君主之神圣耶？且大臣如能通权达变，不难投身党中，收为己用。例如，英、美内阁大臣与议院之联为一党，何尝易起衅端？故吾国若速开国会，既有节制议院权力之法，复可督促官僚之负责任，全国政务灵活敏捷，如身使臂、臂使指，恢恢乎有整齐利导之余地。舍此则别无使官僚负责任之道。欧美各国研究政治亘数百千年，学者殚精竭虑，人民杀身流血，始得此国会监督内阁负责任之一法制。周行示我，入圣出狂，愿国人毋徘徊却虑焉。

次论吾国如速开国会，即无财政困窘之弊也。夫天下无论经营何事，必恃有财源以资接济，私人之生存如此，国家尤甚。倘国家财政紊乱，则万事悉隳阻于冥冥中，内忧外患相逼而来，国其不国。周以冢宰制国用，唐以宰相兼度支，吾国前代之重视财政，典册具在。今世各国，其萃全国之聪明才力以谋整理者，即此财政。或以军备握世界之霸权，或以实业左右世界之大势者，皆此国内财政磅礴郁积使之然也。吾国承历代之弊，财政紊乱，不可究诘，此国家贫弱之大原因也。近来朝廷知财政之关系国家荣枯极为密切，乃正度支部之名称，厘正部内各科之职守，近来又曾奏派监理财政官，分往各省清理财政，以次又将清理盐务，此皆前此未有之创举。

夫欲整理财政，若不先察本国财政积弊，则无论采用何国之完美财政制度皆无所适，故吾国清理各省财政，为最得先后缓急之别者也。虽然，清理云者，不过为整理财政之创始，若日后实行整理，则节目浩繁，万非今日智识有限之监理官所能尽职。例如，划分中央财政与地方财政，制定国家公法收入与私法收入，收回税权，厘正税则，定币制，募公债，荦荦数大端，皆非由国会议决，酌别取舍，编为法规，不能浃于民情，垂诸久远。况欲整顿财政，则必增收租税，如此则互相关系之问题极多，皆须同时解决，尤非官僚一派人所能运用其机轴。是非速开国会，聚全国代表而共讨论之不可。盖租税者，人民之膏血也，欲多立名目，吸取人民膏血，非得人民之同意，决无其他苛敛之方。倘苛敛则大乱即蜂起，危及国本矣。欧美各国于前代征收租税时，曾屡激成变乱，故特召集国会，畀以监督财政权。按监督财政权，其必规定宪法不可缺少者有三种：一为预算案之决议，二为决算案之承认，三为额外支出之追认是也。如能实行此三种监督之法，则国费必用之于国利民福之一途，无甚枉滥。人民信用既深，故踊跃输将，无所于吝。且既得国法之保护与奖励，则人民生财之途大辟，国内国外皆其竞争经济之市场，生利事业欣欣向荣，故国家虽以大负担加于其身，亦足以挹彼注兹，此立宪国授国会以监督财政权之妙用也。且吾国清理财政章程，原期以三年蒇事，今期限已去其半，再历年余，清理告终，即须将全国财政困窘实情公布天下。若无国会，将凭何种机关以完公布之手续乎？倘徒云由朝廷降旨宣布，似难激发人民以急公赴义之血忱也。夫费数年清理之力，而不能使人民洞悉其中利弊，以整理国家财政，然则其清理之宗旨安在，殊所不解。考埃及、印度之亡，由于财政穷蹙，法国革命之起，由于财政紊乱，而深为吾国前途股栗焉。窃恐迟日召集国会时，议员对于财政一事即将轩然波起，不复可平。况各国监督财政之耗，或竟成为不祥之孽乎？

二曰：吾国事实上有决可速开国会之理由。

夫吾国官僚反对速开国会，其昌言于朝，足以淆人听闻者，有三种言论：一谓资政院与国会相似，一谓人民程度不及，一谓预备各事尚未完全。而速开国会之机为之摧挫，似是而非，不可不辩白焉。

首论吾国资政院与各国国会，其性质绝不相同。或有谓此事无须剖辩者。此自名为资政院，彼自名为国会。一为专制政体之议政机关，一为立宪政体之监督机关。今日人民之所以请愿速开国会者，正欲易专制政体为立宪政体，而要求其早日实行，餍天下臣民之望，岂不知资政院与国会截然二物者，奚辩为？然吾国近来主持宪政之大臣所挟为反对速开国会之论据者，不有曰“资政院可以代国会”乎？不为剖辩明析，转恐足以隳要求速开国会者之心志，而淆乱吾国民之耳目。此所谓就问题而作答案也。且非徒论列两物之异同而已，并剖辩两物与国家相关之利害，或可使当道瞿瞿然惊悟，而亦借以为鞭策吾国民之一助焉。阅者深察下文剖辩之内容可也。

按立宪国国会之所以能监督行政而不被蹂躏者，首在君主不负责任，纯以国会与内阁相对待也。故君主对于国会，只有不裁可所议之事之权，绝无强迫以遵命议事之权。盖国会所以能实行监督政府者，虽恃有积极之权力，而尤恃有消极之效力焉。例如，法律案之否决，预算案之削减，超过预算之决算案之否认，凡国会所不协赞者，政府即不得而施行之。故当国会与政府有极端冲突万难调和之时，君主或命其停会，使之反省，或因而解散之；不然，则听大臣辞职，从未有指定办法，强国会以必从者。虽日本宪法所规定，有“天皇裁可”之条，然亦谓裁可其已通过之案，非能强否决之案而亦裁可之使施行也。今吾国资政院则不然。按其章程第十五条有“请旨交议”之文，是议案之提出，全以君主之命令行之。而其第十八条所规定，至有大臣不以资政院所议之事为然，则分别具奏，恭候圣裁。夫曰“候圣裁”，则是行政官已逸出责任外，而以君主当其冲矣。吾恐各部大臣虽如何溺职，议员虽如何攻击，而行政官仍可径行其志，而资政院将等于具文。万一圣裁之后，议员陈述异议，则章程第五十三条之效力生，谓资政院为有轻蔑朝廷情形而谕令解散矣。资政院易于解散，而大臣地位益巩固如盘石，然则资政院惟有仰伺大臣之颦笑而已，奚用是扰扰为？且夫立宪国君主之所以神圣不可侵犯者，非以其不亲政务，有大臣代负责任，代分劳怨乎？今以资政院章程观之，直以君主代大臣负责任，代大臣分劳怨耳，则何其颠倒错谬与立宪国家适成矛盾乎？夫臣民之最当爱戴者，厥为君父。今稍遇危难，而即退处于原被动地位，而以君主为之裁判。幸而裁判悉当，固颂天王圣明；不幸百密之际偶有一疏，或一徇政府之请而抑资政院，则国民必移其不信任政府之心而丛怨于君主。怨毒之积于人心者日益深，上下睽离，而国本动摇矣，其危及于国家之前途者何如也！此资政院性质与国会正义相反者，一也。

又各立宪大国，其国会皆采二院制。惟德意志帝国无两院之形式，然有联邦议会以调和之，足以隐收两院制之妙用。况联邦组织与寻常国家原异，吾国万难援以为例。此外惟德意志之各小联邦有采用一院制者，因其国小而行之无弊也。又如近来学者及英国政治家，虽有主持一院制之说，然其意欲汰去贵族院之一阶级，非谓混合两院为一院，此不可不细绎也。吾国将来之国会，如有主张一院制而不承认上院者，吾侪谁不欢忭？若如今日混合上下两院为一院，则又远不如采各立宪大国二院制之为得也。

夫各国何以皆采二院制耶？其第一理由即欲两院各表现其本来之精神，不相牵杂。若吾国资政院则性质极晦。以全部议员论，则为官民混合；以民选一部议员论，则为地方代表。意志不浃，识解各殊。因官民混合之故，则将来院中预备议案将两不相谋。开议时，不知赞成者为何派人，反对者为何派人；议决时，必难得正确之解决。因地方代表之故，则彼此所研究之利害，多重地方而轻中央。非谓议员本有代表地方之性质也，因彼初自田间来，不能详悉各省之情势，而又无统一之党派使之投身研究，故其流弊必至有代表地方之现象也。夫各国议员之所以有统系的智识，知以全国利害为的者，因有政党之训练故，因多有以政党为本位而后被选为议员故。今资政院中民选一派议员，既以各省谘议局为本位，则无政党发生之余地，其议员不知注重全国利害，明矣。虽然，研究至此，政府或反幸资政院之可以打破民党，而自喜其用计之工。然抑思政党者，议会之产物也。主张资政院办法者，纵能制中央政党之发生，然各省既有谘议局，其能挫地方党派之锋乎？地方党派之贻害于国，当于本书后节论之，不知当道亦有所会悟否？且即代官吏派议员筹之，亦极有害。盖资政院混合官民于一团，意见既难一致，则接触益多，感情益裂，朝野两派将从此各树敌帜，政府中将无人可以维系民党者。立宪国之大患在此。故当道即为保护官吏计，亦当速开国会，以遏朝野两党决裂之机。倘必糅而合之，纷争其有豸乎？此资政院与国会正义大相反者，又一也。

又立宪国国会之议长，系就议院选出之数人中而敕任之，是议长本煦育于议员之中，体制毫无轩轾，且多有即为一党派中之领袖者，故议长与议员情感相通，政见相同。今资政院之议长、副议长，即系原有之总裁、副总裁，论其地位则纯由特旨简放，论其品级则为王公大臣及三品以上之大员，与议员阶级悬殊，不相接洽，若行政部院之有堂属者然。倘议员与行政官有辩驳时，彼以纯系官僚之故，必与行政官气求声应，而使议员之权力不伸。考各国议院，如上奏君主时，原以议长为总代全体，议员无从叩谒堂陛。今资政院之议长如此，是下情不能上达，虽云天王明圣，断难尽悉隐微。议员其有幸乎？此资政院与国会正义大相反者，又一也。

合观以上所辩各节，则资政院之设，非徒人民所不满意，且不利于国家全局，不利于君上，不利于官僚，必演成他日种种破裂，恐为主办资政院与编订资政院章程者意料之所不及，非吾侪之好为危言也。其余章程中之误谬处极多，兹不及详辩。

次论吾国人民无程度不足之虑。按吾国政府反对速开国会者，多持人民程度不足之说。此中亦分公私两派心理。其存私心者，不必究论。若其存公心者，因耸于各立宪国之名义，以为吾民程度猝难运用此种政治，与其欲速而不达，无宁循序以图功。此派心理固非徒限于官僚，即在野士绅亦多有之。夫此派人为今日朝野所倚重之人，或即为他日党派所拥戴之人，凝重光明，最足启人敬爱，特其识解稍囿，吾侪当有以匡告之，度亦贤明者之所乐闻乎？盖人民程度之足与不足，非可虚揣臆测，必当有一物以为准绳。权然后知轻重，度然后知长短，理固然也。今谓人民程度不足者，不知以何物为权、何物为度。若持欧美人民之程度，以衡吾民之程度耶？则吾国之国会，非以之监督欧美政府者，所谓不成比例。且返叩吾国官僚之程度，与欧美政治家之程度又如何乎？若持吾国官僚程度，以律吾民之程度耶？则吾侪纵不有意抑官而伸民，然既同为一国之臣民，同受一国历史、地理、政教、风俗之感化，未有朝皆俊杰、野无贤才也。且吾国素非贵族政治，公卿皆出于韦布，衮衮诸公当其未释褐以前，及既解组以后，固纯系等诸齐民。前后犹是人也，岂即入圣出狂、入主出奴耶？此固极平心静气之理论也。若稍持人民程度与政府挈论长短，则万言难罄矣。

兹择其概括者言之，则吾国之风气，原皆启发于地方，而养成于士夫。十年前主张变法维新，启沃君心，浚发民智，开今日宪政之幕者，伊何人？十年来主持全国风气，矫正舆论，发扬国光，以维持国家权利者，伊何人？吸纳世界知识，研求专门学问，吐宪政之菁华，握改革之枢纽者，伊何人？此固事实之炳若日星，不待辩说而自明者。若谓其所谓人民者，指一般不识不知之人民言，然国会中之议员，固由人民所选举之代表，遵守国家法令，限有一定之程度者，非人民皆可为议员。且选举议员之人，亦有法令上之限制，非人民皆可选举议员。两重限制皆极严明。梦梦者流，纵不知各国有所谓限制选举之制度，然岂未闻现今各省谘议局及城镇乡地方自治之有选举章程乎？又岂未目击今日资政院议员之选举亦有定章乎？夫既于千万人民中择其少数之有程度者，畀以选举权，又于千万人民中择其少数之有程度者，畀以被选权，然则又何有人民程度不足之虑耶？按士为四民之秀，为吾国之恒言。今议员即四民之秀者，何独至今日即等诸不足齿数之列？此真淆乱国是之妄言也。且即就与国会性质相类之事证之，如各省谘议局议员，自筹办谘议局以讫谘议局开会、闭会，其所办理之各事，皆吾国日前未有之创举。然而各省议员，处之裕如，各有条不紊，亦足以表示人民程度之足。夫一省议员既能运用一省之议会，而谓一国议员不能运用一国之议会，吾不知其界限何在。虽然，此种辩驳，吾侪曾屡着论，宣之国中，不须备述。今固只择其荦荦大端言之耳。惟冀当道祛其反对宪政之锢疾，反省其己身之才学知识，则必有豁然贯通之一日，而不复敢轻论国家大政也。

次论筹备宪政各事无所谓不完全之虑。按筹备未完全之说，亦反对速开国会者之一种口实。吾侪诚不知其所指者为何事，然就九年筹备案内所列各事观之，其与召集国会有密切关系、非筹备完全不能开国会者，不过数事。且此数事，并无必须长时之筹备者。例如宪法者，为国会权力之渊源，应颁布于开国会之前，固也；然吾国将来无论其欲采钦定宪法，抑欲采协定宪法，编订皆易从事。盖宪法者，根本法也，固定法也，与一切单独法、特别法、手续法大有繁简之不同。荦荦数十条成文，即可确定君主之体制与权力，即可规划臣民之权利、义务与各种机关之权限、职务。其余细目，皆可列之于他种法律中。公法学者谓宪法最贵浑简，最贵有伸缩力，此深明宪法与各种法规之区别者也。况今日一般舆论多有主持采用协定宪法者，推其用意，以为宪法若纯由钦定，则将来人民必常倡改正之议，反以牵动国本，故不如采协定宪法之可垂诸久远。协定者，由政府起草，交议院协赞之谓也。倘政府果能采纳此说，则吾国一面召集国会，一面编订宪法，更易着手。余故曰：无论采照钦定宪法与协定宪法，编订皆易从事。

次如议院法者，为规定议院一切组织与省议员之职务、权限之一种法规也。诚哉，当颁布于开国会之前。然议院法者，实质法也，性质明了，作用简单，无学理之可研究，按照议院之各事实，随手即可编成。若搜集各国议院法而参互考证，则可更增完备矣。

次如选举法者，为规定选举区、选举权、被选权及一切选举事务与秩序之法规也。其当颁布于开国会之前，与议院法同。若其划分选举区域，调查选举资格，举行选举手续，性质极杂，办理极难。且每次施行，须有多数官吏管理，扰动全国耳目，造端宏大，若一事未臻妥洽，则编订选举法者无所凭借。诚哉不易从事，非议院法之比，此吾侪不能不承认者。然而吾国于此问题，亦有绝大之机会。因各省谘议局已于去年开办，如调查选举资格，规划选举区域，举行选举手续等事，全国已大具规模，且人民已有选举上之知识与经验。纵云其中各节未能悉臻周洽，然凡事创始极难，改良极易，既有各省谘议局为之先河，则国会选举事半功倍。倘吾国未曾先开各省谘议局，而一旦欲开国会，诚非二三年不能预备就绪。今何幸各省热心志士，筚路蓝缕以启山林，而中央按辙循途，坐收后效。倘当道诸公犹谓国会难于速开，夺海内殷殷望治之魄，非惟理之所不顺，抑亦情之所难安也。

次如预算案者，为政府对于国会所首先提出之重要议案，诚哉应预备于开国会之前。夫以吾国财政如此紊乱，而各省清理财政又未告竣，此预算案似极难于编制。然而亦无难也。盖清理财政与编造预算案，其精神上虽有密切之关系，其性质与事务实划分而不相淆。因吾国清理财政者以稽核现款、截清旧案为要旨，编造预算案者以推算次年全国岁出入总数为主义，一为改革财政根本之计划，一为审筹国用短时之出入，原属两物，不能因财政清理未终，遂谓预算案无从编成也。况清理财政照部章所定，距今不过年余即可蒇事，度支部即可据各省报告分册汇成全国财政总编，决非难事。且查度支部奏遵拟清理财政章程折中有云：分之为各省者，合之即为全国之岁出入，条理井然，而全国之预算案乃成。绎此奏章，则清理财政告终之日，即全国预算案告成之日，度支部固已承认矣。然则国会何以不能召集于一二年之内乎？若谓清理财政未臻周洽，则度支部于奏请截清旧案中有云：尘牍山集，纷如乱麻。如此则虽延至宣统八年，恐清理亦无周洽之日。夫国会议员亦只求今后之岁出入不紊乱而已，决不至吹求旧案，责难当局，以负部臣开诚布公之初心也。

按以上系为开导政府之疑难立论，因恐其心有误会而坚拒国会之速开。若自法律言之，则无论国会速开与否，政府于今日，始终当编造预算案也。盖资政院章程第三条，曾订明资政院有议决国家岁出入、预算、决算之权。岂度支部能不遵此定章耶？又岂将此事具奏上陈恭候圣裁，不提出预算案，使君上之政令自相矛盾耶？由前说言之，则预算案无难提出；由后说言之，则纵不速开国会，预算案亦当实行。此国人所当注意研究者也。

以上四节，所谓宪法、议院法、选举法、预算案者，皆可从速筹办于开国会之前者，文中已详言之矣。若夫此外各事，皆可举办于开国会之后，且非开国会则各事无可举办，稍明治理者皆能详悉焉。倘果能举办得宜耶，则国家大政由政府诸公主持足矣，何必再开国会耶？世界各国又何必创此立宪政治耶？愿国人深长思之！

三曰：吾国人若欲速开国会，当有政党之预备。

今世各国无不趋重立宪，立宪国家无不倚重政党，人多知之。夫政党之发育也，大率有两时期：或在国家将立宪之时，或在国家既立宪之后。因将立宪之国家，必渐洗除专制之毒政府，显认人民以参与政治之权；人民亦勃生集会结社之志，而政党乃得应运而兴。此谓为将立宪时之政党。若夫其国家既立宪之后，则政党之发育更大，功用尤宏。国会为政党所操纵之物，固不待言。其甚焉者，则国中政治蔚成政党政治，内阁蔚为政党内阁，人才悉辐辏于其中，互起伏以当政局。如英如美，其最显著者；如奥如意，其次焉者。此谓为既立宪后之政党。按前之政党，亦可谓为养成宪政之政党；后之政党，亦可谓为被宪政养成之政党。

综观以上两种党派，虽后之政党声势磅礴，可以显握国权，建树伟大，然使无前之政党，艰难卓绝，开其先导，则将并宪政而亦不能成立，何有于以后政党发育之余地？水源木本，功不可诬。况政党者，最贵历史久长，根蒂深厚，以训练党人之智识与经验，及吸收国人之信用者也。使一党既成立之后，内不破裂，外无大敌，则绵延无已，可与国运相终始，以继续掌握其政权，较之崛起新建之党派，其声光之大，迥不相侔，固非谓立宪前之党与立宪后之党必划分为两物而不可缵承其绪业也。例如，英国之统一、自由两大党，发源于三百年以前；美国民主、共和两大党，成立于各州宣布独立之初；日本政友、进步两大党，一由于自由党所改造，一由于改进党所改造，亦创始于明治初年。观各国大政党，能以党帜组织内阁与占议院之多数者，皆有历史上之根据，非偶然结合者所能比拟。故各国先觉之士，于国家将立宪之时，无不争先标立党派，以一面督促宪政之成就，一面养成党内之丕基，真卓识远见也。

夫吾国今日固为将立宪之国家，吾侪处此时期，理当仿效各国之先达名贤，谋立政党。虽然，政党之地位与其精神固非一蹴所能几者，理当组织其类似之机关。故吾侪在各省既陆续组织国会请愿同志会，而今日更在都中组织国会请愿同志会总会也。夫既标明为国会请愿同志会矣，则俟吾国召集国会之时，吾侪即当改变此会而作他图，故今日不敢谓此会为纯粹之政党。揆之党派之定义，此可名之为政团，然与政党之性质亦相去不远矣。故深愿国中同志，共集于此会中而宏济大业。虽然，政党一事，在东西各国视为庸言、庸行，凡抱政治思想者，无智愚贵贱，莫不投身从事。若吾国人之对于此事，则虽贤达之彦亦皆疑信相参，萦心于利害之两说，而不能决然尽力。此由于吾国人未目击宪政之实用，故并此与宪政相倚伏之政党而亦不能深知，理固然也。兹者，同人学识谫陋，虽难道其精奥，然就吾国今日之实情，发明政党关系之重大，以与国人共讨论之可也。其他理论，则有各国之国法学、政治学、国会史、政党史在，非此书所能侈陈焉。

夫吾国人欲速开国会，何以必须有政党之预备耶？盖立宪政治号称多数政治，则督促此宪政之实行也，亦当以多数人为依归。然徒云多数，势甚涣漫，则必需有一结合之机关。政党者，即结合多数人督促宪政之机关也。故政党成立后，宪政乃能从速实行。且宪政者，大抵为官僚所不慊，若无政党表示其热心毅力，以盾其后，则虽云政府已承认立宪，仍将出以迁就、敷衍，久之而专制余威将翕辟开张，反污立宪之成命，如俄、土即其例也。然此系就政府一面言之耳；若夫人民之一面，其必需有政党之处尤多。试就吾国人民情形约言之于后。

一、吾国今日若有政党，可以集合多省人士以扩充请愿之声势也。考日本人民要求国会之时，国中九十余团体联合而为总要求，常驻东京之代表类数十百人，各地请愿书达于元老院者凡七十余通。全国靡然从风，政党满布国内，而日本之宪政乃始成立。今吾国之土广民众，十倍于彼，乃请愿书之达于都察院者不过数通，加入请愿之团体不过二三，以此视彼，判若霄壤。此虽由于吾国交通梗塞，人民政治思想薄弱，然使吾侪能激发血忱，组织政党于中央以为号召，复有多数同志专往各省极力开导，使之共晓然于国会与国家存亡之关系，则积诚所感，全国人亦将风起水涌以为后援。请愿书亦可增至数十百通，总要求之团体亦可以数十百计，非至难之事也。例如日本，当时主持请愿之领袖亦不过十余人为最有力，其主持请愿之机关亦不过一二大政团为最有力，此外皆系被动者。今返观吾国，则何省皆有谘议局与教育会、商会之成立。近来吾侪在各省又渐设有同志会，而国中之小政团亦必逐渐林立，合而计之，即数十百机关也，皆可各举代表上书请愿。又安见吾国人要求国会之声援，不能与他国媲美耶？是惟在吾同志会中人之奋勉何如耳。况日本当时，其君主、贵族原不欲立宪，故人民之要求也，非有极大之声势不可。若今日吾国，则朝廷久已颁布立宪之诏旨矣，吾侪所续求者，惟在时期之缩短，收效甚易，原不必胶执日本之陈迹，谓必鼓动全国，然后能得朝廷之俞允也。倘可以和平从事，则以不伤朝野之感情为最幸。此同志会成立之理由一也。

一、吾国今日若有政党，可以养成他日大党之精神与其基业。夫政党最贵有根蒂深厚之历史，文中已略言之矣。然所谓根蒂深厚者，非必以一党名与主义贯注始终，即中途而有改变党名，改变党纲之时，亦无所妨碍其历史。例如英国之所谓保守、自由两大党者，其前日之分合变迁亦极复碎。在十八世纪中，或此党分裂而成他党，或他党中之一派别而加入彼党，数见不鲜，然皆始终能成两大党之精神与其基业。又如日本明治初年，有所谓爱国公党、爱国社、国会期成同盟者，后曲折蜿蜒改为自由党，今又改为政友会。又有所谓嘤鸣社、东洋议政社、鸥渡会者，后曲折蜿蜒改为改进党，今又改为进步党。虽其中屡兴屡仆，参伍错综，而始终亦能成两大党之精神与其基业。就此观之，则同志会变迁之前途纵不能逆料，然使能吸纳多数人物于其中，互相渐摩砥砺，更以培养后起之人才，则日后主持国中各党者，必多为吾侪感情惬洽之人，则吾国中党争，始终不至过于激烈。且惬洽既深，政见一致，多数人即可长为一党之行动。而同志会或即可养成一大党之历史，后日可与他之大党互相提携，如英、美之有两大政党者然，而吾国乃无小党分裂，阻碍宪政进行之患。此同志会成立之理由二也。

一、吾国今日若有政党，可以消弭地方党派之弊害。按吾国因幅员寥阔、交通阻隔之故，各省人视本省之利害较为密切，多置全国利害于后图。况现今各省谘议局成立之后，而地方党派更有潜滋暗长之势。良以国会未开，无结合全国党派之事实，故各省人只好退处地方，谋立党派，以图省治之整理，此固有必至之符者。今吾侪既于一面要求速开国会，一面又组织此会，则树厥风声，各省人士必破其狭小之制度，而共襄此远大之规模，以消弭前途无穷之祸。盖地方党派，其为害之最大者，可使国势分崩离析，盘旋沦落于外人之权力中，主权一去不复回，外人均势之问题起，全国或即因而瓦解；其害之小者，亦必各地方各分握国家主权之一部，尾大不掉，中央政府将退处于无权。今吾国情形实有此趋势。倘国人欲巩固国权之统一，则必先图政党之统一。此同志会成立之理由三也。

一、吾国今日若有政党，可以矫正国中一切不正当之舆论。按吾国近来之舆论淆乱极矣，非驰于偏激，鼓动风波，即瞀于远图，吹求细故，积非胜是，伐异党同，而恬不为怪。虽其中亦有特达之士，欲以真解决纷难，然以一二人力量孤危之故，不敢显树敌帜，犯群疑众谤之冲，趑趄嗫嚅，久之而即安于默退。盖纵欲不顾浮言，力持正论，然既明知不能挽此狂澜，又何必批一时之逆鳞，致失一生对于社会之信用？此所以正人君子一转念间而皆不愿主持清议也。此种情形，且岂仅非国家之福，抑亦私人言论不自由之隐痛，故国中往往一极小之事，因不能即时解决，而浸成大忧，虽有贤才，无以善后。此固屡见而不一见者也。今若有一政党之发生，则可以渐矫正一切舆论不正当之弊。盖集合多数人，平日研究既密，临事又以一党派之势力腾布公议于国中，力量大，壁垒坚，一切浮言自不足以淆乱社会之观听。且党中尤可设立言论机关，逐次祛除国人之蒙蔽，久之则舆论自可共趋于正轨，国家大事皆迎刃而解。此同志会成立之理由四也。

按以上所举四大理由，皆系就吾国今日之应预备政党而言。若夫政党关于国家之一切利益，与夫吾国立宪后政党之一切作用，今皆不暇置词，恐陈论肤泛，反使吾侪设立同志会意志不能发明故耳。或者谓，吾国衰弱情形之应速开国会，与事实之能速开，及吾民督促速开之法，诚如此意见书中三大纲之所云矣，但今日政府虽不显持反对国会之论，然未有以国家大事介怀者，枢府中未有力负责任、能表率群僚者。监国纵云贤明，而环顾盈廷，将恃何人以决大计乎？恐国会虽开，终成画饼耳！曰：此不足虑也。盖专制政治之末运，大抵如此，非独吾国为然。倘此种国家之官僚，果能长此有人力负责任，则人民要求立宪之心必不坚定矣。例如，英国历代王权最盛，及至意惹米斯时代，则君权式微，政界凌乱不堪，而人民所要求之宪政乃成立于是时。法国前代专制亦极盛，及至路易十六，暗懦无能，大权不振，而法人理想之民主政治亦成立于是时。夫国家之权力，不在朝则在野。倘在朝者，果常有非常之人物，则在野者必屈伏而不伸。世界学者皆谓立宪政治为专制君主所激成，余则谓专制时代不过激成人民以希望宪政心理，至如宪政之确定，则必在专制日久而一旦不能保守专制之时期。然则吾国今日正此时期也。吾侪更当乘此时鼓舞以要求立宪，何尚反引为病呼？况吾国官僚亦未必绝无贤明者，以京内外大僚观之，其能忠贞体国、正色立朝者亦有人，其能略知治理与世界大势者亦有人，惟今日混处于政务纷乱之时，则无由表见耳。倘吾民果能要求从速立宪，法律既严明，机关既完备，职务既分划，则官僚若犹不负责任，即不能安于其位，不肖者日被淘汰，贤明者日以超迁，又何能逆料当道诸公即无一二可为异日民党所信任者耶？倘人民既一面欲参与政权，而一面又欲官僚之能巩固政权，非惟思想之矛盾，亦非吾侪能力所能办到者。呜呼吾民！惟有确守一定之界线，冒艰难困苦以努力前进而已。盖吾国从速立宪之机，日益发动，若任此机之逸去，则转瞬风云勃起，外侮纷乘，举目河山，将不胜今昔之感矣！呜呼吾民！尚何回翔审顾，欲蹈违天不祥之辙乎？此同志会之所以披肝沥胆，欲与邦人诸友共念此乱也！

《国风报》第一年第九期，宣统二年四月初一日（1910 年 5 月 9 日）

国会请愿同志会规约

一、本会以请求政府即开国会为目的。

二、本会设总部于北京，设支部于各省及各埠。

三、宣统元年各省请愿开国会之名册内所署名之人，及当时表同情并任义务者，皆为本会会员。

四、新会员之加入由本会会员介绍之。

五、各支部新加入之会员，每三个月内应汇报总部一次。

六、本会会员皆有鼓吹舆论、游说各种社会继续请愿，以促国会早开之责。

七、本会经费除各省已经认定外，不足之款，由会员之认捐或募捐充之。

八、总部干事应分四科：（一）书记；（二）庶务；（三）会计；（四）交际。其人数视事务之繁简定之。干事部办事细则，由干事部自定之。

九、支部干事之分科及人数，均由各地方自定之。

十、总部干事以北京之会员举充之，支部干事以各本地方之会员举充之。但为便利上起见，凡被举为支部干事者，同时得为总部干事。

十一、总部干事有〈救〉敦促各支部成立，及与各支部合筹进行之责。

十二、支部干事有广集会员，及与总部协力进行之责。

十三、总部对于支部有调查催告事件，支部对于总部有陈述质问事件，〈有〉各员有随时答复或报告之义务。

十四、总部欲发表意见，得印刷文件委托支部发表散布，支部有意见欲发表者，总部亦得代为转发各支部分布之。

十五、本会非到国会成立之日，不得解散。

十六、本规约公布实行之日，前定简章应废止之。

《厦门日报》，宣统二年五月廿八日（1910 年 7 月 4 日）

同志会商议本会存否问题

上月二十七日，北京同志会假湖广馆开会，商议本会存否问题。盖该会虽立将一年，而未在警厅立案，故警厅传谕代表，谓如不立案，即须解散。故特开会，请各同志公决之。是日公推康君士铎为临时会长，讨论多时，经众公议，拟将该会附于代表团内，外部虽另立名目，而内部以代表团长兼同志会长。于是有不赞成者，谓另立机关，经费难筹，莫若仍附于代表团内为是。当即决议，由同志会举会员二人，掌理一切职务。次日即由代表出名，呈厅立案，俟批准后，再公举干事，作为正式成立。议毕散会。[①]

《东方杂志》第七年第七期，宣统二年七月二十五日（1910年8月29日）

肃邸独任国会同志会之成立

北京国会代表团组织国会请愿同志会，前经禀请民政部立案。闻原禀上后，左右堂宪暨各丞堂意见不一，多谓宜转商政府，惟肃邸深为不悦，当即主张批准，并申言：凡人民结社立会，能不违背法律者，本部即有保护之专责。查国会请愿一事，多系志士热心爱国，以和平主义力求进行，该会既无强挟之要求，即为不背法律，应即允准立案，无庸请商政府，以致多所转折云。

《大公报》，宣统二年七月初九日（1910年8月13日）

① 录自“国会请愿之近状”，标题为编者所加。

同志会通告变更组织

国会请愿代表业已解散，而各省同志函电纷纷，垂询各代表在京行止，并进行方略。已由代表团以同志会名义，将变更组织及所定暂行办法，刊书通告各团体。照录如下：

（一）代表团。既奉朝命劝谕解散，自不能再行存在，致招干涉。纵国会期限之缩短，揆之请愿之初衷，殊未圆满，亦未便于一时之间，出而要求。盖既为事实上决无效力，诚不如暂时消灭代表团，异日再有要求，另行组织。

（一）同志会。其宗旨本不仅在请愿，并为灌输一般国民之宪政知识而发，且原章规定非国会成立后不得解散，此次所得请愿之效果并未圆满，自应存此机关。在京总部于代表团解散以后，政党之基础未成立以前，即为同人通信之所。

（一）国会期限。上谕既定宣统五年，遽请收回成命，诚恐难达此希望。拟由种种方面督促之，稍缓须臾，或可要求四年春间或秋间召集。

（一）宪法、议院法、选举法及官制、内阁组织法。此数项为国会未开以前应行设备之事，自应要求赶早编定，并设法参预之。

（一）政党。各处函电皆属改组政党，兹事体大，势不可不慎重将事。今议先拟纲要一通，已经举人起草，月底发表大概，作一底稿。至如何组织，均祈海内贤达指示方针，如有函电，暂以北京《国民公报》内之附设同志会为机关部。

（一）各省之行动。代表团既奉散归之命，不能再作要求，然直省中如有主张急进，仍继续要求者，尤所切望。盖一面促动政府，一面唤起民气，微特可以为将来倡议宣统四年召集国会之动机，且令一般国民希望宪政之热度再进一步，亦未始非国利民福之举。

以上数项系同人所拟现在办法与此后进行之大概，统希赐教，祇请台鉴。假定同志会干事孙洪伊等谨启。

《申报》，宣统二年十月廿四日（1910 年 11 月 25 日）

同志会通告海内外书

敬告者。世界大势，惟有急进，婴此时艰，万潮交撼，奋勉担任，知在吾党。去冬请愿国会，至今周晬，重呼累吁，终获缩改，志气所赴，罔有大小，必底于成。方当吾会发起之日，三数君子焦然廑忧，协议一室，规定章程，分布各省，而曾不踰年，跃然响应，至今如是。同人慨念斯义，益用愧奋，鼓（厉）〔励〕进行。将自今以后，无论国家时局千艰万阻，义当植立不挠，尽斯民之天职，上以敦督政府，厉行宪政，而下以牖启人民，演进文化。人心一日不死，民气一日不馁，而国家犹陷沦胥之祸者，愚未之闻也。故天下之患，不在政治之不改良，社会之不竞进，而在吾党靡然疲苶，无以为倡道振厉之方。若其坚心定志，致能效功，何所求而不得。区区之私，或有海内外未能鉴及者，用述日来规定之大纲，与诸君子共行之，以尽吾同志之职务。幸垂教焉。

一、宜督促政府速立新内阁。军机总揽政权，不负责任，国家前途，何等危险。今虽奉上谕，即设新内阁，并未明定期限，不有督促，深恐仍事敷衍，苟延岁月。或竟至宣统五年成立，则中间距离三年，试问就现在之军机制度，能当此国家危局乎？是以资政院连次会议，弹劾军机不负责任，并请速立内阁，折稿已起，当即日具奏。惟资政院苟无后援，尚恐能力薄弱，或难奏效。拟由各省同志会要求督抚代奏，请明发上谕，于年内成立内阁，或径电军机，请其速改，是亦一法。总之，中央行政机关，必定有确实之责任，然后发生各项新政，皆有主体。此则目前第一件所当办理者也。

一、宜要求参与宪法。吾国宪法，诚当然出于钦定。顷者业奉上谕，派出伦、泽二公为纂拟大臣。顾宪法为国家根本法，关系颇巨，纂拟大臣不过名义上总其大成，其实均出于协纂之手，而协纂诸臣，将来调派者必不出于宪政编查馆。彼辈灌输东学，浸淫日久，若令以日本宪法纯然施之，吾国其危险不可思议。盖一国有一国之历史、地理、风俗习惯之不同，岂可强以相强。就日本宪法之不可通行于吾国者，一为紧急命令，二为（纬）〔缔〕结条约之不从议院通过，三为修改宪法之必由君主提出。举此落落数端，已于吾国情势断不适宜，其余可资研究者，正复不少。此系国家之存亡，人民之生死问题，应由各省同志会径电资政院，请其具奏上请，将来宪法条文纂拟告成后，作为法典议案，交院协赞通过，然后仍由君上裁可颁行，上下合谋，期于适当，庶免危险之虞。此则目前第二件所当办理者也。

一、宜请释党禁。立宪国家纯然以政党为组织之要素，吾国今日正在政党发生之时，顾数千年专制政体才经蝉蜕，民气薄弱，犹怀疑沮，凝散为团，良非易易。非得明发上谕，将旧时禁锢廓除一清，不足以资鼓（厉）〔励〕。曩者戊戌党禁，积疑构似，实为冤狱。而概痛逝者，言念逋亡，沦陷至今，未闻见赦，是使朝廷有遗贤之憾，志士膺伤类之悲。若不即日昭雪，从民所好，则四海疑沮之心，势必未能尽泯，而伟大政党，亦将无自发生。应由各省同志会签名具稿，上书资政院，陈请提作议案，据情上奏，开释党禁，以示朝廷蠲除烦苛与民更始之至意，而令举国人民跃然兴感，易视改听，庶海内向新之机一朝勃发，罔有忌讳，则党人始兴。此为目前第三件所当办理者也。

一、宜灌输国民宪政之知识。吾国幅员辽广，其在省城地方与通商大埠，风气固已开通，至内地偏僻之区，国民宪政之常识犹未普及。朝廷既缩改国会期限，自应双方并进，一面督促政府，定行宪政，一面启迪民智。日本维新固由西乡、板垣、伊藤、隈伯诸贤为政治上之活动，亦由福泽谕吉辈四处讲演，为教育上之昌明。斯事不可不注意，应由各省同志会多编白话浅说，阐发宣讲，以尽吾党先觉之责。此则目前第四件所当办理者也。

以上四项，姑就所见，贡之同志，甚望急促办理，以发见吾党之精神，则政党基础其由此始乎。同人在京，顷方组织宪法研究会，将即日宣告成立。各省同志倘亦有意于斯，并可设会研究，条举所得，裒集成文，以备纂拟大臣之采择，与异日资政院通过时议员参考之资料，裨益良非浅鲜。至政党之说，尚俟同人草定纲要后，暂立干事部以通其邮，至明年春夏间举行大会，合并奉闻。假定同志会干事孙洪伊等谨启。

《申报》，宣统二年十一月初五日（1910年12月6日）

组织政党之先声

上月二十七日上午十钟，三条石同志会开特别大会，该会职员及各界重要人物咸集。旋经公同讨论，此后已入于实行立宪时代，决定将同志会正式解散，一面组织帝国宪政会，标明政纲，联合海内同志，以为政党之预备。众均赞成，定二十九日再行开会，表决一切。

《申报》，宣统二年十一月初五日（1910 年 12 月 6 日）

同志会同人公启

敬启者。北京请愿国会同志会原案，本以达到请愿目的为终了期，现国会期限缩短，转瞬即行选举，已无请愿之必要，本会应即解散。特此布闻。同志会同人公启。

《国民公报》，宣统三年五月十四日（1911 年 6 月 10 日）

5. 集议对策

二次国会请愿者之计画

东三省二次国会请愿代表李君惠人、张君成栋、延君荣、李君芳到京多日，现在研究进行之方法及认定之目的。现已函知各省初度请愿各代表，共图进行之方。闻各省已有风起云应之势。并拟此次请愿，只要求年限缩短，力陈九年期限之太缓，至宪法大纲及将来钦定、民定，则不提及一字云。

《晋阳公报》，光绪三十四年九月廿三日（1908 年 10 月 17 日）

国会代表之刊传单

国会代表现因都察院将呈请速开国会事宜能否于年前入奏，尚未定准，故各代表拟将到京呈递速开国会书情形，暨湖南善化徐君断指血书请愿速开国会状，仿照血迹，刷印红色传单，报告各省人民，以期感动各省人民，俾晓国会速开之难，以免各省人民对于代表人致生疑望。

各省代表在京连接各省谘议局电报，谓各该省人民致意驻京代表，若政府不经允准缩短国会期限，各代表勿庸回省，务请求政府允准，始可回省，以对父老云。

《顺天时报》，宣统元年十二月十六日（1910 年 1 月 26 日）

初八日代表之会议

国会代表于初八日下午二时齐集昆新会馆，筹商办法。由某君提议，谓都察院对于请愿书处以缓延之态度，直至十八日始能代递，其有效力与否，尚难预决。我辈不如为自由之运动，以请命于政府，各向所识政府巨公抒阐忱悃，必能收效。众拍手赞成，已拟准此法办理。惟闻此次之会议甚为秘密，不易采知。

《申报》，宣统元年十二月十七日（1910 年 1 月 27 日）

国会代表之会议

各省代表因日前颁发之上谕，仍以九年期限，经各代表以政府未能洞悉民情，故（在）〔再〕会议可否，再行上书请求。并电告本省谘议局、同志会研究办法，该代表暂不回省，即在京过年，以期会议云。

《顺天时报》，宣统元年十二月二十二日（1910 年 2 月 1 日）

国会请愿之复活

去腊二十日，旅京学界在湖南会馆开会欢迎国会代表，来宾五百余人。午后一时开会，先由孙君洪伊演说，颇为激昂。惟是日，各代表因须到车站迎接洵贝勒，三时即告辞出会。旋由陈君佐清演说继续进行方法，以为代表后援，并决定二十五日午后一时在湖广会馆开会，讨论一切。并有程君自明首出捐款二百金，以为国会后援会经费。随后又有蒙古佛君演说国会早开一日，则中国早兴一日，陈君组织后援会，我亦竭力赞成云云。闻孙君退出时，向来宾宣言今日已下明谕，我等所请，已归无效，不值欢迎，故不得不告便等语，因是在场诸君颇不满意，有泣下者，有推倒椅桌者，有翻碎茶盏者，一时极形凌乱。并闻代表至车站后，由肃邸介绍与洵贝勒立谈良久，孙君洪伊面陈国会请愿事宜及今日欢迎之意，洵贝勒甚为喜悦。

二十三日，各省代表在昆新会馆开团体大会，决定继续要求之方法，宁死不休，非获弗止。当时众情一致，即议决发电各省，布告现在情形及将来进行办法，一面再拟呈稿，定于二十六日赴都察院呈递，以为第二次之要求。是日，各代表又遵肃邸命，赴邸晋谒。肃王亲出接见，款谈甚久，王意亦极力主张速开国会，以慰民望云。

《申报》，宣统二年正月初四日（1910 年 2 月 13 日）

国会期成会开会

二十五日，湖广会馆又开国会期成会，系志士黎宗岳、程箴、陈佐清、马权公等发起，届时医厅特派医员四名及东珠汛委员营兵等八名弹压监察。到会者约六百余人。先由陈佐清宣布宗旨，大致谓：二十日欢迎代表时，议设立后援会，表同情者不可胜数。现改为国会期成会，实欲各省分会林立，第一、二两次请求不遂，则再三再四以至十百次，总以达到目的为止。随由黎宗岳君讲明简章八则：（一）宗旨；（二）办法；（三）会所；（四）会员；（五）职员；（六）会期；（七）会费；（八）附则。当时有讨论者，有指陈办法者，台下驳辩蜂起，嗣一人高呼："诸君勿哗，今日之会，系为速成国会一大关键，俟此关键成立后，再行详细研究可耳！"众声始息，各向册簿签名，并向收捐处认捐。兹查签名约及百人，捐助会费约共三百数十元。六时散会。[①]

《申报》，宣统二年正月初五日（1910 年 2 月 14 日）

记国会请愿代表进行之状况

国会请愿代表当去腊十四日，先已通告各省谘议局，略言兹事体大，断非一呈所能得效，政府从违，究以国人心志之齐一与否为准。现同人等在京，已组织速开国会同志会，以求合力进达之道，都中各团体亦陆续结合机关以为后援。伏

① 录自"国会请愿之近状"，标题为编者所加。

望诸公联合省会同志，同时并起，以谋全国舆论之统一，则请求之目的，更易达而迅速。诸公登高一呼，百响竞应，或分电政府，或呈恳当道，奏达舆情，以民气民力所蓄积者，和平竞进，齐发以向政府云云。

及二十日奉谕后，复致书各省团体，略言国会请愿，未蒙俞允，迫切呼吁，当在后援。同人等自去腊二十日奉上谕以后，旦晚会议，仍决定进行方针，奔走组织请愿即开国会同志会，草定简章，宣布实行。凡赞成请愿者，均得入会为会员，责任所在，当与全国人民共图之。二十八日开会议决，先行电告各省绅商学团体，暂以京师代表团为开会总部，即请各省赶设分会，举定干事，以便继续进行。伏望贵处将同志会从速成立，俾得三四月间，举员到京，再上请愿书，庶几民心一致，易回君听云云。

二十七日在京国会请愿代表议决事件列下：

（甲）再上书及去留办法。

一、议决第二次递呈，拟在明年二月底举行。各省代表，除在京留住外，回省者须二十以前到京。或由谘议局举人番代者，亦须届期会集，并须先期函告在京事务所。计是日到会者共十省，签名认到之数二十人。各省代表未到会者，即由事务所分别函告，请其签认。计开：江苏二人，河南二人，山东二人，直隶四人，山西二人，浙江二人，奉天二人，福建一人，湖南二人。

一、议决凡出京代表，皆负有组织同志会及运动一般人民继起请愿之义务。各省如能分往邻近省分运动一切，尤为得力。计当场签名承认者，直隶认往东三省、山东、山西、河南诸省，江苏认往浙江、安徽、江西、湖北、湖南诸省，广东认往福建、广西诸省。

一、议决各省组织同志会，情形如何，明年正月底必须报告京师事务所。

一、议决代表留京者，均应按照所拟办法，自行通函本省，请其照办。

一、议决在京代表团，须定一办事细则，当由众公推刘崇佑君起草。

一、议各省绅商学界各团体及一般人民，凡加入同志会者，期以明年四月间，一面上书督抚，请其代奏，一面各举代表来京，约四月二十以前会齐，呈由都察院代奏。

一、议通电海外华侨，请各举代表来京，与各省人民同时请愿，并由闽、粤设法派人，前往鼓吹。或时间迫促，四月里赶不到，至迟以六月为限，当由粤省代表沈秉仁君担任设法派人事。

一、议通告各省谘议局，如有开临时会者，即将请愿速开国会事，提作议案，呈请督抚代奏。

一、议预备呈稿及上摄政王书（拟同时上）如各省有能任起稿之事者，由各代表各就所知，分头请作。脱稿后，即函寄到京，以便择用，至迟以正月底为限。

一、印成之血书及呈稿，各代表回省者，应酌分带去，广为传布。

一、议公推一二人，整理自上海会议及北京会议速记录，编定后，刊印分寄各省谘议局及各团体，当公推刘善渥君、方还君担任。

一、议各省代表续认之经费，请照数从速缴齐。

（乙）请愿即开国会同志会办法。

一、议先定同志会简章，分配于此次到沪、到京代表，俾得转告原签名之各议员及其它非议员之已签名并表同情于本会者，以便早日成立。详细章程，定后再当分寄。

一、议同志会每省各举干事数人。举定后，一面通知上海报馆，一面函报北京事务所。

一、议此次回省代表，有道出上海者，即顺便觅王抟沙、雷继兴、杨翼之诸同志，安置总部。

一、议同志会经费，请如期交出。

一、议由直隶、江苏、广东各省担任分往附近省份游说联络，开春即须出发。游说经费，即由担任游说各省自行筹集，作为同志会特别捐款。

（丙）组织报馆。

一、报告数日内筹商情形，请公决可否改为日报，众赞成办日报。

一、各省认定报馆经费，请明年二月交齐。出报日期，当在三月。

一、报馆总理及主笔之聘订，仍须由干事员到沪定夺。

一、报馆经费一时不能多筹，由各省代表酌量本省情形，尽量筹集，并另出募捐公启。

一、报馆简章俟议决后，应即更定。

（丁）谘议局联合会。

一、谘议局联合会依在沪之决议，定于每年六月开会，各省应如约举一二人与会。

一、函告江苏谘议局，先期通告各省。

一、应举一人草定联合会草章，推定刘崇佑君主任之。

（戊）其它事项。

一、以上各项，经此次议决后，应录寄凡未来京及已出京之各代表，以便接头，并函告各省谘议局，请其极力赞助。

以上国会请愿代表进行之状况也。

复有黎宗岳、陈佐清等，在京中组织国会期成会，开幕日表明设会宗旨。今年正月复致书各省谘议局，略言国会之迟早，关系国家之存亡，关系国民之生死。国民何能因此次请愿不成，遂灰心丧志，不再鼓最后之勇气。且此次请愿之代表，既多誓死不返，国民更何能听其孤立，而不为后援！同人有见于此，特联合在京同志数百人，组织国会期成会，作此次代表之后援。惟兹事体大，必众擎共举，方能早观厥成。贵局为全省士民之总率，请即联合各地方自治、宪政等会，组织国会期成分会，公举代表二人，偕教育会、商会各代表，准三月初十日以前到京，会同敝会，联名上书，以达即开国会之目的。（若能一面举代表来京，一面恳督抚代奏，尤善。）诸公素爱国家，素悯志士，当不忍坐观膜视①云云。

此外，各省学会、商会与京中国会请愿会，遥相应和，或即开会，或拟上书，或任运动同志，或拟公举代表，以接续请求者，不一而足，兹不备书。

《东方杂志》第七年第二期，宣统二年二月二十五日（1910年4月4日）

① “膜视”，系旧时用法，“轻视”之意。下同。

国会代表议决事件

国会代表孙洪伊等昨在昆新会馆事务所邀集同志会员，议决事件如下：

（一）发布同志会意见书。其书大旨，主张速开国会理由，说明国会利益，破除政府拘牵，唤起一般人民继起请愿，洋洋万言，不日即将印出，分配各省，广为传布。闻是书初命为同志会宣言书，嗣以该会之组织，其目的但限于请愿一事，非为正式政党有政纲之可揭，故决议改为意见书云。

（二）讨论同志会章程。有主张单简者，谓该会之行动，不外请愿之范围，取其易遵守而已足，不必过于完密。有主张完密者，谓该会现时虽为请愿之结合，将来即为政党之基础，故不能太简。讨论之结果，仍照去腊发布简章，加入数条，益其所未备。现亦付印云。

（三）决定办《宪群日报》。该报主旨，不外主张速开国会理由，发挥宪法原理，上以馈饷政府，下以唤起国民。闻三月即将出版云。

本报昨载国会代表延聘于右任君为主笔一事不确，兹特查明更正。①

《中国报》，宣统二年二月廿七日（1910年4月6日）

① 录自“国会请愿四十六志”，标题为编者所加。

国会请愿之组织事宜

驻京国会请愿代表员孙洪伊、王法勤、陈登山、周树标、杨治清、汪龙光等君，在昆新会馆筹画请愿速开国会事宜，现在已编成意见书，发寄各省，以期联合各界，萃集全国精力，始克有济等情。兹将该代表编辑之意见书内容略述如左：

兹谓现时国势，内忧外患，海内人民咸以速开国会为救亡第一策，故上则伏阙陈书，下则缔群置社，俾早开国会一日，国家即早安一日，所以设立同志会，刊布意见书，成为政治结社，类与政党相似也。此等会社在东西洋各国，朝野上下，人人视之影气英光，觉其与国家之关系，有如人生与菽粟水火之不可一日离。独我国知者尚在鲜少，故联集同志。呜呼！国步之艰难，挽回天厄，感动君心，则国会即开，人心大定，前途荣幸，盖皆同志之乘时奋勉而已。其意见书系分三大纲，皆为至要之源。

（一）吾国若能速开国会，可革除一切贫弱之根源。内容详述国会开与不开之强弱存亡关系，并政府与人民行政事宜，若仍延缓，则内忧外患实成为不可救药之局。

（二）吾国事实上有决可速开国会之理由。内容系辨白政府谓不可速开国会者有三种言论：（一）资政院与国会相似，（二）谓人民程（府）〔度〕不及，（三）谓豫备各事尚未完全，而速开国会之机为之摧挫，故将以上三种言论详细辨明。

（三）吾国人若欲速开国会，当有政党之预备。系以现今各国，无不趋重立宪，立宪国无不倚重政党，人多知之。然政党之发生，大率在两时期，一在国家将立宪之时，一在国家已立宪之后。因将行立宪之国，必渐洗除专制之毒，显认人民以参与政治之权，人民亦发集会结社之志，而政党乃得应运而生。此谓将立宪之政【党】。若已立宪之政党，其发育更觉功用宏大，甚者则国中政治蔚成政党政治，内阁蔚为政党内阁，人才悉辐辏于其中，互相起伏，以当政局。此谓立宪后之政党，亦可谓被宪政养成之政党也。

以上三大纲，系意见书大概之情形，以为颁布各省请愿之进步。并又在京决议组织报馆一节，现在已有眉目。其设报之宗旨，系鼓吹国会速开，并排除国会之种种阻力，将政府施政之不当并各部敷衍预备等事，悉指实评骘，罗列得失，既能警惕政府，并以唤起国民咸知立宪为当务之急。现已拟报章十八条，约于四月即可出版发行。并闻代表团现已联合各省商会，一体联络预备开会一切事宜，以便于四月再行上呈请愿。

《顺天时报》，宣统二年三月十七日（1910 年 4 月 26 日）

再记国会请愿代表进行之状况

国会请愿代表诸君，正月间复又致函各省团体，略言去岁十二月二十七日，同人等在京议决继续请愿办法，除通函各省各团体，请其早日成立请愿即开国会同志会分会，联合一般人民继续请愿外，并由苏、粤、直三省设法，分担前往海外华侨暨邻近各省，分途运动，冀联情谊而厚势力。因地势上之便利，决议由直隶派员前往东三省、山东、山西、河南诸省，江苏派员前往浙江、安徽、江西、湖北、湖南诸省，广东派员前往海外华侨并广西、福建诸省，联络游说，期以大张旗鼓，震撼耳目。诚知此举，于继续进行上，甚有实力，虽劳费而有所不计也。盖国会问题，本吾民所当自为主动，仅从政府方面着手，断未有良好之结果。欲使吾民立于主动地位，固不能辞奔走号呼之苦耳。惟兹事体大，虽分头运动，仍必有一致之办法，而后心志齐一，观听不淆，乃有效果之可言。同人等不揣谫陋，谨议办法数条，附呈以备采择。即请贵省如约派员前往办理，何日出发，仍希详细示复，以释悬系。

派员之大略办法如下：

一、此次派出游说各员，即作为同志会总部之特派员，似不必限于谘议局议员，商会、教育会干事亦可。是在各省度量情形，斟酌行之，惟必须由本省商学会或谘议局再加以委托之名义或介绍书。

一、特派员每到一省，务促其早日成立同志会支部，并游说商学会及其它团体，各举代表，继起请愿，期于四月底一体到京。

一、游说各省商会、学会，或其它团体人员，应请其组织关于宪政之杂志日报，或分发传单，或作演说，或白话报，广为传布，以增广人人宪政上之智识。

一、特派员到各省时，须请游说省分自行通告各府厅州县商学会、自治研究会，开会演说，即以拟成之浅说或白话报等散发各处，以便各会据文演说。

一、同人在京拟办之旬报，其目的一在扩张各省谘议局势力，一在鼓吹国会，使北京政界人员人人知国会之性质，释其疑惧而生其感动。特派员到各省时，可将组织此报之办法原由，详细对众说明。

一、特派员参观各省谘议局，可将开谘议局联合会之意旨先为说明，并请其预备应提议案及举人与会等事。至联合会草章，俟拟定后即当通告。将来开会时，仍须全体通过，方能发生效力。

一、各省以绅民之名义，自举代表上书请愿。其签名之人，必须普遍于各府厅州县，不可限于省城，人数越多越善。如第一次签名人少，即再为第二次、第三次之运动，既可以厚集势力，并可借以唤起一般国民。当劝人签名时，尤须开会演说。

一、拟请直隶、江苏、广东、湖北四省商会，通告各省商会，各举代表，开大会于汉口，即由汉口到京上书。特派员可于此次所到省分，就近酌商办法。如有愿同直、苏、鄂、粤公同发起者，即请电知北京代表团，以使转知直、苏、鄂、粤四省。

一、此项特派员之经费，前曾决定作为同志会特别捐，其经费如何筹集并应用之数目若干，应请于回省时函告总部，以便登报。

一、以上所拟各项，各省情形如何，均请特派员随时报告，回省时并祈总报一次。

一、同志会宣言书及详细规则，创设报馆理由书及详章叙例，以及谘议局联合会之规约，现正起草，定稿后即当分寄。特派员必俟以上各项寄到后，方能出发。

《东方杂志》第七年第三期，宣统二年三月二十五日（1910 年 5 月 4 日）

在京请愿国会发起《国民公报》情形

敬启者。在京请愿国会代表团决议发起报馆一节，前函屡经提及，想蒙鉴察。连日筹议办法，现已略有眉目。敬将大略情形报告如左：

一、设报之主旨。设报之意有三：一曰鼓吹国会。国会之阻力有种种，而苦于不知者实居其大半。本报之设，意在敷陈立宪之理由，而明辨其利害，广证事实，旁稽历史，上自政府，下迄绅民，务使其平日所索解而无从者，皆可得正确之解决。疑虑冰释，则众意自集，而阻力消矣。二曰批评京内外行政。国会不开，则行政官厅无正当监督之机关，所恃惟报纸耳。今各地报馆虽多，能尽其天职者实鲜，且寻常报馆，固不能偏重一二事，本报所载专限于行政一方面，凡各部及各行省施政之不当，及以敷衍为预备者，悉指实而评骘之，罗列得失，公诸天下，既以警惕政府，使不得以九年预备为借口之资，并以唤起国民，使咸知实行立宪为今日当务之急，如此则促成国会，当自在无形之中矣。三曰辅助谘议局之进行。谘议局为全省人民之代表机关，本有一定之权限，今则以宪政馆之解释而剥去其半，以督抚之废置又去其半，孤悬一方，势同赘旒，此诚吾辈最疚心之事。推原其故，良由对于国家无可守之宪法，故对于官府无可据之势力，实则对于人民无可恃之舆论。政府既多猜忌，人民又痛痒脯膜，如此议会，于国计前途，民生大计，究复何补？今欲图补救之法，则必从联合各省谘议局以厚集其势力始。欲行联合之实，则除每年有定期之联合会外，必须常设一中央言论之机关，以主张公论，使之互相策应〈始〉。盖必有联合会，乃能行动一致，解除谘议局之困难；必有报馆，乃能制造舆论，鼓舞联合会之精神。精神以淬（厉）〔砺〕而愈增势力，因联合而渐集，二者有相互为用之妙焉。盖既合全国谘议局之意思而发为政见，而复藉此报以为交通之邮，使之散布于全国，于以增进人民智识，表彰谘议局信用，养成健全舆论，以为吾辈后盾，庶几对于督抚有足相抵抗之实力，而今日之种种牵制情形，乃能一扫而尽，此尤设报主旨中之主旨也。况此报之作用，凡各局有欲吐之隐，势又不便自发者，可借此报以发之；各局有公布之事，欲共白于全国者，可由此报以通之。但其事不背于本报章程之所定，固无不登载之理，盖本报为公设之机关，本以谋公共之利便为其天职也。

二、本报之内容。本报内容其详应见于叙例，今因图报告之便利，略陈如左：

（甲）论说。以粹实惬当为主，不虚骋理论，亦不拘牵事实，以期坐言即可起行。其煽动风波，吹求细故，攻讦私人，偏徇党见等弊，尤所当戒。

（乙）新闻。以确实重要为主，其街谭巷议，捕风捉影者，概从笔削。至如紧要新闻，则尤所注意，必择其确为国家大事者，乃登录之，决不滥竽。

（丙）访员。以学识兼长，而富于社交，精于抉择者为主，其信用不厚，性行不端者，概不延托。

（丁）批评。以通晓稳健为主，其刻核之谈，佻薄之语，引为大戒，必使闻者有所感动，而利于实施。

（戊）体裁。以种类分晰，惬人心目为主。

（己）文苑小说。以高雅典丽而能感化人心者为主。

三、本报之章程及预算。

（甲）章程已拟定本报简章十八条，另纸呈览。立法之意有五：

（一）此报既为国民公共捐款所设，则其一切进行或变更之议决权，自应托之人民代表之谘议局议员联合会。但联合会不常有，故特设常任干事以稽察之，以弥其隙。

（二）谘议局对于此报既有议决之权利，即应有扶持之义务，故各省谘议局对于此报，均负有筹集经费及分销之责。

（三）此报之目的为公益而非营利，但其行为则固一种营业也，营业则不能无赢绌，绌则由谘议局议员联合会以维持之，赢则其款将作何处分，此不能不豫定者，简章第十五条之规定即此意。

（四）谘议局议员之有此议决权，乃以人民代表之性质始得有之，而其真正之团体究为人民，故办事情形、出入款目及凡关于此报之议决案，皆应公布，以昭大信。

（五）凡办事必权限明而后责任专，总理为执行之人，常任干事为稽察之人，凡属其权限范围内者，皆不应更有所掣肘，故非谘议局议员联合会之议决，他人不得而干涉之。

（乙）豫算。本报列有豫算表，兹特列呈台览。按照自办机器计算，每月以四千四百七十二圆计，年应五万三千六百六十四圆。售报之收入，暂估为六千份，年约二万五千九百二十圆。合以代印一项，年约八千四百圆。综两项入款，计之年可得三万四千三百二十圆，与出款五万三千六百六十四圆相抵，每年应尚绌一万九千三百四十四圆。开办费尚不在此列。盖此报既为全国所创设，自不能不宽筹款项，力图完善。同人等不揣棉力，发起斯举，揆时度势，实有不得已之苦心。谘议局为各省代表机关，与本报有密切关系，固不能不力任其难。而谘议局外之各团体，及热心时局诸大君子，尤不能不望其协力一心，共同维持，集全国之心志，以养成健全之舆论，于宪政前途关系甚巨。

除将本报简章分寄外，合再专函布闻，无论已未认捐各省，希即尽力提倡，广筹经费，早日汇寄，俾无误四月出版之期。岂惟同人之幸，全国实受其赐矣。肃此布达，顺请公安。北京请愿国会代表团同人孙洪伊等公启。

《厦门日报》，宣统二年三月廿七日至廿八日（1910年5月6日至7日）

《国民公报》简章

第一条　本报以鼓吹国会，论列京外行政，辅助各省谘议局之进行为宗旨。

第二条　本报由宣统元年各省谘议局请愿国会代表人发起设立，为代表全国人民言论之机关，命名曰《国民公报》。

第三条　本报每日刊行，专载合于第一条宗旨之论说及事项，余不阑入，凡臆度新闻，琐屑评语，及事之属于个人私德者，尤所屏绝。

第四条　本报经费先由国会请愿代表人认定额数，分向本省公私团体及个人募捐充之，国民有表同情自愿助款者，亦得收用。

第五条　本报由国会请愿代表人公举常任干事一人，稽察一切事务。

第六条　本报延聘总理一人，主持关于本报之一切事务，但聘雇人员及款目出入在豫算外者，与常任干事协商行之。

第七条　本报每年夏间谘议局联合会开会时，由常任干事报告办事情形，及款目出入一切事项。

第八条　本报此后之进行或变更之方法，由常任干事及总理协商于谘议局联合会，以其决议而行之，但第一条所定之宗旨不得更易。

第九条　本报非谘议局联合会三分之二以上之议决，不得停版。

第十条　非谘议局联合会开会期中，有重大事件须即行决定者，由常任干事与总理酌度情形，以同意行之。

第十一条　常任干事不能任事时，谘议局联合会公举适当之人充之；非谘议局联合会开会期中，常任干事自应暂行觅大代理而负其责。

第十二条　总理不能任事时，由常任干事报告于谘议局联合会，以其同意另行延聘；非谘议局联合会开会期中，当任干事延聘之。

第十三条　国会请愿代表人认筹之经费，有未能依限交齐者，其代表人及其本省谘议局有设法筹集之责。此后更有续增经费之必要时，常任干事得要求谘议局〈议〉〈局〉联合会筹集之。

第十四条　本报营业上若有赢利时，其处分之方法以谘议局联合会之决议行之，但不得逾越下列各项之外：（甲）扩充本报事业；（乙）拨充国会请愿同志会经费。

第十五条　本报每年应将办事情形、款目收支，及谘议局联合会关于本报之议决案，公布一次，俾众共悉。

第十六条　本简章所有未尽事宜，由常任干事及总理以谘议局联合会之决议，随时修改之。

第十七条　本简章有应修改时，由常任干事及总理协商于谘议局联合会而定之。

《厦门日报》，宣统二年四月初一日（1910 年 5 月 9 日）

《国民公报》出版之先声

各省谘议局代表与各省国会请愿同志会中人，久谋在都设立言论机关，现已组织就绪，定名《国民公报》，总持其事者为学识兼赡之某君。其大旨在速开国会，提倡政党，督改行政，维系各省谘议局。已定五月初一日出版。将来中国舆论之前途，庶几能呈一异彩乎？请拭目俟之。

《中外日报》，宣统二年四月十二日（1910 年 5 月 20 日）

继续请愿国会之上书期

留京国会请愿代表团本月二十日招集各省抵京代表开谈话会，到者共四十三人，当将呈递【请】愿书办法议定，计分六种团体上书：（一）各省谘议局，（二）各省教育会，（三）各省商会，（四）各省其它各团体，（五）华侨，（六）各省绅民。如有情愿独自上书者，请于二十一日通知事务所。并决议略缓上书日期，以便暂候各省已起程之代表到京，再行呈递。

另一访函云，驻京国会同志会代表孙洪伊等，连日正将续请速开国会之呈文与各省代表会商，大旨已经妥洽，不日缮正，准五月初二日诣都察院呈请代奏。

《申报》，宣统二年四月廿八日（1910 年 6 月 5 日）

国会代表团第二次讨论会

国会请愿代表团昨在湖广会馆开第二次讨论会，到者六十余人，决议事件如下：

（一）讨论呈稿。举定徐公勉、孟昭常、雷奋、邓孝可、孙洪伊、方还、黄为基七君专任修改之责，订三日内脱稿，全体通过后，再行发缮。并由孟君提议各省续到代表，请各省就本省危患情形条送事务所，以便采入。

（一）缮誊呈稿。举定干事吴赐龄、刘善渥、王尹衡、余德元、晏宗杰五君专任发缮、校对、分配一切事宜，以免稽迟。

（一）预备递呈。举定干事陈登山、杨治清、李芳、陈寿崇、李长生五君专任招待续到京代表及筹备递呈时一切手续。

（一）确定递呈日期。因各省代表尚有滞在途中者，议定准备妥帖后略俟数日，以不出五月初十以前为限度。

《申报》，宣统二年五月初七日（1910 年 6 月 13 日）

国会代表预备善后办法

国会代表团日来会商此次请愿事宜能否邀准，刻尚未悉。如蒙邀准，我等即速回省；如仍无效，我等当再开会，议商如何对付政府之方法，不得因事无效，遽行涣散。

《顺天时报》，宣统二年五月二十日（1910 年 6 月 26 日）

请愿代表团商议各代表进止事宜

各省国会请愿代表团自奉第二次谕旨后，前日在湖广会馆开会，商议各代表进止事宜。经众决议数端，兹撮举大要列下：

（一）就此项到京之各省各团体代表组织一固定之团体，即名曰代表团。

（二）代表团应设职员：一干事长，二书记，三会计，四庶务，五招待，六评议员，七调查员，八编辑员。

（三）此次到京各代表，无论留京不留京，一律认为评议员。凡不留京者，回至本省，皆有鼓吹各本省速开国会之舆论，并联络各团体预备继续请愿之责。

（四）以干事长、书记、会计、庶务、招待六人为北京事务所常川驻所办事之人，由全体代表公举。

（五）代表团经费由此次各省与闻请愿之各团体分认之，每团每年所认之数至多三百元，其次二百元，至少一百元。

（六）定于二十六日下午二时再行开会，公举驻所办事员。

又闻代表团日前筹议第三次上书办法，某代表提议应于本月内结合全国及各洲华侨共上一书，再请缩短国会期限，如仍不奉旨允准，决定联合各省谘议局，以不纳租税为要求云云。但兹事关系甚大，当时未能决议。①

《申报》，宣统二年六月初二日（1910 年 7 月 8 日）

① 录自“国会请愿不死”，标题为编者所加。

国会请愿之余波

国会请愿代表团自奉二十一日上谕，连日在事务所开谈话会，数次讨论进行方法，第一即更代表团之组织，因原来之代表团，但限于各省谘议局议员，此次加入各团体代表成一大团也。当由众公推雷君奋、邓君孝可、孟君昭常、方君还为起草员，嗣于二十四日复假湖广会馆开正式会，议决一切。其经费分三类，甲年三百元，丙年二百元，乙年一百元，由各团体量力担任。其主事务所职员分四类：（一）庶务，（二）会计，（三）书记，（四）招待员。数以十〈六〉人为限。此十人选定后，再由十人中公推干事长一人，前在事务所投票选举。

又由汪君、闵君提议，各省代表留京须在二〈十〉人以上。经众决议，每省至少须得一人住京。又议定此次代表，无论住京出京，俱为本团体评议员，皆有合筹进行之责。

《时报》，宣统二年六月初四日（1910年7月10日）

国会请愿不死

初一日下午，军咨大臣朗贝勒特赴小沙土园昆新会馆，回拜请愿国会代表团。当由孙君等接待，坐谈约二刻之久，极赞请愿代表之坚忍，并谓第三次请愿恐难如望。各代表仍以非达到目的不止之言相对，贝勒赞叹而去。

直隶国会代表孙洪伊君日来迭次与各省同志筹议第三次请愿方法，有以谕旨中“勿得再行渎请”字样，劝其少缓连动者，孙君慨然曰：“我等受父老之重托，为天下所仰望，苟不达到速开国会之目的，虽诸君尽归，我孙某抵死不出京师一步也。”并闻孙君近来，除万不得已情事，绝不出门为无谓之应酬云。并闻孙君以前月二十二日大会，虽已增入举贡、优拔、留学生各代表数人，惟查皆系政学两界中人，于他界尚付阙如，仍恐势力太薄，拟择日在湖广会馆再开大会，联络农工商各界，使其各举代表，或附入本会，或另立一派，以为三次请愿之后援。又代表团中，有方、陈二君，前以家事出京，孙君甚不谓然，以政府所以不许即开国会者，以吾辈人数太少，疑非国民之同意也。若因私事辄行出京，见笑政府尤小，有负国民实大，因拟此后除关涉公事外，概不准出京，以固团体，并已电催方、陈二君赶速返京。

闻政府近饬民政部肃邸，派警卫队数十名往来巡逻于昆新会馆左右，以资保护各代表。何政府待代表之优厚耶！

《申报》，宣统二年六月十一日（1910 年 7 月 17 日）

留京国会代表议三续请愿办法

留京国会代表近议三续请愿办法，拟联合全国二十二省绅民暨南洋、美洲华侨公上一书，先由出京代表各联合其本省绅商农工各界，担任签名，至少每省百万人，华侨亦以一省计，签名总数须有二千五百万人，进京代表至少须有二千五百人，上书期至迟在宣统三年二月下旬。①

《申报》，宣统二年六月十三日（1910 年 7 月 19 日）

① 录自《时报》“专电”，标题为编者所加。

国会代表团五月二十日奉上谕后之议决案

一、代表团组织之变更。

（甲）代表团之组织，原以谘议局议员代表为限，今特扩张范围，凡各界代表之在京者一律加入。

（乙）票举职员十人，当选姓名票数如下：孙洪伊三十七票，方还三十四票，陈登山三十二票，黎宗岳二十六票，周树标二十五票，吴赐龄二十四票，邓孝可二十四票，文耀二十三票，李素二十票，郭卫村十三票。

（丙）编辑八人，姓名如下：雷奋、汪龙光、刘善渥、黄为基、孟昭常、王法勤、徐（六）〔公〕勉、刘荣泽。

（丁）任期以半年为限，改选当选得连任。

（戊）未被举之代表均认为本团评议员。

（己）分科办事细则另为议订。

二、代表之去留。

（甲）各省驻京代表以多数为善。

（乙）代表如有特别事故须出京时，每省必须常有人在京，以便接洽。

三、代表团之经费。

（天）旧认之款应向各省谘议局催缴，约分三项：（甲）在沪认代表团费三十元，（乙）在京认代表团费一百元，（丙）又在京认同志会费二百元。

（地）新定之款，应由各省谘议局及各团体量力担任，又分三级：（甲）三百元以上，（乙）二百元以上，（丙）一百元以上。

（人）旧款三百三十元，统限六月内缴齐；新款三级，统限六、七月内缴齐。

四、同志会总部之变更，又支部之扩张。

（甲）北京同志会不用“总部”二字，改名“北京国会请愿同志会”。

（乙）同志会职员暂以代表团职员兼任，并就会员中公推康君士铎、孙君壮二人加入，以期便利。

（丙）各省城特别设立全省同志分会，各府厅州县分会由省分会督促成立，若或限于人才、经济，又地址不能独立，分设时得附设于各该地已成立之自治研究所，或现在饬办之宪政讲习所。

（丁）省分会应将国会与人民之关系编成白话印刷品，分布府厅州县分会，广为演说，或府厅州县分会有自编白话印刷品时，由省分会干事审定之。

（戊）府厅州县分会以特派演说员为要点，有故障不能特派时，得委托各劝学所之宣讲员兼充之。

五、代表团选派专员分往各地游说联络。

（甲）游说联络之职务除明定条件（如推广府厅州县分会，分投演说，赶办签名册之类）切实督催外，又有随时应变之全权，总以构成请愿实力为第一要义。

（乙）派员之人数及时期，俟各省缴款到日定之。

六、回省各代表之职务。

（甲）催交代表团新旧经费。

（乙）募集《国民公报》捐款。

（丙）前项所列特派员游说联络等事。

七、三次请愿之准备。

（甲）三次请愿定于明年二月举行。

（乙）三次签名须普及于农工商各界，人数每省至少须百万以上。

（丙）签名册形式由京事务所拟定，寄省分会，转各府厅州县分会照办，以归划一。

（丁）签名请愿乃国民应负之责任，期于普及，与单纯政治结社会员性质不同，不能概列入会员名册。

（戊）签名册限十二月汇齐，送交北京代表团事务所。

（己）明年二月请愿时，府厅州县各须派一二代表到京，近省至少须百人以上，远省至少须五十人以上。

（庚）各团体均须预备种种请愿时之实力，然二月以前（本年九月）尚须有间接请愿办法，约分三种：（子）代表团对于资政院上请愿书；（丑）各省谘议局及各团体务同时对于资政院上请愿书；（寅）各省谘议局及各团体务同时呈请督抚代奏。

《申报》，宣统二年六月十三日（1910年7月19日）

新代表团评议员第一次集议

国会代表诸君，以旧有之代表团系由各省谘议局议员组织而成，其范围未免太狭，特联合第二次来京之各团体代表，重行组织一新代表团。除定干事、编辑外，并设立评议员名目。现评议员以新代表团成立有日，而本团总章及评议员例会日期宜早决定，故于十二日午后三时齐集琉璃厂新事务所，决议一切。

《申报》，宣统二年六月二十日（1910年7月26日）

新代表团评议员第一次集议续纪

国会新代表团于十二日午后开评议会，已略纪昨报。兹悉是日已将代表团总章公同决定，该章大旨与旧章略同，惟因代表人数既多，其进行之范围略为推广。该团干事及评议诸君，复以评议员留京者有五十余人之多，若不决定例会时期，则开会时四处邀请，未免过烦，决定每逢初一、十一、二十一等日午后二时，齐集事务所会议，并由孙君伯兰将事务所内部办事细则当场宣布，当经全体职员赞成，并定于数日内将总章及各项细则刷印，通告各省。

《申报》，宣统二年六月廿一日（1910 年 7 月 27 日）

北京代表团剖悉议决案之理由

代表团奉上谕后之议决案已志本报，兹将其剖悉议案之理由急录之，以供众览。

一、第一条之理由。代表团开始于去腊，发起于各省谘议局，其时商学各界虽邀赞助，而到京者只谘议局代表，代表团之组织故亦只限于谘议局代表，势使然也。入夏以来，各界代表陆续麕至，人数日增，公务日繁，使代表团仍取狭义，恐不惟谘议局代表材力难胜，且恐各界代表因不与代表团组织【之】列，非有隔膜误会之弊，即贻秦越肥瘠之忧，此代表团变更组织之理由也。

二、第三条之理由。旧款【所】以单纯责成谘议局，因谘议局对于请愿事原负发起之责，且三次认款皆系谘议局代表当场担负也。更有请者，三次认款虽只有十五省谘议局代表临会，而第一次上书时，其代表未到京之各省固已函电交至，举定代表，代表团遵即将各省代表姓名列入公呈，则此时之区别只在代表到京与否，而各谘议局既同一不甘抛弃签名请愿之权利，即宜同一担负补交旧款之义务也。新款所以由谘议局推之各团体者，因嗣是以后各团体代表既【已】同享组织代表团之权利，各团体即不能不有担任新款之义务。况国会问题关系全国，则全国人共为其难，谅亦为诸同胞之所许也。交款之期所以限六七月内者，盖代表团成立以来六阅月间，已费四千余元，而实收之款尚不及二千元，亏累已在二千余元之数，邮费、电费、刷印费实居大宗，前已不敷，后且益增。即邮电一项，每日已平均须七八元之数，而代表团事务所杂费及住所职员膳宿费，六阅月间【皆】系各自筹备，并未动用公费毫厘。苟不速为筹交，且恐进行倍难，此代表团续筹经费之理由也。

三、第四条之理由。北京同志会用“总部”二字，深恐将来一有障碍，遂致与各支部互相牵掣，故改名北京同志会。其中职员所以暂用代表团职员兼充者，系为慎重起见，目前不宜开大会选举也。扩充支部乃以广导民智，【厚】集势力以为三次签名请愿之地步，无他深意。此变更同志会总部，又扩充支部之理由也。

四、第七条之理由。三次请愿定明年二月举行，所（有）〔以〕如此迟迟者，因三次请愿须挟一必成之势，要非实力不为功，而预备实力固非朝夕间事，斯不得不宽展时日也。该条庚项云须预备种种之实力，最宜注意实力者，即对待政府之实力也，各宜量本地之情形为之，无庸缕述。此准备三次之理由也。

《晋阳公报》，宣统二年七月十六日（1910年8月20日）

国会代表团评议之条件

本月十一日为代表团评议会，其临决事件如下：

（甲）代表团自办事件。

（一）原议决案定本年九月代表团对于资政院上书，请开国会，兹拟扩张其范围，迅速函催各团体之代表，至迟须八月以前来京。

（二）日俄新协约关系中国存亡，代表团应上书政府，质问对待方法，并通告一般国民，征求意见。

（乙）对于联合会提出之件。

（一）国会不开，应实行提倡不纳税主义，各省谘议局于未开国会以前，不得承认新租税，并须由各该局限制各该省之民选资政院议员，均不得承认新租税。

（二）各省谘议局今年通常会应只限要求速开国会一议案，如不能达此目的，各局即同时解散。

（丙）对于联合会报告《国民公报》预算决算及一切经过情形，并援章请该会担任筹款。

《中外日报》，宣统二年七月二十日（1910年8月24日）

代表团提交谘议局联合会议案

拟请不开国会，限制民选资政院议员不得承认新租税，各省谘议局议员同时辞职案。

国于地球上，不言宪政则已，一言宪政，则权利义务不容有毫发轻重于其间。此世界之公理，先进各国莫不恪守斯义，独吾国不然。此代表等所为奔走呼号，旦夕亟亟于速开国会也。乃自入都以来，已数阅月，两次请愿，仍无效果。而其间风云瞬息万变，时局阽危，日迫一日，英、俄荡摇西藏，法兵侵入滇边，俄兵深入库伦，德人增兵青岛，葡舰占领横琴，英人进兵西藏。近复有日俄协约出现于世人眼帘之上，以二三年平和协商条文，而取我祖宗发祥数万万方里之地，且进而窥我长城以南、黄河以北之领土，此真旷古未有之奇局，为世界侵略史上别开生面，而足供世人之研究者也。然此犹曰外患也，若夫广东有新兵之变，广西有革党之变，湖南有饥民之变，山西有交、文之变，东省有马贼之变，山东有莱阳之变，安徽有宿州之变，新疆有回民之变，蒙古有边藩之变，以及湘、鄂、皖、粤、江、浙相继告灾，乱事接踵，一波未平，一波又起。吾国今日譬诸燕雀处堂，亡无日矣，火炎崑冈，玉石俱焚，一旦祸发，虽在亲贵，岂能幸免？政府诸公苟有肺肠，宜何如震动，恪恭联合朝野上下，力图挽救。乃环顾盈廷之上，豺狼当道，狐狸塞途，内外大小臣工，凡百举动，无不假新政以朘民肥私。吾民有义务而无权利，朝廷专制之毒，迄于今日至矣，尽矣，无以加矣。代表等受父老委托之重，棉力薄材，弗克胜任。贵会结合法团，信用大著，对于斯义谅表同情，一经公决，必能发生效力。谨陈二条件如左：

一、限制民选资政院议员，不得承认新租税，以消灭政府假立宪之威焰也。西人有言：不出代议士，不纳租税。今资政院之终结，在于恭候圣裁，其去法治国议院性质，何啻霄壤。资政院议员断不能与西人所谓代议士相提并论，而谘议局与督抚有异议时，其权力仅能达于资政院而止，则谘议局议员尤无代议士之价值可知。吾人若循文明国之先例，国会不开，即停纳一切租税，亦属正当之办法。今虽不忍遽为已甚，而国民既未有监督财政之权利，自应不任增重负担之义务。拟请限制民选资政院议员，此次资政院开院后，对于政府提出增加租税之案，不得议决。（各省督抚奏陈预算案内，一切收入款项必多隐漏，并须检查其隐漏之数，作为新租税论，不准督抚私自征收。）倘不顾公理，冒昧议决，一般国民，誓不承认。民选资政院议员为贵会各谘议局所选出，即不啻为贵会所组织，贵会有训戒监督之权，即有为民请命之责。代表等所以要求贵会者，此其一。

一、各省谘议局议员同时辞职，以破除假立宪之狡猾也。谘议局地位，与各国联邦议会微有不同。然既不设议事会，即无执行之权，自不能作地方议事会看待。查谘议局章程第二十二条，谘议局议定可行事件，呈候督抚公布施行，是谘议局为一省立法机关，督抚为一省行政机关，国家法律，早已认定。自经编查馆深文解释，节节缩小，已同赘瘤。而督抚施虐于民，又往往多方笼络谘议局，使负责任。于是人民怨毒不加于官府，转以谘议局为集矢之的。若国会不开，上不能直达于君主，下适以取恶于人民，实为万分危险。拟请本年谘议局常年会，即以请愿速开国会为第一议案，呈请督抚代奏。若不允代奏，全团议员同时辞职，尚可告无罪于父老兄弟。代表等或同为议员，或主持各界，均有密切之关系，即不能不熟察进退之先机。代表等所以要求贵会者，又其一。

以上二项，对于政府一方面，为略清义务之界线；对于人民一方面，为争回权力之动机。若经贵会可决施行，吾人要求国会之举，必有一番活动也。

夫文明各国请求国会，鲜有不喋血以争，掷多数头颅而后博得者，盖要求之手段愈烈，则国会之价值愈高。彼固深明优胜劣败之公例，非实行立宪不足以图存，非先开国会不足言立宪，故人人视为身家性命而拼死以求。如前二项云云，不过小试其端，犹是文明之对待也。是否有当，伏冀公决。谨提议。

《中外日报》，宣统二年七月廿四日至廿五日（1910年8月28日至29日）

国会请愿之近状

国会代表于五月呈请速开国会，未蒙允许后，均纷纷致电各省，略称此次仍系空劳，毫无效果，务必再作第三次请愿之举，矢以百折不挠之心，持以万夫莫拔之力，三续、四续，以至十续，或可有望成功云云。

直隶国会代表孙洪伊君，以前月二十二日大会，虽已增入举、贡、优、拔、留学生各代表数人，惟查皆系政学两界中人，于他界尚付阙如，仍恐势力太薄，拟择日在湖广会馆再开大会，联络农工商各界，使其各举代表，或附入本会，或另立一派，以为三次请愿之后援。（下略）①

《东方杂志》第七年第七期，宣统二年七月二十五日（1910 年 8 月 29 日）

第三次国会请愿之会议

在京国会代表团于上月二十六日下午开国会请愿谈话会，到者二十九人。首由吉林特派员李君芳报告东三省危亟，救亡之策自以请开国会为第一义，如何续请，须决定方法，至上书日期，即当在九月中。次由孙君洪伊宣言为东省大局计，救急之策，应请中央政府重畀东督大权，无所牵掣，而后内政外交方可着手。然为国家根本问题计，仍在国会。鄙意三次请愿，宜分五层办法：一、上书政府；二、上书监国，并求见面陈一切；三、递呈都察院；四、上书资政院；

① 略去部分为“东京来电摘要”，见第二编海外侨民国会请愿活动部分。

五、由各省人民要求各督抚代奏。此五者兼行并进，可达到目的。吉林文君耆云，孙君所言五层，前次均已办过，今届当从精神上注意，九月间必须上书。直隶温君世霖云，宜各省多举人民到京要求。安徽陶君镕云，请见摄政王痛哭要求，甚愿从诸君子后。浙江余君镜清云，能得资政院议员亦同时请愿，能力较厚，鄙人愿商之同院云云。嗣有湖南罗君杰、湖北陈君登山等起言，均主张取消前定之日期，另定最近之期限。遂由众推举方君还起草，以九月初五日以前为限。复决定呈稿分三份，一摄政王，二资政院，三政务处，同时呈递。所有一切应行手续，定于初二日仍在事务所开会通过。

《申报》，宣统二年九月初四日（1910年10月6日）

国会问题之复起

东三省议员某君日前在全蜀会馆邀请各省议员开谈话会,其中以某议员所言尤为痛切。略谓国会期限待至宣统五年始行召集,在各省或可稍待,至东三省则实无一日可缓。现在日本合并朝鲜,两年内大致必能就绪。俄国于东方军事计画,着着进行,两年内亦可回复元气。待至宣统五年,东三省早非我有。当道诸公即不为全局计,亦当为一隅计,今乃任人民如何呼号,始终坚执。吾辈既为东三省人民所推举,万无坐待作两国顺民之理,应请各议员俯念唇亡齿寒之谊,再行合力陈请明年即开国会。语毕呜咽不止。在座各员莫不为之感动,均大呼赞成不已。

又闻此次谕旨发布后，东三省资政院议员以为国会缩短三年，揆之东三省目前情形，实有不能稍待之势，加以某国日夜增兵，势尤岌岌。特具质问书，质问外务部对于三省外交之失败，及以后补救之方法如何。并闻此事系由庆山提出云。

《申报》，宣统二年十月十七日（1910年11月18日）

四次请愿之重波叠浪

湖南、吉林、山西、福建各省谘议局来电，皆委托本省资政院议员充任四次请愿代表。兹闻各议员皆以议员兼任代表，诸多不便，故各向本省电辞，并请即选代表来京，勿稍延迟等语。

又此次东三省四次请愿国会代表，虽仅奉天代表到京，而列名者则系三省代表。盖因吉、黑两省路途较远，故稍延滞。兹闻四次请愿书已于前日由三省议员介绍各代表赍书到资政院呈递，当由秘书官接收，允为转呈议长云云。

又东督代奏东三省人民请速开国会折，已于日前奉朱批，谓“缩改开设议院年限，前经廷议详酌，已降旨明白宣示，不应再奏。三省地方重要，该督有治事安民之责，值此时艰，尤应力任其难，毋许藉词诿卸，致负委任”云云。盖锡督同时有一请假之电奏，意在如所请无效，即藉此去官，以谢三省人民云云。

又前日资政院议员邀请四次请愿代表，在全蜀会馆开谈话会。各代表要求各议员协力赞成，以达速开国会之目的。各议员到者三十余人，均表同意。而尤以易宗夔、李文熙、罗杰诸人演说最沉痛，一腔热血，流露于外，此亦可见人心一致之趋向云云。

《时报》，宣统二年十一月廿八日（1910 年 12 月 29 日）

6. 请愿代表团发出函电文告

催开国会代表乞援书

敬启者。此次联合二十一省，为速开国会请愿政府，风潮涌发，颇耸观听。同人庸愚，谬受诸国民代表之委任，抵京以来，兢兢不胜是惧，然力所能及，断不敢稍有退缩。请愿公呈已于月之六日投递，闻都察院即当代奏。连日复进谒军机庆王以下，均蒙接见，言论之间，尚表同情。但同人等以为兹事体大，断非一呈所能得效，政府从违，究以国人心志之齐一与否为准。现同人等在京已组织速开国会同志会，以求合力进达之道，都中各团体亦陆续结合机关以为后援。伏望诸公联合省会同志，同时并起，以谋全国舆论之统一，则请求之目的，更易达而迅速。诸公硕德名彦，钦佩滋深，登高一呼，百响竞应，或分电政府，或呈恳当道，奏达舆情，以民气民力所蓄积者，和平竞进，以向政府。有此纪律之团体，在此时既为同人之后援，在他日即为政党之先河。国脉民命，此举关系实为重巨。诸公抱公益之心，存爱国之志，当必有以见教也。北京请愿代表同人公叩。①

《中外日报》，宣统元年十二月廿六日（1910年2月5日）

① 本书又见宣统二年正月十二日（1910年2月21日）《申报》，标题“请愿代表奉谕前之呼吁”，落款日期“十二月十四日”。

国会请愿代表团覆丹徒郭君毅函

丹徒郭毅君鉴：捧读血书并手谕，同人等不胜感痛，希示住址，以便请教。国会请愿同人公启。事务所在小沙土园昆新会馆。[①]

《申报》，宣统二年正月初五日（1910 年 2 月 14 日）

国会请愿代表团致各省谘议局电

各省谘议局并转各团体公鉴：国会请愿未准，决再要求，请勿念。北京请愿同人公叩。[②]

《申报》，宣统二年正月初五日（1910 年 2 月 14 日）

---

① 录自“国会请愿之近状”，标题为编者所加。
② 录自“国会请愿之近状”，标题为编者所加。

驻京国会代表致各省各团体函

敬启者。国会请愿,未蒙俞允,迫切呼吁,当在后援。同人等自去腊二十日奉上谕以后,旦晚会议,仍决定进行方针,奔走组织请愿即开国会同志会,草定简章,宣布实行。凡赞成请愿者,均得入会为会员。责任所在,当与全国人民共图之。二十八日开会议决,先行电告各省绅商学团体,暂以京师代表团为开会总部,即请各省赶设分会,举定干事,以便继续进行。兹奉简章,至希赐教为幸。诸公热心毅力,素所倾仰,乡望所归,一呼百应。伏望贵处将同志会从速成立,俾得三四月间,举员到京再上请愿书,庶几民心一致,易回君听,同人等曷胜盼祷之至。如何组织,并乞随时详示为荷。专此,祗颂年安。北京国会请愿代表孙洪伊等顿首。[①]

《申报》,宣统二年正月十七日(1910年2月26日)

国会请愿代表同人奉上谕后之通告书

谨告者。岁在己酉,秋风迅厉,蒿目时艰,日即阽危,投袂而起,朝不待夕。审急救之策,惟在国会。于是乃以谘议局法团,公举代表,上书请愿。各直行省,不期而集。同人等谬膺委托,自十月杪会于沪上,十一月终出发抵京,十二月六日递呈都察院公请代奏,二十日恭读上谕,仍以九年为期。同人所请,未

① 录自“国会代表在京近状”,标题为编者所加。

蒙俞允，忧皇迫切，悚疚莫名。

夫君父之亲，情无不通，谊无不浃，其言不我听者，必其请有未诚，诚有未至耳。诚之不至，而欲以一言之顷，感格圣听，虽愚者亦知其必无是事。矧国会之举，关系重大，以皇上圣明，俯鉴臣民，或虑筹备之未及，或幅员之广，程度之未能划一，遽开议院，反致纷扰，是皇上固非不欲即开国会也。上谕有云：深冀议院早为成立，以固邦基。是皇上诚知议院迟开一日，即邦基迟固一日。其所以不遽允者，则以吾臣民累之也。顾今之民急请开国会，岂其漫不自量，好慕泰东西各国虚名，以邀声誉乎？诚知有立宪政体之机关，乃能有立宪政体之筹备，扬糠以箕，脱粟以舂，未闻有糠箕以求脱粟，持舂而欲扬糠也。故二年以来，宪政之机关未立，所谓筹备，遂大率空言。有国会乃斯有机关，国会不开，率陷于虚罔，此同人等所当续陈者一也。

抑国民智识程度，至无等数，骤求划一，诚知其不能。然天下事习之而后知，试之而后能，方各省谘议局未开办时，亦有念及民智不逮，或致纷扰不安者，乃自数月以来，议事告成，而欢熙无紊乱之虞。谘议局即省会也，以彼例此，可无为国会虑矣。且明年开办资政院，民议选员已额设百人，是国民可以为资政院议员者，独不可为国会议员乎？如必计虑万全而后行之，恐迟至九年，国民智识程度仍不划一，是国会永永不能开办，即邦基永永不能巩固矣。内无以弭伏莽奸乱之萌，外无以杜列强觊觎之渐，急促而来，而雍容以施，危孰甚焉？此同人等所当续陈者二也。

若国会不开，即举行资政院，亦可循序图功，则按之院章，议员既无实行协赞之权，军机且有恭候圣裁之事，大臣仍委其责任，而君主独（具）〔婴〕其艰危。揆之宪法，窃所未安。夫舆论造自全国，而义务不遗一夫。国会之当速开，固已舆论一致，而请愿之义务，则亦当以全国人民公同担任。事固未有为而寡效，诚而不动者也，国是至此，何堪自诿？矢以诚心，持以毅力，父老昆季，幸共图之，以法律之行动，为和平之请求，锲而不舍，终至得达目的之一日。同人等虽棉薄无似，尚愿执鞭以随其后。

顷者在京方组织国会请愿同志会，章程暨宣言书行将刊布，以告公众。岁暮匆匆，不备幸谅。

《时报》，宣统二年正月十七日（1910 年 2 月 26 日）

代表团致预备立宪公会书

敬启者。同人等因国会请愿，去冬道出沪上，深蒙招待殷拳，至今【为】感。迨到京上书，未邀允准，又承电示，分电各省谘议局即开临时会提议，以为继续上书之举，当经同人等复电台处，热诚国会，良用感叹。岁尾年头，未审日来办理如何，务祈函开详示为幸。抑更有请者，贵会会员遍各直行省，贤能宏达之士所在而有，倘得贵会广发通告，请其各就本地方鼓吹国会二次请愿之举，则风声所树，尤易影响，民心一致，自不难上回圣聪，同人等无任敬祷之至。除将所有请愿即开国会同志会简章另函专布外，合再奉恳，统希示复，祗颂年安。驻京国会请愿同人公叩。①

《申报》，宣统二年二月初五日（1910年3月15日）

京师国会团致各省公启

去腊二十七日，同人在京议决继续进行办法之件，曾经印出，通告各省各团体。此次到沪、到京各代表谅邀查入。内有直隶、江苏、广东三省代表，签认于今年正月底派员分往左近各省游说商学会及其他团体，请其组织同志会支部，并由广东代表沈君担任设法派员游说海外华侨。诚以国会问题本吾民所应自为主动，仅从政府一方面着手，未易得良好之结果，而欲唤起一般国民，则必须互相

① 原标题“代表团来书”，此拟标题“代表团致预备立宪公会书”。

派员游说，以资联络而便提倡，收效乃能捷速。当时我同人之列议席者，亦既全体赞成签认，前往各代表且已通函本省，请其照办矣。惟因同志会宣言书及详细章程尚未办齐，特派员出发之期恐尚须少迟时日。兹谨将致直隶、江苏、广东三省函稿奉呈钧鉴，以释悬廑。特派员到贵省时，尚乞格外关注，妥为招待，俾分会早日成立，同志日多，势力日厚，请愿之目的即可以早达，同人等不胜盼祷之至。

《申报》，宣统二年二月初八日（1910年3月18日）

敬告各省商会请联合请愿书

径启者。同人等受父老兄弟之重托来京请愿国会，迄今逾数月矣。客冬上书既归无效，当时同人筹议继续进行之策，佥谓国会一事，为立宪国最重大之问题，断非少数人所得而私，必当萃全国之精力才智集于一途，乃克有济。此同人等近日在京所以披露悃款，征求声气，而有国会请愿同志会之组织也。

夫同志会设立之要义，首在结合各界赓续请愿。今此会规模既已粗定，各省代表亦先后到京，连日集议，皆以各省商会最多热心爱国之士，若能速举代表来京，同时并举，政府必有改弦之心，吾侪益无孤立之惧。况现今世界大势渐趋于经济主义，我国政府之于商团注视尤勤，若以代表团名义通函各省镇商会，请其出援，度亦诸君子之所不遐弃矣乎！夫吾国即开国会之有大利，与吾国有确能即开国会之理由，国中人士论之详矣，同人等近于刊布同志会意见书中尤为批却导窍，使之无可借口，诸君子取阅自知，无待复陈。今日所欲与诸君子剖论者约有两节：

（一）当知吾侪即开国会之目的决无难达。盖吾国立宪诏旨颁布频仍，衮衮诸公皆知时局颠危，舍立宪无以救亡。薄海人士盼望实行立宪之心理亦不谋而合，故去岁仓卒发起各省代表奔集京师，要求即开国会者至十九省之多。盛矣哉！前此未尝有也。虽我皇上察慎为怀，不遽俯如所请，然明诏所颁，不有曰“朝廷实深嘉悦”乎？此其无极端反对之意可知。盖诚见吾侪连袂而来，非有功名富贵之可图，不过怅触时局，欲急起直追，共图补救，精诚所感，不忍大拂乎吾民之情也。同人等默喻此意，既不懈而益勤，一时爱国志士益相与讨论研究，目的既同，心志斯坚，此两月以来，各省同志会支部所以同时成立，而赓续请愿之声所以大震于全国也。且政府所挟以为口实者，不过谓吾民程度不及。其实程度之说，本无一定标准，同志会意见书已详论之。设吾侪果能热心、毅力持久不懈，则反对者且将失据，而请愿之目的固无虑其不达矣，此非虚揣之词也。数年以前，国中之反对立宪者比比皆是，今何以反舌无声？比年以来，国中之请开国会者落落可指，今何以翕然响应？非其心理之果有异同也，向惟昧于立宪政治之真理，故疑虑滋多，畏阻不前耳。顷自国是大定以后，上而政府知非立宪不足以图存，下而人民知非开国会不足以救亡，相激相荡，以至今日。所谓虽有镃基，不如待时；时则既然，虽有第二梅特涅出，恐亦不敢扬专制之余焰，显背我德宗景皇帝庶政公诸舆论之诏旨也。所患我国民舆论不一致耳！果一致矣，以监国摄政王之贤明，安知不俯察民愿，立沛纶音，召集国会乎？况乎今日京内外大僚能知速开国会之利者，亦甚有人，闻不久将有联衔入奏之举，官民合德，上下一心，故吾国要求即开国会一事，下观人情，默察天心，而知必有沟通心理之一日，惟视吾侪之奋励何如耳。

（二）当知国家立宪与商人有特别之关系。按各国前代其民之要求立宪最力者惟两派，一为政党，一即商人。因政党者，原以政治为生活，商人者，则别有财产上与商业上之利害，故国家若能整顿政治，则商人受保护之利益者不少。否则，无正当之保护，商人之受害必烈，而欲立足于商业竞争之世界难矣。此所以欧美各国对于商务，皆主张保护政策，以与世界争衡。英国之商务【素】【称】【霸】于世界，因其国政府对于商业取放任主义，近乃大受德、日、美、法商战之摧挫，现亦改弦易辙矣。从【可】知今日世界无不以工商为立国之根本者。夫商人既一跃而居国中最重要之地位，则国中政治之得失，自与商人有特别利害之关系。故吾国今日国会请愿之事，尤应以联络商界为中坚，盖吾国人近来实业知识渐发达，商界中尤多具有研究政治之热心。况最近又有湘、鄂、苏、直、粤五省商会联络请愿之成议，并闻鲁、赣两省商会现已举定代表克期北上，则各省商会之必能踵其美举，无待同人等等之鳃鳃过虑者。但流光如驶，国事日危，若吾侪早请愿一日，则速开国会之机可早养成一日。询谋既已佥同，众志可期成城。此同人等所以急望各省商会共举代表大举请愿，而尤望彼此相约于四月中弦开联合会于汉口，同时北上，藉收联络接洽之效益，矢同舟共济之心，于商业前途影响必大，于国家前途裨益必多。除驰书敬告湘、鄂、苏、直、粤各商会，请其发起联络外，拟请贵会直接径函五省商会，彼此约定期间，一面函告武汉商会，属其预备一切开会事，相互联络，相互督促，俾无误四月上呈之期。商界幸甚，大局幸甚。同人等不胜翘企待命之（辱）〔至〕。专泐，即颂任安。北京请愿国会代表团同人孙洪伊等公启。

《大公报》，宣统二年三月十三日至十四日（1910 年 4 月 22 日至 23 日）

孙洪伊等挽留湘省国会代表罗杰函

顷奉手教，欲辞代表之名而行请愿之事，仰见苦心孤诣，纫佩无极。惟念国会一事，关系国家安危，足下主张最早，研究较深，去岁为国奔走，不辞劳苦，同人感激热忱，推为代表团中巨子。今读来教，竟欲辞去，此在足下，或别有感愤，而同人之望于足下者方大，甚不欲中道舍去，易厥初志也。特函敬挽，务须始终一心，相与提絜进行，锲而不舍，不计近功，不较毁誉，庶有贯彻政见之一日乎。同人无任盼祷之至。①

《申报》，宣统二年五月初四日（1910 年 6 月 10 日）

① 录自“请愿国会代表之后望”，标题为编者所加。

代表团公启

呈此已上，未审效果如何。此后进行方针，种种问题，诸待解决。请于本月十四日下午二句钟，同临湖广会馆公同讨论。各省代表幸聚京城，机会难得，时间足珍，无论风雨，望无愆期。无任盼祷。此叩。

《中国报》，宣统二年五月十四日（1910 年 6 月 20 日）

代表团致直隶绅民团函

谨启者。贵省绅民请愿签名册上，领衔者刘殿撰春霖，闻向政府声明不认签名，众相骇愕，咸来诘责。此何等事，如是办理，是不惟贵省绅民信用全失，抑且牵涉代表，情词俱穷。谓其以殿撰之名，并未知会殿撰，缘缀涂附，以为体面，则卤莽灭裂，负罪天下，其何以自解。若曾经知会殿撰而殿撰自食其言，则欺伪狡诈，得罪邦人，殿撰其何说之词。二者无一可，有一于此，皆应贵省担其责任。鹄候示复，以告公众。若殿撰并无取消之说，亦应将殿撰确实证书间执谗口，使国内群疑一朝而释，曷胜欣幸。语云：名誉者，人生第二之性命。敬为贵省诵之。临颖皇悚，祇请台鉴。

《中国报》，宣统二年五月廿六日（1910 年 7 月 2 日）

国会请愿代表团覆汉口同志会电

养电悉。已决议为三次准备，誓死不懈。伊等叩。

《申报》，宣统二年六月初一日（1910年7月7日）

国会请愿代表团致各省谘议局书

敬启者。窃同人等才德鲜薄，二次国会请愿，卒以积诚不厚，天听未回，而势难中已之故，内无以谢诸君子委托之重，外恐东西各国鄙我民气卑靡，皆邻于粉饰虚憍，举不足言。

夫国会之开，朝廷早定有年限，吾侪小民必以速开为请者，原以内忧外患，旦夕岌岌，几年期满，亡国之势与救国之心，实两处于难待。当未请愿以前，犹有一国会为吾民公注之愿望，兹则以一再求请之故，反断绝愿望，并奉毋容再渎之谕旨断绝求请，呼天抢地，弥用仓皇。是以同人等于奉上谕后，会议数次，继续请愿，百口一声，而旬日之间，各省以函电催促进行亦数十起，乃将三次请愿办法公则，决定旋付印刷，邮送各省，冀皆万目一的，藉作准备，想诸君子早经披悉矣。同人等自惟议决案内了无骇异之举，不过于同志会则加多分会，于人民册则加多签名，于请愿时则加多代表而已。持是策画以为进取，上之巨石不转，下之散沙难抟，果效依旧渺茫，劳费益加繁剧，此种批评，度皆不谋而合。顾同人等敢决定刊布不疑者，凡办一事，其见为进行之方法，必皆有其宗旨与其作用之所存。同人之发表此议案也，岂惟迂之，且有非笑谩骂者矣。其非笑谩骂者，以为吾国政府岂尚可恃？无自由行动，坐以待亡可也，何为多事？近日报载，吾国有人在日本牛込清风亭开会，以国会失败举行祝贺，不审彼等是何居心？

大抵吾国人民对于政界所抱宗旨，显分两派，一有政府，一无政府。无政府主不请愿，有政府主必请愿。而请愿一途又分两派，一主激烈，一主和平。激烈则必经祸乱而始有效，和平则不酿祸乱而亦未始无效。夫无政府之说，同人等与诸君子绝对不能附和，无待词费。即主张请愿，或以出于激烈之故，上下交哄，中外纷乘，吾国现象如何，岂宜有此经历？本以国利民福悬为正鹄，毫厘千里，差谬悬殊，求果择因，不敢不慎。是以同人议决之案，一以和平进行为宗旨，而其作用亦即伏于康庄坦荡之中，以翼收真力弥满之效。

议决案内谓必各府厅州县皆设一同志分会为体，而于请愿时，各属皆以万数签名一二代表为用。诚能如是，则合全中国之人，平时皆耳国会而口国会，届时请愿，惨怛呼号，一如寒之欲衣，饥之欲食，真宰上诉，皇天亦泣，诚之所至，金石为开，而谓政府终不睹不闻，誓必绝民而立，抑亦轻量政府之甚。夫轻量政府，无非谓有真诚而无实力，斯始终不动其心耳。然试思举国府厅州县，皆挟一欲得之物，以为求请，势且不得不止，即不言力，而所谓对待政府之实力，如西人不出代议士则不纳租税，诸凡类此事实，政府岂遽料其不能办到？天下惟能而不为之实力，乃绝大之实力，亦惟具有实力而不以力见，乃无上之真诚。故同人显以真诚启朝廷固崇邦本之心，即隐以实力动政府顾畏民严之念，此固同人等仰体先皇帝颁布立宪之公，与今上继志述事之善，始终冀以君民一德，不惊不扰，促令安全成立，以垂为特色之改革历史，而不惮委曲繁重，以明其域之必赴，谅亦诸君子志同道合，舍是则无万全之谋者也。

虽然，同人等今日所窃畏顾虑者，不患不动于上，患不动于下。而下之不动，不患在无应，而患在无呼。夫欲各省府厅州县皆有请愿准备，挈领而振，登高而呼，一唯诸君子是赖。诸君子以宏才硕望，各于本省各大团体握机关之重要，备主辅之推行，同人无状，皆承受委托而来，则对于此举，诸君子本为原动。譬诸遣兵外出败北，再斗而又处于有进无退之地位，应如何接济刍粮，预备援救，度皆昼夜旁午，指挥不停。而同人等窃以准备求全之故，生绸缪过甚之虞，明知事在必无，姑作情所。或有颇虑诸君子对于议决案内一切规定，谓同志会省设其一已难，何论府厅州县。而于请愿时各属签名必万数，代表必一二，游说联络，谁尸其任？有人任矣，费从何出？府厅州县代表之费又从何出？即作为有费矣，岂能遍及，岂能皆应。即无不及且应矣，我省然，他省不然，又复奚补？且即令省省皆然，谓具有无形实力，而无有形实力对待政府，上谕一下，百举皆空。况平心而论，又岂真有一省如量办到。种种观念由消极而积极，由积极而消极，推其究竟，必将观上观下，无一而可，而合廿二省固定之团，又未使昌言解散，只各以旅京代表支撑门面。消息邻省，怅望京畿，满腔热潮，旋起旋落，积之如痞块，飏之如游尘，奈何一唤，延搁无时，而同人等进不蒙力，退不奉命，抛弃职业，虱处都门，非马非驴，不滥不逾，于是吾国有一种似立宪非立宪之政府，复有一般似请愿非请愿之人民。如此情态，宁堪描绘？

夫同人等以过虑之故，妄度诸君子对于此事恐卒渐归于消极者，则亦以果效难期，而劳费复苦于无着耳。然同人等之意，窃以此事重大，无与比伦，各国以流血相易，我国并劳费为难，任是可原，卒不可道。且所谓劳者，非必朝夕不遑宁处也，其在同志会未经成立之省，入手紧要，亟将省同志会组织成立。各省既皆有同志会，则对于各府厅州县一切应有手续，除派往各属游说外，约得四五人专充干事，不难应付裕如。至所谓费者，以省部言，会内例用之费，派往各属之费，各团代表之费，担任京团之费，邮电印刷之费，综此种种，及有遗漏计，仍在五千元以下。以府厅州县言，则不过代表来京费用而已。即同志会不肯附设，仍在千元以下。同人等估量劳费不过如此，窃谓个人【图】谋幸福，出如此劳费以为代价，而且不如其愿以相偿，比比皆是。至办如许人事，言果效则愿必从奢，言劳费则力必从俭，此万无可存之理想，夫何待言？

惟天下事，坐言则易，起行甚难，同人等议决之案，坐论一堂，咄嗟可定，而按照所议以为准备，则诸君子立于起行一面，事固处于为难。且同人等一以诸君子为倚赖，而又深料诸君子无转可倚赖之人，责更处于无贷。正惟无他人可贷也，而或以此事之难，一有委卸，与有疏懈，骨节解脱，全体失灵，成败所关，念此滋惧。是以同人目前观念不注重在朝之有无果效，而注重在野之有无效果，则惟视诸君子接到议案之后，所具热心毅力之涨落盛衰如何，而民气之涨落盛衰随之，即国运之涨落盛衰亦随之。此则同人等对于诸君子代四万万之同胞具有无穷盼祷，信其能然，而又深忧其不然，以致书中陈渎琐琐，不自知其罪，而并不自觉其非者也。

伏冀猛提同舟遇风之神，组备万马齐足之力，民顽地旷，疏达需时，日月不居，转眼春及，诸凡举办，勿稍稽延，并冀不时赐教，藉匡不逮，同人幸甚，举国幸甚。又议决案第七条子、丑、寅三子目，拟届九月资政【院】开院为间接请愿，俟七月谘议【局】联合会开会提出议决，如何进行，再行报告，兹不赘。肃此，敬请勋安，统希垂鉴。

《大公报》，宣统二年六月廿三日至廿四日（1910 年 7 月 29 日至 30 日）

代表团忧时之血泪

国会请愿代表团昨将各省同志会成立日期报告单及干事名单，与补助同志会进行之方法并签名册之格式，函送顺直同志会。函中有云：际兹灾害荐臻，内外交迫，民变兵变，日有所闻，日俄协约，乘时出现，祸患近在眉睫，非得强大之民气，作政府之后援，尧舜虽生，恐亦罔效云云。

《申报》，宣统二年七月十二日（1910 年 8 月 16 日）

北京国会请愿代表团公启

敬启者。国会请愿同志会之设，其理由业详意见书，兹不复赘。际兹灾害荐臻，内外交迫，民变【兵】变，日有所闻，日俄协约，乘时出现，瓜分之惨，近在眉睫，非得强大之民气，作政府之后援，尧舜虽生，恐亦罔效。日者汉口、上海各同志会连赐教言，均有联络各省各埠同志会抵死急请之议。但吾国区域画分，交通不便，天时地理，振古如斯，风气不能强同，活动恐难一致。兹特列举各同志会之情形，藉供钧览，以收集思广益之效。后附本会在巡警总厅立案批，俾天下均晓然于政府无反对请愿国会之意也。再者代表团五月二十一日奉上谕后之议决案第四条甲项，但言同志会总部不用总部二字，改名北京同志会，词意犹不甚完全，现经同人决议，无论北京及各省各埠同志会，均不用总部、支部等名目。设立于某地者，即名某地同志会，其理由备载议决案说【明】书中。盖欲实践同志会之内容，不得不稍为变通其名义，忝在同志，尚乞原谅。至签名请愿规则及签名用纸格式，现已印讫，一并寄呈。端此，祇请钧安。余惟鉴察不备。北京国会请愿同志会谨启。

谨将各同志会之情形列左呈览：

（一）同志会之成立。一、北京同志会正月成立。二、奉天同志会三月成立。三、吉林同志会三月成立。四、顺直同志会□月成立。五、上海同志会二月成立。六、山东同志会三月成立。七、山西同志会二月成立。八、河南同志会四月成立。九、陕西同志会三月成立。十、福建同志会六月成立。十一、九江同志会四月成立。十二、湖北同志会四月成立。十三、汉口同志会四月成立。十四、广东同志会四月成立。十五、广西同志会三月成立。十六、贵州同志会五月成立。其它各省之无正式报告者，概不列入。

（二）同志会之干事。一、北京同志会干事长孙洪伊，其它干事又分四部：（甲）庶务部孙壮、李素；（乙）书记部周树标、方还；（丙）会计部吴锡龄、杨治清；（丁）招待部康士铎、文耆、文耀、郭卫林、陈登山、黎宗岳。二、奉天同志会干事分六班，每班二人：吴景濂、李树滋、王荫棠、鹿鸣、张嗣良、王伯勋、戴裕忱、田绪圣、成友善、李国华、李善芝、赵福民。三、吉林同志会干事庆锡侯、陈子侯、文在卿、赵学臣、赵鼎臣、福裕、杨锡九、崇芝轩、孙树棠。四、顺直同志会干事长温世霖，其它干事又分二部：（甲）内部干事共八人，分为四：（子）书记部齐树偕、王双岐；（丑）【庶】务部李璜、张锡光；（寅）会计部萧启宗、宁存恕；（卯）交际部杜宝桢、温世霖。（乙）外部分赴各属，组合干事共十七人：周春熙、李兆奎、潘智远、李津舟、田国栋、马维周、牛桢、梁庭、郭维藩、徐朴、冯珍、□泰、张肇隆、陈□昭、许崇棣、范琛、李春荣。

五、上海同志会干事沈恩孚、杨天骥、于定一、王敬芳、杨（延）〔廷〕栋。六、山西同志会干事刘笃敬、曾【纪】纲。七、河南同志会干事杨源懋、李国华、徐营初、侯旬。八、陕西同志会干事王铭丹。九、九江同志会干事罗大佺。十、湖北同志会干事吕逵先。十一、汉口同志会干事长张国溶，其它干事分四部：（甲）书记部邱志岳、李世勋；（乙）会计部关钥圻、戴正茂；（丙）庶务部李养和、马中骥；（丁）招待部萧必润、龚国瑞、周鸿勋、马彭年、唐凤翔、李昌誉、何宫林、冯壬。十二、广西同志会干事长蒋继伊，其它干事四人：吴肇嘉、苏寿松、唐钟元、秦步衢。十三、贵州同志会干事钱登熙、任可澄、周培艺、陈廷棻、周恭寿、林文、明钰、钟昌祚、贺科文、石承霖、顾定基、马灿肫、李忠鉴、黄禄贞、李端棻、华之鸿、林天锡、丁良佐、杨昌铭。其他省均尚未报告也。

（三）同志会之事务所。一、北京同志会附设于北京琉璃厂魁和参店内院代表团事务所内。二、奉天同志会附设于省城谘议局内。三、吉林同志会附设于省城绅董公所内。四、顺直同志会附设于天津三条石自治研究所内。五、湖北同志会附设于省城粮道街宪政筹备会内。六、汉口同志会附设于省城教育总会汉口城垣马路商业学堂内。七、山西同志会附设于省城教育总会内。其它省同志会寄信时多由谘议局转交，惟上海则每由教育总会转交也。

（四）同志会之作用。一、顺直同志会派有干事十七人，分往各属游说运动。二、上海同志会其作用分二端：（甲）通信各省同志会，联络一切；（乙）通告各会员及其它团体，各就本地组织支部，谋进行【之】方法。

汉口同志会其会章如下：第一条，本会由汉口同志组织而成，广征同志，以请求政府速开国会为目的。第二条，本会暂以汉口商业学堂为事务所。第三条，凡籍隶汉口或寄居流寓汉口之湖北人及非湖北人，表同情于本会者，得本会会员一人之介绍，皆得为本会会员。第四条，凡入会者，须遵北京同志会总部之规定，填写签名单。第五条，凡为本会会员者，须纳入会金一元。其特别捐，各量能力输助。第六条，本会置干事长一员，书记、庶务、会计各二员，招待八员，均由全体会员投票选举。第七条，本会经费由全体会员随时筹措。第八条，本会不至国会成立之日，不得解散。该会之事务分二种：

（甲）固定事务，又分二种：（子）宪政研究所，其章程如下：第一条，本会附设宪政研究所，以研究关于宪政上之一切学识为宗旨。第二条，宪政研究所由本会会员组织而成。第三条，本会职员均负有研究之责，且会员欲实行研究者，须先时署【名】通知本会事务所。第四条，研究各员于研究会期均应按时到会，不得缺席。第五条，研究之范围以宪政为限。第六条，研究之方法如左：（甲）预定研究书籍，由各研究员购备平日校阅。（乙）定期开会研究，由主席标所研究书籍中之某项，任请某研究员【到场】演说。（丙）本会特设问答栏，各研究员遇有疑义，可随时通函事务所质问，本会特请法学名家逐条解释。第七条，研究所之会期，每月第二、第四两星期四日午后四钟。第八条，研究所之场所，在本会暂定之事务所。第九条，质问疑义者，须注明姓名、住址，以便答复。第十条，未署名研究之本会会员，届研究会期亦可到场研究，惟须入旁听席。其非本会会员欲入场旁听者，得由本会研究员介绍之。第十一条，研究所会期得请中外法学名家到场讲演。第十二条，所有研究讲演各论说，由本会书记随时记录公布。（丁）〔丑〕宪政白话报，其章程如下：第一条，本报以促进筹备机关，扶翼立宪国民为宗旨。第二条，本报以通俗文字解释宪政，其范围以宪政为限。第三条，本报以汉口请愿速开国会同志会组织之。第四条，本报之内容如左：（甲）关于立宪之谕旨；（乙）宪政浅说；（丙）章程解释；（丁）本省纪事；（戊）外省纪事；（己）杂录；（庚）本会记事。第五条，本报每星期出版一次。第六条，本报之编辑，以本会会员担任，由会员中公举一人总理其事。第七条，凡白话投稿，与本报宗旨相合者，由编辑总理选誊，但原稿概不缴还。第八条，本报不另设发行所，由全体会员分任发行事务，其外埠或外省订购本报者，【可】径缄本会事务所。第九条，本报为维持宪政起见，故售价只取纸张、印刷费，暂定每册铜元二枚，订阅半年者四十五枚，全年者八十枚。

（乙）不固定事务分三种：（子）联合各省抵死请愿；（丑）要求各省谘议局呈请督抚代奏；（寅）各省厅州县组织国会请愿同志会，联合呈请督抚代奏。

广西同志会拟成各地分会简章，分发各府厅州县，限六月以前成立，再由该会印成签名单及各种印刷品，分发各地会员，以为鼓励国民、广征同志之布画。其余若广东、福建各省同志会，其作用虽尚无正式报告，然观四月初九日，广东同志会在海珠戏园院开会宣告该会成立，到者数万人，座满途塞，捐款一万四千余元，秩序整齐，人心一致；又观六月初四日福建同志会在城内明伦堂，初七日在城外仓前山开成立大会，与会人各数千，民气振奋，未（常）〔尝〕不可预料该会之大有为也。其它各省作用不一，因无报告，均不敢妄行拦入。再，汉口同志会所出白话报，诸省同志可以直接购阅。

巡警总厅北京国会请愿同志会立案批。外城巡警总厅批：据孙洪伊等呈报组织国会请愿同志会，请予立案等情，业经本厅申部。奉批：准予立案，仰即遵照可也。右批孙洪伊等。准此。

《晋阳公报》，宣统二年七月十三日（1910年8月17日）

国会代表团对付日俄协约之热力

日俄协约问题，颇为东西各国人民视线所注重，而东西各国有势力之新闻纸，亦复大书而特书，其内容有志之士怒焉心伤，而我国一般麻木不仁之政府，视之似无足重轻。孰不知此约一成，其于我国之存亡，实为绝大之关键。北京国会代表团对此问题颇具热忱，除电致各省谘议局协筹抵制对付方法，以谋图存外，一面刷印通告书遍送各省，以为吾国民触目警心之材料，而为补救图存之万一也。兹将其原稿录左：

径启者。日俄协约，其密款四条，近日各报均已将其大致注销，闻之令人落魄。此事洪伊等日前本久有所闻，知该协约对于吾国存亡关系极大，并知吾国掌外交者，别有歆慕，慨允外人之请，而洪伊等所以迟迟不发者，恐无实据，不足征信，且不敢轻于搅动全国之风声。及今日各报所载，与吾辈之所闻者如出一辙，且经同人各处侦查，知各报重要访员已得实据，并有英、法两国主持其间。吾侪处此，万难再安含默，今已飞电苏、粤谘议局，恳其转电皖、赣、浙、闽、桂等省，协筹抵制善策。瓜分已定，各国将纷纷缔结协约，宣言保护吾国领土，与监督吾国财政，一转瞬间，吾国二十一行省皆为各国一纸协约所剿灭而尽。国事至此，忍无可忍，故特陈请贵局共筹办法，为唯一之行动。果全国激昂奋发，则它国必有起而纠问日俄者，日俄必有所慑，而暂敛其锋，不敢遽然实行此约。

且吾国政府得强大之民气为后援，亦可据理以与外人死争，国难或可稍豸乎。临颖惶骇，不知所载，诸维钧鉴不备。北京国会请愿代表团孙洪伊等谨启。

附将代表团致江苏谘议局与广东谘议局之电文录下：

南京谘议局转皖、赣、浙局：报载日俄协约密款四条，瓜分急，联合各省协筹抵制。代表团。

广东谘议局转闽、桂局：报载日俄密约，一保护黄河以北，二日皇迁都韩京，三取缔蒙古，四监督中国财政。瓜分已定，急联各省协筹抵制。代表团。

《中外日报》，宣统二年七月二十日（1910 年 8 月 24 日）

北京国会请愿代表团公启

敬启者。国会请愿，二次却下，议论纷腾，莫衷一是。或曰中国人心已死，虽有一二磊落奇特之士力倡于前，苦无舆论为之后授也。或曰中国人有心无力，虽人人咸知国会之当速开，请愿之必继续，而一为循名核实，则靡不彼此推诿，卸责他人，终成画饼耳。不知此等轻量国民之议论，乃狡猾者主张消极之所利用，已本不欲为，又恐受社会之唾骂，乃不惜牺牲国民之心理，妄肆簧鼓，藉之于国民程度不足，以为卸过之地。夫天下事必成于主观，徒向客观而求援，已属于事无济，况客观之并非无援救之力耶？爰综五月二十一日奉上谕后，海内外各同胞敦促敝团进行之函电，录而出之，以供钧览。[①] 俾知人心未死，民气可为，来日方长，胥恃乎此。敝团勉之，愿吾海内外同胞共勉之，勿使狡猾者之言而获中，则中国前途幸甚，幸甚！肃此，祗请公安，诸乞珍卫。北京国会请愿代表团顿启。

《晋阳公报》，宣统二年七月二十三日（1910 年 8 月 27 日）

---

① 函电见第二编各省绅民请愿活动。

国会请愿同志会干事孙洪伊等为日俄协约泣告国民书

呜呼！我同胞亦知今日国家已亡，主权已丧，土地已削乎？亦知今日有斩吾国脉，剥吾之权，侵吾土地之事乎？亦知今日有斩吾国脉，剥吾之权，侵吾土地之祸首罪魁为谁乎？此非他，即向号称以保全东亚和平鸣于世界之日俄两国也。乌知夫首破坏东亚和平而妨害列国均等之势者，即为口唱和平之人，此真近世以来之变局，为各国政治家所震骇不置者也。谓予不信，请观日俄缔结新约一事。数年以来，瓜分、瓜分之声久喧阗于吾人之耳鼓矣，然所以苟延残喘而不即形分割者，非惮于吾国之威信也，惮于破列强均势之局而不敢先发耳。

自日俄角逐于满（州）〔洲〕之野，列强益深信均势之局不可破坏，相率以真意保全东亚和平，维持机会均等，而吾国乃得旦夕偷生于均势政策之下，以多延数年之国脉。此次日俄新协约发表，而吾国四万万人之生命财产，将随此数行条文以俱去，即世界各国人民之生命财产，亦将因此而有大受损害之虑。盖吾人为保全国家计，不得不拼生命财产以相殉；各国为维持均等主义，以保全世界之真正和平计，亦不得不拼生命财产以相殉。此诚人类之浩劫，行见天翻地覆、风起水涌之惨剧出现于地球之中也，吾同胞尚等闲视之哉！日俄交相携贰，邻国之利，吾国之福也；日俄交相握手，邻国之灾，吾国之祸也。呜呼，阳历某月某日，日俄所缔结之新协约，即近世洪水猛兽之大纪念日也。岂独吾国之受其毒哉！当该协约之发表也，美报则痛诋日俄两国破坏和平，预备以兵力维持矣，德则增兵青岛矣，奥则极端反对矣，英则派兵入藏矣，法则增兵滇边矣，若意大利、若葡萄牙以及其余之诸国，均有跃跃欲动之势。盖各国自遭庚子事变以来，久表示不欲以兵力宰割中原矣，今竟将至于此者，岂各国之所得已哉，无非见日俄两国狼吞豕突，悍然排斥满洲列国均等之利益，纳满洲于其怀中，以破坏东亚之和平，不得不出于此，而以生命财产相殉耳。日俄两国之为世界人道之公敌也，其罪岂胜诛哉！夫各国不过以利害关系，嗜爱和平之故，乃至以生命财产相殉，用极不和平之手段，以求真正之和平，而犹若此其公愤，矧在吾国有国家存亡之戚者，其奔走号呼，哀痛惨切，当更何如哉！乃返而观之我国民，留学生者，国民之领袖也，而今且预备应试；报纸者，国民之耳目也，而今且相戒不言。酣歌如故，醉饱如故，蝇营狗苟如故，粉饰休明如故，农相安于野，商相安于市，行旅相安于途，工商相安于镇，士相安于校，兵相安于营，一若无日俄之协约也者，一若日俄协约与我无关系也者。噫，天下最伤心惨目之事，孰有过于亡国灭种者乎？孰有过于亡国灭种之人临死而不知痛者乎？侧闻吾政府诸人，恐有反对协约者出，触犯强国之怒，有碍于目前之禄位，业已通告两国承认矣。丧心病狂有如是耶！有如是耶！

夫日俄之必有今日之协约，其远因已伏于日俄之役。盖自战局既终，各国政治家均以为日俄难免第二次之战争，日俄为求免第二次之战争，不能不有今日之新协约，彼诚见前日之旧协约犹不足以解葛藤也。自伊藤殒命于满洲之野，而新协约已胚胎；自美国国务卿提议满洲铁道中立，而新协约已产生。使我国外务当局稍有明眼之人，乘其协约未发之时，用敏妙手段以解散之；或于其已发之时，联合与国以反抗之，犹不失为公忠体国者。而乃事前不知防范，事后不知措置，临事又复仓皇，遽与二三昏聩大臣决议，以断送我祖宗发祥之地，则外务当局者误国之罪，诚擢发难数也。代表等受举国委托，两次请愿均归无效，知政府已不欲存吾国矣。而忽际此新约之发现，其后之继协约而起者，不知将演如何之惨剧，是外人又不欲存吾国而速吾国之亡也。夫吾人处此危急存亡之秋，非合全国之心思材力，不足以有为也。今请揭示日俄协约之真相，以与国人共讨论之。

一、日俄新协约与旧协约之异同。

查一千九百七年七月，日俄所缔结之协约，其第一条云：两国相约，尊重中国之领土，保全及尊重他国与中国已经正式结约所得之一切权利，并一千九百五年九月五日即俄历八月十三日在朴子茅斯所画押之条约，及日本国与俄国间所缔结之一切之特殊条约所生之权利。其第二条云：两缔约国相约，承认清国之领土保全，并列国在清国之商工业机会均等主义，且由自国可取之一切平和手段，拥护支持现状之存续，及前记主权之确立。观此旧协约两条，则俄日两国久已分割满洲，无庸置辨。然犹可以掩人耳目者，则以旧协约中第一条犹明载以尊重中国之领土，不反列国机会均等之主义；第二条犹明载以由自国可取之一切平和手段，拥护支持现状之存续，是知日俄两国当日缔结条约时，多所顾忌，不敢遽然表示分割之意，故条文中若吐若茹，每多回护掩饰之词，盖深畏各国之抗议也。是当日之分割满洲为消极主义而非积极主义也，为单独行为而非双方行为也。若夫本年六月所订之新协约则大不然。其第一条云：两缔约国为便利交通、发达商业起见，相约共同协力改良各自在满洲之铁道，及整理该铁道之联络事务，并不得为妨害达此目的之竞争。其第二条云：两缔约国相约，无论何国，皆基于自今日至俄日间两国及与清国间所缔结之一切条约，又其他之约定，维持尊重之现状。第三条云：如有发生侵迫前记现状之性质之事件时，两缔约国于维持现状认为必要之措置，得随时互相商议。吾人一读此次日俄所缔结之新协约，即知其为绝对的分割满洲之攻守同盟，可断言也。前次第一条于满洲铁道未见明文，今则第一条补订之研究铁道联络之方法，预防第三国提议满洲铁道之中立矣。前次第一条明载，限以不反机会均等主义之权利；第二条明载，承认清国之领土保全，并列国在满洲之商工业均等。今则协约全文不载领土保全及机会均等之字样，而默认排斥列国商工业机会均等主义，蹂躏中国之领土主权矣。前次第二条谓由自国可取之一切平和手段，今则第三条谓如有发生侵迫现状之性质之事件时，两国认为于维持现状为必要之措置，得随时互相商议，而为分割满洲攻守同盟矣。此等举动，岂特目无中国，且防制各国之势力亦极严密，无异宣告世界，以满洲为日俄之领土也。由是观之，彼所谓维持现状者，即二国垄断满洲之谓也。满洲之铁道，日俄之铁道也；满洲之森林、矿务，日俄之森林、矿务也；满洲之盐务、渔业，日俄之盐务、渔业也；满洲之岛屿、江河、山岭、土地，日俄之岛屿、江河、山岭、土地也。而今而后，各国有实行机会均等之主义者，日俄必认为发生侵迫事件而互相商议措置，不容各国之置喙矣。吾国有欲行使主权而经营一事者，日俄必认为发生侵迫事件而共同防御措置，不容吾国之立足矣。昔也，日俄分割满洲尚属消极主义，今竟成为积极主义矣！昔也，日俄分割满洲尚属单独行为，今竟成为双方行为矣！然则我最爱平和之亲爱友邦，欲实行机会均等之权利，岂能嘿尔而已乎？然则我虽有数万万方里之雄大民族，欲为保全领土主权之计，又岂能安然而已乎？此吾人所以观于新旧协约之异同，而不能不为我同胞告者，此也。

一、日俄密约之关系中国存亡。

据世界各报纸所喧传，谓日俄另有密约。吾国报纸所记载，谓日俄另有密约四条。其第一条云：日本吞并韩国；其第二条云：俄国取缔蒙古；其第三条云：日俄两国保护黄河以北权利；其第四条云：两国提议监督中国财政。按：第一条俄承认日本吞并韩国，盖日本久有吞并韩国之心，其所以不敢公然表示者，畏俄国之议其后也。第二条日本承认俄国取缔蒙古，盖俄人久怀侵略蒙古之野心，其所以不敢公然表示者，惧日人之乘其隙也。第三条日俄两国保护黄河以北权利，盖俄人守彼得侵略之遗训，久有雄据满洲以席卷中原之志；日人行其政客亚细亚东部霸权之政策，久有抚长城之背以窥伺幽燕之心，而其视线均以北方为归宿，其迟迟而不敢遽发者，恐因此而酿成利害之冲突也。第四条日俄提议监督中国财政，盖客岁海牙平和会某国曾经提议，其寂寂而未见诸事实者，恐难得列国之同情也。今俄既承认日本并吞韩国，日既承认俄国取缔蒙古，是两国向所踌躇顾虑而不能获圆满之解决者，今则畅然满志而各如其愿以去矣。且其相约保护黄河以北权利，是知其为预防两国经营北方数省之冲突而将来之纷争可免，各得如其所约以攫取人之土地矣。且进而相约监督中国财政，是直行其瓜分中国之决心，不欲以国家视我矣！循是以往，设令英法协约而谋东南，英美协约而谋长江上下，德奥协约而谋山东辖境，其余诸国各互相协约，以谋其所欲得之地，吾国尚得谓之国乎？即令各国酷爱平和，不欲公然利我土地如日俄之悖戾无人道，而吾国既被人以公式协约分割满洲以去，复被人以秘密条约分割数省以去，吾国尚得谓之国乎？吾中国尚有人乎？呜呼，日俄不畏公法，不讲公理，以甘犯不韪而侵略人之国家，自以为天下莫与敌矣。岂知环地球而居者，尚有数十各强国以伺其后乎？呜呼，日俄违反条约，违反人道以肆行无忌，而吞灭人之国家，自以为计之得矣，岂知吾中国民族歌于斯、哭于斯者之万难忍受乎？吾人所以观于密约之关系中国存亡，而不能不为我同胞告者，此也。

由是观之，自有此协约出世，即吾同胞为牛为马之日也，即吾同胞永世沉沦、万劫不复之时也，即吾神州陆沈、地图改变颜色之会也，即吾种族灭绝之预兆也。何也？以日俄两国合以亡我也！然则吾同胞夙昔傲然尊大，动则以堂堂中华自诩者，今则不敢自诩矣！吾同胞动则以四万万民族自雄者，今则不敢自雄矣！吾同胞日日振兴海陆军，欲赫然成为强国者，今则勿望矣！吾同胞日日争矿争路，欲收回已去之权利者，今则可不必矣！而今而后，吾同胞惟有束手待毙耳！尚何言哉！尚何言哉！

近年以来，国事岌岌不可终日，一般人民忧愤交并。自奉预备立宪之明诏，辄欢欣鼓舞，想望太平。及俯察近年所筹备，内外大小衙门匪特粉饰敷衍，且反假维新之名，为渔利之地。国人有鉴于此，窃以为竞争时代，非实行立宪不足以图存，非即开国会不足言立宪，于是委托代表等以请愿重任。自冬徂春，历寒涉暑，两次陈请，未蒙俞允。久蓄疑虑，欲求宣示，而日俄新协约适又出现，危亡之迫，尤非昔比。《传》云：国家兴亡，匹夫有责。不能不披沥下忱，求教于大人之前，幸垂察焉。

呜呼，今日之斩吾国脉，剥吾主权，侵吾土地者，非此日俄协约乎！今日破坏东亚之和平，妨害列国之均势者，非此日俄协约乎！夫列强瓜分、瓜分之声，久已腾布于世界矣，然所以苟延残喘而不即行分割者，非惮于吾国之威信也，惮于破坏列强均势之局，而不敢先发耳。自日俄角逐于满洲之野，列强益深信均势之局之不可破坏，相率以真意保全东亚和平，维持机会均等，而吾国乃得旦夕偷生于均势政策之下，以多延数年之国脉。此次日俄新协约发表，而吾国四万万人之生命财产，将随此数行条文以俱去，即世界各国人民之生命财产，亦将因此而有大受损害之虑。盖吾国为保全国家计，不得不拼生命财产以相殉；各国为维持均等主义以保全世界之真正和平计，亦不得不拼生命财产以相殉。此诚人类之浩劫，行见天翻地覆、风起水涌之惨剧出现于地球之中也。我政府诸公尚能等闲视之哉！夫日俄交恶，邻国之利，吾国之福也；日俄交亲，邻国之灾，吾国之祸也。呜呼！日俄所缔结之新协约，即近世洪水猛兽之大纪念日也。岂独吾国之受其毒哉！当该协约之发表也，美报则痛诋日俄破坏和平，愿备以兵力维持矣，德则增兵青岛矣，奥则极端反对矣，英则派兵入藏矣，法则增兵滇边矣，若意大利、若葡萄牙，以及其余诸国，均有踊跃欲动之势。盖各国自遭庚子事变以来，固表示不欲以兵力宰割中原矣，今竟将至于此者，岂各国所得已哉？无非见日俄两国狼吞豕突，悍然排斥满洲列国均等之利益，纳满洲于其怀中，以破坏东亚之和平，不得不出于此，而以生命财产相殉耳。日俄两国之为世界人道之公敌也，其罪岂胜诛哉！夫各国不过以利害关系、嗜爱和平之故，乃至以生命财产相殉，用极不和平之手段，以求真正之和平，而犹若此其公愤，矧在吾国有国家存亡之戚者，其奔走号呼，哀恸惨怛，当何如哉！乃闻政府诸公恐有反对者出，触犯强国之怒，业已通告两国承认矣。此语诚然，不知政府诸公果何所恃而敢于独断独行耶？

《申报》，宣统二年八月初四日、初五日、初八日（1910 年 9 月 7 日、8 日、11 日）

代表团为日俄协约事上政府书

王爷、中堂大人阁下：敬启者。近年以来，国事岌岌不可终日，一般人民忧愤交并。自奉豫备立宪之明诏，辄欢欣鼓舞，想望太平。及俯察两年所筹备，内外大小衙门，匪特粉饰敷衍，且反假维新之名，为渔利之地。国人有鉴于此，均以为竞争时代，非实行立宪不足以图存，非即开国会不足言立宪，于是委托代表等以请愿重任，自冬徂春，历寒涉暑，两次陈请，未蒙俞允。久蓄疑虑，欲求宣示，而日俄新协约适又出现，危亡之迫，尤非昔比。《传》云：国家兴亡，匹夫有责。不能不披沥下忱，求教于大人之前，幸垂察焉。

呜呼，今日之斩吾国脉，剥吾主权，侵吾土地者，非此日俄协约乎！今日破坏东亚之和平，妨害列国之均势者，非此日俄协约乎！夫列强瓜分、瓜分之声，久已腾布于世界矣，然所以苟延残喘而不即行分割者，非惮于吾国之威信也，惮于破坏列强均势之局，而不敢先发耳。自日俄角逐于满洲之野，列强益深信均势之局之不可破坏，相率以真意保全东亚和平，维持机会均等，而吾国乃得旦夕偷生于均势政策之下，以多延数年之国脉。此次日俄新协约发表，而吾国四万万人之生命财产，将随此数行条文以俱去，即世界各国人民之生命财产，亦将因此而有大受损害之虑。盖吾国为保全国家计，不得不拼生命财产以相殉；各国为维持均等主义，以保全世界之真正和平计，亦不得不拼生命财产以相殉。此诚人类之浩劫，行见天翻地覆、风起水涌之惨剧出现于地球之中也，我政府诸公尚能等闲视之哉！夫日俄交恶，邻国之利，吾国之福也；日俄交亲，邻国之灾，吾国之（福）〔祸〕也。呜呼，今日日俄所缔结之新协约，即近世洪水猛兽之大纪念日也。岂独吾国之受其毒哉！当该协约之发表也，美报则痛诋日俄破坏和平，预备以兵力维持矣，德则（地）〔增〕兵青岛矣，奥则极端反对矣，英则派兵入藏矣，法则增兵滇边矣，若意大利，若葡萄牙，以及其余之诸国，均有跃跃欲动之势。盖各国自遭庚子事变以来，固表示不欲以兵力宰割中原矣，今竟将至于此者，岂各国之所得已哉？无非见日俄两国狼吞豕突，悍然排斥满洲列国均等之利益，纳满洲于其怀中，以破坏东亚之和平，不得不出于此，而以生命财产相殉耳。日俄两国之为世界人道之公敌也，其罪岂胜诛哉！夫各国不过以利害关系、嗜爱和平之故，乃至以生命财产相殉，用极不和平之手段，以求真正之和平，而犹若此其公愤，矧在吾国有国家存亡之戚者，其奔走号呼，哀痛惨怛，当何如哉！乃闻政府诸公，恐有反对者出，触犯强国之怒，业已通告两国承认矣。此语诚然，不知政府诸公果何所恃，而敢于独断独行耶？

夫日俄之必有今日之协约，其远因已伏于日俄之役。盖自战局既终，各国政治家均以为日俄难免第二次之战争，日俄为求免第二次之战争，不能不有今日之新协约，彼诚见前日之旧协约犹不足以解葛藤也。自伊藤殒命于满洲之野，而新协约已胚胎；自美国（日）〔国〕务卿提议满洲铁道中立，而新协约已产生。使我国外务当局，稍有（朋）〔明〕眼（三）〔之〕人，乘其协约未发之时，用敏妙手段以解散之；或于已发之时，联合与国以反抗之，犹不失为公忠体国者。而乃事前不闻防范，事后不闻措置，临事又复仓皇，以二三私意，承认不遑。此语诚然，不知政府诸公果何所恃，而敢于独断独行耶？谨陈两疑点如下：

一、日俄新协约与旧协约之异同也。查一千九百七年日俄所缔结之协约，其第一条云：两国相约，尊重中国之领土，保全及尊重他国与中国已经正式结约所得之一切权利，并一千九百五年九月五日即俄历八月十三日在朴子茅斯所画押之条约，及日本国与俄国间所缔结之一切之特殊条约所生之权利。其第二条云：两缔约国相约，承认清国之【领】土保全，并列国在清国之商工业机会均等主义，且由自国可取之一切平和手段，拥护支持现状之存续，及前记主权之确立。观此旧协约两条，久已分割满洲，无庸置辨。然犹可以掩人耳目者，则以旧约中第一条犹明载以尊重中国之领土，不反列国机会均等之主义；第二条犹明载以由自国可取之一切平和手段，拥护支持现状之存续。是知日俄两国当日缔结条约时，多所顾忌，不敢遽然表示分割之意，故条文中若吐若茹，每多回护掩饰之词，盖深畏各国之抗议也。是当日之分割满洲，为消极主义而非积极主义也，为单独行为而非双方行为也。若夫本年所订之新协约则大不然。其第一条云：两缔约国为便利交通、发达商业起见，相约共同协力改良各自在满洲之铁道，及整理该铁道之联络事务，并不得为妨害达此目的之竞争。其第二条云：两缔约国相约，无论何国，皆基于自今日至俄日间两国及与清国间所缔结之一切条约，又其他之约定，维持尊重之现状。其第三条云：如有发生侵迫前记现状之性质之事件时，两缔约国于维持现状认为必要之措置，得随时互相商议。代表等一读此次日俄之新协约，即知其为绝对分割满洲之攻守同盟，可断言也。前次第一条于满洲铁道未见明文，今则第一条补订之研究铁道联络之方法，预防第三国提议满洲铁道之中立矣。前次第一条明载，限以不反机会均等主义之权利；第二条明载，承认清国之领土保全，并列国在满洲之商工业均等。今则协约全文不载领土保全及机会均等之字样，而默认排斥列国商工业机会均等主义，蹂躏中国之领土主权矣。前次第二条谓由自国可取之一切平和手段，今则第三条谓如有发生侵迫现状之性质之事件时，两国认为于维持现状为必要之措置，得随时互相商议，而为分割满洲攻守同盟矣。此等举动，岂特目无中国，且防制各国之势力亦极严密，无异宣告世界以满洲为日俄之领土也。由是观之，彼所谓维持现状者，即二国垄断满洲之谓也。满洲之铁道，日俄之铁道也；满洲之森林、矿务，日俄之森林、矿务也；满洲之盐务、渔业，日俄之盐务、渔业也；满洲之岛屿、江河、山岭、土地，日俄之岛屿、江河、山岭、土地也。而今而后，各国有实行机会均等之主义者，日俄必认为发生侵迫事件而互相商议措置，不容各国之置喙矣。吾国有欲行使主权而经营一事者，日俄必认为发生侵迫事件而共同防御措置，不容吾国之立足矣。昔也，日俄分割满洲尚属消极主义，今竟成为积极主义矣。昔也，日俄分割满洲尚属单独行为，今竟成为双方行为矣。政府诸公即放弃保全领土主权，缄默不言，能保我最爱和平之友邦，皆放弃其机会均等之权利，同安缄默乎？此不可解者一也。

一、日俄密约之关系中国存亡也。

据世界各报纸所喧传，谓日俄另有密约。吾国报纸所记载，谓日俄另有密约四条。第一条云：日本吞并韩国；第二条云：俄国取缔蒙古：第三条云：日俄两国保护黄河以北权利；第四条云：两国提议监督中国财政。按：第一条俄承认日本吞并韩国，盖日本久有吞并韩国之心，其所以不敢公然表示者，畏俄之议其后也。第二条日本承认俄国取缔蒙古，盖俄国久怀侵略蒙古之野心，其所以不敢公然表示者，惧日人之乘其隙也。【第三条日俄两国保护黄河以北权利】①，〈夫〉【盖】俄人守彼得侵略中国之遗训，久有雄据满洲以席卷中原之志；日人行其政客亚细亚东部霸权之政策，久有抚长城之背以窥伺幽燕之心，而其视线均以北方为归宿，其迟迟而不敢遽发者，恐因此而酿成利害之冲突也。第四条日俄提议监督中国财政，盖客岁海牙平和会某国曾经提议，其寂寂而未见诸事实者，恐难得列国之同情也。今俄既承认日本并吞韩国，日既承认俄国取缔蒙古，是两国向所踌躇〈满〉〈志〉〈此〉顾虑而不能获圆满之解决者，今则畅然满志而各如其愿以去矣。然其相约以保护黄河以北权利，是知其为预防两国经营北方数省之冲突，而将来之纷争可免，各得如其所约以攫取人之土地矣。且进而相约监督中国财政，是直行其瓜分中国之决心，不欲以国家视我矣。循是以往，设令英法协约而谋东南，英美协约而谋长江上下，德奥协约而谋山东辖境，其余诸国各互相协约，以谋其所欲得之地，吾国尚得谓之国乎？即令各国酷爱平和，不欲公然利我土地如日俄之悖戾无人道，而吾国既被人以公式协约分割满洲以去，复被人以秘密条约分割数省以去，吾国尚得谓之国乎？此不可解者二也。

综二条件而观察之，觉此协约出现之日，即吾国人为牛为马之日也，即吾国人永世沉沦、万劫不复之日也，即吾神州陆沉、地图改变颜色之日也，即吾黄人种族斩断灭绝之日也。政府诸公苟不忍俯首异国以求容，必不能离中国范围而独立。中国亡，国民俱亡，诸公子孙岂能独存？诸公自身岂能独存？诸公纵不为国民计，独不为子孙计乎？纵不为子孙计，独不自为计乎？谅诸公老谋硕画，必有所以处之也。然天下但见日俄协约之公布，并不闻政府对待之方针，人心汹汹，莫知所向。夫愚民易动而难静者也，窃恐积疑生惧，积惧生忿，积忿生乱，一旦众情溃裂，其事将有不忍言者。彼时诸公虽剖心沥胆，取四万万人耳提而面命

① 原文脱“第三条日俄两国保护黄河以北权利”十五字，此依句义补之。

之，而噬脐已无及矣。伏维诸公坚拒国会之请，至一至再，诸公固不特自信优于内治，即外交亦应付裕如也。今失败如此，代表等负陈述人民总意之责，不敢避干涉国家机要之愆，恳按后开条件，明白训示，以定众志而息群疑，此则代表等所祷祀以求者也。明知不祥之言，冒渎忌讳，刀锯斧锧，亦所甘心。情迫词激，不胜皇恐待命之至。肃叩勋安，伏冀慈鉴。

《厦门日报》，宣统二年八月十四日至十九日（1910 年 9 月 17 日至 22 日）

奉天旅京学生赵振清、牛广生送各团体国会请愿代表诸君血书

世界进化，一如潮流，卷地拍天，无能遏止。二十世纪，立宪之规模渐备，专制之轮廓难存。欧美前尘，东瀛继轨。天演公例，日演其活剧于大舞台而未有已。我国民受甲午、庚子、甲辰诸役之刺激，宜致睡狮之醒，而消虎视之萌，庶黄帝子孙，或不至效奴隶马牛于文明之世宙。乃起视我政府，狃于积弊，醉生梦死，其不足与列强较优劣、比强弱也，稍有识者所共知矣。所赖者，我同胞激发热诚，以爱种爱国之心，出而理天下事。庶有豸乎？庶有豸乎？独是旷观东西洋，强国之原因在立宪，宪法之机关在国会，国会一日不开，我同胞议政一日无根据地。幸我代表诸君，出以热心，持以毅力，一再请求，未获效力，是正我同胞痛心疾首，鼓血轮于最高、最热之度，而见以诚之时也。现当第三次请愿国会之团结力已坚，进行心已定，似无庸有所勖勉，自见万众之一心。然国会之开与否，系于我种族之存亡、国家之盛衰两大问题。日韩合邦，日俄协约，南北满无故增兵，要皆亡国之材料。国会一开，全球之耳目一新，全国之精神大振，或足消窥伺而弭祸端。重要、宝贵既如许，要有最大、最重之代价，始能购得而发现于一朝。今我代表诸君，热血潮涌，不惮牺牲一切，为同胞博莫大之幸福。吾侪具有天良，何惜此少数之血液？洒书数字，以表示此次将以血购国会，决不似前

之以文字购国会者之不足动我政府也。血潮上涌，语多失序，愿代表诸君谅之，愿我四万万同胞思之。临书不胜急切翘盼之至。

《帝国日报》，宣统二年九月初六日（1910 年 10 月 8 日）

代表团函请各省要求国会

国会请愿，前经皖谘议局发起，电请资政院作为第一建议案，并分电各省，联合要求，已详前报。兹北京代表团复有公函，致各省谘议局云：

国会三次请愿，经各省谘议局联合会决定日期，拟在十一月间举行。顷以东三省自日俄缔约而后，惶急万状，屡派专员到京上书。而直隶人民复于本月初四日集合二千余人要求陈督代奏请开国会，业允即日缮递。山西巡抚闻亦专折奏陈。乘此机会，倘得各省谘议局同时要求督抚专折代奏，则声势较壮，必能集事。同舟之谊，谅贵省必表同情也。鹄候裁夺，祗请台鉴。北京国会代表孙洪伊等公叩。

《申报》，宣统二年九月十七日（1910 年 10 月 19 日）

国会代表团致东督锡、鄂督瑞、滇督李电摘录

速开国会一事，为国家命脉所关，各督抚既已多数赞成，是事之成否，只在

公等，敢乞从速联衔电奏。[①]

《大公报》，宣统二年九月十七日（1910 年 10 月 19 日）

代表团求援谘议局

日前，请愿代表通电各省谘议局云：二十日资政院会议陈请国会事，全体一致赞成，决由院中具奏，一时欢声雷动。旁听外人亦肃然起敬。乞贵局联同各团体，赶速要求贵督抚同时电奏，勿误事机。

《国民公报》，宣统二年九月二十五日（1910 年 10 月 27 日）

北京代表团致谘议局电

谘议局转各团体鉴：国会确闻，政府请宣统五年召集，明日发表，希今日即用各团名义电军机，力争明年即开。生死一间，勿误。伊等叩。（右电系九月二十七日到）

《厦门日报》，宣统二年十月初七日（1910 年 11 月 8 日）

① 录自“国会代表团之近状”，标题为编者所加。

请愿代表不满意于国会年限

北京国会代表孙洪伊等初六日致各省谘议局电云：谘议局转各团体鉴：国会仅缩三年，人心失望。如何？速复。伊。

《申报》，宣统二年十月初八日（1910年11月9日）

国会请愿代表通告各省同志书

敬告者。某等承全国诸父老委托之重，匍匐都门，请求国会，积诚罄哀，一年于今。三次上书，幸值各省督抚连翩之电奏力争于外，资政院全体之通过主持于中，王大臣乃始临朝震悚，翻然改图。会议数四，顾犹回翔容与，疏慢不促，定为宣统五年实行开设议院。昨奉上谕，已宣示臣民。千气万力，得国会期限缩短三年，心长力短，言之痛心。以诸父老希望之殷，而效果止此，委任非人，能无惭悚。

夫令时会可以少安，国步不至日蹙，则优游坐待，即至九年之久，何容焦燥？无如国家时变，瞬息万端，今去宣统五年尚复距离三年，不审此三年中，列强环视，外交上有无变更与否；财政竭蹶，内部分事有无嚣暴与否；公廷揽权，私室幸进，叫嚣奔竞，中央政府有无内讧与否；且国会未开，而先设内阁，监督无人，有无滥用权力与否；新旧过渡，必防官邪，政治改革而宽以岁月，有无佥壬夤缘大臣把持，肆其奸谋与否；国本未定，而人心皇皇，我谋不用，有无灰绝与否；中央集权而无人民为之赞助，治不统一，各省督抚有无不能行政与否；宪法先颁而不经国会通过，有无权限失当与否。三年遥遥，夜长梦多，诸父老与有兴亡之责，为国忧勤，其何以图之？

夫我皇上冲龄践祚，监国摄政王负斧扆而朝，内处深宫日月，固有遗照之明。今兹主谋，度必有一二昏耄老臣，势居津要，阳为老成持重之言，而阴以遂其敷衍苟且、窃踞朝柄之私心。而新进得幸之臣，又甚虑国会一开，人才勃兴，或致摇撼其禄位，坐是遏（仰）〔抑〕挠阻，力主五年之说，相与扬波而助焰。是举各督抚与人民之所要求明年速开者，率皆一不审谛，徒取决于少数之廷臣。而廷臣仰承风旨，唯诺者十九，草具说帖，不敢有异论，相率画诺，遂为定议。朝命既下，度非复挟一公呈，一请愿书，可以力争也，又非复少数人奔走呼吁，可以终得请求也。惟诸父老实图利之。

鹄候裁示，以定进止。无任皇悚。

《申报》，宣统二年十月十三日（1910 年 11 月 14 日）

国会代表质问政务处王大臣条件

国会代表团现已改组，惟关于国会所以仅缩短三年之理由，特呈请资政院质问政务处王大臣，以便归告父老。本馆特觅得其原稿，录之以告留心国会问题者。

一、伏读初三日上谕，有曰：“揆度时势，瞬息不同，危迫情形，日甚一日。朝廷宵旰焦思，亟图挽救，惟有促行宪政，俾日起而有功。”恭绎谕旨所谓“瞬息不同”，所谓“日甚一日”，是今日内忧外患之急迫，早在圣明洞鉴之中，待至宣统三年开设国会，犹嫌其迟，必至宣统五年开设国会，得毋辽远？而王大臣何以不协赞我皇上于明年开设国会？此应质问者一。

一、开设国会以前所应预备之事项，不过官制、内阁、宪法、议院法、选举法数端。其中除宪法重要，稍需时日外，如官制则厘定后即可实行，不必迁延岁月；内阁则与国会同时并举，始有责任可言；至于议院法、选举法，仿他国之成规，参以谘议局选举之情势，一二月可以竣事，且可于资政院未开会以前，提出议决，尤足征朝廷庶政公诸舆论之意。夫政府亦既知九年筹备清单为不可恃而改弦更张之，今复以此无关重要之事项迁延数年，不谋急速开设国会。此应质问者二。

一、此次缩定期限，系采取各督抚等奏章，此上谕所公言也。然各省督抚连翩电奏，皆主张明年即开国会，并主张阁、会并立。其以为必先立内阁，后开国会者，惟直隶总督陈夔龙一人耳。既云采取督抚奏章，何以不采取多数之意见，急开国会，而独采取少数之意见，缓开国会？此应质问者三。

一、此次上谕有曰："各省督抚领治疆圻，责任尤重。凡地方应行筹备各事宜，更当淬（厉）〔砺〕精神，督饬所属，妥速筹办，勿再有名无实，空言搪塞。"恭绎谕旨，所谓"勿再"者，是从前所筹备之事项皆属"有名无实，空言搪塞"也。朝廷鉴其既往，策其将来，诚有不得已之苦衷。但此后三年中，督抚之搪塞如故，有名无实如故，果孰负其责任？如以责之督抚，则诸疆臣历次所上奏章，皆以九年筹备实无把握为言。诸王大臣明知筹备之不可恃，而必强人以所难，则各督抚亦惟有空言搪塞，有名无实，待之三年，犹如今日耳。王大臣果有何法以督责之？此应质问者四。

《帝国日报》，宣统二年十月十三日（1910年11月14日）

请愿代表致北京商会及庆祝国会田君函

顷承手书，敬审天桥开演，设坐宠招，惭感交并。国会请愿，呼吁一年，积诚未至，用力未逮，坐是若行〈行〉百里，仅获五十。可以回我皇上与监国摄政王之听，收回先朝九年筹备之成命，而不可以感动王大臣提前至于明年办理；可以得各省督抚连翩电奏之同意，而不可以得会议政务处说帖之一致，则为同人等所内省自疚，无以对全国父老者也。夫吾国习尚，雅好宽假，祸及然眉，犹雍容雅步，数十年濡滞蹉跌，事事落后，致酿成今日之祸。鉴往念来，岂可复循故辙？而柄政诸公卒未憬悟，位禄油油，犹故为辽缓之计，必俟宣统五年，乃始举行。岁月遥遥，距今三年，未审此三年中，变故如何，责任谁担？万一不虞，是卒令同人负请求不力之责，而重为天下所诟厉。执事乃犹有慰劳之举，益滋惭恧。

吾国立宪不学日本之精神，而学日本之形似。日本于明治初年倾覆藩幕，新造之邦，故筹备宪政，精神奕奕。吾国种种机关，新旧杂糅，百弊丛生，精气枵然，两年以来已受筹备之误，东施效颦，窃用悼叹。且日本之所谓筹备，亦为当年阻遏进步之举，观彼国维新历史，民党怏怏，卒成暴动，可为殷鉴。而我又从而效之，不其傎欤！夫多一日筹备，即多一日敷衍，都门车毂，终日阗輧，官多于民，知复何为？语云：诵言如醉。大夫君子，其犹端委以朝，敷衍此三年岁月乎？夫亦可为痛心者矣。

方今赣、鄂、蜀、晋皆有续请之举，函电交驰，同人等中道回皇，议在资政院再行陈请，能力脆薄，皇惑不知所措，尚祈赐教。至初八至于十二之招，媿不敢当。谨谢台命，惟有感荷隆情而已。

《申报》，宣统二年十月十七日（1910年11月18日）

国会代表通告组织政党书

国会期限，朝命既下，念荃阑之终悟，感灵修之濡时，天阊不可复叩，而忠爱未尽昭鉴。三年为期，日月绵邈，时局瞬变，忧来万端，请吁不诚，良用愧疚。而驰电各省，连翩来告，勉所未至，机会可乘。诚愿复求哀君父，以尽绵薄。今当少俟，敬告同胞，代表名义，理难存在。夫组织政党，左右国家，人民之职务也。研错政治之纲要，发挥民党之精神，国会之先河也。以吾国幅员，西至昆仑，北毗阿尔泰，东南濒海，吾人民宅居緐息，魁伟鸿达，所在皆有。际今时会，要当川腾壑跃，合涣为群。政党之发生，意在斯乎！意在斯乎！顾纲要所在，精神所属，不有规定，何从进行。而会之处所，总部安宜，京师为中央政团所集，势不可不设机关。同人智能妍陋，迷于所向，甚望海内伟士达人，指示进行方针，则同人不敏，奔走疏附，固所愿也。谨驰书以问，即请裁决。请愿国会代表团同人公启。

《申报》，宣统二年十月二十日（1910 年 11 月 21 日）

7. 请愿结束与代表解散

国会风云之消散

上两月中，政府屡次会议国会年限，京官迭次上书条陈政见，各省代表又复陆续到京，纷纷呈递请愿书，而督抚之电奏请开国会者，亦日必数起。一时国会、国会之声喧腾于耳鼓，官绅学界中人谈及国会，莫不眉飞色舞，国会气象颇有成立之望，诚千载一时之机会也。不料自上月二十四、二十七日两次奉旨后，国会风云忽然中变。都察院本欲代奏者，忽又搁起不递矣；宪政编查馆本欲赶编宪法者，忽又阑珊从事矣。国会请愿潮流，已有停滞之势。及本月十七日之谕颁发，政界中人，益噤不敢声。宪政编查馆中，素以热心国会自命之新进，如某某等，亦复意存观望。各省代表默揣时机未至，咸忽忽出京。闻有某部郎、某学士，本已拟就请速宣布国会期限说帖，正欲上呈，适奉十七日谕旨，遂亦束之高阁。故国会之流风，刻已歇绝矣。较之上两月，其气象竟大不相同云。

《申报》，光绪三十四年七月廿九日（1908 年 8 月 25 日）

追纪国会请愿之历史

自筹备九年开设议院之谕下，而国会请愿之风云，遂消归乌有矣。向之国民奔走叫号，注全力于请愿之一途者，今已运转其全力，以奔走叫号于创办谘议局之一途，而国会请愿之声，遂鲜闻于国民之口，以默待乎九年后之实行。记者默居深念，观察时变，以为国会之风云虽已过去，然其关系之大，为旷世所未有，我国将来宪政成立之故，均旋起于此二三月内所经之风云，不可不推究其始末，略记其事实，以为将来立宪之纪念，并可藉此以略窥我国上下对于国会观念之浅深，盖亦记者之所有事也。

自朝廷屡颁预备立宪之诏以来，荏苒经年，毫无眉目，士大夫始知空言预备之无效，而遂变计以请得国会为第一要义。于是而湖南之士绅熊范舆始于去年创议，单衔上书请愿，是为国会问题发生之始。其时政府骤闻此语，惊相骇诧，一二开通明达者，则颇为所动，虽未见有所发表，然国会二字已印入政府之脑中，无论反对与不反对者，皆知有国会二字，而国民亦于是稍稍注意于此矣。今年三四月间，京外各报纸尽力鼓吹，国民益知国会为参预政治之机关，于是湘绅雷光宇等，复继起入都呈请。此外，如河南等省，亦皆四起响应。政府乃大受激刺，屡开会议。于斯时也，政府已确认国会之不可不开，所争非国会开否问题，乃年限远近问题，故其所议，有主张五年、六年、七年、八年者，有主张十年、十五年、二十年者；人民所争，有主张二年、三年者，有主张至迟不过五年、六年者。盖至是而人民与政府接触之点已较近矣。此时政府方开会议以筹对付，人民方举代表以相要求，而其间有介乎政府与国民之中，或迎合政府以拒国民，或辅助国民以抗政府，具有大力量以运动国会问题之进退者，则为京官、外官及各国出使大臣，又不可以不记。

京官中辅助国民上书以争年限者，以朱学士福诜为首。其后，王厅丞善荃、刘部郎次（原）〔源〕、文学士斌，相继条陈早开国会之利。其迎合政府，上书以请缓开国会者，则有宪政馆之华士奎、翰林院之喻长霖辈。（此外军机、内阁、各部院暨各馆中大小人员，当时主张年限或缓或速，如庆邸主张十年，世、鹿两中堂及铁尚书主张缓开，张、袁两军机主张三年之类，考之报载，均略得梗概，惟恐传闻或有舛误，凡不形诸公牍者，概不列入，故谨据此数人。）

外官之辅助国民以争年限者，则有江督端、川督赵、鄂督陈、直督杨、东督徐、鲁抚袁、汴抚林、闽藩尚等，皆发电力陈其利。而反对速开者，则以陕督升允为最力，其次如粤督张人骏，亦主张缓开者也。

驻扎各国钦使暨考察宪政大臣之辅助国民以争年限者，则有法使刘、俄使萨、美使伍、德使孙、英使李、荷使陆，及新旧日使李、胡两人，亦皆发电力陈其利。而反对速开者，则以驻德考察宪政大臣于式枚为尤力，其次有驻日考察宪政之达寿，亦主张缓开者也。

据此可以验官场风气之通塞。京师素称固蔽，京官每染顽锢之习，故确知其为主张速开者，仅仅朱、文两学士及王厅丞数人；外省地较开通，故以二三十名之督抚中，而主张速开者，已约得三分之一；各使臣驻扎地，最称文明，故十余名之钦差大臣，而主张速开者已过其半，不赞成者寥寥无几。此正可见官场程度高下之一斑，然究其结果，官场辅助国民以争速开国会之能力，终不若反对者之大，而足以动政府之听也。

此外，又有立于国民之地位，别树一帜，于各省公举代表签名上书之外，而亦于此时发电要求者，则其团体有三：一、留学界，如日本留学生；一、华侨，如日本神户、大阪等处，南洋锡兰、霹雳等埠；一、会社，如北京宪政公会、上海国会期成会、预备立宪公会、政闻社等。虽其时政府颇恶学生之干涉，并恶以会社之名义发电陈请（曾有禁止学生干预及开会集议发电之谕），所争未获大效，然亦足见国民对于国会热心也。

故其时政府大开议会于上，京员中之赞成与反对者，各具条陈、说帖纷纷讨论，外省则有各督抚之电奏、各会社团体之电争，外洋则有各驻使之电告、华侨学生之电请，而各省之代表，方相继联袂入都。呜呼盛哉！可谓极千古未有之奇观矣！兹将各省发起请愿，及代表进晋之大概，略加考核、统计：已将国会请愿书递入都察院者，则有河南、山西、湖南、江苏、安徽、直隶、北京、八旗、吉林、山东、浙江、江西等省；已发起而未将请愿书呈递者，则有贵州、东三省、广东、福建、湖北、奉天、四川等省。国民万众一心，声势颇盛。政府见民情之如此踊跃也，国会有不能靳而不予之势，又不欲以开设国会之美名归功于下也，于是始有宣布年限之议。然政府中之主张者，又纷歧不一，而一时未能宣布也。于是一面斥革陈景仁，拿办政闻社，以示其威，而藉杀国民之气；一面运动都察院，暂缓代奏，以徐俟年限之颁布（盖代奏而后颁布，是从国民之请也）。都察院自接受各省请愿书以后，再三延搁，欲不奏而又不能，于是始议俟各省到齐而后入奏，继议先请旨而后入奏，终议咨送军机处，奏与不奏，不担责任。不意各御史大起反对，此策又不果行。于是都察院推诿之计穷，不得不逼入于代奏之一途。故政府虽欲都察院捺搁不递，而都察院又有不能永久捺搁之势；都察院既不能永久捺搁，则政府年限之颁布，又有不能再缓须臾之势。于是相逼相激，而遂有八月初一日宣布议院开设年限之谕。自此谕一下，而各省已递都察院之请愿书，遂未得上达天听；已发起而未递请愿书之代表，亦皆徘徊观望而不敢进；未发起而有待发起之省，亦复以年限已定，灰心罢议。闻【都】【察】【院】已将请愿书咨送军机处，以卸却担负矣。

论者谓，各省请愿之热心，不获稍蒙朝廷垂鉴，其功尽付诸流水，颇可惋惜。而记者则谓，是仍我国民请愿之功也。使政府不经此二三月之风云，安肯无故而下此谕？则各省请愿书虽未上邀圣览，而又乌可以明日黄花目之耶？然此二三月来之风云，即我国将来国会成立之纪念日也，乌可以不纪？

《申报》，光绪三十四年八月十九日至二十日（1908 年 9 月 14 日至 15 日）

代表之穷途日暮

京函云：代表团此次请愿，有割股断指者，自谓于国会负大功。乃上谕初下，其措词处之吃重王大臣及资政院，又谓朝廷自有缩短之意义，又谓系采取各督抚奏章，即处处将代表一面辟开，已觉太无面子。乃谕下，又加谕旨一道，着民政部及各省督抚剀切晓谕，令其散归，各安职业云云。各代表本来得宣统五年召集之消息，决意解散代表团，各自散归。得此谕旨，反相顾失色，遂各电其本省请愿团请示行止，冀得本省覆电，颂其成功，促其归省，藉此为落场势也。然而亦太不留余地矣。不知政府诸公于拟谕之时，何以必多此一蛇足，使人民感情，不能得圆满也。

代表团于初五日在事务所开会研究一切善后事宜，开会后首由孙洪伊报告，并问各代表是否主张即时解散。温世霖、李芳谓，既奉上谕，自应先将代表团遵旨解散。众议佥同。黎宗岳相继演说，其大致皆谓代表团解散之后，即须趁此组织政党。易宗夔谓，代表团可以先解散，即以各处同志会为继续活动之机关，不必另行组织团体。王敬芳谓，应于代表团宣布解散之先，即另设一团体，不宜俟解散之后，再行组织云云。后决定由代表团通告全国，遵旨先行解散云。

日前颁布缩短国会谕旨后，某军机明知未能满急进者之愿望，深恐各代表留京，仍复极力要求，特奏请另颁明谕，速行解散，以杜纠缠，当蒙允准。旋由某枢老拟旨，闻本有迅速出京，勿得任意逗留二语，经监国删去，改为即日散归，各安职业云云。

《民立报》，庚戌年十月十三日（1910年11月14日）

国会代表团决议解散矣

各省请愿速开国会代表于初四日上午开会，讨论代表团以后之办法。先由孙君洪伊宣布开会宗旨，讨论良久。易君宗夔主张解散代表团，改变同志会性质，以为宣统五年以前组织政党之预备，并倡议将请愿速开国会同志会改名为“同志会”三字，以立政党之基础。王君敬芳主张改请愿速开国会同志会为帝国同志会，以图政治团体之活动。时有某君主张不解散请开国会同志会，李君芳坚持代表团、同志会同时解散之说。卒由孙君洪伊宣告，代表团决计即行解散，同志会亦决计解散，惟须通告各省，方为正当。众赞成。又提议重行组织政团，经众推定徐君公勉、孙君洪伊、王君敬芳、方君还为起草员，草拟纲领，再行开会公决。

闻肃邸于降谕后，即向代表团诸员和平劝归，以副圣意。昨日资政院伦贝子、度支部泽公与肃邸会议，此次明诏缩短国会，皆各省请愿代表之热心毅力，今有旨着各代表回籍，宜设酒筵以表欢送。肃邸韪之，将于一二日内举行。

又闻在京各省同乡、京官及政学两界，均拟于日内开大欢迎会，祝国会代表之成功。若然，则国会代表未行之前，尚有盛大之气象，诸代表其勉之。

《申报》，宣统二年十月十三日（1910 年 11 月 14 日）

代表团太不争气

京函：代表团领袖孙洪伊在京种种怪态，已略纪前报。孙本一天津之破落户，曾为唐少川跟班，今居然为国民代表，姓氏见诸上谕，无怪其趾高气扬也。自国会谕下后，至今凡三变。第一主张解散。当时虽受易宗夔等之激励，促其继续进行，而孙一再宣布解散，且嘱方还为之草通告书。方为旧文界中研究选学之人，做一篇六朝文法、不痛不痒之函告，外间不知其主旨所在，仍是函电交迫，嘱以死请缩短。孙无奈，遂第二变为组织政党。顾以应者绝少，既无经济，又无人才，又无可为党魁之巨子，亦遂消灭无踪。近乃第三变，专为某党一二人之走狗。某党在京尚有罗某等，于政治毫无裨助，日夜以做官主义运动于权要之门，师说师承，根深蒂固，藉开党禁以报私恩。代表团正在无事可为，遂日夜为之缮函发电。凡中外报馆，内地社会，虽一至小之商学会，亦通告旁午。前日御史赵熙之奏，谓党人中有忠爱博学者云云，亦其所指使。至是而代表团竟为某党私设之机关，孙洪伊亦遂由奴隶而为代表，由代表而又为奴隶，以回复其本来面目。所谓国会，所谓政党，亦尽抛却于九霄云外，尚何代表之是云哉！

《民立报》，庚戌年十一月十六日（1910年12月17日）

东省请愿代表被逐纪详

奉天第四次国会请愿，其结果已见上月二十三日上谕。兹闻是日下午三时，请愿代表张君兆麟等十一人赴四条胡同徐中堂宅请见，未至，即有步军统领衙门及内城警厅派员告以今日已有上谕，着民政部、步军统领衙门派员送各代表回籍，各安生业，请不必再见徐中堂矣。各代表谓："既有上谕，我们不便求见。惟上如何措辞，请为宣示。"某警官云："上谕未经带来，请诸君同往总厅阅看。"各代表遂乘人力车至内城总厅，由某警官在客厅内将上谕宣读。各代表谓："既有上谕，我们自当遵从，不特上谕应遵守，我等系中国子民，即官厅所发之命令亦应遵守。"某警官云："民政部、步军统领衙门既奉上谕，即当负其责任。诸君既愿遵守上谕回籍，请定行期，以便派员护送。可否即于明日起行?"警厅请其回寓检点行装。各代表云："我等应遵守上谕，听候送回，不便全行回寓，应留一半在此，其余回寓清理。"警厅亦即允许。愿回寓者，恩吉等五人，愿在厅者，董之威等六人。警厅即请其住于客厅之内。代表中有某君谓："我有事，需出外一行。"警厅问其将欲何往，答云将往摄政王府。警厅云："诸君如欲回寓，则惟命是听。倘果赴摄政王府，实未敢从命。"代表等强欲前往，警厅再三婉劝，请其仍入客厅，从长计议。代表等知必不能前往，各坐地不起。警厅与以茶亦不饮，与以饭亦不食。后经警厅再三婉劝，仍入客厅。迨垂晚，由警厅派人送回张相公庙寓所。

是夜七八点钟时，肃邸及步军统领乌珍，又率巡警士卒百余人，至代表寓所，谕令即夜出京。各代表皆不肯即行，巡警强迫之。代表某君即出外当众大呼谓："余系请开国会以救中国，并非犯罪，不意政府乃如此待我！"一时观者如堵，莫不堕泪。至次日黎明，巡警即逼各代表东归，且促之上车。各代表不肯，巡警强掖之使登车。有张君者颇有膂力，巡警掖之不动，以八人畀之，强塞入车以去。计去者张兆麟、段宝田、孙振香、崔兴麟、舒维基、恩吉、越岚亭、张兆龄、王惕、董之威等十人，各搭京奉早车回奉。同时内城总厅派长警七人，外城总厅派长警十四人，并有翼兵枪队六人，一同登车护送东下。

闻上一日（二十三日）各代表在内城总厅本允一同回奉，及回张相公庙寓所后，刘焕文、孙鸿龄、广轮、彭治臣四君，决定不回奉天。次日各代表动身时，刘君等四人即坚不肯行。各兵警无可如何，即将四人齐送外城总厅。经厅丞王仲芗出为接待，劝慰甚久，该四人矢志不允，故二十四日奉天代表仅十人出京，其余四人则尚拘留外城警厅云。

民政部自奉廿三日解散请愿代表谕旨后，即派侦探多名，于廿四日早车出京，赴天津、奉天等地，调查有无党人乘机煽惑情事，密为防范。

闻廿三日解散国会代表谕旨发布后，京师电报局即异常忙迫，由上午十一钟至下午十二钟尚未发完，各国驻京公使及各报访员亦纷纷电告本国政府云。

《申报》，宣统二年十二月初一日（1911 年 1 月 1 日）

国会代表出京记

二十四日午前，奉天代表张兆麟、段宝田、孙振香、崔兴麟、舒维基、恩吉、赵岚亭、张兆龄、王惕、董之（盛）〔威〕十人齐至京奉车站，搭早车回奉。护送者有内城总厅所派之长警七人，外城总厅所派之长警十四人，并有翼兵枪队六人。

又前日代表等在内城总厅，本允以二十四日一同回奉，及回张相公庙寓所之后，刘焕文、孙鸿龄、广轮、彭治臣四人决定不回奉天，各警兵无可如何，即将四人齐送外城总厅。王仲芗出与接待，劝慰甚久，并许其电致奉天谘议局，及代呈意见书于肃邸，四君始肯行，遂于早八时同至车站。刘焕文在车站演说，大致谓目的未达，颇无面目，语颇沉痛，遂登车怏怏而去。至外间所云，及受伤情事，闻系误传。

先是东三省代表欲谒庆邸，谋上书于监国，庆邸拒不纳。又恐代表人擅入府中，乃引兵自卫，后由肃邸力劝，乃与肃邸同见诸代表。各代表皆泥首涕泣，大致言东三省危急万状，非明年速开国会不足以救危亡云云。庆邸之意似颇感动，其应酬诸代表亦颇周到，但始终推诿，言军机大臣共有四人，何得寻我一人云云。

又肃邸之意，本欲用和平办法，由政府特派委员，与代表人协商，并用学理的解释，证明政府所以不能即开国会之故。乃此法尚未施行，而十一月二十三日之严旨已下，故只得由巡警总厅略为劝谕，即护送出京。闻此次代表诸人皆极和平，遵守法律，而护送诸人亦始终以礼相待，绝无向日官衙习气云云。

又闻次日召见肃邸，即商议对付代表之事。肃邸奏对历两时之久，大抵言从速筹备宪政事宜，并言代表虽已解散，不可因此使各省官民有误会朝廷之意云云。监国甚以为然，故随有令宪政编查馆迅速修正筹备清单，并纂拟内阁官制之谕。说者谓责任内阁之设当不在远云。

《时报》，宣统二年十二月初三日（1911 年 1 月 3 日）

三、八旗及各省绅民请愿活动

1. 八　旗

八旗国会请愿之动机

京函云：顷闻旗籍某某志士联合同志，拟用八旗名义，于月内上书政府，请开国会，并请将国会期限从速宣布，以安众心。刻正公举代表，组织一切，不日呈递。

《申报》，光绪三十四年六月廿八日（1908 年 7 月 26 日）

八旗推代表拟请愿书

八旗国会请愿由《大同报》社诸人发起，连日签名者异常踊跃，已公推乌泽（生）〔声〕拟请愿书，不久即当呈递。[①]

《中外日报》，光绪三十四年七月初四日（1908 年 7 月 31 日）

① 录自“关于国会之近闻”，标题为编者所加。

八旗请愿国会书脱稿

八旗请愿国会，签名人数亦甚踊跃。书已脱稿，现正推举代表，佣人缮写。拟于初八日呈递都察院代奏。①

《时报》，光绪三十四年七月十一日（1908 年 8 月 7 日）

八旗呈递请愿书

八旗请愿现已举定黄君容惠、常君文为捧呈员，恒君钧为会衔，决定今日赴都察院呈请愿书。②

《时报》，光绪三十四年七月十七日（1908 年 8 月 13 日）

① 原标题“八旗之请愿”，兹拟标题“八旗请愿国会书脱稿”。

② 原标题“八旗之请愿”，兹拟标题“八旗呈递请愿书”。

八旗请愿书呈递确期

八旗国会请愿书现已组织完善，计署名者凡一千六百三十余人，刻已公同决议，于初十日前往都察院呈递，恳请代奏矣。

《中外日报》，光绪三十四年七月念三日（1908 年 8 月 19 日）

十三日八旗之大会议

前湖广会馆欢迎各省代表，当经各代表及来宾演说国会速开利国利民，京旗人士颇为感动，故近日八旗志士正在联合同志，公举代表赴都察院递呈，请代奏速开国会。其公启云："我国前途之安危，以国会之成立与否为标准，国会一日不开，国家一日不免于灭亡之虞。乃者促短国会年限问题，倡始于直、苏，赓和于各省代表来京，请愿书不日上达，国家一线生机实系于此举。惟我旗人占国民一大部分，隆替之运，休戚之感，胥与全体共之，乃于前度之要策既坐失时机，于此次之（侃）〔促〕短年限复瞠目若无所睹。果使国会一旦成立，旗人之生存在是，旗人之死亡亦在是。而旗人既未尝尽义务于前，即无能享权利于后，斯时我旗人将何以自立于天下？更使政府见旗人于国会问题漠然置之，遂执为口实，以自解于国民，国会之成立或为之阻，瓜分之祸，奴隶之惨，必旦夕立至。我旗人何以对朝廷？何以对国民？亦何以对后世子孙？然则以全体安危言之，旗人不可不请开国会；以一部分之利害言之，旗人亦不可不请开国会。旗人而请愿，则国会必可开；旗人而不要求，国会或遂无望。国会不开，中国必亡；中国既亡，旗人亦归于尽。忠君如旗人，爱国如旗人，保群保种如旗人，乌可不疾起直追，加入于国会运动，与四万万同胞相提携，以期促短期限目的之必达耶！谨订于月之十三日借地朝阳门内南小街方家园振华学校，特开议会，共谋进行之手续。是日准午正，务望惠临，筹议一切，以图国家之庆，以造同胞之福。此启。”闻此事系文君发起。

《申报》，宣统元年十二月十七日（1910 年 1 月 27 日）

旗人之会议

十三日，朝阳门内南小街振华学校八旗会议，要求国会缩期办法，到者二百余人。一钟振铃开会，由文君时泉宣布开会宗旨，大致谓旗汉均国民一分子，今各省联合要求，将来效果，我旗人无颜享受，应联合各省代表上书都察院，请其代奏。众皆鼓掌。健锐营厢黄旗正三品参领荫君演说云：“各省要求缩短国会书，指日具奏，我旗人若不先事预筹生计，恐无立足之地。”恒君世丰演说云：“旗人要求缩短国会，应先筹生计。去年奉旨设立变通旗制处，实有名无实，今已年余，未与旗人筹丝毫生计。今日之会议，一面请缩短国会，一面签名上书旗制处，请示办法，置我旗人于生地则生，处我旗人于死地则死，断不应长此因循。”众皆欢呼赞成。隆君浩田演说政权不能统一、满汉不能融合之弊，谓：“此次联合各省代表请开国会，是满汉不合自合，将来自可为立宪国民。”众皆赞成。湖南代表刘君善渥等到会，各会员立正欢迎，并演说愿与联合。时有世君寿臣登台演说，略谓：“我旗人自定鼎以来，守国家军法，食皇家钱粮，别无事事，并无一受优美教育者，无一有圆满智识者。”其言痛诋旗人最为激烈。会员有佛慎之者，为理藩部已革笔帖式，以世君诋毁旗人，大愤不平，当场大骂，势欲将世君扭下。当由文时泉君将佛推下，被佛咬破手指，仍在院跺足大骂，遇人便打，经弹压巡警扭其出门，移时复入，大骂如故。巡警乃复将佛拘于回事处，始得无事。后由各会员决定办法数端如下：（一）公订递呈日期；（二）公举捧呈人；（三）公举撰稿人；（四）公举干事员；（五）预筹本会经费。议毕散会。

《申报》，宣统元年十二月十九日（1910 年 1 月 29 日）

八旗国会问题二志

顷闻旗籍人云，此次八旗人签名上书都察院，请代奏缩短国会年限，参佐领大抵赞成，二十四都统大半反对。惟某邸以都统阻挠大计，有碍融合满汉之进行，拟以后都统缺出，概行改补汉人，并于明春缮定草章【上】奏，并行知各省将军商酌办理云。

《中国报》，宣统元年十二月廿一日（1910 年 1 月 31 日）

国会请愿之残照

八旗国会请愿书由文君等七十余人签名，于十八日呈递。大致谓国事日非，皇室诸多危险，皇室危则八旗皆危，并咎政府诸公无一热心爱国、提倡国会者，要求年限亦系宣统二年。并闻此书上后，如无效果，亦拟继续要求。

《申报》，宣统元年十二月廿六日（1910 年 2 月 5 日）

八旗国会热

客有自京中来者，云满洲八旗请开国会，要求生计，及组织宪政研究会一切举动，团体甚坚，均富有爱国自立之思想。现在蒙古八旗各志士有见及此，亦拟联合内外蒙古各王公志士等，继续要求速开国会，不知果能达到目的否。

《大公报》，宣统二年正月廿三日（1910 年 3 月 4 日）

八旗国会团开会

国会请愿代表于十八日在昆新会馆本寓开会议一次，大意议再发电各省，嘱第二次代表俟此次代表第二次上请愿书仍不俞允后，再行北来。是日，八旗国会团假朝阳门内方家园振华学校开会，议订要求八旗生计及续议请愿国会两办法，到者约二百余人。

首提议旗人将来生计。拟联合签名，上书变通旗制处，请速议宣布。当经文君时泉宣言以数十旗人签名上书，恐难收效，拟刊传单，要求八旗公中佐领饬所属领催，传知阖旗人等一律签名，俾在京满、蒙、汉二十四固山凡食饷者，均应签名，则旗制处万不能置之度外云云。合座赞成，遂订设立“旗人生计会所”，以备随时研究调查。立会简章共十则录下：

一、拟定会名；

二、公举干事；

三、筹议会费；

四、公定上书日期；

五、筹联络会员办法；

六、定续请国会办法；

七、举起草员；

八、请愿立案；

九、经常会期；

十、定特别大会日期。

次提议续请国会办法。以现在旗人势孤，上书亦难收效，除筹生计请全体旗人签名外，再请续签国会字，俟各省续举代表来京，联名合词上书都察院。众皆赞成。

现闻要求旗制处妥议生计一事，已拟定会所，名为“八旗宪政会”，专办筹议八旗生计及宪政各事宜，每星期下午一钟开干事会一次。会中应用经费由会员担认。所有旗人签名愿充会员者，皆有鼓吹联络同志之义务。刻已举定干事十四员，先行禀请内城总厅立案。其要求旗制处方法，须会成立后，详细研究妥定，约于下月初旬呈递。今将举定干事员名录下：文时泉、文子龙、富厚臣、存履信、诚厚庵、赵泽田、铁子贞、志仲悌、端敬之、祥质甫、陈重亭、铁质卿、恩雨堂、荣乐泉。举定主稿员：志仲悌、富厚臣、存履信、诚厚庵、文子龙。[①]

《申报》，宣统二年正月廿七日（1910年3月8日）

宗室多九如致代表团书摘录

又宗室多九如君昨致代表团书略云：“近日变乱迭生，哀鸿遍野，国家事事败坏于官吏，欲挽此危局，必自速开国会始。多愿牺牲一己，加入请愿同志会，

① 录自“国会运动家之近况”，标题为编者所加。

冀效涓埃之助，无论如何艰阻，必达目的而已。”原函甚长，语极沉痛。刻代表团已复函，请其加入矣。[①]

《申报》，宣统二年四月廿五日（1910年6月2日）

八旗期成公民会通告书

启者。时势日非，大局危迫，非速开国会不足以救沦亡。我八旗世受皇恩，尤当竭力以助国会之早开，而保大清帝国万世之伟业，万不可以一部分之私心，贻累全局，此我八旗应尽之责任也。我朝自入关来，使我不得为农，不得为工，不得为商，而一驱之以入兵籍。今则生资日绌，智慧不开，将有坐以待毙之势。先帝鉴国家之危弱，下诏预备立宪，期以九年成立。忧满汉之畛域，特设变通旗制处，专为筹画八旗生计。盖九年立宪之日，即满汉融和之时，按年清单，历历可考，其法不可谓不善也。无如风云倏变，惨状忽来，九年之期，时不可待。现已明降谕旨，缩短年限，而八旗生计，安能待至八年？且变通旗制处设立二载，一策未筹，纵使八年之期不促，亦无何等措置，况时日岌岌，仅在此一二年之间为之转移乎？若仍听其因循遗误，是将亡于冥冥之中，曾不自知也，不亦大可哀欤！嗟呼，二百年之生资从此消灭，五百万之种族因是沦亡。谁无父母，谁无兄弟，谁无朋友，谁无妻子，涂炭之苦，迫于燃眉；待毙之惨，临于目下。血耶？泪耶？长歌无声，永哭无气，父兮母兮，胡宁忍予？知我者谓我心忧，不知我者谓我何求。悠悠苍天，此何人哉！嗟呼，我同胞其将甘于沉沦不返乎，抑将劣败不振乎？吾知吾族之血性志士，义愤男儿，睡狮猛醒，化蝶不酣，必奋然兴起，有以拯其危而救其灾。拯救之道维何？在我同胞之能力而已。能力者，非他人之所能与我，我自有之，自得之，而自伸之者也。同胞与，同胞与，吾愿其因悲生

① 录自“继续请愿国会之佳话”，本函为其中一片段。

惧，因惧生动，攘臂相结，同心谋画，务以达其目的而后止。则庶几无生计之虞，而有纳税之力，与四万万同胞共享宪法上之平权，以图满汉之融和，而维国家之宪政。非然者，不惟不利于八旗，抑且有碍于宪政，则全局何堪设想？八旗问题，天下所关，爰联合同志，组织团体，以求八旗生计，期成完全公民之资格，遂名曰期成公民会。（仝人等）自顾不才，愿与我八旗同胞共图之。

《国民公报》，宣统二年十一月二十三日（1910 年 12 月 24 日）

八旗期成公民会简章

一、名义。本会专为八旗人士期成公民而设，故名为八旗期成公民会。

二、宗旨。本会以联络京旗及驻防同谋生计为主义，其应由变通旗制处筹画者，宜如何使之克尽责任，以符先朝筹画八旗生计、融化满汉之至意，务期必成完全公民为宗旨。

三、会所。本会设会所于京师（暂设通信处在迺兹府关东店路东赵寓），设分会于各省驻防。

四、经费。本会开办经费暂由发起人担任，会员概不派捐，有自愿捐助者任其乐从。

五、入会。凡旗人表同情于本会者，皆可充会员或赞成员。非旗籍而赞成本会者，认为名誉赞成员。

六、附则。凡不愿名列本会而愿捐助本会款项，及条陈要件函达本会者，本会认可后亦推为名誉赞成员。

《国民公报》，宣统二年十一月二十三日（1910 年 12 月 24 日）

2. 直　隶

直隶绅民国会请愿之动机

直隶绅民对于国会请愿一事异常踊跃，闻赞成发起者已有一百余人，皆宿儒名流。此外，签名者已有七八百名。尚拟广布全省，集合同志数千人，以厚势力。闻六月初旬即可将请愿书呈递都察院。

《申报》，光绪三十四年五月廿二日（1908 年 6 月 20 日）

直隶士绅要求开设国会

前日，杨京卿度在津埠演说开国会之必要，因之各士绅大为感动。现有自治局参议阎凤阁、齐树楷及普育女学校长温世霖诸君，联络同志多人，在普育女学会议，拟公举代表晋京上书，请速开国会。闻畿辅士绅之愿列名者，已有千人之多矣。

《现世史》第二号，光绪三十四年六月初五日（1908 年 7 月 3 日）

北京士民拟自行上书请愿

北京士民对于国会问题异常之热，只以附名直省，不便另图举动。惟直省请愿太涉因循，恐不免落人之后，现已组织由北京一部自行上书请愿，无论住户、客籍，均可联络。并闻举定某某两君为代表，约万寿圣节前后，即可缮折呈递都察院代奏。①

《时报》，光绪三十四年七月初二日（1908 年 7 月 29 日）

直隶之国会热续闻

津函云：直隶国会请愿一事，由王砺斋君发起，现由京、津、保三处共举代表四人，约于二十日前后即可呈请都察院代奏矣。

《现世史》第六号，光绪三十四年八月初一日（1908 年 8 月 27 日）

① 录自“国会与请愿”，标题为编者所加。

直隶之请愿

津函云：直隶国会请愿，现已公举代表四员，仍由保定府刘殿撰春霖居首，业同保定名士王君法勤，先行抵京代缮【请】愿书。而天津王君劭廉系议事会议员，胡君家祺系劝学所会长，因直隶谘议局筹办处先期知会定准初六日开局，会同议员石君元士、李君士铭议事毕，即日来京，联合新闻记者乌君泽声、康君士铎，计合六员，订准七月初八日呈由都察院宪代奏请愿书。闻其主张，仍决以五年期限召集国会云。

《现世史》第七号，光绪三十四年八月二十日（1908 年 9 月 15 日）

直绅关于商界要求国会之来函

直绅赴沪会议请开国会代表来函云：上海全国商界讨论会初七日开会，该代表孙、王、张三君赴会旁听。经孙君洪伊将《请各省商会并起联合要求速开国会书》同王励斋、张鼎臣二君连夜缮就，呈请该会事务员孟君庸生，当日即提出于会场上。经四百余处商会代表认可，决议通过，即用原书，加以断案。又经湖南、浙江两省商会代表力请江苏商会总理周君发起，业经认可，又经江苏前任商会总理李君当场提议开办商业联合会，即与要求国会同时举办。

《顺天时报》，宣统元年十一月十八日（1909 年 12 月 30 日）

宪政研究会之开会

直隶宪政研究会同人于本月十三日，假天津自治研究总所开临时大会一次，讨论国会请愿事宜，以便为各代表之后盾。

《申报》，宣统元年十二月十九日（1910年1月29日）

直隶绅民之国会热

本月十三日，直隶团体假天津直隶自治研究总所，会议要求国会事宜。绅、商、学、警、军、报各界到会者二百余人。首由温君支英、张君静宜报告各省代表进京情形，及直隶绅民全体继续进行之方法。次由众会员讨论办事之手续，公同议决事件有六：

（一）以直隶团体之名义直接上书请愿。

（二）以直隶自治研究总所为事务机关。

（三）公推温君支英、贺君湘南、萧君佑卿、王君松桥、石君聘之、刘君渐逵六人为总干事，专任联络各州县绅商士民，谋进行之方法。

（四）以谘议局、自治研究总所、天津《中国报》馆为通信机关。

（五）致通告书于府厅州县，为各方面之运动。

（六）俟签名单到后，再开临时大会，公举代表到京请愿。

通告书已由潘君云巢起稿，不日发表。

《申报》，宣统元年十二月廿六日（1910年2月5日）

天津筹还国债会拟举代表晋京请开国会

天津筹还国债会以各省代表请求速开国会已归无效，不但大局可虑，即筹还国债一事，亦进行无力，盖国民皆希望速开国会，监督财政得早清理，不致再行紊乱。东西洋立宪国民，不出代议士尚不纳租税，况筹还国债乎？各人对于此事，皆以为似失人民之望，拟电全国商界联合开会，公举代表晋京，继续请求速开国会，否则国债会从此无效，势将中止云。[①]

《时报》，宣统二年正月十一日（1910年2月20日）

天津宪政研究会筹议请开国会办法

天津宪政研究会拟日内开会筹议继续请开国会进行办法。又拟将速开国会之关系及组织法，并着有效力之白话演说，俾得唤醒下级国民。[②]

《时报》，宣统二年正月十一日（1910年2月20日）

① 录自“国会请愿近闻”，标题为编者所加。
② 录自“国会请愿近闻”，标题为编者所加。

北京商界开会欢迎国会代表

日昨北京商界在当业商会开会欢迎国会代表。二钟开会，首由商会坐办宣读祝词，次由代表孙君伯兰、刘君菘生演说现在虽颁发上谕，仍须陆续进行，决不能就此中辍，并请商界全体赞成，以为后盾等语。再次由马君际平演说国债事，当时有台下来宾起立质问,似少有龃龉。后由康君甲丞演说国会开设迟早与商界之关系,并由北京通告全国商界为继起之要求等语。再后由穆君子光报告散会。①

《时报》，宣统二年正月十一日（1910 年 2 月 20 日）

志士现身说法

旅津及本埠各志士痛国会之无望，慨时局之日危，联合同志，借徐志士断指一事，排成一剧，于本月十七日晚，在河东同乐新舞台开演。是夜座客极形拥挤，新剧开幕，拍掌之声如雷。闻是夜扮演者除钟声光、华蓬莱居士、红玉女士各角色外，并有潘君云巢、薛君树芗、王君伯辰、杨君功甫、石君聘之、郭君养田登台演唱云。

《中国报》，宣统二年正月廿一日（1910 年 3 月 2 日）

---

① 录自“国会请愿近闻”，标题为编者所加。

直隶绅民国会大运动

直隶绅民阎君瑞庭、李君伯芝、王君古愚、谷君蔼堂、韩君缄古、温君支英、石君聘之、贺君湘南等，日前联名通知本省各界，准于今年二月中，各属举定代表，到津开临时大会，再复选晋京代表，请求速开国会，为谘议局代表之后援。

《中国报》，宣统二年正月廿一日（1910 年 3 月 2 日）

国会请愿之后盾

天津商会为继续请求速开国会事，于初十日下午开会。是日到会者为永平七属商会总理谷霭堂、王竹林、薛梅卿、王松樵、潘云巢、杜小琴、温子英诸君等共数十人。闻其大略办法，由天津、永平、保定商界发起号召全省商界定期来津大开会议，再行公举代表，继续请求。现已举定谷霭堂太史为起草员。

继续请求速开国会顺直团体事务所，以某志士所绘之鼓吹国会图画及白话演说业经印成，日昨函致全国各地方机关，略谓："同人等拟醒世画多张，将以遍贴里曲，期鼓吹各方面分段继起，目的不达弗止。兹将原稿奉上，诸同志如以为可，祈即转印发布。"

又邮寄全国各铁路站长云："同人等因开导同胞请求速开国会，拟有醒世画，使人望而兴起。兹寄上数份，祈分神代贴贵站，以便广为传布。"

《申报》，宣统二年正月廿三日（1910 年 3 月 4 日）

武清曹克祗来函

速开国会，存亡所系，当以全力争之。年前接到诸君公函后，即知照各界，同心感动，皆乐署名。兹将寄到之列单先为呈上，其已知会，尚未寄到者，容再续寄。[①]

《申报》，宣统二年正月廿七日（1910 年 3 月 8 日）

顺直国会团签名之踊跃

顺直国会团体因继续请求速开国会，曾致书全省各议员，请联合同志签名，以厚势力。发书以来，各处复书及签名册纷至，均表同情，并已议定于二月内各举代表至津，会议进行。其签名之最多者，则为高阳、蠡县、平泉州、围场厅等处。

《申报》，宣统二年正月廿九日（1910 年 3 月 10 日）

---

① 录自“国会运动家之近状”，标题为编者所加。

京师国会期成会代表黎宗岳等致各谘议局书

敬启者。客腊电请各省谘局、学【会】、商会举第二次代表入京，谅邀伟鉴。国会一日不开，国是一日不定；国是一日不定，国困一日不苏。方今外患（粉）〔纷〕乘，内忧叠起，即使宪政急起直追，犹恐难救危亡于万一，而说者动引先朝九年筹备之谕旨，谓宜少安勿躁。不知当时原谕，本视国民程度以为期。使今日国民对于国会漠焉置为缓图，尚可谓程度幼稚，毋取急进。乃自去秋谘议局告成以来，国民对于国会之热度已极沸腾，则程度增已可概见。使先朝处此，亦必嘉与国民，早更成命。则今日请开国会，正为仰体先朝谕旨，并非轻背先朝谕旨也。客腊我皇上宣布明诏，于国民爱国热忱亦极嘉赏，乃犹迟回（番）〔审〕慎，（夫）〔未〕即俞允者，盖将觇我国民对于国会之热忱果真（挐）〔挚〕焉否耳。果使我国民志气坚定，始终不懈，一请再请，天心必可早回，目的必可早达也。夫国会之迟早，关系国家之存亡；国家之存亡，关系国民之生死。国民何能因此次请愿不成，遂灰心丧志，不再鼓最后之勇气乎？且此次请愿代表既多誓死不返，国民更何能听其孤立而不为后援？仝人有见于此，特联合在京同志数百人组织国会期成会，作此次代表之后援。惟兹事体大，必众擎共举，方能早观厥成。贵局为全省士民之总率，请即联合各地方自治、宪政等会，组织国会期成分会，公举代表二人，偕教育会、商会各代表，准三月初十日以前到京，会同敝会联名上书，以达即开国会之目的。（若能一面举代表来京，一面恳督抚代奏，尤善。）仝人因筹集巨款组织此会，舌敝唇焦者有之，长号呕血者有之，割臂而缮写血书者又有之。诸公素爱国家，（索）〔素〕悯志士，（富）〔当〕不忍坐观膜视，使此次代表孤立于前，复使敝会仝人孤立于后，而为五洲万国所窃笑也。谨布腹心，敬候裁处，无任迫切盼祷之至。[①]

《晋阳公报》，宣统二年二月初三日（1910 年 3 月 13 日）

衡水各界致顺直团体事务所公函

继续请求速开国会顺直团体事务所昨日接得衡水县绅、商、警、学、自治各界公函，兹特照录于下：

敬启者。速开国会为促宪政之机关，继续请求足征人民之志愿。公【函】剀切，洞见本源，字字珠玑，声声血泪，凡为国民一分子，当随代表，以志同情。敝邑接缄后即联合学、警、绅、商各界，于正月二十六日在自治研究所开会公议，是日到会人数百余，观听者尤不胜计。首先宣布来启，继乃报告宗旨，末后研究手续。各会员欢欣鼓舞，争任分担，遂公同决定分投区域，广为演解，并定期于月底将书名者开送来城。兹据陆续书齐，共计四千余人，即行汇报，以期不误贵会开议。惟请代表诸君子坚持初志，求幸福于亿万同胞，尤祝我大圣主俯鉴热诚，锡俞允于九重云云。[②]

《中国报》，宣统二年二月十四日（1910 年 3 月 24 日）

① 原标题“京师国会期成会代表黎宗岳等来书”，登载于《晋阳公报》，实为黎等致各省谘议局书。
② 录自“国会请愿三十九志”，标题为编者所加。

订期开会

继续请求速开国会顺直各绅，于昨二十日下午齐集河北三条石事务所开茶话会。是日，除各县代表外，到者七十余人。首由事务员报告全省签名册详细人数二十余万，后又公推起草员，并下通知书于各县，定于三月（就学务公所春季开学务会之便）开全体大会，公举二次上书之代表及一切进行方法。

《大公报》，宣统二年二月廿二日（1910 年 4 月 1 日）

热心国会

继续请求速开国会顺直团体事务所，昨接遵化州中学堂监督来函，痛论东西各国国会历史，洋洋数百言，颇足动听。并闻其中有云“为今之计，如政府始终不认速开国会，惟有取收西门死后之结果，实行租税不经人民承诺，决不完赋之义，暂将全国国税停纳”等语。不知该会诸公又将若何答复。

《大公报》，宣统二年二月三十日（1910 年 4 月 9 日）

顺直举定二次请开国会代表

顺直各属公举代表均已抵津，于初六日开全省大会议，选举继续请求速开国会代表，已略志本报。兹接津函，知是日下午一钟，顺直团体事务所假本县议事会开会，各绅到者五六百人。其开会次序：一、振铃开会；二、述开会词；三、干事报告；四、公推资政院议员枣强县于君邦华为临时会长；五、公举代表；六、会员演说；七、茶话；八、振铃闭会。当场公举定代表共七人。保定所举为韩君德铭、于君（报）〔邦〕华、刘君培极；天津所举为李君长生、贾君恩黼、贺君培桐、齐君鼎升。演说者为阎凤阁、谷芝瑞、潘智远、薛树芗、张锡光、贺培桐、林庄诸君，依次演说，语极痛切。惟贺君演说至关切处，全场涕泣，几至失声，而尤恸者为张君铭勋。演说甫毕，适接北京代表电，称自治研究总所王君观保允代表，乞维持。后由乐亭某代表首倡捐助经费，其陆续捐助者极多。随闻团体另有报告，约定月之二十日赴京呈请愿书，二次请求速开国会。是会也，人数之众，演说之痛，民气之盛，为向来得未曾有云。

《中外日报》，宣统二年三月十二日（1910 年 4 月 21 日）

顺直团体事务所致时报馆电

《时报》馆鉴：敝省二次国会请愿，初六日在津开全省大会，已举代表。请转各报馆宣传，以便一致进行。无任切祷。顺直团体事务所叩。

《顺天时报》，宣统二年三月十五日（1910 年 4 月 24 日）

直绅筹划国会请愿之进行

初九日，顺直各绅因二次上书请愿速开国会，业经举定代表，特在三条石总所筹划一切进行办法。所商议者为措办经费，公举起草员，及函知北京代表团组织同志会等事。起草员已举定于泽远、王古愚、籍亮侪、顾叔度、戴仁一诸人。

《申报》，宣统二年三月十六日（1910 年 4 月 25 日）

国会请愿同志会之慨捐

代表团顷接直隶逸亭氏来函，并捐助银二千元，词旨恳切，情意殷渥，甚为感激。惟函中但署别号而不署姓名，因一面派员调查，一面将原函登报宣布，以申谢悃，而告国民云。原函照录如下：

谨启者。自奉明诏，豫备立宪，已逾二年，而时局日艰，势难稍待。海内外志士，（捐捐）〔涓涓〕忧国，乃遂连翩入都，上书请愿，速开国会，以救时艰。自去冬迄今，半载于兹，诚恳敦挚，将复为继续之举，四方响应，益用奋勉，热诚高义，良用感叹。鄙人薄弱，诚不能为诸君子奔走后先，然窃自臆度，今日时事，固非速开国会不足以救亡，又非组织政党不足以实行立宪。诸君子集合同志，既为今日请愿之进行，即为他日政党之先声。鄙人心向往之，只愧无可裨补。谨奉上银二千元，以为公等组织政党之一助。区区涓壤，聊尽愚诚，伏祈察收，为国自爱。直隶逸亭氏谨启。[①]

《中外日报》，宣统二年四月廿六日（1910 年 6 月 3 日）

商会欢迎苏省商界国会代表纪盛

昨日下午三钟，商会开欢迎大会，欢迎江苏全省商界请愿国会代表上海信成银行总理沈君缦云。是日商界同仁到者百数十人。是时，沈君协同《大公报》馆英君敛之莅会，当由王竹林、李星北、刘樾臣、杜小琴、刘明甫诸君接待。

茶话毕，沈君登台演说，略谓：兄（第）〔弟〕南省人，不会说北方话，尚望诸君原谅。兄弟乃商界中人，向无学问，谬蒙敝省商界全体公举请愿国会代表，今日又蒙诸君开会欢迎，愧仄之至。查欧美各国，商人程度最高，国会议员大半商人充当，且商人能得公侯伯子男五等爵赏，不似我中国政府对于商人若弁髦也。近来我国商业不振已达极点，如上海为中国商务总汇之区，钱商倒闭不下数十家，市面异常困滞。至湖北汉口，为七省商务中心点，而商钱倒闭，日有所闻。夫商业有如此现象，实由关税不平，洋货进出征税少而放行速，我国商货则关卡层层剥削，处处留难，不使中国绝【望】不止。商界为金融机关，政府如此对待，中国不贫何待？以民若【是】困苦情形告求，官府对外人如见祖宗父母，异常惧怕，为利是图，声誉、名望、德行【全】【然】不顾。若望商业发达，国民富足，非我国商人请愿速开国会【不】可。如再不允，则由全国商界结合团体，不尽権厘义务，要求国会速开云云。

继由商会总理王竹林观察演说【数】语，遂宣读颂词。

继由《大公报》社长英君敛之演说，略谓：天赋人权，本有参政权利，我国专制政【体】，此理向未发明。自欧风东渐，我国民皆知此理可以保国，可以

① 录自“国会请愿片片录”，标题为编者所加。

保种，可以保教，是以志士仁人，牺牲万有，奔走号呼，联合全国，请愿速开国会，俾救灭亡。乃政府诸君，固执己见，毫无给予意思，不得已乃有二次请求。若国会开，富强幸福岂人民独享乎？若不开国会，政府诸公有救灭亡能力乎？遂将沈君请愿书稿详细讲演毕。

又中等商业学堂监督李子鹤君、习艺所管理员薛树芗君、宣讲员王伯辰君次第演说，各极其妙。一时听者鼓掌欢呼，倍极一时之盛。诸君聚谈，茶点毕方散。

闻本埠自治界、学界均请沈君少留数日，以便开会欢迎。沈君以上书京中既定期五月初二，是应早日赴都，俾得预备一切，是以婉谢，已乘今日早车赴京矣。

《顺天时报》，宣统二年四月廿八日（1910 年 6 月 5 日）

国会与印花税

邑尊胡夫大令屡次照会商会，催办实行印花税一节，已纪本报。兹闻该会诸君已于日前聚议，佥谓现在二次请愿国会代表不日上书，应俟上书后朝廷允准国会与否，再定印花税之进行与否。如国会不开，人民无参政权利，则此项义务决不承认云。

《大公报》，宣统二年四月廿九日（1910 年 6 月 6 日）

顺直商界致北京代表团电

北京小沙土园昆新会馆代表团诸君鉴：直隶商界国会请愿公举杜君宝桢代表，初五日赴京，请招待。津。①

《中国报》，宣统二年五月初九日（1910 年 6 月 15 日）

顺直请愿同志会致北京国会请愿代表团电

北京小沙土园昆新会馆国会请愿代表鉴：请愿二次被驳，人心悲慨，即刻联合进行，乞坚持勿懈。顺直同志会。养。②

《大公报》，宣统二年五月廿三日（1910 年 6 月 29 日）

① 录自“国会请愿九十四志”，标题为编者所加。

② 原标题“要电照录”，本电收录其中。又见宣统二年七月初十日（1910 年 8 月 14 日）《中外日报》，标题“顺直同志会致代表团电”，发电日期为五月廿二日。

顺直请愿同志会致上海时报馆电

国会请愿二次被驳，请转各省同志会，迅速进行。顺直同志会。马。

《大公报》，宣统二年五月廿三日（1910年6月29日）

关于刘殿撰不认签名领衔请开国会之各函件

刘春霖殿撰不认签名领衔请开国会，并谓为捏写其名，及同志会检查签名册，乃由保定高等学堂寄来者，盖殿撰为该堂监督也。此事关系极大，顺直士绅将不免大起冲突。兹特将关于此事之往来函件，探录于下，以供研究。

顺直谘议局请愿代表王君法勤致顺直同志会书

（前略）吴大军机日前回拜代表时，谓刘润琴殿撰向政府上书声明，谓此次国会请愿签名，彼系被人捏写，并不知情。此一人既属不实，则卅余万人可想而知。同人闻之，无不愤激，拟遍登各报，声言其罪。惟润琴此次是否自行书名，或他人代书，并曾知会伊否，希即查明来示，是所切盼云。

顺直同志会覆王君法勤函

刘之签名单，虽非自书，然的系由保定高等学堂寄来的，且系该学堂人签发者。兹将原单照抄，并注明单内各人在该学堂职务，以供参考。单附呈。

顺直同志会致刘春霖殿撰函

顷接北京代表团来函，内称吴大军机回拜，云政府得刘润琴声明书，谓此次联名系被人捏写，当时并不知情等语。同人公阅之下，不胜惊疑。不知果有此事否？乞速赐示为盼。此请公安。

北京代表团致顺直同志会函

敬启者。贵省绅民请愿签名册上领衔者刘殿撰春霖，闻向政府声名［明］，不认签名。众相骇愕，咸来诘责。此何等事，如是办理，是不惟贵省绅民信用全失，抑且牵涉代表，情词俱穷。谓其以殿撰之名，并未知会殿撰，缘缀涂附，以为体面，则卤莽灭裂，负罪天下，贵省其何以自解？若曾经知会殿撰，而殿撰自食其言，则欺伪狡诈，得罪邦人，殿撰其何说之辞？二者无一可，有一于此，皆应贵省担其责任。鹄候示复，以告公众。若殿撰并无取消之说，亦应得殿撰确实证书，间执谗口，使国内群疑，一朝而释，曷胜欣幸。语云：名誉者，为人生第二之性命。敬为贵省诵之。临颖皇悚，祇请台鉴。

顺直同志会覆北京代表团函

敬覆者。捧读来示，愧惧交集，敝省请愿衔名，系由各机关分签来者。刘春霖之事发，已即刻去函诘问，尚未得有回音。敝同人对此事无不愤慨，必有相当之对待也。此请公安。

刘春霖殿撰覆顺直同志会函

惠示敬悉。近接京友来函，谓在军机处见直东请开国会书，系以贱名署首。又京官列名者数人，皆不知情，函询鄙人是否与闻其事。当即覆称，鄙意非不赞成国会，但此次并未列名，尤未预闻领衔之事。友人或向军机处谈及，亦未可知，然未尝直向政府声明被人插写也。惟此番领衔，实系被人插写，方欲致书诘问，尊函适至（昨已致书托保定代表韩君代询矣）。忆去岁谘议局闭会之前，经议长宣布，各省谘议局联名上书，请开国会，使众议员签名。鄙人以未见书稿，当场声明，不愿签名。议长谓书稿在宪政研究会，可先往阅。鄙人再往，竟不得见，是以始终未敢签名。近在保定组织自治协会，适同仁公举国会代表，鄙人亦以不见书稿，声明不列名，亦不投票，诚慎之耳。不料上书乃以贱名居首，殊可怪骇。天下岂有行此大事，使人肩此重责，而不与一商者乎？诚不知其何说也。专此，覆颂公安。

《顺天时报》，宣统二年五月廿七日（1910 年 7 月 3 日）

刘春霖来函

径启者。昨见贵报所载鄙人之对于国会一事，至再至三，诋諆不遗余力，此必访员轻听一面之词，不察事实之过。然名誉所关，岂容任意污蔑，不得不略事剖白，为执事一言之。

先是，北京友人来函，谓请愿书直东团体系以贱名领衔，询我是否亲预其事，当即覆书云非不赞成国会，但以未见书稿，不敢列名，领衔一节，尤未预闻。此与友人问答之私函，何谓上书政府？友人或将此意传出，然非鄙人托为代达。至谓公推某领衔，某亦承认云云，尤为谬妄。所谓公推者，出于何人，推于何时，公推后何以绝不通知？所谓承认者，以书面乎？以口头乎？此等凭空嫁罪、豪无根蒂之词，辄率尔登录，不畏损贵报之价值乎？鄙人前在津、保屡经宣言：如不见书稿，断不列名。此次或有友人未知鄙意，代为书入，滥竽数万人中，原亦无足深问。然若以之领衔，岂有不使预闻之理？此次代表不但不以书稿见示，且始终未通一词，即保定代表在京，亦未获闻，此何事而可以秘密为之耶？代表何人，乃有强派之权耶？若以我名为可轻，则不宜使为领衔；若以我名为可重，则不宜如此儿戏。代表行事如此，使国民程度日高尽如代表，国会遂开，即足以救亡乎？吾不能不为前途痛也。

祈登贵报，以正昨非。敬请箸安，不备。刘春霖顿首。[①]

《大公报》，宣统二年五月二十九日（1910年7月5日）

追记国会请愿确情

此次各省绅民代表上书请开国会，除呈上由代表人列名外，另有绅民签名册，一并递由都察院进呈。迨此项请愿书发到军机处，有某大军机偶阅直隶绅民签名册，其第五名系赵姓，乃军机处章京也，即传该章京询问，则言并未接洽，自请取消，代表团因是稍失信用。盖此次上书未代奏以前，即有陈御史田（四川人）自向都宪声明，不认与闻请愿事，将呈上所列之名摘消，为京津各报所发表。又加以赵姓事，其为诸大老所疑，亦固其所。不意复有直隶巨绅刘春霖，函致军机处人，不认列名之事。代表团于是大忿，致函直省绅民团之承办此项签名册者，诘问应负责任之人。现闻天津各团体已派人与刘春霖交涉，并有主张驱逐，不认其为直隶人者，更有主张挥拳以惩创之者，想必有一场口舌也。

又闻刘春霖声明不认签名之函，即系致其同乡军机章京赵姓，由该章京据函回堂，可谓同声相应者矣。其实政府并不注意此项名册，现任京官适与其衙门有关系者，如陈田及赵某等，其甘心卖本省以迎合堂官之意尚不足责，若刘春霖则大可不必者也。或谓刘春霖在保定，不甚知京中情形，适陈田事为天津《北方日报》首先发表，刘见之以为此次请愿必大拂政府意，故陈田首先发难也，则大恐，遂有隔壁讨好之举。其说亦可信。

《时报》，宣统二年六月初二日（1910年7月8日）

① 本篇原标题为“来函”，兹拟标题“刘春霖来函”。

关于刘春霖签名事之往来函件

顺直同志会【为】刘春霖事复代表团函照录如下：

敬复者。前以刘春霖不认签名事，赐书诘责敝省，兹已将始末情形往复辩明，谨抄录各函，上尘冰鉴。惟贵团来示，陈二义以责敝省，则非敝省所敢任也。来示第一义谓，以殿撰之名，并未知会殿撰，缘缀涂附，以为体面，则卤莽灭裂，负罪天下等语，意即来示所称签名册上领衔一语耶？不知上书领衔者惟代表，代表数人而领衔者只一人，此外皆非领衔，贵团想已知之熟矣。至签名册上之先后，不过排列次序，册首册尾，同一地位，似不得以领衔二字加之。缘缀体面之说，敝省或可不任过也。来示第二义有殿撰自食其言，则欺伪狡诈，得罪邦人，亦由敝省担其责任等语，此尤不敢承命。刘某之是非，观往复各函，当可判断。惟因一人而责全省，恐法理、事实俱所未有，又不足为敝省咎，敝省亦乌敢致辩。惟刘某答敝同志会书，谓代表团为歧误，贵团歧误与否，请贵团自思之。如何对待刘某，亦请贵团自酌之。临（款）〔颖〕皇悚，祗请台安。

《顺天时报》，宣统二年六月十六日（1910年7月22日）

国会请愿代表团覆顺直同志会函

顺直国会请愿同志会公鉴：来书敬悉。刘春霖不认签名事，经贵会函牍往复，力求公是公非，大白天下，钦感奚如。兹拟汇录贵会与刘某往复函牍，亟行付印，布告全国，以保公益而警将来，贵会以为何如？至敝团前致贵会函件，其本意以为对政府不可失信用，对于签名不可误手续，欲为惩前毖后之谋，不得不为搜根寻源之举。猥以当时忧愤过甚，语多失检，事后追思，久抱不安。兹经逐条刻悉，愈（憎）〔增〕惶愧。然措词虽间过当，而问心尚觉无他也。特此致复，祷叩公安，并希鉴原，不尽。代表（国）〔团〕事务所谨复。

《顺天时报》，宣统二年六月十六日（1910年7月22日）

国会请愿同志会关于刘殿撰信件

敬启者。直隶刘春霖不认签名请愿事，报纸喧传，纷腾人口，是非黑白，大定久矣。特恐报纸登载，零星散见，诸君子见闻所及，容有不实不尽之处。夫吾国群学不讲已久，发轫伊始，横遭魔力，前途茫茫，尚堪设想耶？爰取顺直国会请愿同志会与刘某往覆函件，汇而录之，并附敝团意见，公布全国，幸垂察焉。

夫刘某此次既不认签名，而反狡逞辩口自立于无过之地者，其理由不外二端。（一）责顺直国会请愿同志会推其领衔，而不预为知会。夫请愿书中之人民签名与代表领衔，其责任轻重，业经顺直同志会剖析详明，无庸缕述。现刘某不承认为代表，已向顺直同志会声明系属误会，则刘某致顺直同志会函云“使人肩此重任而不与一商”，及领衔代表公推者何人，推于何地，何时通知等语，自不烦言。而解议如刘某函中所云“领衔并非贱名，则所争要点，全付云烟”，此事前后尽出歧误矣。（二）签名系他人代为。夫签名系刘某自为，或系他人代为，此问题之解决，敝团只知援保定高等学堂签名底册为据，则形式上不能不断为刘某自为也。就使事实上果系他人代为，如刘君登瀛所云，然刘君登瀛函中显有“遂将刘君润琴及未在堂同人之名一并书入”，何以他未在堂同人均不于事后声明，而此等反复行为独出于刘某耶？岂在堂同人皆愚騃，而刘独聪明绝世耶？况刘某系该堂监督，百凡事务，无不代表一堂，此次签名底册既确系该堂所出，则刘某能诿为不知耶？以上二端，其论断大率如此。

夫国会关系国利民福，其机关何等郑重；请愿系廿余省人民同一之意思，其行为何等重要。稍具爱国心者，罔不急起直追，争先恐后。刘某不赞成国会则可，刘某而斤斤声明非不赞成国会也，不自签名而待他人代签，已属言行不顾，乃不惟不崇拜代签之人之成其美名，反于自签、代签之间力为辨驳，赞成国会者，固如此耶？不赞成者，又将何如耶？况刘某为学堂监督，行为如此，固可以领袖学界耶？该堂学生幸耶，不幸耶？阳用非不赞成国会之空言愚弄社会，阴行不认签名之事实希荣政府，司马昭之心，路人皆见，潜伏孔昭，亦何益矣。夫刘某本无足责，而敝团之所以亟亟为全国告者，盖以签名请愿著著进行，急须引刘某为戒，不使反侧小人藏身其间，则国家前途幸甚，幸甚。专此驰布，伏惟鉴察。祇请任安。

刘春霖第三次来函

径启者。前上两函，未蒙一覆。请愿领衔一事，现各报论列不已，万口喧传，谓鄙人自食其言，翻云覆雨，辜负万众，首鼠两端，不齿士林。此等恶名，何堪一日忍受？若不早为剖断【明】晰，则含垢何有穷期？愿请领衔，鄙人如经承认，忽生中变，则反复之罪，实无可逃。试问此次鄙人领衔，果经公推乎？如实系公推，则系吾省公推乎？直东（合）〔公〕推乎？公推在何地乎？在何时乎？鄙人之承诺，当场承诺乎？抑通函承诺乎？前将此意函询贵会，并质问北京同志会总部。兹接总部覆书，谓此事自有顺直同志担负其责任，敝处只向该会诘问云云。顷又读二十七日《民兴日报》质疑一节，有（名）〔云〕：署名领衔，大事也，想同志会当事者必不能自作主张，擅行签写，必应预向鄙人郑重商推。但不知果曾郑重商榷否？如果商榷，不知于请愿未曾署名之前，果得鄙人之承诺否？谅哉，斯言可谓切中肯綮矣。鄙人之蒙诬待白如此其切，同志会总部及报界之怀疑律释如彼其急，而尊处顾闇然不作一语，将谓此事竟可以不了了之乎？务望迅速示下，登诸报端，以昭公信。临书不胜翘盼之至，专候公安。六月初二日。

覆刘春霖函

敬覆者。前接来复，责及领衔一事，当即函诘在京团体。据云此次书名系代表诸人冠其首，而李君长生实领衔，阁下一层，乃子虚乌有。且签名一事，系由贵堂签来，底册具在，乌得遽不承认？正欲致答，适接二次来函，询及报纸之言论。此系该馆之权，难以代答，君其问之报馆。至狡辞以逞，原不屑逐条置辨，缘请愿之举，为国利民福所关，而阁下首鼠两端，甘为破坏，为我省丛诟之地，其名誉之能否全，殊可扪心自问，尚何哓哓不休！但是非自有其真，不可不公诸舆论，兹后将以诘驳理由登诸报纸，以与天下明眼人相商搉，阁下其拭目俟之。此覆，即候公安。廿九日。

再致刘春霖书

顺直国会请愿同志会再书于刘殿撰春霖，略云：读辩白书，谓北京友人来函，谓请愿书直东团体系以贱名领衔，询我是否亲与其事。查请愿书绅民团体合十余省及旗籍共上一书，各省代表名次按省分排列，故领衔者直隶与旗籍平列。旗籍代表二人，推出文君耀领衔；直隶代表七人，推出李君长生领衔，均经代表团开会议决，宣布各报，阁下想已寓目矣。因各省之代表数十人，不能个个领衔，故推出直隶；直隶之代表又不能个个领衔，故推出李君长生。是领衔者只一人，即第二名之代表，亦不得谓之领衔也。阁下并未举为直隶之代表，其更非直隶之代表第一名可知。今贵友竟谓直东团体系阁下领衔，其糊涂亦可想见。阁下覆书谓非不赞成国会，但以未见书稿，不肯列名领衔一节，尤未预闻。阁下见信即信，以为领衔，则阁下之昏愦，亦不敢为阁下讳。且领衔者，代表也，代表而领衔，荣名也。必其人发大心愿，具大毅力，然后享此大名而无愧。今来书言非不赞成国会，是对于国会尚在赞成与不赞成之列，乃竟自认领衔，是盗窃领衔之荣名以强为辩白，其为（枝）〔技〕亦巧矣。来书一则曰并未列名，再则曰声明不列名，而同志会所存阁下签名册来自保定高等学堂，阁下为该学监督，非自署名而谁署？即诡曰非自署，应返而诘问高等学堂代署之人。若对同志【会】而发此言，则原册具在，虽百口无以自辩，腼颜而逢人辄道耶？阁下又谓，不肯列名者，以未见书稿故。不知签名之时，在今春正二月间，彼时同志会之能否成立不可知，人数之多寡不可知，书稿从何拟起？如必见书稿，始肯签名，既无书稿，则签名者可以至今无一人。今签名者既有三万余人之多，是此三万余人不必皆见书稿而后列名也。山东之十二万余人，其余各省又数十万人，必皆见书稿而后列名，有是理乎？阁下以状元之资格，似乎可特别，特是阁下既有此意见，何以宣言于津、保，而独不函告于同志会事务所乎？事前之手续既错，事后何以不先质问事务所有无其事，而急急先复北京友人之信乎？何以所复之信，他人皆不知，而吴大军机先知之乎？阁下如无谄媚政府之心，并无托贵友代达之事，何以贵友藉此献媚，而阁下不敢明攻其人，仅来函自辩乎？使阁下因破坏国会请愿之事，可以连升三级，从此可以大阔起来，直隶辱而阁下荣，亦计之得也。无如此举只能使直隶人失信用，只能使廿行省之人民唾骂直隶人为小人之尤，而政府既不守秘密，则阁下之实惠恐亦难骤得也。冤哉，直隶人，而竟以阁下为同乡！冤哉，直隶高等学堂之学生，而竟以阁下为直隶高等学堂之监督！可慨哉，直隶！可慨哉，直隶高等学堂之教育！

刘春霖第四次来函

敬启者。接奉来示，谓此次领衔者为李君长生，鄙人一层乃子虚乌有，读之弥滋疑惑。天下事有歧误百端，至于此极者耶？鄙人之所以斤斤者，只以各报纷相诟病，深怪领衔大事，何以诸代表竟无一言示及，不能不亟亟驰书致问。如若来示，领衔并非贱名，则所争要点，全付云烟。是此事前后尽出于歧误，致吾绅界自相攻讦，为天下笑，则真至愚而无谓之甚也。夫友人固明明言贱名列首矣，报纸纷载固明明言公推代表领衔矣，代表团致贵会书，则又明明言吾直名册以鄙人领衔矣，岂无端妄相揣测乎？未曾上书，而传为（直）〔上〕书，贵会之歧误也；未曾领衔，而传为领衔，鄙人之歧误也。然则友人之所闻，亦歧误也；想报之所载，亦歧误也；且代表团之所诘，【亦】歧误也。只以各方之歧误，竟构成一黑夜自〈亦〉相践踏之象，天色既明，其亦可以景然矣。来示谓诘驳理由登诸报纸，此甚鄙人之所愿闻。唯有一言忠告者，近来民气发达，忌者方且利我之自残，贵会若持正当之理由，确实之凭证，不争意气，自足以服人，方见吾民程度之高。若不究事实，专事谩骂，此山膏之所能，适足证程度不足之说，为国会速开之阻力而已，于人固无伤也。愿与贵会共勉之。专此，即候公安。初一日。

刘春霖第五次来函

径启者。接到来函，理由少而谩骂多，山膏能事，果不出吾所料，适足为有识者之所哂而已。来书谓，领衔并非鄙人，然代表团致贵会书则明明谓鄙人领衔，请读原书可知矣。来书又责我应诘问敝堂代署之人，鄙人则既诘之，请观刘际唐致贵会书可知矣。来书诘我何以不函告同志会事务所，鄙人则曾经函告，请观保定同志会事务所覆贵会书可知矣。来书诘我事后何以不先质问事务所，鄙人则首先驰书事务所代表韩君代为诘问，请观鄙人第一次致贵会书可知矣。来书谓数万人不必的见书稿而后列名，此乃各自之意见，他人不得相强，不然，何不将四万万人一笔入耶？来书谓领衔为荣名，斯固然矣，然唐虞揖让，巢由洗耳，鄙人亦有洗耳之意，不敢妄同。至谓鄙人盗窃领衔之荣名，尤为可嗤，腐鼠滋味，猜意鹓鸽，其亦可以不必矣。或谓此等无价值之书，不必答复，徒嫌自轻。然吾既自轻于前矣，今亦不得不尔，是则鄙人之过也。惟亮鉴不尽。

致刘春霖书

捧读来示，觉前后语气，如出二人。所谓子路人告之以有过则喜者，当不是过。阁下苦衷，非鄙同人不谅，惟恐贻政府以口实，积怨讟言于邦人，国会问题，至今为梗，心焉忧之，故致函以相诘。今既声明歧误，鄙同人亦不愿纠缠，惟何以释疑于国民，尚望本"非不赞成国会"之宗旨，攘臂而见诸实际，吾直之耻不待西江可以涤矣。且此番挑衅，吴大军机实尸之，代表团不加察，遽以严辞相责，乌得不究其由，以昭大公于天下？阁下既非自行上书，蒙此不白之诬，亦无妨作正式书札，诘其诳言，执其谗口，国会问题或不至据此为阻挠计，此不啻吾直之幸也。此布，即请公安。

致保定事务所函

昨接北京代表团来函，内称吴大军机回拜云，政府得刘润琴声明书，谓此次请愿签名，伊系被人捏写，并不知情云云。一人如此，原无足深责，惟全体三十余万人咸被嫌疑，殊堪痛恨。查刘之名，系由贵事务所签来，兹将其册内人名全数抄清呈上，望即切实查核。其中有无别故，如何对待，从速拨冗示复，是所切盼。此请公安。二十四日。

保定事务所复函

敬启者。昨接赐函，称国会请愿一事，刘润琴函达政府，自谓被人捏写姓名，致令数十万人皆招政府之疑，并抄示高等学堂名单一纸，读之不胜惊愕。查去腊奉到贵处名册，即行分送在保各局、所、学堂填写，汇齐寄津。缘敝处人数甚少，未能分赴各处眼（同）〔阅〕签名册内所签之名是否皆由本人手签，则未能遍行查视者也。来函嘱令切实查核，其中有无别故，查今春在保公举请愿代表之时，刘曾声明不见书稿，不愿列名，亦不投票，此则在保同人之所共知。今复到该堂查问，据称实由他人未经面商，辄为代写，遂至彼此歧误。昨为敝处议事之期，刘适到会，当出尊函示之，并叩其说。据云所寄京函系先有友人来书，询及领衔之事，是否自行画诺。因覆书谓非不赞成国会，但此次并未列名，尤未闻领衔之事。此不过与友人问答私函，并非上书政府声明捏写也。又云前在津、保屡（径）〔经〕宣言，如不见书稿，断不列名，此只以稿未及览读，不知措词若何，不得不兢兢致慎，并非有反对国会之意。但友人不知，而代为书名，在数十万人之中，不过沧海之一滴，固亦无足重轻。若既使领衔，责任至重，岂宜不与一商，不待承诺，又不以书稿见示，而强使为之乎？此皆刘君所以答敝处，谨直录以闻。至其名册，存在尊处，是否本人自署，其字迹当可辨认。（真）〔专〕此敬复，即请公安。五月二十六日。

覆保定事务所函

接来示，与刘君二次致函同时并至，当即作覆，兹并抄呈。至字迹一层，三万余人万难皆系亲笔，似不能据此为不列名之据，想贵所当洞鉴及此。此请公安。廿九日。

保定刘登瀛来函

敬启者。昨读各报纸登载关于刘殿撰润琴国会签名一事，鄙人正拟将此事原委报告，适保定国会请愿事务所来堂查问，兹特将此事详细报告。缘鄙人分任高等学堂教务，此次国会请愿签名册，由在保事务所散给高等学堂，同人久未签名。嗣事务所催索甚急，时鄙人适以授课到堂，仓卒之际，急无以应，同人怂恿代书，遂将刘君润琴及他未在堂同人之名，一并书入。该册旋即为事务所取去。然其时刘君并未在保，本拟俟其归，去告之，奈鄙人兼任他学堂功课甚多，异常忙迫，又不在高等住宿，及后刘君虽归，竟尔忽忘未告。若非此时报章揭载，事务所查问，鄙人于此事已付之过眼烟云，不复记忆久矣。现在同人既因此忽相争执，鄙人猛醒忆及，惶悚无地。虽此事最要争点，在上书领衔是否曾经知会承认，而鄙人代刘君书名，忘未相告，亦为此中之一因，不得不据实声明，以解两方之误会。断不敢因疏忽于前，复匿过不言，致终不得证明此事之实际也。名册既存在尊处，自有鄙人笔迹可征，惟诸君子幸垂察焉。肃此，即颂公安。

覆刘登瀛函

敬覆者。捧受惠函，敬悉一是。回环雒诵，觉粹然儒者之言，充满纸上。盖有善则相让，有过则分任，古君子交际之高谊也。然今日之事，责有攸归，不善者不能己所行者诿之人，善者亦不能人所行者受之己，一薰一〈同〉莸，【同】器者不能同臭味也。尚祈自爱，以养高风。专此谨复，祇请公安。六月初一日。

刘登瀛二次来函

敬覆者。昨接赐函，于鄙人多奖词，然谓代人受过，则大乖素心。此次轩然大波，由鄙人代刘君签名，忘未相告而起。使当日无代签之事，请愿书中固必不有其名；即签后相告，刘君复友人信亦何至言并未列名。鄙人以一时疏忽，致外省责吾直人，或系代表捏写，或系刘君反覆。二者均无一可，遂使吾同人起此冲突。此鄙人所清夜问心，不能自安者。故前次鄙函据实声明，以解多方之误会，并登报示众，俾人皆知代表据册列名，非捏写也；刘君初实不知，非反覆也。过实出于鄙人，乌得不自任之？何代人受过之有？且代人受过，来书以为古人之高谊，然则鄙人陷人于罪，复藉之以窃美名也，问心更何以自处？且鄙人此举，即同人谅我，我岂不虑不相知者之指为阿附刘君？但以情实所关，固不容避匿耳。鄙人此言，若有不发自天良者，天地鬼神，实其殛之。情意急切，故不能不【为】此激直之言。知我罪我，听之而已。此复，即颂公安。

《顺天时报》，宣统二年六月廿七日、廿九日、七月初二日、初三日、初五

日（1910年8月2日、4日、6日、7日、9日）

致北京代表团书

刘春霖

径启者。鄙人与同志会争议之事，贵团首陈【二】义，以诘同志会，其言明快斩截，未尝有偏私之见也。继覆鄙人书，亦责任分明。最后覆同志会书，至能引咎自责。窃叹贵团执事诸君，器识磊落，贤者不当如是耶？至云欲将鄙人与同志会往覆各函，印刷宣示天下，盖将以付诸公论。鄙人益自幸，以为综观前后，可以见谅于国人矣。乃顷见贵团宣布书，不但于函件登录不全，且附以意见，意存偏袒，妄加訾謷，忽与同志会一鼻孔出气。且同志会末次来书，犹谓鄙人蒙不白之冤，而贵团之书，更若惟恐蒙冤之得白者。前后异辙，人心险【恶】乃至是耶！

夫判定罪名，必有确据。鄙人若果有上书政府声明捏写之事，无论从前知与不知，加以破坏公益之罪而无所辞。政府是否有鄙人之书，度贵团必已向吴军机处调查详悉。求其罪而不得，稍有道德之思者，方愧悟悔恨之不暇，复何忍多方揣测，以为倾陷之辞乎？且当时与友人私函问答，亦不过云不知而已，至承认、不承认一层，犹未之及也。尊函谓就形式上不能不断为鄙人之自为，然则事实上之非自为，贵团已既稔之矣。事（寓）〔实〕既出于不知，则自言不知，犹以为罪邪？

敝堂同人之名，皆为刘君登瀛代签，因无人问及，则其知与不知，固不能无端而丛，岂能援此以为入罪之地邪？且刘君既自责【其】疏忽，而贵团乃责我不崇拜代签之人之成其美名。夫请愿之事，不过迫于忧危虑患之心，以求免为亡国之民而已。签名亦有何美？若签名即以为美，倘为代表，其美更当何如邪？若代为签名，即须崇拜，倘有推我为代表者，不几应长跪不起耶？

贵团既将函件布告全国，若能汇录无遗，而一辞不赞，使天下有识者得窥全豹，自能决别是非。贵团虽歧误于前，犹不失磊落光明之行事。乃任意弃取，于鄙人第六次致同志会书，匿不付印，此何等行为？是何居心？此书曾经宣布于各报，且无碍于同志会，想彼不至匿而不送。乃贵团辄割裂而去之，得毋以此书一发，贵团即不免尸其咎邪？且贵团与同志会往复各函，于此事关系至为密切，乃亦悉置不录，岂以病根所在，恐为明眼人所见邪？未付公论，而先以私言冠首，岂以为黑白真可以混淆，而天下人可任其愚弄耶？抑以国家刑政不修，竟无可以申明公理之地邪？

推究此事之始末，贵团实为祸水。贵团中有人来保，谓吴军机当日并未言鄙人上书声明，不过云闻我不知而已。贵团不加以深察，遽张皇其辞，以责同志会，此起祸之源，实贵团之第一谬误也。贵团初责同志会书，首云鄙人领衔，此明确之根据，想不能既吐复茹矣。既而同志会来函，谓领衔者李君【长】【生】，【曾】由贵团公推宣布者。若然，则贵团不应□□□□至此，乃贵团宣布书，竟顺口含混，谓同志会剖析详明，无庸缕述。岂知同志会所剖析者，固与贵团前书大相刺谬耶？近外间喧传，此次请愿，李君特代表上书，至签名册实以鄙人居首，贵团有人来保亦复云然。而同志会则谓前列尚有代表七人，究竟孰为领衔，贵团自知之。即同志会所言果实，而前书谓我领衔之说，何由而起？此贵团之第二谬误也。有此二误，而激成此番之争议。贵团不知自责，而反深文周内，欲陷人于不义，以自弭其短，无乃之公德之心乎？

总之，此事之是非，终有大明之一日，所以急急致辩者，不徒关一人之名誉，实以今日风气，往往一犬吠影，百犬吠声。倘无识者见之，或竟以尊函为定论，恐将来舆论但问势力，不问价值，实吾国宪政前途一大危机也，故略事剖白。伏惟亮察，不尽。

《顺天时报》，宣统二年七月廿九日（1910年9月2日）

工人爱国

法界仪品公司工人何茂林、徐翠璋、伍岳奎、许连仲等百数十人，日前开列名单，函寄顺直请愿国会同志会，请注签名册，以尽国民天职云。

《大公报》，宣统二年八月初五日（1910 年 9 月 8 日）

热心可嘉

袜子胡同广立顺洋货庄同人王金魁，年十八岁，住城西四棵树，日前曾致函同志会，附入请愿签名册。函中有云：国步日艰，强权益迫，瓜分之祸，已在眉睫。奈现观我国政府之腐败，专制之酷烈，官场之舞弊，交涉之棘手，无一非速亡之现相。惟诸公组织请愿国会，诚为救亡要图等语。噫！该号同人尚能如此热心爱国，其铺长之文明，当更可钦佩。

《大公报》，宣统二年八月十九日（1910 年 9 月 22 日）

爱国热潮

日来同志会迭接各处之签名函件，非常之多，而一般劳力家亲到该会签名者，日必数十起。顷闻西大沽张君庆生因函请签名，并特附小照一张，以备存查。

又，东安县马汉封君日前特由河南通许县晋益恒号来函，请发给国会俚言并中国危险现相图若干张，以便警告愚民。据此以观，则我国人民之渴望国会，热心国事，已可概见。

《大公报》，宣统二年八月廿九日（1910年10月2日）

国会请愿签名之踊跃

同志会昨接京奉铁路唐山制造厂绘图房总理邸君文治，联合同志宋国臣、甘景诸君六人来函签名注册，函中有云：吾侪小民，虽知国事艰难，实无救亡之策，惟有第三次请愿速开国会时，将仆等之名签入册尾是幸。

又，铃铛阁大街德盛洋车厂邢德光君联合人力车夫赵魁英、韩二生等十余人来函签名，函中有云：生计艰难，劳力者尤无衣食，若不速开国会，我辈将无生机等语。

又，东北城角成兴魁书铺史临湘、李进才诸君来函签名，函中有云：各国对我用种种强权，而政府腐败已极，贪官污吏遍满国中，官逼民叛，日有所闻，舍速开国会外别无救亡之策等语。

又，大口西义昌新洋广货店同人黄辑五、庞尚先、刘少棠等十数人来函签名，函中有云：国会代表三次请愿继续进行，非厚积国人之力，无以振代表诸君之精神。不才等愤民权之不伸，惧国运之危厄，是以连袂而起，愿附诸大君子之末，虽粉身碎骨，亦所不惜等语。

《国民公报》，宣统二年九月初一日（1910 年 10 月 3 日）

直省要求国会之大动机

直隶各界人民于本月初三日上午九钟，在天津东宣讲所开同志大会，到者蜂拥，共有二千数百人之谱。由干事诸人报告请求国会之宗旨及办法，无不鼓掌雷动。举李君向辰、温君世霖、王君观保、潘君智远、贺君培桐、李君长生、王君双岐、杨君明僧、李君荫恒、杜君宝桢、张君铭勋、阎君凤阁、王君振垚、谷君芝瑞列衔，由潘君智远拟定禀稿。二千数百人公同齐赴督辕，呈请代奏，并执黄旗数杆，大书“顺直绅民呈请代奏速开国会”字样。观者如堵，舆情大动。陈筱帅接见领衔诸人，谈有一小时之久，已允将请求情形电奏。又会中加举邢君祜周、杨君春泰、李君寿昌为代表，于初四日早车赴京，与各省代表同赴摄政王府呼吁，不达目的不止云。

《国民公报》，宣统二年九月初五日（1910 年 10 月 7 日）

顺直人民大举赴督辕请愿国会

日前上午九钟，有顺直人民千余人，齐集东马路宣讲所内。演说既毕，遂公推李向辰等十二人为领衔，十一钟时齐赴督辕，呈请代奏速开国会。前导有黄色大旗八杆，上书“顺直人民呈请代奏速开国会”字样，直至督署二门外停候。当经号房将领衔十二人延入内花厅后，传谓将禀收下，请诸君回去。领衔诸君皆以非见不可，支吾数次，乃由幕府汪、叶诸君出为招待，接谈许久，并许面陈大帅，为之代奏。诸领衔又谓：“此次之来，尚有要事面陈。不但我辈非见不可，即外间鹄立之多数民人亦非见不可。如不与回话，我辈亦可直入内宅。”言罢起而欲行。诸幕府无法，当即回明督宪。以人多不便，仅将李向辰、杜宝桢、王观保、张铭勋等传入，言谈之间，惟谆嘱“不可稍有暴动”等语。张铭勋答以“治晚等亦不愿有不法行为，惟国势危迫至此，人民等不能不叩求大帅代达天听，以求速开国会”。彼时大帅及幕府诸君与领衔者辨论颇久，领衔诸君回复哀恳，始蒙允准，且谓今晚即行办稿，明日出奏云云。迨至回所签名时，已钟鸣一下矣。①

《顺天时报》，宣统二年九月初六日（1910 年 10 月 8 日）

① 此条材料与上条“直省要求国会之大动机”所记略有出入。其中列衔代表此条记为十二人，上条实际列出十四人。参加者此条记为“千余人”，上条记为“二千数百人”。所打旗帜此条记为“顺直人民呈请代奏速开国会”，上条记为“顺直绅民呈请代奏速开国会”。

顺直之国会热

商务总会于上月二十九日晚假议事会场，约集在会各行商董、会董诸公，为请愿国会第三次上书事，知照各行商公举代表。当场尚未决定，须待另期会议公推，惟到场各商闻知此事，莫不共表同情。并闻绅学商工各团体，定于初三日早九钟，在东马路宣讲所齐集，会商第三次国会请愿上书事宜。且近日之投函同志会，请签名注册者日益加多，应接不暇，于此见中国人心不死。

天津商会〈除〉前次所举三代表【除】杜小琴君外，又公推直隶商业研究所议长孙采岩君、南纸书店研究所议长李樾臣君，已于今日去京矣。

宜兴埠村林子书君，商界中之最热心国事者，因昨日直隶人民呈请督宪代奏速开国会，特捐助大旗八杆，以资声援。南门外立成号米铺、南门东立成北号米铺、西门内立成德米铺、东门外集丰首饰铺等，均将东伙同事数十人姓名、住址、年岁开具清单，函送同志会签名。函中除痛论速开国会以救危亡，且有应担费用，情甘照纳等语。

又直隶自治学员谷恩锡、轧春涛、高祖荫、魏灏生诸君二十余人签名函中云：日俄协约，在日本已蓄大志，及并韩后，拟借辽阳为都会，而其志愈明。际此之时，除开国会，实无救急之策等语。

又赵炳臣、黑硕彦诸君签名函中有吾辈草茅下士，上不能谏言于君父，下不能拯困于同胞，偷安岁月，羞称国民。幸代表诸君发起请开国会，敝等得追随后尘。倘有遣使，虽蹈火赴汤，亦所不顾云云。

天津同志会亦于日内开会筹议，除二次本省代表随同上书外，再行公举代表晋京，随同上书。又直隶商业研究所柬请商界于二十九日晚假议事会开会，公推代表，以厚民力。

二十九日下午七钟，直隶商业研究所假议事会邀集各行商，为国会事。因北京代表团已定于初五日直接上书摄政王，本埠商界此次自应多举代表同往请求。

是日商界及谘议局议员、工学各界，到者百数十人。首由该所议长杜小琴君报告开会宗旨，次由普育女学堂监督温支英君报告北京代表团近日进行情形，及议决三次上书请愿方法。谘议局常驻议员林桂一、张静宜二君演说，《国民公报》经理潘君云巢演说，《北方日报》总理贺君湘南演说。诸君演说大致均以国势危险，朝不保夕，非国会不能挽救，商界与国家关系尤为密切，请求速开国会尤应加力。征引中外强弱历史，及各国待我之现相，婉转尽致，哀痛迫切。听者跃然兴起，擦拳摩掌，大有奋不顾身，起而即行之势。演说毕，公决于初一日晚再行约集各行商业会员，在商会公举【代表】，以便晋京请求。

《国民公报》，宣统二年九月初六日（1910 年 10 月 8 日）

绅民国会热

顺直请愿同志会近日连接永年、灵寿等县寄来签名册及函件，均以第三次请愿如再被驳，愿作第四次之后援，语多激烈。

又，顺直绅民亲至同志会，探询请愿近况及研究第四次进行方法者，亦日必数起云。

《大公报》，宣统二年十月初二（1910 年 11 月 3 日）

追纪请开国会之热度

直隶绅商各界闻国会年限政府有主张宣统五年举行之说，即急电政府力争明年举行。并公推阎君面谒陈督，要求代奏。

《申报》，宣统二年十月初六日（1910年11月7日）

京师庆祝国会之盛况

国会业奉明谕，定于宣统五年开设，京师商学各界组织提灯会，自初五日至初八日为庆贺期。其情形如下：

大清门前高搭彩架，悬月色大电灯一具。棋盘街中心以数千百红灯十字交叉，悬于空际，其它四周石栏杆皆绕以小红灯，光辉灿烂不啻群星拱北辰也。正阳门迤南马路两旁悉竖小红灯，上书“国会”二字，直达天桥，兼以商铺龙旗，巷口彩牌楼，辉煌映目，别有大观。珠【市】口商会所搭之菊花彩牌楼，上悬电灯无数，车马游人塞途，溢道欢呼，万岁之声不绝于耳，洵为中国千古未有之盛典。

又各学堂庆祝立宪提灯会简章，探列如左：（一）现拟于本月初六日晚九点钟在大清门外石栏杆开提灯会，欢呼万岁，以表爱戴之忱；（一）各学堂学生在东城者于是日七钟齐集译学馆，在西城者同时齐集学部考棚，在外城者同时齐集优级师范学堂；（一）灯笼不拘形式，由各学堂自备，惟一堂之中宜归一律，颜色亦不拘；（一）现由本所编庆祝立宪歌谱，有唱歌功课之各学堂，先期按谱练习，俾是日到会时沿途歌唱；（一）各学堂应多派管理员随同照料，其年齿较幼之学生可以不必到会；（一）各学生之家族亦可随同到会，以尽欢忱。

附条：（一）年幼路远学生可在本学堂向万岁牌三呼万岁，在就近街巷提灯唱歌旅行；（一）新编立宪歌如一日之内不能熟习，可唱于万斯年国歌。

庆祝立宪歌录下：

其一

大清万岁，皇帝万岁。宣统二年明诏颁，宣统五年开议会，猗欤休哉，开议会。君臣同心，上下一体，国势益光昌，皇祚益久长。尧舜禹汤古帝王，今日立宪同争光。

其二

立宪万岁，帝国万岁。二十二省三雄藩，薄海同钦开议会，猗欤休哉，开议会。百度维新，三权鼎立，政治日辉光，邦家日富强。欧美日本相颉颃，中国立宪皇祚长。

又闻民政部初三日恭读上谕后，即饬各区悬旗结彩，而商店民户等闻知此事，当亦互相传告，同时一律悬旗。并经内外城总厅于冲衢大道搭盖彩牌楼数座，以表贺忱。

京师各戏园亦因庆贺国会速开，将戏资减价三日，并将所演戏曲选用吉庆故事，以名角扮演，用昭盛典。

《申报》，宣统二年十月十三日（1910 年 11 月 14 日）

北京人儿之狂热

（一）愚民狂闹。初三、初四两日，京城东西长安街及正阳门外大街，皆张灯悬旗，达旦未息，灯上皆大书“庆祝国会”四字，观者塞途。其实无知愚民不识宪政之内容，徒以总厅传示，附和为之。有心人辄从旁叹息，逢人便曰：不知国会在那儿，值得如此庆祝。

（二）学生狂呼。京师督学局于初五日发特别命令，促各学生一律于初六日下午七句钟起，各提红灯，列队双行，军乐前引，口唱爱国歌，齐至大清门石栏杆外，三呼万岁。该督学局派员在大清门验到，收职名条。噫，可钦可贵之青年学生，竟被督学局压制，陈列于大清门前作装饰品，以博红男绿女之游览，岂不怪哉！

《民立报》，庚戌年十月十三日（1910年11月14日）

直隶谘议局致请愿代表电

国会定于宣统五年召集，不惬人心。此事体大，宜征全国意见，以定从违。[①]

《申报》，宣统二年十月十七日（1910年11月18日）

顺直绅民不满意之欢迎

初八日，顺直绅民各团体欢迎国会请愿代表吉林文耆、李芳，顺直王法勤、李长生、贺湘南、温世霖、王庆昌、薛廷桀、潘智远、李荫恒、李春泰、邢祐周、王观保、王双岐、杜宝桢诸君。各团体绅民于上午九钟齐集袜子胡同议事会，十点半钟同步行到新车站。其秩序如下：（一）龙旗一对，（二）欢迎庆贺旗一对，（三）军乐，（四）欢迎庆贺旗四对，（五）各团体绅民，（六）欢迎庆贺旗一对，（七）龙旗一对。十一点半钟，火车始到，各绅民约五六百人陪同各

① 录自“国会问题之复起”。

代表步行到议事会，开会欢迎。（孙君洪伊尚留京未归）先作国乐，次由各团体委托《民兴报》总理刘孟扬氏演说开会词，大致谓国会缩短三年，国民不甚满意情形。次由代表温君世霖报告在京请愿种种情形。又次《北方报》主笔董君荫狐演说，并读祝词。又次胡君鹿泉、孙君子文演说。毕，作乐闭会。随由发起欢迎之诸君陪同诸代表同赴德义楼宴叙，并讨论此后一切进行方法。

又闻顺直请愿代表及同志会各干事前日开会，筹议此后人民对于宪政一切办法，拟于十二日假天津县议事会场开顺直绅民全体大会，一面转电资政院及东三省谘议局，请为协助。兹将原电探录于下：

致代表团、资政院电：北京昆新馆代表团转资政院议员鉴：国会年限，政府据何理由，望质问，力争勿让。顺直同志会。青。

又致奉天谘议局电：谘议局并吉、黑议局鉴：国会年限迟缓，如资政院力争无效，请共筹对待之法。顺直同志会。青。

《申报》，宣统二年十月十八日（1910 年 11 月 19 日）

温世霖获谴原因之不明

温世霖之因请愿国会得罪，已见明谕。兹有津门友人述温君之历史如下：

温世霖人品学问皆好，且热心办事，而于学务为尤甚，故袁、杨、端三督，皆以办学委任之。陈夔龙初亦重视其人，今忽有此举，想其中原因甚多，必有人诬陷之者也。

又津门某报登有关于温之近事如下：

某日某报要闻栏中，有匿名信一件，大致谓国会请愿之同志会，乃败于温世霖一人之手。其词云：仆等组织请愿国会，进行甚速，不意发起人温世霖，出身卑贱，心术狠毒，受伊唆使，向无辜人拼命。（按：此当指打袁道马车事）官府以暴动借口，压制解散。江君捐生，皆温之罪云云。右函想系反对党所投，即为陈督参奏之所本也。

不数日，某报又登一更正之函如下：

同志会乃出于学界同人热诚，举动过激，方法不良，致官府干涉，不克达厥初志，是同人等共同之咎也，岂敢归罪一人？同人等既非丧心病狂，孰肯受他人之唆使？能唆使一人，岂能尽千余学生而唆使之乎？向无辜人拚命，系指何事？官府所借口者，果在此否？且若谓仆等之受唆使为确，是仆等皆非主动，匿名信之作，当亦出自他人之唆使，其不足信也明矣。至云某某出身卑贱，心术狠毒，果何所据而云然？且卑贱之人，而能为世界伟人者，不可胜数，是奚足为诟？温君曾欲剖民贼之心，夺小人之魄矣，狠毒之言，殆谓此乎？心挟私仇，不能自雪，而忍作违心之言，拙矣。冒仆等之名，以图扰乱学界，是何为者？江君如故，而闻者乃为之叹息，吊生耶？吊死耶？烦转达投匿名信者，勿庸挂意。书于法政学校。

《中华新报》，1910年12月20日

国会谕后之津人

津函：顺直绅民于十一日下午假议事会场开会，筹商此后人民对于国会应行预备，及结合团体组织机关各事宜。是日到会者为绅商各界，并谘议局议员及代表诸君，人数不少。当经公推贺湘南君为临时会长，登台演说，略谓国会召集有期，人民应筹办者，除组织政党外，则以开通民智为第一要义。次由沈虎臣、杜笑山二君相继报告东三省某某等国之进兵自由，种种危险现状，听者无不惊惨。又由北洋师范学堂学生兰君甲三演说我国时势，非国会莫救等语。又由谘议局议长阎瑞廷君演说国势危险状况，并今日会场一切演说，望大家逢人传布，不时讲演，以期家喻户晓，庶遇事易于号召，合力进行。又由代表李子久君演说结合团体组织机关后进行之要着，须筹办民立法政学堂，以便上级绅民增长法政知识，再出关于宪政白话报纸，发达普通人民政治思想，并请组织游行演说，总以发达绅民知识为第一要义。演说毕，公推代表等与诸干事，于十五日在河北三条石事务所内会商开办大会之日期及一切办法。又闻顺直谘议局各议员以宪法一事，君民共守，关系至大，拟由该局发起联合各省谘议局，并电商资政院，俟宪法颁布后，共同研究，设有欠妥之处，则以全国民力相争。此事业经议场通过，不日可见实行。

《民立报》，庚戌年十月二十日（1910 年 11 月 21 日）

要求国会之热潮

连日旅津全体学生因第四次请愿事，流血停课，不一而足。除报载法政学堂湖北江君元吉割臂，军医学堂学生广西方君宏蒸断指外，尚有流血而未得者。北洋师范学堂学生四川汤君畅时持刀自刎，为人救护，高等工业学堂学生沈恩印亦欲流血，为同学维持，终未获行。盖皆以东三省不保，山海关一墙之隔，加以各强援利益均沾之约，瓜分立待，且值此千钧一发之时代，而十七日之谕旨，竟袒护不负责任之政府，摧残国民代议机关之资政院，感而出此也。故昨十八日下午七钟于三条石自治总所大开会议，当时割臂之江君元吉负伤到场，哀恳诸君抱定宗旨，有始有终，循序进行等语。是时欢呼万岁声、拍掌声，响彻霄汉（江君当时另有一书，容续登）。各生扶送江君赴医院后，遂讨论进行，至十一钟方始闭会。翌早十九日各堂停课，诸生于七钟在古楼西广东会馆齐集。当时提学使傅文宗赶到，劝诸生回堂上课，宝贵光阴，且云："诸生此举，本司极为赞成，愿将所上之书代呈大帅。"诸生不认，且有谓学台意在破坏者，全体大哗。当由河南学生胡伯寅代申文宗之意，几被群殴。学台去后，遂整队到商会，请总理王竹林同行。又到袜子胡同，联合县议董各会，同赴谘议局，会同该局正副议长及常驻议员诸君，一齐上院。至宜门外，绅民立于月台上，各生席地坐院中，秩序整肃无哗。全埠各官出与接洽，藩台凌方伯接书，向大众演说，略谓："诸君此举极好，大帅已病两月，夜不成寐，尚未销假。"且谓："生此时代而不知国势危急，不思补救者，岂非冷血！本司将书呈与大帅，有何话说，即来回复。"少顷出曰："大帅已批准矣。"遂朗读批文曰"仰候据呈代奏。此批。十一月十九日"等语。诸生以抑候至何时方可代奏，众不认。又经绅民向各行政官要求，藩台复去，遂出谓："今日即行电奏。"又批上加印。又经学台许以下午四钟将出奏电稿，一面送交事务所，一面登报示知。大众拍掌，欢呼万岁，声若雷鸣。遂各回本堂，安心上课。并由每堂举代表二人，与各绅赴三条石事务所，筹议此后办法。（其办法明日续登）。统计是日各堂学生到者三千八百五十九人，领衔者为温、田、胡诸君[①]；自治界为谘议局副议长王、高二君及常驻议员诸君；商界领衔者为商会总理王竹林观察；绅界为李桀、胡家祺、王双岐、李长生、王法勤、杜宝桢、王庆昌、张伯苓、王梦臣、张静宜、张祝升、聂兴吾、张滋田诸君。此外并有特别事件二：一为由金刚桥至大经路添加岗警，更有马巡荷枪结队梭巡；一为各生赴谘议局行经公园门首，有一四轮马车疾驰而行，轧伤学生，卒被学生将马车砸毁，坐车人抱头鼠窜而去。更有一惨痛之事，即谘议局常驻议员乔君培茂因见各学生席地而坐，面上皆现一种哀苦情状，而官吏兵警多嘻笑视之，悲愤中来，放声大哭，以致哭声四达，闻者痛心。呜呼，督宪已允代奏矣，至政府能否俯准，又一绝大问题也！

《大公报》，宣统二年十一月二十日（1910年12月21日）

热心难得

闻商会总理王竹林观察为造就普通人民宪政知识起见，拟于河北三条石自治

① 根据相关资料，此三人姓名为温世霖、田解、胡宪。

研究总所内附设宪政讲习所，不日开班，一切经费概由王君个人担任。并闻顺直绅民组织之私立法政学堂，所有经费王君担任亦巨。呜呼！国势如此，绅界中人若能多似王君热心者，则转弱为强，当必不难也。

《大公报》，宣统二年十一月二十日（1910 年 12 月 21 日）

又一断指学生

北洋法政学堂学生江君元吉割臂，军医学堂学生方君宏蒸断指各节，已纪前报。兹闻又有师范学堂学生张君雨亭，河间府任邱县人，亦因十七日之朱谕，愤不欲生，于日前上午亲断一指，血书“泣乞同胞”四字。噫，以一介书生尚且如此爱国，我政府执政诸公对之能无愧煞！

《大公报》，宣统二年十一月廿一日（1910 年 12 月 22 日）

顺直即开国会之要求

闻直隶谘议局议长阎凤阁、商务总会长王贤宾、在津国会请愿代表温世忠等三千二百五十余人呈称：日本自并吞朝鲜以来，安奉铁路昼夜兼筑，鸭绿江铁桥业已成功，日人挟其吞韩之余焰，数十点钟之时间，即可并吞满洲。皇上顾念东省大局危急，当十倍于臣民，只以一二臣工蒙蔽圣聪，遂至国会尚须迟至宣统五年而后开。此时人心已去，国无后援。与其后日惨死于外人之手，何若泣陈于皇上之前乎？伏乞宸衷独断，再降谕旨，即于明年召集国会。并有北洋师范学生张雨亭君，因此事竟断一左指，书“泣乞同胞”四字，故人情愈为激昂云。

《帝国日报》，宣统二年十一月廿二日（1910 年 12 月 23 日）

国会请愿风云之复起

日前，奉天因大局危险，全省绅民恳请锡清帅代奏，吁恳速开国会，各节已迭见本报。兹悉该省举定教育会代表孙寿恒，学界代表刘经研、舒蔼荪、孙松乔、赵岚亭，商界代表崔立瀛，清真教育会代表张子山、张子岐，农界代表恩惠卿，谘议局代表董之威，绅界代表段柳桥，各代表均已到京。而刘经研、舒蔼荪、董之威三君又特往天津，与顺直谘议局联合，并演说东三省危险情形。又到城内普育女学校联合，绅商学各界到者甚众。有江元吉者，湖北人，肄业天津法政学堂，因接东三省请开国会通告书，忧懑不知所出，适日昨又得资政院弹劾军机无效之（恶）〔噩〕耗，悲从中来，知非即开国会不可挽救，遂在学堂割去臂肉一块，写成血书，布告同胞，题曰《为国请命敬告同胞书》。当时同学目观情状，人人感动，公请该堂监督停课一日，同至三条石地方事务所开会，筹商进行办法。是日，经顺直谘议局举定四次代表三人为王法勤、贾恩绂、祥日。

记者按：即开国会风云，想从此或又有一番之热闹也。但国会之不可即开，政府每借口于人民程度之不足，若以新刑律问题例之，如直隶等省尚不少反对者，诚哉，其人民程度之不足也。夫人民知程度不足而必日求国会，岂“国会”二字，寒可以为衣，饥得以为食耶？脑筋简单如是，可以哀矣。

《帝国日报》，宣统二年十一月廿二日（1910 年 12 月 23 日）

国会请愿进行之办法及各电文

在津全国学界请愿国会同志会进行手续，至前日上书督辕，请准代奏后，各举代表二人，同到三条石事务所研究此后进行。除全国学生停课上课问题讨论未决外，湖南省举代表左昭淡、贝昌乔二君，于昨日起身回本省，联合各界，大起请愿。湖北省举代表张继良、黄旭二君回本省，照湖南办法。其余各省亦相继照办。而至晋京请愿代表，有自认者，有公推者，亦已举定。是日并电知全国。兹将电文录下：

谘议局转教育会、商会鉴：国势危急，非即开国会不能救亡。津全体学界停课，已举代表晋京请愿，特电贵省，速起以为后援。办法情形速覆，刻举代表回商。在津全国学界国会请愿同志会。

又云南、贵州、四川、新疆、甘肃五省远遥，不能举代表回省联合，另发长电。原文探录如下：

谘议局转教育会、商会鉴：东省危甚，非开国会莫救。奉、津学界内请愿，断指割臂者数十人，热血奋飞，感痛何似。现已一律罢课，一面求准督宪代奏，一面举代表晋京请愿，并组成同志会，以为后盾。希转各界举代表晋京合作，乞明年召集，至盼。在津全国学界请愿国会同志会通电。

《顺天时报》，宣统二年十一月廿三日（1910年12月24日）

请愿风潮略平

闻日前督宪陈制军对于在津全体学界请愿国会之风潮，曾下一札，严斥巡警道无能，札中有“行同聋瞶，事前不能预防，事后又不能解散”等语。该道因两面不能讨好，已决意辞职。

又，昨二十一日早，北洋师范学堂监督李君伯芝在该堂向诸生宣布学部电文及督宪、学宪札谕，大旨不外令诸生照旧上课，并谈及时势。各学生痛哭失声，当由该监督劝谕诸生，万勿再有流血罢课等事。

又，是日下午，法（汉）〔政〕学堂学生在夏家胡同某姓宅内开会，亦由巡警道署杨卓家赶往和平解散。

又闻，各堂学生已于昨日一律照常上课，各该监督均记大过一次，惟西沽大学堂此三日内并未与闻其事。

《大公报》，宣统二年十一月廿三日（1910 年 12 月 24 日）

帝国学生同志会之缘起

日前奉天代表过天津时，由东三省留津学生函请全津各校学生及各界人等，在西马路宣讲所开茶话会，并请东省请愿代表董君静寰、刘君经研、张君子岐莅场，报告东省现在情形，及发表意见。届时到会者约二千余人，纯为各堂学生。首由临时会长温支英君报告开会宗旨，次由董君静寰登台报告东省现下危急情形，闻者泪下。并谓：东三省非东三省之东三省，乃全国之东三省，东三省亡则全国亡，此非故为危词以悚听闻也，鉴于势力均等之说，不其彰明较著乎？诸君置身士林，爱国热诚，保群素志，诚为弟所深知，但祈诸君务破除向来省界积习，以合群策群力，共济时艰，则组织请愿同志会为弟等之后援，惟诸君是赖，诸君其共勉之。当演说时，语语慷慨激昂，满座鼓掌，声达街巷。继由刘君经研演说，略谓：东三省危急情形，业经董君报告详明，无庸赘述，弟尚有数言敢为诸君告之。现在我国如此危急，上而政府不足恃，下而愚民不可望，可以作事者，惟我学生耳。如谓学生不准干预政事，其干预政事者尚有何人？我等学生本欲按部就班，坐享幸福，无如时不我待，迨国破家亡，虽欲为外人之奴隶牛马，而亦不可得，此我奉省学生此次国会请愿之本意也。非谓国会一开，即足救亡，然不开国会，上无负责任之内阁，下无尽义务之人民，国家之存在，始终无望。弟等来津之意，深望我等学生组织全国学生同志会早日成立，即此次国会不开，可为弟等之后援；国会既开，亦可为政治之参与。愿诸君共勉之。演说毕，鼓掌不绝。张君子岐亦登台，陈述东省状况。当时各省留津学生二千余人，各举代表，而大清帝国学生同志会成立，时宣统二年十一月十四日也。

《国民公报》，宣统二年十一月二十三日（1910 年 12 月 24 日）

津学生死要国会

天津此次学界大风潮，屡见专电，直督至派兵警围困学堂至一日夜，可见学生之愤激。昨本社得详函云：东省所举代表内，有学生数人，持论尤痛切，到津演说，无日无会。十四日午后，在三条石开同志会，其任招待员者均身怀利刃。十七日，又在该处续开一会，方举定进京代表八人，有担任者，有自认者，当场立誓，决不生还，如遇险阻，即寻对头。十八日上午〈牛〉，医学堂学生割指作血书者，同堂因之罢课。又有江君元吉之割肉，立时昏晕，遂轰动全津学界，如高等工业，如法政学堂，一律罢课。又相约不许同人离堂，若官吏【以】兵迫之解散，亦势必付之一炬。并先通电各省同志会【及】资政院，声明全系政治上之问题。次日代表进京，而学界风潮【愈】亟，直督闻之，即时传见巡警道、近畿镇统制，全为防备，大约此后即发兵围攻矣。兹将当日之传单及学界公启附录如下：

（一）传单标题曰“江君元吉之血肉淋漓”，又曰“中国国民死要国会之表示”。其文云：江君元吉于今日午前九钟，愤中国危亡在即，四次请愿虽已发端，深恐仍归无效，乃用剪刀割臂，以血书“为国请命，泣告同胞”八字。当时血肉淋漓，惨不忍睹。江君非沽名，非要誉，实以此激我全国人民未死之心。我学界同胞，其速起结坚大团体，死要国会，庶不负江君之志，庶不负江君之血。下有附注云：江君元吉，系湖北人，现肄业北洋法政学堂。

（一）天津学界公启云：中国之亡，人孰不知，而其所以亡国者，不可不知。果亡中国者在吾国民，则自作自受，尚复何怨？乃吾国民呼号奔走，惟恐其亡，而政府丧心病狂，惟恐亡之不速。此非过言。全国生命在速开国会，而彼冥顽不灵，特意延期。东省之亡在旦夕，彼岂不知？东省亡，各行省随亡，彼岂不知？而故送四万万同胞于死地，此政府之大罪一。国会未开，国民一线之权利在资政院，乃弹劾一无心无脑之军机大臣不负责任，即严遭申饬。大臣负责任不负责任，朝廷自有权衡，资政院不能过问，国民更无从过问，惟有待死而已，此政府之大罪二。学界诸君学成宗旨，不过致用，试问学成之时，中国已属何人？何处致用？现在国会问题，非令其速开亦开，不速开亦开，不可上凶下愚。造原动力者，确为学界，学界唯一之手段，曰全国学界罢课，共谋对待，希图进行。学界团体坚，而农工商继之，务达目的而后已。言长纸短，书不尽旨。诸君如系中国国民，如系中国爱国民父母所生，其勉旃勿懈。

《民立报》，庚戌年十一月廿五日（1910年12月26日）

天津之即开运动种种

本报前纪北洋法政学堂学生湖北黄县江君元吉为第四次请愿，割臂血书“为国请命，泣告同胞”八字（刻已付印），及另有《上在津学界请愿同志会》一书。兹将该书原稿录下，以见江君之志：

湖北江元吉谨上言于我最亲爱、最尊仰之同志会诸君尊前：弟昨由会归堂，闻日人有迫我割地之电，虽未见诸实行，亦可略见危急之一般。弟本拟割腹椎心以警大众，实以健儿身手，当留之以为殄灭国仇之用，因仅临议场略表意见。恨创口痛甚，恐口不从心，略表愚忱，幸祈采择。一、本会基本金不可不厚也。厚之之法奈何？曰：诸君年假请不归家，将路费一半捐入本会。财力既富，进行自猛，诸方运动，何患不成？夫诸君归家，不过欲享家人团聚之乐，我国若在，乐日方长；若因归家而废此盛举，弟恐未来之岁月，皆以泪洗面之岁月也，诸君何不权衡之。一、祛首鼠之观念也。弟昨到会，敬聆诸君雅教，热心者虽遍议场，而谈及实行办事之人，则彼此相顾。弟推其故，原于本身之观念重，而公事之观念反不足以制之（如恐学堂除名之例）。不知本会宗旨属于请开国会，数千年专制之政府，本会方欲冲破其势力之范围圈，区区学堂管理之势力范围圈，尚不足以冲破，代表虽举事，可望其必成乎？弟向本会议场泪血顿首，诸君幸原谅之。（晋京代表请代弟署名）

二十日下午七钟，在津全国学界国会请愿同志会于三条石事务所开会，报告十九日夜法政学堂学生秦广礼（黑龙江人）断指，二十日下午一钟该堂学生孙可（直隶人）割左臂，均血书大字极多。秦君尚负伤到会，谆恳同人于此事坚持到底，不达即开国会目的万不能休等语。遂开会筹议一切，所决定者每堂每省各举代表二人，于二十一日晚到会。又决议二十一日早八钟，齐集西马路宣讲所。齐集后同赴天津师范、南开中学堂，请该监督出助该会进行，盖各堂均决议停课也。又北洋师范学堂学生刘贵廉，正定人，自备经费至保定联络学界。又决议全体学界晋京，由各省各学堂二方面组织之，经费自备，行时每人须一小旌。

顺直绅民以国会召集在即，自请愿回津后，极力组织私立法政学堂及国民白话报以期民智发达一节，早纪本报。兹悉此事刻已组织就绪，明春皆能实行。日内李子久、王少莲、温支英诸君晋京联络同乡京官，张罗一切。

《国民公报》，宣统二年十一月二十六日（1910年12月27日）

津学界哭声止矣

津函：自十九日学界要求开国会，已报如前。及逼陈督代奏后无效，念日各学堂遂全体罢课，欲一同至京要求。廿一日晚间，各堂学生三百余人集于自治研究总所，会议进行办法。陈制军闻之盛怒，立饬巡警道解散。而天津镇及某道，均主张严行拿办。旋由天津镇派兵二百名，巡警道派巡警百名，外加卫队多名，齐赴三条石自治研究总所。天津县亲赴所内视察，天津道则在巡警道衙门听信，巡警道乃另派属员潘炳章、杨卓家、童俊、何丕基、吴超等，前往探视举动，嘱设法平和解散。潘等五人到场之后，即将来意与杜小琴君言明，请其演说。杜君演说毕，仍无效。乃由吴君超登台演说，力陈官场将施迫压，吾辈手无寸铁，毫无预备，甚可痛心。诸君如欲大举，不可不于停课之外，另筹办法，盖非联合各界，厚集势力，断难以回天听云云。言毕，鼓掌之声如雷，当即无事解散。

天津镇张怀芝亲坐马车临阵，行至半途，闻已平和解散，乃败兴而返。

闻前日督宪曾下一札，严斥巡警道无能，札中有“行同聋瞆，事前不能预防，事后又不能解散”等语。巡警道因两面不能落好，已决意辞职不干。

各学堂已决议于二十二日照常上课。因罢课之故，各监督均记大过一次云。

陈督即下一谕，称再有藉国会为名，即是意存扰害治安，惟有遵十月初三日上谕，查拿严办，决不稍贷云云。噫，直以学生为匪徒矣。可叹！

今将直督十九日代奏之电补录如下，此电已留中矣。①

《民立报》，庚戌年十一月廿八日（1910 年 12 月 29 日）

四次请愿之重波叠浪

直隶四次请愿代表，顺直谘议局已举定贾恩绂、王法勤、祥和三君，而绅商学各界尚未举定。兹闻各界对于此事，已屡次开会讨论，拟定先由绅商学三界各举代表，并不限定人数，以张声势。众议皆主张除各界另选代表外，所有三次请愿代表仍邀同来京，共图进行方法云。

又闻北洋学界，自法政学堂学生江元吉割肉之后，人心异常激愤，各监督、教习虽极力压制，无如士气勃勃，不可遏止，亦无可如何。前日在某处开会，因温世霖不任代表，有学生六七人环跪痛哭，温卒允认，众始无言。其气象之激愤如此。

又天津学界组织帝国学生同志会，运动四次请愿国会，极为激烈，大有非得勿休，非获勿止之慨。闻各学堂闻风响应，签名者已不知有若干人。

又闻直督代奏请愿速开国会之电奏，已于十九日晚到京，二十日交军机大臣公同阅看。因锡督之折已经批回，故将此电留中。

《时报》，宣统二年十一月廿八日（1910 年 12 月 29 日）

① 此电略，电文见本书第三编。

津门流血补记

津函：学生要求代奏罢课事，已报如前，尚有未尽者补记如下。

十九晨七钟，在津学生集合二千余，持血书多张，会通商务总会及谘议局，同赴督署陈请代奏。入院之后，学生皆席地而坐，约二时之久，陈督始准即日电奏，然后分队而散。院内两旁大屋皆满陈以兵，如临大敌，然而学生大多数人视之，有毫无感触介意者，可哀孰甚！惟出院之后，仍坚持永远停课声言（要求督宪代奏，不过告以国将亡之我辈，要做事，先不得不通告耳）云云。刻下办法虽未定，大致不外联络各省，举代表进京，及分人到各处演说诸事。今有稍痛快者一事，当日众排队进谘议局时，有某总办坐大马车，丁马在前，奔驰如飞，直冲大队而过，大动公愤，七手八拳，转瞬间就将大马车打坏了，某总办孔雀尾也打断了。某总办差人见势不佳，力护其主，某总办遂乘势逃入藩臬公所。而差人则大不幸焉，头上生孔，口中流血，学生恨恨不已。至旁行大马车红顶子，敢怒而不敢言，真一场话剧也。

《民立报》，庚戌年十一月廿九日（1910年12月30日）

直督之弭乱政策如是

自四次请愿奉严旨遣散之后，陈督以直隶请愿系顺直谘议局议长领衔，显系此事由谘议局发起，诚恐将来再有举动，故于日前特出严拿查办之告示一纸，张贴谘议局门首，以示警戒。闻绅界中人对于此事多不满意，谓其有意揶揄绅界云。

自天津学界发起请愿国会之后，保定学界亦有停课要求之议，首先赞成者惟保定师范学堂。陈督自奉严谕之后，即将天津学界镇压上课，保定学界异常激愤，将即实行停课。陈督恐蔓延愈甚，后患难防，即派陆军将师范学堂四面围起，不准学生自由出入，往来函件，必须拆视。刻已围守数日，各学生皆照常上课。至今各兵尚昼夜巡防，不稍松懈。各堂会议，拟即早放年假，以免再滋事端。

自陈督用压力勒令学堂上课之后，人心更为抑愤。有法政学堂学生某，保定人，素日勤学安分，久有令闻，对于此事则悲愤不能自已，已于前日用刀断去一臂，当即送入医院，次日即殒命。其父尚在京中，闻信到津，其子已死。学界闻之，咸为落泪。现在各学堂学生虽名为上课，实则纷纷四散，全体学生所在者已不及十分之四五矣。

《申报》，宣统二年十二月初十日（1911年1月10日）

天津四次请愿始末记

《国民公报》大主笔台鉴：敬启者。初七日晚十钟，在津全国学界国会请愿同志会会长温支英被拘，已于昨日发往新疆，系因四次请愿学界前有停课之举，而他省学界接电后复有相继起应者，督宪以此次风潮皆温君一人鼓动所致，故拟严办温君以儆效尤。夫同志会之发起由于学界，其原动力乃由东省代表来津报告东省一切危急惨状，学界人不忍坐视，故发起同志会以为东省代表后援。温君固未尝有鼓动学界之举，学界亦未尝受温君之鼓动。特温君素于公益事件无不殚力为之，声望名誉夙隆，故同志会发起时，学界公推温君为领袖。若停课及电达各省之举动，则由同志会中全体赞成，非温君一人所能主持也。提议此等举动者乃学生，非温君办此事之初志也。若敛钱一事，为赴京代表之旅费、用费及通函、通电之费，其开办费定以每人一元，系学生全体认可特捐，亦随意捐输，一切出入款项，俱由公举会计员经理，并非温君假公济私、敛钱肥己也。今会已解散，学界已照常上课，温君与学生并无不法之举，督宪乃突出此严厉之手段重办温君，此皆学界同人贻祸于温君也。（敝同人）等既为同志会之分子，即不能坐视不理。四次请愿之原委，各报亦多有登载者，然不免有传闻失实之处，又枝节登载，不能尽详。今特将四次请愿之始终情形详列于左，此皆（敝同人）等在同志会开会时所目睹之实在现象也。祈贵主笔登诸报端，以昭真实而伸公理，不胜盼望祷切之至。此泐，即请箸安。天津私立第一中学堂学生凌冰、韩乃赓、马仁声、邓宗垚、陶骥同启。

十一月十一日，第四次请愿国会奉天代表董之威、刘焕文、舒继祖三人莅津，留学天津之东省学生齐至车站欢迎，三人寓于河北福升栈。东省同乡举定干事往栈接谈，始知代表来意为联合直隶谘议局、商会及天津学界，以厚势力。代表等以联络天津学界事托诸干事（成立东三省同志会）。

十二日下午，东三省留津学生开同乡会研究办法，到会者四十余人。议定联合学界于日内开学界全体大会，请奉天三代表演说东三省近日之情形。又以学生等阅历尚少，深恐偏于激烈，反于事无（俾）〔裨〕，闻天津绅士温世霖久办公益之事，阅历亦多，众望素孚，且曾为顺直同志会第三次请愿代表，若能请出襄助一切，不至有贪事之虞。故决定明日请奉天代表往普育女学堂见之，又有东省同志会干事往请之。

十三日，东省同志会开会，议定明日下午三句半钟，假西宣讲所开学界全体大会，同志会代表报告，已约定温世霖明日演说。之后又议商明日开会事。

十四日下午三点半在西宣讲所开会，中学以上各学堂学生到者千余，共十九省人。开会时公推温世霖为临时会长。东三省代表依次演说，痛陈东省近日危险情形，言者痛心，闻者下泣。后温世霖演说毕，议商办法，拟定各省学生自成一同乡会，各举代表数人，又公推温世霖为学界全体总代表，乃定于十六日晚七钟于河北三条石自治研究总所开会议商进行方法，至七钟始行散会。

十六日午后，假中州会馆，直隶学界开直隶同志会。七钟，假自治研究总所开职员会，共到百余人。议商许久，有主急进者，有主缓进者，有欲先定章程，依章急进者，有不欲先立章程，而即求急进者。争之许久，后以多数议决先拟章程。又有倡议罢课，大众不认，遂未决。商定本会会员每年纳会费一元，先纳开办费一元，特捐则随意捐纳，立时得特别捐百余元。又议定联合谘议局、商会举代表进京，为东省代表之后援。举定章程起草员数人，约定明日午后再商定章程。十钟散会。

十七日午后一点，于自治研究总所开会。温世霖欲辞会长之任，因会员多生激烈，恐于事无益，致官府出面干涉，则此会不能成立，惟会员恳留弗许。乃会议章程，以请速开国会为宗旨。又举出副会长二人。又议商电致各省谘议局、教育会，约同时为四次之请求。又举学界代表赴京请求，公举温支英。温君以天津应办之事过多，不克分身，坚辞之。时有法政学堂【学】生凌越、北洋师范学堂学生关甲三等共七人，自愿为代表，随同温支英赴京。温仍辞之，时大家跪地不起，坚请必往，温不得已乃应之。

十八日，法政学堂江君元吉割左股肉一块，以血书数字，又另为一书，令同志坚心前往，勿稍畏却等语。以故该堂全体停课，且分派同学赴天津中学以上各学堂，报告江君割股事，及该堂停课事由。又军医学堂学生方姓者割去左指，以血书“热诚”二字，以坚同志之心，以故该堂亦停课，亦分派同学赴各校报告一切。遂于晚七钟于自治研究总所开会，到会者二百余人，江君元吉亦莅会，并将所割之肉一块持至会场，约二方寸，鲜血淋漓，惨不忍睹。温支英请江君元吉速到医院调治。江去后，温支英大哭。哭毕，向当场大众叩一头，请同志依次序办事。时大众甚为激昂，以故有提议明日全体停课，排队赴督署请陈制军代奏者。温支英以陈制军尚在假内，且于此次请求无甚效果，见有代表八人，应议赴京办法。无奈当场热度太高，多不赞成温说，皆主持明日赴督院，请督宪代奏。无何，约定次日早七点齐集广东会馆，一同前往。时在场中学以上学堂共十九堂，决定停课者共十二堂，其余七堂尚待商议。至一点始散会。

十九日天未明，各学堂学生即排队陆续至广东会馆。已而傅学台亦至演说，令大众同堂上课，其禀由伊转递，或各堂代表去，无须全体皆往。时大众不认可，是时温支英在谘议局候之，学台乃去。至八钟，四人一排，整队出北门，赴商会请总理王竹林，又赴议事会约天津绅民，又赴谘议局约同谘议局议员。于是直隶绅士、商会领袖行于前，各堂学生随于后，齐至督署二门以外，大家席地而坐。由藩台凌方伯将禀持去，少时将批持下，已准代奏，准于下午四钟将督宪奏稿交自治研究总所，再分发各堂。大众目的已达，高呼“中国万岁”三声，即整队回堂。各堂代表及副会长仍往自治研究总所议商进行方法，议商致各省谘议局、教育会之电文，全数赞成，即举副会长往电局打电报。大众商议明日上课问题，因会长已应允傅学台明日各堂照常上课，时有不赞成者，意欲俟奉上谕允准明年开国会再行上课。会长极不赞成，云已允学台上课，今又不上课，岂不失信于官府乎？以致二人大起冲突。后大众公议，以上课为然者多数。今督宪之电稿已发下，由誊写版印数十份，由各堂代表携数张回堂报告。时天色已晚，至上课问题，则定明日先皆告假休息一日，俟明晚议妥后，再依议决之法进行。遂散会。

二十日，法政学堂学生又有割指刺腕者二人。晚在自治研究所开会时，同学生等见刺腕割指之惨，又大发狂热，以人之血肉尚不顾惜，而我等尚不肯废弃数日之功课乎？必停课无疑。问之各堂代表，未到会者为北洋大学堂，未停课者为初级师范及私立第一中学二堂，监督请准其停课。又有人提议以赴京代表今只八人，恐无济于事，不若全体学生齐赴北京，跪于监国府门，效秦庭之哭，不允不起。监国若怜我众人，必能允准。大众皆赞成。又有人云，张伯苓素办公益，名望甚著，何以于开同志会一事不出一言，岂对于此事不表同情乎？议定明早各堂代表往私立第一中学，请伊出来襄助一切。

二十一日早九钟，各堂代表齐至西宣讲所齐集，先往初级师范学堂见胡玉孙，胡君对于开国会事极端赞成，惟于停课事不甚赞成。后各代表往私立第一中学堂见张伯苓，张君亦愿办此事，乃讨论办法一不能全体齐赴北京之理由，一停课之弊害，讨论许久。午后，温支英亦到私立第一中学堂，公同商定明日照常上课，各堂代表亦承认之。并议定今晚不再开会于自治研究所矣，至以后进行方法，再订日商议。至五钟余始散。

《国民公报》，宣统二年十二月十二日至十三日（1911年1月12日至13日）

愿请国会之悔气[①]

陈督拿温世霖事已见上谕，兹接访函云：四次国会请愿，倡之者奉天，和之者直隶。北洋学界发起请愿之后，陈督事先并不禁止，且学生到督辕递禀之时，陈督又随声附和，代为出奏。自奉严旨之后，陈督即出其压制手段，调兵弹压。数日以来，津埠忽传陈督有拿人之说，当时皆以联名请愿事在奉旨之前，且陈督既以请愿为不法，即不当据呈代奏，故人心并不摇动。初七日夜晚，见有警兵多名，将普育女学堂围住，声称拿人，当将该堂总理温世霖拿至警局，并有从严惩治之说。津埠各界以温世霖无罪被逮，异常骇诧，将〈于〉开各界全体大会，以谋对待方法。闻拟一面质问陈督，一面陈请资政院。各界人心异常愤烈，甚恐激生事端云云。

又函云：初七日晚七钟，五局一区警弁率同警兵突至温世霖家中，将温逮捕，当即转送警务公所。故直绅对于此事极为愤骇，初八日早十钟在谘议局开会，筹画办法，尚无定议。是日晚七钟，又在议事【会】开会，以谋对待云。

《民立报》，庚戌年十二月十五日（1911 年 1 月 15 日）

血泪玉关之温世霖

津函：此次对待温世霖，纯以迅雷不及掩耳之手段，故见明谕后，即解交营

① “悔”，旧通“晦”，“悔气”、“晦气”，意思相同。

务处，趁晚车发往新疆。及大家闻知，亦已行矣。

温世霖尚有七旬以外之老母，温被拘后，家人恐其受惊，隐而不告。及事大决裂，料难终隐，将来不能无虞也。

普育女学堂系数年前温君一人创办，颇费苦心，发达甚速。此次温君既已得罪，普育恐难支持。

私立法政学堂及《公民白话报》，均自温君发起，此后进行如何，则在直绅之魄力而已。

又闻资政院全体议员，谓当此时代，政府犹用专制手段，拟上奏力争。后某议员曰：不敢，不敢。遂消灭矣。

又闻其夫人安桐君及其子，均于初十日乘早车追随伺候云。

又函：捕温世霖事发现后，本省绅界曾于初八日晚集天津县议事会，共议挽救办法。首由温世霖弟温君励庵报告被拘情形；次由张君伯苓等宣明此事发生，多由第四次国会请愿所致；末由阎君瑞庭谓，此事大概系因罢课而起，是否有罪，请诸君详为研究。议定用个人名义，上禀诘问被拘之理由。当场将禀稿拟定缮清，签名廿六人。初九日十钟，同赴督署禀见，只延见张君伯苓一人，略谓温世霖出身微贱，胆大妄为，此次执法实为地方除害（请开国会者看），早晚将见明谕。其罪多系充军，诸君可无须过问。张君辞出后，本拟晚间齐至南开中学堂再议办法，讵料是日明谕发表后，即由巡警北署区长徐昌友带领差遣队十五名，不动声色，趁午后火车，将温押解北京。及大众闻知，业已起行矣。

陈督即出告示云：照得温姓世霖，屡经假名煽惑，更敢遍电各省，同时罢课胁迫。现经奉旨严惩，发往新疆管束，专为除莠安良，保全地方幸福。凡我守分士民，慎勿轻听谣诼，倘有造言生事，定饬严拿务获云云。其气焰如此。

又函：初九日下午三钟，由委员徐德征并前代理天津县周子荫大令，及差遣队队官杨永寿，率同队兵二十名，乘坐快车，送温至丰台暂住。旋于翌日解交河南巡抚，再行按站递往。兹闻直省各绅以温此次充往边省，系朝廷命令，碍难挽救，惟念该处路远山遥，天寒地冰，兼之目疾未痊，途中不无可虑，公拟集资一千两，俾作沿途花费。并有王君庆绪（字伯辰，曾充第三次请愿代表）悯温君之遇，挺身同往新省，以资调护。此行是非姑且勿论，然大有一鹗之于天祥气谊，孰谓古今人不相及也？

又顺直人民对于此事，曾于日前陈请谘议局特开协议会，至若何解决，尚不得知。

《民立报》，庚戌年十二月十六日（1911 年 1 月 16 日）

拿温世霖补记

温世霖事，昨报已详记。今接来函，尚有不同者，补录如下。

直督陈夔龙当阖津学生第四次要求代奏明年即开国会时，学界举温世霖为总代表，陈即深恶其聚众要挟，而又未奉旨，不敢骤加之罪。彼时势甚汹汹，诚恐激有大变，故表面极为赞成，赶即允为代奏。奉严旨后，陈面孔一变，亦用强硬手段，将各学生压制，使不自由。温世霖见势不佳，从此非托词咯血，即假言害眼，日日在普育女学堂，如坐针毡，终恐己居戎首，陈未必肯放过。复思联名请愿在奉旨前，既已解散，亦可从宽不究。讵陈以温世霖假名结会，传电各省，胁令停课，要结挟制，不但为害一方，影响且及于他省，实属胆大妄为。于初七日晚特约巡警道派警将普育女学堂围住，温本该堂总理，即用锁（练）〔链〕捆缚，如获大盗（谁教你请开国会），捉将官里去（杀了（把）〔吧〕），声言莠民煽惑（请开国会者看），最足扰害治安，尚须请旨惩儆。一时学界异常惶愤，初八日拟开大会议，质问陈督。陈此时心既（很）〔狠〕，手愈不得不辣矣。因拟稿即电奏发往新疆，及人知时，已解温行矣。闻温被拿后，语人曰：我竟被人卖（谁卖你）。噫，此中情节，可以知矣。

《民立报》，庚戌年十二月十七日（1911 年 1 月 17 日）

官民对于温世霖之现象

天津普育女学堂总理温世霖，因请愿国会事，旋被陈督拿获，奏请发往新疆一事，朝野喧传，物议沸腾，因兹加意访查。据政府人云，温世霖于请速开国会，本属忠君爱国，惟其改名一层，难免有别项情事。查温自充学【堂】教职，讲求慎重，要无侵越权限之处。此次请速开国会，聚众（钦）〔敛〕钱，系通告各省，联合声势，言词激烈，近似有违学部教育章程。是以政府若为默许，深恐嗣后各学堂教职联袂继起，若全国学界皆行罢课，请缩短国会，则学界化为速开国会场，实（与）〔于〕学界前途有碍。况温所办学堂，关于女子教育，以温顺性质、涵养妇女道德为主，故政府亦确知温系请开国会起见，并无别意。然速开国会一节，前已颁布上谕不准再请，而温逢此时机，故为不合举动，是以政府照陈督所奏，遂将温发往新疆矣。又据资政院某议员谈云，温遭此谴责，实为冤抑。吾人对于陈督之用此种手段，颇有异议。温世霖平素为如何人物，姑且莫论，其现居教职，尚无劣迹，固当目为和平人物，自不能以他无赖辈视之。则陈督对付办法，亦应以和平手段。然陈督于事先并未召问开导，有令其悛改之道，今竟直行拿获，并奏请发往新疆，尤属不合。中国新刑律虽未施行，惟当预备立宪时代，对付国事犯亦当从优。且查温不过一教职，并无令人可恐之势力，设彼在内地有紊乱治安形迹，当行晓谕制止，如不服从，或奏请监禁，或驱逐回籍，方为正当办法，而陈督此举，仍不忘压制手段也。

《中外日报》，宣统二年十二月十七日（1911 年 1 月 17 日）

补记温世霖被拿始末情形

温世霖发往新疆等情，已奉明谕。查温本前充长芦盐运使如山长随，自倡立普育女学堂，因与天津县议事会争祇树园庙产充该堂经费，后人稍知其姓名。嗣后又攻击李德顺，为五代表之一。及李革职，声名益振。于是，【各】界迭经请愿国会，温无不莅会演说者。此次公举学界第四次请开国会总代表，【其】为好名之心误之。当齐集督辕时，温独哓哓不休，陈督早拟拿办。而温犹充同志会长，通电各省，致四川亦有停课之风潮。经川督电明枢府原由，于是电饬陈督查看情形，是否煽惑，以凭复核。陈督藉此顿触前怒，于初七日派警将温查拿到案。初八日即有在籍侍郎严修等代为缓颊，而陈督托词已电奏，遂访查温之劣迹，张大其词，于初九早始电奏。下午三钟，电旨抵津，陈督恐各绅商学界仍代请求，乃约派徐区官德澄、周令子荫诡称押解赴京交部发往，其实解文尚未办出，恐温在津，易有事变，于是当晚乘京奉快车，暂往丰台，候解文至。初十日始将解文送去，故温未得与妻子话别，即押往河南省转解。一时浮言四起，陈特分札天津镇、提法使、提学使、天津道、巡警道、劝业道妥为防范，并宣示温之罪状，此外概不株累，如有奸徒藉端煽惑，以致绅商学界误听浮言，妄生疑惑，即由该镇司道等查拿惩办云云。刻经张贴通衢，浮言渐息。噫！陈督此举，殆假公济私，惩一儆百之意乎？然温世霖往矣，而奉天代表在籍，能不愧死！

《中外日报》，宣统二年十二月念二日（1911 年 1 月 22 日）

陈夔龙记直隶绅民国会请愿事

宣统初元，设立宪政编查馆，宪法期以九年成立，于第九年特开国会。新政逐年举行，立法未尝不善，奈一般急进派嫌其过迟，訾议政府有意延宕，阻挠宪政。东三省新学家首先入京，乘机煽动，革党一倡百和，伏阙上书，请立时开国会，并至摄政王府拦舆陈请。朝廷以议定年限，未便遽行允许，而又不能剀切晓谕，以崇国体而戢众嚣。终日纷扰，举国若狂。监国至避居大内阿哥所，未敢公然回邸，以避其锋。正相持间，天津无赖某君，出身寒微，庚子后和议成，外人归还津地，某君乘时崛起，以创办学堂为名，联络当道士绅，居然自命为维新人物。闻奉人在京请愿，事未果行，乃勾串来津请愿，嗾使各学堂各派代表，登时聚集千余人，断指喋血，群向督署陈恳入奏，早开国会；一面力阻各学生上课，借示要挟，并通电各行省各学堂，同时罢学请愿，期宪政即日成立。言之虽亦有故，实则假公济私，意存叵测。津地人情浮动，影响所及，殊于治安大有关系。余不动声色，传令为首代表来见，谕以朝廷预备立宪，决无更改，第有一定秩序，势必分年办理，岂可一蹴而成。今众情既形亟亟，亦系爱护国家，力图早日富强之意，使者亟为嘉许。惟恃众罢课，甚至通电全国，震骇观听，实属大干法纪，亦不得为尔等宽恕。当严饬各学堂校长传谕学生一律上课，由使者据情具奏，以九年立宪为期较迟，难孚众望，吁恳朝廷提前赶办，期于五年成立。所有奉省各员，一律资遣回籍，静候谕旨，不得在津逗留，另生枝节。疏既上，荷蒙俞允，分别晓谕，群情极为贴服。并电知各省，晓谕各学堂教员学生一体遵照。穷三日之力，大海风潮为之顿息。继思析津开学最早，学规本极严肃，自某君混入学界，恃有护符，迹其平日不安本分，已非一端，此次竟敢挟众罢学，通电全国，几至激成巨变，不可收拾，此而不惩，何以端士习而肃法纪，律以两观之诛，亦属罪不容辞。祇念立宪时代，姑从宽典，饬署巡警道田君文烈密拿到案，即日电奏发往新疆安置。奉旨后立派妥役押解起程，不准少有稽延，津门士绅有为之关说缓颊者，已望尘不及，颇诧使者办理此案之密而且速，而为地方除一巨蠹，则又未尝不心悦而诚服。此宣统二年庚戌十月事，迨辛亥十二月，逊位诏成，国体更变，余亦乞病获允，万事不关。而某君何时旋津，是否改过迁善，能否为民国效力，惟有付之不论不议之列而已。①

陈夔龙：《梦蕉亭杂记》卷二

3. 山　西

山西请开国会情形

山西学（会）〔务〕公所，于日前集议国会请愿事，公举留学毕业生梁、冯两君为代表人，不日即可赴京。②

《顺天时报》，光绪三十四年六月二十三日（1908 年 7 月 21 日）

晋人要求国会之预议

晋阳函云：留学日本大学学生王君用宾，近拟联合商学各界，全体上北京投请愿书，要求开设国会。日间又接汴省山西同乡官公函，催促速举此事。故于日

① 录自陈夔龙：《梦蕉亭杂记》卷二，标题为编者所加。
② 原标题“各省请开国会情形”，本部分为其中一则。

间聚集各属议员，借教育总会研究进行之手续，已由各议员书名画押为全体倡。拟不日择宽敞地方开全体大会，以便公举代表云。

《现世史》第四号，光绪三十四年七月初五日（1908 年 8 月 1 日）

山西人民之国会运动

山西教育总会会长解荣辂、崔廷献两君，因国会请愿应有通省总机关，以举办其事，特组织一宪政期成会，以研究实行方法。现已举定学商两界王、韩、渠、常数君为起稿书记员。刻下同志会会员已署名签字者，有三百余人，业经分赴各府厅州县，转相召集。闻已决定七月内推选代表入都。①

《时报》，光绪三十四年七月初六日（1908 年 8 月 2 日）

请愿者之往返

山西全省国会请愿代表现已公举常、李、刘三君，于本月十三日起程北上。有渠、刘两京堂躬率农商学界诸人送至车栈，三呼“大清帝国万岁”而别。

《时报》，光绪三十四年七月廿二日（1908 年 8 月 18 日）

① 原标题“人民之国会运动”，本部分为其中一则。

旅豫晋人上教育总会书

（为提议要求国会事）

晋省教育总会诸位乡先生鉴：顷阅报章，湘、鄂、皖、粤、燕、苏之士纷纷继起，以开国会赴京请求为最要唯一之问题矣。豫省士绅亦屡经会议请求办法，而我晋未闻影响，不禁歉然者久之。夫国会者，宪法之发动总机关，为地方议会之代表参政之媒介者也。不开国会而只言地方自治，无论地方自治程度高至何级，终不能直接参与政事，因无与政府对立之总机关故也。然则谘议局云者，仰政府鼻息之不暇，监督云乎哉？简单言之，不有民选议院，宪法断无发生之理由。盖宪法者，有限制主治者之威权之性质，主治者断无自放弃其威权，自制法而自限制之公道。历征东西立宪各国，当其竞争剧烈之秋，抛头颅，流膏血，出死力以相抗衡，至万不得已，主治者始以数条宪法偿之。故竞争者，宪法之代价也；请求者，竞争之和平手段也。不给代价而坐望宪法成立，是犹画饼充饥，望梅止渴也。宪法之价值，欧人以性命换之而有余，我等以言语争之而不肯，政府谓程度不及，夫岂无因？试观宪法胎产之历史，出于下之反动者十之八九，出于上之原动者十无二三。然则我皇上不待庶民要求，即已预颁立宪诏旨，是宪法之平和成立已可预决。去岁九月十三日，又降旨令各省设谘议局，豫筹府厅县议事会，是将实行下级议会矣，而无上级议会可乎？是明觇我国民程度矣，而自缩其程度可乎？使我民而终不出头，坚持到底，即政府亦将去其玩弄之技，而加以信任之心，我民亦何惮而不为乎？即程度论，及与不及，究以何为标准，既无定率之可求，又无质点之可验，所凭者其在气乎？能鼓起蓬蓬勃勃如争矿之气势，何事不可为，而谓晋人甘居他省下哉？权利衡之，争矿之权利在一省，国会之权利在全国，此尤不待智者而知也。诸乡先生硕学鸿谋，谅已早筹办法，而鄙人等远居豫省，耳目难周，桑梓谊关，盼望尤切。麻席珍、李精传、王堉昌、史官箴、崔养锐、贾治安顿首。

《现世史》第六号，光绪三十四年八月初一日（1908年8月27日）

外省之助力

山西宪政研究会自李孝廉庆芳组织以来，会员日益加增，对于国会之热忱，遂日高一日。日昨，闻该会有电致军机处暨宪政编查馆，谓："各省代表请速开国会，固主权，助外交，偿国债，存亡关系，刻不容缓，乞奏恳明年召集，以顺舆情。"

《申报》，宣统元年十二月十七日（1910年1月27日）

国会期成会之成立

省垣农商绅学各界为国会期成会事，曾于初四日团拜时，举定阎君锡山、张君杜兰、曾君纪纲、刘君懋赏、王君用宾等五人为章程起草员，约定十二日齐集各界人员于劝工陈列所，组织国会期成会。至日，到者三十余人，当即投票，公举刘君笃敬为正会长，曾君纪纲为副会长。复经两会长同众推（订）〔定〕张君士秀为总庶，刘君耀离、王君用宾为书记，贺君椿寿为会计。其评议员二十人，由农会、商会、教育会、谘议局、自治局五处，各选出五人充当。至筹款一法，仍拟择日会议云。

《晋阳公报》，宣统二年正月十六日（1910年2月25日）

山西农商绅学各界国会同志会简章

第一节 宗 义

本会由山西农商绅学各界国民联合而成，以请求速开国会期于必成为宗旨。

第二节 组 织

本会先由总农会员（在农会未成期内，暂由农工商局本省人员代理）、商会会员、谘议局局员、自治筹办处筹办员、教育总会会员名义联合组织，以为全省各界代表总机关，俟此机关成立，当即通告各属速设分会，务期充类至尽，凡为国民者皆书名。

第三节 会 所

本会不设事务所，暂借谘议局为通信处，劝工陈列所为会议场。

第四节 办 法

本会对于朝廷有请求之责，对于国民有鼓动之责。胪列办法如左：

（一）以本会名义，要求缩短国会期限之事。

（二）联络各省同一目的团体，协请速开国会之事。

（三）研究缩短筹备立宪事项年限，以为速开国会之理由。

（四）讨论筹备国债方法，以为速开国会之代价。

（五）著为论说，或派遣专员，鼓动一般国民对于国会之责任心。

第五节 会 员

凡为国民者，无论农商绅学各界，皆有入会之天职。

第六节 职 员

本会设正副会长各一人，总务一人，书记二人，会计一人，评议二十人，由会员公推，均以一年为任期，但得连任。

第七节 会 期

本会无定期。遇通常事故，由各职员聚议办理，办理后登报，或发说片报告全体。遇特别事故，临时通告会期，开大会商决。

第八节　经　费

本会经费除由各会员特别捐助外，概归农商绅学各界酌量摊任。

第九节　期　限

本会除有不得已之事故发生以外，以国会期间确定缩短之日，为解散期限。

第十节　附　言

本会简章经众公决即生效力，若异日见为有滞难或疏漏之处，得由公议修订。

《晋阳公报》，宣统二年正月十九日（1910 年 2 月 28 日）

刘懋赏君致住京代表李素君函

山西刘懋赏君致住京代表李素君函云：我省同志会已经成立，举定刘君笃敬为正会长，曾君纪纲为副会长，并干事二十余人，分往各府厅州县组织支部。并编白话浅说，到处讲演，以唤起一般人民。请即致意代表团，以释悬系。[①]

《中国报》，宣统二年正月廿七日（1910 年 3 月 8 日）

① 录自“国会请愿三十一志”，标题为编者所加。

山西农商绅学各界国会同志会致各属留并同人书

启者。国势日急，非速开国会不足以救济财政之紊乱，外交之失败；不足以调和上下之隔阂，种族之猜忌，凡我国民当能共信。乃者各省谘议局代表会于申江，集于燕市，天下之瞿望国会固已殷矣。一封北上而不准，天下又从而怨望焉。怨望非是也，朝廷苟不欲吾民议政，宜亦无招集国会之明谕，而必限以九年者，匪靳也，虑吾民程度不齐，治之适以乱之也。夫程度至无准也，其足与不足，将以觇诸伏阙请愿之力与不力。一请而与之，非真足也；一请不与，而即无继续之毅力，乃真不足也。试一究各国议会成立之故，要均有相当之代价以购取之，而俾国家有不得不允召集之势，其召集信有价矣。否则，一哄之举，遽见成功，匪特贻国民羞，抑其以无毅力、无宏愿者组成之国会，必伏而不伸。其购取也，唯泪与血，而吾国之国会，吾民但有泪而已足矣。盖朝廷与小民之所争者，只期限之迟速而已，负扆贤明，又无成见，唯在吾民之自反耳。自反若何？吾民苟自信程度未足，不欲出而图吾国，且安而勿躁；苟欲出而图吾国也，则须集群策群力，发之以勇，继之以毅，一举不获再举，再举不获三举、四举至百千举，震以威不惧也，持以久不懈也。有志竟成，安知举国人痛哭流涕之诚，不足以回天心而决大计？故代表请愿不遂，誓以再请，而尚虑继续力之弱也，乃昭告国人再集阙下，以为后援。各省响应，吾晋人亦以农商绅学各界，组成国会请愿同志会，会中章程早已揭诸报纸，刻下与各省约四月初旬公推代表入都上书。吾晋之代表，定于三月二十二日在并垣开全晋国会请愿同志大会，由众推举。唯国会者，国民全体议政之机关，而请求速开国会，亦即国民全体固有之天职。本会虽有农商绅学各界之名义，而实未尽商绅学全体之实质。国民二字，众之辞也。众，然后有力，如此单弱，殊不足以代表全体。查本会章程第二节，有通告各属速设分会，务期充类至尽，凡为国民者皆书名云云。今去举代表入京，为时无多，无从容布置分会之暇。舍义从权，拟先由各府厅州县留并同人，搜罗本地方农商绅学各界同志，签名请愿，每厅州县至少得有二百名以上，务于三月二十以前，将名簿送交谘议局本会总务员张君士秀。从今十日以内，各属速开请愿同志分会，议办签名事宜，由各厅州县留并同人各自分担，或先代为签名，然后请其承认，或速公函本地，克期签定递省。期限不可稍违，方法不妨自主。凡我邦人，孰无爱国之忱，孰无请愿之责？师以此诏弟，父以此教子，朋友以此相勉，国家存亡，程度足否，视此一举，晋岂无人懋哉？邦友【二】月念七日在劝(功)〔工〕陈列所会议时，已由众推定担任招集在省各属请愿同志分会人员，唯隰州、保德州二处当时未到，无从推定，尚望该二州留并热心大君子自出担任，按期办好。余各处担任名氏表揭如下，迅祈担任诸君即日招集本属分会，以尽国民责任，以崇晋人名誉，本会实馨香祝祷之至。

再，本会已与《晋阳公报》议定，特设国会广告，登载各属会期。各属开会有期，即送登刊，以当广告。以后开会情形、签名办法，统希钞送公报，俾各属有所比较观感。又布。

推定各属担任召集留并请愿同志分会氏名：

太原府：曾纪纲、乔荫棠、武荣爵、渠本澄、孟步云；平阳府：刘筱遽、高笃庸、贺椿寿、陈玉麟、阎应台、郭崇忠、李大魁；蒲州府：刘翼若、解荣辂、许桂一、张士秀、李映庚、张之仲、王用宾、荆致中、瞿毓英、乔楔亭、王廷梧、李复佐、吉廷耀、张敬业、潘映衡；大同府：杜上化、王彰善、白志嘉、郑永贞；代州：梁伯祥、赵次龙、徐一清、郭际丰、贾若谊、庞春圃、庞士俊；归化：李子翰、李景泉、龚子和、刘兆瑞；泽州府：刘志詹、杜毓兰；潞安府：苗雨润、裴宝棠、李庆芳、高洪；辽州：王静萱、张杜兰、赵廷璧、王觐臣、王镜澄；汾州府：可仲鸣、王廷弼；霍州：段子钦、王萱东；解州：裴耀堂、相黄六；绛州：杨仁轩、杨种宇；朔平府：王就三、刘懋赏、李树洲；隰州、宁武府：刘伯染、刘子修、李尚仁；忻州：邢殿元；保德州、沁州：李朴庵；平定州：陆近礼、郭希贤。

《晋阳公报》，宣统二年二月廿九日（1910年4月8日）

国会启事

各属留并同人公鉴：敝会以公推代表伏阙请愿在（急）〔即〕，前曾公请各属热心诸大君子担任组织分会，商办签名事宜，限于本月二十以前，各将名簿送到。嗣闻请愿分会到处林立，曷胜忻幸！唯恐有一二属人未能如期办好，致误全体，为此再行催请邦人父老，务各同心同德，以为吾晋光宠。山西农商绅学各界国会请愿同志会启。

《晋阳公报》，宣统二年三月十三日（1910 年 4 月 22 日）

辽州开同志分会

自人民请愿国会之议起，各处同人皆踊跃从事。辽属虽僻在山隅，而热心国事者实繁有徒，加以旅省诸公如王靖宣、王忠卿等尽心提倡，于本月初八日假三圣庵王公馆内开同志会一次，当时辽人皆争先恐后，喜从是与全省各属结一绝大团体，以冀国会之早开云。

《晋阳公报》，宣统二年三月十三日（1910 年 4 月 22 日）

速开国会人有同心

山西农商绅学各界国会同志会决议请各属设立分会，商办签名事宜，以便公推代表伏阙请愿，屡志本报。兹探得各属即开分会，号召同志，除留并同人担任签名外，各州县热心士绅亦各极力提倡，并将签定名簿陆续寄到，区区一邑，至有千余名者，可谓人有同心矣。

《晋阳公报》，宣统二年三月十六日（1910 年 4 月 25 日）

全晋农商绅学国会同志大会有期

从前该同志会决议请各属设立分会，签名请愿，限于二十日将名簿送到，兹闻各属陆续已有送者。该同志会以该会成立于年假，迄今未开大会，现在各分会渐次设立，各界人员又多主持开全晋大会，公推代表，故拟于二十二日上午九钟起，借劝（功）〔工〕陈列所开会。凡我农商学各界届期皆可履会，各自发表对于继续请愿之意见，〈开〉不日即发布传单云。

《晋阳公报》，宣统二年三月十六日（1910 年 4 月 25 日）

归化十二厅同志会成立

归化十二厅留并同人，昨开国会请愿同志分会，当由学界分担各厅签名事宜，除限一星期将名簿签定外，并各发书函，鼓吹国会风气。闻当日并推定李景泉、龚秉钧、王定圻、郭襄、李苑林为北区组织师范学堂代表云。

《晋阳公报》，宣统二年三月十六日（1910 年 4 月 25 日）

国会之风动一时

自省垣有继续请愿速开国会之议，全晋绅民无弗争先从事。榆次县康绅慎徽尤热心提倡，于月之初旬在本邑自治事务所，招集阖邑绅学商农各界诸人会于该所。经所长郝绅、副所长胡绅率同人剀切演说，邑人均恸哭流涕，争结团体，誓各签名请愿。自午前六钟至午后六钟，签定名已四五百人。闻各属闻风响应，逐日渐多矣。（直）

《晋阳公报》，宣统二年三月十九日（1910 年 4 月 28 日）

霍属同志分会成

霍州属留并同人，于本月十八日在赵城会馆开同志分会，并报告该属本地方组织分会情形。霍州由朱君登瀛、任君鸿钧、董君振常、刘君行谨，赵城由王君鸿顺、刘君拱璧、王君作敬，灵石由田君万棠并教育会诸绅，汾西由阎君荣光、阎君建亭、仇君鸿宾，均于本月初十、十一等日邀集农商绅学各界同人，在该处教育会或劝学所开会，并由发起诸君将同志会与请愿国会之关系报告各界，一时到会者莫不闻风鼓舞，争先署名，昨已将各处名单邮寄到省矣。

《晋阳公报》，宣统二年三月廿三日（1910年5月2日）

敬告全晋国民速行签名请开国会书

明

人虽至忍，语以亡国之惨祸，莫不扼腕而唏嘘；人虽至愚，告以救亡之善策，莫不拚命以图成。此殆出于天理人情之所不容已，而无待强迫以求之者也。吾晋国民亦知吾国今日大局之至危且迫乎？计自入岁以来，饥馑荐臻，伏莽滋多，各省民变、兵变之案层出不穷，而又新政迭兴，外债丛集，经济困难，艰于应付；加之列强权势，相互膨胀，协约同盟，公然宣布，内政外交，无一良策。试问吾国今日之大局，非演成一傀焉不可终日之现象耶？譬之航破舟于汪洋大海之中，沉没即在，目前同舟之人，皆将束手而葬于鱼腹之中矣。于斯时焉，在船之人有提议保全此船之策，而犹有不表同情、不相赞助者，此必无人心者也。夫以我国民养成数千年漠视国事之性根，欲于危急之时一呼而起，共济斯艰，此成为不可必得之数。虽然，我国民亦知今日为环球交通，法律大同，民权发达之时代，而固可以习惯相安，坐视吾辈生命财产断送于外人之手，不思起而汲汲图之耶？窃以为吾晋国民自数年以来，经各报章笔秃舌焦，千呼万唤，亦渐知国是日非，匹夫有责，久欲思奋然投袂而起，以尽吾之天职，特虑千疮百窦，无从下手，以故迟迟至今耳。呜呼！吾晋国民欲思救亡之术，亦知酿成今日盗贼充斥、吏胥婪索、货物腾贵、国土分崩之现象者，是谁之咎？非政府也耶？欲将政府所酿成之乱亡现象，起而挽救之，以达于安全之地位者，又谁有此巨力耶？然则吾晋国民如欲中国不即于亡，非合群策群力，要求速开国会，使我辈自举其素所亲信之人，以代我监督政府，稍削其自由行动之权，此外别无善策，可断言也。而此请开国会之举，无士、无农、无工、无商，各有切身之利害关系。谨抒所见，以忠告于吾晋国民之前焉。

第一，敬告士绅。

立宪政体下之人民，所以优异于专制政体下之人民者，在有直接、间接之参政权而已。直接参政权，如国会议员有立法等权是；间接参政权，如人民有选举议员等权是。将来国会成立以后，吾晋二千万同胞中，其能操此直接、间接之参政权者，可决定大多数人为出于绅学两界，不待言矣。

此两阶级之人物，在我国社会习惯上占最优等势力，有左右农工商各界之权。数年以前，我晋争矿一事，赖诸君子振臂一呼，全晋响应，卒能挽回既失之利权，至今犹播为美谈。以矿务与国会较，其缓急固未可以道里计，何昔日之生气若彼，而今竟寂焉无闻若此。诸君子纵不为国家之存亡计，抑并不为自己之权利计耶？

本年代表团两次请愿均归无效，在政府之意，谓此代表数十人未必即为真正之民意，故数以人民程度未足为辞而拒绝之。夫人民程度之足与不足，本无何等证据，但使此次签名请愿之人，每县能至万人或数万人之多，此即人民程度高尚之一大证据，亦足以破除政府轻视吾民之见，而无所借口以阻挠矣。然此数万签名之人之有无，即取决于绅学两界热心君子提倡力之大小。使吾晋耆宿硕彦能奋然而起，以为民倡，事尤易举；即少年新进之辈，但能对一般社会之人激以大义，晓以利害，必有闻而兴起，愿表同情者。

吁，朝鲜亡国，岂无志士仁人愿图恢复，然或受日警严密之取缔，或遭日军惨恶之诛戮，其志可嘉，于国何益？甚欲吾晋士绅中之热心君子，及早连袂而起，以身作则。倘能请求国会早开，藉以维持残局，虽亡羊补牢，犹为未晚。慎毋步朝鲜亡国人民之后尘，恐悔亦无及已。

第二，敬告农民。

中国素号为农业国，吾晋除太、汾等属外，地旷人稀，务农之户，允居多数。此一阶级之人，因终岁勤劳，无暇涉及政治问题之故，于政治思想最不发达。是以吾晋数年以来，国民中具有高尚知识，奔走号呼，反对政府之自由行动，以请速开国会者，不外学绅商各界之热心君子。至于农家者流，求有奋然而起，愿表同情者，尚寥寥不可多得，亦足以见吾晋农民政治思想之薄弱矣。

考欧洲诸国当改革政体时代，举国人民悉为政治上之运动，卒能促成立宪政体之制。惟日俄等国要求国会之时，全恃政党之势力，各挟其政见以相号召，而政府诸人往往利用政党所主张之政策，以绝其攻击之口实。是以日俄等国之国会，卒能如政党之所愿以相偿，而政党以外之人，自可立于旁观之地位，以坐观其成。试问吾国政府诸公之所持之主义为何如，而全国人民可袖手以旁观耶？

夫吾国农民可急起直追，以要求国会者，固有极大之理由在也。昔欧洲学者谓：代议士为租税之代价。详言之，人民负担纳税之义务，即应享受参政之权利。吾国租税归农民负担者，占各省财政表上收入之一大部分，小民挟其终岁劳苦之所得，举而奉之于政府，一任其自由动用，欲于可否缓急之间，稍一置喙而不能得，浮滥所至，竟致国库岁出亏短至三千余万两之多，何其惫也？财政困难至于此极，势不得不百计罗掘，以弥其隙。然舍增加税率外，恐别无他法，欲求减轻农民之负担，得乎？国会立，有议决预算、承认决算之权，则国库收支既不至漫无制限，且能整顿税法，纲举目张，必使最可尊重之农民，不至偏受此纳税之苦痛焉。国会之能力如此其大，与农民之关系又如此其密，吾晋农民盍勿起而赞助，以请求速开耶？

吾国农民政治思想之薄弱，原无可讳言，然自内政日非，外患日逼，滨海农民莫不身受击刺，欲诉无门，一闻请开国会之风，即有信以为保护生命财产之不二法门，而不惜竭力以助之者。如天津县属乡农某，放弃职业，日以劝导村人签名为务。又海下初城村农刘君士英，特捐代表团经费十元。又吴家嘴村农刘文藻、倪儿勤诸君，约二十余人，陈家沟农民吕文元、王思清诸君，亦约数十人，先后投函直隶同志会注册签名，请开国会，亦足以验吾国农民程度之进步矣。吾晋农民今日纵急起而图之，已落他人后尘，孰料迟迟至今，并未见有呼天吁地以求之者。果舍此别有保护生命财产之一法耶，抑不知国会与生命财产有密切之关系耶？时势危迫，无过今日，失此不图，莫可挽救，甚欲吾晋农民亦涉想于政治问题，而为政治上之运动可也。

第三，敬告工商。

欧洲自机器发明以后，凡百工业，恃手指以谋生者咸失其职，缘以手工所造者质窳而价昂，以机器所造者质良而价低，此亦优胜劣败之公理，无足异者。近年以来，欧洲工业最盛诸国，其生产愈盛，求销场愈急，环视全球，惟我国固闭自守，可以为万国通商之公共市场，遂日由轮船、火车满载其所制造之良好物品，越重洋大陆而输送于我境。今试任观人家之日用品，其有不由外国之所输入，十之中不过一二，而国中之恃工业以自给者，饿殍乞丐，相属于道，已不知有若干人矣。循此以往，更历十数年，恐我国工业界之现象，皆将为外国人所攫夺，而中国人悉降为欧美各国劳动者之一阶级，可不惧哉？吾国今日此种机器工厂不发达之原因，以立于腐败政治之下，虽设农工商部，日言奖励实业，以期抵制外货，不过空言搪塞，又何益耶？有国会以监督之，则政府之行动或不至如纸上谈兵，而工业当有起色之一日也。晋省工业本无足称，闻今年南洋劝业会中，各省陈列馆以山陕馆为最狭，亦以山陕陈列品为最劣，而山犹居陕之下。一经比较，始悉吾晋生产业之萎悴已达极点，出其制造品以与本国相竞，犹瞠落人后，遑论他国。惜吾晋工界中人，尚不知自己手工之恶劣，以及工业革命之祸，与速开国会之利。大陈此义，以唤醒工人者，则士君子之责也。

其在商业，如山西票商，与他国金融机关相似，在我国商界中素占优胜地位。自交通机关日益发达，国家银行渐次成立，此种营业恐今后有衰退之倾向。其盛与衰姑弗论，要不过为内国商业之一种。至世界之号称为大商业家，在对外贸易，立于生产者与消费者之间，执周旋之劳而受其报偿者也。试问今日毛皮、草辫等货，为吾晋出口之最大宗，我商人有在各国设立行栈，以与彼消费者直接交易者乎？试问外货输入吾晋，年约数百万圆以上，我商人有亲往各国之生产地，直接贩运，以致之于我市场者乎？由是以言，吾晋商人在世界商业界之地位，不过为外商代运、代售或代彼采买，以为其补助机关耳，其衰落之象，无可讳言。国家日言振兴商业，设立专部，数年以来，未闻行一保护政策，以发达自国之商业，徒骛虚名，毫无实际，及早不图，恐数年之后，日形凋谢。然维持之法，舍开国会以监督政府，恐此外别无善策也。闻南洋华商，尚能组成团体，公举代表，先后至京上书贤王，请求速开国会，吾晋商界中，亦有明达之辈，闻风兴起者乎？毋彼侨民专美于前也。

《晋阳公报》，宣统二年八月二十三日、二十六日、二十九日、九月初六日（1910年9月26日、29日、10月2日、8日）

山西全体人民请求速开国会详志

九月二十一日上午八钟，旅省各区人民在劝工陈列所开会，讨论请求速开国会事宜，届时各区人民到者约千余人，因格于成例，入场者仅百余人。已由李君庆芳拟就请开国会呈，请抚宪代奏，遂人给一纸。移时振铃开会，首由渠君本澄演说，非速开国会无以救亡，如三次请愿仍归无效，当以消极、积极二主义对待政府。其消极主义，如朝鲜之归于灭亡，积极主义，视葡萄牙近日之风潮，大声疾呼，闻者动魄。次由李君庆芳演说筹备宪政之敷衍，非速开国会，无以监督政府，长此不变，中国恐为三韩之续，引今证古，倍极痛切，一时鼓掌之声，震动如雷。次由梁君善济演说，三次请愿各省督抚联衔上奏，全国人民呈请代奏，朝野上下之精神悉注于此，当能达其请求之目的。现江苏谘议局议长张季直，拟联合各省谘议局议长，组织议长团北上请愿，以壮声势。窃以议长团与代表团无甚差异，仍是数十人之势力，恐亦无济于事。如三次请愿仍归无效，决定以两主义对待之。在积极主义，联合各省数十百万人民重整旗鼓，相继进行，以死争之；在消极主义，各省谘议局一律解散，以揭破政府立宪之假面目，尔时当有保全大局之人出而维持，以副国民请愿之本心云云（演时最久，语甚多，一时不能悉记）。终由陆君近礼谓，代奏书有宜修正之处，遂推定马君继桢、陆君近礼、左君炳南为修正员。演说既毕，当经推定郑君子固领衔，直任不辞。是日仍拟晋谒抚宪，面恳代奏，推定杜君上化、郑君永贞、陆君近礼、李君庆芳、渠君本澄、韩君炯、王君静山、王君鸿顺等八人为代表。至十二钟振铃散会，齐赴抚辕，前有黄色大旗两杆，上书“人民全体请开国会”八字，以为先导，请愿百余人，徒行尾其后，直至抚署大堂。代表诸君晋谒中丞，余人鹄立停候。移时，抚宪送出代表诸君，由郑君永贞、杜君上化对众宣言，中丞极力赞成，且谓国会不开，救亡无术，前曾奏上，自请早开，况晋人请求之热心，能不为之代达乎？闻者欢声雷动，因决定本日修正代奏书，二十二日缮就，即日上呈，二十三四日抚宪即拟出奏云。并将各区代表人姓名列后：

渠本澄、王嘉会、李瀛、梁德修、石宪文、金善、郭道沛、雷慎德、徐一清、徐焕林、赵殿臣、王鸿遇、靳伊、武鸿藻、韩溥恩、可秉篪、孟元文、王鸿顺、王文明、冀学蓬、赵戴文、田国琛、蔺纯如、陈玉麟、吕凤藻、吴凤鸣、高作宾、陆近礼、梁善济、聂文盛、乔殿林、王家玉、李庆芳、杨潘、赵长庚、李苑林、米庭珍、韦恒毓、韩炯、王慎谊、韩友芝、张璨、刘锦制、张兰生、朱述、张映奎、刘笃敬、周泉清、杜上化、左炳南、柴桂生、段慎宪、赵廷璧、贾业荣、孙宗武、郑永贞、程毅、贾若谊、黄嗣艾、王廷宾、王者聘、吴鸿瀚、王鸿绶、马继桢、刘大鹏、陈敬棠、鲁奎儒、秦龙光、刘仁厚、贾鸣梧、冯世瑶、韩秀升、贺椿寿、王廷弼、姚烈舜、张维藩、吴作新、高正禄、刘曜南、杨万钟、韩尔昌、史逢垚、王建岐、王静山、武忠功、乔荫棠、龚秉钧、曾纪纲、李友莲、孟步云、白志嘉、郭际丰、张杜兰、王楹、张长庆、邢殿元、刘砚畲、张之仲、皇甫振清、武鸿泰、米佩棻、薛鸣岐、刘怀瑛、王彰善、李景泉、庞士俊、安长熙、渠晋山、渠晋卿、马聚奎、傅汝明、刘文炳、张瑞琦、杨芳、何为德、乔毓仁、颉联耀、戴骥德、文国璋、高叙宾、颉联第、范士铭、项鼎新、王垂统、刘兆瑞、李澍洲、丁佩、仇元洽。

《晋阳公报》，宣统二年九月二十三日（1910年10月25日）

山西梁善济之国会热

山西谘议局议长梁善济，对于国会问题热肠喷涌，谓今日人民既从根本上解决，不当复从枝叶上争。如各省豫算之岁入案，如公债，如公司律，均可暂置勿争，则于请愿问题方有决心，不至旁骛云。

《国民公报》，宣统二年九月二十六日（1910年10月28日）

晋谘议局对于国会请愿之意见

山西谘议局议长梁善济复江苏议长张謇函云：季直先生有道：顷读惠函，敬悉贵局所拟第三次国会请愿办法，并拟十月尊驾北上，组织议长请愿团，以开请愿之新面目。热心毅力，钦佩莫名。善济窃以为，前两次请愿，连篇累牍痛陈国会速开与不速开之利害，以求达请愿之目的，而卒归无效者，有空文无实力也。此次办法，无论直省议长未能到齐，即同意赞成，指日赴都，犹是少数，代表势力，究嫌薄弱。推政府前此不遽允准之心理，未尝不以为代表实系少数，究竟一般国民有无知识程度，尚不可知。是请愿之举，当以少数而扩充至于多数，未便由多数而归纳至于少数。倘一击不中，继续尤难，矧所恃者，仍是一纸空文乎？使无实力以盾其后，窃恐议长团之请愿，与代表团之请愿，同归于无效耳！刻当资政院、谘议局同时开会之期，月前联合会之请愿案，与此次代表团之三次请愿书，均已到院。若联络资政院互选议员，并联合各省谘议局，此案如仍无效，互选议员全体辞职，各省谘议局同时解散，揭开立宪之假面具，使政府无所遁饰，如此办理，似较有实力。不知尊意以为何如？当此危急存亡之秋，以图挽救，断非少数人所能济事。先生为全国人望，代表团为旧有团体，尚望鼎力维持，庶不至有散沙之虞。临楮踌躇，无任盼祷。

《大公报》，宣统二年九月三十日（1910 年 11 月 1 日）

山西人民之国会热

山西丁中丞对于国会问题，已奏请早开，该省人民仍欲为督抚之后盾，日昨聚集数千人，要求代奏，誓以国会不开，必以死争，虽肝脑涂地，在所不恤云。

《厦门日报》，宣统二年十月初三日（1910 年 11 月 4 日）

山西谘议局致代表团电

各团体均主续请，乞务勿稍退让，贻国民羞。[①]

《申报》，宣统二年十月十六日（1910 年 11 月 17 日）

① 原标题“国会问题之复起”，本电为其中所录。

4. 河　南

旅豫宪政公会会员赞成速开国会

顷探得旅豫宪政公会会员闻粤商自治会将联络各省要求民选议院，特致长电赞成其事。略云：内政一日不理，外交一日不胜。前事已矣，来日大难，救亡非开国会不可。湘省人民业已要求，豫、浙、赣正图继起，粤不宜后，愿速起共维大局云云。[①]

《顺天时报》，光绪三十四年三月廿六日（1908年4月26日）

河南人民之同意

二月下旬，河南士绅在省城游梁书院特开教育总会，集各府州县代表讨论要求开设民选议院事件。会长李时灿比部首先演说教育与地方自治之关系，及地方自治所由成立之顺序。来宾方君表、熊君范舆、贺君绍章相继演说，均谓非先开国会，则地方自治不能确立，而教育普及亦断难办到，闻者咸为动容。旋王君抟沙起言，监督机关一日不成，则行政即无从整理，吾豫宜急从湘人之后，速开全省大会，推举代表入京请愿。到会者全体赞成，遂决议召集大会，并由某某数君分途联合学商各界，不日即将派代表入京。并闻中州耆旧，尤热心提倡，连日筹议，俱形劳瘁。

《顺天时报》，光绪三十四年三月廿六日（1908年4月26日）

① 录自“开设国会之运动”，标题为编者所加。

河南请开国会签名公启

启者。比年以来，迭奉明诏，宣布预备立宪，欲以巩国家久远之基，增世界闻名之福。庙谟宏远，薄海同钦。然宪法精义在范人人于法律之中，必上有责任之政府，下有自治之人民，而所以拥护纲维，促国民之进步，通寰海之舆情。设立完备机关，以期宪政之成立者，国会也。故欲宪政之实行，必视国会为枢纽，考之东西洋历史，莫不皆然。况今欧风美雨席卷东来，国际竞争日益剧烈，合最大多数之心思精力以图补救，尚恐不足济时艰而御外侮，若徒知依赖，长此因循，祸患将临，视若无睹，纵朝廷宵旰，官吏焦劳，而无国民之团体能力以为后援，恶在其能有济也。凡我同人，既属国民分子，兴亡皆与有责，不效一得之愚衷，空抱杞忧而何益？现由教育总会发起，谨撰民选议院国会请愿书，拟呈请都察院代奏，敢云妄参政务。窃愿各任仔肩，同心共济，众志成城，上以【副】朝廷作新之望，下以慰人民求治之殷，中国宪政前途之发达，其自此一日千里乎。窃愿顶香膜拜以祝之。凡副吾豫绅商学界志士同仁，有赞成、愿列名者，请将台衔、履历，详晰开寄，以便照缮为幸。此启。河南教育总会敬布。

《大公报》，光绪三十四年四月二十日（1908 年 5 月 19 日）

汴士绅国会请愿之行动

又上月二十五日，河朔学会开临时会于覃怀会馆，提议国会请愿事件，并请宪政公会会员演说。十点钟开会，到者约二百余人。首由张盘铭报告开会事由；

次由贺绍章述绍介辞；次由方表演说今日舆论所以成立之历史，及今后国民应采之政治行动；次罗杰演说教育与国会之关系，并述其往来南北之所见；次由熊范舆演说政治团体之必要，因痛论各地宜亟亟预备组织政党，以谋全国之利益，不可仅拘拘于一地方之事业。听者拍掌。数君演说既竟，张盘铭遂提议国会请愿事件，一时签名者至二百余人。

按：河朔学会为河北之怀庆、卫辉、彰德三府士绅所组织，故其团体坚固，能着眼于政治之行动。①

《申报》，光绪三十四年五月初八日（1908 年 6 月 6 日）

豫省禁止请开国会

汴抚得政府电饬，略称各省学界联络绅商，纷纷请开国会，实属不成事体。查豫省亦有联名发电，并来京呈递请愿书者，应请一律严密禁止云云。林中丞当经传集三司筹议，闻学界责成提学司，商界责成商会，绅民诸人责成藩、臬司，严饬各地方官，一律切实查禁。大致谓立宪尚在预备，国民程度参差，国会断难遽请开办。豫省得风气尤后，更须静候实行，毋得自蹈嚣张，致干查究云。

《中外日报》，光绪三十四年五月廿一日（1908 年 6 月 19 日）

---

① 原标题“湘汴士绅国会请愿之行动”，“湘士绅国会请愿之行动”见另条。

汴省士绅集议请开国会

去月廿六日，汴省士绅特开各府州县代表会于游梁祠，讨议全省请求民选议院办法。首由李勉修比部提议，发布公启，分府签名，于来月某日汇齐，再开全体大会，公举代表入京呈递，众皆赞成。惟有某君起而质问：倘呈递之后，政府置之不理，将奈之何？有某君答云：现在尚不能计较及此，目前之计，惟有急速举办，毋落他人之后而已。至将来之方法，则须另行组织永久团体继续为之，总期达此目的而后已。众咸拍掌。闻散会后，复有宪政公会会员某某君等，即欲于河南组织宪政公会支部云。

《现世史》第一号，光绪三十四年五月二十五日（1908 年 6 月 23 日）

豫省国会请愿代表将赴京

豫省国会请愿代表胡汝麟中翰、杨源懋主政两人，定于六月初一日由汴赴京。其请愿稿系王太史安澜所拟，领衔者为蒋太史良，联名者约五千余人。①

《中外日报》，光绪三十四年六月十日（1908 年 7 月 8 日）

① 录自“国会问题汇录”，本条为其中一则。

豫省请开国会代表之报告

胡中翰汝麟、杨主政源懋，前经豫人公举为呈递国会请愿书之代表，入都后有报告父老书一通，略云：某等于二十四日捧书赴都察院呈递，张总宪允于万寿节后缮折入奏，惟期未确定。某等恐蹈湘省请愿书延阁之辙，力求面谒总宪，请即解决。旋经赵侍御炳麟等接见，云张公因有要务，接呈后即已出署，惟既允代奏，必不再有迟滞。某等告以豫中父老延颈企踵，冀国会早日成立，必俟请愿书入奏，得有效果，乃可回汴宣布。若仍无确实日期，何以慰众望。某等代表全体，不敢委弃职务，数日后仍当不避烦渎，请求面示，俟达目的而后已。侍御等均许向总宪代达云。

按：此条已略见前报北京要闻内，因此函稍详，故复纪之。

《中外日报》，光绪三十四年七月十二日（1908年8月8日）

汴省国会请愿余闻

豫省国会请愿胡、杨二君，于六月朔日北上，一时旅京豫人开会欢迎。查当在豫集议时，人甚寥寥，所有连名五百余人，几尽学界中人，至铮铮者，不过一二太史。其请愿书稿，为前任河南高等学堂监督王太史安澜所拟。王素于新学毫无研究，众以其监督而举之，王亦自以为监督，受之而不辞。胡、杨二君当赴京时，一肩行李，匆登汽车，欢送者不过一二知己，其他即自负开通之学界中人，咸如无斯事者。今至京，声势骤然赫变若此，盖初愿所虑不及矣。

《顺天时报》，光绪三十四年七月十五日（1908年8月11日）

豫人之国会热续闻

京函云：河南请开国会代表胡君汝霖、杨君源懋捧书入京，送袁大军机及该省同乡京官公同看阅。闻该省旅京官绅由顾都护提倡，请袁军机为会长，拟在豫学堂开会欢迎胡、杨二君云。

《现世史》第六号，光绪三十四年八月初一日（1908年8月27日）

宝丰自治研究所举代表到京

河南宝丰县自治研究所来函云：为请愿国会事，于月之初旬在本所开会，到会者二百余人。举定岳君毓瑞为晋京代表，王军治君在县筹备一切，以为后援。并闻洛阳学界代表亦不日到京云。[①]

《中国报》，宣统二年二月廿四日（1910年4月3日）

① 录自“国会请愿四十四志”，标题为编者所加。

大梁布衣致代表团函

二次请愿仍属无效，诸公现拟赓续请愿，极为感佩。我国国会迟开一日，即有累卵巢幕之危，务恳坚持到底，百折不回，以达速开国会之目的。鄙人痛哭流涕，和血上陈，伏冀垂察。[①]

《申报》，宣统二年六月十六日（1910年7月22日）

河南信阳州致代表团电

六月一日

昆新馆总代表鉴：请愿二次无效，甚慨。乞即联合进行，坚持勿懈。信阳州方叩。

《中外日报》，宣统二年七月十三日（1910年8月17日）

① 录自“国会请愿之后援”，本函为其中一片段。

河南人民大举要求国会

十四日，河南国会请愿同志会假游梁祠开会，各界绅民到者三千余人，当场签名，即时同赴抚院，要求代奏速开国会。抚署门前为之壅塞，呼吁之声喧天震地。宝抚大骇，即以电话请各司道前来劝慰，并一面请举代表会话。公推杨源懋、王敬芳、李国华、漆树人、张嘉谋、杨治清、段纪勋、岳九华、刘莲青等九人入见。宝抚允即代奏，众始退出。即往谘议局，请其陈请于资政院。谘议局一面提前议决，一面电达资政院，缕述要求情状。各绅民又云，如此次请愿无效，学则停课，商则罢市，工则休作，谘议局亦不许开会，群起以死力争之云云。豫人士之壮烈，真令人钦佩无已。（公）

《国民公报》，宣统二年九月十九日（1910 年 10 月 21 日）

河南同志会致请愿代表团电

请开国会，公推王抟沙代表入都。按王君热诚毅力，极可钦佩，此来代表团又添一健将矣。[①]

《国民公报》，宣统二年九月三十日（1910 年 11 月 1 日）

① 录自“人民对于国会之壮烈”。

请愿国会者之决心

请愿代表团昨接河南谘议局来函云：国会请愿，宝抚已允代奏，惟闻政府有密电致宝抚，令毋赞成国会，宝抚以是大有悔意。如宝不能代奏，某等誓必死争，即以激烈手段对待之，亦所不惜云云。

按：此次各省督抚联衔奏请国会，宝抚以非全体赞成，遂不允联衔。此等行尸走肉之辈，安足与言国会乎？

《中外日报》，宣统二年十月初四日（1910 年 11 月 5 日）

河南谘议局致代表团电

河南谘议局已电军机，请主持明年即开国会。①

《申报》，宣统二年十月初六日（1910 年 11 月 7 日）

① 录自“追记请开国会之热度”，本函为其中一片段。

河南请愿同志会致代表团电

已电院力争即开，如何进行，乞即电复。[①]

《申报》，宣统二年十月十六日（1910年11月17日）

5. 山　东

鲁省发起国会请愿事

烟台毓才学堂教员王君着夫，以国会请愿事自湘中绅学界发起以后，各省继起者甚多，刻亦联合烟台学界，通启全省，为国会请愿之举。俟签名者日多，即公举代表，赍请愿书，赴北京都察院请为代奏。

《顺天时报》，光绪三十四年六月十一日（1908年7月9日）

① 录自“国会问题之复起”。

山东之请愿

山东民选议院请愿，以曹州及各商埠最占多数。近已举定于君洪起、宋君绍唐、陈君命官、钱君金榜领衔上书。于君洪起已于前日来京，不日即可赴都察院呈递。

《时报》，光绪三十四年七月十五日（1908 年 8 月 11 日）

鲁人之国会热续闻

京函云：日前有侯君延方回东，与王君葵若组织山东学界三千余人，并举侯君延方为代表人，来京联名上国会请愿书。惟现在因学界联名者曹州属人居多数，必须遍告山东各府州县之官绅商学各界方可实行，今已拟定山东国会请愿书联名公启云。

《现世史》第六号，光绪三十四年八月初一日（1908 年 8 月 27 日）

国会请愿之响应者

鲁省谘议局亦已公推周君树标、朱君承恩，前往上海会商国会事宜。因事务甚多，未能如期到申，特先电知总会。现周、朱二君已乘火车至青岛，约初六日鼓轮南下。

《顺天时报》，宣统元年十一月十六日（1909 年 12 月 28 日）

山东谘议局致周代表函摘录

山东谘议局致周代表函云：请愿国会同志会刻正组织，约五六日当有端倪。认定之总部经费二百元，谨先汇寄。办报经费，现已筹有的数，尚拟会同学务公所、教育会、地方自治筹办处诸同志合力宽筹云。①

《中国报》，宣统二年三月初三日（1910 年 4 月 12 日）

① 录自“国会请愿五十一志”，标题为编者所加。

鲁人之国会热

山东谘议局议员周君树标，对于国会之热度已达极点。去年推举国会请愿代表时，周君慷慨请行。迨到京后，遍谒同乡京官，暨旅京学界，请为代表后援。迨国会期成会成立，复至天津联络政商学各界同乡，以为第二次请愿之预备，复将期成会印刷之文件及血书寄本省谘议局。近经局中将血书交石印馆，印刷数千份，邮寄各学堂、劝学所，以便广为传布。省垣热心速开国会诸君，近又制就请愿签名簿，请赞成请愿者签名，以厚势力，决定本月中旬开特别大会，推举第二次请愿代表，克期赴京。即现象观之，较去年之仅出于少数人之运动者，迥乎不侔矣。

《中外日报》，宣统二年三月初六日（1910 年 4 月 15 日）

鲁谘议局致代表团电

山东商团请愿代表已举定张君锦霞、赵君毓华，克期入都。周、朱二代表亦定于望日前回京。鲁谘议局电。[①]

《中国报》，宣统二年四月初九日（1910 年 5 月 17 日）

---

① 录自“国会请愿七十三志”，标题为编者所加。

山东各界致代表团函

山东各界函告代表团云：现签名上书者已达六万人，商会拟专举代表二人晋京，三月二十八日已开同志会正式大会。《国民（日）〔公〕报》款已筹足五百元，即日交付代表团。谘议局副议长于君芴航、常驻议员丁君佛言，决定十五前后晋京，加入代表团。①

《申报》，宣统二年四月十二日（1910 年 5 月 20 日）

鲁豫国会请愿近事记

代表团上月推王君法勤、周君树标，驰赴山东、河南两省筹商一切。昨接两君报告，山东同志会代表范君之杰因事辞职，现举王君治芗为代表，商会则举张锦霞君、赵毓华君为代表，青岛青年会、商会举周大训君为代表，不日北上。王君由鲁抵豫后，又报告代表团云，该省同志会已成立，现决议除谘议局不计外，该省全体拟公举代表二人，教育会、商会各特别代表一人，均二十前到京，现正筹措报款。②

《申报》，宣统二年四月二十日（1910 年 5 月 28 日）

① 录自“国会请愿进行之近状”，本函为其中一片段。

② 录自“国会代表团近事记”，标题为编者所加。

鲁教育会致代表团电

昆新馆代表团公鉴：鲁教育会推王讷、段鉴恩代表，日内赴都。会员签名达十二万以上，名册交代表带京。巧。①

《中国报》，宣统二年四月廿一日（1910年5月29日）

呈请抚台电奏速开国会文

九月二十二日

抚台钧鉴：国会两次请愿，未蒙俞允，时局变迁，日形危急，群情惶恐，较前更甚，非续请速开国会，共济艰难，则上既无以释宵旰之忧，下亦无以慰云霓之望。为此合词吁恳抚部院据情电奏，不胜激切待命之至。山东全省教育会会长度支部主事石金声、农商会总理江苏候补道汪懋琨、农会协理翰林院编修马荫荣、谘议局议长翰林院编修杨毓泗、副议长候选道于普源、直隶补用道王景禧暨全体议员等同呈。

《山东谘议局第三期报告书》，宣统二年（1910年），第四编“函电”，第3页

① 录自“国会请愿八十三志”，标题为编者所加。

请军机处鼎力主持速开国会电

九月二十七日

北京军机处王爷中堂钧鉴：时局危迫，民情悚惶，惟速开国会，方慰民望。为此合词吁恳鼎力主持，勿再延缓，不胜激切待命之至。山东全省教育会长石金声、农商会总理汪懋琨、农会协理马荫荣、谘议局议长杨毓泗、副议长于普源、王景禧暨全体议员等同叩。

《山东谘议局第三期报告书》，宣统二年（1910年），第四编“函电”，第3页

致彭君占元等协助四次请愿电

十一月初十日

北京潘家河沿药王庙彭清臣鉴：敝局准吉、奉二省电邀四次请愿，希诸公允充代表，届时协助，盼切。余函详。鲁局。

《山东谘议局第三期报告书》，宣统二年（1910年），第四编“函电”，第4页